現代実務労働法

働き方 働かせ方のルール

髙梨 昌 監修　木村 大樹 著

エイデル研究所

監修にあたって

　「労使関係」という用語が、わが国で定着したのは、昭和30年代の「高度経済成長期」のことである。それまでは、資本主義経済社会は、資本家階級と労働者階級との「階級対立社会」であるから、「"労資"関係」と呼ぶべきだとされてきた。

　「労使関係」は、英語では「インダストリアル・リレーションズ」といい、労働市場、雇用制度、賃金制度、労使の組織（労働組合と使用者団体）、企業の人事労務管理、政府の労働政策や社会保障政策など「労働問題」の全領域を含むものとして用いられている。

　このように幅広い用語法となったことには、資本主義経済社会の史的発展と成熟がある。

1.　20世紀初頭の産業別組合運動の生成・発展による労働組合と使用者もしくは使用者団体との直接的な団体交渉による賃金・労働諸条件の決定機構の形成がある。この場合、労使の交渉制度は、職場、部門、工場、企業、産業の各段階ごとに形成され、交渉事項は、より具体的個別的事項から抽象的一般的事項へと重層的に制度化されてきた。こうした労使の交渉制度の形成は、企業別労働組合対企業経営者の関係のみならず経営管理補助者との関係、さらには、個別経営の枠を越えた産業別業種別経営者団体と産業別組合との関係として制度化された。

2.　資本主義経済発展の起動因となった「株式会社」制度がより一層成熟し、「所有と経営の分離」「資本支配と経営の分離」が進み、企業経営に専心する「経営管理者層」または「使用者階層」が生れ、労働組合や従業員との関係処理が重要な職能となってきたことである。

3.　さらに、労使関係は、政府との関係にまで拡大してきたことである。1929年に起きた「世界大恐慌」による構造的慢性的大量失業の発生は、不況の克服と完全雇用の実現のために政府の財政投融資政策による投資需要の増大政策をはじめ、金本位制から管理通貨制への転換による機動的な金融政策の実施、消費需要の増大を図るための社会保障制度の拡充による「消費の社会化」、労働組合の団体交渉制度の保護・助成による賃金・労働諸条件改

善運動の促進と労使紛争処理のための仲裁制度の制度化など、政府の役割は、「統治者としての政府」にとどまらず、「使用者としての政府」にまで守備範囲が拡大してきた。
4. 資本主義経済の発展は、技術進歩に負うところが大であるが、これによって、社会的分業が進み、産業・職業構造は多種多様となってきた。産業は、農林漁業の第一次産業から鉱工業の第二次産業へ、さらに流通・金融・保険・サービスなどの第三次産業へと発展し、これに対応して職業構造も自営就業から経営に雇われて働く雇用労働、さらに雇用労働も現場のブルーカラーの労働と事務・管理、公務などのホワイトカラー労働へと多様化した。雇用形態も、常用、臨時、パート、日雇、契約社員、派遣など多様化してきた。

こうして、労使それぞれのおかれた労働の権利・義務、つまり「働き方」「働かせ方」は多様で複雑化してきている。こうした分野のルールを定めたのが「労働法」なのである。今日、世界同時の大不況の襲来によって、雇用・失業問題が重大な社会問題となってきているが、「働き方」も「働かせ方」も複雑多様化している雇用と労働の世界の諸問題を解決するための貴重な道しるべとなるに違いない。

労働法体系全般にわたるこの大部な書物は、永年行政の現場に身をおいた著者ならではのきめ細やかな目配せにあふれている。実務家の座右のハンドブックとして活用してほしい。著作者・木村大樹さんは、私が労働省の中央職業安定審議会の学識経験者として労働者派遣法の立法化に苦闘していた際に職業安定局雇用政策課長として派遣法という大変複雑な立法作業に取り組み、これを仕上げる作業で貴重な助言と協力をいただいた。木村さんとは、昨年は『非正規雇用ハンドブック』の出版で共同作業をしたことから、木村さんの豊富かつ深い学識と識見を再認識して、今回、この著作の監修の仕事を務めさせていただいた。

2009年1月

信州大学名誉教授・元雇用審議会会長

高梨　昌

目 次

監修にあたって

第1章　労働者と使用者

「労働者と使用者」のポイント　24

1　労働者　26

(1)労働基準法の「労働者」／(2)労働契約法の「労働者」／(3)労働組合法の「労働者」

2　使用者　42

(1)労働基準法の「使用者」／(2)労働契約法の「使用者」／(3)労働組合法の「使用者」

3　黙示の労働契約　44

(1)黙示の労働契約が成立する場合／(2)労働者が他の企業に派遣されて就労している場合

4　法人格の否認　51

5　労働法の国際的な適用関係　52

第2章　募集と職業紹介

「募集と職業紹介」のポイント　56

1　募集　57

(1)募集の方法／(2)募集に当たっての労働条件の明示／(3)募集の制限／(4)文書募集／(5)直接募集／(6)委託募集／(7)縁故募集／(8)募集に関するそのほかの規制／(9)募集に当たって明示した労働条件と労働契約の内容に関する裁判例

2　職業紹介　70

(1)職業紹介とは／(2)職業紹介の原則／(3)有料職業紹介事業／(4)無料職業紹介事業／(5)学校等の行う無料職業紹介事業／(6)特別の法人の行う無料職業紹介事業／(7)地方公共団体の行う無料職業紹介事業／(8)職業紹介事業者が講ずべき措置

3　労働組合等が行う労働者供給事業　81

(1)労働者供給事業の原則禁止／(2)労働組合等が行う労働者供給事業／(3)労働組合等が行う労働者供給事業に関する裁判例

4　労働者派遣事業　85

(1)労働者派遣事業とは／(2)禁止業務／(3)許可および届出／(4)事業規制

第3章　採用

「採用」のポイント　90

1　採用とは　91

2　採用の自由　92

(1)採用の自由の原則／(2)採用に関する規制

3　経歴詐称　95

4　必要書類の提出　97

5　労働契約の締結過程における過失　97

6　採用内定　98

(1)採用内定とは／(2)採用内定の取消／(3)採用内定に関する裁判例

7　身元保証　103

8　労働契約締結時の労働条件の明示　104

(1)労働契約の締結時の労働条件の明示／(2)パートタイム労働者に対する労働条件の明示

目　次

第4章　労働契約の基礎

「労働契約の基礎」のポイント　108

1　労働契約の成立　109
(1)労使合意の原則／(2)労働契約の原則／(3)労働契約の内容の理解の促進

2　均衡のとれた処遇　113
(1)国籍、信条、社会的身分を理由とする差別の禁止／(2)女性であることを理由とする賃金についての差別的取扱い／(3)性別を理由とする差別的な取扱い／(4)パートタイム労働者についての均衡待遇／(5)年齢を理由とする差別的な取扱い／(6)職種などを理由とする差別的な取扱い／(7)均衡処遇に関する裁判例

3　仕事と生活の調和への配慮　126

4　試用期間　126
(1)試用期間の法的性質／(2)試用期間の長さ／(3)試用期間の延長／(4)雇用が継続中に試用期間を設けること／(5)有期労働契約と試用期間／(6)試用期間における解約権の行使／(7)試用期間と解雇予告／(8)試用期間に関する裁判例

5　有期労働契約の雇用期間　133
(1)有期労働契約の上限期間／(2)有期労働契約を中途で解除できる場合／(3)有期労働契約基準／(4)有期労働契約の更新拒否(雇止め)／(5)期間の定めのない労働契約から有期労働契約への変更

6　強制労働や中間搾取の禁止　139

7　違約金や賠償予定の禁止　140

8　前借金相殺　145

9　社内預金　146
(1)貯蓄金管理協定／(2)労働者の過半数を代表する者／(3)社内預

金の利子／(4)貯蓄金の保全措置／(5)貯蓄金の返還／(6)社内預金の消滅時効

10　労働者名簿と賃金台帳　149

(1)労働者名簿／(2)賃金台帳／(3)記録の保存

11　労働基準法などの周知　150

第5章　人事異動

「人事異動」のポイント　152

1　配置転換　154

(1)配転命令権／(2)性別を理由とする差別的な取扱い／(3)職種の変更を伴う配置換え／(4)深夜勤務を伴う配置転換／(5)転勤／(5)昇進／(6)降格

2　出向と転籍　174

(1)出向／(2)転籍

3　休職　180

(1)傷病休職／(2)起訴休職／(3)公職就任に伴う休職

4　企業の事業形態の変更など　185

(1)企業の合併／(2)事業譲渡／(3)会社の分割／(4)企業の解散／(5)使用者の死亡／(6)労働者の死亡

第6章　労働契約の権利と義務

「労働契約の権利と義務」のポイント　194

1　危険からの保護　196

(1)危険な業務への就労／(2)労働者の安全への配慮／(3)職場でのいじめや嫌がらせ／(4)職場での暴行行為

2　就業環境の整備　209

　　　　(1)プライバシーの保護／(2)セクハラの防止
　3　公民権　214
　　　　(1)公民権の行使／(2)公職との兼務／(3)公職への就任に伴う休職
　4　職務発明に対する報酬の支払い　215
　5　労務の誠実な提供　216
　　　　(1)職務の誠実な履行／(2)服務規律／(3)風紀の保持／(4)企業の名誉の保持／(5)業務命令／(6)所持品の検査／(7)調査への協力
　6　労働者の兼業　223
　7　秘密の保持と内部告発　225
　　　　(1)秘密の保持／(2)内部告発
　8　競業避止義務など　226
　　　　(1)競業避止義務／(2)労働者の転職勧誘・引き抜き行為

第7章　懲戒と労働者に対する損害賠償の請求

　「懲戒と労働者に対する損害賠償の請求」のポイント　232
　1　懲戒　233
　　　　(1)懲戒の法的性格／(2)懲戒の種類／(3)減給の制限／(4)懲戒解雇の取扱い／(5)懲戒権の濫用／(6)懲戒の手続／(7)懲戒事由
　2　労働者の損害賠償責任　242

第8章　就業規則

　「就業規則」のポイント　246
　1　就業規則の作成　248
　　　　(1)就業規則とは／(2)就業規則の作成義務／(3)全社一括による就業規則の作成／(4)別個の就業規則の作成と就業規則の適用／(5)就業規則の記載事項／(6)労働者代表などからの意見の聴取／(7)労

働基準監督署への届出／(8)就業規則の周知
2 就業規則の効力 254
3 就業規則と法令および労働協約との関係 254
4 就業規則と労働契約との関係 255
(1)就業規則で定める基準に達しない労働条件を定める労働契約／(2)合理的な労働条件が定められている就業規則を労働者に周知させた場合／(3)就業規則で定める基準を上回る労働条件を定める労働契約
5 就業規則の変更 258

第9章 労働条件の変更と労働慣行

「労働条件の変更と労働慣行」のポイント 260
1 労働条件の変更 262
(1)合意による労働条件の変更／(2)就業規則による労働条件の不利益な変更／(3)労働協約による労働条件の不利益な変更／(4)変更解約告知
2 労働慣行 273
(1)労働慣行とは／(2)労働基準法などに反する慣行の効力／(3)就業規則などに反する慣行の効力／(4)労働慣行の改廃・変更

第10章 賃金

「賃金」のポイント 278
1 賃金とは 279
(1)任意的、恩恵的なもの／(2)福利厚生施設／(3)企業設備の一環
2 平均賃金 282
(1)平均賃金とは／(2)平均賃金を算定すべき事由／(3)平均賃金の算定方法／(4)平均賃金の賃金の総額から除外される賃金／(5)平均

目　次

賃金の算定期間から除外される期間／(6)平均賃金の額の下限／(7)平均賃金についてのそのほかの取扱い

3　賃金の支払い　285

(1)通貨払いの原則／(2)直接払いの原則／(3)全額払いの原則／(4)毎月1回払いの原則および一定期日払いの原則

4　賃金の査定　290

5　賃金の減額　291

6　債務の本旨に従った労務の提供と賃金請求権　293

7　非常時払い　295

8　休業手当　295

(1)民法第536条第2項との違い／(2)使用者の責めに帰すべき事由／(3)争議行為の影響による休業／(4)起訴休職による休業／(5)休業期間中の収入の取扱い

9　歩合給制度の場合の保障給　299

10　最低賃金　299

(1)目的／(2)最低賃金額／(3)最低賃金の効力／(4)参入しない賃金／(5)最低賃金の競合／(6)最低賃金の減額の特例／(7)地域別最低賃金／(8)特定最低賃金

11　割増賃金　302

(1)割増賃金の支払い義務／(2)割増賃金を支払わなければならない場合／(3)通常の労働時間の賃金の計算／(4)割増賃金の算定の基礎となる賃金／(5)割増賃金の計算

12　退職労働者の賃金の遅延利息　308

13　賞与　308

(1)賞与の請求権／(2)支給日在籍要件／(3)労働基準法などで認められた権利や利益と賞与の支給要件／(4)賞与の支給に関する慣

11

行／(5)年俸制と賞与

14　退職金　312

(1)退職金債権の譲渡／(2)退職金の支払い時期／(3)退職金の減額や不支給／(4)退職金の不利益変更／(5)退職金の支払い方法／(6)退職金の保全措置／(7)中小企業退職金共済制度による退職金／(8)死亡退職金の受給権

15　未払賃金の立替払　316

16　賃金請求権などの消滅時効　317

第11章　労働時間・休憩・休日

「労働時間・休憩・休日」のポイント　320

1　労働時間とは　322

(1)就業に関連する行為／(2)手待時間／(3)仮眠時間／(4)不活動時間／(5)移動時間／(6)始業時刻より前に出勤する時間／(7)小集団活動・教育訓練／(8)健康診断／(9)黙示の指示／(10)タイムカードなどの記載と労働時間／(11)坑内労働の特例

2　労働時間の長さ　329

3　労働時間の通算　330

4　変形労働時間制　331

(1)1か月単位の変形労働時間制／(2)1年単位の変形労働時間制／(3)1週間単位の非定型的変形労働時間制／(4)フレックスタイム制／(5)変形労働時間制が適用されない場合

5　みなし労働時間制　340

(1)事業場外労働／(2)専門業務型裁量労働制／(3)企画業務型裁量労働制

6　始業・終業時刻の繰上げ・繰下げ　347

7　休憩時間　348

　　(1)休憩時間とは／(2)休憩時間の長さ／(3)休憩時間の一斉付与／(4)休憩時間の自由利用／(5)育児時間

8　休日　352

　　(1)休日の取扱い／(2)休日の振替／(3)代休

9　時間外・休日労働　355

　　(1)法定時間外・休日労働と所定時間外・休日労働／(2)法定時間外・休日労働の範囲／(3)時間外・休日労働を行う義務／(4)非常災害の場合の時間外・休日労働／(5)36協定の締結による時間外・休日労働／(6)時間外労働・休日労働の制限／(7)時間外・休日労働の場合の割増賃金

10　深夜業　364

　　(1)深夜業の範囲／(2)深夜業の制限／(3)深夜業の場合の割増賃金

11　労働時間規制の適用除外　365

　　(1)農業、畜産・養蚕・水産業に従事する労働者／(2)管理・監督の地位にある者および機密の事務を取り扱う者／(3)監視・断続的な労働に従事する者

12　労働時間の適正な把握などによるサービス残業の解消　384

13　ワーク・ライフ・バランスと労働時間の設定の改善　387

　　(1)ワーク・ライフ・バランス／(2)労働時間の設定の改善

第12章　休暇と休業

「休暇と休業」のポイント　395

1　年次有給休暇　396

　　(1)年次有給休暇とは／(2)年次有給休暇を与えなければならない場

合／(3)基準日の統一／(4)年次有給休暇の付与日数／(5)年次有給休暇の付与単位／(6)年次有給休暇の取得目的／(7)争議行為と年次有給休暇／(8)年次有給休暇の請求の手続／(9)時季変更権の行使／(10)年次有給休暇の計画的付与／(11)年次有給休暇に対する賃金／(12)年次有給休暇の繰越／(13)年次有給休暇の買上げ／(14)退職と年次有給休暇の請求／(15)年次有給休暇の取得を理由とする不利益取扱い

2 産前産後休業　411

3 生理日の就業に関する措置　411

4 育児休業　413

(1)育児休業とは／(2)育児休業をすることができる労働者／(3)子が1歳6か月まで育児休業ができる労働者／(4)育児休業の申出の手続／(5)育児休業の申出があった場合の事業主の義務／(6)休業開始予定日の繰上げおよび休業終了予定日の繰下げ／(7)育児休業の申出の撤回／(8)不利益取扱いの禁止／(9)育児休業給付／(10)育児休業をしない労働者に関する措置／(11)育児休業に関する裁判例

5 介護休業　418

(1)介護休業とは／(2)介護休業をすることができる労働者／(3)介護休業の申出の手続／(4)介護休業の申出があった場合の事業主の義務／(5)休業終了予定日の繰下げ／(6)介護休業の申出の撤回／(7)不利益取扱いの禁止／(8)介護休業給付／(9)介護休業をしない要介護状態にある対象家族を介護する労働者に対する勤務時間の短縮などの措置

6 子の看護休暇　422

(1)子の看護休暇をすることができる労働者／(2)子の看護休暇の申出があった場合の事業主の義務／(3)不利益取扱いの禁止

目 次

第13章 退職と解雇

「退職と解雇」のポイント　424

1　退職　426

(1)退職の意思表示／(2)合意退職と退職の撤回／(3)退職の手続／(4)退職の勧奨／(5)早期退職優遇制度／(6)休職期間満了後の退職／(7)婚姻・妊娠・出産を退職理由として予定する定め／(8)定年

2　解雇　441

(1)解雇制限／(2)解雇の予告／(3)解雇事由／(4)解雇権の濫用／(5)労働者の責めに帰すべき事由による解雇／(6)整理解雇／(7)懲戒解雇と普通解雇／(8)ユニオン・ショップ協定と解雇／(9)解雇に関する手続

3　有期労働契約の更新拒否（雇止め）　456

(1)有期労働契約の更新拒否／(2)性別を理由とする差別的な取扱い

4　退職に当たっての措置　459

(1)退職時の証明／(2)金品の返還／(3)退職後の措置

第14章 労働組合

「労働組合」のポイント　464

1　労働組合法の適用　466

2　労働組合　466

(1)労働組合の範囲／(2)労働組合に与えられる保護／(3)法人の登記／(4)労働組合と組合員の関係／(5)労働組合の組織と財政／(6)労働組合の解散

3　団体交渉　473

(1)団体交渉の権利および義務／(2)団体交渉の当事者／(3)団体交渉の担当者／(4)交渉事項／(5)団体交渉に関するその他の事項

15

4 労働協約　475

(1)労働協約の効力の発生／(2)労働協約の期間／(3)有効期間の定めのない労働協約の解約／(4)労働協約の効力／(5)労働協約の平和義務／(6)労働協約による労働条件の変更／(7)会社分割の場合の労働協約の承継

5 組合活動　480

(1)ビラ貼りなど／(2)勤務時間中や会社施設内などでの活動／(3)一部組合員の活動／(4)組合休暇／(5)配置転換の業務命令の拒否

6 争議行為　484

(1)争議行為の範囲／(2)争議行為に対する賃金のカット／(3)正当な争議行為に対する民事および刑事免責／(4)生産管理／(5)争議行為の目的／(6)争議行為の態様／(7)争議行為に関するその他の規制／(8)ロックアウト／(9)争議行為と年次有給休暇／(10)争議行為と休業手当

7 不当労働行為　491

(1)不当労働行為の禁止／(2)ユニオン・ショップ協定／(3)チェック・オフ／(4)組合間差別／(5)支配介入

8 労働委員会　499

9 不当労働行為事件の審査　499

(1)不当労働行為事件の審査の開始／(2)証拠調べ／(3)救済命令／(4)救済命令の確定／(5)和解／(6)再審査の申立て／(7)取消しの訴え／(8)緊急命令／(9)証拠の申出の制限

第15章　労働者の安全と衛生

「労働者の安全と衛生」のポイント　508

1 安全衛生の基本　511

目 次

2 労働安全衛生法の特色と関係者の責務　511
　(1)労働安全衛生法の特色／(2)安全衛生に関する関係者の責務

3 安全衛生管理体制　514
　(1)総括安全衛生管理者／(2)安全管理者／(3)衛生管理者／(4)安全衛生推進者など／(5)産業医／(6)作業主任者／(7)統括安全衛生責任者／(8)元方安全衛生管理者／(9)店社安全衛生管理者／(10)安全衛生責任者／(11)安全委員会／(12)衛生委員会／(13)安全衛生委員会／(14)安全管理者などに対する教育

4 労働者の危険または健康障害を防止するための措置　530
　(1)事業者の講ずべき措置／(2)労働者の遵守／(3)技術上の指針／(4)自主的な安全衛生活動の促進／(5)元方事業者の講ずべき措置／(6)建設業の元方事業者の講ずべき措置など／(7)特定元方事業者などの講ずべき措置／(8)製造業の元方事業者の講ずべき措置／(9)建設業の元方事業者の講ずべき措置／(10)注文者の講ずべき措置／(11)化学物質の危険有害情報の提供／(12)建設業の発注者などの講ずべき措置／(13)違法な指示の禁止／(14)請負人の講ずべき措置／(15)機械等貸与者の講ずべき措置／(16)建築物貸与者の講ずべき措置／(17)重量表示

5 機械・設備および有害物に関する規制　548
　(1)製造の許可など／(2)譲渡などの制限／(3)個別検定／(4)型式検定／(5)自主検査／(6)製造などの禁止／(7)製造の許可／(8)表示など／(9)文書の交付など／(10)化学物質の有害性の調査／(11)機械・設備などの規制に関する裁判例

6 安全衛生教育　558
　(1)雇入れ時などの安全衛生教育／(2)危険有害業務に関する特別の安全衛生教育／(3)職長などの安全衛生教育

7 　就業制限　564

8 　中高年齢者等についての配慮　565

9 　健康の保持増進　566

　　(1)健康の保持のための3管理／(2)作業環境測定／(3)作業管理／(4)健康診断／(5)面接指導／(6)健康管理手帳／(7)病者の就業禁止／(8)健康の保持増進のための措置／(9)快適な職場環境の形成のための措置

10 　安全衛生改善計画　576

　　(1)安全衛生改善計画の作成の指示／(2)安全衛生改善計画の遵守

11 　過重な業務による健康障害の防止　577

　　(1)過重な業務による健康障害の増加／(2)脳・心臓疾患の発症の予防／(3)精神障害の発症の予防

12 　寄宿舎における安全衛生などの確保　582

　　(1)事業附属寄宿舎／(2)寄宿舎生活の自治／(3)寄宿舎規則／(4)寄宿舎の設備および安全衛生

13 　安全配慮義務　585

第16章　災害補償

「災害補償」のポイント　588

1 　労働基準法の災害補償　589

　　(1)療養補償／(2)休業補償／(3)障害補償／(4)遺族補償／(5)葬祭料／(6)打切補償

2 　労災保険とは　591

3 　業務災害に関する保険給付　592

　　(1)業務上の認定／(2)業務災害に対する保険給付と労働基準法の災害補償との関係／(3)業務災害に対する保険給付の内容

4　通勤災害に関する保険給付　623

　　(1)通勤災害の範囲／(2)通勤災害に対する保険給付

5　二次健康診断等給付　630

6　社会復帰促進等事業　631

　　(1)社会復帰促進等事業／(2)特別支給金

7　労災保険給付と損害賠償などとの調整　633

　　(1)労災保険給付と使用者の災害補償責任の関係／(2)使用者の災害補償と損害賠償との調整／(3)労災保険給付と損害賠償との調整／(4)第三者行為災害の場合の損害賠償／(5)特別支給金と損害賠償との関係

8　その他　635

　　(1)費用の徴収／(2)メリット制度

第17章　女性の労働

「女性の労働」のポイント　638

1　性別を理由とする差別的な取扱い　639

　　(1)募集および採用／(2)配置／(3)昇進／(4)降格／(5)教育訓練／(6)福利厚生の措置／(7)職種の変更／(8)雇用形態の変更／(9)退職の勧奨／(10)定年／(11)解雇／(12)労働契約の更新／(13)ポジティブ・アクション

2　女性であることを理由とする賃金についての差別的な取扱い　649

3　婚姻・妊娠・出産などを理由とする不利益取扱い　650

　　(1)婚姻・妊娠・出産を退職理由として予定する定め／(2)婚姻を理由とする解雇／(3)妊娠・出産などを理由とする不利益な取扱い／(4)婚姻・妊娠・出産などを理由とする不利益な取扱いに関する裁判例

4　妊産婦などの就業制限　652

(1)妊産婦については、次の就業制限があります／(2)妊産婦以外の女性についても、次の就業制限があります
5　妊娠中および出産後の健康管理　656
(1)保健指導または健康診査を受けるために必要な時間の確保／(2)保健指導または健康診査に基づく指導事項を守ることができるようにするための措置
6　職場におけるセクハラの防止　568
(1)セクハラとは／(2)セクハラの防止のために事業主が講ずべき措置／(3)セクハラに関する裁判例

第18章　未成年の労働

「未成年の労働」のポイント　670
1　就業できる最低年齢　670
(1)最低年齢／(2)年少者の証明書
2　未成年の労働契約　671
3　賃金の支払い　672
4　労働時間　672
(1)児童の法定労働時間／(2)変形労働時間制の適用／(3)時間外・休日労働の制限／(4)深夜業の制限
5　就業制限　673
6　帰郷旅費　677

第19章　非正規労働者

「非正規労働者」のポイント　680
1　非正規労働者の人事労務管理　682
(1)非正規労働者の雇用の現状／(2)非正規労働者に対する労働法

の適用／(3)正規労働者と非正規労働者との均衡処遇

2 パートタイム労働法　683

(1)パートタイム労働法／(2)パートタイム労働者に関するその他の労務管理上の留意事項

3 有期契約労働者　693

(1)有期労働契約の期間／(2)有期労働契約を中途で解除できる場合／(3)有期労働契約基準／(4)有期労働契約の更新拒否(雇止め)／(5)有期労働契約と年次有給休暇／(6)有期契約労働者の育児休業、介護休業、子の看護休暇

4 派遣労働者　695

(1)労働者派遣法／(2)労働基準法や労働安全衛生法の適用／(3)男女雇用機会均等法の適用の特例／(4)その他の派遣労働者の管理

5 外国人労働者　729

(1)外国人労働者と在留資格／(2)不法就労外国人に関する取扱い／(3)外国人労働者の人事労務管理

第20章　雇用保険と社会保険

「雇用保険と社会保険」のポイント　744

1 雇用保険　746

(1)雇用保険とは／(2)適用事業／(3)雇用保険の給付／(4)雇用安定事業等／(5)保険料

2 健康保険　759

(1)適用事業所／(2)保険者／(3)被保険者／(4)日雇特例被保険者／(5)被保険者の資格の取得および喪失の確認／(6)被扶養者／(7)健康保険の給付／(8)保健事業および福祉事業／(9)保険料

3 厚生年金保険　769

(1)適用事業所／(2)被保険者／(3)厚生年金保険の給付／(4)保険料

4　介護保険　774

(1)保険者／(2)被保険者／(3)要介護状態と要支援状態／(4)要介護者と要支援者　(5)市町村の認定／(6)介護保険の給付／(7)保険料

第21章　労働紛争の解決など

「労働紛争の解決など」のポイント　786

1　個別労働紛争の解決　788

(1)個別労働紛争の解決／(2)男女の均等な機会および待遇の確保やパートタイム労働に関する紛争の解決

2　労働審判　791

3　団体労働紛争の解決　793

(1)関係者の責務／(2)あっせん／(3)調停／(4)仲裁／(5)緊急調整

4　個人情報の保護　796

(1)個人情報などの範囲／(2)個人情報取扱事業者の義務／(3)個人情報の保護に関する裁判例

5　公益通報者の保護　818

(1)公益通報とは／(2)解雇や労働者派遣契約の解除の無効など／(3)是正措置などの通知／(4)内部告発に関する裁判例

執筆を終えて　822

参考　828

判例一覧　835

第1章

労働者と使用者

「労働者と使用者」のポイント
1　労働者
2　使用者
3　黙示の労働契約
4　法人格の否認
5　労働法の国際的な適用関係

「労働者と使用者」のポイント

1　労働基準法の労働者に当たるか否かは、①勤務時間・勤務場所の拘束の程度と有無、②業務の内容および遂行方法に対する指揮命令の有無、③仕事の依頼に対する諾否の自由の有無、④機械や器具の所有や負担関係、⑤報酬の額や性格、⑥専属性の有無などを総合的に考慮して判断される。

2　裁判例において、労働者であると認められたものには、映画撮影技師、アニメーション・スタジオで図画を製作するデザイナー、同族会社の専務取締役、医大病院の研修医、クラブ・ホステス、運送委託契約で貨物自動車運転を行う運転者、県民共済の普及員などがあり、労働者ではないとされたものには、山仙頭、マニュアル作成などの仕事の仲介営業活動を行う者、証券会社の外務員、代表取締役退任後の常務取締役、運送会社のタンクローリー運転手、NHKの受信料集金人、合唱団員、フランチャイズ店の店長、先物取引取扱会社の登録外務員、一人親方、レースライダー、新聞社のフリーランサーなどがある。

3　労働基準法の使用者は、事業経営一般について責任を負う者および人事、給与、労務管理など労働に関する業務に関して権限を与えられている者をいう。

4　労働契約の本質は使用者が労働者を指揮命令し監督することにあるので、明示された契約の形式だけではなく、労務供給の具体的な実態により、両者間に事実上の使用従属関係があるかどうかを判断し、使用従属関係があり、かつ、両者間に客観的に推認される黙示の意思の合致がある場合には、黙示の労働契約が成立していると認められることがある。

5　請負や労働者派遣により、労働者が他の企業に派遣されて就労

している場合に、派遣先を使用者として黙示の労働契約が成立するためには、派遣先が労働者の業務遂行について指揮命令や出退勤管理を行っているだけではなく、賃金額を決定して支払い、かつ、採用を決定しているなど使用者としての基本的要素を備えている必要がある。

6　労働基準法などは、国内において行われる事業に対しては、使用者・労働者の国籍を問わず、また当事者の意思のいかんを問わず適用される。また、外国で事業を行う日本企業や海外企業で働く日本人には労働基準法などは適用されないが、短期の出張や国内の事業所が労務管理を行っている場合など海外での就労が一時的なもので国内の事業との関係が継続されている場合には適用される。

7　労働契約については、外国法を適用することが公序に反しない限り、当事者の合意により準拠法が決定され、当事者の意思が明らかでない場合には、労働契約を締結した国の法律に準拠する。労働契約において準拠法に関する合意が明確でない場合でも、具体的な事情を総合的に考慮して、当事者の意思が推定される場合がある。

1　労働者

(1) 労働基準法の「労働者」

　労働基準法は、「労働者」について、「職業の種類を問わず、事業に使用される者で、賃金を支払われる者（同法第9条）」と定義しています。この定義は、労働安全衛生法や最低賃金法などで引用されているほか、他の法令においても定義を置かずに同様の内容で用いられています。
　労働基準法の労働者とは、次の3つの要件を満たす者をいいます。
① 事業・事務所（適用事業）に使用される者であること。
② 他人から指揮命令を受けて使用される者であること。
③ 賃金を支払われる者であること。

　このため、一般的には、請負契約による場合などは、その業務を自己の業務として注文主から独立して処理するものである限り、たとえ本人が労務に従事する場合であっても同法の「労働者」になることはありません（昭和23年1月9日基発第14号）。たとえば、工場がその建物などの施設を大工に修繕させる場合は、請負契約に該当するので、同法の「労働者」にはなりません（昭和23年12月25日基収第4281号）。
　しかしながら、形式上は請負のような形をとっていても、その実体において使用従属関係があるときは、その関係は労働関係であり、その請負事業者は同法の「労働者」に該当します。

ア　労働基準法の「労働者」の判断基準

　労働基準法の「労働者」に該当するか否かについては、次の基準により判断します（労働基準法研究会報告「労働基準法の『労働者』の判断基準について（昭和60年12月19日）」）。

1.「使用従属性」に関する判断基準
(1)　「指揮監督下の労働」に関する判断基準
① 仕事の依頼、業務従事の指示などに対する諾否の自由の有無

　　仕事の依頼、業務従事の指示などに対する諾否の自由があることは、指揮監督関係を否定する重要な要素となる。これを拒否する自由を有しない場合は、指揮監督関係を推認させる重要な要素となる。ただし、その場合には、その事実関係だけでなく、契約内容なども勘案する必要がある。

② 業務遂行上の指揮監督の有無

　　業務の内容および遂行方法について「使用者」の具体的な指揮命令を受けていることは、指揮監督関係の基本的かつ重要な要素である。しかし、通常注文者が行う程度の指示などにとどまる場合には、指揮監督を受けているとはいえない。

　　「使用者」の命令、依頼などにより通常予定されている業務以外の業務に従事することがある場合には、「使用者」の指揮監督を受けているとの判断を補強する重要な要素となる。

③ 拘束性の有無

　　勤務場所および勤務時間が指定され、管理されていることは、一般的には、指揮監督関係の基本的な要素である。しかし、業務の性質、安全を確保する必要などから必然的に勤務場所および勤務時間が指定される場合があり、その指定が業務の性質などによるものか、業務の遂行を指揮命令する必要によるものかを見極める必要がある。

④ 代替性の有無

　　本人に代わって他の者が労務を提供することが認められていること、また、本人が自らの判断によって補助者を使うことが認められていることなど、労務提供の代替性が認められている場合には、指揮監督関係を否定する要素の1つである。

(2)　報酬の労務対償性の有無に関する判断基準

報酬が時間給を基礎として計算されるなど労働の結果による較差が少ない、欠勤した場合には応分の報酬が控除され、いわゆる残業をした場合には通常の報酬とは別の手当が支給されるなど報酬の性格が使用者の指揮監督のもとに一定時間労務を提供していることに対する対価と判断される場合には、「使用従属性」を補強する。

2.「労働者性」の判断を補強する要素
(1)　事業者性の有無
　① 機械、器具の負担関係
　　　本人が所有する機械、器具が著しく高価の場合には自らの計算と危険負担に基づいて事業経営を行う「事業者性」としての性格が強く、「労働者性」を薄める要素となる。
　② 報酬の額
　　　報酬の額が、その企業において同種の業務に従事している正規従業員に比して著しく高額な場合には、その報酬は、自らの計算と危険負担に基づいて事業経営を行う「事業者性」に対する代金の支払いと認められ、その結果、「労働者性」を薄める要素となる。
　③ その他
　　　裁判例においては、業務遂行上の損害に対する責任を負う、独自の商号使用が認められているなどの点を「事業者性」としての性格を補強する要素としているものがある。
(2)　専属性の程度
　　　他社の業務に従事することが制度上制約され、また時間的余裕がなく事実上困難である場合には、専属性の程度が高く、いわゆる経済的にその企業に従属していると考えられ、「労働者性」を補強する要素のひとつと考えて差し支えない。
　　　報酬に固定給部分がある、業務の配分などにより事実上固定給となっている、その額も生計を維持しうる程度のものであるなど報酬に生

活保障的な強いと認められる場合には、「労働者性」を補強するものと考えて差し支えない。
(3)　その他
　　裁判例においては、①採用、委託などの際の選考過程が正規従業員の採用の場合とほとんど同様であること、②報酬について給与所得としての源泉徴収を行っていること、③労働保険の適用対象としていること、④服務規律を適用していること、⑤退職金制度、福利厚生を適用していることなど「使用者」がその者を自らの労働者と認識していると推認される点を「労働者性」を肯定する判断の補強理由とするものがある。

イ　労働者であるか否かが問題となった裁判例

　労働者であるか否かが問題となった最近の裁判例において、労働者に該当すると判断された者には、

◆名目的に取締役の地位にあったに過ぎない者（ゾンネボード製薬事件　東京地裁八王子支部平成5年2月18日労判627-10）
◆寺院の経理事務を含む維持管理業務および拝観業務に従事してきた者（観智院事件　京都地裁平成5年11月15日労判647-69）
◆会社の指揮監督下において、その提供する労務を会社の事業運営の機構の中に組み入れられている大工（丸善住研事件　東京地裁平成6年2月25日労判656-8）
◆パン・洋菓子製造会社とパン類の訪問販売を行う旨の「外交員契約」を結んだ者（中部ロワイヤル事件　名古屋地裁平成6年6月3日労判680-92）
◆会社の指揮命令に従って芸能出演などする歌手（スター芸能企画事件　東京地裁平成6年9月8日判時1536-61）
◆店舗に来店する客に対しマッサージを行う者（山口観光事件　大阪地裁平成7年6月28日労判686-71）

◆病院の院長（中央林間病院事件　東京地裁平成8年7月26日労判699-22）
◆会社でタンクローリー車の入庫誘導や防犯点検のための事務所の巡回などを行う者（江東運送事件　東京地裁平成8年10月14日労判706-37）
◆寺において、主に葬式、法事などの受付業務に従事し、宿直する者（実正寺事件　高松高裁平成8年11月29日労判708-40）
◆汎用コンピューター用ソフト開発に従事する者（羽柴事件　大阪地裁平成9年7月25日労判720-18）
◆ゲームソフトのプログラム作成に従事する者（タオヒューマンシステムズ事件　東京地裁平成9年9月26日労経速1658-16）
◆証券会社の営業嘱託従事者（泉証券事件　大阪地裁平成11年7月19日労判791-15）
◆語学・翻訳教育・翻訳会社の海外事業開発室長兼取締役（バベル事件　東京地裁平成11年11月30日労判789-54）
◆請負契約を結びながら、正社員、派遣労働者と共に、正社員とほぼ同様の勤務日および勤務時間の指定・管理を受けて工場内で製品の仕上組立作業などに専属的に従事する者（三精輸送機事件　京都地裁福知山支部平成13年5月14日労判805-34）
◆会社の指揮監督下に、会社の準備したコスチュームを使用して業務を行い、欠席ないし降板した場合は、その回数に応じて違約金を支払わなければならない楽団員（チボリ・ジャパン事件　岡山地裁平成13年5月16日労判821-54）
◆会社に中途採用され、入社約1年後に業務内容、就業形態などはほとんど変更がないものの取締役に就任したコンピューターシステム技術者（オー・エス・ケー事件　東京地裁平成13年11月19日労経速1786-31）
◆映画撮影技師（新宿労働基監督署長（映画撮影技師）事件　東京高裁平成14年7月11日労判832-13）

◆嘱託（岡山大学学友会事件　広島高裁岡山支部平成15年2月27日労判855−82）
◆アニメーションなどのスタジオで図画を製作するデザイナー（エーシーシープロダクション製作スタジオ事件　最高裁第二小法廷平成15年4月11日労判849−23）
◆マーケティング部門社員の監督、製品およびPVL、販売分析報告、倉庫および流通業務、社員教育、イベントおよび広報業務、メディアとの接触などを職務とする者（モーブッサン・ジャパン事件　東京地裁平成15年4月28日労判854−49）
◆同族会社の専務取締役（大阪中央労基署長（おかざき）事件　大阪地裁平成15年10月29日労判866−58）
◆医大病院の研修医（関西医科大学研修医事件　最高裁第一小法廷平成17年6月3日労判893−14）
◆クラブ・ホステス（長谷実業事件　東京地裁平成7年11月7日労判689−61、クラブ「イシカワ」（入店契約）事件　大阪地判平成17年8月26日労判903−83）
◆運送委託契約により一般貨物自動車運転に従事する運転者（アサヒ急配事件　大阪地裁平成18年10月12日労判928−24）
◆県民共済の普及員（千葉労基署長（県民共済生協）事件　東京地裁平成20年2月28日労判962−24）
などがあります。

　一方、労働者ではないと判断されたものには、
◆集材機を保有、使用し、その指揮下にある山林作業員ら数名とともに、複数の製材所などの依頼を受け、集運材作業を専門に山林作業に従事する山仙頭（日田労基署長事件　最高裁第三小法廷平成元年10月17日労判556−88）
◆所有するミキサー車により生コン運送を行う運転手（眞壁組事件　大阪

地裁平成2年10月15日労判573-20、日本一生コンクリート事件　大阪地裁平成8年5月27日労判700-61)

◆村の共有林の伐採作業に従事する者(新発田労基署長(朝日村)事件　新潟地裁平成3年3月29日労判589-68)

◆株式会社の監査役(セイシン・ドライビングスクール事件　静岡地裁平成3年5月23日判タ763-263)

◆コンピューターシステムのマニュアル作成の仕事の仲介営業活動などを行う者(パピルス事件　東京地裁平成5年7月23日労判638-53)

◆証券会社の外務員(太平洋証券事件　大阪地裁平成7年6月19日労判682-72)

◆木造建築工事における労働力の貸し借りの関係にあった一人親方の大工(相模原労働基準監督署長事件　横浜地裁平成7年7月20日労判698-73)

◆グループを作り、所有する軽貨物自動車を用いて運送会社の運送業務に従事する者(日本通運事件　大阪地裁平成8年9月20日労判707-84)

◆所有するトラックを持ち込み、専属的に特定の会社の製品の運送業務に従事する者(横浜南労基署長(旭紙業)事件　最高裁第一小法廷平成8年11月28日労判714-14)

◆ホテル・旅館・食堂・休憩所運営会社の代表取締役(美浜観光事件　東京地裁平成10年2月2日労判735-52)

◆代表取締役退任後の常務取締役(ファイブワン商事事件　大阪地裁平成10年9月18日労判753)

◆名実ともに取締役である者(信榮産業事件　東京地裁平成11年5月27日労経速1707-24)

◆運送会社のタンクローリー運転手(協和運輸事件　大阪地裁平成11年12月17日労判781-65)

◆食料品・日用雑貨品小売会社の任期2年の代表取締役(ポップマート事

件　東京地裁平成11年12月24日労判777-20）
◆病院の理事兼院長（恒昭会事件　大阪地裁平成12年2月4日労経速1728-8）
◆シルバー人材センターの会員（大阪市シルバー人材センター事件　大阪地裁平成14年8月30日労判837-29）
◆NHKの受信料集金受託者（NHK盛岡放送局事件　仙台高裁平成16年9月29日労判881-15、NHK千葉放送局事件　東京高裁平成18年6月27日労判926-64）
◆1年契約のオペラ歌手（新国立劇場運営財団事件　東京地裁平成18年3月30日労判918-55）
◆フランチャイズ店の店長（ブレックス・ブレッディ事件　大阪地裁平成18年8月31日労判925-66）
◆先物取引取扱会社の登録外務員（アサヒトラスト事件　東京地裁平成18年10月27日労判928-90）
◆スキー製作会社とアドバイザースタッフ契約を結んでいるスキーコーチ（長野労基署長（小賀坂スキー製作所）事件　長野地裁平成19年4月24日）
◆一人親方（藤沢労署長事件　最高裁第一小法廷平成19年6月28日労判940-11）
◆レースライダー（磐田労基署長事件　東京高裁平成19年11月7日労判955-32）
◆新聞社において翻訳や記事執筆などをするフリーランサー（朝日新聞社（国際編集部記者）事件　東京高裁平成19年11月29日労判951-31）

などがあります。

　裁判例においては、具体的に、次のような判断をしています。

A　請負・委託関係

① 作業場を持たずに1人で仕事に従事する大工

ⅰ 会社の求めに応じて工事に従事していたが、仕事の内容については仕上がりの画一性、均質性が求められることから、会社から寸法、仕様などにつきある程度細かな指示を受けていたものの、具体的な工法や作業手順の指定を受けることはなく、自分の判断で工法や作業手順を選択できたこと、ⅱ 作業の安全確保、近隣住民に対する振動、騒音などに対する配慮から所定の作業時間に従って作業することが求められていたが、事前に会社の現場監督に連絡すれば、工期に遅れない限り、仕事を休むなどは自由にできたこと、ⅲ 会社から他の仕事を行うことを禁じられていたことはなかったこと、ⅳ 会社との間の報酬の取決めは、完全な出来高払いの方式が中心とされ、日当を支払う方式は、出来高払いの方式による仕事がないときに数日単位の仕事をするような場合に用いられていたが、いずれの方式による場合も請求書によって報酬の請求を行い、それは会社の従業員の給与よりも相当高額であったこと、ⅴ 一般的に必要とされる大工道具一式を所有し、これらを作業現場に持ち込んで使用しており、会社の所有する工具を借りて使用したのは、当該工事のみで使用する特殊な工具に限られていたこと、ⅵ 会社の就業規則、それに基づく年休制度、退職金制度の適用を受けず、国民健康保険の被保険者となっており、会社を事業主とする労働保険・社会保険の被保険者となっていなかったし、報酬について給与としての所得税の源泉徴収も行われていなかったこと、ⅶ 会社の依頼により、職長会議に出席しその決定事項・連絡事項を他の大工に伝達するなど職長の業務を行い、職長手当の支給を別途受けていたが、これは大工仲間の取り纏め役や未熟な大工の指導を行うことを期待して会社から依頼されたものであり、会社の指揮監督の下に労務を提供していたものと評価することはできず、会社から支払われた報酬は、仕事の完成に対して支払われたものであって、労務の提供の対価として支払われたものとみることは困難であり、自己所有の道具の持込み使用状況、

会社に対する専属性の程度などに照らしても、労働基準法上の労働者に該当しない(藤沢労基署長事件)。

② 自己の所有するトラックを持ち込み、専属的に特定の会社の製品の運送業務に従事していた運転手

ⅰ 自己の危険と計算の下に運送業務に従事していたものであり、運送という業務の性質上当然に必要とされる運送物品、運送先および納入時刻の指示をしていた以外には、業務の遂行に関し、特段の指揮監督を受けていたとはいえないこと、ⅱ 時間的、場所的な拘束の程度も、一般の従業員と比較してはるかに緩やかであること、ⅲ 報酬の支払方法、租税および各種保険料の負担などの状況、ⅳ 専属的に特定の会社の製品の運送業務に携わっており、その運送係の指示を拒否する自由はなかったこと、ⅴ 毎日の始業時刻および終業時刻は、運送係の指示内容によって事実上決定されることなどから、労基法の労働者にはあたらない(横浜南労基署長(旭紙業)事件)。

③ 山仙頭

本件においては、大型の機械装置である集材機を複数セット所有し、グループ員を率いて特定の製材業者や森林組合の輩下に就くことなく、永年集運材作業を専門に行い、一時に複数の製材所から注文を受けて集運材作業に従事することもあるなど作業の具体的現場ではグループ員の指揮監督に当り、グループ員に対する労賃も依頼主から支払われる報酬の中から自己の管理下においてこれを一定の基準に従って支払い、自らは個人事業主として事業税を申告、納付してきている事実に照らすと、本件山林作業の依頼を受けた当時、すでに同輩者中の第一人者的地位にある山仙頭の立場を超えて、自らグループ員を雇用する1個の独立した事業主としての地位を有していた(日田労基署長事件)。

④　自己所有の工具類を使用して掘り出した石を割る作業に従事している者

　工事現場において、宅地造成工事業者の監督の下に自己所有の工具類を使用して掘り出した石を割る作業に従事しており、その賃金は、業者から毎月5日に支払われている。かくの如き労務を提供するにあたっては、実質的に支配従属の関係にあったことが明らかであるから、労働基準法上の労働者と使用者の関係にあった（岡山労基署（河口宅地造成）事件　最高裁第二小法廷昭和41年4月22日民集20－4－792）。

⑤　証券会社の外務員

　証券会社との間に成立した外務員契約において、外務員として、会社の顧客から株式その他の有価証券の売買またはその委託の媒介、取次またはその代理の注文を受けた場合、これを会社に通じて売買その他の証券取引を成立させるいわゆる外務行為に従事すべき義務を負担し、会社はこれに対する報酬として出来高に応じて賃銀を支払う義務あると同時に有価証券の売買委託を受理すべき義務を負担していたものであり、契約には期間の定めがなかったから、契約は内容上雇傭契約ではなく、委任若しくは委任類似の契約であり、少なくとも労働基準法の適用さるべき性質のものではない（山崎証券事件　最高裁第一小法廷昭和36年5月25日民集15－5－1322）。

⑥　NHKの受信料集金等受託者

　労働関係を規律する根本規範とも言うべき就業規則が適用されないこと、業務遂行についての時間・場所・方法などは受託者の自由裁量に委ねられ、拘束を受けることはないこと、委託業務はあらかじめ契約によって具体的に規定されていること、受託者が契約外の業務をするよう指揮命令を受けることは想定されていないし、そのような指示や依頼は拒否できること、受託者の報酬には職員給与規程は適用されず出来高方式が基

本とされていること、報酬の税法上の区分は事業所得であること、受託者は業務の再委託や兼業が自由であることといった事情に照らせば、本件契約は、使用従属関係を規定する性質のものではなく、労働契約の内容を有するものと認めることはできず、（準）委任契約と請負契約の混合契約とでも言うべき性質のものと解される（NHK盛岡放送局事件）。

⑦　映画撮影技師
　プロダクションとの撮影業務に従事する契約に基づき映画撮影に従事しており、本件映画撮影業務については、ⅰプロダクションへの専属性は低く、プロダクションの就業規則などの服務規律も適用されていないこと、ⅱ所得申告上も事業所得として申告され、プロダクションも事業報酬である芸能人報酬として源泉徴収を行っていることなど使用従属関係を疑わせる事情はあるが、ⅲ撮影技師は監督に従う義務があること、ⅳ報酬も労務提供期間を基準にして算定していること、ⅴ個々の仕事についての諾否の自由が制約されていること、ⅵ時間的・場所的拘束性が高いこと、ⅶ労務提供の代替性が低いこと、ⅷ撮影機材はプロダクションのものであること、ⅸプロダクションが本件報酬を労災保険料の算定基礎としていることなどを総合して考えれば、使用者との使用従属関係の下に労務を提供していたと認めるのが相当であり、労基法9条にいう「労働者」に該当する（新宿労基署長（映画撮影技師）事件）。

⑧　フランチャイズ店の店長
　ⅰ研修、業務指導についてはフランチャイズ契約に基づいて、加盟店の運営に関する指導・援助として行ったもので、具体的にこれに関与していないこと、ⅱその業務遂行につき指揮命令を及ぼしていたとは認められないこと、ⅲアルバイトの給与の決定に関与していないとしても、業務遂行につき指揮命令を及ぼしていたとは認められないこと、ⅳ報酬額の算定に勤務時間を考慮する必要はなく、アルバイトと同様にタイムカードに記載し

ていたからといって、就労時間について具体的に指揮命令を及ぼしていたとは認められないこと、ⅴ営業状況の報告は、ロイヤリティの算定のために必要なもので、その報告の事実をもって業務遂行につき指揮命令を及ぼしていたとは認められないことなど使用従属の関係があったとはいえないから、労基法上の労働者ではない（ブレックス・ブレッディ事件）。

⑨　クラブ・ホステス
　タイムカードによる管理がなされ、使用従属関係において拘束性があること、クラブが負担する店舗などにかかる費用全般を考えると、ホステスの負担する衣装代が高額としても、なおホステスに事業者性を認めることはできないので、ホステスとクラブとの契約は、クラブでホステスとして接客サービスという労務を提供し、クラブ経営者が賃金を支払うという雇用契約であり、労働基準法の適用がある（クラブ「イシカワ」入店契約事件）。

⑩　1年契約のオペラ歌手
　出演基本契約を締結した合唱団契約メンバーとの関係をみると、メンバーは個別契約締結について基本的には諾否の自由があり、音楽監督や指揮者との間に存する指揮監督関係や場所的・時間的拘束性は業務の性質そのものに由来するものであって、これを労働者性肯定の要素とみることはできず、業務の代替性がないことも労働者性肯定の要素とはいえず、専属性も認められず、また、報酬は労務対償的部分も一部存するが、全体としてはこれを肯定するには至らないのであって、これらを総合すると、労基法の適用される労働契約関係であることを認めることはできない（新国立劇場運営財団事件）。

⑪　コンピューターシステムのマニュアル作成の仕事の仲介営業活動などを行う者
　ⅰ契約上、業務はメーカーから直接にコンピューターシステムのマニュア

ル作成の契約受注を継続的に受け得る体制をつくるための営業活動および契約が成立した場合における制作実務および進行管理などに一応限定され、契約の企画制作および進行管理などに携わった場合には、月額20万円の報酬に加えて、受注額に応じた報酬の支払約束があったこと、ii 業務の必要に応じて出勤を要するものとされ、時間管理の拘束を受けていなかったうえ、具体的な指示・命令を受けない自由な立場で営業活動を行っていたこと、iii 給与名目の金員から健康保険、厚生年金、雇用保険などの社会保険料および地方税の控除が行われず、所得税の源泉徴収についても、主たる給与などでない源泉税率表乙欄の税率が適用され、主たる就業先でない扱いがされていたこと、iv 他の仕事に従事することが許容されていたとみることができることなどによれば、支配従属関係があるとはいえないから、本件契約は、コンピューターシステムのマニュアル作成などの仕事の仲介営業活動などを行うことを内容とする業務委託契約である（パピルス事件）。

B 会社の役員など

① 職務内容が塗装機械用の塗料製法の指導、塗料の研究で、直接加工部長の指揮命令に服することなく、部長の相談役の立場である嘱託

遅刻、早退などによって給与の減額を受けることがなかったとはいえ、週6日間朝9時から夕方4時まで勤務し、毎月一定の本給のほか時給の2割5分増の割合で計算した残業手当の支払を受けていたから、本件嘱託契約は雇用契約であって、労働法の適用を受ける労働者である（大平製紙事件　最高裁第二小法廷昭和37年5月18日民集16-5-1108）。

② 同族会社の専務取締役

「労働者」が、実質的概念である以上、呼称が専務取締役とされているとしても、直ちに被災者が「労働者」性を喪失していたとはいえない。会社に雇用されて以来一貫して営業を担当し、会社においては最も営

（3）労働組合法の「労働者」

　労働組合法では、「労働者」を「職業の種類を問わず、賃金、給料その他これに準ずる収入によって生活する者（同法第3条）」をいうと定義しています。

　労働組合法の労働者に該当するか否かに関しては、テレビ局との間で他社出演が自由とされている楽団員について、会社の出演依頼に原則として応じる義務があり、報酬が演奏という労務給付の対価とみなしうる場合は、労働組合法第3条の労働者に当たるとする判例（CBC管弦楽団労組事件　最高裁第一小法廷昭和51年5月6日）があります。

2 使用者

（1）労働基準法の「使用者」

　労働基準法では、「使用者」について、「事業主又は事業の経営担当者その他その事業の労働者に関する事項について、事業主のために行為をするすべての者（同法10条）」と定義しています。この定義は、最低賃金法や「賃金の支払の確保等に関する法律」などで引用されており、他の法律では、事業者（労働安全衛生法など）や事業主（「雇用の分野における男女の均等な機会及び待遇の確保等に関する法律（以下「男女雇用機会均等法」という）」など）を法律の義務の主体としています。

　労働基準法の「事業の経営担当者その他その事業の労働者に関する事項について、事業主のために行為をするすべての者」については、職種や職位で決まるのではなく、実質的に有する権限によって判断され、①「経営担当者」とは、事業経営一般について責任を負う者をいい、②「その他その事業の労働者に関する事項について、事業主のために行為をする者」とは、人事、給与、労務管理など労働に関する業務に関して、権限を与えられている者をいいます。したがって、このような権限を与えられている者であれば、職階の上下に関係なく、すべて含まれますが、具体的には事業運営

の実態に即して判定されます。

　なお、これに関して、表面上は会社の有限責任社員に過ぎないが、事実上は設立以来会社は同人経営の個人商店の如く会社運営に関する実権を握つて会社の経営を担当している者は、同条の使用者であるとする判例（労働基準法違反被告事件　最高裁第一小法廷昭和26年12月20日刑集5−13−2552）があります。

(2) 労働契約法の「使用者」

　労働契約法では、「使用者」について「その使用する労働者に対して賃金を支払う者（同法第2条第2項）」と定義しており、労働基準法の事業主がこれに該当します。

(3) 労働組合法の「使用者」

　労働組合法では使用者の定義を置いていませんが、同法の使用者に当たるか否かに関する判例には、次のようなものがあります。

① 　請負契約に基づき労働者の派遣を受けていた企業が労働者の派遣を受けて自己の業務に従事させ、基本的労働条件について雇用主と部分的に同視できる程度に現実的かつ具体的に支配、決定できる地位にある者は労働組合法第7条の使用者に当たる（朝日放送事件　最高裁第三小法廷平成7年2月28日労判929−94）。

② 　社外労働者の直接の雇用主が法人格のみで実体としては存在せず、受入企業が実際上は彼らを個人として採用しているなどの場合においては、受入企業は、団体交渉上使用者に当たる（油研工業事件　最高裁第一小法廷昭和51年5月6日民集30−4−409）。

③ 　国鉄改革に関して、日本国有鉄道改革法（改革法）は、設立委員自身が不当労働行為を行った場合は別として、専ら国鉄が採用候補者の選定及び採用候補者名簿の作成に当たり組合差別をしたという場合には、労働組合法7条の適用上、専ら国鉄、次いで事業団にその責

任を負わせることとしたものと解さざるを得ず、このような改革法の規定する法律関係の下においては、設立委員ひいては承継法人（JR各社）が同条にいう「使用者」として不当労働行為の責任を負うものではない（JR北海道・日本貨物鉄道不採用事件　最高裁第一小法廷平成15年12月22日労判864-5）。

④　使用者の利益代表者に近接する職制上の地位にある者が使用者の意を体して労働組合に対する支配介入を行った場合には、使用者との間で具体的な意思の連絡がなくとも、当該支配介入をもって使用者の不当労働行為と評価することができる（JR東海事件　最高裁第二小法廷平成18年12月8日労判929-5）。

⑤　使用者と取引関係にあり、かつ、融資も受けている第三者から迫られ、会社存続のために行ったとしても、第三者の意図が使用者の意思に直結して、使用者の意思を形成したことになる（山恵木材事件　最高裁第三小法定昭和46年6月15日民集25-4-516）。

3　黙示の労働契約

（1）黙示の労働契約が成立する場合

　使用者と労働者の間に労働契約が存在するためには両者の意思の合致が必要ですが、労働契約の本質は使用者が労働者を指揮命令し監督することにありますので、明示された契約の形式だけではなく、労務供給の具体的な実態により、両者間に事実上の使用従属関係があるかどうかを判断し、使用従属関係があり、かつ、両者間に客観的に推認される黙示の意思の合致がある場合には、黙示の労働契約の成立が認められることがあります。例えば、患者の付添婦が病院の指揮、命令および監督のもとに病院に対して労務を提供し、病院がこれを受領していたと評価できる場合です（安田病院事件　最高裁第三小法廷平成10年9月8日労判744-63）。

（2）労働者が他の企業に派遣されて就労している場合

　請負や労働者派遣により、労働者が他の企業に派遣されて就労している場合には、派遣先の企業を使用者とする黙示の労働契約が成立しているか否かが問題となることがあります。このような場合に、労働契約関係が成立しているのは、派遣先の企業が派遣された労働者の業務遂行について指揮命令や出退勤管理を行っているだけではなく、賃金額を決定して支払い、かつ採用を決定しているなど、使用者としての基本的要素を備えている場合であると解されています。

ア　黙示の労働契約の成立が認められた裁判例

　黙示の労働契約の成立が認められた裁判例には、次のようなものがあります。

① 　請負会社と派遣先の間の契約は職業安定法で禁止する労働者供給契約であり、請負会社と労働者の間の契約も労働者供給のための契約であって、いずれも公序良俗に反し無効である。派遣先は、派遣された労働者を直接指揮監督していたものとして事実上の使用従属関係があり、労働者が請負会社から受領する金員は、派遣先が請負会社に業務委託料として支払った金員から利益などを控除した額を基礎とするもので、派遣先が派遣された労働者の給与額を実質的に決定する立場にあった。そうすると、無効である各契約にもかかわらず継続した労働者と派遣先間の実態関係を法的に根拠づけ得るのは、両者の使用従属関係、賃金支払関係、労務提供関係などの関係から客観的に推認される労働者と派遣先間の労働契約のほかなく、両者の間には黙示の労働契約の成立が認められる（松下プラズマディスプレイ事件　大阪高裁平成20年4月25日労判960－5）。

② 　社外労働者と受入企業間に黙示の労働契約が成立していると認められるためには、社外労働者が受入企業の事業所において受入企業から作業上の指揮命令を受けて労務に従事していること、実質的にみ

て派遣企業ではなく受入企業が社外労働者に賃金を支払い、社外労働者の労務提供の相手方が派遣企業ではなく受入企業であることが必要である。本件においては、ナブコとは、形式的には、ナブコ産業との間の労働契約およびナブコとナブコ産業との間の業務請負契約に基づいて、ナブコに労働力を提供していたのであるが、業務請負としては、専ら完全親会社であるナブコの工場に対する労働力の供給しか行っていなかったことが認められ、ナブコ産業による採用は、完全親会社であるナブコの採用を代行していたに過ぎない。また、その他の複数のナブコの正社員と同一の作業を渾然一体となって行っていたといえるし、出勤簿はナブコが管理し、残業についてもナブコの工場長の指示で行われていたこと、有給休暇の申請についても被告の班長に提出していたことが認められるから、実質的に見れば、受入企業であるナブコから作業上の指揮命令を受けて労務に従事しており、ナブコ産業ではなく受入企業のナブコが社外労働者に賃金を支払い、労務提供の相手方はナブコであった。そうすると、このような勤務形態で勤務を開始した時点で、ナブコとの間には黙示の労働契約が成立した（ナブテスコ事件　神戸地裁明石支部平成17年7月22日労判901-21）。

③　一般に、労働契約は、使用者が労働者に賃金を支払い、労働者が使用者に労務を提供することを基本的要素とするから、黙示の労働契約が成立するためには、社外労働者が受入企業の事業所において受入企業から作業上の指揮命令を受けて労務に従事するという使用従属関係を前提にして、実質的にみて、その労働者に賃金を支払う者が受入企業であり、かつ、その労務提供の相手方が受入企業であると評価することができることが必要である。本件においては、派遣先は、当初から、派遣させた労働者を使用してその労務の提供を受け、これに対し賃金を支払う意思を有し、労働者も、派遣先の指揮命令の下で、これに対して労務を提供し、その対価として賃金を受け取る意思があり、したがって、実質的にみて、両者間には、就労開始の時点で黙示の労働契

約が成立した(センエイ事件　佐賀地裁武雄支部平成9年3月28日労判719-38)。

イ　黙示の労働契約の成立が認められなかった裁判例

①　エキストラ紹介会社に会員として登録し、その紹介によりエキストラとして出演した者について、「紹介会社は当該制作会社のほかにも多数の制作会社と同様の契約を締結しており、制作会社に派遣されるに際しては、その都度紹介会社と労働契約を締結し、紹介会社と制作会社との間の派遣契約のもとに、紹介会社の従業員として制作会社に派遣された(大映映像等事件　東京高裁平成5年12月22日労判664-81)。

②　B社との間では明確に労働契約が締結され、当初の契約の締結および契約の更新の際にはそれぞれ契約書も作成されており、賃金はすべてB社から支払われていたこと、B社とC社とは、同一グループに属する関連企業で、従業員の出向などの協力関係にあり、また、A社とC工業とは、請負契約を締結して長期間継続的に取引をしていたものであるがいずれも、それぞれ事業内容を異にする独立した法人企業であって、その就労については、B社とC社との間には出向契約が、A社とC工業との間には業務の請負契約が締結されており、B社は自らの意思で採用、賃金その他の勤務条件の決定、指揮監督も行っており、他の会社の意思によりこれらが決定されていたというような関係はないこと、労働者は、B社に雇用され、自ら同意してA社に出向の上、C工業の工場内でA社の請け負った委託業務に従事したものであること、労働者自身、自己がC工業の従業員であるとの意識を有していたと認められる証拠はなく、むしろ、C工業の従業員とは異なった取扱いを受けていることを熟知していたものと認められ、B社に対しては正社員にすることを要求し、A社に対しては同社との労働契約の締結を求めるなどしていることからすれば、労働契約ならびに出向契約および業務の請負契約が形

式的なものであるとは到底いえず、労働者が専らC工業の工場内で作業をし、具体的な作業につきC工業の従業員から技術指導や指示を受けたりしていたことがあるとしても、黙示の労働契約が成立していたとは認められない(セントランス・セントラルエンジニアリング・松下通信工業事件　東京高裁平成3年10月29日労判598-40、最高裁第一小法廷平成4年9月10日)。

③　海外でのポンプ据え付け工事に従事している者とその工事を施行している会社との関係について、「労働者の供給する労務は専門的な知識や技術を必要とするものではあるが、労務供給の形態が、労務の供給を受けるポンプ据付会社の定める就業時間に従い、同社の現場総責任者の監督や指示に従いながら労務を供給することが求められるものであることや、その対価も月額という時間の長さによって決められていることからすると、労働者と会社との間の本件契約は、労働者をポンプ据付会社に派遣するためにその前提として締結した労働契約である。なお、ポンプ据付会社に労働者に対し賃金などの対価を支払うべき義務を負っていないことからしても、ポンプ据付会社と労働者との間には雇用関係がないことは明らかであり、当事者間に新たに雇用関係が生じるいわゆる出向とは異なる(三和プラント工業事件　東京地裁平成2年9月11日労判569-33)」。

④　テレビ会社と下請会社の従業員との関係について、「労働者はテレビ会社に面接のうえ採用されたわけではなく、テレビ会社の録画班に派遣されていた交替要員として単にテレビ会社に派遣されてきたものであり、テレビ会社は特定の人物に着目して業務を遂行させるようになったものではなく、単に派遣されている従業員のうちの1人が交替したと捉えていたにすぎないこと、下請会社は、その就業規則において独自に勤務時間、休暇などを定め、出勤表を用意するなどして労働者の勤務状況の把握に努め、現場責任者などを介して従業員の評価を行うとともに、労働者に対し、賃金、一時金などを直接支払っており、その従業員を被

保険者として各種社会保険に加入しており、また労働者の属する東京地区労組は下請会社に対し労働条件の改善などの諸要求を掲げてこれと交渉していることに鑑みると、下請会社は従業員の雇用主として独自に指揮命令権を有し、労務管理を行っており、賃金など労務の対価を支払っているものというべきであって、労働者が、少なくとも下請会社の支配関係を離れて、直接テレビ会社の指揮命令の下に拘束を受けて就労する状態にあり、直接労働者とテレビ会社との間に黙示の労働契約が成立していたということはできない（テレビ東京事件　東京地裁平成元年11月28日労判552−39)｣。

⑤　業務委託契約に基づいて放送会社へ派遣され、放送会社の指揮監督下で就労していた従業員と放送会社の関係について、「労働契約といえども、黙示の意思の合致によっても成立しうるから、事業場内下請労働者（派遣労働者）の如く、外形上親企業（派遣先企業）の正規の従業員と殆んど差異のない形で労務を提供し、したがって、派遣先との間に事実上の使用従属関係が存在し、しかも、派遣元がそもそも企業としての独自性を有しないとか、企業としての独立性を欠いていて派遣先の労務担当の代行機関と同一視しうるものであるなどその存在が形式的名目的なものに過ぎず、かつ、派遣先が派遣労働者の賃金額その他の労働条件を決定している事情のあるときには、派遣労働者と派遣先との間に黙示の労働契約が締結されたものと認めうべき余地がある。本件においては、派遣労働者は、事業場内下請労働者として放送会社に派遣され、その作業の場所を放送会社社屋内と限定されて労務を提供していたから、放送会社の職場秩序にしたがって労務提供をなすべき関係にあったばかりでなく、その各作業が放送会社の行う放送業務と密接不可分な連繋関係においてなさるべきところから、各作業内容につき放送会社社員から具体的な指示を受けることがあり、また作業上のミスについても放送会社の担当課長から直接注意を受けるなど放送会社から直接作業に関し指揮、監督を受けるようになっていたのであって、

放送会社との間にいわゆる使用従属関係が成立していたものであり、したがって、この使用従属関係の形成に伴い、放送会社が派遣労働者に対し、一定の使用者責任、例えば安全配慮義務等を課せられる関係にあったことは否定することができない。しかし、会社は、放送会社から資本的にも人的にも全く独立した企業であって、放送会社からも派遣労働者からも実質上の契約主体として契約締結の相手方とされ、現に従業員の採用、賃金その他の労働条件を決定し、身分上の監督を行っていたものであり、したがって、放送会社の労務担当代行機関と同一視しうるような形式的、名目的な存在に過ぎなかったというのは当たらない。また、放送会社は、会社が派遣労働者を採用する際にこれに介入することは全くなく、かつ、業務請負の対価として支払っていた本件業務委託料は、派遣労働者の人数、労働時間量にかかわりなく、一定額と約定していたから、放送会社が派遣労働者の賃金額を実質上決定していたということはできない。したがって、放送会社と派遣労働者との間に黙示の労働契約が締結されたものと認める根拠は見出し得ない（サガテレビ事件　福岡高裁昭和58年6月7日労判410－29）。

⑥　請負契約の実質が請負といい得るものではなく、JR西日本の指揮命令下での単なる労務の提供に過ぎないものでしかなかったとしても、JR西日本としては直接雇用する意思はなかったし、JR西日本に雇用された同社の従業員としての意識で業務に従事していたものでないから、その間には契約締結に向けられた意思の合致はなく、労働契約が締結されていたと認める根拠がない。請負契約が職業安定法や労働者派遣法の違反がある場合でも、その違法状態を解消するためにJR西日本が直接雇用の責任を当然に負担しなければならないものではなく、ましてや、違反の故に両者間の労働契約締結が擬制されるとの法律効果が生じるものではない。会社にしても、その違反の故に、法人格の異なるJR西日本をして直接雇用させる義務を負担するものでないので、仮に、本件請負契約が実質的に見て職業安定法などに違反するもの

であったとしても、そこから、JR西日本の従業員として処遇されるべきであったとの権利が生じる余地はない(大誠電機工業事件　大阪地裁平成13年3月23日労判806-30)。

このほか、黙示の労働契約の成立を否定した労働者派遣事業に関する裁判例があります(第19章717～719頁参照)。

4　法人格の否認

　法人格が全くの形骸にすぎない場合またはそれが法律の適用を回避するために濫用されるような場合に法人格を認めることは、法人格の本来の目的に照らして許されませんので、法人格が否認されることがあります。しかし、法人格が全くの形骸にすぎないというためには、単に会社の業務に対し他の会社または株主らが株主たる権利を行使し、利用することにより、その会社に対し支配を及ぼしているというだけでは足りず、その会社の業務執行、財産管理、会計区分などの実態を総合考慮して、法人としての実体が形骸にすぎないかどうかにより判断される(パルコスペースシステムズ事件　東京地裁平成14年10月29日労経速1847-3)と解されています。裁判例において法人格が否認されるケースは稀ですが、法人格が否認されたものとしては、次のようなものがあります。

① 　企画設計事務所は、会社の一営業部門として会社に帰属しその支配下にある側面と、同時に、社主の直接の支配下に属する側面をも二重に併せ持っていたことからすれば、法人格否認の法理が適用される結果、社主らは、いずれも企画設計事務所を実質的に支配するものとして、企画設計事務所が負う未払賃金債務および退職金債務について、同社とは別個の法主体であることを理由に、その責任を免れることはできない(黒川建設事件　東京地裁平成13年7月25日労判813-15)。
② 　A会社は、その設立当初から、専用の事務所や専属の従業員を持

たず、もっぱらB会社や同社役員の便宜のために設立された形骸のみの会社であるうえ、同社で使用する美容師に対する社会保険適用を回避するための手段として、その法人格が濫用されていたものであって、実質的には、A会社はB会社にほかならず、両社は一体のものであった（クリエイティヴ・インターナショナルコーポレーション事件　札幌地裁平成3年8月29日労判596-26）。

5　労働法の国際的な適用関係

　労働基準法などの労働法規は、日本国内において行われる事業に対しては、使用者・労働者の国籍を問わず、また当事者の意思のいかんを問わず、適用されます。したがって、日本国内で事業を行う外国企業や、不法就労者を含め日本国内で就労する外国人労働者に対して、適用されます。

　外国で事業を行う日本企業や、海外の企業で働く日本人労働者には労働基準法は適用されませんが、国内の事業所から海外へ派遣された場合でも短期の出張や国内の事業場が雇用管理を行っている場合など海外での就労が一時的なもので国内の事業との関係が継続していると認められる場合には、労働基準法などが適用されます。

　労働契約については、外国法を適用することが公序に反しない限り、当事者の合意により準拠法が決定されます（法例第7条）。また、当事者の意思が明らかでない場合には、労働契約を締結した国の法律に準拠します。労働契約において準拠法に関する合意が明確でない場合でも、具体的な事情を総合的に考慮して、当事者の意思が推定される場合があります。これに関しては、次のような裁判例があります。

① 　米国ジョージア州日本代表部職員の解雇について、「準拠法の合意を明示的にしたと認めるに足りる証拠はないが、本件労働者とジョージア州との間の雇用関係は、現実に契約締結に関与した者、契約締結の経緯、契約締結をした場所、労務を提供する場所、職務の内容、極東

代表部を日本の厚生年金、健康保険、雇用保険および労災保険の適用事業所としていたことなどすべてが日本に密接に関係しているのに対して、雇用主がジョージア州であることのほかには、契約締結の方式を含めジョージア州に関係する要素はない。こうした事情に照らせば、労働契約を締結するに際して、関係が希薄なジョージア州の法律の適用を想定していたとは考えられないから、その雇用関係に密接に関係している日本の法を雇用関係を巡る紛争についての準拠法とする黙示的な合意があった（米国ジョージア州事件　東京高裁平成19年10月4日労働判例955-83）。

② 労働契約の「雇用関係等に関連した紛争等が発生したときは、両当事者は、かかるすべての紛争などをカリフォルニア州サンタクララ郡においてアメリカ仲裁協会によって行われる仲裁によって、すべて、終局的かつ専属的に解決することに合意する。両当事者は、かかるすべての紛争または異議申立てを裁判官または陪審員による裁判に委ねるそれぞれの権利を放棄する。」旨の仲裁条項について、「本件仲裁条項の効力を判断する準拠法は、法例第7条第1項により、第1次的には当事者の意思によるところ、本件仲裁条項では、仲裁地についてカリフォルニア州をしていることから、仲裁地である同州の法律を準拠法とする旨の黙示的な合意がある（インターウォーブン・インク事件　東京地裁平成16年1月26日労判868-90）。

③ わが国の裁判所が本件訴訟について専属的な管轄を有する理由はなく、本社所在地を管轄する米国連邦裁判所ないしイリノイ州裁判所が本件訴訟について管轄を有することも明らかであり、しかも、専属的裁判管轄の合意は、本件労働契約書に明確に記載され、労働者はこれに署名しており、すでに認定したとおり合意が成立している。したがって、本件労働契約に関する専属的裁判管轄の合意は原則として有効である（ユナイテッド航空事件　東京地裁平成12年4月28日労判788-39）。

④　ドイツに本社をおく航空会社が東京を拠点として勤務する客室乗務員の付加手当について、「労働契約の準拠法は、法例第7条の規定に従って定められるが、当事者間に明示の合意がない場合でも、当事者自治の原則を定めた同条第1項により、契約の内容など具体的事情を総合的に考慮して当事者の暗黙の意思を推定すべきである。本件労働契約の内容は、ドイツで締結された労働協約によると合意されている。また、付加手当など労働協約の適用を受けない個別的な労働条件については、フランクフルト本社の客室乗務員人事部と交渉してきた。具体的な労務管理や指揮命令、フライトスケジュールの作成もドイツの担当部署が行っている。そのうえ、募集、面接、採用決定、労働契約締結はフランクフルト本社の担当者が行った。以上を総合すれば、本件労働契約の準拠法はドイツ法であるとの暗黙の合意が成立していた(ドイッチェ・ルフトハンザ・アクチェンゲゼルシャフト事件　東京地裁平成9年10月11日労判726－70)。

第2章

募集と職業紹介

「募集と職業紹介」のポイント
1　募集
2　職業紹介
3　労働組合等が行う労働者供給事業
4　労働者派遣事業

「募集と職業紹介」のポイント

1　労働者の募集には、一般に、公共職業安定所、学校、商工会議所などの特別法による法人や地方自治体、許可を受けた民間の職業紹介機関による職業紹介のほか、文書募集、直接募集、委託募集、縁故募集がある。委託募集については、報酬を受ける場合には厚生労働大臣の許可（報酬の額も厚生労働大臣の認可）が、報酬を受けない場合には届出が必要である。

2　労働者の募集に当たっては、労働条件（従事すべき業務の内容、労働契約の期間、就業の場所、始業終業の時刻、時間外労働の有無、休憩時間・休日・賃金の額、社会・労働保険の適用）を書面の交付などで明示しなければならない。また、労働条件を明示するに当たり、①虚偽または誇大な内容としないこと、②できるだけ明確にすること、③労働契約締結時の労働条件等と異なる可能性がある場合はその旨を明示するとともに、既に明示した内容と異なる場合には対し速やかに知らせること、などに配慮しなければならない。

3　求人票記載の労働条件は、特段の事情がない限り、労働契約の内容になる。また、求人の説明などで実際の給与より多くの額が支給されるかのような説明をした場合には不法行為に当たることがある。

4　無料の職業紹介事業は、学校、専修学校、職業能力開発施設、特別の法律により設立された一定の法人および地方公共団体については届出により、その他の者については許可を受けて、また、有料の職業紹介事業も許可を受けて、それぞれ行うことができるが、スカウトやアウトプレースメントなど職業紹介の付加的サービスを伴う事業も、職業紹介事業に該当する。

5　労働者供給事業は、労働組合等が許可を受けて無料行う場合のほかは、これを行い、または労働者供給事業者から供給される労働

者を自らの指揮命令の下に労働させてはならない。
6 労働者派遣事業は、禁止業務以外について、許可または届出により事業を行うことができる。

1 募集

　一般に、労働者の募集を行うことは労働契約の締結の申込みの誘引であり、これに対し労働者が応募するのが労働契約の締結の申込みに該当します(大日本印刷事件　最高裁第二小法廷昭和54年7月20日民事33-5-582)。また、派遣労働者が派遣会社に派遣の登録をすることは派遣労働契約を申し込もうとする求職者名簿のような機能を有するに過ぎず、派遣会社から登録労働者に対して派遣先を紹介することが派遣労働契約の申し込みの誘引である(リクルートスタッフィング事件　東京地裁平成17年7月20日労判901-85)と解されています。

(1) 募集の方法

　労働者の募集には、一般に、次の方法があります。なお、①から⑤までにいう「求人」とは、対価を支払って自己のために他人の労働力の提供を求めることをいい、「求職者」とは、対価を得るために自己の労働力を提供して職業に就こうとする者をいいます(①から④までについては2参照)。

① 公共職業安定所(ハローワーク)に求職者を雇用するために、求人の申込みをすること。
② 学校(専修学校、公共職業能力開発施設などを含む)に対しその学校の学生生徒またはその学校を卒業した者などを雇用するために、求人の申込みをすること。
③ 商工会議所などの特別法による法人に求職者を雇用するために、求人の申込みをすること。

④　地方公共団体に求職者を雇用するために求人の申込みをすること。
⑤　新聞、求人情報誌などの雑誌、テレビ、ラジオ、新聞の折り込みやちらし広告などに求人広告を行うこと（文書募集）。
⑥　募集主またはその雇用する従業員が求職者に直接働きかけて勧誘する、事業所の門前に看板を出す、インターネットのホームページに求人欄を設けること（直接募集）。
⑦　第3者に労働者の募集を委託すること（委託募集）。
⑧　親戚や知人などの縁故を通じて募集すること（縁故募集）。

（2）募集に当たっての労働条件の明示
ア　明示すべき事項
　労働者の募集を行う者および労働者の募集の受託者は、求職者や募集に応じて労働者になろうとする者に対し、次の労働条件を明示しなければなりません。また、(1)の①から④までの場合には、求人者は、公共職業安定所などに対し、あらかじめ次の労働条件を明示しなければなりません（職業安定法第5条の3）。

①　従事すべき業務の内容
②　労働契約の期間
③　就業の場所
④　始業・終業の時刻、所定労働時間を超える労働の有無、休憩時間および休日
⑤　臨時に支払われる賃金、賞与などを除く賃金の額
⑥　健康保険、厚生年金、労働者災害補償保険および雇用保険の適用

イ　明示する方法
　アの場合に、明示する方法は、次のいずれかです（同条第3項）。
①　書面の交付
②　書面被交付者が希望した場合には、電子メールで送信し、コンピュー

ターのファイルに記録する方法（ファイルへの記録を書面に作成することができるものに限る）

ウ　明示に当たって留意すべき事項

　労働者の募集を行う者や求人者などは、労働者の募集や求人の申込みなどに当たり、求職者などに対し労働条件などを明示するに際して、次の点に留意する必要があります（職業紹介事業者、労働者の募集を行う者、募集受託者、労働者供給事業者等が均等待遇、労働条件等の明示、求職者等の個人情報の取扱い、職業紹介事業者の責務、募集内容の的確な表示等に関して適切に対処するための指針（平成11年労働省告示第141号。以下「職業紹介事業者等指針」という）。

① 　明示する労働条件などは、虚偽または誇大な内容としないこと。
② 　求職者などに具体的に理解されるものとなるよう、労働条件などの水準、範囲などをできるだけ明確にすること。
③ 　求職者などが従事すべき業務の内容に関しては、職場環境を含め可能な限り具体的かつ詳細に明示すること。
④ 　労働時間に関しては、始業および終業の時刻、所定労働時間を超える労働、休憩時間や休日などについて明示すること。
⑤ 　賃金については、賃金形態（月給、日給、時給などの区分）、基本給、定額的に支払われる手当、通勤手当、昇給に関する事項などについて明示すること。
⑥ 　明示する労働条件などが労働契約締結時の労働条件などと異なる可能性がある場合は、その旨を併せて明示するとともに、労働条件などが既に明示した内容と異なる場合には、明示などを受けた求職者に対し速やかに知らせること。
⑦ 　労働者の募集を行う者は、労働条件などの明示に当たり、労働条件などの一部を別途明示するときは、その旨を併せて明示すること。

(3) 募集の制限
ア 募集時期、募集人員、募集地域などの募集方法に関する制限

　厚生労働大臣または公共職業安定所長は、国家的に緊要な政策の遂行を容易ならしめるためまたは募集地域もしくは就業地域における一般的な労働基準を不当に害するような募集を防止するために、労働力の需要供給を調整するため特に必要があるときは、委託募集以外の労働者の募集に関し、募集時期、募集人員、募集地域その他募集方法について、書面により理由を付して制限することができます。この制限に違反した者は、6月以下の懲役または30万円以下の罰金に処せられます（同法第37条第1項、第65条第5号）。

イ ストライキなどの行われている事業所に関する募集の禁止

　また、労働者の募集を行う者（自ら労働者の募集を行う者およびその従業員に労働者の募集に従事させる者で、役員、監督的地位にある労働者または使用者の利益を代表する者に該当するものを除く）および委託募集受託者は、労働争議に対する中立の立場を維持するため、ストライキまたはロックアウトの行われている事業所における就業を内容とする労働者の募集をしてはなりません（同法第42条の2）。

(4) 文書募集

　文書募集は、新聞、雑誌などの刊行物に掲載する広告、文書の掲出もしくは頒布またはコンピューターのホームページなどによる募集をいい、応募者の意思に強制が加えられることがなく、職業選択の自由を無視するようなことが考えられないなどの理由で、原則として自由に行うことができます。ただし、文書募集を行う者は、労働者の適切な職業選択に資するため、募集に係る従事すべき業務の内容などを明示するに当たっては、募集に応じようとする労働者に誤解を生じさせることのないように平易な表現を用いるなどその的確な表示に努めなければなりません（同法第42条）。

（5） 直接募集

　直接募集は、文書による募集以外の方法で直接労働者に働きかけて、自ら応募を勧誘し、またはその従業員が募集のために直接労働者に働きかけて応募を勧誘する募集をいいます。直接募集を行う者は、直接募集に従事する従業員に対し、賃金、給料その他これらに準ずるものを支払う場合を除き、報酬を与えてはなりません。これに違反した者は、6月以下の懲役または30万円以下の罰金に処せられます（同法第40条、第65条第6号）。

（6） 委託募集

ア　委託募集の許可および届出

　委託募集は、事業主が雇用関係のない者に委託して労働者の募集を行わせることをいいます。委託募集は、通常報酬を受けて募集を専業としている者を中心として行われるもので、募集行為を専業とする者は、他人の就業に介入して利益を得る中間搾取を行う者であるので、厳重な規制があります。

　報酬を与える委託募集の場合には厚生労働大臣の許可を受けなければなりません。また、報酬を与えない委託募集の場合には厚生労働大臣への届出をしなければなりません。このほか、報酬を与える委託募集の場合の報酬の額について、あらかじめ、厚生労働大臣の認可を受けなければなりません。厚生労働大臣の許可を受けずに報酬を与えて委託募集をした者は1年以下の懲役または100万円以下の罰金に、厚生労働大臣に届け出ずに報酬を与えずに委託募集をした者または報酬の額について厚生労働大臣の認可を受けない者は6月以下の懲役または30万円以下の罰金に処せられます（同法第36条、第64条第7号、第65条第4号）。

イ　委託募集に関する制限

　委託募集の許可をする場合に、国家的に緊要な政策の遂行を容易ならしめるためまたは募集地域もしくは就業地域における一般的な労働基準を

不当に害するような募集を防止するために必要なときは、厚生労働大臣または都道府県労働局長は、労働者の募集を行おうとする者に対し、文書により理由を付して、募集時期、募集人員、募集地域その他募集方法に関し必要な指示をすることができます。この指示に違反した者は、6月以下の懲役または30万円以下の罰金に処せられます（同法第37条第2項、第65条第5号）。

ウ　委託募集の報酬に関する制限

委託募集を行う者および委託募集受託者は、募集に応じた労働者から、その募集に関し、いかなる名義でも、報酬を受けてはなりません。また、委託募集を行う者は、委託募集受託者に対し、認可を受けて報酬を与える場合を除き、報酬を与えてはなりません。これらに違反した者は、6月以下の懲役または30万円以下の罰金に処せられます（同法第39条、第40条、第65条第6号）。

エ　許可の取消など

厚生労働大臣は、許可を受けて委託募集を行う者または委託募集受託者が職業安定法や労働者派遣事業の適正な運営及び派遣労働者の就業条件の整備等に関する法律（以下「労働者派遣法」という）またはこれらに基づく命令や処分に違反したときは、許可を取り消し、または募集の業務の停止を命ずることができます。また、届出をして委託募集を行う者または委託募集受託者がこれらの法令や処分に違反したときは、募集の業務の廃止または停止を命ずることができます（同法第41条）。

オ　帰郷旅費の支給

委託募集を行う者は、応募者が次のいずれかに該当する事由により帰郷する場合には、その応募者に対し、帰郷に要する費用の支給など必要な措置を講じなければなりません（同法施行規則第31条）。

① 労働契約の内容が募集条件と相違したとき
② 委託募集を行う者の都合により応募者を採用しないとき

(7) 縁故募集

　縁故募集は、友人、知人、親類に紹介してもらう募集方法をいいますが、この縁故の範囲については「募集主と親族の関係にある者および従前から募集主と直接親交のある者」に、「募集主」については「個人経営企業の場合は事業主本人、会社組織企業の場合は会社の経営に参画している役員以上」に、「親族」については「民法上の親族である配偶者、6親等内の血族及び3親等内の姻族に」、「直接親交のある者」については「募集主と従前より現在まで相当期間親しい交際関係にあった間柄の者（その者の配偶者および1親等の血族を含む）」に限定する取扱いがなされています。

(8) 募集に関するそのほかの規制

　募集に関しては、このほか、次のような規制があります。

ア　性別による差別的な取扱い

　労働者の募集については、性別に関わりなく均等な機会を与えなければなりません（男女雇用均等法5条）。すなわち、1つの雇用管理区分（職種、資格、雇用形態、就業形態などの区分その他の労働者についての区分で、その区分に属している労働者について他の区分に属している労働者と異なる雇用管理を行うことを予定して設定しているもの）において、次の差別的取扱いを行う措置が禁止されています（労働者に対する性別を理由とする差別の禁止等に関する規定に定める事項に関し、事業主が適切に対処するための指針（以下「性差別指針」という））。

(1)　募集の対象から男女のいずれかを排除すること。次のような場合には、排除している。

① 一定の職種（「総合職」、「一般職」などを含む）や一定の雇用形態（「正社員」、「パートタイム労働者」などを含む）について、募集の対象を男女のいずれかのみとすること。
② 募集に当たって、男女のいずれかを表す職種の名称（マン、ボーイ、夫、レディ、ガール、婦）を用い（対象を男女のいずれかのみとしないことが明らかである場合を除く）、または「男性歓迎」、「男性優先」、「主として男性」、「女性向きの職種」、「貴女を歓迎」の表示を行うこと。
③ 男女をともに募集の対象としているにもかかわらず、応募の受付を男女のいずれかのみとすること。
④ 派遣元が、一定の職種について派遣労働者になろうとする者を登録させるに当たって、その対象を男女のいずれかのみとすること。
(2) 募集に当たっての条件を男女で異なるものとすること。募集に当たって、女性についてのみ、未婚者であること、子がいないこと、自宅から通勤すること、容姿端麗、語学堪能などを条件とし、またはこれらの条件を満たす者を優先している場合には、異なるものとしている。
(3) 募集に当たって男女のいずれかを優先すること。次のような場合には、男女のいずれかを優先している。
① 男女別の採用予定人数を設定し、これを明示して、募集すること。
② 男女のいずれかについて採用する最低の人数を設定して募集すること。

　また、次の場合には、間接差別（①性別以外の事由を要件とする措置で、②その要件を満たす男性および女性の比率を勘案すると実質的に性別を理由とする差別となるおそれがあるものを、③合理的な理由がある場合でないときに講ずること）に該当し、これに該当する場合には、合理的な理由なしにこれらの措置を講ずることが禁止されています（同法第7条、同法施行規則第2条）。
1) 募集に当たり、身長もしくは体重が一定以上もしくは一定以下である

ことまたは一定以上の筋力や運動能力があることなど一定以上の体力を有することを要件とする場合。次のような場合には、合理的な理由がありません。

① 荷物を運搬する業務を内容とする職務について、その業務を行うために必要な筋力より強い筋力があることを要件とする場合
② 荷物を運搬する業務を内容とする職務ではあるが、運搬などのための設備や機械などが導入されており、通常の作業において筋力を要さない場合に、一定以上の筋力があることを要件とする場合
③ 単なる受付、出入者のチェックのみを行うなど防犯を本来の目的としていない警備員の職務について、身長または体重が一定以上であることを要件とする場合

2) コース別雇用管理における「総合職（その雇用する労働者について、労働者の職種、資格などに基づき複数のコースを設定し、コースごとに異なる雇用管理を行う場合において、複数のコースのうち事業の運営の基幹となる事項に関する企画立案、営業、研究開発などを行う労働者が属するコース）」の募集に当たり、転居を伴う転勤をすることができる者のみを対象とするなど転居を伴う転勤に応じることができることを要件とする場合。次のような場合には、合理的な理由がありません。

① 広域にわたり展開する支店、支社などがなく、かつ、支店、支社などを広域にわたり展開する計画などもない場合
② 広域にわたり展開する支店、支社などはあるが、長期間にわたり、家庭の事情その他の特別な事情により本人が転勤を希望した場合を除き、転居を伴う転勤の実態がほとんどない場合
③ 広域にわたり展開する支店、支社などはあるが、異なる地域の支店、支社などで管理者としての経験を積むこと、生産現場の業務を経験すること、地域の特殊性を経験することなどが幹部としての能力の育成・確保に特に必要であるとは認められず、かつ、組織運営上、転居を伴う

> 転勤を含む人事ローテーションを行うことが特に必要であるとは認められない場合

　ただし、女性が男性と比較して相当程度少ない雇用管理区分における募集に当たって、その募集に関する情報の提供について女性に有利な取扱いをすることなど男性と比較して女性に有利な取扱いをすることは、違法ではありません（同法第8条）。

イ　年齢による差別的な取扱い

　次のいずれかに該当するとき以外は、労働者の募集について、募集する職務の内容、職務の遂行に必要な適性、能力、経験、技能の程度などの労働者が応募するに当たり求められる事項をできる限り明示することにより、その年齢にかかわりなく均等な機会を与えなければなりません（雇用対策法第10条）。

① 定年の定めをしている場合に、その定年の年齢を下回ることを条件に、期間の定めのない雇用をするために労働者の募集を行うとき。
② 法令の規定により特定の年齢層の者の就業などが禁止または制限されている業務についてその年齢層以外の労働者の募集を行うとき。
③ 長期勤続を目指して、期間の定めのない雇用をするために、新規学卒者などについて職業経験があることを求人の条件とせずに、新規学卒者と同等の処遇で特定の年齢を下回る労働者の募集を行うとき。
④ その雇用する特定の職種の特定の年齢層の労働者の数が前後の年齢層の労働者の数の半数以下である場合に、期間の定めのない雇用をするために、その職種について特定の年齢層の労働者の募集を行うとき。
⑤ 芸術・芸能の分野において特定の年齢層の労働者の募集を行うとき。
⑥ 高年齢者の雇用の促進を目的として、60歳以上の者の募集を行う

とき、または特定の年齢層の雇用の促進のための国の施策を活用するため、その年齢層の労働者の募集を行うとき。

ウ　募集に当たっての理由の明示

　事業主は、労働者の募集をする場合に、一定の年齢を下回ることを条件とするときは、求職者に対し、その理由を示さなければなりません（高年齢者等の雇用の安定等に関する法律（以下「高年齢者雇用安定法」という）第18条の2）。

（9）募集に当たって明示した労働条件と労働契約の内容に関する裁判例

ア　求人票記載の労働条件

　求職者は、求人票記載の労働条件が労働契約の内容になることを前提に労働契約の締結の申込みをするので、求人票記載の労働条件は、当事者間においてこれと異なる別段の合意をするなどの特段の事情がない限り、労働契約の内容になると考えられます。ただし、もともと変動を予定している場合には、最低保障の意味に解することはできませんが、この場合でも、応募者は大きく下回ることはないと期待して応募していますので、求人者の側はこの期待に著しく反してはならないと考えられます。また、中途採用の場合には新規学卒者の場合とは異なる事情にある場合もあります。これらに関して、次のような裁判例があります。

①　求人票は、求人者が労働条件を明示したうえで求職者の労働契約締結の申込みを誘引するもので、求職者は、当然に求人票記載の労働条件が労働契約の内容になることを前提に労働契約締結の申込みをするから、求人票記載の労働条件は、当事者間においてこれと異なる別段の合意をするなどの特段の事情がない限り、労働契約の内容になる。本件労働契約においては、労働契約締結に際し別段の合意がされた事実は認められず、退職金を支払うことを前提とした発言をしている

ことに鑑みると、求人票記載のとおり退職金を支払うことが契約の内容になっていた（丸一商店事件　大阪地裁平成10年10月30日労判750-29）。

② 　中途採用の募集は、新規卒業者を画一的に採用する場合と異なり、年齢・能力・希望賃金に幅のある中途就職希望者の採用を決定するにあたり賃金の交渉がなされるのが自然であり、また、他の労働条件の詳細な説明を受けながら、賃金について説明を受けなかったとする主張は不自然であり、就職雑誌の広告とは異なる賃金月額が採用面接時に労働者と使用者の間で合意されていた（ファースト事件　大阪地裁平成9年5月30日労判738-91）。

③ 　求人票の真実性、重要性、公共性などからして、求職者は当然求人票記載の労働条件が労働契約の内容になるものと考えるし、通常求人者も求人票に記載した労働条件が労働契約の内容になることを前提としていることに鑑みるならば、求人票記載の労働条件は、当事者間においてこれと異なる別段の合意をするなど特段の事情がない限り、労働契約の内容になる。本件においては、内心の意思にかかわりなく、求人票記載の労働条件にそった期間の定めのない常用従業員であることが労働契約の内容になる（千代田工業事件　大阪高裁平成2年3月8日労判575-59）。

④ 　求人カードの果たす機能に照らすと、そこに明示された労働条件は、一般的には、これと異なる明示または黙示の合意のないかぎり、労働契約の内容となる（安部一級土木施行監理事務所事件　東京地裁昭和62年3月27日労判495-16）。

⑤ 　支給された初任給が求人票記載の学歴別賃金の見込額と相違していることについて、「求人票に記載された基本給額は賃金の「見込額」であり、最低額の支給を保障したわけではなく、将来入社時までに確定されることが予定された目標としての額である。したがって、その確定額は求人者が入職時までに決定、提示しうるが、新規学卒者が少な

くとも求人票記載の賃金見込額の支給が受けられるものと信じて求人に応募することから、求人者はみだりに求人票記載の見込額を著しく下回る額で賃金を確定すべきでないことは、信義則からみて明らかである（八州測量事件　東京高裁昭和58年12月19日労判421－33）。」

イ　説明会などにおける説明

　説明会などにおける説明が労働契約の内容になるかについても、次のような裁判例があります。

①　人事担当責任者による説明は、内部的に既に決定している運用基準の内容を明示せず、かつ、新卒同年次定期採用者と同等の給与待遇を受けることができるものと信じさせかねないもので不適切であり、そして、入社時においてこのように信じたものであるが、本件労働契約上、新卒同年次定期採用者の平均的格付による給与を支給する旨の合意が成立したと認めることはできない。ただし、求人に当たっての説明は、労働基準法第15条第1項の規定に違反するものであり、労働契約締結に至る過程における信義誠実の原則に反するもので、不法行為を構成する（日新火災海上保険事件　東京高裁平成12年4月19日労判787－35）。

②　説明会の席上でなされた事務長の発言は、病院の意思表示として確定的な率で賞与を支給する旨述べたものではない。また、パンフレットの記載も、病院の経営が順調にゆくことを前提とした見込を記載したものにすぎず、これに記載されたような確定的な比率をもって賞与を支給することが当初から労働契約の内容とされていたものではない（小野病院事件　福岡地裁昭和57年9月9日労判402－62）。

2　職業紹介

（1）職業紹介とは
ア　職業紹介とは

「職業紹介」とは、求人および求職の申込みを受け、求人者と求職者との間における雇用関係の成立をあっせんすることをいいます（職業安定法第4条第1項）。

ここでいう「雇用関係」とは、雇用主と被用者との間に生じる一種の使用従属関係をいい、民法第623条の雇用（当事者の一方が相手方に対して労務に服することを約し、相手方がこれにその報酬を与えること）よりも広い意義に解すべきであり、この点について、「職業安定法第5条のいわゆる雇用関係とは、必ずしも厳格に民法第623条の意義に解すべきものではなく、広く社会通念上被用者が有形無形の経済的利益を得て一定の条件の下に使用者に対し肉体的、精神的労務を供給する関係にあれば足りる」とする判例（職業安定法違反被告事件　最高裁第一小法廷昭和29年3月11日）があります。

また、「あっせん」とは求人者と求職者との間をとりもって求人意思と求職意思との結合を図り、雇用関係を成立させようとする行為をいいます。求人者と求職者との間に雇用関係が成立しなくても「あっせん」は行われたことになり、また一定の要式行為を必要とするものではなく、求人者または求職者に代わって求職者または求人者に応答することも「あっせん」になります。ただし、就職試験のための受験願書の取りまとめや受付取次事務などは「あっせん」にはなりません。

イ　スカウトやアウトプレースメントなどの事業

スカウトやアウトプレースメントなどの事業を行うことも、職業紹介事業に該当します（職業紹介事業者等指針）。これに関しては、次の判例があります。

職業安定法にいう職業紹介におけるあっ旋とは、求人者と求職者との間における雇用関係成立のための便宜を図り、その成立を容易にさせる行為一般を指すものであり、あっ旋には、求人者と求職者を引き合わせる行為のみならず、いわゆるスカウト行為も含まれる（エグゼクティブ・サーチ事件　最高裁第二小法廷平成6年4月22日民集48−3−944）。

（注）　スカウトは、求められる人材を見つけ、勧誘（自らの側に招く行為）することをいいます。既に所定の組織などに属している場合は、好条件を示してそれら組織から自陣営側の組織に呼び込むことも行われています。また、アウトプレースメントは、再就職支援ともいい、雇用調整により人員削減をする企業の依頼を受け、労使間の紛争の解決やアドバイスを行い、また、解雇もしくは退職した社員の再就職へ向けての各種の支援を行うビジネスをいいます。

ウ　インターネットによる求人情報・求職者情報の提供事業

インターネットによる求人情報・求職者情報の提供事業も、次のいずれかに該当する場合には、職業紹介事業に該当します（民間企業が行うインターネットによる求人情報・求職者情報提供と職業紹介との区分に関する基準）。

① 　提供される情報の内容または提供相手について、あらかじめ明示的に設定された客観的な検索条件に基づくことなく情報提供事業者の判断により選別・加工を行うこと。
② 　情報提供事業者から求職者に対する求人情報に関する連絡または求人者に対する求職者情報に関する連絡を行うこと。
③ 　求職者と求人者との間の意思疎通を情報提供事業者のホームページを介して中継する場合に、意思疎通のための通信の内容に加工を行うこと。

(2) 職業紹介の原則

　公共職業安定所および職業紹介事業者の職業紹介事業の運営は、次の原則に従って行われます。

ア　均等待遇の原則

　人種、国籍、信条、性別、社会的身分、門地、従前の職業、労働組合の組合員であることなどを理由として、差別的取扱いをしてはならないこと(職業安定法第3条)。

　これは、職業紹介、職業指導などについて職業能力以外の理由で差別的取扱いをしてはならないということであり、人と職業との結合は、あくまで職業能力を基礎として行われるべきであることを定めています。

　ただし、この原則は、雇用主と労働組合との間に締結された労働協約に別段の定めがある場合には労働協約の定めが優先します(同条ただし書)。このため、例えば、労働組合と雇用主との間にその労働組合の組合員であることを雇用条件とするいわゆるクローズド・ショップの労働協約が締結されている場合には、労働協約の定めに従ってその組合員である者のみをあっせんすることができます。

イ　労働条件の明示

　公共職業安定所や職業紹介事業者は、求職者に対し、その従事すべき業務の内容、賃金、労働時間などの労働条件を明示しなければなりません。また、求人者は、公共職業安定所などに対し、あらかじめ労働条件を明示しなければなりません(同法第5条の3、58頁参照)。

ウ　個人情報の適正な管理

　公共職業安定所や職業紹介事業者は、求職者の個人情報については、本人の同意があるなど正当な事由がある場合を除き、その業務の目的の範囲内で収集し、収集した個人情報を保管・使用するに当たっては、収集

の目的の範囲内で保管・使用しなければなりません。また、求職者等の個人情報を適正に管理するために必要な措置を講じなければなりません（同法第5条の4）。

ここでいう「個人情報」とは、個人に関する情報であって、特定の個人を識別することができるもの（他の情報と照合することにより特定の個人を識別することができることとなるものを含む）をいいます（同法第4条第9項）。

公共職業安定所や職業紹介事業者は、業務に関して知り得た個人情報などを、みだりに他人に知らせてはなりません（同法第51条第1項、第51条の2）。また、有料職業紹介事業者やその従業者は、正当な理由なく、その業務上取り扱ったことについて知り得た人の秘密を漏らしてはならず、これに違反した場合には30万円以下の罰金に処せられます（同法第51条第2項、第66条）。

エ　求人の申込みの受理

公共職業安定所や職業紹介事業者は、次の3つの場合を除き、いかなる求人の申込みも受理しなければなりません。また、求人申込みを受理しない場合には、求人者に対し、その理由を説明しなければなりません（同法第5条の5）。

① 申込みの内容が法令に違反するとき。
② 申込みの内容である賃金、労働時間などの労働条件が通常の労働条件と比べて著しく不適当であるとき。
③ 求人者が労働条件の明示を拒むとき。

ここでいう「申込みの内容が法令に違反するとき」とは、その求人の対象となる職業がその法令によって禁止されているものである場合のほか、求人条件の内容となる賃金、労働時間などの労働条件などの求人条件が法令に違反している場合をいいます。また、「通常の労働条件」とは、その求人者の所在する地域における同種の事業所において通常行われている労働

条件をいいます。

オ　求職の申込みの受理
　公共職業安定所および職業紹介事業者は、その申込みの内容が法令に違反するときを除き、いかなる求職の申込みも、これを受理しなければなりません（同法第5条の6第1項）。
　公共職業安定所および職業紹介事業者は、特殊な業務に対する求職者の適否を決定するため必要があるときは、試問および技能の検査を行うことができます（同条第2項）。

カ　適格紹介の原則
　公共職業安定所や職業紹介事業者は、求職者に対しては、その能力に適合する職業を紹介し、求人者に対しては、その雇用条件に適合する求職者を紹介するように努めなければなりません（同法第5条の7）。

キ　労働争議への不介入
　公共職業安定所や職業紹介事業者は、事業所において現にストライキやロックアウトが行われているとき、またはストライキやロックアウトに至るおそれの多い争議が発生しており、求職者を無制限に紹介することによって、争議の解決が妨げられることを通報されたときには、事業所に対して求職者を紹介してはなりません。ただし、後者の場合には、争議の発生前に通常使用されていた労働者の員数を維持するため必要な限度までは、紹介することができます（同法第20条、第34条）。

（3）有料職業紹介事業
ア　有料職業紹介事業の許可
　有料職業紹介事業は、無料職業紹介事業以外の職業紹介を行う事業（同法第4条第3項）、すなわち営利を目的とすると否とに関わらず、対価を

徴収して行う職業紹介事業をいいます。

　有料職業紹介事業は、港湾運送業務や建設業務に就く職業を除き、厚生労働大臣の許可を得て行うことができます（同法第30条、第32条の11）。厚生労働大臣の許可を受けないで有料職業紹介事業を行った者は1年以下の懲役または100万円以下の罰金に処せられます（同法第64条第1号）。

　有料職業紹介事業の許可を得るためには、手数料を納付して許可の申請を行い、許可の欠格事由（同法第32条）に該当しないとともに、財産的基礎、個人情報の適正管理、事業の適正遂行能力について許可基準に適合する必要があります（同法第31条第1項）。許可の有効期間は3年であり、引き続きその事業を行おうとするときは許可の有効期間の更新を受けなければなりませんが、許可の有効期間の更新の場合の有効期間は5年です（同法第32条の6第1項、第5項）。許可に当たっては、条件が付けられることがあります（法第32条の5）。

　許可されたときは、事業所の数に応じ許可証が交付されますので、許可証を事業所ごとに備え付けるとともに、関係者から請求があつたときは提示しなければなりません（同法第32条の4第1項、第2項）。

　有料職業紹介事業を行う者が次のいずれかに該当するときは、許可が取り消されることがあります。また、②または③に該当するときは、事業の全部または一部の停止を命ぜられることがあります（同法第32条の9）。

① 　許可の欠格事由に該当しているとき。
② 　職業安定法や労働者派遣法およびこれらに基づく命令や処分に違反したとき。
③ 　許可の条件に違反したとき。

イ　有料職業紹介事業者の紹介手数料

　有料職業紹介事業の紹介手数料は、表2-1の種類および額の手数料または届け出た手数料表（著しく不当であると認められるときは、手数料表

の変更を命ぜられることがあります)のいずれかを選択して徴収することができますが、原則として求職者からは手数料を徴収してはなりません(同法第32条の3)。

表2-1 法定の手数料の種類と額

種　類	手数料の最高額	徴集方法
受付手数料	求人の申込みを受理した場合は、1件につき670円(免税事業者にあっては、650円)	求人の申込みを受理した時以降求人者から徴収する。
紹介手数料	1　支払われた賃金額の100分の10.5(免税事業者は100分の10.2)(2および3の場合を除く) 2　同一の者に引き続き6ケ月を超えて雇用された場合(3の場合を除く)には、6ケ月間の賃金額の100分の10.5(免税事業者にあっては、100分の10.2)。 3　期間の定めのない雇用契約に基づき同一の者に引き続き6ケ月を超えて雇用された場合には、6ケ月間の賃金額の100分の10.5(免税事業者は100分の10.2)または支払われた賃金から臨時に支払われる賃金や3ケ月を超える期間ごとに支払われる賃金を除いた額の100分の14.2(免税事業者は100分の13.7)のいずれか大きい額	徴収の基礎となる賃金が支払われた日(手数料を支払う者に対し、雇用関係が成立しなかった場合の手数料の精算や雇用関係が成立した場合にその時以降講じられる手数料の精算をすることを約して徴収する場合には、求人の申込みまたは求職の申込みを受理した時)以降求人者などから徴収する。
台種特別加入保険料に充てるべき手数料	支払われた賃金額の1000分の7.5に相当する額	徴収の基礎となる賃金が支払われた日以降求人者から徴収する。

ウ　有料職業紹介事業に関する裁判例

有料職業紹介事業に関して、次のような裁判例があります。

① 紹介事業者の安全配慮義務

> 「配膳人紹介所は、雇用関係の成立を斡旋したに過ぎないものといわざるをえず、労働者と配膳人紹介所の間に労働契約が成立し、あるいはその間に実質的に見て雇用関係と同視しうるような支配関係が存在したものと認めることはできない(日本土地改良・日本エアロビクスセンター・東横配膳人紹介所事件　東京地裁昭和62年1月30日労判498-77)。

② 複数の有料職業紹介業者から配膳人の紹介を受けていた会社が、

1社の紹介業者からだけ紹介を受けることとし、その他の業者に登録する配膳人に登録換えを勧めたこと。

> 複数の有料職業紹介業者から配膳人の紹介を受けていた会社が、ある1社の紹介業者からだけ紹介を受けることを決定し、その他の業者に登録する配膳人に登録換えを勧めたことは合理的な理由が認められず、かつその態様が、その他の業者の正当な利益を侵害するなど社会的相当性を逸脱していると評価される場合には、会社はその他の業者に対し不法行為責任を負う(京王プラザホテルほか1社事件　東京地裁平成16年4月23日労判878-63)。

(4) 無料職業紹介事業

　無料の職業紹介事業とは、職業紹介に関し、いかなる名義でも、その手数料または報酬を受けないで行う職業紹介事業をいいます(同法第4条第2項)。(5)から(7)までで述べる学校等、特別の法人および地方公共団体の行う無料職業紹介事業の場合を除いて、厚生労働大臣の許可を受けた場合に行うことができます(同法第33条第1項)。厚生労働大臣の許可を受けないで無料職業紹介事業を行った者は1年以下の懲役または100万円以下の罰金に処せられます(同法第64条第5号)。

　無料職業紹介事業の許可を得るためには、許可の申請を行い、許可の欠格事由(同法第32条)に該当しないとともに、財産的基礎、個人情報の適正管理、事業の適正遂行能力について許可基準に適合する必要があります(同法第31条第1項)。許可の有効期間は5年です(同法第32条の6第1項、第5項)。許可に当たっては、条件が付けられることがあります(法第32条の5)。

　許可されたときは、事業所の数に応じ許可証が交付されますので、許可証を事業所ごとに備え付けるとともに、関係者から請求があつたときは提示しなければなりません(同法第32条の4第1項、第2項)。

　無料職業紹介事業を行う者が次のいずれかに該当するときは、許可が

取り消されることがあります。また、②または③に該当するときは、事業の全部または一部の停止を命ぜられることがあります（同法第32条の9）。

① 許可の欠格事由に該当しているとき。
② 職業安定法や労働者派遣法およびこれらに基づく命令や処分に違反したとき。
③ 許可の条件に違反したとき。

（5）学校等の行う無料職業紹介事業
ア 学生生徒などの職業紹介の方法
学生生徒などの職業紹介の方法としては、次の3つがあります。

① 公共職業安定所が一貫して学生生徒などの職業紹介を行い、学校は自ら職業紹介を行わない方法
② 公共職業安定所の行う職業紹介に対して学校が積極的に協力するため、公共職業安定所の業務の一部を分担して行う方法（同法第27条）
③ 学校が、厚生労働大臣に届け出て、無料の職業紹介事業行う方法（同法第33条の2）

イ 学校等の行う無料職業紹介事業の届出
表2−2の学校等の長が厚生労働大臣に届け出た場合には、それぞれに定める者について、無料の職業紹介事業を行うことができます（同法第33条の2第1項）。

厚生労働大臣に届出をせずに学校等が無料の職業紹介事業を行ったときは、6月以下の懲役または30万円以下の罰金に処せられます（同法第65条第3号）。

無料職業紹介事業を行う学校等が職業安定法や労働者派遣法およびこれらに基づく命令や処分に違反したときは、厚生労働大臣は、あらかじめ教育行政庁に通知した上で、事業の全部または一部の停止を命ずること

ができます(同法第33条の2第7項、第8項)。

表2―2　学校等の行う無料紹介事業

区分	紹介対象者
①学校	その学校の学生生徒またはその学校を卒業した者(公共職業能力開発施設の行う職業訓練とみなされる教育訓練を受けている者および修了した者ならびに大学の場合には附属する病院において臨床研修を受けている者および修了した者を含む)
②専修学校	その専修学校の生徒またはその専修学校を卒業した者(公共職業能力開発施設の行う職業訓練とみなされる教育訓練を受けている者および修了した者を含む)
③公共職業能力開発施設	その施設の職業訓練の訓練生またはその職業訓練の修了者
④職業能力開発総合大学校	職業能力開発総合大学校の行う職業訓練や指導員訓練の訓練生またはその職業訓練や指導員訓練の修了者

(6)　特別の法人の行う無料職業紹介事業

　その直接または間接の構成員の数が10以上の特別の法律により設立された次の法人は、厚生労働大臣に届け出て、その法人の構成員を求人者とし、または法人の構成員もしくは構成員に雇用されている者を求職者とする無料の職業紹介事業を行うことができます(同法第33条の3第1項)。

①　農業協同組合
②　漁業協同組合または水産加工業協同組合
③　事業協同組合または中小企業団体中央会
④　商工会議所
⑤　商工組合
⑥　商工会
⑦　森林組合
⑧　農業協同組合連合会
⑨　漁業協同組合連合会または水産加工業協同組合連合会
⑩　協同組合連合会
⑪　日本商工会議所
⑫　商工組合連合会

⑬　商工会連合会

⑭　森林組合連合会

　厚生労働大臣に届出をしないで、特別の法人が無料の職業紹介事業を行ったときは、6月以下の懲役または30万円以下の罰金に処せられます（同法第65条第3号）。

　届出をした特別の法人は、届出をした旨などを記載した書類を無料の職業紹介事業を行う事業所ごとに備え付けるとともに、関係者から請求があつたときは提示しなければなりません。厚生労働大臣は、無料職業紹介事業を行う特別の法人が職業安定法や労働者派遣法およびこれらに基づく命令や処分に違反したときは、事業の全部または一部の停止を命ずることができます（同法第33条の2第2項）。

（7）地方公共団体の行う無料職業紹介事業

　地方公共団体は、その区域内における福祉サービスの利用者の支援に関する施策、企業の立地の促進を図るための施策など区域内の住民の福祉の増進や産業経済の発展などに資する施策に関する業務に附帯して行う必要があるときは、厚生労働大臣に届け出て、無料の職業紹介事業を行うことができます（同法第33条の4第1項）。

　厚生労働大臣は、無料職業紹介事業を行う地方公共団体が職業安定法や労働者派遣法およびこれらに基づく命令や処分に違反したときは、事業の全部または一部の停止を命ずることができます（同条第2項）。

（8）職業紹介事業者が講ずべき措置

　職業紹介事業者は、次の措置を講じなければなりません。

①　取扱職種の範囲などを定めたときは厚生労働大臣に届け出ること。この場合には、求人、求職申込み受理の原則はその範囲内で適用されること。

② 取扱職種の範囲や手数料に関する事項、苦情の処理に関する事項などについて、求人者および求職者に対し明示すること。
③ 職業紹介に関する事項を統括管理させるため、職業紹介責任者を選任すること。ただし、学校等においては職業紹介責任者を選任することを要しないが、その学校等の職員のうちから、職業紹介事業に関する業務を担当する者を定めて、その業務を行わせることができます。
④ 事業所ごとの求職者の数、職業紹介事業者の場合には職業紹介に関する手数料の額などの事項を記載した事業報告書を作成し、厚生労働大臣に提出すること。
⑤ その業務に関して、求人求職管理簿（有料職業紹介の場合には手数料管理簿を含む）を作成し、その事業所に備えてくこと。

3 労働組合等が行う労働者供給事業

（1）労働者供給事業の原則禁止

労働者供給事業は、供給契約に基づいて労働者を他人の指揮命令を受けて労働に従事させることをいい、労働者派遣法第2条第1号に規定する労働者派遣に該当するものを含まないものを業として行うことをいいます（職業安定法第4条第6項）。

労働者供給事業については、（2）の労働組合等が厚生労働大臣の許可を受けて無料で行う場合のほかは、労働者供給事業を行い、またはその労働者供給事業を行う者から供給される労働者を自らの指揮命令の下に労働させてはなりません（同法第44条）。これに違反した者は、1年以下の懲役または100万円以下の罰金に処せられます（同法第64条9号）。

なお、二重派遣は、事実上の支配下にある労働者を第三者に提供し、その指揮命令下に労働に従事させることになるので、労働者供給事業に該当します。また、在籍出向は、一般に労働者供給の1類型に該当し、その目的が、①関係会社において雇用機会を確保するため、②経営指導や技術

指導の実施のため、③人材開発の一環として、④企業グループ内の人事交流の一環として行われる限りは、出向が形式的に繰返し行われたとしても、社会通念上、事業として行われていると評価されることはありませんので、出向が事業として行われていなければ、違法ではありませんが、在籍出向を偽装して、事業として行っている場合には、労働者供給事業に該当します（第5章174～176頁参照）。

（2）労働組合等が行う労働者供給事業

　労働組合等（労働組合法による労働組合、国家公務員法、裁判所職員臨時措置法もしくは地方公務員法による職員団体、国会職員法による国会職員の組合またはこれらの団体が主体となって構成され、自主的に労働条件の維持改善その他経済的地位の向上を図ることを主たる目的とする団体（団体に準ずる組織を含む）で、1の都道府県の区域内において組織されているものまたは一定の基準に該当するもの）は、厚生労働大臣の許可を受けた場合は、無料の労働者供給事業を行うことができます（同法第45条）。

　労働者供給事業を行う労働組合等は、労働争議に対する中立の立場を維持するため、ストライキまたはロックアウトの行われている事業所に、労働者を供給してはなりません。また、厚生労働大臣は、許可を受けて労働者供給事業を行う労働組合等が職業安定法や労働者派遣法またはこれらに基づく命令や処分に違反したときは、許可を取り消し、または労働者供給事業の全部もしくは一部の停止を命ずることができます（同法第46条）。

　労働組合等が行う労働者供給事業は無料で行われなくてはなりませんが、この無料とは、組合費のほかに、主として組合員の供給に基づく収入に応じて経費が徴収されないほか、供給先たる使用者からも供給手数料的なものを徴収しないことをいいます。また、労働者供給事業を行う労働組合等は、労働者供給事業に関して、帳簿書類を作成し、その事業所に備え付けるとともに、事業報告書を作成し、厚生労働大臣に提出しなければなりま

せん。

(3) 労働組合等が行う労働者供給事業に関する裁判例

労働組合等が行う労働者供給事業に関しても、次のような裁判例があります。

ア 労働組合からの除名・脱退と就労拒否

① 労働組合は労働者供給の申込みをしてきた事業所と労働者供給契約を締結し、組合員に労働者供給契約を締結した事業所を就労先として無料で斡旋するだけであって、労働契約自体は、各組合員と各事業所との間で締結され、賃金も就労先の事業所から各組合員に支給されるものであること、したがって、供給先事業所の需要や事業所によっては特定組合員の就労を拒否すること（出入禁止）などから、組合員は希望する事業所で自由に就労できるものではないこと、組合員は労働組合を経由することなく自ら事業所と交渉するなどして雇用されることは何らの妨げを受けないこと、本件除名処分後タクシー運転手として稼動し収入を得ていること、組合規約上、労働組合が組合員に対し、一定の収入を獲得し得る仕事を斡旋すべきことを規定した条項や一定の収入を補償することを規定した条項は存しないことが認められ、本件除名処分がなかったとしても、当然に一定額の収入をもたらす事業所で稼動するなどして従前と同水準の収入を維持できたとは推認できず、したがって、本件除名処分によって、損害が生じているとは認められない（関西職別労供労働組合事件　大阪地裁平成12年5月31日労判811-80）。

② 組合を脱退した供給労働者への就労拒否を違法な解雇として無効だとする訴えについて、「供給によって生ずる供給先と供給を受ける者との法律関係は、労働組合による供給のある限りにおいて成立する使用関係（就労に対し賃金が支払われる意味において雇用関係と解して差し支えないが、供給の存する限りにおいて存続する特異な雇用関係

である)であるから、供給が打ち切られれば、供給先と供給を受ける者の使用関係も当然終了することになるものと解するのが相当であり、このような使用関係の打ち切りに解雇の法理を類推することは適当でない(鶴菱運輸事件　横浜地裁昭和54年12月21日労判333-30)」。

イ　供給契約の終了による就労拒否

① 　供給契約の終了にともない使用が打ち切られた労働者が解雇予告手当の支給を求めたことについて、「解雇予告手当については、本件労働協約に定められていない事項として、労働基準法20条に定める解雇予告の規定が適用される。しかしながら、供給先と供給を受ける者間の労働契約関係も労働協約と軌を一にした有期労働契約関係であり、供給契約の解消に伴い、契約期間が満了した日をもって雇い止めされたことになる。従って、本件においては、契約期間中に解雇した事実は認められないから、労働基準法第20条適用の前提を欠く(泰進交通事件東京地裁平成19年11月16日労判952-24)」。

② 　供給契約の終了により就労できなくなったことについて、「労働者供給事業の存在意義は、これを利用すれば、使用者は高い賃金を支払うのと引き替えに、必要なときに必要なだけ一定水準の労働力の供給を受けられることにある。また、労働者としても、自己の労働力の処分を労働組合に委ねることによって、就労の機会を広く確保し、就労先のいかんを問わず一律の高い賃金を得ることができることになるから、特定の事業所との雇用関係の継続を期待するだけの理由もない。従って、労働者とこれを使用する者とが労働者供給事業を利用して就労し、労働力の供給を受けるという関係にある限り、使用する側の必要性がなくなれば、その関係も終了することが本来的に予定されているものといわなければならない。たとえこの使用関係が長期にわたって反復継続されたとしても、そこに通常の雇用関係の成立を認め、そのうち切りに解雇の法理を持ち込むことは、当事者の意思に反するであろうし、労働者供給事

業の存立の基盤を揺るがすことにもなる(渡辺倉庫運送事件　東京地裁昭和61年3月25日労判471-6)」。

4　労働者派遣事業

(1) 労働者派遣事業とは

　労働者派遣事業は、「自己(派遣元事業主)の雇用する労働者(派遣労働者)を、当該雇用関係の下に、かつ、他人(派遣先)の指揮命令を受けて、当該他人(派遣先)のために労働に従事させることをいい、当該他人(派遣先)に対し当該労働者(派遣労働者)を当該他人(派遣先)に雇用させることを約してするものを含まない」もの業として行うことをいいます(労働者派遣法第2条第1号)。

(2) 禁止業務

　次の業務について労働者派遣事業を行うことは禁止されています(同法第4条第1項)。禁止業務について労働者派遣事業を行った者は、1年以下の懲役または100万円以下の罰金に処せられます(同法59条1号)。ただし、港湾運送業務および建設業務については、港湾労働法および建設労働者の雇用の改善等に関する法律に基づき、常用の労働者を関係の事業主が厚生労働大臣の許可を受けて、特定労働者派遣事業を行うことができます。

① 　港湾運送業務
② 　建設業務
③ 　警備業務
④ 　医療機関における医療関連業務

(3) 許可および届出

　労働者派遣事業には、特定労働者派遣事業と一般労働者派遣事業との2種類があり、特定労働者派遣事業は、常時雇用される労働者だけを対象とする労働者派遣事業をいい、一般労働者派遣事業は、特定労働者派遣事業以外の労働者派遣事業をいいます（同法第2条第4号、第5号）。

　一般労働者派遣事業は、厚生労働大臣の許可制となっており、許可を受けずに一般労働者派遣事業を行った者や虚偽などの不正の行為によって許可を受けた者は、1年以下の懲役または100万円以下の罰金に処されます（同法第59条第2号、第3号）。厚生労働大臣は、法違反など不適切な事態が生じた場合には、許可の取消、事業の停止命令や改善命令を行うことができます（同法第14条第1項、第2項、第49条）。

　また、特定労働者派遣事業は厚生労働大臣への届出制となっていますが、欠格事由に該当する者は行うことができません。特定労働者派遣事業を行っている者が欠格事由に該当する場合には、厚生労働大臣は事業の廃止を命ずることができるほか、法違反など不適切な事態が生じた場合には、厚生労働大臣は、事業の停止命令や改善命令を行うことができます（同法第6条、第17条、第21条）。

(4) 事業規制

　労働者派遣事業についても、次のような規制があります。

① 事業報告書および収支決算書を作成し、厚生労働大臣に提出すること（同法第23条）。
② 争議行為中の事業所への新たな労働者派遣を行ってはならないこと（同法第24条）。
③ 海外派遣の場合には、事前に届け出ること（同法第23条第2項）。
④ 厚生労働大臣は、派遣労働者のうち30％以上の者が他の企業を60歳以上の定年で退職した後雇い入れられた高齢者である場合を除き、労働者派遣事業が専ら労働者派遣の役務を特定の者に提供する

ことを目的として行われている場合には、その労働者派遣事業を行う者に対し、労働者派遣事業の目的および内容を変更するように勧告することができること(同法第48条第2項)。
⑤ 労働者派遣業務の目的の達成に必要な範囲内で労働者の個人情報を収集、保管、使用すること。また、その業務上取り扱ったことについて知り得た秘密を他に漏らしてはならないこと(同法第24条の3、第24条の4)。

労働者派遣事業および派遣労働者に関しては、第19章694～727頁参照。

第3章 採用

「採用」のポイント
1 採用とは
2 採用の自由
3 経歴詐称
4 必要書類の提出
5 労働契約の締結過程における過失
6 採用内定
7 身元保証
8 労働契約締結時の労働条件の明示

「採用」のポイント

1 　採用は、労働者の募集（申込みの誘引）に対し、労働者が応募し（労働契約の申込み）、これに対し使用者が承諾することによって、成立する。

2 　誰を採用するかについては、労働契約締結の自由が基本的に認められているが、性別や年齢にかかわりなく均等な機会を与えることなどの法規制が設けられているほか、公正な採用選考について行政指導が行われている。

3 　労働契約の締結に先立ち、雇用しようとする労働者に対し、使用者が、企業あるいは職場への適応性、貢献意欲、企業の信用の保持など企業秩序の維持に関係する事項について申告を求めた場合には、労働者は真実を告知すべき義務を負う。

4 　労働契約の締結準備段階においては、信義誠実の原則により相手方と誠実に交渉する義務を負う。

5 　採用内定により、原則として解約権を留保した労働契約が成立するが、この場合に、採用内定の取消ができるのは、内定当時知ることが期待できないような事実で、これを取り消すことが解約権の留保の趣旨、目的に照らして客観的に合理的と認められた社会通念上相当として是認することができる場合に限られる。また、新規学卒者について、採用内定の取消、撤回、内定期間の延長をするときには、公共職業安定所長に通知しなければならない。

6 　身元保証人に対する損害賠償の請求に当たっては、①労働者の監督に関する事業主の過失の有無、②身元保証人が身元保証を引き受けるに至った事由や引き受ける際に払った注意の程度、③労働者の任務または身上の変化など一切の事情が斟酌される。

7 　使用者は、労働契約の締結に際し、労働者に対して、労働条件を

> 明示しなければならないが、このうち労働契約の期間、就業の場所及び従事すべき業務、労働時間、賃金、退職については書面で明示しなければならない。また、パートタイム労働者を雇い入れたときは、このほかに、昇給、退職手当および賞与の有無について文書の交付などにより明示しなければならない。

1 採用とは

　採用とは労働者を雇い入れることで、労働者が働きたい旨の申込みを行い、これを使用者が承諾したときに労働契約は成立します。したがって、労働者の募集（申込みの誘引）に対し、労働者が応募するのが労働契約の申込みであり、この申込みに対し使用者が承諾することによって労働契約は成立します（大日本印刷事件　最高裁第二小法廷昭和54年7月20日民集33-5-582）。派遣労働者の労働契約については、派遣元への登録は派遣労働契約を申し込もうとする求職者名簿のような機能を有するに過ぎませんから、派遣元から派遣登録している労働者に対して派遣先への派遣の打診をすることが労働契約の申し込みの誘引であって、これに応じて、派遣登録している労働者が派遣元に対し労働契約を申し込み、派遣元がこれを承諾することによって労働契約が成立します（リクルートスタッフィング事件　東京地裁平成17年7月20日労判901-85）。

　雇用は、当事者の一方が相手方に対して労働に従事することを約し、相手方がこれに対してその報酬を与えることを約することによって、その効力を生じます（民法第623条）ので、採用に当たっては書面にすることも必要ありません。例えば、募集のビラを見て、電話で働きたいと申し込み、企業の担当者が承諾すれば、それで労働契約は成立します。労働契約を締結していれば、勤務初日の出勤途中に交通事故にあった場合には、通勤災害として労災保険の給付の対象となります。一方、労働契約の締結に関する労働者の意思表示について動機の錯誤があり、その動機が黙示的に表示

され、使用者も知っていた場合で、その錯誤が要素の錯誤に当たるときは、その意思表示は無効となります（駸々堂事件　大阪高裁平成10年7月22日労判748-98）。

2　採用の自由

（1）採用の自由の原則

　誰を採用するかについては、採用の自由が原則としてあります。このため、どのような者を雇入れるかは使用者の自由であり、特定の思想、信条を有する者をそのことを理由に雇入れを拒んでも、それを当然に違法となる訳ではありません。これについては、次のような裁判例があります。

① 　憲法は、思想、信条の自由や法の下の平等を保障すると同時に、他方で、財産権の行使、営業その他広く経済活動の自由をも基本的人権として保障している。それゆえ、企業には、経済活動の一環として行う契約締結の自由があり、自己の営業のためにどのような者をどのような条件で雇うかについて、法律その他による特別の制限がない限り、原則として自由に行うことができる。企業が特定の思想、信条を有する者をそのことを理由に雇入れを拒んでも、それを当然に違法とすることはできない。また、労働基準法第3条は労働者の信条によって賃金その他の労働条件につき差別することを禁止しているが、これは、雇入れ後における労働条件についての制限であって、雇入れそのものを制約する規定ではない。企業が労働者の性向、思想などの調査を行うことは、わが国のようにいわゆる終身雇用制が行われてきた社会では一層必要であることを考慮すれば、企業活動としての合理性を欠くものということはできない。また、本件調査が、思想・信条そのものについてではなく、直接には過去の行動についてされたものであり、ただその行動が思想、信条と関連していただけであることを考慮すれば、そのような調査を違法とすることはできない（三菱樹脂事件　最高裁大法廷昭和48年12月12日

民集27-11-1536)。
② 労使関係が具体的に発生する前の段階においては、人員の採否を決しようとする企業などの側に、極めて広い裁量判断の自由が認められるから、企業などが人員の採否を決するについては、それが企業などの経営上必要とされる限り、原則として、広くあらゆる要素を裁量判断の基礎とすることが許され、かつ、これらの諸要素のうちいずれを重視するかについても原則として企業などの自由に任されていると解さざるをえず、しかも、この自由のうちには、採否決定の理由を明示、公開しないことの自由をも含む。従って、労使関係が具体的に発生する前の段階において、企業などが或る人物を採用しないと決定したことが憲法の諸規定の精神に反するものとして、裁判所が公権的判断においてそれに応ずる判断を示すためには、思想、信条などが企業などにおいて人員の採否を決するについて裁量判断の基礎とすることが許される広汎な諸要素のうちの1つの、もしくは間接の原因となっているということだけでは足りず、それが採用を拒否したことの直接、決定的な理由となっている場合であって、当該行為の態様、程度などが社会的に許容される限度を超えるものと認められる場合でなければならない(慶応病院看護婦不採用事件　東京高裁昭和50年12月22日労民集26-6-1116)。

(2) 採用に関する規制

使用者に採用の自由があると言っても、法律その他による特別の制限がある場合には、その制限に従わなければなりません。これについては、次のような規制が行われています。

ア　性別による差別的な取扱い

労働者の採用については、募集の場合と同様、その性別にかかわりなく均等な機会を与えなければなりません(男女雇用均等法第5条)。すなわち、1つの雇用管理区分において、差別的取扱いや間接差別が禁止されてい

ます（性差別指針。第2章63～66頁参照）。

イ　年齢による差別的な取扱い
　労働者の採用については、募集の場合と同様、その年齢にかかわりなく均等な機会を与えなければなりません（雇用対策法第10条。第2章66～67頁参照）。

ウ　労働組合に加入しないことなどを雇用条件とすること。
　労働者が労働組合に加入せず、もしくは労働組合から脱退することを雇用条件としてはなりません。ただし、労働組合が特定の工場事業場に雇用される労働者の過半数を代表する場合に、その労働者がその労働組合の組合員であることを雇用条件とする労働協約（ユニオン・ショップ協定）を締結することは差し支えありません（労働組合法第7条）。

エ　障害者の雇用義務
　雇用関係の変動がある場合に、その雇用する身体障害者又は知的障害者の数がその雇用する労働者の1.8％（一般事業主の場合）以上であるようにしなければなりません（障害者の雇用の促進等に関する法律第43条）。

オ　公正な採用選考
　使用者が公正な採用選考を行うよう強く行政指導が行われています。このため、採用選考に当たっては、「応募者の基本的人権を尊重すること」および「応募者の適性・能力のみを基準として行うこと」の2点を基本的な考え方として実施しなければならず、家族状況や、生活環境といった応募者の適性・能力とは関係ない事柄で採否を決定しないようにしなければなりません。また、次のような項目について、面接時に質問したり、情報を収集したりしないようにしなければなりません。

① 本人に責任のない事項(本籍・出生地に関すること、家族に関すること(職業、続柄、健康、地位、学歴、収入、資産など)、住宅状況に関すること(間取り、部屋数、住宅の種類、近郊の施設など)、生活環境に関すること(生い立ちなど)
② 本来自由であるべき事項(宗教に関すること、支持政党に関すること、人生観、生活信条に関すること、尊敬する人物に関すること、思想に関すること、労働組合・学生運動など社会運動に関すること、購読新聞・雑誌・愛読書などに関すること)
③ その他(身元調査などの実施、合理的・客観的に必要性が認められない採用選考時の健康診断の実施)

3 経歴詐称

　労働契約の締結に先立ち、雇用しようとする労働者に対し、使用者が、その労働力の評価に直接関わる事項ばかりでなく、その企業あるいは職場への適応性、貢献意欲、企業の信用の保持など企業秩序の維持に関係する事項についても必要かつ合理的な範囲内で申告を求めた場合には、労働者は信義則上真実を告知すべき義務を負っています(炭研精工事件最高裁第一小法廷平成3年9月19日労判615-16)。

　学歴に関する経歴詐称について、裁判例は、次のような場合には、学歴詐称を理由とする解雇は有効であると判断しています。
① 学歴が適格性判断の上で重大な要素である場合(正興産業事件 浦和地裁川越支部平成6年11月10日労判666-28)
② 特定の学歴を重視している場合(相模住宅ローン事件　東京地裁昭和60年10月7日労判463-68)
③ 高卒・中卒のみを採用する人事労務管理体制を一貫している場合(硬化クローム工業事件　東京地裁昭和60年5月24日労判453-62)

④　学歴を確定的な採用条件としている場合（スーパーバック事件　東京地裁昭和54年3月8日労判320-43）
⑤　学歴により別個の職位を設定している場合（三菱金属鉱業事件　東京地裁昭和46年11月25日労経速777-3）

　一方、次のような場合には、学歴詐称に基づく解雇は無効であると判断しています。
①　同じ高卒未満の学歴の者が採用されている場合（近藤化学工業事件　大阪地裁平成6年9月16日労判662-67）
②　業務遂行に重大な支障を与えない場合（中部共石油送事件　名古屋地裁平成5年5月20日労経速1514-3）
③　学歴が労働力の適正評価に何ら影響がない場合（マルヤタクシー事件　仙台地裁昭和60年9月19日労判459-40）
④　学歴の詐称により経営の秩序が乱されたとはいえない場合（西日本アルミニウム工業事件　福岡高裁昭和55年1月17日労判334-12）

　職歴に関する経歴詐称について、裁判例は、次のような場合には、職歴詐称を理由とする解雇は有効であると判断しています。
①　従業員の採用にあたって、その採否や適性の判断を誤らせるものである場合（近藤化学工業事件）
②　経験者であるとの虚偽の申告をした場合（環境サービス事件　東京地裁平成6年3月30日労判649-6）
③　乗車券不正使用、自家用車の飲酒運転などを理由に解雇された職歴を秘匿した場合（立川バス事件　東京地裁八王子支部平成元年3月17日労判580-34）
④　タクシー乗務経験の職歴を秘匿した場合（都島自動車商会事件　大阪地裁昭和62年2月13日労判497-133）
⑤　経験者を雇用しない方針のタクシー会社において、以前別のタクシー

会社に勤務し懲戒解雇されたことを秘匿した場合（弁天交通事件　名古屋高裁昭和51年12月23日労判269-58）

　一方、採用面接の際説明し了解済みのはるか過去の勤務歴のみを持ち出して適格性を否定して、解雇することは無効とする裁判例（極東交通事件　大阪地裁平成2年9月20日労判572-78）もあります。
　なお、犯罪歴に関する経歴詐称については、賞罰欄にいう罰とは、一般的には確定した有罪判決をいい、起訴され裁判の最中であることは「罰」には含まれない（炭研精工事件）と解されています。

4　必要書類の提出

　採用に当たっては、企業として従業員に必要な書類の提出を求めるのが通常であり、このような書類を提出しなかったことは従業員としての適格性に疑義を抱かせる服務規律違反または背信行為に当たる場合があります。例えば、①金銭貸付会社において身元保証書（シティズ事件　東京地裁平成11年12月16日労判780-61）や②誓約書、家族調書（健康保険組合）、家族表および入社志願票（名古屋タクシー事件　名古屋地裁昭和40年6月7日労民集16-3-459）を提出しなかった場合です。

5　労働契約の締結過程における過失

　労働契約の締結準備段階においても、契約の当事者は信義誠実の原則により相手方と誠実に交渉しなければなりません。したがって、仮に当事者の一方の過失があったことにより相手方に損害が生じた場合には、その損害について賠償責任を負います。
　例えば、労働契約の締結準備段階での一方の当事者の言動を相手方が誤解し、契約が成立し、もしくは誤った認識のもとに行動しようとし、その結

果として過大な損害を負担する結果を招く可能性があるような場合には、一方の当事者としても相手方の誤解を是正し、損害の発生を防止することに協力すべき信義則上の義務があります（かなざわ総本舗事件　東京高裁昭和61年10月14日金融・商事判例767-21）。また、労働者を採用しようとする者は、自らが示した労働条件で採用し雇用し続けることができるよう配慮すべき信義則上の注意義務や信頼したことによって発生することのある損害を抑止するために客観的な事情を説明する義務があります（わいわいランド事件　大阪高裁平成13年3月6日労判818-73）。このため、これら義務を履行しないことによって相手方に損害を生じさせたときは、その損害を賠償すべき義務が発生します。

6　採用内定

(1)　採用内定とは

　学生の就職活動については、採用内定の通知を受けたことにより、他の企業への就職活動を停止するのが一般的であるため、その後に内定が取り消されてしまうと、就職の機会を逃すおそれがあります。このため、判例は、採用内定の法的性質について、別段の合意がなければ採用内定の通知とこれに対する承諾により、解約権留保付きの労働契約が成立する（大日本印刷事件）としています。一方、公務員の採用については、条件付採用行為ではなく、単なる採用発令の手続を支障なく行うための準備手続である（東京都事件　最高裁第一小法廷昭和57年5月27日民集36-5-777）としています。

(2)　採用内定の取消

　解約権留保付きの労働契約が成立する解約権の留保の趣旨は、採用内定当初は採用内定した労働者の適格性の有無について適切な判定資料を十分に収集することができないため、後日における調査や観察に基づ

く最終的決定を留保することにあります。したがって、採用内定の取消事由は、採用内定当時知ることが期待できず、また知ることが期待できないような事実で、これを理由として採用内定を取り消すことが解約権の留保の趣旨、目的に照らして客観的に合理的と認められた社会通念上相当として是認することができるものに限られます（大日本印刷事件）。

このため、採用内定の段階で調査を尽くせば、従業員としての適格性の有無を判断することができたのに、不適格と思いながら採用を内定し、その後不適格性を打ち消す材料が出なかったので内定を取り消すということは、解約権留保の趣旨や目的に照らして社会通念上相当として是認することができず、解約権の濫用ということになりますので、このような理由は、誓約書で定めた解約事由には当たりません（大日本印刷事件）。これに対し、公安条例等違反の現行犯として逮捕され、起訴猶予処分を受ける程度の違法行為を積極的に敢行した者を適格性を欠くと判断して、採用の取消をしたことは、解約権留保の趣旨や目的に照らして社会通念上相当である（電電公社近畿電通局事件　最高裁第二小法廷昭和55年5月30日民集34-3-464）と評価されています。

新規学卒者などの採用内定の取消事由として典型的なものが採用内定者が卒業できないことや予定していた業務に必要な資格を取得できない場合です。

採用内定の取消に関し身上調書などの虚偽の記載や秘匿については、単に形式上その事実があるだけでなく、その結果労働力の資質、能力を客観的合理的にみて誤認し、企業の秩序維持に支障をきたすおそれがあるとき、または企業の運営にあたり円滑な人間関係、相互信頼関係を維持できる性格を欠いていて企業内に留めておくことができないほどの不信義が認められる場合に、採用内定を取り消すことができます。一方、採用内定の事由が、例えば国籍を理由とする差別的取扱いに該当する場合には、無効となります。在日朝鮮人であることを隠して応募書類の氏名・本籍欄に虚偽を記入し採用された者が、入寮手続の際に在日朝鮮人であることを告げ

たために内定を取り消された場合（日立製作所事件　横浜地裁昭和49年6月19日判時744-29）などがこれに該当します。

　一方、中途採用者の採用内定については、現実には就労していないものの、労働契約に拘束され、他に就職することができない地位に置かれ、場合によっては、前職を退職している場合もあります。このため、中途採用の採用内定者について、使用者が経営の悪化などを理由に採用内定の取消をする場合には、いわゆる整理解雇の有効性の判断に関する4原則（①人員削減の必要性、②人員削減の手段として整理解雇することの必要性、③被解雇者選定の合理性、④手続の妥当性。第13章451～453頁参照）が適用される場合があります。例えば、別会社からスカウトされて、採用内定を受けた後に、スカウトした会社が経営悪化を理由として採用内定を取り消した場合で、採用内定に至る経緯やスカウトされた労働者が抱いていた期待、入社の辞退勧告などがなされた時期が入社日のわずか2週間前で、しかも既に前の会社に退職届を提出して、もはや後戻りできない状況にあったことなどの事情があるにもかかわらず、採用内定の取消をすることは、解約留保権の趣旨、目的に照らしても、客観的に合理的なものとはいえず、社会通念上相当と是認することはできない（インフォミックス事件　東京地裁平成9年10月31日労判726-37）と判断されています。

　なお、学校教育法第2条の学校、専修学校、職業能力開発施設または職業能力開発総合大学校の新規学卒者を雇い入れようとする者は、①新規学卒者について、募集を中止し、または募集人員を減ずるとき、②新規学卒者の卒業後当該新規学卒者を労働させ、賃金を支払う旨を約し、または通知した後、内定期間に、これを取り消し、または撤回するとき、③新規学卒者について、内定期間を延長しようとするとき、のいずれかに該当する場合には、あらかじめ、公共職業安定所または施設の長にその旨を通知しなければなりません（職業安定法施行規則第35条第2項）。

(3) 採用内定に関する裁判例

採用内定に関しては、次のような裁判例があります。

① 本件採用内定通知のほかには労働契約締結のための特段の意思表示をすることが予定されていなかったことを考慮するとき、募集（申込みの誘引）に対し、応募したのは、労働契約の申込みであり、これに対する採用内定通知は、申込みに対する承諾であって、本件誓約書の提出とあいまって、これにより、就労の始期を大学卒業直後とし、それまでの間、本件誓約書記載の5項目の採用内定取消事由に基づく解約権を留保した労働契約が成立した。採用内定の取消事由は、採用内定当時知ることができず、また知ることが期待できないような事実であって、これを理由として採用内定を取り消すことが解約権留保の趣旨、目的に照らして客観的に合理的と認められ社会通念上相当として是認することができるものに限られる。これを本件についてみると、グルーミーな印象であることは当初からわかっていたことであるから、その段階で調査を尽くせば、従業員としての適格性の有無を判断することができたのに、不適格と思いながら採用を内定し、その後不適格性を打ち消す材料が出なかったので内定を取り消すということは、解約権留保の趣旨、目的に照らして社会通念上相当として是認することができず、解約権の濫用というべきであり、このような事由をもって、本件誓約書所定の解約事由にあたるとすることはできない（大日本印刷事件）。

② 本件採用内定の通知は、単に採用発令の手続を支障なく行うための準備手続としてされる事実上の行為にすぎず、東京都との間で、東京都職員（地方公務員）として採用し、東京都職員としての地位を取得させることを目的とする確定的な意思表示ないしは始期付または条件付採用行為と目すべきものではなく、したがって、本件採用内定通知によっては、直ちにまたは学校卒業後東京都の職員たる地位を取得するものではなく、また、東京都知事において職員として採用すべき法律上の義務を負うものでもない。そうすると、東京都において正当な理由がなく

採用内定を取り消しても、これによって、内定通知を信頼し、東京都職員として採用されることを期待して他の就職の機会を放棄するなど、東京都に就職するための準備を行った者に対し損害賠償の責任を負うことがあるのは格別、採用内定の取消し自体は、採用内定を受けた者の法律上の地位ないし権利関係に影響を及ぼすものではないから、行政事件訴訟法3条2項にいう「行政庁の処分その他公権力の行使に当たる行為」に該当するものということができず、採用内定者においてその取消しを訴求することはできない（東京都事件）。

③　本件採用内定の取消をしたのは、反戦青年委員会に所属し、その指導的地位にある者の行動として、大阪市公安条例等違反の現行犯として逮捕され、起訴猶予処分を受ける程度の違法行為をしたことが判明したためであって、このような違法行為を積極的に敢行した者を見習社員として雇用することは相当でなく、見習社員としての適格性を欠くと判断し、本件採用の取消をしたことは、解約権留保の趣旨、目的に照らして社会通念上相当として是認することができるから、解約権の行使は有効である（電電公社近畿電通局事件）。

④　身上調書などの書類に虚偽の事実を記載し或は真実を秘匿した場合における解約権留保が定められているが、単に形式上「身上調書などの書類に虚偽の事実を記載し或は真実を秘匿した」事実があるだけでなく、その結果労働力の資質、能力を客観的合理的にみて誤認し、企業の秩序維持に支障をきたすおそれがあるものとされたとき、または企業の運営にあたり円滑な人間関係、相互信頼関係を維持できる性格を欠いていて企業内に留めておくことができないほどの不信義性が認められる場合に、解約権を行使できるものと解すべきであり、会社自身が前職歴をさして重要視していないことなどを考え合わせると、履歴書などに真実の現住所および職歴を記載しなかったことは、解約権行使の事由としては重要性に乏しいものとせざるを得ない。本件の場合、労働契約が成立し、前職場を退職した直後に、合理的な解雇理由がないのに

かかわらず、在日朝鮮人であることを理由にこれを解雇したのであるから、労働基準法第3条、民法第90条に反する不法行為となる（日立製作所事件）。
⑤ 採用内定者は、現実には就労していないものの、当該労働契約に拘束され、他に就職することができない地位に置かれているのであるから、企業が経営の悪化等を理由に留保解約権の行使（採用内定取消）をする場合には、いわゆる整理解雇の有効性の判断に関するⅰ人員削減の必要性、ⅱ人員削減の手段として整理解雇することの必要性、ⅲ被解雇者選定の合理性、ⅳ手続の妥当性という4要素を総合考慮のうえ、解約留保権の趣旨、目的に照らして客観的に合理的と認められ、社会通念上相当と是認することができるかどうかを判断すべきである。本件においては、採用内定に至る経緯や債権者が抱いていた期待、入社の辞退勧告などがなされた時期が入社日のわずか2週間前であって、しかも既に退職届を提出して、もはや後戻りできない状況にあったことなどから、その一連の言動、申し入れを捉えて本件内定取消をすることは、著しく過酷な結果を強いるものであり、解約留保権の趣旨、目的に照らしても、客観的に合理的なものとはいえず、社会通念上相当と是認することはできない（インフォミックス事件）。

7 身元保証

　一般に、労働者が故意または重大な過失によって使用者に損害を与えた場合には、使用者は損害賠償請求をすることができますが、労働者本人に損害賠償能力がない場合の対策として、労働者を採用する際に身元保証人から身元保証書の提出を求めることがあります。実際に労働者が企業に損害を与えた場合で、本人に損害賠償能力がないときには、身元保証人に損害賠償を請求することもあります。

　身元保証については「身元保証ニ関スル法律」があり、保証責任が身

元保証人の過重な負担にならないように、身元保証の期間や身元保証人への一定の事項の通知、身元保証人による身元保証契約の解除などについて定めています。

同法では、身元保証人に対する損害賠償請求について、裁判所が実際にその責任および額を決定するにあたっては、①労働者の監督に関する使用者の過失の有無、②身元保証人が身元保証を引き受けるに至った事由や引き受ける際に払った注意の程度、③労働者の任務または身上の変化その他一切の事情を斟酌するものとしています。

これに関する裁判例には、次のようなものがあります。

① 労働者が貴金属宝石類の入った鞄を営業訪問先のカウンター付近に置いたまま、4メートル以上離れた机で鞄に背を向ける形で納品書を作成中に盗まれたことについて、使用者がその労働者に対し損害賠償を求めたことについて、労働者には保管管理義務を怠った債務不履行があり、その違反の程度は重過失に該当するとして、発生した損害の半額の賠償義務を認めた上で、身元保証人である父母に、労働者の賠償額の4割の連帯損害賠償を認めた(丸山宝飾事件　東京地裁平成6年9月7日判時1541-104)。

② 出向中の従業員が、出向先の子会社で横領したため、出向元の親会社が損害の一部を子会社に支払う一方、従業員が親会社に入社する際、親会社と身元保証契約を締結していた身元保証人に対する支払の請求を認めた(坂入産業事件　浦和地裁昭和58年4月26日労判418-104)。

8　労働契約締結時の労働条件の明示

(1)　労働契約の締結時の労働条件の明示

労働契約の締結に際し、使用者は、労働者に対して、次の労働条件に関する事項を明示しなければなりません。このうち①から⑤までに関する事

項（④の昇給に関する事項を除く）については、書面で明示しなければなりません。これに違反した者は、30万円以下の罰金に処せられます（労働基準法第15条第1項、第120条第1号、同法施行規則第5条）。

① 労働契約の期間
② 就業の場所および従事すべき業務
③ 始業および終業の時刻、所定労働時間を超える労働の有無、休憩時間、休日、休暇ならびに就業時転換
④ 賃金の決定、計算および支払方法、賃金の締切および支払の時期ならびに昇給
⑤ 退職（解雇の事由を含む）
⑥ 退職手当の定めが適用される労働者の範囲、退職手当の決定、計算および支払いの方法ならびに退職手当の支払の時期
⑦ 臨時に支払われる賃金（退職手当を除く）、賞与および次の賃金ならびに最低賃金額
　ⅰ 1か月を超える期間の出勤成績によって支給される精勤手当
　ⅱ 1か月を超える一定期間の継続勤務に対して支給される勤続手当
　ⅲ 1か月を超える期間にわたる事由によって算定される奨励加給又は能率手当
⑧ 労働者に負担させるべき食費、作業用品その他
⑨ 安全および衛生
⑩ 職業訓練
⑪ 災害補償および業務外の傷病扶助
⑫ 表彰および制裁
⑬ 休職

　明示された労働条件が事実と相違する場合には、労働者は、即時に労働契約を解除することができます。この場合に、就業のために住居を変更した労働者が契約解除の日から14日以内に帰郷する場合には、使用者は

必要な旅費を負担しなければなりません。旅費を負担しない使用者は、30万円以下の罰金に処せられます(同条第2項、第3項、第120条第1号)。

　なお、これに関連して、労働基準法第15条は、雇入後に労働契約または就業規則が変更された場合を律するものではないとする裁判例(友定事件大阪地裁平成9年9月10日労判725-32)があります。

(2)　パートタイム労働者に対する労働条件の明示

　パートタイム労働者(1週間の所定労働時間が同一の事業所に雇用される通常の労働者の1週間の所定労働時間に比し短い労働者)を雇い入れたときは、(1)の事項のほかに、昇給、退職手当および賞与の有無について文書の交付や本人が希望する場合にはファクシミリまたはメールの送信により明示しなければなりません。これに違反した者は、10万円以下の過料が科されます。また、①所定労働日以外の日の労働の有無、②所定外労働・所定日外労働の有無およびその程度、③安全・衛生、④教育訓練、⑤休職についても、文書などで明示するよう努めなければなりません(短時間労働者の雇用の改善等に関する法律(以下「パートタイム労働法」という)第6条、第47条)。

第4章 労働契約の基礎

「労働契約の基礎」のポイント
1　労働契約の成立
2　均衡のとれた処遇
3　仕事と生活の調和への配慮
4　試用期間
5　有期労働契約の雇用期間
6　強制労働や中間搾取の禁止
7　違約金や賠償予定の禁止
8　前借金相殺
9　社内預金
10　労働者名簿と賃金台帳
11　労働基準法などの周知

「労働契約の基礎」のポイント

1　労働契約は、労働者が使用者に使用されて労働し、使用者がこれに対して賃金を支払うことについて、労働者および使用者が合意することによって、成立する。

2　労働契約の内容である労働条件は、労働者と使用者が対等の立場において自由に決定されるが、労働者と使用者が合意したとしても、①法令に違反する場合、②労働協約の定めに抵触する場合、および③就業規則の定めを下回る場合には無効となる。

3　労働契約の内容は、できる限り書面により確認するようにしなければならない。

4　労働契約は、労働者と使用者が、就業の実態に応じて、均衡を考慮しつつ締結し、または変更しなければならない。また、①国籍、信条、社会的身分を理由とする差別的取扱い、②女性であることを理由とする賃金についての差別的取扱い、③性別を理由とする差別的な取扱いおよび④募集および採用に関する年齢を理由とする差別的な取扱いは、禁止されており、パートタイム労働者については、その区分に応じた均衡待遇が定められている。

5　均衡処遇に関する裁判例には、労働の内容や労働時間などが正社員とほぼ同一のフルタイムパート労働者と正社員との間の賃金格差について、均等待遇の理念がその格差の違法性判断において重要な判断要素として考慮され、フルタイムパート労働者の賃金が同じ勤務年数の正社員の8割以下となるときは、使用者に許された裁量を逸脱し公序良俗違反として無効とするものがある一方、同一労働同一賃金の原則が一般的な法規範として存在しているとはいえず、期間雇用の臨時従業員について正社員と異なる賃金体系によって雇用することは、正社員と同様の労働を求める場合であっても、契約

の自由の範疇であり、何ら違法ではないとするものがある。
6　労働契約は、労働者と使用者が仕事と生活の調和にも配慮しつつ締結し、または変更しなければならない。
7　試用期間は、その期間中に職務に就かせたうえで労働能力および適格性を判定し、不適格な事由があれば解雇できるという解約権を行使することができることを内容とする特別な労働契約が成立しており、試用期間中の解約権の行使は、通常の解雇の場合よりも広い範囲における解雇の自由が認められているが、客観的に合理的な理由があり社会通念上相当と是認されるものでなくてはならない。
8　有期労働契約の上限期間は、原則として3年である。有期労働契約の締結、更新および雇止めに際して発生するトラブルを防止し、その迅速な解決が図られるようにするため、有期労働契約基準が定められている。
9　強制労働や中間搾取、違約金、賠償予定、前借金相殺は禁止されている。社内預金は、貯蓄金管理協定をし、労働基準監督署長に届け出た場合は、労働者の委託を受けて管理することができる。
10　使用者は、労働者名簿と賃金台帳を作成し、3年間保存しなければならない。

1　労働契約の成立

（1）労使合意の原則

　労働契約は、労働者が使用者に使用されて労働し、使用者がこれに対して賃金を支払うことについて、労働者および使用者が合意することによって、成立します（労働契約法第6条）。

　民法は、雇用契約について、「当事者の一方が相手方に対して労働に従事することを約し、相手方がこれに対してその報酬を与えることを約することによって、その効力を生ずる（同法第623条）」と規定していますが、基

本的には同趣旨であると考えられます。

ただし、労働契約の範囲は、民法の雇用よりも広い意義に解されており、また、一般的には、請負契約の場合には、原則として労働契約には該当しません（昭和23年1月9日基発第14号）が、形式的には請負契約であっても、その実態において使用従属関係があるときは、労働契約に該当します（第1章26～39頁参照）。

なお、労働契約は明示的に締結されるのが通例ですが、明示的に契約していない場合であっても、当事者間に事実上の使用従属関係があり、かつ、その間に客観的に推認される黙示の意思の合致がある場合には、黙示の労働契約の成立が認められることがあります（第1章45～51頁参照）。

（2）労働契約の原則

民法では、①権利の行使及び義務の履行は信義に従い誠実に行わなければならないこと、および②権利の濫用は許されないことを定めています（同法第1条）。労働基準法では、労働条件の決定について、①労働者と使用者が対等の立場において決定すべきこと、②労働協約、就業規則および労働契約を遵守し、誠実に各々その義務を履行しなければならないことを定めています（同法第2条）。さらに、労働契約法では、①労働契約は、労働者と使用者が対等の立場における合意に基づいて締結・変更すべきこと、②労働者と使用者は、労働契約を遵守し、信義に従い誠実に権利を行使し、及び義務を履行しなければならないこと、③労働者と使用者は、労働契約に基づく権利の行使に当たり濫用してはならないこと、を定めています（同法第3条第1項、第4項、第5項）。

このように、労働契約の内容である労働条件は、労働者と使用者が対等の立場において自由に決定されるものですが、労働者と使用者が合意したとしても、次の場合には無効となります。

ア　法令に違反する場合

　公の秩序または善良の風俗に反する事項を目的とする法律行為は、無効となります（民法第90条）が、労働基準法や労働安全衛生法、最低賃金法などは、公の秩序を構成する強行法規ですので、これに反する労働条件は無効となります。また、労働基準法で定める基準に達しない労働条件を定める労働契約は、その部分については無効となり、この場合に、無効となった部分は、同法で定める基準によります（同法第13条）。

イ　労働協約の定めに抵触する場合

　労働組合と使用者またはその団体との間の労働条件その他に関する労働協約は、書面に作成し、両当事者が署名し、または記名押印することによってその効力を生じます（労働組合法第14条）が、労働協約に定める労働条件その他の労働者の待遇に関する基準に違反する労働契約の部分は無効となり、無効となった部分は労働協約に定める基準によります（同法16条）。なお、労働協約は、原則として、その労働協約を締結した労働組合の組合員にのみ適用されますが、労働協約の適用を受けるが工場事業場の同種の労働者の一定割合以上となった場合には、一般的拘束力により、その労働協約を締結した労働組合の組合員以外の労働者にも適用されます（第14章 476～477頁参照）。

ハ　就業規則の定めを下回る場合

　就業規則は、常時10人以上の労働者を使用する使用者が所定の事項について、その事業所に労働者の過半数で組織する労働組合がある場合にはその労働組合、労働者の過半数で組織する労働組合がない場合には労働者の過半数を代表する者の意見を聴いた上で作成し、労働基準監督署長に届け出なければなりません（労働基準法第89条、第90条）が、就業規則で定める基準に達しない労働条件を定める労働契約は、その部分については無効となり、無効となった部分は、就業規則で定める基準により

ます(第8章256頁参照)。

(3) 労働契約の内容の理解の促進

　一般的に労働条件を提示する立場にある使用者は、労働者に提示する労働条件や労働契約の内容について、労働者の理解を深めるようにしなければなりません(労働契約法第4条第1項)。ここでいう「労働者の理解を深めるようにする」とは、労働契約の締結の際や締結後に労働条件や就業環境などが大きく変わる際にそのことを説明し、あるいは労働者の求めに応じて誠実に回答すること、労働条件が変更されない場合であっても、労働者が就業規則などに定められた労働条件について説明を求めてきた場合にその内容について丁寧に説明することをいいます。

　また、労働者と使用者は、期間の定めのある有期の労働契約に関する事項を含め労働契約の内容について、できる限り書面により確認するようにしなければなりません(同条第2項)。特に有期の労働契約の場合には、期間満了の際に労働契約を更新するか否かや労働契約の更新をする場合の判断基準などがあいまいなために発生する紛争を予防するためには、特に労働契約の内容を書面により確認することが重要であるために、できる限り書面により確認する必要があります。このため、労働基準法第14条第2項に基づく「有期労働契約の締結、更新及び雇止めに関する基準」(平成15年10月22日告示第357号。以下「有期労働契約基準」という)においては、有期の労働契約を締結する際に明示すべき事項が定められていますが、これについても、できる限り書面により確認する必要があります。また、「できる限り書面により確認する」とは、労働契約の締結の際や締結後に労働条件や就業環境などが大きく変わる際に使用者から労働者に対して書面を交付することなどが、これに該当します。

2　均衡のとれた処遇

　労働契約は、労働者と使用者が、就業の実態に応じて、均衡を考慮しつつ締結し、または変更しなければなりません（労働契約法第3条第2項）。したがって、どのような労働条件を定めるかは基本的には当事者間の合意によって定められますが、労働条件については、就業の実態に応じて、均衡を考慮して決定される必要があります。

（1）国籍、信条、社会的身分を理由とする差別の禁止

　使用者は、労働者の国籍、信条または社会的身分を理由として、賃金、労働時間その他の労働条件について、差別的取扱いをしてはなりません（労働基準法3条）。

ア　国籍を理由とする差別的な取扱い

　国籍を理由とする差別については、在日朝鮮人であることを隠して応募書類の氏名・本籍欄に虚偽を記入し採用された者の採用内定を取り消したことについて、国籍を理由とする差別的取扱いであるとして、採用内定の取消を無効とする裁判例（日立製作所事件　横浜地裁昭和49年6月19日判時744－29）があります。他方、日本人については期間の定めのない労働契約を締結し、外国人については期間の定めのない労働契約を締結しないことについては、合理的な理由があれば、国籍による差別にはならない（東京国際学園事件　東京地裁平成13年3月15日労判818－55）と解されています。これに関しては、次のような裁判例があります。

> ①　本件の場合、労働契約が成立し、前職場を退職した直後に、合理的な解雇理由がないのにかかわらず、在日朝鮮人であることを理由にこれを解雇したのであるから、労働基準法3条、民法90条に反する不法行為となる（日立製作所事件）。

②　学園では外国人教員を多数雇用するために外国人教員の賃金を日本人教員の賃金よりも高くする必要があったが、終身雇用を前提とする従来の賃金体系では外国人教員にとって魅力があると思えるほどに高額の賃金を提供することはできなかったという状況の下で、外国人教員を期間の定めのある嘱託社員として扱うことによって従来の賃金体系との整合性を図るとともに、従来の賃金体系からみれば高額の賃金を提供することによって多数の外国人教員を雇用する目的で導入した契約であることからすれば、雇用期間以外はすべて同じ内容で、雇用期間の定めのない契約を締結することはできなかった。そうすると、外国人教員との間で期間の定めのない雇用契約を締結する意思がないものと認められるが、そのことをもって、外国籍又は人種による明らかな差別であると認めることはできないので、契約のうち期間を定める部分が憲法14条、労働基準法3条に違反して無効であるということはできない（東京国際学園事件）。

イ　思想・信条を理由とする差別的な取扱い

　労働者が、人事考課の全貌を把握し、それによって自らが他の従業員と比較して「不当な差別的扱い」を受けていることを立証することは不可能であるため、賃金などについて、思想・信条による差別が問題となる場合には、①企業に一定の思想を排除する状況があること、②年功序列的賃金制度がとられていること、③一定の思想をもつ者の賃金が一般の労働者と比べ著しく低いこと、思想の転向者への優遇措置がとられていること、一定の思想をもつ労働者で標準者の人事査定を受けている者が存在しないことなどの差別的取扱いの状況があること、の実態があれば、使用者の差別行為があったことが推定されます。これに対し、企業が、差別を受けたと主張する労働者の勤務成績が低いことや、能力向上の意思がないために人事考課・査定において低位に置かれていることを証明すれば、差別は否定されます（スズキ事件　東京高裁平成18年12月7日労判931-83、最高

裁第一小法廷平成20年3月6日)。思想・信条による差別が認められた場合には、損害賠償の支払いが求められます。これに関しては、次のような裁判例があります。

① 会社は、A党及び同党員を嫌悪し、会社に対するA党及び同党員の影響を極力防止すべく、A党員である従業員に対して、他の従業員とは異なる取扱いをしていたことが認められるので、A党員に対する差別意思を有している。人事制度は、実際には、ある程度経年により昇進するいわゆる年功序列的な運用がされてきたものの、基本的には職能制度を前提とするものである。したがって、各従業員の業務実績や業務遂行能力を評価し、これに基づく人事考課により従業員の処遇を決定するについて、裁量権を有するが、裁量も全く自由に委ねられるわけではなく、適正な人事考課を前提とする。そして、原告らはいずれも、同期同学歴者と比較して、不当に不利益に扱われないとの利益を有しているところ、そのような利益を侵害されたといえるには、差別意思をもった人事考課が行われ、その結果、同期同学歴者の平均的な者との間に処遇及び賃金の格差が生じたことを要する。原告らについては、その職務遂行上、否定的な評価も認められるが、いずれも長期間にわたって他の従業員と比較して著しく低い能力・業績しかなく最低評価以外全く考えられないような業務遂行により格差が生じたということはできず、かえって格差が生じたのは、A党員であることを理由として他の従業員よりも低い評価を行い、その結果、賃金面でも低い処遇を行ってきたことによるものである。企業は、経営及び人事管理において、裁量権を有するものであるが、裁量権も無制限に認められるわけではなく、当然、法令及び公序良俗の範囲内において認められるものであって、これを逸脱し、その結果として従業員の権利を侵害する場合は、裁量権の行使が不法行為となる。そして、労働基準法第3条は、使用者による労働者の信条等を理由とする賃金、労働時間、その他の労働条件について差別的な取扱いをすることを禁止しているが、ここにいう信条には、特定の政治的信念ない

し政治的思想を含む。したがって、信条を理由として差別的な処遇を行うことは、人事に関する裁量権の逸脱であり、違法である。そうすると、原告らに対する処遇は違法であることに帰着するから、これにより損害が生じた場合、不法行為責任に基づき、これを賠償する義務がある（倉敷紡績事件　大阪地裁平成15年5月14日労判859-69、新日本製鐵広畑製鐵所事件　神戸地裁姫路支部平成16年3月29日労判877-93）。

② 　人事考課は、諸般の事情を総合的に評価して行われ、かつ、その性質上使用者の裁量を伴うもので、他の従業員との比較という相対評価的な側面を否定しきれないことからすれば、1従業員が、人事考課の全貌を把握し、それによって自らが他の従業員と比較して「不当な差別的扱い」を受けていることを立証することは不可能である。そこで、差別的扱いの有無の判断に当たっては、原告の賃金査定が同期従業員に比して著しく低いこと及びその言動等を使用者側が嫌忌している事実が認められれば、差別の事実が事実上推定され、低い人事考課をしたことについて使用者の裁量を逸脱していないとする合理的理由が認められない場合には、原告の勤務成績が平均的従業員と同様であったにもかかわらず、不当な差別的扱いを受けたと認めるのが相当である。原告が職能資格等級において4等級であるのに対し、他の同期入社の職員はいずれも6等級以上であって、その賃金等においても相当な格差があること、原告がA党の党員であって労働組合の定期大会や職場集会で労働者の立場から積極的に発言をするのに対し、使用者が原告の言動を嫌忌していたことが認められる。人事査定上マイナス要因はあったのであるから、その点を勘案した上で査定がなされることは当然であるものの、人事査定に関し使用者側に広い裁量が存することを前提としても、入社して約40年が経過した現在においても原告が4等級に滞留していることについて合理的な理由は認められないから、そもそも原告を昇格させる意思がなかったか、あっても非常に長期間同一等級に滞留

> させる意思であったとみざるを得ないものであって、その扱いは、A党員であって労働組合の定期大会などで労働者の立場から積極的に意見を述べるなど、使用者にとって嫌忌すべき存在であったことを理由とした差別的扱いを含んでいた（松阪鉄工所事件　津地裁平成12年9月28日労判800-91）。

（2）女性であることを理由とする賃金についての差別的取扱い

　使用者は、労働者が女性であることを理由として、賃金について、男性と差別的取扱いをしてはなりません（労働基準法第4条）。
　一般に、男女間に賃金の格差が存在する場合には、それが不合理な差別であることが推認され、使用者側で格差が合理的理由に基づくものであることを示す具体的かつ客観的な事実を立証できない限り、その格差は女性であることを理由として設けられた不合理な差別であると推認され、男女間の賃金の格差が不合理な差別である場合には、違法な行為となります（第17章 647～648頁参照）。

（3）性別を理由とする差別的な取扱い

　募集および採用、配置、昇進、降格、教育訓練、福利厚生、職種および雇用形態の変更、退職の勧奨、定年、解雇ならびに労働契約の更新について性別を理由とする直接的な差別的な取扱いが禁止されるとともに、間接差別の事由に該当する場合にも、合理的な理由がないときには禁止されています（男女雇用機会均等法第5条～第8条。第17章 639～649頁参照）。

（4）パートタイム労働者についての均衡待遇

　パートタイム労働者については、その区分に応じた均衡待遇が定められています（パートタイム労働法第8条～第11条。第19章 686～690頁参照）。

（5）年齢を理由とする差別的な取扱い

　募集および採用に関しては、一定の例外的な事由がある場合を除き、原則として年齢による差別的な取扱いが禁止されています（第2章66～67頁参照）。

　定年制は、労働者の労働契約関係継続の意思やその労働能力、適格性の有無などを問うことなく、一定年齢到達により労働契約を終了させる制度ですが、一般的には、老年労働者にあっては当該業種又は職種に要求される労働の適格性が逓減するにかかわらず、給与が却って逓増するところから、人事の刷新・経営の改善など企業の組織および運営の適正化のために行われるもので、不合理な制度ということはできない（秋北バス事件最高裁大法廷昭和43年12月25日民集22－13－3459）と解されています。ただし、定年の定めをする場合には、その年齢は60歳を下回ることができません（高年齢者雇用安定法第8条）。

　また、65歳未満の定年の定めをしている場合には、その雇用する高年齢者の65歳までの安定した雇用を確保するため、定年制の廃止、定年年齢の引上げまたは継続雇用制度の導入（労使協定などにより対象者の基準を設けることは可能）のいずれかの高年齢者雇用確保措置を段階的に講じなければなりません（同法第9条）。

　定年年齢の引上げなどの場合には、これに伴い、人件費総額の抑制などのために、延長後の賃金などの引下げなどが行われることがありますが、これについては、個別のケースに応じて判断されており、例えば、「使用者は、たとえ年齢を理由としても、差別すべき合理的理由なくして労働条件について差別することは許されないが、本件就業規則の変更により、55歳から60歳までの労働者にとっては定年延長の利益を受けることになるので、かかる利益を享受する55歳以上の労働者について、賃金等の面で不利益に取り扱うこととしたとしても、そのような不利益を当該労働者に法的に受忍させることを許容することができるだけの高度の必要性に基づいた合理的な内容のものである場合には、合理的理由があるものとして、是認され得る」

とするもの(日本貨物鉄道事件　名古屋地裁平成11年12月27日労判780-45)がある一方、「本件就業規則の変更は、それによる賃金に対する影響の面からみれば、高年層の行員に対しては、専ら大きな不利益のみを与えるものであって、他の諸事情を勘案しても、変更に同意しない者に対し法的に受忍させることもやむを得ない程度の高度の必要性に基づいた合理的な内容のものであるということはできないから、賃金減額の効果を有する部分はその効力を及ぼすことができないとするもの(みちのく銀行事件　最高裁第一小法廷平成12年9月7日民集54-7-2075)」があります。

　整理解雇や退職勧奨の対象者について、一定の年齢以上の者とする基準は、一般的には、使用者の恣意が介在する余地がないという点で公平性が担保され、また、年功序列賃金体系を採る企業においては、一定額の経費を削減するための解雇人員が相対的に少なくて済むという点においてそれなりに合理性があると考えられますが、早期退職の代償となるべき経済的利益や再就職支援なしに幹部職員で53歳以上の者を整理解雇の基準とすることは、解雇後の被用者およびその家族の生活に対する配慮を欠くとして、その効力を否定する裁判例(ヴァリグ日本支社事件　東京地裁平成13年12月19日労判817-5)があります。また、70歳に達することを理由として行われた解雇が、定年制が施行されておらず、70歳に達したことをもって退職する旨の慣行も存在していないから、合理的理由のないものとして無効とする裁判例(東京ヘレン・ケラー協会事件　東京地裁昭和56年7月8日労経速1098-16)もあります。

　年齢についても、65歳以上の場合には、高年齢者雇用安定法がその施策の対象を65歳までとしていることや年金を受給していることもあり、裁判例においても、例えば、「65歳以上の者の再雇用については、解雇権の濫用の法理が類推適用されるといっても、自ら程度の差はある(大京ライフ事件　横浜地裁平成11年5月31日労判769-44)」とするものや満65歳に達した従業員に対する退職勧奨について、「これを承認しない者に対し賃上げを実施しないことや定額の一時金支給を定めた労働協約の定めは、従業

員の高齢化による労務費の高騰と経営状態の悪化から取り結ばれたものであって、動機や目的に不合理な点はない」とするもの(東京都十一市競輪事業組合事件　東京地裁昭和60年5月13日労判453-75)があります。

(6) 職種などを理由とする差別的な取扱い

　60歳定年制が義務化される以前において、本社採用者の停年年齢と支店採用者のそれとの間に5歳の格差があっても、労働基準法第3条の社会的身分とは、生来の身分を意味するのであって、労働契約の内容上の差異から設定される契約上の地位は社会的身分に含まれないから、本社採用者と支店採用者との間の停年年齢の差異は、同条に違反するものではないとする裁判例(フジタ工業事件　名古屋地裁平成2年7月10日労判569-55)や警備業務を職務とする警務職と一般職との間に休日日数に差を設けることは、憲法第14条、労働基準法第3条に違反しないとする裁判例(セントラル警備保障事件　東京地裁平成6年2月25日労判655-72)があります。

(7) 均衡処遇に関する裁判例

　均衡処遇に関する裁判例には、労働の内容や労働時間などが正社員とほぼ同一のフルタイムパート労働者と正社員との間の賃金格差について、均等待遇の理念がその格差の違法性判断において重要な判断要素として考慮され、フルタイムパート労働者の賃金が同じ勤務年数の正社員の8割以下となるときは、使用者に許された裁量を逸脱し公序良俗違反として無効とするもの(丸子警報器事件　長野地裁上田支部平成8年3月15日労判690-32)がある一方、同一労働同一賃金の原則が一般的な法規範として存在しているとはいえず、長期雇用労働者と短期雇用労働者とで雇用形態や賃金制度が異なっても、これを不合理ということはできず、期間雇用の臨時従業員について正社員と異なる賃金体系によって雇用すること

は、正社員と同様の労働を求める場合であっても、契約の自由の範疇であり、何ら違法ではないとするもの(日本郵便逓送事件　大阪地裁平成14年5月22日労判830-22)があります。これに関する裁判例は、次のとおりです。

① 　ライン作業に従事する臨時社員と、同じライン作業に従事する女性正社員の業務とを比べると、従事する職種、作業の内容、勤務時間及び日数並びにいわゆるQCサークル活動への関与などすべてが同様であること、臨時社員の勤務年数も長い者では25年を超えており、長年働き続けるつもりで勤務しているという点でも女性正社員と何ら変わりがないこと、女性臨時社員の採用の際にも、その後の契約更新においても、少なくとも採用される側においては、自己の身分について明確な認識を持ち難い状況であったことなどにかんがみれば、臨時社員の提供する労働内容は、その外形面においても、帰属意識という内面においても、女性正社員と全く同一である。したがって、正社員の賃金が年功序列によって上昇するのであれば、臨時社員においても正社員と同様ないしこれに準じた年功序列的な賃金の上昇を期待し、勤務年数を重ねるに従ってその期待からの不満を増大させるのも無理からぬところである。このような場合、使用者においては、一定年月以上勤務した臨時社員には正社員となる途を用意するか、あるいは臨時社員の地位はそのままとしても、同一労働に従事させる以上は正社員に準じた年功序列制の賃金体系を設ける必要があった。しかるに、臨時社員として採用したままこれを固定化し、2か月ごとの雇用期間の更新を形式的に繰り返すことにより、女性正社員との顕著な賃金格差を維持拡大しつつ長期間の雇用を継続したことは、同一(価値)労働同一賃金の原則の根底にある均等待遇の理念に違反する格差であり、単に妥当性を欠くにとどまらず公序良俗違反として違法となる。もっとも、均等待遇の理念も抽象的なものであって、均等に扱うための前提となる諸要素の判断に幅がある以上は、その幅の範囲内における待遇の差に使用者側の裁量

も認めざるを得ない。したがって、本件においても、臨時社員と女性正社員の賃金格差がすべて違法となるものではない。前提要素として最も重要な労働内容が同一であること、一定期間以上勤務した臨時社員については年功という要素も正社員と同様に考慮すべきであること、その他本件に現れた一切の事情に加え、同一（価値）労働同一賃金の原則が公序ではないということのほか賃金格差を正当化する事情を何ら立証していないことも考慮すれば、臨時社員の賃金が、同じ勤続年数の女性正社員の8割以下となるときは、許容される賃金格差の範囲を明らかに越え、その限度において会社の裁量が公序良俗違反として違法となる（丸子警報器事件）。

② 同一労働同一賃金の原則が一般的な法規範として存在しているとはいいがたい。すなわち、賃金など労働者の労働条件については、労働基準法などによる規制があるものの、これらの法規に反しない限りは、当事者間の合意によって定まるものである。我が国の多くの企業においては、賃金は、年功序列による賃金体系を基本として、企業によってその内容は異なるものの、学歴、年齢、勤続年数、職能資格、業務内容、責任、成果、扶養家族等々の様々な要素により定められてきた。労働の価値が同一か否かは、職種が異なる場合はもちろん、同様の職種においても、雇用形態が異なれば、これを客観的に判断することは困難であるうえ、賃金が労働の対価であるといっても、必ずしも一定の賃金支払期間だけの労働の量に応じてこれが支払われるものではなく、年齢、学歴、勤続年数、企業貢献度、勤労意欲を期待する企業側の思惑などが考慮され、純粋に労働の価値のみによって決定されるものではない。このように、長期雇用制度の下では、労働者に対する将来の期待を含めて年功型賃金体系がとられてきたのであり、年功によって賃金の増加が保障される一方でそれに相応しい資質の向上が期待され、かつ、将来の管理者的立場に立つことも期待されるとともに、他方で、これに対応した服務や責任が求められ、研鑽努力も要求され、配転、降級、降格等の負担

も負う。これに対して、期間雇用労働者の賃金は、それが原則的には短期的な需要に基づくものであるから、そのときどきの労働市場の相場によって定まるという傾向をもち、将来に対する期待がないから、一般に年功的考慮はされず、賃金制度には、長期雇用の労働者と差違が設けられるのが通常である。そこで、長期雇用労働者と短期雇用労働者とでは、雇用形態が異なり、かつ賃金制度も異なることになるが、これを必ずしも不合理ということはできない。労働基準法第3条及び第4条も、雇用形態の差違に基づく賃金格差までを否定する趣旨ではない。したがって、同一労働同一賃金の原則が一般的な法規範として存在しているとはいいがたいので、一般に、期間雇用の臨時従業員について、これを正社員と異なる賃金体系によって雇用することは、正社員と同様の労働を求める場合であっても、契約の自由の範疇であり、何ら違法ではない（日本郵便逓送事件）。

③　行（二）職員を行（一）職員に併任発令することにより、本務外の職務を行わせることは可能であり、職務と関連性又は付随性のある業務、臨時的な応援業務、緊急時の応急措置業務を命ずることが直ちに違法となるわけではないが、行（二）職員に対し、職務命令により、本務として恒常的に行（一）表適用職務を担当させ、これに従事させることは、給与の根本基準に違反し、給与法等によって保障された法定の勤務条件を侵害するものであって、違法な職務命令となる。行（二）職員の官職にあったにもかかわらず、違法な職務命令により、本務として恒常的に行（一）表適用職務を担当し、その職務を遂行してきたところ、給与については行（二）職員としての俸給を受けたにとどまり、その遂行した職務の複雑、困難及び責任の度からして、これにふさわしい給与の支払を受けていなかったとしても、他方で、行（一）職員に任用される法的権利を有していたわけではないこと、公務員の給与については職務給の原則が定められているとはいえ、同一労働同一賃金の原則が保障されているわけではなく、本務として恒常的に行（一）表適用職務を行ったからと

いって、行(一)表による俸給請求権が発生するわけではないこと、個々の職員の遂行する職務の質及び量は、個々人の能力、知識、経験等に左右される上、職場における人員配置の状況、業務の状況等により繁忙の程度にも差があるところ、これらが俸給に直ちに反映されるわけではなく、俸給は、あくまで、任用された官職の地位に対応して発生するものであることなどを総合的に考慮すれば、原告が提供した労務の価額を行(一)表の俸給表によって算定してその損害を評価することは相当とは言い難く、本件においては、むしろその官職に比し、複雑、困難及び責任の度において、より重い職務に従事したことによる精神的及び肉体的苦痛こそが損害でであり、その慰謝料を算定して賠償させるのが相当である(建設省中部地方建設局事件　名古屋地裁平成12年9月6日労判802−70)。

④　労働基準法3条の「社会的身分」の意義は、自己の意思によっては逃れることのできない社会的身分を意味する。そして、嘱託職員という地位は自己の意思によって逃れることのできない身分ではないから、同条の「社会的身分」には含まれない。「短時間労働者の雇用管理の改善等に関する法律」の定めにより通常の労働者と同視すべき短時間労働者については同一価値労働同一賃金の原則を貫徹するような規定が置かれたものの、そこまでの事情が認められないパートタイマーについては努力義務規定が置かれたに過ぎない。また、労働契約法においても、均衡処遇の原則が規定されているにすぎず、同一価値労働同一賃金の原則の採用を正面から義務付けるような規定は置かれていない。また、労働基準法第4条が同一価値労働同一賃金の原則を定めたものと解することはできない。憲法第14条及び労働基準法第4条の根底にある均等待遇の理念、条約等が締結されている下での国際情勢及び日本において労働契約法等が制定されたことを考慮すると、当該労働に対する賃金が相応の水準に達していないことが明らかでありかつ、その差額を具体的に認定し得るような特段の事情がある場合には、当

該賃金処遇は均等処遇の原則に照らして不法行為を構成する。本件において、原告は一般職員の補助としてではなく主体的に相談業務等につき一定の責任をもって遂行していたといえ、他の相談員と比べても質の高い労務を提供していたといえるが、職員給与規定には、嘱託職員が質の高い労務を提供した場合の加給や一般職員への登用の可能性等について具体的な定めを置いていないから、提供した労務の内容に対して、適切な対応をし得るような内容になっていなかった。他方、一般職員については、事実上、教員免許、社会教育主事等の資格を有している者を採用していること、職務ローテーションを実施していること、苦情対応についての責任の度合いが異なること、一旦退職して大学等で学んだ後に必ず再雇用される保障があるわけではないこと、これに対して雇用期間を1年間とする契約を更新し、職務ローテーションの対象とはならず、本件雇用期間前ではあるが研究のため一旦退職するなどしていることを考慮すると、通常の労働者と同視すべき短時間労働者に該当するとまでは認め難い。また、従事していたのと同様の相談業務を実施している他の法人等における給与水準がどの程度か、質の高い労務を提供した場合にどのような処遇が通常なされているかという点や、司書資格を要するとされる図書情報室勤務の嘱託職員と比べてどの程度賃金額を区別すれば適当なのか、他の相談業務に従事する嘱託職員と比べてどの程度賃金額を区別すれば適当なのかという点について具体的な事実を認めるに足りず、したがって、支給されていた給与を含む待遇について、一般職員との格差ないしその適否を判断することは困難である（京都市男女共同参画センター管理財団法人事件京都地裁平成20年7月9日）。

3 仕事と生活の調和への配慮

　労働契約は、労働者と使用者が仕事と生活の調和にも配慮しつつ締結し、または変更しなければなりません（労働契約法第3条第5項）。したがって、労働時間や休日数、年次有給休暇を与える時季などの労働条件を定めるに当たっては、仕事と生活の調和に配慮しつつ決定される必要があります（第11章387～389頁参照）。

4 試用期間

（1） 試用期間の法的性質

　試用期間については、一般に試用期間中に職務に就かせたうえで労働能力および適格性を判定し、不適格な事由があれば解雇できるという解約権を行使することができることを内容とする特別な労働契約がすでに成立しており、この場合の解約権の留保は、新規採用にあたり、採否決定の当初においては、その者の資質、性格、能力その他適格性の有無に関連する事項について必要な調査を行い、適切な判定資料を十分に蒐集することができないため、後日における調査や観察に基づく最終的決定を留保する趣旨である（三菱樹脂事件　最高裁大法廷昭和48年12月12日民集27-11-1536）と解されています。

（2） 試用期間の長さ

　試用期間中の労働者は不安定な地位に置かれるので、試用期間は合理的な期間を設定した場合に限って、その効力が発生し、合理的な範囲を越えた長期の試用期間の定めをした場合には、公序良俗に反し、無効です（三菱樹脂事件）。

　これに関しては、3か月程度の試用期間を設けることには合理性が認め

られるとする裁判例(ダイヤモンドコミュニティ事件　東京地裁平成11年3月12日労経速1712-9)がある一方、最短の者で6か月ないし9か月、最長の者で1年ないし1年3か月の見習社員の後見習社員から試用社員に登用した者について更に6か月ないし1年の試用期間を設けることは、合理的な必要性はなく、試用社員の期間は合理的範囲を越えているとする裁判例(ブラザー工業事件　名古屋地裁昭和59年3月23日労判439-64)もあります。

(3) 試用期間の延長

　合理的な理由がある場合には、試用期間を延長することも可能であると考えられています。例えば、使用者側が試用期間満了以前に不適格と評価している場合に労働者本人からもう少し猶予してほしいという要請があった場合や円満退職のために本採用拒否という解雇をさけるために試用期間を延長した場合(雅叙園観光事件　東京地裁昭和60年11月20日労判464-17)などです。

(4) 雇用が継続中に試用期間を設けること

　雇用が継続中に試用期間を設けることは、原則として許されず、タクシー運転手として雇用されていたものが一般の事務員となり、あるいはその逆の場合のように新たに雇用したと同視できるような例外的な場合に限って、雇用途中の試用期間の設定が許されるとする裁判例(ヒノヤタクシー事件　盛岡地裁平成元年8月16日労判549-39)があります。

(5) 有期労働契約と試用期間

　新規に労働者を採用するに当たり、その労働契約に期間を設けた場合に、その設けた趣旨や目的がその適性を評価・判断するためのものであるときは、その期間は試用期間である(神戸弘陵学園事件　最高裁第三小法廷平成2年6月5日民集44-4-668)と解されています。

（6）試用期間における解約権の行使

　試用期間中の解約権の行使は、通常の解雇の場合よりも広い範囲における解雇の自由が認められていますが、客観的に合理的な理由があり社会通念上相当と是認されるものでなくてはなりません。したがって、企業が当初知ることができず、また知ることが期待できないような事実を、試用期間中の勤務状態などにより知るに至り、その者を引き続き雇用することが適当でないと判断することに合理性がある場合に限り、解約権の行使が可能です（三菱樹脂事件）。

　裁判例では、例えば、次のような場合には、解約権留保の趣旨、目的に照らし、客観的に合理的な理由があり、社会通念上相当であると判断されています。

① 　顧客である歯科医が緊急を要するとして発注してきた依頼に速やかに応じない態度をとり、また採用面接時にパソコン使用に精通していると述べたにもかかわらず、それほど困難でない作業も満足に行うことができないほか、会社業務にとって重要な商品発表会の翌日には参加者にお礼の電話等をするなどの業務が行われ社員は必ず出勤するという慣行になっているにもかかわらず、休暇を取得するなどした場合（ブレーンベース事件　東京地裁平成13年12月25日労経速1789-22）
② 　職務上の義務不順守や勤務態度不良、上司から何度も注意を受けながら、態度が一向に改善されなかった場合（安田火災海上保険事件　福岡地裁小倉支部平成4年1月14日労判604-17）
③ 　勤務態度が顧客へのサービスが要求される給油所の従業員としては適切なものとはいいがたい場合（日和崎石油事件　大阪地裁平成2年1月22日労経速1390-3）

　一方、次のような場合には、相当とは認められないと判断されています。

① 　会長に声を出してあいさつしなかった場合（テーダブルジェー事件　東京地裁平成13年2月27日労判809-74）

② 大学中退を高校卒と学歴詐称した場合（新光美術事件　大阪地裁平成12年8月18日労判793-25）
③ 労働者が自己の労働契約上の権利を主張することを嫌い、かつ、労働組合に加入するのではないかとの疑念を抱いたことによる場合（新光美術事件　大阪地裁平成11年2月5日労経速1708-9）

（7）試用期間と解雇予告

　労働基準法第20条は、解雇に当たり30日前の予告または30日分以上の平均賃金（解雇予告手当）の支払を義務つけていますが、14日以内の試用期間中の者については、同条は適用されません。ただし、14日を超える試用期間については、同条が適用され、原則として解雇予告または解雇予告手当の支払いが必要となります（第13章445～448頁参照）。

（8）試用期間に関する裁判例

　試用期間に関する裁判例には、次のようなものがあります。

① 本件本採用の拒否は、留保解約権の行使、すなわち雇入れ後における解雇にあたり、通常の雇入れの拒否の場合と同視することはできない。解約権の留保は、採否決定の当初においては、その者の資質、性格、能力その他適格性の有無に関連する事項について必要な調査を行い、適切な判定資料を十分に蒐集することができないため、後日における調査や観察に基づく最終的決定を留保する趣旨でされるものと解され、一定の合理的期間の限定の下にこのような留保約款を設けることも、合理性をもつものとしてその効力を肯定することができる。留保解約権に基づく解雇は、通常の解雇場合よりも広い範囲における解雇の自由が認められてしかるべきであるが、法が企業者の雇傭の自由について雇入れの段階と雇入れ後の段階とで区別を設けている趣旨にかんがみ、また、雇傭契約の締結に際しては企業者が一般的には個々の労働者に対して社会的に優越した地位にあることを考え、かつまた、本

採用後の雇傭関係におけるよりも弱い地位であるにせよ、いったん特定企業との間に一定の試用期間を付した雇傭関係に入った者は、本採用、すなわち当該企業との雇傭関係の継続についての期待の下に、他企業への就職の機会と可能性を放棄したものであることから、留保解約権の行使は、解約権留保の趣旨、目的に照らして、客観的に合理的な理由が存し社会通念上相当として是認されうる場合にのみ許される。換言すれば、企業が、採用決定後における調査の結果により、または試用中の勤務状態等により、当初知ることができず、また知ることが期待できないような事実を知るに至った場合に、そのような事実に照らしその者を引き続き当該企業に雇傭しておくのが適当でないと判断することが、解約権留保の趣旨、目的に徴して、客観的に相当であると認められる場合には、留保した解約権を行使することができるが、その程度に至らない場合には、これを行使することはできない。本件においては、解雇理由として主要な問題とされている団体加入や学生運動参加の事実の秘匿等についても、それが留保解約権に基づき解雇しうる客観的に合理的な理由となるかどうかを判断するためには、秘匿などの事実があったかどうか、秘匿等にかかる団体加入や学生運動参加の内容、態様および程度、とくに違法にわたる行為があったかどうか、ならびに秘匿等の動機、理由等に関する事実関係を明らかにし、これらの事実関係に照らして、秘匿等の行為および秘匿などにかかる事実が入社後における行動、態度の予測やその人物評価等に及ぼす影響を検討し、それが企業者の採否決定につき有する意義と重要性を勘案し、これらを総合して合理的理由の有無を判断しなければならない（三菱樹脂事件）。

② 試用契約は、比較的長期の労働契約締結（本採用）の前提として使用者が労働者の労働能力や勤務態度などについて価値判断をするために行われる一種の労働契約であると解すべきところ、本件見習社員は、試用社員と同様に、会社がその職業能力、業務適性、勤務態度等について検討し、会社の正規従業員としての適格性の有無を判

断するために試用される期間中の従業員である。試用期間中の労働者は不安定な地位に置かれるものであるから、労働者の労働能力や勤務態度等についての価値判断を行うのに必要な合理的範囲を越えた長期の試用期間の定めは公序良俗に反し、その限りにおいて無効である。本件においては、見習社員としての試用期間(最短の者で6か月ないし9か月、最長の者で1年ないし1年3か月)中に「会社従業員としての会社における業務に対する適性」を会社が判断することは充分可能であり、実際にもその期間中に適性をも判断しているから、会社が見習社員から試用社員に登用した者について更に6か月ないし1年の試用期間を設け、試用社員登用の際の選考基準とほぼ同様の基準によって社員登用のための選考を行わなければならない合理的な必要性はない。従って、見習社員及び試用社員としての試用期間のうち、試用社員としての試用期間は、その全体が合理的範囲を越えている(ブラザー工業事件)。

③　試用期間の長さについては、当初は就業規則の原則どおり3か月間であったところ、再度にわたり延長されているが、初度目の延長については、3か月間の試用期間満了以前に不適格と認めたけれども、もう少し猶予してほしい旨の懇請をいれてなお3か月間様子をみることとしたものであり、再度の延長については、不適格と判定されていたので、この段階で解雇することもできたが、退職勧告に応じないで頑な態度をとり続けたため、円満退職させることを望んでいたため解雇という強力な手段に訴えることをせず、やむなく営業部門への配置替えをしたうえで再度の試用期間の延長をせざるをえなかったと認めることができ、以上の事情のもとでは、再度試用期間を延長したことも合理的なものとして是認できる(雅叙園観光事件)。

④　使用者が労働者を新規に採用するに当たり、その雇用契約に期間を設けた場合において、その設けた趣旨・目的が労働者の適性を評価・判断するためのものであるときは、期間の満了により雇用契約が当

然に終了する旨の明確な合意が当事者間に成立しているなどの特段の事情が認められる場合を除き、その期間は契約の存続期間ではなく、試用期間である。そして、試用期間付雇用契約の法的性質については、試用期間中の労働者に対する処遇の実情や試用期間満了時の本採用手続の実態等に照らしてこれを判断するほかないところ、試用期間中の労働者が試用期間の付いていない労働者と同じ職場で同じ職務に従事し、使用者の取扱いにも格段変わったところはなく、また、試用期間満了時に再雇用（すなわち本採用）に関する契約書作成の手続が採られていないような場合には、他に特段の事情が認められない限り、これを解約権留保付雇用契約である（神戸弘陵学園事件）。

⑤　一般に、試用期間の定めは、当該労働者を実際に職務に就かせてみて、採用面接などでは知ることのできなかった業務適格性などをより正確に判断し、不適格者を容易に排除できるようにすることにその趣旨、目的があるから、このような試用期間中の解雇については、通常の解雇の場合よりも広い範囲における解雇の自由が認められる。しかし、一方で、いったん特定企業との間に一定の試用期間を付した雇用関係に入った者は、当該企業との雇用関係の継続についての期待を有することと、試用期間の定めの趣旨、目的とを併せ考えれば、試用期間中の解雇は、客観的に合理的な理由が存し、社会通念上相当と是認される場合にのみ許される。本件解雇は、客観的に合理的な理由が存し、社会通念上相当と是認される場合に当たる（ブレーンベース事件）。

⑥　本件採用取消は、会長が事務所を訪れたときに声を出してあいさつしなかったことを理由にされたものと認められ、このような理由により採用取消に及んだことが社会通念上相当として是認することはできないから、解雇権の濫用として無効である（テーダブルジェー事件）。

⑦　職務上の義務不順守と、一連の勤務態度不良、特に上司から何度も注意を受けながら、態度が一向に改善されなかったことは、就業規則上の研修生の義務に違反するものであり、成績面における条件達成の

事実を考慮しても、なお、適格性欠如を理由に再採用を拒否したことには、解約権留保の趣旨、目的に照らし、客観的に合理的な理由があり、社会通念上相当である(安田火災海上保険事件)。
⑧　営業の経験者として自己アピールした結果、即戦力になるものと期待されて中途採用されたものの、印刷会社の営業職として必要な印刷物の見積計算等できなかった。しかし、採用面接時、印刷会社に勤務したことがあると述べていたわけではなく、印刷会社との出稿計画進行に従事し、基本的な流れは理解しているとアピールしたことから、面接した総務部長らが能力があると判断したにすぎず、自己の経歴を偽る意図があったわけではない。しかも、印刷物の見積計算については、修得するのには一定の知識と経験が必要であって、部長も修得すればすむ問題であるとし、実際求人広告には、未経験者でも採用すると書かれていたのであり、また指導により、営業に出られる程度の最低限の知識は修得していた。そしてその他、経歴について、履歴書等に虚偽の事実が記載されているわけではない。従って、採用面接時に虚偽申告をしたとは認められない。以上によれば、本件本採用拒否が、合理的理由があり、社会通念上相当なものであったとは認められず、本件解雇は無効である(新光美術事件)。

5　有期労働契約の雇用期間

(1) 有期労働契約の上限期間

　有期労働契約については、労働者が不当な拘束を受けることを防止する趣旨で、上限期間が定められています。その上限期間は、通常の労働契約の場合には3年です(労働基準法第14条第1項)。雇用期間がこの期間制限に反するときは、その期間は3年に短縮され(同法第13条。共同都心住宅販売事件　東京地裁平成13年2月27日労判812-48)、さらに、その期間経過後も労働関係が継続している場合には、民法第629条第1

項により期間の定めがない契約として継続するとする裁判例（読売日本交響楽団事件　東京地裁平成2年5月18日労判563-24）があります。

　ただし、次のいずれかに該当する場合には、3年を超え、それぞれに定める期間の労働契約を締結することができます。

ア　表4-1の「高度の専門的知識等を有する労働者に関する基準」に該当する者と当該高度の専門的知識などを要する業務に関する労働契約を締結する場合には5年（同項第1号）。

表4-1　高度の専門的知識等を有する労働者に関する基準
（平成15年10月22日告示第356号）

① 　博士の学位を有する者
② 　公認会計士、医師、歯科医師、獣医師、弁護士、一級建築士、税理士、薬剤師、社会保険労務士、不動産鑑定師、技術師または弁理士のいずれかの資格を有する者
③ 　システムアナリスト試験またはアクチュアリー試験に合格している者
④ 　特許法に規定する特許発明の発明者、意匠法に規定する登録意匠を創作した者または種苗法に規定する登録商種を育成した者
⑤ 　大学卒で実務経験5年以上、短大・高専卒で実務経験6年以上または高卒で実務経験7年以上の農林水産業の技術者、鉱工業の技術者、機械・電気技術者、システムエンジニアまたはデザイナーで、年収が1,075万円以上の者
⑥ 　システムエンジニアとしての実務経験5年以上を有するシステムコンサルタントで、年収が1,075万以上の者
⑦ 　国などによりその知識を有する知識等が優れたものであると認定され、①～⑥までの者に準ずるものとして厚生労働省労働基準局長が認める者

イ　満60歳以上の労働者と労働契約を締結する場合には5年（同項第2号）
ウ　一定の事業の完了に必要な期間を定める労働契約については、その事業の完了に必要な期間（同条第1項）
エ　認定職業訓練を受ける労働者との間に締結される労働契約については、その受ける職業訓練の訓練課程の期間の範囲（同法第70条）

　これらに違反した場合には、30万円以下の罰金に処せられます（同法第120条第1号、第2号）。

　なお、これに関して、2年内の中途退職を契約不履行として、契約金の返還のほか、その2割相当額を違約金として支払う旨の約束は実質的に2年間の労働期間を約束させたもので、改正前の労働基準法第14条（原則1年が上限）に違反する労働期間の合意であるとする裁判例（医療法人北錦会事件　大阪簡裁平成7年3月16日労判677-51）があります。

（2）有期労働契約を中途で解除できる場合

　労働契約の当事者が雇用の期間を定めた場合であっても、やむを得ない事由があるときは、各当事者は、直ちに契約の解除をすることができます（民法第628条）。逆に言えば、やむを得ない事由がなければ、有期労働契約については、解除をすることができない（安川電機八幡工場事件　福岡高裁平成16年9月18日労判840-52）と解されています。

　労働契約法は、使用者について、この趣旨を明確にし、「使用者は、期間の定めのある労働契約についてやむを得ない事由がある場合でなければ、その契約期間が満了するまでの間において、労働者を解雇することができない（同法第17条第1項）」と定めています。

　この場合の「やむを得ない事由」については、労使間の信頼関係が破壊される程度の不誠実な事実（債務不履行）、つまり「雇傭契約ヲ締結シタル目的ヲ達スルニ付重大ナル支障ヲ惹起スル事項」（大審院大正11年5月29日）を意味し、解雇に関する「客観的に合理的な理由を欠き、社会通念

上相当である」場合（第13章449～453頁参照）よりも狭いと解されており、通話料金の一部を不正に請求したことは、「やむを得ない事由」に当たらないとする裁判例（モーブッサン・ジャパン事件　東京地裁平成15年4月28日労判854-49）があります。

一方、有期労働契約の上限が3年とされる労働者が、1年を超える有期労働契約を締結する場合には、平成16年の改正労働基準法の見直しが行われるまでの期間、その労働者は、民法第628条のやむを得ない事由がなくても、労働契約が1年を経過した日以後においては、その使用者に申し出ることにより、いつでも退職することができます（労働基準法第137条）。

（3）有期労働契約基準

有期契約労働者について適切な労働条件を確保するとともに、有期労働契約が労使双方にとって良好な雇用形態として活用されるようにするためには、有期労働契約の締結、更新および雇止めに際して発生するトラブルを防止し、その迅速な解決が図られるようにするため、同法第14条第2項に基づき、次の内容の有期労働契約基準が定められています。

ア　有期労働契約締結時の明示事項など

① 有期労働契約の締結に際し、使用者は、労働者に対して契約の期間の満了後における更新の有無を明示すること。

② ①の場合に、契約を更新する場合がある旨明示したときは、使用者は、労働者に対して、契約を更新する場合またはしない場合の判断の基準を明示すること。

③ 有期労働契約の締結後に②を変更した場合には、使用者は、労働者に対して、速やかにその内容を明示すること。

①の「更新の有無」については、ⅰ自動的に更新する、ⅱ更新する場合があり得る、ⅲ契約の更新はしない、などを明示することが考えられます。

また、②の「判断の基準」については、ⅰ契約期間満了時の業務量によ

り判断する、ⅱ労働者の勤務成績、態度により判断する、ⅲ労働者の能力により判断する、ⅳ会社の経営状況により判断する、ⅴ従事している業務の進捗状況により判断する、などを明示することが考えられます。

なお、労働者と使用者は、期間の定めのある労働契約に関する事項を含め労働契約の内容について、できる限り書面により確認しなければなりません（労働契約法第4条第2項）。ここで、期間の定めのある労働契約に関する事項を含めているのは、有期の労働契約の場合には、期間満了の際に、労働契約を更新するか否かや労働契約の更新をする場合の判断基準などがあいまいなために発生する紛争を予防するためには、特に労働契約の内容を書面により確認することが重要であるために、できる限り書面により確認しようとするものです。このため、これらの事項についてもできる限り書面により確認する必要があります。

イ　雇止めの予告

3回以上更新をし、または1年を超えて継続勤務している者との有期労働契約を更新しない場合には、使用者は、契約を更新しない旨明示されている場合を除き、少なくとも契約の期間の満了する日の30日前までに、その予告をすること。

ここでいう「3回以上更新をし、または1年を超えて継続勤務している者との有期労働契約」とは、①有期労働契約を3回以上更新をした場合、②1年以下の契約期間の労働契約が更新または反復更新され、当該労働契約を締結した使用者との雇用関係が初回の契約締結時から継続して通算1年を超える場合、③1年を超える契約期間の労働契約を締結している場合のいずれかです。

ウ　雇止めの理由の明示

①　3回以上更新をし、または1年を超えて継続勤務している者との有期労働契約を更新しない場合に、労働者が更新しない理由について証明

書を請求したときは、使用者は、遅滞なくを交付すること。
② 有期労働契約が更新されなかった場合に、労働者が更新しなかった理由について証明書を請求したときは、使用者は、遅滞なくこれを交付すること。

　ここでいう「更新しない理由」および「更新しなかった理由」については、契約期間の満了とは別の理由を明示することが必要です。例えば、ⅰ 前回の契約更新時に、本契約を更新しないことが合意されていたため、ⅱ 契約締結当初から、更新回数の上限を設けており、本契約は当該上限に係るものであるため、ⅲ 担当していた業務が終了・中止したため、ⅳ 事業縮小のため、ⅴ 業務を遂行する能力が十分ではないと認められるため、ⅵ 職務命令に対する違反行為を行ったこと、無断欠勤をしたことなど勤務不良のため、などを明示することが考えられます。

エ　契約期間についての配慮

　使用者は、契約を1回以上更新し、かつ、1年を超えて継続勤務している者との有期労働契約を更新しようとする場合には、労働契約の実態および労働者の希望に応じて、契約期間をできる限り長くするよう努めなければなりません。

　さらに、使用者は、期間の定めのある労働契約について、その労働契約により労働者を使用する目的に照らして、必要以上に短い期間を定めることにより、その労働契約を反復して更新することのないよう配慮しなければなりません（労働契約法第17条第2項）。

（4）有期労働契約の更新拒否（雇止め）

　有期労働契約に関しては、その更新拒否（雇止め）の効力が裁判などで問題となっています。その効力については、個々具体的な事情に応じて判断されますが、一般に雇用の臨時性・常用性、更新の回数、雇用の通算期間、契約期間管理の状況、雇用継続の期待を持たせる言動・制度の有

無などその雇用の実態に即して判断され、特に長期雇用の期待を抱かせるような言動を使用者がとっていたか否かが重要な要素となります（第13章456〜458頁参照）。

（5） 期間の定めのない労働契約から有期労働契約への変更

期間の定めのない労働契約から有期労働契約への変更に関しては、次のような裁判例があります。

① 期間の定めのない労働契約が締結されている場合に、これを有期労働契約に変更するには、使用者と労働者の合意が必要であり、使用者が、一方的に雇入通知書に雇用期間の定めを記載して労働者に交付しても、雇用が当然に期間の定めのあるものとはならない（ヤマゲンパッケージ事件　大阪地裁平成9年11月4日労判738-55）。

② 期間の定めのない労働契約が締結されていて、途中から1年間の期間を定められ形式上は1年ごとの労働契約となっていても、その労働契約は反復して更新されて従前の期間の定めのない労働契約が継続するのと実質的に異ならない状態となっていた（葉山国際カンツリー倶楽部事件　横浜地裁平成9年6月27日労判721-30）。

③ 期間の定めのない労働契約を締結して就労していた労働者が、雇用期間を6か月とし、時間給を減額する等の従前の労働条件を引き下げる変更をする契約の申込みを受け、新契約に署名した場合であっても、新契約への署名に要素の錯誤がある場合には無効である（駸々堂事件　最高裁第三小法廷平成11年4月27日労判761-15）。

6　強制労働や中間搾取の禁止

使用者は、暴行、脅迫、監禁その他精神または身体の自由を不当に拘束する手段によって、労働者の意思に反して労働を強制してはなりません。また、何人も、法律に基づいて許される場合の外、業として他人の就業に介

入して利益を得てはなりません。強制労働を行った者は1年以上10年以下の懲役または20万円以上300万円以下の罰金に、中間搾取を行った者は1年以下の懲役または50万円以下の罰金に処せられます(労働基準法第5条、第6条、第117条、第118条)。

これに関して、「約定期間満了前に退職した場合には返還する」との約定で採用時に交付された契約金の返還および違約金の支払約束、看護婦免許証預け入れの約束は、一体として強制労働の禁止に違反する契約であるとする裁判例(医療法人北錦会事件　大阪簡裁平成7年3月16日労判677-51)があります。

7　違約金や賠償予定の禁止

使用者は、労働契約の不履行について違約金を定め、または損害賠償額を予定する契約をしてはなりません。これに違反した者は、6か月以下の懲役または30万円以下の罰金に処せられます(同法第16条、第119条第1号)。

この「違約金や賠償予定の禁止」は、労働者の退職の自由が制約されることを防ぎ、前近代的な労働関係を払拭するために設けられているもので、労働者の債務不履行や不法行為により現実に生じた損害について、使用者がその労働者に損害賠償を請求することは禁止されていません(昭和22年9月13日基発第17号。第7章242～243頁参照)。

これに関して、次のような裁判例があります。

① 　2年内の中途退職を契約不履行として、契約金の2割相当額を違約金として支払う旨の約束は、労働基準法第16条に違反する(医療法人北錦会事件)。
② 　労働契約の締結に際し、労働者が業務遂行中に第三者に損害を与え、使用者が損害を賠償したときは、業務外、センターオーバー、飲酒運転を理由とする事故による損害ないしは積荷等の損害は賠償額全額、

> これ以外の損害は3万円を限度として、本人の負担とする旨の約定は、現実の損害の発生を要件とし、しかも賠償額の上限を現実の損害額とし、事故態様によっては賠償額の上限を3万円に限定するものであるから、労働基準法第16条に違反するものではない(新協運送事件　大阪地裁平成11年2月17日労判754-17)。

　また、賠償予定の禁止に該当するか否かが問題となるのは、使用者が労働者に対し修学費用などを貸与した際に、一定期間就労した場合には貸与金の返還は免除するが、そうでない場合には一括返還しなければならないとの合意がある場合です。これについては、一般に、貸与契約の目的、趣旨などからみて、その契約が本来本人が負担すべき修学費用を使用者が貸与し、ただ一定期間勤務すればその返還債務を免除するものであれば、賠償予定の禁止には抵触しませんが、使用者が労働者の業務に関して人材養成の一環として使用者の費用で修学させ、修学後に労働者を確保するために一定期間の勤務を約束させるという内容のものであれば、これに抵触する(サロン・ド・リリー事件　浦和地裁昭和61年5月30日労判489-85)と解されています。

　海外留学費用についても同様で、専攻学科も業務に関連のある学科を専攻するよう定め、留学期間中の待遇についても勤務している場合に準じて定めているような場合には業務性があるので、賠償予定の禁止に抵触します(新日本証券事件　東京地裁平成10年9月25日労判746-7)が、業務との関連性が抽象的、間接的なものに止まり、労働者個人の一般的な能力を高め個人の利益となる性質のものである場合には、これには抵触しない(野村證券事件　東京地裁平成14年4月16日労判827-40)と解されています。

　これらに関する裁判例は、次のとおりです。

① 　1人前の美容師を養成するために多くの時間や費用を要するとしても、「会社の美容指導を受けたにもかかわらず会社の意向に反して退

職したときは入社時にさかのぼって1箇月につき金4万円の講習手数料を支払う」旨の契約における従業員に対する指導の実態は、いわゆる一般の新入社員教育とさしたる逕庭はなく、このような負担は、使用者として当然なすべき性質のものであるから、労働契約と離れて本件のような契約をなす合理性は認め難く、しかも、本件契約が講習手数料の支払義務を従業員に課することにより、その自由意思を拘束して退職の自由を奪う性格を有することが明らかであるから、本件契約は、労働基準法第16条に違反する無効なものである(サロン・ド・リリー事件)。

② 「万一、研修終了後健康生協に勤務しない場合は、研修期間中健康生協より補給された一切の金品を、3か月以内に本人の責任で一括返済しなければならない」と規定する研修規程の条項は、研修を受ける者が研修終了後健康生協において勤務することを研修受講者に対する義務とするという内容を定める範囲では有効であるが、勤務しない場合の賠償額を予定している部分は、労働基準法第16条に該当し、無効である(徳島健康生活協同組合事件 高松高裁平成15年3月14日)。

③ 本件貸与契約の内容は、形式的には、看護学校入学者に対し、看護学校とは別法人が授業料などを貸与するものにすぎないが、その実質は、貸与を受けた者が、看護学校卒業後に看護婦ないし准看護婦免許を取得して、経営する病院で勤務することを大前提としている。本件貸与契約は、将来経営する病院で就労することを前提として、2年ないし3年以上勤務すれば返還を免除するという合意の下、将来の労働契約の締結および退職の自由を制限するとともに、看護学校在学中から経営する病院での就労を事実上義務づけるものであり、これに本件貸与契約締結に至る経緯、本件貸与契約が定める返還免除が受けられる就労期間、本件貸与契約に付随して提出した各誓約書の内容を合わせ考慮すると、本件貸与契約は、経営する病院への就労を強制する経済的足止め策の一種である。したがって、本件貸与契約等は、労働基準法第16条などの法意に反するものとして違法であり、無効であ

る(和幸会事件　大阪地裁平成14年11月1日労判840-32)。
④　本件においては、海外留学を職場外研修の一つに位置付けており、留学の応募自体は従業員の自発的な意思にゆだねているものの、いったん留学が決定されれば、海外に留学派遣を命じ、専攻学科も業務に関連のある学科を専攻するよう定め、留学期間中の待遇についても勤務している場合に準じて定めているのであるから、従業員に対し、業務命令として海外に留学派遣を命じるものであって、海外留学後の勤務を確保するため、留学終了後5年以内に自己都合により退職したときは原則として留学に要した費用を全額返還させる旨の規定を本件留学規程において定めた。本件留学規程のうち、留学終了後5年以内に自己都合により退職したときは原則として留学に要した費用を全額返還させる旨の規定は、海外留学後の原告への勤務を確保することを目的とし、留学終了後5年以内に自己都合により退職する者に対する制裁の実質を有するから、労働基準法第16条に違反し、無効である(新日本証券事件　東京地裁平成10年9月25日労判746-7)。
⑤　本件海外留学決定の経緯を見るに、人間の幅を広げたいといった個人的な目的で海外留学を強く希望していたこと、派遣要綱上も留学を志望し選考に応募することが前提とされていること、面談でも本人に留学希望を確認していることからすれば、仮に留学が形式的には業務命令の形であったとしても、その実態としては個人の意向による部分が大きく、最終的に労働者が自身の健康状態、誓約書の内容、将来の見通しを勘案して留学を決定した。また、留学先での科目の選択や留学中の生活については、自由に任せられ、干渉することはなかったから、その間の行動に関しては全て個人として利益を享受する関係にある。実際にも獲得した経験や資格によりその後の転職が容易になるという形で現実に利益を得ている。他方、留学生選定においては勤務成績も考慮すること、留学地域としてフランス語圏を指定し、ビジネス・スクールを中心として受験を勧め、それにはフランス語圏が重要な地域であることなど

中長期的に基幹的な部署に配置することのできる人材を養成するという会社の方針があるが、これらは、あくまでも将来の人材育成という範囲を出ず、業務との関連性は抽象的、間接的なものに止まる。したがって、本件留学は業務とは直接の関連性がなく労働者個人の一般的な能力を高め個人の利益となる性質を有するものといえる。その他、費用債務免除までの期間などを考慮すると、本件合意は貸付たる実質を有し、自由意思を不当に拘束し労働関係の継続を強要するものではなく、労働基準法第16条に違反しない（野村證券事件）。

⑥　本件留学制度に応募するか否かは、労働者の自由意志に委ねられており、上司の推薦によるものでも業務命令によるものでもなく、大学に合格し留学が決まれば業務命令として留学を命じられるが、選抜された段階で本人が辞退すれば本人の意思に反して派遣されることはないこと、派遣先、留学先は、一定範囲の大学に制限されるが、その中から労働者が自由に選択できること、研究テーマ、研修テーマ、留学先での科目選択は、労働者の自由であること、留学中、毎月研修予定研修状況などについて簡単な報告書を提出することが義務付けられているが、それ以外に業務に直接関連のある課題や報告を課せられることはなく、長期休暇の利用にも制約はなかったことが認められる。そして、MBA課程の履修内容は、会社の業務に関連性があり、留学前後に担当した職務に直接具体的に役立つものがほとんどであるが、会社の業務に直接には役立つとはいえない経済学や基礎数学などの基礎的、概念的学科も含まれる上、国際標準による会計学、財務分析などについて、豊富な分量の文献を履修者に読ませて講義を行うとともに多様なケーススタディによる教育を行うもので、会社の業務には直接的には相当過剰な程度に汎用的な経営能力の開発を目指すものである。また、MBA資格そのものは、会社における担当職務に必要なものではない。他方、労働者にとっては有用な経験、資格であり、会社以外でも通用する経験利益を得られる。そうすると、本件留学は業務性を有するとはいえないから、本

来的に使用者がその費用を負担すべきものとはいえず、留学費用を目的とした消費貸借合意は、実質的に違約金ないし損害賠償の予定であるということはできず、労働基準法第16条に反するとはいえない(明治生命保険事件　東京地裁平成16年1月26日労判872-46)。

8 前借金相殺

　使用者と労働者との間でなされた金銭貸借に関して、労働者が負っている多額の前借金を労働者の賃金債権と相殺する前借金制度は労働者を身分的に拘束することことになります。このため、使用者は、前借金その他労働することを条件とする前貸しの債権と賃金を相殺してはなりません。これに違反した者は、6月以下の懲役または30万円以下の罰金に処せられます(労働基準法第17条、第119条第1号)。

　これに関連して、労働契約期間を全期間勤続した場合に期間満了時に支給され、解雇も含め中途退職した者には支給されず、その前渡しを希望する場合には、その月割額相当額を期間満了時に本来支給を受けるべき手当額から控除することにより返還するという条件で貸し付け、労働契約期間の途中で退職した場合はそれまでに支給されていた勤続奨励手当の全額を返還しなければならないとする勤続奨励手当制度が前借金による相殺の禁止の脱法行為にあたるとして、無効であるとする裁判例(東箱根開発事件　東京地裁昭和50年7月28日労判236-40)がある一方、前に勤務していた店舗の経営者に対して負っていた債務の支払に充てるために現在勤務している店舗の経営者から借り入れなど資金の融資が、労働者の申出に基づき、労働者の便宜のためのもので、貸付金額や貸付期間が妥当なものであり、かつ、返済前の退職の自由が確保されているなど労働者の身分的拘束を伴わないことが明白な場合には、前借金による相殺の禁止には違反しないとする裁判例(長谷実業事件　東京地裁平成7年11月7日労判689-61)があります。

なお、労働基準法第17条が禁止しているのは前借金についての相殺であり、前借金自体が禁じられているわけではりません(昭和22年9月13日基発第17号)。

9　社内預金

(1) 貯蓄金管理協定

　使用者は、労働契約に附随して貯蓄の契約をさせ、または貯蓄金を管理する契約をしてはなりませんが、次の事項について、その事業所に労働者の過半数で組織する労働組合があるときはその労働組合、労働者の過半数で組織する労働組合がないときは労働者の過半数を代表する者との書面による協定(以下「労使協定」という)をし、これを所轄の労働基準監督署長に届け出た場合には、労働者の委託を受けてその貯蓄金を管理することができます。この場合には、使用者は、貯蓄金の管理に関する規程を定め、これを労働者に周知させるため作業場に備え付けるなどの措置をとらなければなりません。

① 　預金者の範囲
② 　預金者1人当たりの預金額の限度
③ 　預金の利率および利子の計算方法
④ 　預金の受入れおよび払いもどしの手続
⑤ 　預金の保全の方法

　なお、労使協定の効力は、その協定に定めるところによって労働させても労働基準法に違反しないという免罰効果をもつもので、労働者の民事上の義務は、労使協定から直接生じるものではなく、労働協約、就業規則などの根拠が必要です(昭和63年1月1日基発第1号)。

（2） 労働者の過半数を代表する者

「労働者の過半数を代表する者」については、次のいずれの要件も満たすものであることが必要で、その事業所に①に該当する労働者がいない場合には、②の要件を満たすことで足ります（同法施行規則第6条の2第1項、第2項）。

① 労働基準法第41条第2号の監督・管理者でないこと。
② 労働基準法に基づく労使協定の締結当事者を選出することを明らかにして実施される投票、挙手、労働者の話合い、持ち回り決議など労働者の過半数がその者の選任を支持していることが明確になる民主的な手続などの方法により選出された者で、使用者の意向によって選出された者ではないこと。

なお、これに関連して、労使協定の当事者が親睦会代表で、労働者の過半数を代表する者ではない場合には、その労使協定は有効とは認められないとする判例（トーコロ事件　最高裁第二小法廷平成13年6月22日労判808－1）があります。

また、ここでいう労働者には、パートタイマーなども含みます。また、派遣元の事業所の労働者には、派遣労働者も含みます（昭和61年6月6日基発第333号）。

使用者は、過半数代表者であること、過半数代表者になろうとしたことまたは労使協定の締結を拒否するなど過半数代表者として正当な行為をしたことを理由として、解雇、賃金の減額、降格など労働条件について不利益取扱いをしないようにしなければなりません（同法施行規則第6条の2第3項）。

（3） 社内預金の利子

社内預金には、厚生労働省令で定める利率（年利0.5%）以上の利子を付けなければなりません。この場合に、その利子が、厚生労働省令で定める

利率による利子を下回るときは、その厚生労働省令で定める利率による利子をつけたものとみなされます。労働契約に附随して貯蓄の契約をさせ、または貯蓄金を管理する契約をした使用者は、6月以下の懲役または30万円以下の罰金に処せられます（労働基準法第18条第1項～第4項、第119条第1号）。

（4）貯蓄金の保全措置

　預金の受入れにより労働者の貯蓄金をその委託を受けて管理する事業主は、毎年3月31日時点の受入預金額について、その後1年間を通ずる貯蓄金の保全措置を講じなければなりません（賃金の支払の確保等に関する法律第3条）。労働基準監督署長は、事業主が、これに違反して貯蓄金の保全措置を講じていないときは、期限を指定して、その是正を命ずることができます（同法第4条）。

（5）貯蓄金の返還

　使用者は、労働者の貯蓄金をその委託を受けて管理する場合において、労働者がその返還を請求したときは、遅滞なく、これを返還しなければなりません（同法第18条第5項）。このため、社内預金を合意解約による円満退職の時にのみ返還するとの契約条項は無効であり、これを理由に社内預金の返還を拒むことができません（三友印刷事件　東京地裁昭和42年10月28日労民集18-5-1067）。

　また、労働者が社内預金の返還を請求したにもかかわらず、使用者がこれを返還しない場合で、貯蓄金の管理を継続することが労働者の利益を著しく害するときは、労働基準監督署長は、使用者に対して、その必要な限度の範囲内で、貯蓄金の管理を中止すべきことを命ずることができます。貯蓄金の管理の中止を命ぜられた使用者は、遅滞なく、その管理する貯蓄金を労働者に返還しなければなりません。貯蓄金の管理の中止を命ぜられたにもかかわらず、その管理する貯蓄金を労働者に返還しない使用者は、30

万円以下の罰金に処せられます(同条第6項第7項同法第120条第1号)。

(6) 社内預金の消滅時効

社内預金の消滅時効は2年間です(同法第115条)が、労働者として継続的雇傭関係にある間は、社内預金の返還を請求することが事実上困難な事情のある場合に、雇傭関係が継続中の時点ですでに消滅時効しているとして、その返還請求権の消滅時効を援用することは、信義則に反し、権利の濫用として無効になる場合(三洋紙工事件　東京高裁平成7年9月27日)があります。

10 労働者名簿と賃金台帳

(1) 労働者名簿

事業の種類、規模に関係なく、日々雇い入れられる労働者を除き、その常時使用する労働者については、①氏名、②生年月日、③履歴、④性別、⑤住所、⑥従事する業務の種類(常時30人未満の事業では不要)、⑦雇入れの年月日、⑧退職の年月日およびその事由(退職の事由が解雇の場合にはその理由を含む)、⑨死亡の年月日およびその原因、を記入した労働者名簿を労働者ごとに作成しなければなりません。また、記入すべき事項に変更があった場合には、遅滞なく訂正しなければなりません(同法第107条)。これに違反した者は、30万円以下の罰金に処せられます(同法第120条)。

(2) 賃金台帳

事業の種類や規模に関係なく、事業所ごとに、労働者各人別に、①氏名、②性別、③賃金計算期間(日々雇入れられる者は不要)、④労働日数、⑤労働時間数(農業・牧畜・養蚕・水産業、管理・監督者および監視・断続的労働従事者は不要)、⑥法定時間外労働時間数(所定時間外労働時間

数でも可)、法定休日労働時間数(所定休日労働時間数でも可)および深夜労働時間数(農業・牧畜・養蚕・水産業、管理・監督者および監視・断続的労働従事者は不要)、⑦基本給、手当その他賃金の種類ごとにその額(通貨以外で支払われる賃金がある場合にはその評価額)、⑧賃金の一部を控除した場合にはその額、を記入した賃金台帳を作成しなければなりません(同法第108条)。この規定に違反した者は、30万円以下の罰金に処せられます(同法第120条)。

(3) 記録の保存

労働者名簿、賃金台帳および雇入れ、解雇、災害補償、賃金その他労働関係に関する重要な書類は、3年間保存しなければなりません(同法第109条)。これに違反した者は、30万円以下の罰金に処せられます(同法第120条)。

11 労働基準法などの周知

労働基準法令などの要旨、就業規則、労使協定および労使委員会の決議は、次のいずれかの方法により周知させなければなりません(同法第106条第1項)。これに違反した者は、30万円以下の罰金に処せられます(同法第120条)。

① 常時各作業場の見やすい場所へ掲示し、または備え付けること。
② 書面を労働者に交付すること。
③ 磁気テープ、磁気ディスクその他これに準ずる物に記録し、かつ、各作業場に労働者が記録の内容を常時確認できる機器を設置すること。

第5章

人事異動

「人事異動」のポイント
1 配置転換
2 出向と転籍
3 休職
4 企業の事業形態の変更など

「人事異動」のポイント

1　一般に、①就業規則や労働協約等に業務上の都合により労働者に転勤を命ずることができる旨の定めがあり、②実際にもそれらの規定に従い配転が頻繁に行われており、かつ、③採用時に勤務場所や職種などを限定する合意がなされていなかった場合には、企業は、労働者の個別の同意なしに勤務場所や職種を定め、これに転勤や配置換えを命じる権限があるが、使用者の転勤命令権は無制約に行使することができるものではなく、濫用することは許されない。

2　事業主は、業務の配分や権限の付与を含む労働者の配置について、労働者の性別を理由として、差別的な取扱いをしてはならない。

3　採用時の労働契約や就業規則などにより、あるいは継続的な雇用関係の過程で職種や勤務地を限定する合意があった場合には、職種の変更や転勤を伴う配置換えを行うためには、原則として労働者本人の承諾が必要である。

4　労働者の配置の変更で就業の場所の変更を伴うものをしようとする場合には、子の養育や家族の介護の状況に対する配慮をしなければならず、本人の病気や子の監護養育、親の介護に具体的な支障を生じるなど転勤命令が労働者に通常甘受すべき程度を著しく超える不利益を負わせるものである場合には、権利の濫用として無効となる。

5　出向については、労働契約の当事者以外の者に対して労働契約関係を生じさせるため、一般に就業規則などに出向を命じることができるとの明確な定めがない限り出向命令権は認められない。また、使用者が労働者に出向を命ずることができる場合において、その出向の命令が、その必要性、対象労働者の選定その他の事情に照らして、その権利を濫用したと認められる場合には、その出向の命令は、

「人事異動」のポイント

　　無効となる。
6　転籍を命ずるためには、特段の事情がない限り、転籍する労働者の転籍することについての個々の同意が必要である。
7　傷病休職は、労働者が業務外の傷病を理由に欠勤する場合に、一定期間を休職期間としこの期間中労働契約関係を維持しながら、労務への従事を免除するもので、業務外の傷病により労務提供できない労働者に対して一定期間退職を猶予してその間傷病の回復を待つことによって、労働者を退職から保護する制度である。
8　起訴休職が有効であるためには、職務の性質、公訴事実の内容、身柄拘束の有無など諸般の事情に照らし、起訴された労働者が引き続き就労することにより、対外的信用が失墜し、または職場秩序の維持に障害が生ずるおそれがあるか、あるいはその労働者の労務の継続的な給付や企業活動の円滑な遂行に障害が生ずるおそれがある場合であることが必要である。
9　企業の合併の場合には、合併される会社の労働者の労働契約もそのまま引き継がれるが、事業譲渡の場合には、譲渡元と譲渡先間の合意と引き継がれる労働者の個別の同意が必要である。会社分割の場合には、会社をどのように分割するかは基本的に新設分割計画書または吸収分割契約書で決められるが、分割会社は労働者に所定の事項を通知しなければならない。
10　企業の解散の場合には、労働契約は、原則として自動的に終了するが、偽装解散の場合には、解散企業と実質的に同一の企業との間で存続する

　企業内あるいは企業を超えて、労働者の人事異動は広く行われています。企業内の人事異動は、一般に配置転換と呼ばれ、職務の変更を伴う配置換えと勤務場所の変更を伴う転勤があります。また、配置転換の中には、昇格や降格なども含まれます。

一方、企業を超えて行われる人事異動には、出向（在籍出向）、転籍があり、出向とは、一般的に勤務する会社に労働契約上の地位を保持した（在籍）まま、他の会社に相当長期に亘り働くことをいい、転籍とは、一般に元の会社を退職することによってその従業員としての身分を失い、移籍先の会社との間に新たに雇用関係が生じることをいいます。

1　配置転換

(1)　配転命令権

　一般に、①就業規則や労働協約等に業務上の都合により労働者に転勤を命ずることができる旨の定めがあり、②実際にもそれらの規定に従い配転が頻繁に行われており、かつ、③採用時に勤務場所や職種などを限定する合意がなされていなかった場合には、企業は、労働者の個別の同意なしに勤務場所や職種を定め、これに転勤や配置換えを命じる権限がある（東亜ペイント事件　最高裁第二小法廷昭和61年7月14日労判477-6）と解されています。

　転勤、特に転居を伴う転勤は、一般に、労働者の生活関係に少なからぬ影響を与えるので、使用者の転勤命令権は無制約に行使することができるものではなく、濫用することは許されません。しかし、転勤命令が業務上の必要性がない場合や業務上の必要性があっても転勤命令が他の不当な動機や目的でなされたものであるとき、労働者に対し通常甘受すべき程度を著しく超える不利益を負わせるものであるときなどの特段の事情がない限りは、転勤命令は権利の濫用にはなりません（東亜ペイント事件）。

　また、この場合の業務上の必要性については、転勤先への異動が余人をもっては容易に替え難いといった高度の必要性に限定されるのではなく、労働力の適正配置や業務の能率増進、労働者の能力開発、勤務意欲の高揚、業務運営の円滑化など企業の合理的運営に寄与する点があること（東亜ペイント事件）と解されています。

また、労働者が配置転換によって受ける不利益が通常甘受すべき程度を超えるか否かについては、その配置転換の必要性の程度、配置転換を避ける可能性の程度、労働者が受ける不利益の程度、使用者がなした配慮やその程度などの諸事情を総合的に判断されます(ネスレジャパンホールディング事件　最高裁第二小法廷平成20年4月24日)。

なお、使用者が配転命令権を行使することは、その労働契約の内容である労働条件を一方的に変更することから、その法的性質は、一種の形成的な法律行為である(よみうり事件　名古屋高裁平成7年8月23日労判689-68)と解されています。

(2)　性別を理由とする差別的な取扱い

事業主は、業務の配分や権限の付与を含む労働者の配置について、労働者の性別を理由として、差別的な取扱いをしてはなりません(男女雇用機会均等法第6条第1号)。ここでいう「配置」とは、労働者を一定の職務に就けること又は就いている状態をいい、従事すべき職務における業務の内容及び就業の場所を主要な要素とするものです。また、「業務の配分」とは、特定の労働者に対し、ある部門、ラインなどが所掌している複数の業務のうち一定の業務を割り当てることをいい、日常的な業務指示は含まれません。また、「権限の付与」とは、労働者に対し、一定の業務を遂行するに当たって必要な権限を委任することをいいます。また、派遣元が、労働者派遣契約に基づき、その雇用する派遣労働者の労働者派遣をすることも、この配置に該当します。

労働者の配置に関しては、次の行為が禁止されています(性差別指針)。

ア　一定の職務への配置に当たって、その対象から男女のいずれかを排除すること。例えば、次のような場合である。

①　営業の職務、秘書の職務、企画立案業務を内容とする職務、定型的な事務処理業務を内容とする職務、海外で勤務する職務など一定の職務への配置に当たって、その対象を男女のいずれかのみとす

ること。
② 時間外労働や深夜業の多い職務への配置に当たって、その対象を男性のみとすること。
③ 派遣元が、一定の労働者派遣契約に基づく労働者派遣について、その対象を男女のいずれかのみとすること。
④ 一定の職務への配置の資格についての試験の受験資格を男女のいずれかに対してのみ与えること。

イ 一定の職務への配置に当たっての条件を男女で異なるものとすること。例えば、次のような場合である。
① 女性についてのみ、婚姻したこと、一定の年齢に達したことまたは子がいることを理由として、企画立案業務を内容とする職務への配置の対象から排除すること。
② 男性については、一定数の支店の勤務を経た場合に本社の経営企画部門に配置するが、女性については、その数を上回る支店の勤務を経なければ配置しないこと。
③ 一定の職務への配置に当たって、女性についてのみ、国家資格の取得や研修の実績を条件とすること。
④ 営業部門について、男性については全員配置の対象とするが、女性については希望者のみを配置の対象とすること。

ウ 一定の職務への配置に当たって、能力および資質の有無などを判断する場合に、その方法や基準について男女で異なる取扱いをすること。例えば、次のような場合である。
① 一定の職務への配置に当たり、人事考課を考慮する場合に、男性は平均的な評価の場合には対象とするが、女性は特に優秀という評価の場合にのみ対象とすること。
② 一定の職務への配置の資格についての試験の合格基準を男女で異なるものとすること。
③ 一定の職務への配置の資格についての試験の受験を男女のい

ずれかに対してのみ奨励すること。
エ　一定の職務への配置に当たって、男女のいずれかを優先すること。例えば、営業部門への配置の基準を満たす者が複数いる場合に、男性を優先して配置する場合である。
オ　配置における業務の配分に当たって、男女で異なる取扱いをすること。例えば、次のような場合である。
　①　営業部門において、男性には外勤業務に従事させるが、女性には内勤業務のみに従事させること。
　②　男性には通常の業務のみに従事させるが、女性には通常の業務に加え、会議の庶務、お茶くみ、そうじ当番などの雑務を行わせること。
カ　権限の付与について、男女で異なる取扱いをすること。例えば、次のような場合である。
　①　男性には一定金額まで自己の責任で買い付けできる権限を与えるが、女性にはその金額よりも低い金額までの権限しか与えないこと。
　②　営業部門において、男性には新規に顧客の開拓や商品の提案をする権限を与えるが、女性には既存の顧客や商品の販売をする権限しか与えないこと。
キ　配置転換に当たり、男女で異なる取扱いをすること。例えば、次のような場合である。
　①　経営の合理化に際し、女性についてのみ出向の対象とすること。
　②　一定の年齢以上の女性のみを出向の対象とすること。
　③　女性についてのみ、婚姻または子がいることを理由として、通勤不便な事業所に配置転換すること。
　④　工場を閉鎖する場合に、男性は近隣の工場に配置するが、女性は通勤が不便な遠隔地の工場に配置すること。
　⑤　男性は複数の部門に配置するが、女性は当初に配置した部門から他部門に配置転換しないこと。

ただし、女性が男性と比較して相当少ない職務に新たに労働者を配置する場合に、その配置の資格についての試験の受験を女性のみに奨励すること、配置の基準を満たす者の中から女性を優先して配置するなど女性に有利な取扱いをすることは違法ではありません(同法第8条)。

(3) 職種の変更を伴う配置換え

採用時の労働契約や就業規則などにより、あるいは継続的な雇用関係の過程で職種を限定する合意があった場合には、職種の変更を伴う配置換えを行うためには、原則として労働者本人の承諾が必要です。特に、医師や弁護士、公認会計士などの専門職やボイラー技師などの特殊な技術・技能・資格などのある労働者は一般に職種の限定があると考えられていますが、職種の限定があるか否かについては、個々の事情に即して判断されます。

例えば、アナウンサーについても、「アナウンサーの業務としてアナウンスメントに密接に関連する周辺業務も日常的に行っているアナウンサーが多く、ディレクター業務にも従事しているアナウンサーがいても、その範囲を超えて業務に従事させることは、労働契約から逸脱する」として、採用18年後に行われたキーパンチャーへの配転命令の効力が否定する裁判例(ラジオ関東事件　東京高裁昭和58年5月25日労判411-36)がある一方、「アナウンサーとしての業務が特殊技能を要するからといって、直ちに、労働契約において、アナウンサーとしての業務以外の職種には一切就かせないという趣旨の職種限定の合意が成立したものと認めることはできず、労働契約上、業務運営上必要がある場合には、その必要に応じ、個別的同意なしに職種の変更を命令する権限が留保されている」とする判例(九州朝日放送事件　最高裁第一小法廷平成10年9月10日労判692-57)もあります。

裁判例においては、次のような場合には、採用時から職務限定の合意があると判断しています。

① 損害保険の契約募集などに従事する外勤の正規従業員であるリス

クアドバイザー（RA）の業務内容、勤務形態および給与体系には、他の内勤職員とは異なる職種としての特殊性および独自性が存在し、そのため、RAという職種および勤務地を限定して労働者を募集し、それに応じた者と契約係特別社員としての労働契約を締結し、正社員への登用にあたっても、職種および勤務地の限定の合意は、正社員としての労働契約に黙示的に引き継がれる場合（東京海上日動火災保険事件　東京地裁平成19年3月26日労働判例941-33）。
② ゴルフ場のキャディ職として採用され、一般職とは異なる就業規則および給与規定の適用を受けて、キャディ職としての研修を継続して受け、長期間勤務を継続し、キャディ職従業員が他の職種へ配置転換されるのは例外的である場合（東武スポーツ（宮ノ森カントリー倶楽部）事件　宇都宮地裁平成18年12月28日労判932-14）。

このほか、職種限定の労働契約と認めたものとして、次のようなものがあります。

① 病院のケースワーカーや事務職員からナースヘルパーへの配置転換命令について、就業規則には、同じ業務の系統内での異なる職種間の異動についての規定はあるが、業務の系統を異にする職種への異動については規定がないことを理由に、事務職系の職種から労務職系の職種への異動は、業務上の特段の必要性およびその従業員を異動させるべき特段の合理性があって、その十分な説明がなされた場合か、本人が同意した場合でなければ、一方的に異動を命ずることはできない（直源会相模原南病院事件　東京高裁平成10年12月10日労判761-118）。
② 求人広告欄の「社長秘書募集」という採用条件で採用された者について、社長秘書業務を含む事務系業務の社員として採用する旨の合意がなされたから、警備業務への職種の変更については個別の同意が必要である（ヤマトセキュリティ事件　大阪地裁平成9年6月10日

労判720-55)。

　専門技術的あるいは特殊な職種でない場合には、一般的には、職種限定の契約が締結されていると認められるのは限られています。このため、例えば、次のような場合には、配転転換の命令が有効と判断されています。

① 　航空会社の客室乗務員に地上職勤務への配転（ノース・ウエスト・エアラインズ・インコーポレイテッド事件　千葉地方裁判所平成18年4月27日労判921-57）
② 　18年間児童指導員として勤務してきた者の調理員への配転（東京サレジオ学園事件　東京高裁平成15年9月24日労判864-34）
③ 　ウェイトレスとして勤務後、電話交換手として勤務し、その業務の廃止に伴い洗い場勤務への配転（東京アメリカンクラブ事件　東京地裁平成11年11月26日労判778-40）
④ 　バス会社において事務職の廃止に伴うバスガイドへの配転（神姫バス事件　神戸地裁姫路支部昭和63年7月18日労判523-46）

　また、採用時には、特約や専門技能がなくとも、採用後の特別な訓練、養成を経て一定の技能・熟練を修得し、長期間当該業務に従事してきた者の労働契約がその職種に限定されているとされる場合もありますが、経営の多角化や技術革新の激しい中では、職種の限定の合意は単に同一の仕事に長年継続して従事してきたことのみでは認められない場合が多いのが実情です。例えば、次のような場合です。

① 　技能員として採用され、30年にわたり電話交換業務に従事し、採用当時電話交換業務を行うためには一定の資格が必要であり、これまでに他の職種に配転された電話交換手はいなかったという事情がある場合にも電話交換手以外の職種に配転しない旨の職種限定の合意があったと認めることはできない（学校法人大阪医科大学　大阪地裁平成17年9月01日労判906-70）。

② 長年にわたってアナウンス業務に従事していたからといって、当然に、アナウンサーとしての業務に従事する労働契約上の地位が創設されるわけではない（九州朝日放送事件）。
③ 十数年から二十数年にわたって機械工として就労してきた事実から直ちに、機械工以外の職種には一切就かせないという趣旨の職種限定の合意が明示または黙示に成立したものとまでは認められない（日産自動車村山工場事件　最高裁第一小法廷平成元年12月7日労判554-6）。

（4）深夜勤務を伴う配置転換

　裁判例には、改正前の労働基準法は女性労働者を深夜勤務に従事させることを原則として禁止しており、当時の就業規則において女性従業員を深夜勤務に従事させることが禁止されていたが、就業規則の改定により、女性従業員は深夜勤務を禁止される従業員から除外された場合には、労働契約の内容として、就業規則の改定前から雇用されている女性従業員については深夜勤務に従事させないとの勤務時間限定の合意が成立していたとして、就業規則の改定は使用者に一方的に女性従業員を深夜勤務に従事させる権限を付与する趣旨であるとまで解することはできないとするもの（マンナ運輸事件　神戸地裁平成16年2月27日労判874-40）があります。

（5）転勤

ア　転勤命令権

　一般に①就業規則などに業務上の都合により転勤を命ずることができる旨の規定があり、②実際にもその規定に従い転勤が行われ、③採用時に勤務場所を限定する合意がなされなかった場合には、使用者は、労働者に対して、転勤を命じることができます（ケンウッド事件　最高裁第三小法廷平成12年1月28日労判774-7）。特に、本社採用の大学卒の幹部要員の

場合には、一般的に、勤務場所が特定しておらず、全国の支店・営業所・工場などのどこにでも勤務する旨の合意が成立していると一般に解されています（グリコ協同乳業事件　松江地裁昭和47年2月14日労民集23－1－25）。また、求人申込票の就業場所（勤務地）欄に記載があったとしても、その記載は雇用当初における勤務場所を一応示すにとどまるものであって、将来とも勤務場所をどの記載のとおり限定する趣旨のものとみることはできません（日本コロムビア事件　東京地裁昭和50年5月7日労判228－53）。

イ　勤務地限定の特約

　裁判例では、次のような場合には、勤務地限定の特約が認められています。

① ⅰ 現地採用されたもので、本社で幹部要員として採用されたわけでも、長期人材育成を前提として新卒採用された者でもなかったこと、ⅱ 採用面接の際、長女の病状を述べて関西地区以外での勤務に難色を示し、会社もこれを了解していたこと、ⅲ 入社後も関西地区外に転勤する可能性について説明を受けたり、打診されたことも無かったこと、ⅳ 配転命令時点において会社全体としても、マネージャー職を地域外に広域移動させることは稀であったことなどから、黙示的に勤務地を限定する旨の合意が成立している場合（日本レストランシステム事件　大阪高裁平成17年1月25日労判890－27）
② 採用の際に家庭の事情などから転勤に応じられない旨を明確に申し出て採用された場合（新日本通信事件　大阪地裁平成9年3月24日労経速1649－6）

　このように、労働契約上勤務地が限定されている場合には、原則として労働者の同意がなければ転勤を命じることはできません。勤務地限定の労働契約であるか否かについては、採用時の合意だけではなく、就労実態が

配置転換

斟酌されます。例えば、現地採用で慣行上転勤がなかった工員(新日本製鐵事件　福岡地裁小倉支部昭和45年10月26日判時618-88)や新聞掲載の募集広告において、勤務場所が和歌山市とされていたことを重視して応募し、採用された者(ブック・ローン事件　神戸地裁昭和54年7月12日労判325-20)にも、勤務地の限定が認められます。

ウ　転勤による労働者の不利益

　転勤命令が労働者に通常甘受すべき程度を著しく超える不利益を負わせるものである場合には、権利の濫用として無効となります。

　例えば、次のような場合には、「家庭生活上の不利益は、転勤に伴い通常甘受すべき程度のもの」と判断されています。

① 　母親、妻、長女との別居を余儀なくされること(東亜ペイント事件)
② 　子供の進学問題を含む家庭事情から単身赴任を招くこと(エフピコ事件　東京高裁平成12年5月24日労判785-22)
③ 　長男を保育園に預けている女性労働者の東京都目黒区から八王子市への転勤命令(ケンウッド事件)
④ 　共稼ぎの妻と生後7か月から小学4年生までの3人を残しての東京から名古屋への転勤命令(帝国臓器製薬事件　最高裁第二小法廷平成11年9月17日労判768-16)

　一方、本人の病気や子の監護養育、親の介護に具体的な支障を生じる場合には、転勤命令が労働者に「通常甘受すべき程度を著しく超える不利益を負わせる」と評価される場合があります。例えば、次のような場合です。

(1)　本人の健康状態
① 　本人がメニエール病に罹患し転勤により長時間の通勤に耐えられるか疑問である場合(ミロク情報サービス事件　京都地裁平成12年4月18日労判790-39)
② 　本人の糖尿病の通院や治療自体に支障がある場合(ＮＴＴ西

日本事件　大阪地裁平成19年3月28日労判946−130）
(2)　家族の介護
① 　共稼ぎで重症のアトピー性皮膚炎の子の育児を行っている者に対する東京から大阪への転勤（明治図書出版事件　東京地裁平成14年12月27日労判561−69）
② 　長女が躁うつ病、次女が精神運動発達遅延の状況にあり、また両親の体調不良のため、家業の農業の面倒をみているという家庭状況の下での帯広から札幌への転勤（北海道コカコーラボトリング事件　札幌地裁平成9年7月23日労判723−62）
③ 　精神病の妻と要介護状態の母がいる者に対する姫路から霞ヶ浦への転勤（ネスレジャパンホールディング事件）
④ 　父母について介護、頻繁な世話が必要な状況にあり、他にその介護を行う余力のある者が家族の中にいなかった者が新幹線通勤により通勤時間が片道2時間25分となって、父母の介護のための時間を確保することが困難となる場合（NTT西日本事件）
⑤ 　妻が肺ガンの手術から1年4ヶ月が経過しただけで、妻と同居し、家事による負担を軽減させるとともに、妻を精神的にサポートし、更にはその日々の健康状態を子細に見守る必要性が高かった場合（NTT西日本事件）

エ　子の養育や家族の介護の状況に対する配慮

　育児休業、介護休業等育児又は家族介護を行う労働者の福祉に関する法律（以下「育児・介護休業法」という）は、労働者の配置の変更で就業の場所の変更を伴うものをしようとする場合には、子の養育や家族の介護の状況に対する配慮をしなければならないと定めています（同法第26条）。このため、配転命令が権利の濫用に当たるかを判断するに当たっては、同条の趣旨を踏まえて検討され（NTT西日本事件）、労働者が配置転換を拒んでいるときは、真摯に対応することが必要で、配転命令を押しつけるよ

うな態度を一貫してとるような場合には、同法の趣旨に反し、その配転命令が権利の濫用として無効になります（明治図書出版事件）。

（5）昇進

「昇進」とは、企業内での労働者の位置付けについて下位の職階から上位の職階への移動を行うことをいい、職制上の地位の上方移動を伴わない「昇格」も含まれます。

使用者には、その事業の目的ないし業務遂行のため、雇用している労働者に対し、その者の能力や資質に応じて、組織の中で労働者を位置付け役割を定める人事権があり、昇進もこの人事権の行使の一環として、行うことが許されています。その際には、人事考課が行われますが、人事考課については、労働者の保有する労働能力（個々の業務に関する知識、技能、経験）、実際の業務の成績（仕事の正確さ、達成度）、その他の多種の要素を総合判断するもので、その評価も一義的に定量判断が可能なわけではないために、使用者には大きな裁量が認められています。このため、使用者が行う人事考課は、大量観察を行うことなどにより有意の較差が存在することによって次のような法令などについて違法な点があることを推認できる場合や評価の前提となった事実について誤認がある場合、動機において不当なものがある場合、重要視すべき事項を殊更に無視し、それほど重要でもない事項を強調する場合などで、評価が合理性を欠き、社会通念上著しく妥当を欠くと認められない限り、違法とはなりません（光洋精工事件　大阪高裁平成9年11月25日労判729-39）。

ア　性別を理由とする差別的な取扱い

事業主は、労働者の昇進について、労働者の性別を理由として、次の差別的な取扱いをしてはなりません（男女雇用機会均等法第6条第1号、性差別指針）。

（1）一定の役職への昇進に当たって、その対象から男女のいずれかを

排除すること。例えば、次のような場合である。
　①　女性のみ、役職への昇進の機会を与えない、または一定の役職までしか昇進できないこと。
　②　一定の役職への昇進試験の受験資格を男女のいずれかに対してのみ与えること。

(2)　一定の役職への昇進に当たっての条件を男女で異なるものとすること。例えば、次のような場合である。
　①　女性についてのみ、婚姻したこと、一定の年齢に達したことまたは子がいることを理由として、昇格できない、または一定の役職までしか昇進できないこと。
　②　課長への昇進に当たり、女性は課長補佐を経ることを要する一方、男性は課長補佐を経ることなく課長に昇進できること。
　③　男性は出勤率が一定率以上の場合または一定の勤続年数を経た場合に昇格させるが、女性はこれらを超える出勤率または勤続年数がなければ昇格できないこと。
　④　一定の役職への昇進試験について、女性についてのみ上司の推薦を受けることを受験の条件とすること。

(3)　一定の役職への昇進に当たり、能力および資質の有無などを判断する場合に、その方法や基準について男女で異なる取扱いをすること。例えば、次のような場合である。
　①　課長への昇進試験の合格基準を、男女で異なるものとすること。
　②　男性は人事考課において平均的な評価の場合には昇進させるが、女性は特に優秀という評価の場合にのみその対象とすること。
　③　5段階の人事考課制度を設けている場合に、男性は最低の評価でも中間のランクとする一方、女性は最高の評価でも中間のランクとする運用を行うこと。
　④　一定年齢に達した男性は全員役職に昇進できるように人事考課を行うが、女性はそのような取扱いをしないこと。

⑤ 一定の役職への昇進試験について、男女のいずれかのみその一部を免除すること。
⑥ 一定の役職への昇進試験の受験を男女のいずれかに対してのみ奨励すること。
(4) 一定の役職への昇進に当たり男女のいずれかを優先すること。例えば、一定の役職への昇進基準を満たす者が複数いる場合に、男性を優先して昇進させる場合である。

　また、労働者の昇進に当たり、転勤の経験があることを要件とすることは、間接差別の事由となります（男女雇用機会均等法第7条、同法施行規則第2条第3号）。例えば、次のような一定の役職への昇進に当たり、労働者に転勤の経験があることを選考基準とする場合が、これに該当します。

① 一定の役職への昇進に当たって、転勤の経験がある者のみを対象とすること。
② 複数ある昇進の基準の中に、転勤経験要件が含まれていること。
③ 転勤経験がある者は一定の役職への昇進の選考において平均的な評価の場合に昇進の対象とするが、転勤経験がない者は特に優秀という評価の場合にのみその対象とすること。
④ 転勤経験がある者のみ昇進試験の全部または一部免除すること。

　労働者の昇進に当たり、転勤の経験があることを要件とする場合で、例えば、次のようなときは、合理的な理由がないと評価されます。

① 広域にわたり展開する支店、支社がある企業において、本社の課長に昇進するに当たって、本社の課長の業務を遂行する上で、異なる地域の支店、支社における勤務経験が特に必要であるとは認められず、かつ、転居を伴う転勤を含む人事ローテーションを行うことが特に必要であるとは認められない場合に、転居を伴う転勤の経験があることを要件とするとき。

> ②　特定の支店の管理職としての職務を遂行する上で、異なる支店での経験が特に必要とは認められない場合に、その支店の管理職に昇進するに際し、異なる支店における勤務経験を要件とするとき。

　なお、女性が男性と比較して相当少ない役職への昇進に当たり、昇進試験の受験を女性のみに奨励すること、昇進の基準を満たす者の中から男性より女性を優先して昇進させるなど男性と比較して女性に有利な取扱いをすることは、違法ではありません（同法第8条）。

　また、昇進に関し、性別を理由とする差別的な取扱いが問題となった最近の裁判例には、次のようなものがあります。

①　会社は、従業員につき男性を優遇し、女性を上位の職能等級に登用しない傾向にあり、原告についてもそのような処遇傾向が当てはまり、原告に対する処遇は平成2年以降は妥当性を欠くものとして、あるいは少なくとも平成11年以降は不当な取扱いが推認されるものとして不法行為を構成する。それ故、平成2年4月1日以降、少なくとも監督職3級の職能等級による賃金を得ることができたのに、不当な差別待遇により一般職1級、その後はJ－1に据え置かれることにより、その後の現実に支給された賃金との差額相当分の損害を被った（阪急交通社事件　東京地裁平成19年11月30日労判960－63）。

②　会社の昇格管理は、労働者の昇進について、女子労働者に対して男子労働者と均等な取扱いをしないことを積極的に維持していた。均等法が施行されてから1年9か月を経過した昭和63年1月以降、男女の差別的取扱いを維持し、G2のままに据え置いた措置は雇用関係の私法秩序に反し違法であり、不法行為が成立する。平成4年に標準年齢52歳以上の高卒男子（管理職を除く）のうち、入社から一貫して事務職であった13名はいずれもS2以上に格付けされていたことを考慮すると、昭和63年1月以降、差別状態を解消するため、被控訴人に対し、S3A程度までの昇格を目標とする措置を講ずる努力をするべきであっ

たのに、それが行われなかったと認められ、現実的な昇格措置すら行わないままの状態を維持し放置されたことにより損害を受けたことの限度で不法行為と認める(昭和シェル石油事件　東京高裁平成19年6月28日労判946-76)。

③　会社は、高卒事務職において、同等の能力を有する者であっても、男女間で能力評価区分に差をつけるとともに、男女間において評価区分及び査定区分において明らかに差別的取扱いをし、昇給・昇進等の運用をしていた。同種の業務を担当している従業員間において性別のみにより労働条件について差別的取扱いをすることが違法であることはもちろん、従業員の個々の能力や適性などの具体的差異に基づかず、男性従業員一般を女性従業員一般に比べて重用し、業務内容や教育・研修等につき差別的取扱いをした結果、賃金や昇進・昇格などの労働条件に差異が生じた場合も公序に反し、違法である。本件格差は、男女間で能力評価において差別的取扱いをし、同じ能力評価区分に該当した者についても評価区分及び査定区分において明らかに差別的取扱いをし、それに基づき、昇給・昇進などの運用をしていたことによるもので、性別のみによる不合理な差別的取扱いとして公序に反する違法なものである(住友金属工業事件　大阪地裁平成17年3月28日判タ1189-98)。

④　年下で、勤続年数も短く、同様な業務に従事し、当初は労働能力が劣ると推認される男性職員に対し、採用時から高い賃金を支給してきたことは女性を男性と比べて不利益に取り扱ったとみなさざるを得ない。この扱いは労働基準法第4条に明らかに反するものであるが、客観的な給与決定基準が存在せず、直接比較対照すべき男性職員が存在しない本件においては、賃金決定が違法で無効となるとしても、賃金額を一義的に決定すべき法的根拠を見出し難いから、あるべき賃金額が客観的に決定されることを前提とした差額賃金請求権は、その前提を欠き、失当である。会社は、遅くとも高額の初任給で男性職員を採用し

た時期以降は、同条違反と認識しつつ男女差別の違法行為を続けていたと認められるから、同時期以降不法行為が成立する。職員を一定の役職に昇進させるか否かは、本来使用者の幅広い裁量に委ねられるべきものであり、会社において、一定年数勤続すれば当然に役職に昇進するという労使慣行等は認められないから、昇進発令がない本件においては、次長の職位にあることの確認を求める請求は失当である(名糖健康保険組合事件　東京地裁平成16年12月27日労判887－22)。

⑤　昇格についての使用者の総合的裁量的判断は尊重されるべきであり、入社当時の男女のコース別採用、処遇が公序に反するとはいえないから、直ちに女性従業員について男性従業員と同様の昇格をさせるべきであったということはできない。したがって、当然に総合職に配置され、同標準年齢の男性従業員と同じ役割等級を付与されるべき地位にあると認めることはできないし、労働契約上の具体的な法的義務として会社に男女を平等に取り扱うべき義務があったと解することは困難である。しかし、会社は、均等法が改正された平成11年4月以降も男女のコース別の処遇を維持していたのであるから、違法な男女差別という不法行為によって被った損害を賠償する義務を負う(岡谷鋼機事件　名古屋地裁平成16年12月22日労判888－28)。

⑥　会社において、主事から参事への昇格において年功的な運用がされていたとは認めるに足りない。主事から参事へ昇格するためには、能力考課の総合評価においてA評価を取得し、考課者の推薦が必要であったと認められるが、総合評価は毎年Bであり、A評価の項目はC評価の項目よりも少なかったから、参事昇格のための条件を満たしていたとはいえない。したがって、参事に昇格しなかったことは、女性であるが故の不利益取扱いであるとはいえない(イセキ開発工機　東京地裁平成15年12月12日労判870－28)。

また、既婚女性であることのみをもって一律に低査定を行うことは、人事考課、査定が、昇格、非昇格に反映され、賃金など労働条件の重要な部分に結びつく会社の人事制度の下では、違法な行為となる（住友生命保険事件　大阪地裁平成13年6月27日労判809-5）と解されています。

イ　国籍・信条・社会的身分を理由とする差別的な取扱い
　使用者は、労働者の国籍、信条または社会的身分を理由として、昇進などの労働条件について、差別的取扱いをしてはなりません（労働基準法第3条）。

ウ　労働組合の組合員であることなどを理由とする差別的な取扱い
　使用者は、労働者が労働組合の組合員であること、労働組合に加入し、もしくはこれを結成しようとしたことまたは労働組合の正当な行為をしたことを理由として、不利益な取扱いをする行為をしてはなりません（労働組合法第7条第1号。第14章490～493頁参照）。

(6) 降格
ア　人事権の行使としての降格と使用者の裁量権
　「降格」とは、企業内での労働者の位置付けについて上位の職階から下位の職階への移動を行うことをいいます。
　降格についても、昇進の場合と同様に、使用者には、その事業の目的ないし業務遂行のため、その雇用している労働者に対し、その者の能力や資質に応じて、組織の中で労働者を位置付け役割を定める人事権があり、その能力や資質が、現在の地位にふさわしくないと判断される場合には、業務遂行のため、労働者をその地位から降格させることも人事権の行使として当然認められています（東京アメリカンクラブ事件　東京地裁平成11年11月26日労判778-40）。
　人事権の行使は、基本的に使用者の裁量権に属し、社会通念上著しく

妥当性を欠き、権利の濫用に当たると認められない限り、違法ではありません。また、その裁量権を逸脱しているか否かの判断についても、昇進の場合と同様に、使用者側における業務上の必要性の有無およびその程度、能力・適性の欠如などの労働者側における責任の有無およびその程度、労働者の受ける不利益の性質およびその程度、企業における降格の運用状況などの事情が総合的に考慮されます（渡島信用金庫事件　函館地裁平成14年9月26日労判841-58）。

ただし、降格は労働条件の引下げとなることが多いため、降格の効力について厳格な判断がなされる場合や降格の根拠として就業規則の規定が必要とされる場合もあります（アーク証券事件　東京地裁平成12年1月31日労判785-45）。また、懲戒処分としての降格は、懲戒処分としての効力が問題とされ、客観的に合理的な理由を欠き、社会通念上相当として認められない場合には懲戒権の濫用として無効となります（バンダイ事件　東京地裁平成15年9月16日労判860-92）。

イ　降格に関する法規制

労働者の降格に関しても、(5)のアからウまでと同じ法規制が行われていますが、特に、性別を理由として、次の差別的な取扱いが禁止されています（性差別指針）。

(1)　降格に当たって、その対象を男女のいずれかのみとすること。例えば、一定の役職を廃止するに際して、その役職に就いていた男性は同格の役職に配置転換をするが、女性は降格させる場合。

2)　降格に当たっての条件を男女で異なるものとすること。例えば、女性についてのみ、婚姻または子がいることを理由として、降格の対象とする場合。

3)　降格に当たって、能力および資質の有無などを判断する場合に、その方法や基準について男女で異なる取扱いをすること。例えば、次のような場合である。

①　営業成績が悪い者を降格の対象とする方針を定めている場合に、男性は営業成績が最低の者のみを対象とするが、女性は営業成績が平均以下の者を対象とすること。
②　一定の役職を廃止するに際し、降格の対象となる労働者を選定するに当たり、人事考課を考慮する場合に、男性は最低の評価の者のみを対象とするが、女性は特に優秀という評価の者以外は対象とすること。
4）　降格に当たって、男女のいずれかを優先すること。例えば、一定の役職を廃止するに際し、降格の対象となる労働者を選定するに当たり、男性よりも優先して、女性を対象とすること。

ウ　降格処分の効力に関する裁判例

降格処分の効力に関し、使用者の裁量権を逸脱していないとされた裁判例には、次のようなものがあります。

①　酒席において管理職として相応しくない発言をした総務部長の係長相当職への降格（空知土地改良区事件　札幌高裁平成19年1月19日労判937－156）
②　部長から一般職への降格（日本プラントメンテナンス協会事件　東京地裁平成15年6月30日労経速1852－18）
③　マネージャー職の解職（全日本スパー本部事件　東京地裁平成14年11月26日労経速1828－3）
④　信用金庫の支店次長から一般職員への降格（渡島信用金庫事件　函館地裁平成14年9月26日労判841－58）
⑤　成績不振を理由とする営業所長から営業社員への降格（エクイタブル生命保険事件　東京地裁平成2年4月27日労判565－79）

一方、使用者の裁量権を逸脱したとされた裁判例には、次のようなものがあります。

① 婦長から平看護婦への2段階の降格（北海道厚生農協連合会事件　釧路地裁帯広支部平成9年3月24日労判731-75、医療法人財団東京厚生会事件　東京地裁平成9年11月18日労判728-36）
② バイヤーからアシスタントバイヤーへの降格（デイエフアイ西友事件　東京地裁平成9年1月24日労判724-30）
③ 教諭から非常勤講師への降格（倉田学園事件　高松地裁平成元年5月25日労判555-81）

2　出向と転籍

（1）出向

ア　出向とは

　出向（在籍出向）は、出向元が、出向する労働者との間の労働契約に基づく関係を継続すること、出向先が出向労働者を使用すること、および出向先が出向労働者に対して負う義務の範囲について定める出向契約を出向先との間で締結し、出向労働者が、その出向契約に基づき、出向元との間の労働契約に基づく関係を継続しつつ、その出向先との間の労働契約に基づく関係の下に、出向先に使用されて労働に従事することをいいます。

　したがって、出向の場合には、出向労働者は出向元および出向先の双方との間に労働契約があります。この場合、出向元との関係では、出向労働者は出向中は休職となり身分関係のみが残っているものや身分関係だけでなく出向中も出向元が出向労働者に賃金の一部を支払っているものなどさまざまです。また、出向先との関係では、出向元と出向先との間の出向契約によって、出向先は出向労働者と労働契約を締結します。

イ　労働者派遣法や職業安定法との関係

　出向は、出向元の雇用する労働者を、当該雇用関係の下に、出向先に雇用させる出向契約をして、出向先の指揮命令の下で出向先のために労

図5－1　出向の形態

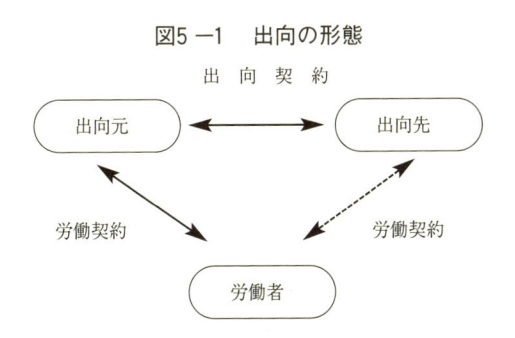

```
              出　向　契　約
        出向元 ←――――――→ 出向先
              ↖         ↗
        労働契約 ↘     ↙ 労働契約
                労働者
```

働に従事させるものであるので、労働者派遣には該当しません（労働者派遣法第4条第1号）。なお、この判断は、出向、派遣という名称によることなく、出向先と出向社員との間の実態、具体的には、出向先における賃金支払、社会、労働保険への加入、懲戒権の保有、就業規則の直接適用の有無、出向先が独自に労働条件を変更することの有無をみることにより行います（労働者派遣事業業務取扱要領）。

　一方、出向は、一般に供給契約に基づいて労働者を他人の指揮命令を受けて労働に従事させることをいい、労働者派遣法に規定する労働者派遣に該当するものを含まない労働者供給（職業安定法第4条第6項）の1類型に該当します。

　同法第44条は、労働組合等が、厚生労働大臣の許可を受けて無料で行う場合（同法第45条）を除くほか、何人も、労働者供給事業を行い、またはその労働者供給事業を行う者から供給される労働者を自らの指揮命令の下に労働させてはならないと規定していますが、出向を行う目的が、①関係会社において雇用機会を確保するため、②経営指導や技術指導の実施のため、③人材開発の一環として、④企業グループ内の人事交流の一環として行われる限りは、出向が形式的に繰返し行われたとしても、社会通念上、事業として行われていると評価されることはありません。職業安定法で原則禁止されているのは労働者供給事業であって、労働者供給ではないので、出向が事業として行われていなければ、違法ではありません。

　これに対し、在籍出向を偽装して、事業として行っている場合には、職業

安定法違反の問題が生じます。これが偽装出向です。事業として行っているのではないかと問題になった場合には、出向に伴う利益の有無などを含めて、一定の目的と計画に基づいて経営する経済的活動として行われるか否かについて、総合的に判断されます。

ウ　男女雇用機会均等法上の取扱い

　男女雇用機会均等法では、出向は配置転換に位置付けられていますので、例えば、①経営の合理化に際し、女性についてのみ出向の対象とする、②一定の年齢以上の女性のみを出向の対象とするなど男女で異なる取扱いをすることは禁止されています。

エ　出向の定め

　出向については、労働契約の当事者以外の者に対して労働契約関係を生じさせるため、一般に就業規則などに出向を命じることができるとの明確な定めがない限り出向命令権は認められません。したがって、出向命令が有効であるためには、就業規則などで出向義務を明確にし、出向先での労働条件の基本事項を就業規則などで定めたり、出向の実情や採用時の説明と同意、他の労働者の同種出向の受入れなどによって出向が労働契約の内容となっていることが必要で、就業規則に会社外の業務に従事するときは休職にする旨を定める休職条項の間接的な規定があるだけでは、出向命令の根拠になりません（日東タイヤ事件　東京高裁昭和47年4月26日判時670－94）。

　ただし、会社間の実質的一体性が高度であり、実質上同一企業の1事業部門として機能していて親子会社における関係以上に密接不可分の関係にある場合や統一的な人事部門により統一的な人事労務管理がなされ、会社間の人事異動が転勤とみなされていた実態などがある場合に、出向が、親子企業間や密接な関連企業間での業務提携、技術修得、人事交流などのために配置転換と同様に日常的に行われ、労働者も採用時から

これを当然のこととして受け入れているときには、就業規則などの明確な規定がない場合でも、採用時や入社後の勤務過程の労働者の包括的同意が認められるとする裁判例（興和事件　名古屋地裁昭和55年3月26日労判342－61）もあります。

オ　出向権の濫用
　使用者が労働者に出向を命ずることができる場合において、その出向の命令が、その必要性、対象労働者の選定その他の事情に照らして、その権利を濫用したと認められる場合には、その出向の命令は、無効となります（労働契約法第14条）。したがって、出向を命じる時には、①出向を命ずる業務上の必要性があること、②出向対象者の人選基準に合理性があり、具体的な人選についても不当性をうかがわせるような事情はないこと、③出向中の身分や賃金、退職金、各種手当、昇格・昇給などの査定、労働時間、休暇などの待遇、出向期間、復帰の仕方や復帰後の待遇などにおいて著しい不利益を受けるものではないことが必要です（新日本製鐵事件　最高裁第二小法廷平成15年4月18日労判847－14）。

カ　出向の延長
　出向期間が長期化しても、出向元との労働契約の存続自体が形がい化していないときは、出向元との労働契約が終了する転籍と同視することはできず、出向を延長することに合理性があり、これにより出向者が著しい不利益を受けていない事情の下では、出向の延長は権利の濫用には当たりません（新日本製鐵事件）。

キ　出向からの復帰
　使用者が出向者に対し、出向元への復帰を命ずることについては、出向元へ復帰させないことを予定して出向が命じられ、労働者がこれに同意した結果、将来労働者が再び出向元の指揮監督の下に労務を提供するこ

とはない旨の合意が成立したものとみられるなどの特段の事由がない限り、その同意を得る必要はありません。この場合の復帰命令は、指揮監督の主体を出向先から出向元へ変更するものですが、労働者が出向元の指揮監督の下に労務を提供するということは、もともと出向元との当初の労働契約において合意されており、労働者が出向元の指揮監督の下に労務を提供するという当初の労働契約における合意自体には何らの変容を及ぼさず、合意の存在を前提とした上で、一時的に出向先の指揮監督の下に労務を提供する関係となっていたにすぎないからです（古河電気工業・原子燃料工業事件　最高裁第2小法廷昭和60年4月5日民集39－3－675）。

また、在籍出向をしている者が出向元への復帰に応じない場合には、黙示的に退職の意思表示をしたと解される場合もあります（アイ・ビイ・アイ事件　東京地裁平成2年10月26日労判574－41）。

ク　出向期間中の出向元との関係

親会社と子会社間の在籍出向の場合には、出向先での行為は、出向元における行為と同視され、懲戒解雇事由の対象となりうるとする裁判例（日本ロール事件　東京地裁平成6年8月30日労判668－30）があります。

（2）転籍
ア　転籍とは

転籍とは、労働契約上の地位の譲渡（日立製作所横浜工場事件　最高裁第一小法廷昭和48年4月12日集民109－53）で、在籍出向と転籍との本質的な相違は、出向元との労働契約関係が存続しているか否かという点にあります（新日本製鐵事件）が、実際には、在籍出向か転籍かが争われる場合もあります（ニシデン事件　東京地裁平成11年3月16日労判766－53、玉川機械金属事件　東京地裁昭和61年4月25日労判473－6）。

転籍の場合には、元の会社を退職することによってその従業員としての

身分を失い、移籍先の会社との間に新たに雇用関係を生じさせることで、元の会社との関係においていわば新労働契約の締結を停止条件とする労働契約の合意解除に該当する(ミロク製作所事件　高知地裁昭和53年4月20日労判306-48)と解されています。ただし、転籍の法律手段としては、現労働契約の合意解約と新労働契約の締結という方法と労働契約の使用者の地位の譲渡という2つの方法があるとする裁判例(ブライト証券・実栄事件　東京地裁平成16年5月28日労判874-13)もあります。

イ　転籍の根拠

　転籍が労働契約の合意解除に該当する場合には、労働者はその労働契約の合意解除について契約締結の自由が保障されなければなりません。このため、転籍は、労働者の同意がなければ行うことができません(千代田化工建設事件　横浜地裁平成元年5月30日労判540-22)。就業規則に定めがある場合でも、これに基づき業務命令として転籍を命ずるためには、特段の事情がない限り、転籍する労働者の転籍することについての個々の同意が必要です。このため、雇用条件が折り合わず、労働者が転籍に同意しない場合には、転籍先との間に雇用契約は成立しません(生協イーコープ・下馬生協事件　東京高裁平成6年3月16日労判656-63)。

　このことは、転籍先が元の会社の1部門を分離独立させたもので、その役員構成が重複し、株主構成も元の会社やその関係者によって占められ、労働者の業務内容、就労場所、賃金、勤務時間などの労働条件が当初は従来と変わらない場合にも同様に当てはまります(三和機材事件　東京地裁平成7年12月25日労判689-31)。ただし、転籍の場合には転籍者の同意を要するとしつつも、グループ企業への転籍について、転籍先の労働条件などから転籍が著しく不利益であったり、同意の後の不利益な事情変更により当初の同意を根拠に転籍を命ずることが不当と認められるなど特段の事情のない限り、入社の際の包括的同意を根拠に転籍を命じることができるとする裁判例(日立精機事件　千葉地裁昭和56年5月25日労判37

2-49）もあります。

ウ　転籍からの復帰

　転籍の場合には、転籍元との労働契約関係は解消されており、復帰することはありませんので、転籍元の指揮命令の下に労務を給付するという当初の労働契約における合意は消滅しています。このため、再び転籍元で労務を給付させるためには、グループ内出向が在籍、転籍を問わず自由に行われているような場合など特段の事由がある場合を除き、原則として労働者の同意が必要となります（日鐵商事事件　東京地裁平成6年3月17日労判662-74）。

　このほか、移籍出向ではあるもののあたかも在籍出向のごとき身分を約束するような事情がある場合には、移籍出向期間満了により移籍出向という効果がなくなり、移籍出向前の状態に復帰するとする裁判例（京都信用金庫事件　大阪高裁平成14年10月30日労判847-69）もあります。

3　休職

　休職とは、ある労働者に働かせることができないまたは適当でない事由が生じた場合に、その労働者に対し雇用契約関係は維持しながらも働くことを免除または禁止することをいい、傷病休職、起訴休職などがあります。

(1) 傷病休職
ア　傷病休職制度とは

　傷病休職は、傷病による長期欠勤が一定期間に及んだときに行われる休職のことをいいます。傷病休職は、労働者が業務外の傷病を理由に欠勤する場合に、一定期間を休職期間とし、この期間中労働契約関係を維持しながら、労務への従事を免除するものであり、業務外の傷病により労務提供できない労働者に対して一定期間退職を猶予してその間傷病の回復

を待つことによって、労働者を退職から保護する制度です。傷病休職期間中に客観的な傷病の回復状況に照らし、傷病から回復し就労可能と判断されれば休職は終了し、復職となります。このため、傷病が回復し従前の職務に復職することが可能となった場合に、休職期間の満了をもって退職させることは無効です（北産機工事件　札幌地裁平成11年9月21日労判769-20）。一方、回復せずに期間満了となれば、自動退職（東洋シート事件　広島地裁平成2年2月19日判タ757-177）または解雇（岡田運送事件　東京地裁平成14年4月24日労判828-22）となります。

　傷病休職制度を設けている企業では、原則としてこの手続を経なければなりませんが、はじめから傷病休職期間を経ても到底回復することが見込まれないような状態の場合には、休職期間を経なくても解雇は無効とはならないとする裁判例（岡田運送事件）があります。

イ　傷病休職から復職させる業務

　病気休職者が復職するための休職事由の消滅としては、原則として従前の職務を通常の程度に行える健康状態に復したときをいい、通常の業務に耐え得る程度の状況に回復していなければ、原則として使用者には復職させる義務はありませんが、現に就業を命じられた特定の業務について労務の提供が十全にはできないとしても、その能力、経験、地位、当該企業の規模、業種、当該企業における労働者の配置・異動の実情および難易などに照らしてその労働者が配置される現実的可能性があるほかの業務について労務の提供をすることができ、かつ、その提供を申し出ている場合には、その業務に就かせることにより復職させる必要があります（片山組事件　最高裁第一小法廷平成10年4月9日労判763-15）。

　一方、労働者がその従事する業務を特定して雇用されている場合に、その労働者が従前の業務を通常の程度に遂行することができないときは、原則として、その業務以外に復職させることまでは求められていません（カントラ事件　大阪高裁平成14年6月19日労判839-47）。

ウ 心の健康問題により休業した労働者の職場復帰支援の手引き

　厚生労働省においては、次の病気休業開始から職場復帰後のフォローアップまで5つのステップからなる職場復帰支援の流れを示した「心の健康問題により休業した労働者の職場復帰支援の手引き」を策定しています。

職場復帰支援の流れ

＜第1ステップ＞病気休業開始および休業中のケア
- イ　労働者からの診断書（病気休業診断書）の提出
- ロ　管理監督者、事業場内産業保健スタッフなどによるケア

↓

＜第2ステップ＞主治医による職場復帰可能の判断
労働者からの職場復帰の意志表示および職場復帰可能の診断書の提出

↓

＜第3ステップ＞職場復帰の可否の判断および職場復帰支援プラン（職場復帰をする労働者について、労働者ごとに具体的な職場復帰日、管理監督者の業務上の配慮および人事労務管理上の対応等の支援の内容を、その労働者の状況を踏まえて定めたもの）の作成
- イ　情報の収集と評価
   - (イ)労働者の職場復帰に対する意思の確認、(ロ)産業医等による主治医からの意見収集
   - (ハ)労働者の状態等の評価、(ニ)職場環境の評価、(ホ)その他
- ロ　職場復帰の可否についての判断
- ハ　職場復帰支援プランの作成
   - (イ)職場復帰日、(ロ)管理監督者による業務上の配慮、(ハ)人事労務管理上の対応
   - (ニ)産業医等による医学的見地からみた意見、(ホ)フォローアップ、(ヘ)その他

↓

＜第4ステップ＞最終的な職場復帰の決定
- イ　労働者の状態の最終確認
- ロ　就業上の措置等に関する意見書の作成
- ハ　事業者による最終的な職場復帰の決定
- ニ　その他

↓

職　場　復　帰

↓

＜第5ステップ＞職場復帰後のフォローアップ
- イ　症状の再燃・再発、新しい問題の発生などの有無の確認
- ロ　勤務状況および業務遂行能力の評価
- ハ　職場復帰支援プランの実施状況の確認
- ニ　治療状況の確認
- ホ　職場復帰支援プランの評価と見直し

エ　傷病休職に関するその他の裁判例

傷病休職に関しては、このほか、次のよう裁判例があります。

① 就業規則に「勤務軽減の特例措置の適用期間が6月を経過しても、なお通常の勤務に服することができない場合は、直ちに休養に専念するものとする」、「休職期間の計算については非結核性疾患の者については30日を超えないで従前の傷病に関連する傷病のため再び勤務しない場合は、その出勤前後の勤務しない期間又は休職期間は通算する」との規定がある場合には、特例措置の期間は治癒して勤務したことにはならないから、その出勤前後の勤務しない期間または休職期間を通算することには合理性がある（日本郵政公社（茨木郵便局）事件　大阪地裁平成15年7月30日労経速1847−21）。

② 長期の傷病欠勤をしても、その後、医師の証明書を提出して出勤の申し出をし、会社がこれを承認して出勤を命じ、これに基づいて職員が相当の長期間にわたり通常勤務を行っている場合には、もはや休職を命ずる前提としての傷病欠勤の存在がなくなるから、傷病欠勤と短期間の出勤を繰り返すなどの特段の事情のない限り、たとえ、傷病が治癒しておらず治療中であり、将来その症状が再燃し増悪する可能性がある場合であっても、それを理由として無給などの不利益を伴う休職処分を命ずることは許されない（富国生命保険事件　東京高裁平成7年8月30日労判684−39）。

③ 従業員が復職の際提出してきた専門医による診断書の内容を原則として充分尊重すべきであり、仮に復職可能を証明する適正な診断書が提出されたにも拘わらず従業員の復職を拒否する場合には、提出された診断書の内容とは異なる判断に至った合理的理由を従業員に明示すべき義務があり、合理的な理由の明示を怠ったまま従業員の復職を一方的に拒否した場合には、従業員は復職の申し出をなした時点で当然復職した（マルヤタクシー事件　仙台地裁昭和61年10月17日労判486−91）。

(2) 起訴休職
ア 起訴休職とは

　起訴休職とは、刑事事件に関し起訴された者を一定期間または判決確定までの間休職とすることをいいます。起訴休職が有効であるためには、職務の性質、公訴事実の内容、身柄拘束の有無など諸般の事情に照らし、起訴された労働者が引き続き就労することにより、対外的信用が失墜し、または職場秩序の維持に障害が生ずるおそれがあるか、あるいはその労働者の労務の継続的な給付や企業活動の円滑な遂行に障害が生ずるおそれがある場合であることが必要です（全日本空輸事件　東京地裁平成11年2月15日労判760－46）。また、起訴休職とするためには、原則として就業規則などに起訴休職に関する規定が必要ですが、就業規則に類似の規定がある場合にも適用することができる（石川島播磨重工業事件　最高裁第二小法廷昭和57年10月8日労経速1143－8、明治学園事件　福岡高裁平成14年12月13日労判848－68）と解されています。

イ 起訴休職の取扱い

　起訴休職処分が当初はその要件に合致して有効であったとしても、休職期間の途中において保釈や一審での無罪判決などによってその要件をみたさなくなった場合には、休職事由が終了したものとして使用者は復職させなければならない（全日本空輸事件）と解されています。

　また、業務上支障がないのに起訴休職が命ぜられたときは、これによる就労不能は、使用者の責に帰すべき事由による履行不能であり、労働者は反対給付である賃金請求権を失わないとする裁判例（全国農協連合会事件　東京地裁昭和62年9月22日労判503－16）もあります。

　なお、使用者が逮捕勾留による欠勤を事故欠勤休職とすることを認めた裁判例（日本石油化学事件　横浜地裁川崎支部昭和56年11月26日労経速1125－8）もあります。

(3) 公職就任に伴う休職

公職就任に伴う休職に関しては、第6章215頁参照。

4 企業の事業形態の変更など

(1) 企業の合併

　企業の合併には、新設合併（合併により新たな会社が成立するもの）と吸収合併（既に存在する会社が合併を行うもの）とがありますが、どちらの場合も、合併される会社は消滅し、その会社が持っていた権利や負っていた義務は、新設会社または吸収会社に全面的に承継されます（会社法第750条第1項、第756条第1項など）ので、合併される会社の労働者の労働契約もそのまま引き継がれます（同和火災海上保険事件　大阪地裁昭和24年5月17日労民集4-40）。

(2) 事業譲渡

　事業譲渡の場合には、譲渡される権利義務は、譲渡元と譲渡先の間の合意に債務の移転について債権者の同意などの譲渡の手続を経た上で個別に引き継がれますので、労働契約の承継についても、譲渡元と譲渡先間の合意と引き継がれる労働者の個別の同意が必要である（茨木消費者クラブ事件　大阪地裁平成5年3月22日労判628-12）と解されています。

　このため、譲渡元と譲渡先間に特定の労働契約を明示的に除外する旨の合意がある場合には、その労働契約は引き継ぎの対象から除外されます（東北電力事件　仙台地裁昭和49年4月24日判例タイムズ319-264など）が、明示的に除外されていない場合には、明示的にはその労働契約が引き継ぎの対象となっていない場合であっても、黙示的にその旨の合意があるとして（松山市民病院事件　高松高裁昭和42年9月6日労民集18-5-890、タジマヤ事件　大阪地裁平成11年12月8日など）、あるいは旧

会社の事業を継続させるために、新会社を設立して、この間で大半の営業、資産、負債関係を譲渡し、旧会社を解散した場合には、実質的には解雇法理の適用を回避するための法人格の濫用であるとして(新関西通信シテムズ事件　大阪地裁平成6年8月5日労判668-48)、労働契約の引き継ぎが認められることがあります。

　一方、使用者は労働者の承諾を得なければその権利を第三者に譲り渡すことができません(民法第625条第1項)ので、原則として労働者は労働契約の引き継ぎを拒否できます(本位田建築事務所事件　東京地裁平成9年1月31日労判712-17、日本大学事件　東京地裁平成9年2月19日労判712-6)。

　なお、営業譲渡に伴う解雇が労働条件の引下げのみを目的としている場合には、解雇権の濫用に当たり、無効とする裁判例(外港タクシー事件　長崎地裁平成13年7月24日労判815-70)があります。

(3) 会社の分割

　会社分割とは、事業の全部または一部を他の会社に引き継がせる制度で、分割により新たに設立した会社に引き継がせる新設分割と既に存在する会社に引き継がせる吸収分割があります(会社法第2条第29号、第30号)。会社分割がなされた場合、その対象である事業(一定の事業活動の目的のために組織化された、有機的一体として機能する財産(債務を含む))の全部または一部は、個々の権利義務についての移転行為を要せずに、当然に新設分割設立会社(新設分割により設立する会社)や吸収分割承継会社(吸収分割をする会社がその事業に関して有する権利義務の全部または一部を引き継ぐ会社)に引き継がれます。

　会社分割を行う場合には、新設分割計画書(新設分割の場合は、分割される会社が単独で計画書を作成する)、または吸収分割契約書(吸収分割の場合は、分割される会社と吸収分割承継会社とで契約書を作成する)を作成し、原則として株主総会の特別決議による承認を受けるなどの手続

が行われます(会社法第757条～第766条)。

　このように、会社分割制度のもとでは、会社をどのように分割するかは基本的に新設分割計画書または吸収分割契約書で決められるため、分割の対象となる事業に主として従事していた労働者が承継から排除されたり、逆に分割の対象となる事業に主として従事していなかった労働者が、従来の仕事から切り離されて承継の対象とされるおそれがあります。

　このため、「会社の分割に伴う労働契約の承継等に関する法律(以下「労働契約承継法」という)」が制定され、次のような取扱いを定めています。

ア　労働者への通知

　分割する会社(以下「分割会社」という)は、新設分割または吸収分割をするときは、次の労働者に対し、通知期限日(株主総会の決議による承認を要するときは株主総会の2週間前の日の前日、株主総会の決議による承認を要しないときや合同会社が分割をする場合は吸収分割契約が締結された日または新設分割計画が作成された日から2週間を経過する日をいう)までに、分割会社が労働者との間で締結している労働契約を新設分割設立会社または吸収分割承継会社(以下「承継会社等」という)が承継する旨の新設分割計画または吸収分割契約(以下「分割契約等」という)における定めの有無、これに対する異議の申出の期限日などを書面により通知しなければなりません(労働契約承継法第2条第1項)。

① 　分割会社が雇用し、承継会社等に承継される事業に主として従事する労働者
② 　分割会社が雇用し、分割契約等にその者が会社との間で締結している労働契約を承継会社等が承継する旨の定めがある①以外の労働者

イ　労働契約の承継

１）承継される事業に主として従事する労働者の労働契約の承継

承継される事業に主として従事する労働者の労働契約の承継は、次のように取り扱われます(同法第3条、第4条)。

① 承継会社等に承継される事業に主として従事する労働者が分割会社との間で締結している労働契約で、分割契約等に承継会社等が承継する旨の定めがあるものは、分割契約等に係る分割の効力が生じた日に、承継会社等に承継されること。
② 承継会社等に承継される事業に主として従事する労働者で、分割契約等にその者が分割会社との間で締結している労働契約を承継会社等が承継する旨の定めがないものは、異議申出期限日(通知がされた日から少なくとも13日間を置かなければならない)までの間に、分割会社に対し、労働契約が承継会社等に承継されないことについて、書面により、異議を申し出ることができること。

2) 1) 以外の労働者の労働契約の承継

分割契約等にその者が会社との間で締結している労働契約を承継会社等が承継する旨の定めがある1) 以外の労働者は、通知がされた日から異議申出期限日までの間に、分割会社に対し、労働者が分割会社との間で締結している労働契約が承継会社等に承継されることについて、書面により、異議を申し出ることができます(同法第5条)。

ウ　会社分割に関するそのほかの定め

会社の分割に当たり、分割会社に労働者の理解と協力を得るように努めなければなりません(同法第7条)。また、分割会社は通知期限日までに、分割に伴う労働契約の承継に関して、労働者と協議をしなければなりません(商法等改正法附則第5条第1項)。

エ　会社分割に関する裁判例

会社分割に関しては、次のような裁判例があります。

① 労働契約承継法7条の『会社の分割に当たり、分割会社に労働者の理解と協力を得るように努めるべき』義務の不履行が分割の無効原因となりうるのは、分割会社がこの努力を全く行わなかった場合または実質的にこれと同視い得る場合に限られる。また、旧商法等改正法附則5条により『分割計画書等を本店に据え置くべき日までに事前に行うことが義務付けられている労働者との協議』については、分割会社の場合には、個々の労働者の同意を得ずに労働契約の承継の有無が分割計画書等により定められ得るとされており、それにより労働者の地位に大きな変化が生じ得ることから、労働者の意向を汲むための協議を分割会社に求めたものと位置付けられ、承継される営業に従事する個別労働者の保護のための手続である。したがって、旧商法等改正法附則5条による協議においては、分割会社は、労働者に対し、効力発生日以後労働者が勤務することとなる会社の概要、当該労働者が労働契約承継法の2条1項1号の労働者に該当するか否かの考え方等を十分説明し、本人の希望を聴取した上で、当該労働者の労働契約の承継の有無、承継する場合または承継しない場合の労働者の従事することを予定する業務の内容、就業場所その他の就業形態等について協議するものであり、同条の協議を全く行わなかった場合または実質的にこれと同視し得る場合には会社分割の無効の原因となり得る（日本アイ・ビー・エム事件　横浜地裁判決平成19年5月29日労判942－5）。

② 新設分割設立会社に勤務していた者が法人格否認などを理由として、分割会社に退職金の支払いを求めたことについて、「新設分割設立会社の設立について、分割会社に法人格を濫用する目的があったと認めることはできない。従業員の賃金・賞与の決定等は、新設分割設立会社が独自に行い、経理・決算も分割会社とは明確に分離されていたものであって、分割会社と新設分割設立会社との間において、財産や取引・業務活動の混同があったとか、会計区分の欠如があったとか、あるいは、新設分割設立会社において、株主総会や取締役会の開催な

ど、会社として遵守すべき重要な手続がとられていなかったなどの事実を認めるに足りる証拠はなく、新設分割設立会社の法人格が形骸化していたと認めることはできない(サン・ファイン事件　名古屋地裁平成14年11月29日労判846-75)。

(4) 企業の解散

　企業が解散する場合には、労働契約の一方の当事者がなくなってしまいますので、労働契約は原則として会社の法人格の消滅により自動的に終了します。会社の解散が解散決議によってなされ、これに伴う解雇がなされた場合、事業主は、営業の自由の一環として、その企業を廃止する自由がありますから、その解散が真に企業継続意思を喪失したことによってされた真実のものである限り、たとえその動機が不当労働行為目的にあったとしてもその動機目的の如何にかかわらず、その解散決議は有効です(大森陸運ほか2社事件　神戸地裁平成15年3月26日労判857-77)。そして、企業が真に解散する以上、労働力は必然的に不要となるから、解散を理由とする解雇も基本的に有効となる(朝鮮日報日本支社事件　東京地裁平成11年3月16日労経速1710-9)と解されています。ただし、整理基準および適用の合理性とか、整理解雇手続の相当性・合理性の要件については、企業の解散に伴う全員解雇の場合においても、解雇条件の内容の公正さまたは適用の平等、解雇手続の適正さとして、考慮されるべき判断基準となるとする裁判例(グリン製菓事件　大阪地裁平成10年7月7日労判747-58)もあります。

　一方、その解散が、真実企業を廃止するものではなく、不当労働行為などを目的として、廃止に見せかけて新会社ないし別会社に肩代わりさせて実質的に同一の企業経営を継続している偽装解散の場合には、同一の会社そのものが存続しているものとみることができ、解散を理由とする解雇は解雇理由を欠く無効なものとなり、労働契約は解散会社と実質的に同一の新会社ないし別会社との間で存続する(第一交通産業(佐野第一交通)事

件　大阪地裁岸和田支部平成15年9月10日労判861-11、日進工機事件　奈良地裁平成11年1月11日労判735-15)と解されています。

(5) 使用者の死亡

　個人事業主である使用者が死亡した場合においても、労働契約は使用者がその固有の専門的技能を直接労働者に教えることを内容とするなど、その契約における使用者が具体的な特定の人物であることを要素とするものでない限り、使用者の死亡によって当然に終了するものではなく、相続などにより使用者の地位を承継する(尾婆伴事件　大阪地裁平成元年10月25日労判551-22)と解されています。

(6) 労働者の死亡

　労働者の死亡の場合には、労働契約上の地位はその労働者の一身に専属的なものなので相続の対象にはなりません(エッソ石油事件　最高裁第二小法廷平成元年9月22日判時1356-145)。

第6章
労働契約の権利と義務

「労働契約の権利と義務」のポイント
1 危険からの保護
2 就業環境の整備
3 公民権
4 職務発明に対する報酬の支払い
5 労務の誠実な提供
6 労働者の兼業
7 秘密の保持と内部告発
8 競業避止義務など

「労働契約の権利と義務」のポイント

1　労働者は労働契約により合意された範囲内において使用者に対して労務の給付の義務を負い、使用者はその労務の給付を請求し、これに指揮命令することができる。労働者は、特別の事情がない限り、使用者の指揮命令に従う義務があるが、使用者の指揮命令権には一定の限界があり、通常の労務提供において予想される範囲を超える生命や身体に対する危険がある場合など指揮命令の内容に合理性を欠いている場合には、その命令には法的な拘束力はなく、労働者はこの命令に従う義務がない。

2　使用者は、労務の提供において予想される危険に対しては、万全の対策を講じなければならないので、使用者が危険回避の措置を怠り、労働者の生命や身体に現実的な重大な危険がある場合にも、労働者は、このような業務命令を拒否することができる。

3　労働者は、使用者の指定した場所に配置され、使用者の供給する設備、器具などを用いて労務の提供を行うので、使用者は、労働者が労務提供のため設置する場所、設備もしくは器具などを使用し、または使用者の指示のもとに労務を提供する過程において、労働者の生命、身体、健康などを危険から保護するよう配慮すべき義務を負っている。

4　使用者は、職場でのいじめや嫌がらせ、暴力行為を防止する義務を負う。

5　使用者は、労働者に対し、プライバシーの保護やセクハラの防止など労働者にとって働きやすい職場環境を保つように配慮すべき義務を負っている。

6　労働者は、労働時間の途中に、選挙権の行使などの公民としての権利を行使し、または裁判員などの公の職務を執行するために必要

「労働契約の権利と義務」のポイント

な時間を請求することができる。
7 労働者は、就業規則などに使用者が労働者に対して支払うべき対価に関する条項がある場合でも、その対価の額が相当の対価の額に満たないときは、その不足する額の支払を求めることができる。
8 労働者は、就業時間中は職務に専念すべき義務や使用者の利益に配慮し、誠実に行動すべき義務、職場において風紀を保持する義務、企業の名誉を保持する義務、使用者の業務上の秘密を洩らさない義務など職務の誠実な履行義務を負っている。
9 企業秩序は、企業の存立と事業の円滑な運営の維持のために必要不可欠なものであり、使用者は、この企業秩序を維持確保するため、これに必要な諸事項を規則をもって一般的に定め、あるいは具体的に労働者に指示、命令することができる。
10 所持品の検査は、その性質上検査を受ける者の基本的人権を侵害するおそれを伴うため、合理的理由に基づいて、一般的に妥当な方法と程度で、しかも制度として、職場の労働者に対して画一的に実施されるものでなければならない。
11 調査への協力については、他の労働者に対する指導、監督ないし企業秩序の維持などを職責とする労働者である場合には、調査に協力することがその職務の内容となっているので、調査に協力することは労務提供の義務の履行そのものになるが、それ以外の場合には、調査対象の違反行為の性質、内容、その労働者の違反行為を見聞する機会と職務執行との関連性、より適切な調査方法の有無などの事情から総合的に判断して、調査に協力することが労務提供の義務を履行する上で必要かつ合理的である場合に限って、調査に協力する義務を負う。
12 労働者の兼業は、兼業することによって、企業秩序をみだすおそれが大きく、あるいは会社に対する労務提供が困難になることを防止するにある場合に限って就業規則で禁止することが認められる。

> 13　労働者の退職後の競業避止義務は、無制限に認められず、競業避止の内容が必要最小限の範囲であり、また競業避止義務を労働者に負担させるに足りうる事情が存するなど合理的なものでなければならない。また、労働者の転職勧誘は、企業の正当な利益を侵害しないよう配慮がされている限り誠実義務に違反しないが、社会的相当性を著しく逸脱した違法な引き抜き行為は違法である。

労働契約は、労働者による労務の提供と使用者の賃金の支払をその基本的な内容とする双務の有償契約ですが、これに附随してさまざまな権利および義務が発生します。

1　危険からの保護

（1）危険な業務への就労

労働者は労働契約により合意された範囲内において使用者に対して労務の給付の義務を負い、使用者はその労務の給付を請求し、これに指揮命令することができます。労働者は、特別の事情がない限り、使用者の指揮命令に従う義務があります。

しかしながら、使用者の指揮命令権には一定の限界があり、指揮命令がその内容に合理性を欠いている場合には、その命令には法的な拘束力はなく、命令を受けた労働者はこれを拒否することができます。特に、その命令を受けた業務が通常の労務提供において予想される範囲を超える生命や身体に対する危険がある場合には、労働者はこの命令に従う義務がないと解されています。

例えば、李ラインが日韓間の日本海において設定されていた時期に、電々公社が同社の布設乗務員に、李ライン内の日韓間海底線の障害修理工事のために出航を命じたことについて、「本件工事は、乗組員がいかに注意しても、なお生命身体に対する危険が絶無とはいえない海域におけ

る工事であるから、乗組員は自己の満足する労働条件ならば格別、それ以外の条件ではそんな危険にさらしてまで自己の労働力を売っていないと見るのが社会通念上通常であるので、乗組員が変更に同意したと認めることはできないし、また労働契約締結によって本件労働条件の変更についてまで包括的に同意していたと認めることができない。以上によれば、船長のスタンバイ手配当時乗組員の本件工事に関する労働条件は未定であったのであり、そして労働条件未定のまま危険のある海域に出航する義務が乗組員にあったとは考えられない（千代田丸事件　最高裁第三小法廷昭和43年12月24日民集22−13−3050）」とする判例があります。

　一方、その事業において通常の業務に属し特別の危険を伴うものでなく、労働契約による就労義務の範囲内のものである場合には、使用者がその業務に従事すべきことを命じることは、労働契約の範囲を逸脱するものではない（動労千葉事件　東京高裁平成元年7月17日労判543−37）と解されています。

　使用者は、労務の提供において予想される危険に対しては、万全の対策を講じなければならないので、使用者が危険回避の措置を怠り、労働者の生命や身体に現実的な重大な危険がある場合にも、労働者は、このような業務命令を拒否することができると解されています。

　例えば、最高気温が摂氏34度から37度という真夏の炎天下で、日除けのない約1メートル四方の白線枠内に立って、終日踏切横断者の指差確認状況を監視、注意するという作業は、著しく過酷なもので、労働者の健康に対する配慮を欠き、使用者の裁量権を逸脱する違法なものであるとする裁判例（西日本旅客鉄道事件　大阪地裁平成13年12月26日労経速1801−3）があります。

（2）労働者の安全への配慮

　使用者は、労働契約に伴い、労働者がその生命、身体などの安全を確保しつつ労働することができるよう、必要な配慮をしなければなりません（労

働契約法第5条）。

 通常の場合、労働者は、使用者の指定した場所に配置され、使用者の供給する設備、器具などを用いて労務の提供を行いますので、使用者は、労働者が労務提供のため設置する場所、設備もしくは器具などを使用し、または使用者の指示のもとに労務を提供する過程において、労働者の生命、身体、健康などを危険から保護するよう配慮すべき安全配慮義務を負っています（川義事件　最高裁第三小法廷昭和59年4月10日集民141-537）。

ア　安全配慮義務の内容

 安全配慮義務の具体的内容は、労働者の職種や労務の内容、労務の提供場所など安全配慮義務が問題となる具体的な状況などによって異なります（川義事件）が、一般に次の内容が含まれると考えられます。

① 作業施設や設備、機械器具・機材、原材料などに不備や欠陥があるために作業を遂行する上で発生するおそれのある労働災害などの危険を防止すること。

 例えば、危険性が内在する装置に危険を予防するための安全柵やカバーを付けないこと（トオカツフーズ事件　東京高裁平成13年5月23日判例タイムズ1072-144）や労働者がフットペダルを使用してプレス機を操作しているのを知りながら、光線式安全装置が作動していないのを放置していた場合（プレス機指先切断事件　東京地裁八王子支部平成4年11月25日）には、安全配慮義務に違反します。

② 人的配備業務の遂行に当たっての人員配置を適切に行うこと。

 例えば、慣れていないことや予期せぬトラブルに臨機に応じて対処することが能力的に困難であると認識している場合には、作業に従事させる際、トラブル時に適切な指導、監督を受けられる態勢を整える必要があり、作業分担や人員配置を工夫することなく、漫然と現場を任せている場合には、安全確保のための配慮を欠くことになります（Aサプライ（知的障

害者死亡事故)事件　東京地裁八王子支部平成15年12月10日労判870-50)。
③　安全衛生教育の実施や不安全な行動に対しては厳しく注意することなどにより、労働者が危険な作業方法を取らないようにすること。

例えば、無資格の者がトラクターショベルを運転、操作することを厳禁し、これを徹底、実効あらしめるための具体的方策をとり、無資格のものが運転、操作することによって発生するおそれのある人身事故の発生を未然に防止すべき義務があります(産業廃棄物処理業社事件　福岡高裁平成13年7月31日)。

④　複数の労働者がそれぞれ別の内容の作業を行っている場合や複数の事業者の労働者が混在して作業をしている場合に、各労働者間や各事業者間の作業上の連絡や調整を的確に行い、整然とした工程で作業を行わせることにより、労働災害などの危険を防止すること。

例えば、労働者にパワーショベルの運転操作をさせるに当たっては、その操作によってその他の作業に従事する労働者に対し危害を及ぼすことのないよう指導、監督をすべき義務を負っています(東邦建業事件　東京地裁平成5年11月19日交通民集26-6-1440)。

⑤　労働者の健康状態を的確に把握し、これに基づきその健康状態が悪化することのないように必要な措置を講ずることにより、過重な業務により脳・心臓疾患や心の健康問題などについて労働者の健康を害することのないようにすること。

例えば、過重な業務に健康障害を防止するために、使用者は、労働時間や休憩時間、休日、休憩場所などについて適正な労働条件を確保するとともに、労働者に健康診断を実施して、健康状態を把握した上で、その年齢、健康状態などに応じて従事する作業時間や内容の軽減、就労場所の変更など適切な措置を採るべき義務(システムコンサルタント事件　最高裁第二小法廷平成12年10月13日労判791-6)やその雇用する労働者に従事させる業務を定めてこれを管理するに際し、業務の遂行に

伴う疲労や心理的負荷などが過度に蓄積して労働者の心身の健康を損なうことがないよう注意する義務(電通事件　最高裁第二小法廷平成12年3月24日労判779-13)を負っています。

⑥　寮や宿泊施設の施設や設備を整備することなどにより、寄宿する労働者の安全や健康を確保すること。

　　例えば、その事業運営に少なからず関連性を有している寮の物的人的設備を整備しているときは、仮に入寮者が勤務と関係ない原因に基づき発病した場合であっても、入寮者が通常期待できる看護を受け療養することができるよう配慮すべき義務があります(日産自動車事件　東京地裁昭和51年4月19日判時822-3)。

⑦　職場内でのいじめを防止する措置を講じ、自殺などの事故を防止すること。

　　例えば、職場の上司および同僚からのいじめ行為を防止して、生命および身体を危険から保護する義務を負っています(誠昇会北本共済病院事件　さいたま地裁平成16年9月24日労判883-38)。

⑧　職場内において喫煙対策を講じることにより、受動喫煙による健康被害を防止すること。

　　例えば、労働者が「受動喫煙による急性障害が疑われ、非喫煙環境での就業が望まれる」との医師の診断書を示して改善を訴えたときは、使用者は、席を喫煙場所から遠ざけるとともに、自席での禁煙を徹底させるなど速やかに必要な措置を講じ、受動喫煙の危険性から生命、健康を保護するよう配慮する義務があります(江戸川区(受動喫煙損害賠償)事件　東京地裁平成16年7月12日労判878-5)。

イ　安全配慮義務の履行

①　危険の予見

　　安全配慮義務を履行するためには、まず労働災害や健康障害などが発生する危険性を予見し、認識しなければなりません。

例えば、研修に参加させることにより、急性心筋梗塞などの急性心疾患を発症する可能性が高いことを認識することが可能である場合に、研修への参加を決定し、その結果急性心筋虚血によって死亡するに至らせたときは、会社は、安全配慮義務に違反したことになります(NTT東日本北海道支店事件　最高裁第一小法廷平成20年3月27日労判958-5)。なお、この場合の予見可能性については、安全性に疑念を抱かせる程度の抽象的な危惧であれば足り、必ずしも生命・健康に対する障害の性質、程度や発症頻度まで具体的に認識する必要はありません(関西保温工業事件　最高裁平成18年12月14日労判897-19)。

② 結果回避義務

使用者が危険性を予見したか否かにかかわらず、危険性が予見可能であるときは、その危険を回避するための措置を講じなければなりません。例えば、浄化槽上での作業には相当程度の危険があることを容易に知りうる状況にある場合には、その危険性を除去すべく、必要な措置を講ずることにより浄化槽の上に昇らずに作業できるように配慮すべき義務を負っています(石川トナミ運輸事件　金沢地裁平成9年9月26日)。また、恒常的に著しく長時間にわたり業務に従事していること及びその健康状態が悪化していることを認識している場合には、その負担を軽減させるための措置を採らなければなりません(電通事件)。

その際危険を回避するために講ずべき措置の内容としては、その時代にでき得る最高度の措置を行うように努力し、あらゆる対策を講ずること(日本化工クロム事件　東京地裁昭和56年9月28日労働判例372-21)であり、問題とされる時代における技術水準、医学的知見、経済的、社会的情勢に応じて最善の手段方法をもって実施しなければなりません(三菱重工業事件　大阪高裁昭和63年11月28日労判532-49)。

③ 安全配慮義務の履行の請求

労働者が安全配慮義務の履行を請求できるかについては、安全配慮義務は、労務の提供義務または賃金の支払義務など労働契約における

本来的履行義務とは異なり、あくまで労働契約に付随する義務であり、予めその内容を具体的に確定することが困難な義務であるから、労使間の合意その他の特段の事情のない限り、労働者は、使用者に対し、直接その義務の履行を請求することはできないとする裁判例（高島屋工作所事件　大阪地裁平成2年11月28日労経速1413-3）があります。

④　安全配慮義務が履行されない場合の労働者の労務供給義務など

使用者が安全配慮義務を尽くさないために労働者が労務の提供およびその準備行為をするについて生命・身体への危険が生じ、労務の提供をすることが社会的にみて著しく困難である場合には、労働者の労務供給義務は、使用者の責に帰すべき事由により不能となったものと解すべきであるとする裁判例（新清社事件　横浜地裁平成2年10月16日労判572-48）や貨物自動車運転手による交通事故を理由とする懲戒解雇について、運転手にも注意義務違反が認められるが、運転手の過労ないし睡眠不足ひいては会社の運行計画に無理があったものと推定されるとして、交通事故の原因は会社の安全衛生に対する配慮義務に不十分な点があったことに起因しており、懲戒解雇は無効であるとする裁判例（ヤマヨ運輸事件　大阪地裁平成11年3月12日労経速1701-24）があります。

ウ　安全配慮義務の履行主体

安全配慮義務は、労働契約の当事者である使用者がその義務を負うのが原則ですが、それ以外の関係者についても、安全配慮義務があると判断される場合があります。

1）元方事業者

次の場合のように、元方事業者が下請事業者の従業員に対して直接指揮監督を行うなど使用者と同視し得る関係にある場合には、元方事業者にも安全配慮義務があり、その履行が求められる場合もあります。

① 建設業の重層請負における元方事業者

　使用者の労働者に対する安全配慮義務は労働契約にのみあるものではなく、たとえそれが部分的にせよ、事実上労働契約に類似する使用従属の関係を生ぜしめる請負契約、例えば社外工ないし貸工のように、法形式的には請負業者と労働契約を締結したにすぎず、元方事業者と直接の契約を締結したものではないが、元方事業者と請負業者間の請負契約を媒介として、事実上、注文者から、作業につき、場所、設備、機材などの提供を受け、指揮監督を受けるに至る場合の請負契約にも内在しますので、このような契約は少なくとも、元方事業者において請負業者の労働者に対し、直接、その提供する設備などについての安全配慮義務を負います（鹿島建設・大石塗装事件　最高裁第一小法廷昭和55年12月18日判時749-109）。

② 構内下請事業者の社外工に対する元方事業者

　下請企業の労働者が元方事業者の造船所で労務の提供をするに当たっては、社外工として、元方事業者の管理する設備、工具などを用い、事実上元方事業者の指揮、監督を受けて稼働し、その作業内容も元方事業者の従業員である本工とほとんど同じであったという事実関係の下においては、元方事業者は、下請企業の労働者との間に特別な社会的接触の関係に入ったもので、信義則上、下請企業の労働者に対し安全配慮義務を負います（三菱重工業事件　最高裁第一小法廷平成3年4月11日労判590-14）。

③ 人材派遣的な業務請負事業者から派遣された労働者を受け入れた事業者

　元方事業者の製作所において勤務する外部からの就労者は、人材派遣あるいは業務請負などの契約形態の区別なく、同様に、シフト変更、残業指示および業務上の指示を製作所社員より直接受け、それに従って業務に就いており、製作所の労務管理のもとで業務に就いていた場合には、製作所は、従事させる業務を定めて、これを管理するに際し、業務

の遂行に伴う疲労や心理的負担等が過度に蓄積して心身の健康を損なうことがないよう注意する義務を負います（ニコン・アテスト事件　東京地裁平成17年3月31日労判894－21）。

④　高齢者事業団から派遣された労働者を受け入れた事業者

高齢者事業団から派遣された労働者を受け入れた事業者は、その現場で作業をするに当たり、その生命、身体などを保護するよう配慮する安全配慮義務を負います（三広梱包事件　浦和地裁平成5年5月28日労判650－76）。

2）親会社

親子会社の場合に、労働者が法形式としては子会社と労働契約を締結しており、親会社とは直接の労働契約関係になくとも、親会社、子会社の支配従属関係を媒介として、事実上、親会社から労務提供の場所、設備、器具類の提供を受け、かつ親会社から直接指揮監督を受け、子会社が組織的、外形的に親会社の一部門のごとき密接な関係を有し、子会社の業務については両者が共同してその安全管理にあたり、子会社の労働者の安全確保のためには親会社の協力および指揮監督が不可欠と考えられ、実質上子会社の労働者と親会社との間に、使用者、被用者の関係と同視できるような経済的、社会的関係が認められる場合には、親会社は子会社の労働者に対しても、信義則上、この労働関係の付随義務として子会社の安全配慮義務と同一内容の義務を負います（三井三池炭鉱事件　福岡地裁平成13年12月18日）。

3）そのほか

そのほか、次のような裁判例があります。

①　出向先には指揮命令権があるので、出向労働者の就業に関し安全配慮義務がある（協成建設工業ほか事件　札幌地裁平成10年7月16日労判744－29）。

②　高齢者事業団は、高齢者である会員に対して就業の機会を提供するに当たっては、社会通念上高齢者の健康(生命身体の安全)を害する危険性が高いと認められる作業を内容とする作業の提供を避止し、高齢者の健康を保護すべき信義則上の義務を負っている(綾瀬市シルバー人材センター(I工業所)事件　横浜地裁平成15年5月13日労判850-12)。
③　商品の配送に来た運送会社の労働者に対して、運送品の倉庫への搬送やリフトに乗ることを指示したこと場合には、買主には売買契約の付随義務として安全配慮義務がある(真田陸運事件　東京地裁平成8年2月13日労判690-63)。
④　代表取締役には法人に安全配慮義務を尽くさせるよう注意すべき義務がある(三六木工事件　横浜地裁小田原支部平成6年9月27日労判681-81)。

エ　労働安全衛生法などとの関係

1) 労働安全衛生法令の規定との関係

　例えば、労働安全衛生法、労働安全衛生規則、有機溶剤中毒予防規則などの規定は行政的な取締規定であって、それぞれの規定に定める義務は、使用者の国に対する公法上の義務ですが、それぞれの規定の究極的目的は労働者の安全と健康の確保にあるので、その規定する内容は、使用者の労働者に対する私法上の安全配慮義務の内容ともなり、その基準になります(内外ゴム事件　神戸地裁平成2年12月27日)。このため、労働安全衛生法は「事業者は、中高年齢者その他労働災害の防止上その就業に当たって特に配慮を必要とする者については、これらの者の心身の条件に応じて適正な配置を行うように努めなければならない」と規定しており(同法第62条)、厚生労働省の基本通達は「本条の『その他労働災害の防止上その就業に当たって特に配慮を必要とする者』には身体障害者・出稼労働者等があること」(昭和47年9月18日基発第602号)としてい

ますので、知的障害者がこれに該当することは明らかですから、知的障害者の就労にあたっては、安全確保のための特段の配慮が必要になります（Aサプライ（知的障害者死亡事故）事件　東京地裁八王子支部平成15年12月10日労判870-50）。

2）労働基準法令の規定との関係
　例えば、時間外労働協定が締結されていなかったにもかかわらず、総労働時間が338時間58分、うち時間外労働時間が合計101時間25分に及んでいた労働時間管理などの責任についての義務違反により、大型貨物自動車の運転手が高速道路を走行中に、前方を走っていたトレーラーに追突し死亡した場合には、会社には、安全配慮義務違反があります（協和エンタープライズほか事件　東京地裁平成18年4月26日労判930-79）。

3）指針・通達などとの関係
　例えば、重量物を取り扱う職場などにおいて腰痛等の発生を防ぐための指針「職場における腰痛予防対策指針」（平成6年9月6日基発第547号）は、使用者の労働者に対する安全配慮義務の内容を考える際の基準になります（おきぎんビジネスサービス事件　那覇地裁沖縄支部平成18年4月20日労判921-75）。

4）法令違反がない場合
　行政法令、行政指導、監督は、安全配慮義務の上限を画するものではなく、これに従ったからといって、安全配慮義務を尽くしたとは言えません（日鉄鉱業・長崎じん肺訴訟事件　福岡高裁平成元年3月31日労判541-50）。

(3) 職場でのいじめや嫌がらせ

　使用者が職場内でのいじめを防止する措置を講じることは、安全配慮義務の1つと位置付けられています（誠昇会北本共済病院事件。200頁参照）が、このほか、次のような場合が問題となります。

① 　上司が「やる気がないなら、会社を辞めるべき、あなたの給料で非常勤職員が何人も雇える、これ以上迷惑をかけないで下さい」といった趣旨の文章をポイントの大きな赤字で作成し、本人を含む部下十数名にメールで送信する場合（A保険会社上司（損害賠償）事件　東京高裁平成17年4月20日）。

② 　会社の中で孤立化させ、退職させるための嫌がらせとして、約2か月間にわたり具体的な仕事を与えず、その後も仕事らしい仕事を与えず、その間も他の従業員からホワイトボードに「永久に欠勤」と書かれたり、不合理な座席の移動を命じられたり、侮辱的な発言を受けたり、ホワイトボードから名前が消されるなど、繰り返し嫌がらせを受ける場合（国際信販事件　東京地裁平成14年7月9日労判836-104）。

③ 　従来女子パートが担当していた日勤の業務を割り当て、管理職や他の従業員から早く辞めろとの明示、黙示のプレッシャーをかけ、あるいはかかる職場の雰囲気を放置、助長し、会社が雇傭を継続する意思がないことを様々に示して、それらの人格、名誉を傷つける場合（エフピコ事件　水戸地裁下妻支部平成11年6月15日労判763-3）。

④ 　勤続33年の課長経験者に、外国書簡の受発送、書類の各課への配送などの単純労務と来客の取次などの総務課の受付や備品管理・経費支払事務を担当させる場合（バンク・オブ・アメリカ・イリノイ事件　東京地裁平7年12月4非労判685-17）。

⑤ 　他の従業員に、接触、交際をしないよう働き掛け、職場で孤立させる場合（関西電力事件　最高裁第三小法廷平成7年9月5日労判680-28）。

⑥ 　長年、何らの仕事も与えられずに、職員室内で一日中机の前に座っ

> ていることを強制されたり、他の教職員からも隔絶されてきたばかりでなく、自宅研修の名目で職場からも完全に排除され、かつ、賃金も据え置かれ、一時金は一切支給されず、物心両面にわたって重大な不利益を受ける場合（松蔭学園事件　東京高裁平成5年11月12日判時1484-135）。

（4）職場での暴行行為

　会社は、その従業員がその事業の執行について、他の従業員に対して暴行や脅迫を行い、損害を与えたときは、その損害について賠償責任を負います（ファーストリテイリング（ユニクロ店舗）事件　名古屋地裁平成18年9月29日労判926-5）。このような暴力行為については、労働組合役員が行った場合でも会社が責任を負う場合もあり（エール・フランス事件　千葉地裁平成6年1月26日労判647-11）、また、シルバー人材センターのような会員制の請負組織においても使用者責任を負う場合があります（大阪市シルバー人材センター事件　大阪地裁平成14年8月30日労判837-29）。

　さらに会社の従業員が行った暴行に原因のある欠勤については、純粋に私的な病気による欠勤ではなく、その治療費については会社にも支払の責任があり、治癒をまって、復職させるのが原則で、治癒の見込みや復職の可能性などを検討せず、直ちに解雇することは、信義に反し、解雇は権利の濫用として無効であるとする裁判例（アジア航測事件　大阪地裁平成13年11月9日労判821-45）もあります。

　なお、身体や精神に何らかの傷害の発生することが予想されるなど暴言をあびせ罵倒するなどの行為が人格的利益を侵害する場合には、被害者は加害者に対し侵害行為の差止めを求めることができる（西谷商事事件　東京地裁　平成11年11月12日労判781-172）と解されています。

2 就業環境の整備

　使用者は、その労働者に対し、労働契約の付随義務として信義則上労働者にとって働きやすい職場環境を保つように配慮すべき義務を負っています。

(1) プライバシーの保護
ア　プライバシーとは
　プライバシーとは、一般に、個人の私的領域について他人から干渉を受けない権利をいい、私的な個人情報を自らコントロールすることや、私生活上の事項について他人から干渉されないことなどがあり、プライバシーの権利は、個人の名誉や信用なども含めた人格権の一環をなすものと考えられており、これについては、使用者は労働契約に付随して、労働者のプライバシーが侵害されないよう職場環境を整える義務があるとする裁判例（京都セクハラ（呉服販売会社）事件　京都地裁平成9年4月17日労判716-149）があります。

イ　個人情報保護法
　「個人情報の保護に関する法律（以下「個人情報保護法」という）」の個人情報には、その雇用する労働者のほか、派遣労働者、下請けの労働者、退職者や募集に応募した者などの個人情報も含まれますので、個人情報取扱事業者（過去6月以内のいずれかの日において5,000人を超える個人情報を構成する個人情報データベース等を事業の用に供している者）は、これらの者の個人情報に関しても、次の措置を講じなければなりません。また、人事・労務管理に関する個人情報の取扱いについては、個人情報の対象者数によって異なる扱いをする理由が乏しく、こうした情報の漏洩により労働者が被る不利益および企業に対する社会的信頼の低下などを

未然に防止するために、個人情報取扱事業者以外の事業者も、個人情報取扱事業者に準じて、雇用管理などに関する個人情報の適正な取扱いの確保に努めければなりません（雇用管理に関する個人情報の適正な取扱いを確保するために事業者が講ずべき措置に関する指針（以下「雇用管理個人情報指針」という）。第21章796〜817頁参照）。

① 利用目的をできる限り特定すること。
② 利用目的の範囲を超えて個人情報を取り扱わないこと。
③ 不正な手段で取得しないこと。
④ 取得の際、利用目的を通知、公表、明示を行うこと。
⑤ 個人データを正確かつ最新の内容に保つよう努めること。
⑥ 個人データの漏洩などを防止するため、安全管理措置を講ずること。
⑦ 従業者に必要かつ適切な監督を行うこと。
⑧ 委託先に必要かつ適切な監督を行うこと。
⑨ 本人の同意なしに第3者に原則として個人データを提供しないこと。
⑩ 保有個人データの利用目的、開示などに必要な手続などを本人の知り得る状態に置くこと。
⑪ 本人からの求めに応じて、保有個人データの開示、訂正、利用の停止などを行うこと。
⑫ 苦情の適切かつ迅速な処理に努め、必要な体制を整備すること。

ウ　使用者によるプライバシーを侵害する行為

使用者によるプライバシーを侵害する行為に関する裁判例には、次のようなものがあります。

① HIVや肝炎など社会に偏見や誤解があり、他者に知られたくない私的事柄に属する情報を本人の意思に反して取得すること（東京都（警察学校・警察病院HIV検査）事件　東京地裁平成15年5月28日労判852−111、B金融公庫（B型肝炎ウイルス感染検査）事件　東京地裁平成15年6月20日労判854−5）。

② 企業秩序違反者に対し懲戒処分を行うための調査が、企業の円滑な運営上必要かつ合理的なものでないこと、あるいはその方法や態様が社会的に許容しうる限界を超えていること(日経クイック情報事件 東京地裁平成14年2月26日労判825－150)。
③ 労働者の髪の色・型、容姿、服装などについての制限が、その必要性、合理性、手段方法としての相当性を欠き、企業の円滑な運営上必要かつ合理的な範囲内を超えること(東谷山家事件 福岡地裁小倉支部平成9年12月25日労判732－53)。
④ 使用者が労働者に対し、退社後尾行すること、ロッカーを無断で開けて私物である「民青手帳」を写真に撮影すること(関西電力事件 最高裁第三小法廷平成7年9月5日労判680－128)。
⑤ 従業員控室に盗聴器(岡山電気軌道事件 岡山地裁平成3年12月17日労判606－50)や自動車教習所の自動車の内部に録音テープ(広沢自動車学校事件 徳島地裁昭和61年11月17日労判488－46)を設置して会話を傍受すること。
⑥ 会社の取引先である家主と賃借人である従業員のトラブルについて、上司が家主と和解するように強要すること(ダイエー事件 横浜地裁平成2年5月29日労判579－35)。
⑦ 社会的に許容し得る限界を超えて、返答を強要する質問を行い、あるいは共産党員でない旨を書面にして提出するように求めること(東京電力塩山営業所事件 最高裁第二小法廷昭和63年2月5日労判512－12)。
⑧ 所持品検査が合理的理由に基づき、一般的に妥当な方法と程度で、制度と画一的に実施されていないこと(西日本鉄道事件 最高裁第二小法廷昭和43年8月2日民集22－18－11603)。

エ ＨＩＶやＢ型肝炎などに関する情報の収集など
　使用者は、特段の事情がない限り、採用に当たり、応募者に対し、これら

のウイルス感染の血液検査を実施して感染の有無についての情報を取得するための調査を行ってはなりません。また、調査の必要性がある場合でも、応募者本人に対し、その目的や必要性について告知し、同意を得た場合でなければ、これらの情報を取得することはできません。本人の意思に反してこれらの情報を取得することは、原則として、個人のプライバシーを侵害する違法な行為に該当します(東京都(警察学校・警察病院HIV検査)事件、B金融公庫(B型肝炎ウイルス感染検査)事件)。

　また、派遣先が派遣労働者がHIVに感染していることを派遣元に告知したことは、業務上の必要性も認められず、派遣労働者のプライバシーの権利を侵害した不法行為が成立するとともに、派遣元がHIV感染を理由として行った解雇は無効とする裁判例(HIV解雇事件　東京地裁平成7年3月30日労判667-14)もあります。

オ　私用メールの調査

　私用メールの調査に関しては、労働者が社内ネットワークシステムを用いて電子メールを私的に使用する場合に期待し得るプライバシーの保護の範囲は、通常の電話装置における場合よりも相当程度低減され、職務上労働者の電子メールの私的使用を監視するような責任ある立場にない者が監視した場合、あるいは、責任ある立場にある者でも、これを監視する職務上の合理的必要性が全くないのに専ら個人的な好奇心などから監視した場合あるいは社内の管理部署その他の社内の第三者に対して監視の事実を秘匿したまま個人の恣意に基づく手段方法により監視した場合など、監視の目的、手段およびその態様などを総合考慮し、監視される側に生じた不利益とを比較衡量の上、社会通念上相当な範囲を逸脱した監視がなされた場合に限り、プライバシー権の侵害となり、監視行為が社会通念上相当な範囲を逸脱したものであったといえない場合には、プライバシーの侵害を受けたとはいえず(電子メール・プライバシー事件　東京地裁平成13年12月3日労働判例826-76)、社内における誹謗中傷メールの送信およ

び過度の私用メールという企業秩序違反事件の調査を目的とするもので、かつ、そのことについて合理的に疑われる事情があり、その態様に問題がなければ、社会的に許容しうる限界を超えて精神的自由を侵害した違法な行為であるとはいえない（日経クイック情報事件）と解されています。

（2） セクハラの防止

　使用者は、労働者に対し、労働契約上の付随義務として労務遂行に関連して被用者の人格的尊厳を侵しその労務提供に重大な支障を来す事由が発生することを防ぎ、またはこれに適切に対処するなど被用者にとって働きやすい職場環境を保つように配慮すべき義務を負っており（福岡セクハラ（出版社）事件　福岡地裁平成4年4月16日労判607-6）、セクシャルハラスメント（以下「セクハラ」という）行為に関しては、使用者はセクハラに関する方針を明確にして、それを従業員に対して周知・啓発したり、セクハラ行為を未然に防止するための相談体制を整備したり、セクハラ行為が発生した場合には迅速な事後対応をするなど、当該使用者の実情に応じて具体的な対応をすべき義務（岡山セクハラ（リサイクルショップ）事件　岡山地裁平成14年11月6日労判845-73）や職場においてセクハラなど従業員の職場環境を侵害する事件が発生した場合、誠実かつ適切な事後措置をとり、その事案にかかる事実関係を迅速かつ正確に調査すること及び事案に誠実かつ適正に対処する義務（仙台セクハラ（自動車販売会社）事件　仙台地裁平成13年3月26日労判808-13、沼津セクハラ（鉄道工業）事件　静岡地裁沼津支部平成11年2月26日労判760-38）を負っています（第17章658～667頁参照）。

3 公民権

(1) 公民権の行使

　労働者は、労働時間の途中に、選挙権の行使などの公民としての権利を行使し、または裁判員などの公の職務を執行するために必要な時間を請求することができます。

　この場合には、使用者は、この請求を拒否することはできません。ただし、公民としての権利の行使や公の職務の執行に妨げがない限り、請求された時刻を変更することはできます。これに違反した者は、6月以下の懲役または30万円以下の罰金に処せられます（労働基準法第7条、第119条）。

　なお、公民としての権利には、選挙権のほか、法令に根拠のある公職の被選挙権、最高裁裁判官の国民審査、憲法改正の国民投票、地方自治法による住民の直接請求権の行使、選挙人名簿の登録の申出などがあります。

　また、公の職務の執行には、裁判員のほか、衆議院議員などの議員、労働委員会などの委員、検察審査員、審議会委員、裁判所や労働委員会の証人、選挙立会人などの職務の執行があります。

(2) 公職との兼務

　労働基準法第7条の公民権の行使の保障は、選挙権の行使またはこれに類するような一時的な公務の遂行から通常生ずる程度の業務阻害についてであって、それ以上に議員として相当な活動をすることが予想される場合に、使用者が兼職を承認しないことも同条に違反するものではない（日本国有鉄道事件　広島地裁平成2年2月13日労判557-11）と解されています。

　また、議員などの公職に就任することが業務の遂行を著しく阻害する虞れのある場合には、普通解雇とすることは可能と考えられます（社会保険新

報社事件　東京高裁昭和58年4月26日労経速1154－22）が、懲戒解雇とすることは許されません（十和田観光電鉄事件　最高裁第二小法廷昭和38年6月21日民集17－5－754）。

（3）公職への就任に伴う休職

　公職への就任により、労働者が公職に就任したため長期にわたって継続的または断続的に職務を離れることにより、使用者の業務を阻害するおそれがある場合には、使用者は、休職に付すことができます（森下製薬事件　大津地裁昭和58年7月18日労判417－70）が、公職への就任を理由として休職の者は、その公職の任期満了後においては、職場に復帰させる必要があります（淡路貨物自動車事件　神戸地裁洲本支部昭和63年9月6日労判533－97）。

4　職務発明に対する報酬の支払い

　職務発明とは、その発明が①性質上使用者の業務範囲に属し、かつ②発明に至った行為が労働者の現在または過去の職務に属する労働者の発明をいいます（特許法第35条第1項）。職務発明については、発明をした労働者に特許を受ける権利がありますが、実際に特許を受けた場合には、使用者はその特許権について無償で通常実施権を獲得します（同項）。さらに、使用者は、労働契約や就業規則などの定めにより、特許を受ける権利または特許権を自己に承継させること、または専用実施権を設定することができますが、このような場合には、労働者は「相当の対価」を受ける権利があります（同条第2項、第3項）。

　労働契約や就業規則などにより、「相当の対価」について定める場合には、対価を決定するための基準の策定に際して使用者と労働者との間で行われる協議の状況や策定された基準の開示の状況、対価の額の算定について行われる労働者からの意見の聴取の状況などを考慮して、その定

めたところにより対価を支払うことが不合理と認められるものであってはなりません（同条第4項）。この定めがない場合あるいはその定めたところにより対価を支払うことが不合理と認められる場合には、相当の対価の額は、その発明により使用者が受けるべき利益の額、その発明に関連して使用者が行う負担、貢献や労働者の処遇などの事情を考慮して定めなければなりません（同条第5項）。

　労働者は、就業規則などに使用者が労働者に対して支払うべき対価に関する条項がある場合でも、その対価の額が相当の対価の額に満たないときは、その不足する額の支払を求めることができます（オリンパス光学工業事件　最高裁第三小法廷平成15年4月22日労判846-5）。また、外国の特許を受ける権利についても、労働者と使用者の間に我が国の特許法によるという黙示の合意がある場合には、特許法のこれらの規定が適用されます（日立製作所事件　最高裁第三小法廷平成18年10月17日労判925-5）。

　なお、同時期に入社した同年代の他の従業員に比して給与について特別の待遇を行った場合にその差額が「相当の対価」に含まれるかについては、同時期に入社した同年代の従業員の給与に比して給与が高額であったことは、その労働者が提供し、または提供することが期待された労務の質および量が同時期に入社した同年代の従業員に比して優れていたことを意味するので、発明の対価を支払ったことを意味するものではないとする裁判例（NTTアドバンステクノロジー事件　東京地裁平成18年5月29日）があります。

5　労務の誠実な提供

(1)　職務の誠実な履行

　労働者は、就業時間中は職務に専念すべき義務を負っています（グレイワールドワイド事件　東京地裁平成15年9月22日労判870-83）。また、

使用者の利益に配慮し、誠実に行動すべき義務を負っています（アイビーエス石井スポーツ事件　大阪地裁平成17年11月4日労経速1935-3）ので、労務を提供するに当たり善良な管理者の注意を用いて、誠実にこれを行い、職務を利用して私利を謀ったりなどしてはなりません（美濃窯業事件　名古屋地裁昭和61年9月29日労判499-75）。

　労働者に誠実義務に違反する行為があった場合には、その違反行為の内容、態様、程度などを明らかにして、企業秩序の回復に必要な業務上の指示、命令を発し、または違反者に対し制裁として懲戒処分を行うことができます（大正製薬事件　東京地裁昭和54年3月27日労判318-44）。また、そのことによって、損害を与えた場合には、これを賠償する義務が生じます（大熊鉄工所事件　名古屋地裁昭和62年7月2日7労判505-66）。

　しかしながら、労働者は、企業の一般的な支配に服するものではなく、企業が行う規則の制定や指示・命令、懲戒処分などがその権利の濫用に当たる場合や労働者の権利を不当に侵害する場合には、その効力が否定されます。

　例えば、私用メールについては、極めて多数回に及び、その多くが勤務時間内に行われていたもので、服務規則に定める職責の遂行に専念すべき義務などに著しく反するとして懲戒解雇を有効とする裁判例（K工業技術専門学校事件　福岡地裁久留米支部平成16年12月17日労判888-57）もありますが、職務職務遂行の支障とならず、使用者に過度の負担をかけないなど社会通念上相当と認められる限度で使用者のパソコンなどを利用して私用メールを送受信しても職務専念義務に違反するものではないとする裁判例（グレイワールドワイド事件）や就業時間中に世間話や同僚のうわさ話といった業務に直接関係のない話をすることは一般的に行われていることであるので、全てを職務専念義務違反に問えるものでなく、月2～3通の頻度からすれば、社会的に許される範囲を超えていないとする裁判例（北沢産業事件　東京地裁平成19年9月18日労判　947-23）もあります。

（2）服務規律

　企業秩序は、企業の存立と事業の円滑な運営の維持のために必要不可欠なものであり、使用者は、この企業秩序を維持確保するため、これに必要な諸事項を規則をもって一般的に定め、あるいは具体的に労働者に指示、命令することができます（国鉄札幌運転区事件　最高裁第三小法廷昭和54年10月30日民集33-6-647）。このような服務規律の内容は、労働の遂行に関する規律や、企業施設の管理に関する規律、企業外での行動に関する規律などにわたっており、このような規律の一環として、企業秩序維持の見地から、職場内における政治活動を禁止することもできます（電電公社目黒電報電話局事件　最高裁第三小法廷昭和52年12月13日労判287-26）。

　容姿、頭髪などに関しても、企業経営の必要上から合理的な規律を定めることができますが、その制限はおのずとその本質に伴う限界があり、企業の円滑な運営上必要かつ合理的な範囲内にとどまり、具体的な制限行為の内容は、制限の必要性、合理性、手段方法としての相当性を欠くことのないようにする必要があります（東谷山家事件　福岡地裁小倉支部平成9年12月25日労判732-53）。

　また、職場環境を適正良好に保持し規律のある業務の運営態勢を確保するため、その物的施設を許諾された目的以外に利用してはならない旨を、一般的に規則をもって定め、または具体的に指示、命令することもできます（国鉄札幌運転区事件）。

（3）風紀の保持

　労働者には、職場において風紀を保持する義務があり、例えば、会社が運転士に対し、再三にわたって、ガイドに対する猥褻行為禁止についての指導を行っている中で、観光バス運転手が宿泊先の旅館で未成年の女子のバスガイドにその意に反してわいせつ行為をしたこと（西日本鉄道福岡観光バス営業所事件　福岡地裁平成9年2月5日労判713-57）や観光

労務の誠実な提供

バス運転手が取引先である旅行会社の多数の添乗員に不愉快な思いをさせる振る舞いをしたとして苦情が多数寄せられたことがあり、更にバス添乗業務に従事する入社間もないトラベルコンパニオンに対して、勤務時間中に身体を触り、勤務終了後にも執拗に食事に誘い、抱きついたり、ホテルに誘うなどの猥褻行為を行ったこと(大阪観光バス事件　大阪地裁平成12年4月28日労判789-15)を理由として行った懲戒解雇は、解雇権の濫用には当たらないとする裁判例があります。

　特に、特殊な職務の場合には厳しい判断がされることがあり、例えば、航空会社の機長が近隣の主婦と情交関係に陥ったこと(日本航空事件　東京地裁昭和61年2月26日判時1186-138)や妻子ある高校教諭が教え子と卒業後に男女関係をに陥ったこと(大阪府教委(池田高校)事件　大阪地裁平成2年8月10日労判572-106)を理由とする解雇の効力が認められています。

　一方、労働者の地位や職務内容、交際の態様、会社の規模、業態等に照らして、職場の風紀・秩序を乱し、その企業運営に具体的な影響を与えない場合には、「職場の風紀・秩序を乱した」には該当しないと判断される場合もあります(繁機工設備事件　旭川地裁平成元年12月27日労判554-17)。

(4) 企業の名誉の保持

　労働者が就業時間外に職場外において行う職務遂行と直接関係のない私生活上の行為であっても、企業の円滑な運営に支障を来すおそれ場合や企業の社会的評価を傷つけるおそれのある場合には、これを規制することができます。この場合に、労働者の不名誉な行為が会社の体面を著しく汚したというためには、必ずしも具体的な業務阻害の結果や取引上の不利益の発生を必要としませんが、労働者の行った行為の性質、情状、会社の事業の種類や態様・規模、会社の経済界に占める地位、経営方針、その労働者の会社における地位・職種など諸般の事情に照らして、その行為

6 労働契約の権利と義務

によりその企業の社会的評価に及ぼす悪影響が相当重大であると客観的に評価される場合でなければなりません（日本鋼管事件　最高裁第二小法廷昭和49年3月15日民集28－2－265）。

　特に、公共性を有する公共団体や公法上の法人であって、公共の利益と密接な関係を有する事業の運営を目的とする企業体においては、一般私企業の労働者と比較して、より広い、かつ、より厳しい規制がなされる合理的な理由があると判断されています（国鉄中国支社事件　最高裁第一小法廷昭和49年2月28日民集28－1－66）ので、郵便局の職員が新東京国際空港開港反対運動に参加し、兇器準備集合、公務執行妨害、火炎びんの使用等の処罰に関する法律違反、傷害の各犯罪行為を実行し、逮捕されたことを理由とする懲戒解雇は有効とされています（吹田千里郵便局事件　最高裁第一小法廷昭和59年5月31日労判435－48）。

　一般私企業の場合には、刑罰が罰金に止まっており、職務上の地位も指導的なものでない場合には、会社の体面を著しく汚したとまでは評価されません（横浜ゴム事件　最高裁第三小法廷昭和45年7月28日民集24－7－1220）が、鉄道会社の労働者が私生活上で繰り返し行った会社の電車内の痴漢行為を行うなど従事する職務に伴う倫理規範に反するなどの職務と関連する行為は、厳格な規制の対象となる（小田急電鉄事件　東京高裁平成15年12月11日労判867－5）と解されています。

（5）業務命令

　企業は、労働契約の範囲内で、労働者の労働の内容・遂行方法・場所などに関して必要な業務命令を行うことができるほか、健康診断などの実施や、配置転換、担務変更、教育訓練、昇進・昇格・降格、休職など業務の遂行全般について労働者に対して必要な指示・命令を行うことができます（電電公社帯広局事件　最高裁第一小法廷昭和61年3月13日労判470－6）。

　例えば、組合バッジの取り外し命令に従わないため、火山灰の除去作業

労務の誠実な提供

に従事させたことも、職場管理上やむを得ない措置で、違法、不当な目的でされたものとは認められません（国鉄鹿児島自動車営業所事件　最高裁第二小法廷平成5年6月11日労判632-10）。また、懲戒を目的とするものではなく、事故などの再発防止のため、乗務員に対して再教育を行う必要がある場合に乗務員に対して教育を行うことを目的とする日勤勤務指定は、就業規則に定めのあるものであり、また、乗務員の運転業務が多数の乗客の生命身体の安全に大きな影響を及ぼすものであることからすれば、このような教育の必要性は否定できないとする裁判例（JR西日本事件　広島地裁平成20年2月28日）や業務上の必要から、自宅待機を命ずることも、労働契約上の労務指揮権に基づく業務命令として許されるとする裁判例（ネッスル事件　東京高裁平成2年11月28日労民集41-6-980）もあります。

　一方、使用者の業務命令権も、それが違法な行為を行わせる指揮命令であったり、人格権を侵害する場合などには、権限の範囲を逸脱し、または信義誠実の原則に反して権利を濫用したものとして許されません。

　例えば、労働組合マーク入りのベルトを着用して就業した従業員に就業規則の書き写しなどを命じた業務命令（JR東日本本荘保線区事件　最高裁第二小法廷平成8年2月23日労判690-12）や大学教授が地元新聞紙上における発言を理由として教授会への出席その他の教育諸活動をやめるよう求めた業務命令（鈴鹿国際大学（亨栄学園）事件　最高裁第二小法廷判決平成19年7月13日判タ1251-133）は、業務上の必要性を欠き、社会通念上著しく合理性を欠き、業務命令権を濫用したものとして無効です。

　労働者には、労働契約の趣旨、内容および信義誠実の原則に基づいて労務を提供する義務があり、業務命令が、就業規則の合理的な規定に基づく相当な命令である限り、労働者は、その命令に従う義務がありますが、不法な業務命令に従う義務はなく、さらに、不法な業務命令に対しては損害賠償を請求できる場合もあります（JR東日本本荘保線区事件）。

（6）所持品の検査

　使用者がその雇用する労働者に対して金品の不正隠匿の摘発・防止のために行う所持品の検査は、その性質上検査を受ける者の基本的人権を侵害するおそれを伴います。このため、企業の経営・維持にとって必要かつ効果的な措置で、他の同種の企業において多く行われているとしても、また、就業規則の条項に基づいて行われ、労働組合または職場労働者の過半数の同意があることだけで、当然に適法になるものではありません。問題はその検査の方法ないし程度であり、所持品検査は、これを必要とする合理的理由に基づいて、一般的に妥当な方法と程度で、しかも制度として、職場の労働者に対して画一的に実施されるものでなければなりません（西日本鉄道事件　最高裁第二小法廷昭和43年8月2日民集22-8-1603）。

　所持品の検査に関しては、次のような裁判例があります。

> ①　所持品検査の対象物は業務と密接に関連する物に限られる（芸陽バス事件　広島地裁昭和47年4月18日労判152-18）。
> ②　通勤用自家用車内の検査（芸陽バス事件）や入門時の私物点検（神戸製鋼所事件　大阪高裁昭和50年3月12日労判226-48）を行うことができるのは、客観的にそれを疑わせる相当な事由がある場合に限られる。
> ③　所持品検査の方法については、不当に差恥心、屈辱感を与えるものであってはならず（東陶機器事件　福岡地裁小倉支部昭和46年2月12日労判152-27）、労働者が進んでこれに応ずるよう納得させるための説明などがなされるべきである（帝国通信工業事件　横浜地裁川崎支部昭和50年3月3日労民集26-2-107）。

（7）調査への協力

　企業秩序に違反する行為があった場合に、企業は、違反者に対し制裁として懲戒処分を行うため、事実関係の調査をすることができますが、労働者がこの調査に協力すべき義務を負うとは限りません。企業内においても

思想、信条などの精神的自由は十分尊重されるべきであり、また、労働契約を締結して企業に雇用されることによって、企業に対し、労務の提供義務を負うとともに、これに付随して、企業秩序を遵守するなどの義務を負いますが、企業の一般的な支配に服するものではないからです。

　他の労働者に対する指導、監督ないし企業秩序の維持などを職責とする労働者である場合には、調査に協力することがその職務の内容となっていますので、調査に協力することは労務提供の義務の履行そのものになりますが、それ以外の場合には、調査対象の違反行為の性質、内容、その労働者の違反行為を見聞する機会と職務執行との関連性、より適切な調査方法の有無などの事情から総合的に判断して、調査に協力することが労務提供の義務を履行する上で必要かつ合理的である場合に限って、調査に協力する義務を負うことになります（富士重工業事件　最高裁第三小法廷昭和52年12月13日民集31-7-1037）。

　この場合の調査の方法については、強要にわたるものではなく、また、調査に協力する要求を拒否することによって不利益な取扱いを受ける虞のあることを示唆したり、調査に協力する要求に応じることによって有利な取扱いを受け得ることがなければ、社会的に許容し得る限界を超えて精神的自由を侵害した違法行為には該当しません（東京電力塩山営業所事件　最高裁第二小法廷昭和63年2月5日労判512-12）。

6　労働者の兼業

　労働者は、労働契約により1日のうち一定の限られた時間のみ労務に服するのを原則とし、就業時間外は本来労働者の自由な時間ですから、就業規則で兼業を全面的に禁止することは、特別な場合を除き、合理性を欠くことになります。このため、一般には、兼業することによって、企業秩序をみだすおそれが大きく、あるいは会社に対する労務提供が困難になることを防止する場合に限って就業規則で禁止することが認められ、企業秩序に影響

せず、労務の提供に格別の支障を生ぜしめない程度のものは禁止の対象とはならない（小川建設事件　東京地裁昭和57年11月19日労判397－30）と解されています。

　しかしながら、裁判例では、競業的な兼職の場合（橋元運輸事件　名古屋地裁昭和47年4月28日判時680－88）や就業時間とは重複しないものであっても余暇利用のアルバイトの域を越えるもの（小川建設事件）、場合によっては会社の就業時間と重複するおそれのある場合（日通名古屋製鉄作業所事件　名古屋地裁平成3年7月22日労判608－59）、3重就職により1か月350時間にも及ぶ長時間労働をし、使用者が労働時間を短縮するよう要求したにもかかわらず、これに応じなかった場合（ヤマト運輸事件　東京地裁平成19年1月29日労判939－89）などは、兼業を禁止することができると判断しています。また、乗客の生命、身体を預かるタクシー会社にとって事故を防止することは企業存続上の至上命題であり、社会的に要請されている使命でもあるから、運転手が非番の日に十分休養を取り体調を万全なものとするように期待し、且つ、心労や悩みの原因となる事由をできるだけ排除し、もって安全運転を確保すると共に、従業員の会社に対する労務提供を十全なものたらしめようとすることは当然であり、このような趣旨から従業員の副業を懲戒解雇事由として禁止していることには十分な合理性があるとする裁判例（辰巳タクシー事件　仙台地裁平成元年2月16日判タ696－108）もあります。

　なお、労働者が就業時間外において適度な休養をとることは誠実な労務の提供のための基礎的条件であること、兼業の内容によっては使用者の経営秩序を害することもありうることから、使用者として労働者の兼業につき関心を持つことは正当視され、労働者の兼業を使用者の許可などにかからせることも一般的には許される（小川建設事件）と解されています。

　労働時間は、使用者が異なる事業所で働く場合にも、通算（同法第38条第1項）し、複数就業者の事業所間の移動についても通勤災害補償の対象となります。

7 秘密の保持と内部告発

（1）秘密の保持

　企業の内部において、秘密として管理されている（秘匿性）製造技術上のノウハウ、顧客リスト、販売マニュアルなどの有用な情報（有用性）であって、公然と知られていない（非公知性）営業秘密を違法な手段で取得・使用したり他人に売却したりする行為は、不正競争の1類型として、労働契約の存続中であるか終了後であるかを問わず、労働者の「不正の競業その他の不正の利益を得る目的で、またはその保有者に損害を加える目的で、その営業秘密を使用し、または開示する行為」（不正競争防止法第2条第7号）に該当し、差止請求（同法第3条1項）や損害賠償請求（同法第4条）などの対象となります。

　労働者は労働契約にもとづく附随的義務の1つとして使用者の業務上の秘密を洩らさないとの義務を負います（古河鉱業足尾製作所事件　東京高裁昭和55年2月18日労民集31-1-49）。ただし、弁護士には職務上知り得た秘密を保持する義務がある（弁護士法第23条）ので、相談者が自己の相談について必要であると考える情報については、たとえその中に企業機密に関する情報が含まれている場合であっても、企業の許可を得なくても弁護士に開示することは許されるとする裁判例（メリルリンチ・インベストメント・マネージャーズ事件　東京地裁平成15年9月17日労判858-57）や懲戒解雇事由としての秘密洩泄行為は、企業の存立にかかわる重要な社内機密や開発技術などの企業秘密を、その対象にしているとする裁判例（協業組合ユニカラー事件　鹿児島地裁平成3年5月31日労判592-69）もあります。

　また、労働契約終了後についても、労働契約の当事者間の秘密保持義務を一定の範囲で負担させる旨の合意は、その秘密の性質・範囲、価値、労働者の退職前の地位に照らし、合理性が認められるときは、公序良俗に

は反しない(ダイオーズサービシーズ事件　東京地裁平成14年8月30日労判838－32)と解されています。

(2) 内部告発

　公益通報者保護法は、労働者が、不正の利益を得る目的、他人に損害を加える目的などの不正の目的でなく、その労務の提供先又は労務の提供先の役員、従業員、代理人などの者について、個人の生命・身体・生活環境・公正競争などに関する犯罪行為の事実がある場合に、通報の対象となる法令違反が生じていることなどを、①労務の提供先、②真実と信ずるに足りる相当の理由がある場合には処分などの権限を有する行政機関、③真実と信ずるに足りる相当の理由があり、かつ、企業内部・行政機関に通報したら不利益を受けたり、証拠の隠滅の恐れがあるなどの事情がある場合にはその他の必要な者に対し、それぞれ通報する場合には、通報を理由とする解雇や労働者派遣契約の解除は無効とし、降格、減給その他不利益な取扱いを禁止しています(第20章 818～820頁参照)。

8　競業避止義務など

(1)　競業避止義務

　労働者は、使用者に対し労務を提供するに当たり、服従義務や誠実義務などを負っていますので、在職中には競業避止義務があり、使用者と競業行為を行うことは、労働の義務の不履行に該当します(チェスコム秘書センター事件　東京地裁平成5年1月28日労判651－161)。このような在職中の使用者との競業行為は、就業規則などに競業避止義務を定めた規定があるか否かは関係がなく、違法であり、このような違法行為に対しては、懲戒処分や退職金の不支給・減額などのほか、損害賠償請求などが可能です(エープライ事件　東京地裁平成15年4月25日労判853－22)。

　労働契約上の特約により退職後に競業避止義務を課すことについて

は、一般的には、経済的弱者である労働者から生計の道を奪い、その生存を脅かすおそれがあると同時に労働者の職業選択の自由を制限し、また競争の制限による不当な独占の発生するおそれがありますので、無制限に認められず、競業避止の内容が必要最小限の範囲であり、また競業避止義務を労働者に負担させるに足りうる事情が存するなど合理的なものでなければなりません（フォセコ・ジャパン・リミティッド事件　奈良地裁昭和45年10月23日判時624-78）。このため、労働者が就業中にえた、ごく一般的な業務に関する知識などを用いる業務は、競業避止義務の対象とはなりません（アートネーチャー事件　東京地裁平成17年2月23日労判902-106）が、退職後であっても、勤務期間中に得た知識を利用して使用者が取引継続中の者に働きかけるなどの競業行為を行う場合には、特約なしに競業避止義務があるとする裁判例（チェスコム秘書センター事件）もあります。

　競業避止義務については、労働者の在職中の地位や職務如何によって事情が異なり、例えば、技術の中枢部にいる者など営業の秘密を知り得る立場にあるものに秘密保持義務を負わせ、また秘密保持義務を実質的に担保するために退職後における一定期間競業避止義務を負わせることは有効です（フォセコ・ジャパン・リミティッド事件）が、小売店の販売員や工場の作業員などに対しては、その職務の内容などから見て、競業避止義務を負わせることはできません（キヨウシステム事件　大阪地裁平成12年6月19日労判791-8）。

　競業行為を制限する合理的範囲については、制限の期間、場所的範囲、制限の対象となる職種の範囲、代償の有無などについて、企業の受ける利益（企業秘密の保護）、労働者の受ける不利益（転職、再就職の不自由）および社会的利害（独占集中の虞れ、それに伴う一般消費者の利害）の3つの視点に立って慎重に検討されることになります（フォセコ・ジャパン・リミティッド事件）。

　競業避止義務が合理的なものである場合には、その違反に対して損害賠償や差し止め請求を行うことができます。特に、至近距離で競業の会社

を設立したり、多数の労働者や顧客を勧誘したり、取引継続中の者に働きかけて競業を行う場合、上級の役職者が競業行為を行う場合などについては、損害賠償責任を負い（フォセコ・ジャパン・リミティド事件）、家電量販店チェーンを全国展開する会社の店長や地区部長を歴任した幹部社員が最低1年間は同業種へ転職しない旨の競業避止条項を記載した誓約書を提出して退職しながら、退職の翌日から競合会社の子会社で派遣労働者として就労し、さらに1月半後には競合会社に入社したことに対して、違約金の支払を求めることができます（ヤマダ電機事件　東京地裁平成19年4月24日労判942-39）。また、明確で合理的、かつ公序良俗に反しない競業避止義務に関する特約がある場合には、差し止めが認められることもあります（フォセコ・ジャパン・リミティド事件）。さらに、就業規則において、競業避止義務に反して同業他社に就職した退職者に支給すべき退職金につき、支給額を一般の自己都合による退職の場合の半額と定めることも、退職金が功労報償的な性格を併せ有することからすれば、合理性がある（三晃社事件　最高裁第二小法廷昭和52年8月9日労経速958-25）と解されています。

（2）労働者の転職勧誘・引き抜き行為

　労働市場における転職の自由の点からすると、労働者が他の労働者に対して同業他社への転職のため引き抜き行為を行ったとしても、これが単なる転職の勧誘にとどまる場合には、違法ではありません。仮にそのような転職の勧誘が、引き抜きの対象となっている労働者が在籍する企業の幹部職員によって行われたものであっても、企業の正当な利益を侵害しないよう配慮がされている限り、労働契約の誠実義務に違反しません（フレックスジャパン・アドバンテック事件　大阪地裁平成14年9月11日労判840-62）。
　しかし、労働者は、労働契約上の義務を忠実に履行し、使用者の正当な利益を不当に侵害してはならない義務を負っていますので、労働者がこれらの義務に違反した結果使用者に損害を与えた場合にはこれを賠償すべ

き責任を負います。特に、社内での地位も高く、経営上重要な役割を担う者は、一般労働者に比べてより高い誠実義務があるので、より重い責任を負います。特に幹部従業員が勤務先の会社を退職した後にその会社の労働者に対して行う引き抜き行為が社会的相当性を著しく欠くような方法や態様で行われた場合には、違法な行為と評価されます（日本コンベンションサービス事件　大阪高裁平成10年5月29日労判745-42、最高裁第二小法廷平成12年6月16日）。

社会的相当性を逸脱した引抜行為であるか否かは、転職する労働者のその会社に占める地位、会社内部における待遇および人数、労働者の転職が会社に及ぼす影響、転職の勧誘に用いた方法など諸般の事情を総合考慮して判断されます。

これに関しては、次のような場合には、社会的相当性を著しく逸脱した違法な引き抜き行為に該当するとする裁判例があります。

① コンピュータ・プログラマーおよびシステム操作要員の派遣を目的とする会社の元代表取締役が元取締役および元従業員とともに、会社を退職して競業会社を設立し、会社の従業員らに働きかけて新会社に移籍させ、顧客に対して新会社との契約を打診した（リアルゲート（エクスプラネット）事件　東京地裁平成19年4月27日労判940-25）。

② 多数の従業員が同業他社に転職することが組織的に計画されていた中、退職願を提出する前に、社員に対して転職を強く勧誘することによって計画を推し進め、会社の従業員規模に比すれば相当多数の従業員が一時期に退職し、営業に大きな影響が生じた上、この集団的な退職が、事前に会社に知らされることなく行われ、引継ぎも行なわれていない（アイビーエス石井スポーツ事件　大阪地裁平成17年11月4日労経速1935-3）。

③ 退職時期を考慮せず、あるいは事前の予告を行わないなど会社の正当な利益を侵害しないよう配慮をせず会社に内密に移籍の計画を立て一斉に、かつ、大量に労働者を引き抜くなどした場合や在職中に就職が

競業避止義務など

6 労働契約の権利と義務

内定していながらこれを秘し、突然退職届を提出した上、退職に当たって何ら引継ぎ事務も行わず、また、勧誘した労働者に対して営業所が閉鎖されるなどと虚偽の情報を伝え、金銭供与をするなどした（ラクソン等事件　東京地裁平成2年2月25日労判588-74）。

第7章

懲戒と労働者に対する損害賠償の請求

「懲戒と労働者に対する損害賠償の請求」のポイント
1 懲戒
2 労働者の損害賠償責任

「懲戒と労働者に対する損害賠償の請求」のポイント

1　使用者は、広く企業秩序を維持し、企業の円滑な運営を図るために、その雇用する労働者の企業秩序違反行為を理由として、その違反する行為をする者に対して、懲戒処分を課すことができるが、労働者を懲戒するには、あらかじめ就業規則において懲戒処分の対象となる事由とこれに対する懲戒の種類や程度を定めておき、その内容を適用を受ける事業場の労働者に周知させる手続が採られていなければならない。また、①不遡及の原則、②一事不再理の原則、③平等取扱の原則、④相当性の原則、⑤適正手続の原則を満たす必要がある。

2　減給については、1回の額が平均賃金の1日分の半額を超え、総額が1賃金支払期における賃金の総額の10分の1を超えてはならない。

3　懲戒解雇と即時解雇が認められる「労働者の責に帰すべき事由」を理由とする解雇の範囲とは必ずしも一致しない。また、退職金には、功労報償的な性格があるとともに、賃金の後払い的な性格があり、労働者の退職後の生活保障という意味合いもあるので、労働者の合理的な期待を剥奪するには、相当の合理的理由が必要である。

4　使用者が労働者に懲戒することができる場合に、その懲戒が懲戒の対象となる労働者の行為の性質や態様などの事情に照らして、客観的に合理的な理由を欠き、社会通念上相当であると認められない場合は、その権利を濫用したものとして、その懲戒は無効である。

5　就業規則などに懲戒をする場合の手続きに関する規定がある場合に、この手続に違反して行われた懲戒が無効とされる場合がある。

6　企業外の行為を理由とする懲戒処分も違法ではないが、就業規則所定の懲戒事由に該当する場合であっても、企業秩序に影響せ

ず、労務の提供に格別の支障を生ぜしめない程度のものは、懲戒の事由に該当しないとされる場合がある。また、その懲戒の理由とされたものではないので、そのような非違行為によってその懲戒の有効性を根拠付けることはできない。

7　その事業の執行について行われた労働者の加害行為により、直接損害を被りあるいは使用者としての損害賠償責任を負担したことにより損害を被った場合には、使用者は、その事業の性格、規模、施設の状況、労働者の業務の内容、労働条件、勤務態度、加害行為の態様、加害行為の予防もしくは損失の分散についての使用者の配慮の程度その他諸般の事情に照らし、損害の公平な分担という見地から信義則上相当と認められる限度において、その労働者に対し損害の賠償または求償の請求をすることができる。

1　懲戒

（1）懲戒の法的性格

　労働者は使用者と労働契約を締結して雇用されることによって、使用者に対して労務の提供義務を負うほか、企業秩序を遵守すべき義務を負いますので、使用者は、広く企業秩序を維持し、企業の円滑な運営を図るために、その雇用する労働者の企業秩序違反行為を理由として、その違反する行為をする者に対して、一種の制裁罰として懲戒処分を課すことができます（関西電力事件　最高裁第一小法廷昭和58年9月8日労判415-29）。

　労働者は、懲戒処分によって重大な不利益を受けますので、使用者が労働者を懲戒するには、あらかじめ就業規則において懲戒処分の対象となる事由とこれに対する懲戒の種類や程度を定めておかなければなりません。そして、懲戒処分の事由と種別を定めた就業規則が法的規範としての性質を有するものとして、拘束力を生ずるためには、その内容を適用を受ける事業所の労働者に周知させる手続が採られていなければなりません（フジ興産事件

最高裁第二小法廷平成15年10月10日労判861-25)。

懲戒処分が有効であるためには、このほか、一般に、次のような要件を満たす必要があると考えられています。

> ① 不遡及の原則
> 懲戒処分の事由と種別が就業規則に定められる以前の事由について遡って適用することはできないこと(フジ興産事件)。
> ② 一事不再理の原則
> 同一の懲戒の事由に対し重ねて懲戒処分を行うことはできないこと(学校法人梅檀学園(東北福祉大学)事件　仙台地裁平成9年7月15日労判724-34)。
> ③ 平等取扱の原則
> 同じ事由の同じ程度の違反に対する懲戒は同一種類で同一程度とし、平等に取り扱われること(日経ビーピー事件　東京地裁平成14年4月22日労判830-52)。
> ④ 相当性の原則
> 懲戒は、懲戒処分の事由とその種類や程度などの事情に照らして社会通念上相当のものであること(岩手県交通事件　盛岡地裁一関支部平成8年4月17日労判703-71)。
> ⑤ 適正手続の原則
> 就業規則などで労働組合との協議や懲戒委員会における審査や本人の弁明などが必要な場合には、これらの手続を遵守すること(日本工業新聞社事件　東京地裁平成14年5月31日労判834-34)。

(2) 懲戒の種類

多くの企業では、次のような種類の懲戒が定められています。

> ① 戒告：始末書を提出させることなく将来を戒めること。
> ② けん責：始末書を提出させて将来を戒めること。
> ③ 減給：労働者が受け取ることができる賃金から一定額を差し引くこと。

④　出勤停止：労働契約をそのままとして就労を禁止すること。労働者には賃金を支払わず、最長10日ないし15日間の期間が多い。
⑤　懲戒休職：労働契約をそのままとして就労を禁止することで、出勤停止の期間が数か月に及ぶ。
⑥　賞与の支給停止
⑦　昇給または昇格の停止または延期
⑧　降格
⑨　諭旨解雇：退職願や辞表の提出を勧告し、即時退職を求め、期間内に勧告に応じない場合には懲戒解雇とすること。
⑩　懲戒解雇：通常は解雇予告も予告手当の支払もせずに即時になされ、また、退職金の全部または一部が支給されない。

これに関連して、次のような裁判例があります。

ア　厳重注意
　厳重注意は、就業規則などに規定がなく、それ自体としては直接的な法律効果を生じさせるものではないが、実際上、懲戒処分や訓告に至らない更に軽易な措置として、将来を戒めるために発令されているものであり、人事管理台帳および社員管理台帳に記載されるものであるから、企業秩序の維持、回復を目的とする指導監督上の措置と考えられるが、一種の制裁的行為であって、これを受けた者の職場における信用評価を低下させ、名誉感情を害するものとして、その者の法的利益を侵害する性質の行為である（JR東日本高崎西部分会事件　最高裁第一小法廷平成8年3月28日労判696−14）。
イ　始末書や誓約書の提出
①　始末書の提出を求めたとしても、あくまで任意の提出を期待するに止まり、その不提出に対し、懲戒処分といった制裁を加えることは許されない（柴田女子高校事件　青森地裁弘前支部平成12年3月31日労判798−76）。

② 始末書の提出を強制する行為が労働者の人格を無視し、意思決定ないし良心の自由を不当に制限するものでない限り、使用者は非違行為をなした労働者に対し、謝罪の意思を表明する内容を含む始末書の提出を命じることができ、労働者が正当な理由なくこれに従わない場合には、これを理由として懲戒処分をすることもできる（西福岡自動車学校事件　福岡地裁平成7年9月20日労判695－133）。

③ 始末書の提出命令は、懲戒処分発動の要件となるべき業務上の指示命令には当たらない（中央タクシー事件　徳島地裁平成9年6月6日労判727－77）。

④ 降格転職処分によって求められる始末書を提出しない場合に何らかの不利益を科す旨の規定が就業規則にない場合には、始末書の不提出によって、法的にはもちろん事実上も不利益を受けるとは認められないから、その無効確認を求める利益はなく、訴えは不適法である（神谷商事事件　東京地裁平成2年4月24日労判562－30）。

⑤ 所属の従業員を指導し監督する権限がある者がその指導監督のため、必要に応じて従業員を叱責したり、始末書などの作成を求めることも、それが人事考課の資料となるものではなく、また、その作成提出は業務命令の対象となるものではない場合には、必ずしも個人の意思の自由とも抵触を来たすものではないので、それ自体が違法性を有するものではない（東芝府中工場事件　東京地裁八王子支部平成2年2月1日労経速1386－3）。

⑥ 包括的な異議申立権の放棄を意味するものともうけとれる文言が含まれる誓約書を提出しないこと自体を企業秩序に対する紊乱行為とすることは相当でない（福知山信用金庫事件　大阪高裁昭和53年10月27日労判314－65）。

⑦ 始末書の不提出自体を不都合な行為として懲戒処分の事由とすることは、これを間接強制する結果になるから許されない（近鉄タクシー事件　大阪地裁昭和38年2月22日労民集14－1－340）。

ウ　自宅謹慎

懲戒処分を決定するまでの自宅謹慎は、それ自体として懲戒的性質を有するものではなく、当面の職場秩序維持の観点から執られる一種の職務命令とみるべきであるから、使用者は当然その間の賃金支払義務を免れない。使用者が支払義務を免れるためには、当該労働者を就労させないことにつき、不正行為の再発、証拠湮滅のおそれなどの緊急かつ合理的な理由が存するかまたはこれを実質的な出勤停止処分に転化させる懲戒規定上の根拠が存することを要する（日通名古屋製鉄作業所事件　名古屋地裁平成3年7月22日労判608-59）。

（3）　減給の制限

減給については、1回の額が平均賃金の1日分の半額を超え、総額が1賃金支払期における賃金の総額の10分の1を超えてはなりません（労働基準法第91条）。これに関しては、服務規律に関する就業規則の規定に違反した者に対しては賞与を支給しなくてもよい旨の規定は、労働基準法第91条の制限に違反する限度で無効であるとする裁判例（マナック事件　広島地福山支部平成10年12月9日労判811-37）があります。

（4）　懲戒解雇の取扱い

ア　懲戒解雇と即時解雇

懲戒解雇の場合には、通常は解雇予告も予告手当の支払もせずに即時になされとする取扱いが一般的ですが、懲戒解雇と即時解雇が認められる「労働者の責に帰すべき事由」を理由とする解雇（同法第20条第1項但書）の範囲とは必ずしも一致しません。すなわち、「労働者の責に帰すべき事由」とは、労働契約の履行に関わって、解雇予告制度により労働者を保護するに値しないほどの重大または悪質な義務違反ないし背信行為が労働者にある場合で、具体的には、犯罪に該当する行為を行った場合や2週間以上無断欠勤した場合、会社の信用や名誉を著しく失墜させるような行為を社外で繰

り返した場合などがこれに該当しますが、これについては、労働基準監督署の認定を受ける必要があります。

イ　懲戒解雇と退職金の不支給

　就業規則に「懲戒解雇により退職する者には、原則として、退職金は支給しない」との規定を設けていることが一般的ですが、退職金には、功労報償的な性格があるとともに、賃金の後払い的な性格があり、労働者の退職後の生活保障という意味合いもあります。このような労働者の合理的な期待を剥奪するには、相当の合理的理由が必要であるので、退職金の減額や不支給がでるのは、就業規則に定めがあり、かつ、実際も永年勤続の功労を抹消ないし減殺するほどの不信行為がある場合に限られる(小田急電鉄事件　東京高裁平成15年12月11日労判867-5)と解されています。

(5) 懲戒権の濫用

　使用者が労働者に懲戒することができる場合に、その懲戒が懲戒の対象となる労働者の行為の性質や態様などの事情に照らして、客観的に合理的な理由を欠き、社会通念上相当であると認められない場合は、その権利を濫用したものとして、その懲戒は無効です(労働契約法第15条)。この規定は、使用者の懲戒権の行使は、その具体的事情の下において、それが客観的に合理的理由を欠き社会通念上相当として是認することができない場合に初めて権利の濫用として無効になる(ダイハツ工業事件　最高裁第2小法廷昭和58年9月16日労判415-6)ことを明らかにしたものです。

　これに関しては、次のような裁判例があります。

① 　大学教授が地元新聞紙上において人権センターの展示内容には偏りがあるなどと発言したことは、学校法人の社会的評価の低下毀損を生じさせるとは認めがたいから、就業規則所定の懲戒事由に該当すると認めるのは困難であり、これを理由とする懲戒処分は、客観的に合理的理由を欠く(鈴鹿国際大学(亨栄学園)事件　最高裁第二小法廷平成1

9年7月13日判タ1251-133)。
② 懲戒処分の程度として重きに失し、相当性を欠く場合には、権利の濫用として無効になる(光輪モータース事件　東京地裁平成18年2月7日労判911-85)。
③ 法人事務局の最高責任者が会計処理上違法な行為を行い、学園の信用を失墜させ、学園に損害を与えたことを理由とする懲戒免職は、客観的にみて合理的理由に基づくもので、社会通念上相当として是認することができる(崇徳学園事件　最高裁第三小法廷平成14年1月22日労判823-12)。
④ 形式的には懲戒事由に該当するとしても、真実である場合や真実と信じる相当の理由がある場合、あるいは労働者の使用者に対する批判行為として正当な行為と評価されるものについてまで、これを懲戒の対象とするのは懲戒権の濫用となる(三和銀行事件　大阪地裁平成12年4月17日労判790-44)。

(6) 懲戒の手続

　懲戒の手続については、懲戒解雇に関する予告などを除き労働基準法には規定はありませんが、就業規則などに懲戒をする場合の手続きに関する規定がある場合に、この手続に違反して行われた懲戒が無効とされる場合があります。例えば、次のような場合です。

① 就業規則に、懲戒については、懲戒委員会を設置し、すべて委員会にはかりその結果に基づき決定すること、懲戒委員会は委員3名をもって構成し、委員は院長、副院長、事務長各1名とするとの規定がある場合に、懲戒委員会を開催せず、院長が総婦長との相談により解雇を決定した場合(中央林間病院事件　東京地裁平成8年7月26日労判699-22)。
② 賞罰委員会の審議にあたり、形式的にも実質的にも賞罰規程に定める弁護者の選任を怠った場合(守谷商会事件　大阪地裁平成元年3月6日労判536-31)。

また、懲戒の時期については、次のような裁判例があります。

① 事件から7年以上経過した後になされた諭旨退職処分は、処分時点において企業秩序維持の観点からそのような重い懲戒処分を必要とする客観的合理性に欠け、権利の濫用として無効になる（ネスレ日本事件　最高裁第二小法廷平成18年10月6日労判925－11）。

② 使用者においても、懲戒事由を認知した後、事実関係の調査、いかなる懲戒処分を選択するかについての調査、事務分配の調整、業務の停滞を回避するための事務の引き継ぎを図る必要などがあるから、就業規則に懲戒権行使の時間的限界について特別な定めがない場合には、懲戒事由を認知した後、事実の確認その他の調査、調整に必要な相当な期間内に懲戒権を行使すれば足り、それ以上に長期間が経過した後に懲戒権を行使したとの事実は、原則として懲戒権の濫用に該当するか否かを判断する際の一事情として考慮すれば足りる（医療法人清風会事件　山形地酒田支部平成9年2月20日労判738－71）。

（7）懲戒事由

ア　企業外の行為を理由とする懲戒

懲戒事由については法律上の制限はなく、業務命令違反、職務懈怠、職務上の非違行為や経歴詐称などのほか、私生活上の犯罪行為や会社を批判する行為などの企業外の行為について定められることがありますが、このような企業外の行為を理由とする懲戒処分も違法ではありません。

例えば、労働者が就業時間外に職場外でしたビラの配布であっても、ビラの内容が企業の経営政策や業務などに関し事実に反する記載をしまたは事実を誇張、わい曲して記載したものであり、その配布によって企業の円滑な運営に支障を来すおそれがあるなどの場合（中国電力事件　最高裁第三小法廷平成4年3月3日労判609－10）です。

イ 懲戒事由と企業秩序への影響など

就業規則所定の懲戒事由に該当する場合であっても、企業秩序に影響せず、労務の提供に格別の支障を生ぜしめない程度のものは、懲戒の事由に該当しないとされる場合があります。

例えば、就業規則において二重就職が禁止されている場合に、その趣旨は労働者が二重就職することによって、会社の企業秩序をみだし、またはみだすおそれが大であり、あるいは会社に対する労務提供が不能若しくは困難になることを防止するにあると解して、就業規則にいう二重就職とはこのような実質を有するものを言うから、会社の企業秩序に影響せず、会社に対する労務の提供に格別の支障を生ぜしめない程度のものは含まれない場合（橋元運輸事件　名古屋地裁昭和47年4月28日判時680-88）です。

ウ 懲戒当時に使用者が認識していなかった非違行為を理由とする懲戒処分の効力

使用者が労働者に対して行う懲戒は、労働者の企業秩序違反行為を理由として、一種の秩序罰を課すものですから、その懲戒処分の効力は、その理由とされた非違行為との関係で判断されます。このため、労働者に懲戒事由に該当する複数の非違行為が存在する場合でも、使用者は、必ずその全部を対象として単一の懲戒処分をする必要はなく、その一部だけを対象として一個の懲戒処分に付することもできるし、幾つかに分けて複数の処分に付することもできます（メディカルサポート事件　東京地裁平成12年2月28日労経速1733-9）が、懲戒当時に使用者が認識していなかった非違行為は、特段の事情のない限り、その懲戒の理由とされたものではないので、そのような非違行為によってその懲戒の有効性を根拠付けることはできません（山口観光事件　最高裁第一小法廷平成8年9月26日労判708-31）。

一方、懲戒当時に使用者が認識していた非違行為については、懲戒処分の際に告知されなかったとしても、告知された非違行為と実質的に同一性を有し、あるいは同種もしくは同じ類型に属すると認められるものまたは密接

な関連性を有するものである場合には、その懲戒の有効性を根拠付けることができるとする裁判例(富士見交通事件　東京高裁平成13年9月12日労判816-11)もあります。

2　労働者の損害賠償責任

　その事業の執行について行われた労働者の加害行為により、直接損害を被りあるいは使用者としての損害賠償責任を負担したことにより損害を被った場合には、使用者は、その事業の性格、規模、施設の状況、労働者の業務の内容、労働条件、勤務態度、加害行為の態様、加害行為の予防もしくは損失の分散についての使用者の配慮の程度その他諸般の事情に照らし、損害の公平な分担という見地から信義則上相当と認められる限度において、その労働者に対し損害の賠償または求償の請求をすることができます(茨城石炭商事事件　最高裁第一小法廷昭和51年7月8日民集30-7-689)。

　例えば、次のような場合です。

① 　会社所有のトラックを運転して走行中にスリップによりトンネル側壁に衝突して車両を損傷させたこと(損害額の5％。K興業事件　大阪高裁平成13年4月11日労判825-79)。

② 　日常業務の最高責任者、部下が越境伐採をしないよう注意すべきであったのにこれを怠り越境伐採を発生させ、これについて使用者が損害賠償をした場合(厚岸町森林組合事件　釧路地裁平成10年5月29日労判745-32)。

③ 　取引先から回収しながら、売掛金の一部を入金しない場合(入金しなかった全額。第一自動車工業事件　大阪地裁平成9年3月21日労経速1646-21)。

④ 　貴金属宝石類販売会社の営業担当従業員が、営業のために訪れた宝石店で伝票を作成中に宝石類の入った鞄を盗まれた場合(損害額の半分。丸山宝飾事件　東京地裁平成7年9月7日判時1541-104)。

労働者の損害賠償責任

　使用者は、労働者に対して損害賠償責任を問う場合に、労働者に負担能力がない場合を考慮して、身元保証契約を締結する場合があります。実際に、労働者に対して損害賠償を請求する場合にその労働者に負担能力がないときには、身元保証人に損害賠償することになりますが、身元保証人の損害賠償の責任およびその金額については、身元保証法に基づき一切の事情が斟酌されます。④の裁判例においては、身元保証人である父母の収入や資産の状況、使用者においても、身元保証をそう重視してはいなかったことなどの事情を考慮して、両親が身元保証人として負担すべき損害賠償の範囲は、労働者が負担すべき損害賠償額の4割と判断されています（第3章103～104頁参照）。

第8章

就業規則

「就業規則」のポイント
1 就業規則の作成
2 就業規則の効力
3 就業規則と法令および労働協約との関係
4 就業規則と労働協約との関係
5 就業規則の変更

「就業規則」のポイント

1　常態として10人以上の労働者が就業している事業所においては、就業規則を作成しなければならないが、この労働者には、パートタイム労働者や派遣労働者なども含む。
2　就業規則の作成は、各事業所に作成が義務付けられているが、複数の事業所のある企業が複数の事業所において同一の就業規則を適用する場合で、本社において一括して作成し、所定の手続が行われている場合には、本社以外の事業所にもその就業規則が適用される。
3　同一の事業所において、一部の労働者についてのみ適用される別個の就業規則を作成することは差し支えないが、この場合には、就業規則の本則において別個の就業規則の適用の対象となる労働者に関する適用除外や委任規定を設けることが望ましい。
4　就業規則の記載事項
　就業規則に定める事項には、いかなる場合であっても必ず記載しなければならない事項（絶対的必要記載事項）、定めをする場合には必ず記載しなければならない事項（相対的必要記載事項）および任意に記載し得る事項（任意記載事項）がある。
5　就業規則を作成または変更するに当たっては、労働者の過半数で組織する労働組合がある場合にはその労働組合、ない場合には労働者の過半数を代表する者の意見を聴かなければならない。
6　作成または変更した就業規則は、労働者の過半数で組織する労働組合などの意見を記した書面を添付した上で、所轄の労働基準監督署に届け出なければならない。
7　就業規則は、常時各作業場の見やすい場所へ掲示し、または備え付けるなどの方法により周知しなければならない。

8 労働条件を定型的に定めた就業規則は、一種の社会的規範としての性質を有するだけでなく、それが合理的な労働条件を定めているものであるかぎり、法的規範性が認められているので、就業規則が合理的な労働条件を定めているものであるかぎり、その事業所の労働者は、就業規則の存在および内容を現実に知っていると否とにかかわらず、また、これに対して個別的に同意を与えたかどうかを問わず、その適用を受ける。

9 就業規則は、法令またはその事業所に適用される労働協約に反してはならない。

10 就業規則で定める基準に達しない労働条件を定める労働契約は、その部分については無効である。この場合に無効となった部分は、就業規則で定める基準による。

11 合理的な労働条件が定められている就業規則を労働者に周知させた場合には、労働契約の内容は、その就業規則で定める労働条件による。

12 就業規則で定める基準を上回る労働条件を定める労働契約の定めは有効である。

13 使用者は、原則として、労働者と合意することなく、就業規則を変更することにより、労働者の不利益に労働契約の内容である労働条件を変更することはないが、使用者が就業規則の変更により労働条件を変更する場合に、変更後の就業規則を労働者に周知させ、かつ、就業規則の変更が、労働者の受ける不利益の程度、労働条件の変更の必要性、変更後の就業規則の内容の相当性、労働組合などとの交渉の状況などの事情に照らして合理的なものであるときは、その労働条件は、変更後の就業規則に定めるものとなる。

1　就業規則の作成

（1）就業規則とは
　多数の労働者が就業している事業所では、労働者が一般的に就業上守るべき規律や労働時間、賃金その他の労働条件に関する具体的細目等を定めた規則類を作る必要があり、また、実際に作られていることが通例です。これらの規則類が就業規則と呼ばれています。

（2）就業規則の作成義務
　常態として10人以上の労働者が就業している事業所においては、就業規則を作成しなければなりません（労働基準法第89条）。ここでいう労働者には、パートタイム労働者や派遣労働者なども含みます。
　一方、常態として10人未満の労働者しか就業していない事業所の場合には、労働基準法では就業規則の作成義務はありませんが、規律があり、かつ労働者が安心して働ける職場つくりの観点からは就業規則が作成されていることが望ましいと考えられています。労働基準法においては、「就業規則その他これに準ずるもの」と規定されている場合があります（同法第32条の2など）が、ここでいう「その他これに準ずるもの」とは、常態として10人未満の労働者しか就業していない事業所で作成する就業規則のことで、この場合にも労働者に周知しなければなりません（同法施行規則第12条）。ただし、同法で「就業規則」と表現しながらも、常態として10人未満の労働者しか就業していない事業所で作成するものを含むと解される場合もあります（同法第92条）。

（3）全社一括による就業規則の作成
　就業規則の作成は、各事業所に作成が義務付けられていますが、複数の事業所のある企業が複数の事業所において同一の就業規則を適用す

る場合で、本社において一括して作成し、所定の手続が行われている場合には、本社以外の事業所にもその就業規則が適用されます（平成15年2月15日基発第0215001号）。

（4）別個の就業規則の作成と就業規則の適用

　同一の事業所において、均等待遇に関する労働基準法第3条に反しない限りは、一部の労働者についてのみ適用される別個の就業規則を作成することは差し支えありません。この場合には、就業規則の本則において別個の就業規則の適用の対象となる労働者に関する適用除外や委任規定を設けることが望ましく、別個の就業規則を定めた場合には、その2つ以上の就業規則を合わせたものが同法第89条の就業規則となり、それぞれ単独に同条の就業規則となるものではありません（平成11年3月31日基発第168号）。

　就業規則の適用に関しては、次のような裁判例があります。

① 旧就業規則は会社の業務に従う者すべてに適用される旨規定しているのに対し、新就業規則は、その適用対象を期間の定めのない労働契約を締結した者をいうと定めている場合に、新就業規則以外に期間の定めのある労働契約を締結した者に適用される就業規則が別に存在せず、新就業規則が旧就業規則の就業形態及び賃金体系に関する定めを改定する趣旨で規定されたものに過ぎないときは、期間1年の労働契約を締結している者にも新就業規則が適用される（シーエーアイ事件　東京地裁平成12年2月8日労判787－58）。

② 高齢者やパートタイム労働者に適用される就業規則が別に定められておらず、就業規則の規定の内容が労働者全員に及ぶものとなっていて、高齢者には適用しないという定めがない場合には、高齢者にも就業規則の退職金の定めが適用される（大興設備開発事件　大阪高裁平成9年10月30日労判729－61）。

③ 出向労働者に適用される就業規則は、出向元、出向先および出向

労働者3者間の約定によって決まるが、原則として、出向先の就業規則が適用される(商大八戸ノ里ドライビングスクール事件　大阪地裁平成4年6月29日労判619-74)。

(5) 就業規則の記載事項

　就業規則に定める事項には、表8-1のように、いかなる場合であっても必ず記載しなければならない事項(絶対的必要記載事項)、定めをする場合においては必ず記載しなければならない事項(相対的必要記載事項)および任意に記載し得る事項(任意記載事項)があります。

表8-1　就業規則の記載事項

区分	記載事項
絶対的必要記載事項	①　始業および終業の時刻、休憩時間、休日、休暇ならびに労働者を2組以上に分けて就業させる場合における就業時転換 なお、同一の事業所において、労働者の勤務態様、職種などによって始業および終業の時刻、休憩時間ならびに休日が異なる場合は、原則として、就業規則に勤務態様、職種などの別ごとに始業および終業の時刻、休憩時間ならびに休日を規定しなければなりませんが、パートタイム労働者などのうち本人の希望などにより勤務態様、職種等の別ごとに始業および終業の時刻、休憩時間ならびに休日を画一的に定めない者については、就業規則には、基本となる始業および終業の時刻、休憩時間ならびに休日を定めるとともに、具体的には個別の労働契約などで定める旨の委任規定を設けることで差し支えない。個別の労働契約などで具体的に定める場合には、書面により明確にすることが必要である。また、「休暇」の中には、育児休業も含まれるので、育児休業の対象となる労働者の範囲などの付与要件、育児休業取得に必要な手続、休業期間については、就業規則に記載する必要がある(平成11年3月31日基発第168号)ほか、病気欠勤した場合に、その日を労働者の請求により年次有給休暇に振替える取扱いが制度として確立している場合には、就業規則に規定することが必要になる　(昭和63年3月14日基発第150号)。 ②　賃金(退職手当および臨時に支払われる賃金を除く)の決定、計算および支払いの方法、賃金の締切りおよび支払いの時期ならびに昇給 ③　退職(解雇の事由を含む)
相対的必要記載事項	①　退職手当の定めが適用される労働者の範囲、退職手当の決定、計算および支払いの方法ならびに退職手当の支払いの時期 ここでいう「退職手当の決定、計算および支払の方法」とは、例えば、勤続年数、退職事由などの退職手当額の決定のための要素、退職手当額の算定方法および一時金で支払うのか年金で支払うのかなどの支払いの方法をいい、退職手当について不支給事由または減額事由を設ける場合には、退職手当の決定および計算の方法に関する事項に該当するので、就業規則に

就業規則の作成

	記載する必要がある(平成11年3月31日基発第168号)。 ② 臨時に支払われる賃金(退職手当を除く)および最低賃金額 ③ 労働者に負担させるべき食費、作業用品その他 ④ 安全および衛生に関する事項 ⑤ 職業訓練 　職業訓練の種類、訓練職種などの訓練の内容、訓練期間、訓練を受けることができる者の資格など、職業訓練中の労働者に対する特別の権利義務を設定する場合や訓練終了者に対し特別の処遇をする場合などが含まれる(昭和44年1月24日基発第77号)。 ⑥ 災害補償および業務外の傷病扶助 ⑦ 表彰および制裁 ⑧ その事業所の労働者のすべてに適用される定め(旅費、服務規律、企業機密・個人情報の保護など)
任意記載事項 (例)	① 就業規則の制定趣旨などの宣言 ② 就業規則の解釈および適用

　派遣労働者について、画一的な労務管理を行わない事項については、就業規則にその枠組みおよび具体的な労働条件の定め方を規定すれば足りますが、具体的な労働条件の定め方については、書面の交付により明示することが望ましい(昭和61年6月6日基発第333号)。

　なお、絶対的必要記載事項の一部または相対的必要記載事項のうちその事業所が適用を受けるものを記載しない就業規則については、労働基準法第89条違反になるものの、作成された部分の効力には影響ありません(平成11年3月31日基発第168号)。

(6) 労働者代表などからの意見の聴取

　就業規則の作成の義務および権限は使用者に属していますが、就業規則の内容がどのように定められるかは労働者の利害に直接関係するところが大きいので、その意見を反映させる必要があります。このため、就業規則を作成または変更するに当たっては、労働者の過半数で組織する労働組合がある場合にはその労働組合、ない場合には労働者の過半数を代表する者(第4章147頁参照)の意見を聴かなければなりません(同法第90条第1項)。

　この場合に、就業規則に添付した労働者の過半数で組織する労働組

合などの意見書の内容がその就業規則に全面的に反対するものであると、特定部分に関して反対するものであるとを問わず、またその反対事由の如何を問わず、その効力の発生についての他の要件を具備する限り、労働者の過半数で組織する労働組合などの意見を聴いていない場合であっても、就業規則の内容が労働者に対し実質的に周知されていれば、就業規則が無効となることはありません（アリアス事件　東京地裁平成12年8月25日労判794-51）。

　同一の事業所において一部の労働者についてのみ適用される就業規則を別に作成する場合における就業規則の作成または変更に際しての意見の聴取も、その事業所の全労働者の過半数で組織する労働組合または全労働者の過半数を代表する者の意見を聴くことが必要となります。ただし、これに加えて、使用者が当該一部の労働者で組織する労働組合などの意見を聴くことが望ましく、特にパートタイム労働者に関する事項についての就業規則の作成または変更にあたっては、その事業所のパートタイム労働者の過半数の代表者の意見を聴くように努めなければなりません（パートタイム労働法7条）。また、派遣労働者が異なる派遣先に派遣されているため意見交換の機会が少ない場合には、代表者選任のための投票などに併せて就業規則案に対する意見を提出させ、これを代表者が集約するなどにより派遣労働者の意思が反映されることが望ましい（昭和61年6月6日基発第333号）。

（7）労働基準監督署への届出

　作成または変更した就業規則は、労働者の過半数で組織する労働組合などの意見を記した書面を添付した上で、所轄の労働基準監督署に届け出なければなりません（同法第89条、第90条第2項）。

　また、(3)の全社一括による就業規則の作成の場合には、次の要件を満たさなければなりません（平成15年2月15日基発第0215001号）。

①　本社を含め事業所の数に対応した必要部数の就業規則を本社が

所轄の労働基準監督署長に届け出ること。
② 各事業所の名称、所在地および所轄の労働基準監督署長名ならびに本社で作成された就業規則と各事業所の就業規則が同一の内容である旨が付記されていること。
③ 労働者の過半数で組織する労働組合などの意見を記した書面の正本が各事業所の就業規則に添付されていること。

　労働基準監督署に対する就業規則の届出は、就業規則の内容についての行政的監督を容易にしようとしたものに過ぎないので、届出は就業規則の効力発生要件ではなく、使用者が就業規則を作成し、労働者にその存在および内容を周知させるに足る相当な方法を講じていれば、就業規則としての効力を生じます(NTT西日本事件　京都地裁平成13年3月30日労判804-19)。

(8) 就業規則の周知

　就業規則は、次のいずれかの方法により周知しなければなりません(同法第106条第1項、同法施行規則第52条の2)。
① 常時各作業場の見やすい場所へ掲示し、または備え付けること。
② 書面を労働者に交付すること。
③ 磁気テープ、磁気ディスクその他これに準ずる物に記録し、かつ、各作業場に労働者が記録の内容を常時確認できる機器を設置すること。

　就業規則の周知については、就業規則が法的規範としての性質を有するものとして効力を生ずるためには、その内容を適用を受ける事業所の労働者に周知させる手続が採られていることが必要です(フジ興産事件　最高裁第二小法廷平成15年10月10日労判861-5)が、労働基準法第106条第1項の周知の方法を欠いていたとしても、就業規則自体の効力が否定されることにはなりません(朝日新聞社事件　最高裁大法廷昭和27年

10月22日民集6-9-857)。ただし、労働者の大半が就業規則の内容を知り、または知ることのできる状態に置かれているなど実質的に周知の措置がとられていることが必要で、鍵の付いていない机の引出しやファイルに入れて鍵がかかっていない書棚に置いてあり、労働者の大半が就業規則の内容を知ることのできる状態に置かれていた場合には就業規則は法的効力があるとする裁判例(日音事件　東京地裁平成18年1月25日労判912-63)があります。

2　就業規則の効力

　労働条件を定型的に定めた就業規則は、一種の社会的規範としての性質を有するだけでなく、それが合理的な労働条件を定めているものであるかぎり、労働条件は、その就業規則によるという事実たる慣習が成立しているものとして、その法的規範性が認められていますので、就業規則が合理的な労働条件を定めているものであるかぎり、その事業所の労働者は、就業規則の存在および内容を現実に知っていると否とにかかわらず、また、これに対して個別的に同意を与えたかどうかを問わず、その適用を受けます(秋北バス事件　最高裁大法廷昭和43年12月25日民集22-13-3459)。

3　就業規則と法令および労働協約との関係

　就業規則は、法令またはその事業所に適用される労働協約に反してはなりません(労働基準法第92条)。また、労働基準監督署長は、法令または労働協約に抵触する就業規則の変更を命ずることができます。
　さらに、労働契約法第13条は、就業規則が法令または労働協約に反する場合には、その反する部分については、次の規定は、その法令または労働協約の適用を受ける労働者との間の労働契約には適用しないと規定し

ています。

① 使用者が合理的な労働条件が定められている就業規則を労働者に周知させた場合には、労働契約の内容は、その就業規則で定める労働条件によること。
② 使用者が就業規則の変更により労働条件を変更する場合において、変更後の就業規則を労働者に周知させ、かつ、就業規則の変更が、労働者の受ける不利益の程度、労働条件の変更の必要性、変更後の就業規則の内容の相当性、労働組合などとの交渉の状況その他の就業規則の変更に関する事情に照らして合理的なものであるときは、労働契約の内容である労働条件は、変更後の就業規則に定めるものとすること。
③ 就業規則で定める基準に達しない労働条件を定める労働契約は、その部分については無効となり、無効となった部分は、就業規則で定める基準によること。

ここでいう法令とは、公の秩序や善良な風俗などその法令に違反する行為が民事上無効となる強行法規である法律、政令および省令をいい、労働基準法に限られるものではありません。

また、労働協約の効力は就業規則に優先し、労働協約の適用を受ける労働者の労働条件は就業規則ではなく労働協約によって定められますので、就業規則が労働協約よりも労働者に有利な労働条件を定めている場合にも労働協約の方が適用されます（明石運輸事件　神戸地裁平成14年10月25日労判843−39。第14章476〜477頁参照）。

4　就業規則と労働契約との関係

労働契約は、その当事者である労働者と使用者の合意により成立し、変更するのが原則ですが、一方で、労働契約では詳細な労働条件は定めら

れておらず、就業規則によって統一的に労働条件を設定することが一般的です。

(1) 就業規則で定める基準に達しない労働条件を定める労働契約

　就業規則と労働契約との関係については、就業規則で定める基準に達しない労働条件を定める労働契約は、その部分については無効です(北海道国際空港事件　最高裁第一小法廷平成15年12月18日労判866-14)。この場合に無効となった部分は、就業規則で定める基準によります(労働契約法第12条、労働基準法第93条)。

　就業規則は使用者が一方的に制定・変更することができるために、使用者はそれを下回ることができません。したがって、就業規則には、事業場における労働条件の最低基準を定める効力があります(日本コンベンションサービス事件　大阪高裁平成12年6月30日労判792-103)。

　なお、これに関連して、就業規則が有効に作成され、届出義務が履行された以上、その後就業規則の基本的労働条件条項と現実に事業場で行われている基本的労働条件との間に日時の経過とともにくい違いが生じたとしても、現実の労働条件が就業規則所定のそれを下回るものであるときは、就業規則の変更の手続を踏まないかぎり、くい違いを生じてから相当の期間を経過していたとしても、労働者側はいつでも就業規則所定の労働条件の実施を主張し得るとする裁判例(太洋興業事件　大阪地裁昭和58年7月19日労判415-44)があります。

(2) 合理的な労働条件が定められている就業規則を労働者に周知させた場合

　労働者と使用者が労働契約を締結する場合に、使用者が合理的な労働条件が定められている就業規則を労働者に周知させた場合には、労働契約の内容は、その就業規則で定める労働条件によります(労働契約法第

7条)。

したがって、就業規則の内容は、合理的な労働条件を定めている限りにおいて、個々の労働者の労働契約の内容になり(電電公社帯広局事件最高裁第一小法廷昭和61年3月13日労判470-6)、例えば、使用者が、36協定を締結し、これを所轄労働基準監督署長に届け出た場合に36協定の範囲内で一定の業務上の事由があれば労働契約に定める労働時間を延長して労働者に労働させることができる旨の就業規則の定めは合理的なものであるので、労働者は残業命令に従って時間外労働をする義務を負います(日立製作所武蔵工場事件　最高裁第一小法廷平成3年11月28日民集45-8-1270)。

(3) 就業規則で定める基準を上回る労働条件を定める労働契約

ただし、労働契約において、労働者と使用者が就業規則の内容と異なる労働条件を合意していた部分については、就業規則で定める基準に達しない労働条件を定める場合を除き、この限りではありません(同条ただし書)。

したがって、労働契約で定める労働条件が就業規則で定める基準を上回る場合には、その労働契約の定めは有効であり、例えば、就業規則に定年を60歳とする規定が定められている場合に、満60歳を迎えた当時の社長から満60歳になっても定年は適用しないので引き続き管理者として勤務して欲しいと要請されてこれを承諾し、満60歳となった日の前後を通じて職務内容に変わりがなく、一方会社もその時点で退職手当規定に基づく退職金を支払わないなど満60歳をもって定年したとの取扱いをしていない場合には就業規則の規定にかかわらず定年を延長し退職手当規定の適用対象として扱うとの合意をしたと認められます(自動車教習所事件　さいたま地裁平成19年3月6日)。

5 就業規則の変更

　使用者は、原則として、労働者と合意することなく、就業規則を変更することにより、労働者の不利益に労働契約の内容である労働条件を変更することはできません（労働契約法第9条）。ただし、使用者が就業規則の変更により労働条件を変更する場合に、変更後の就業規則を労働者に周知させ、かつ、就業規則の変更が、労働者の受ける不利益の程度、労働条件の変更の必要性、変更後の就業規則の内容の相当性、労働組合などとの交渉の状況などの事情に照らして合理的なものであるときは、労働契約の内容である労働条件は、変更後の就業規則に定めるものとなります（同法第10条）。ただし、労働契約において、労働者と使用者が就業規則の変更によっては変更されない労働条件として合意していた部分については、就業規則で定める基準に達しない労働条件を定める場合を除き、この限りではありません（同条ただし書）。なお、就業規則の変更の手続については、その制定の手続と同じです（同法第11条。第9章264～270頁参照）。

第9章
労働条件の変更と労働慣行

「労働条件の変更と労働慣行」のポイント
1 労働条件の変更
2 労働慣行

「労働条件の変更と労働慣行」のポイント

1　労働者と使用者は、その合意により、労働契約の内容である労働条件を変更することができますが、例えば、就業規則に基づかない賃金の減額に対する労働者の承諾の意思表示は、労働者の自由な意思に基づいてされたものであると認めるに足りる合理的な理由が客観的に存在することが必要である。

2　使用者が労働条件を変更する権限を有する場合には、使用者が労働者の同意を得ずに行う労働条件の変更も、権利の濫用などに該当しない限り可能であるが、権限がない場合には、労働者の承諾なしに一方的に変更することはできない。

3　使用者は、原則として、労働者と合意することなく、就業規則を変更することにより、労働者の不利益に労働契約の内容である労働条件を変更することはできないが、就業規則の変更により労働条件を変更する場合に、変更後の就業規則を労働者に周知させ、かつ、就業規則の変更が、就業規則の変更に関する諸事情に照らして合理的なものであるときは、労働契約の内容である労働条件は、変更後の就業規則に定めるものとなる。この場合に、就業規則の不利益な変更に関する合理性の有無については、①就業規則の変更によって労働者が被る不利益の程度、②使用者側の変更の必要性の内容や程度、③変更後の就業規則の内容自体の相当性、④代償措置その他関連する他の労働条件の改善状況、⑤労働組合などとの交渉の経緯、⑥他の労働組合または他の労働者の対応、⑦同種事項に関する我が国社会における一般的状況などの要素を総合的に考慮して判断される。特に、賃金や退職金など労働者にとって重要な権利、労働条件に関し実質的な不利益を及ぼす就業規則の作成または変更については、その就業規則の規定が、そのような不利益を労働者

に法的に受忍させることを許容することができるだけの高度の必要性に基づいた合理的な内容のものである場合に、その効力を生じる。

4　労働協約は、団体交渉の中で労使が互いに譲歩しつつ複雑に絡み合う利害関係を調整した末に締結されるものであるため、労働協約による労働条件の不利益な変更の場合であっても、規範的効力がある。ただし、その労働協約による労働条件の変更が特定のまたは一部の組合員をことさら不利益に取扱うことを目的として締結されるなど労働組合の目的を逸脱している場合や特定の労働者が被る不利益が極めて大きい場合、組合規約で定められた締結手続を踏んでいない場合などには、労働協約による労働条件の不利益な変更について、その規範的効力が否定される場合がある。

5　労働協約の一般的拘束力が認められる場合に、労働協約による労働条件の不利益な変更が行われたときは、その変更の効力は原則としてその労働組合の組合員以外の労働者にも適用されるが、その労働協約をその労働組合の組合員以外の特定の労働者に適用することが著しく不合理であると認められる特段の事情があるときは、その労働協約の規範的効力をその労働者には適用することはできない。

6　使用者が労働条件の変更を目的として、現在の労働契約を解約し、新しい労働契約の申込を行うことを変更解約告知といい、変更解約告知が行われた場合には、労働条件の変更に同意する労働者は新たな労働条件で労働契約を締結し、変更に同意せず従前の労働契約の存続を望む労働者は一旦解雇された上でその効力を争うことになる。裁判例には、変更解約告知を認めるものと否定するものがある。

7　労働慣行とは、その慣行が企業社会一般において労働関係を律する規範的な事実として明確に承認され、或いはその企業の労働者が一般に当然のこととして異議をとどめずその企業内においてそれ

が事実上の制度として確立しているものをいい、労働慣行が事実たる慣習となっているためには、一般に、①同種の行為または事実が一定の範囲において長期間反復継続して行われていること、②労使双方が明示的にその慣行によることを排除したり、排斥していないこと、③その慣行が労使双方の規範意識に支えられていることが必要である。ただし、労働基準法など公の秩序に関する規定に反する慣行には効力は認められない。

1　労働条件の変更

（1）合意による労働条件の変更
ア　合意による労働条件の変更の原則
　労働契約は、労働者が使用者に使用されて労働し、使用者がこれに対して賃金を支払うことについて、労働者と使用者が合意することによって、成立します（労働契約法第6条）ので、労働者と使用者は、その合意により、労働契約の内容である労働条件を変更することができます（同法第8条）。すなわち、労働条件は労働契約の内容ですので、労働契約の当事者である労働者と使用者との間の労働条件の変更の合意により、原則として労働条件の変更は適法に行うことができ、必ずしも変更内容について文書とすることまで求められていません。

イ　労働者の自由な意思に基づく合意
　ただし、労働条件の変更の合意については、例えば、就業規則に基づかない賃金の減額に対する労働者の承諾の意思表示は、それが労働者の自由な意思に基づいてされたものであると認めるに足りる合理的な理由が客観的に存在するときに限り、有効である（更正会社三井埠頭事件　東京高裁平成12年12月27日労判809−82）と解されています。
　また、労働者の同意が要素の錯誤による場合には無効となりますので、同

意することにより労働条件が不利益なものに変わると認識しながら、同意すれば引き続き働くことができるが、同意しなければ引き続き働くことができないという誤信に基づいて行った労働条件の変更は無効となります（東武スポーツ（宮の森カントリー倶楽部）事件　宇都宮地裁平成19年2月1日労判937-80）。

ウ　労働者の黙示の同意
　また、労働条件の変更に対する労働者の同意が明確に示されていない場合であっても、減額された賃金を受領することにより、賃金の減額について黙示に承諾していたと評価される場合（光和商事事件　大阪地裁平成14年7月19日労判833-22）もありますが、賃金の減額当時異議を述べなかったからといって、黙示の同意を与えたということはできないとする裁判例（日本ニューホランド事件　札幌地裁平成13年8月23日労判815-46）があるなど黙示の同意の存在については一般に慎重に判断されています。

エ　使用者に労働条件の引下げの権限がある場合
　使用者が労働条件を変更する権限を有することが就業規則などに定められている場合には、その定めに基づいて使用者が労働者の同意を得ずに行う労働条件の変更も、権利の濫用などに該当しない限り可能です（エーシーニールセン・コーポレーション事件　東京地裁平成16年3月31日労判873-33）。

オ　労働者の同意が得られない場合
　一方、就業規則に使用者の一方的な意思表示によってこれを引き下げることができるという規定やその引下げについて使用者に裁量を与えた規定があるなど契約の一方当事者である使用者に変更の権限がない場合には、労働契約の内容が就業規則に規定する最低基準を超えていても、使用者が契約の相手方である労働者の承諾なく、一方的に変更することはで

きません。そして、そのことは経営状況が悪化するなど労働条件の変更を必要とする合理的な理由が存在したとしても、変わりはありません（東豊観光事件　大阪地裁平成13年10月24日労判817-21）。手当の支給を一方的に打ち切る場合も、同様です（黒田病院事件　東京地裁平成6年3月7日労判655-59）。

（2）就業規則による労働条件の不利益な変更

ア　就業規則による労働条件の不利益な変更に関する原則

　使用者は、原則として、労働者と合意することなく、就業規則を変更することにより、労働者の不利益に労働契約の内容である労働条件を変更することはできません（同法第9条）。すなわち、新たな就業規則の作成または変更によって、既得の権利を奪い、労働者に不利益な労働条件を一方的に課すことは、原則として許されません（秋北バス事件）。

イ　合理的な就業規則の変更

　しかしながら、多数の労働者を使用する近代企業においては、労働条件は、経営上の要請に基づき、統一的かつ画一的に決定され、労働者は、経営主体が定める契約内容の定型に従って附従的に契約を締結せざるを得ない立場に立たされるのが実情であり、この労働条件を定型的に定めた就業規則は、一種の社会的規範としての性質を有するだけでなく、それが合理的な労働条件を定めているものであるかぎり、経営主体と労働者との間の労働条件は、その就業規則によるという事実たる慣習が成立していますので、その法的規範性が認められます。このため、就業規則は、その事業所内での社会的規範であるだけでなく、法的規範としての性質が認められていますから、その事業所の労働者は、就業規則の存在および内容を現実に知っていると否とにかかわらず、また、これに対して個別的に同意を与えたかどうかを問わず、当然に、その適用を受けることになります。そして、使用者が、新たな就業規則の作成または変更によって、既得の権利を奪い、労

働者に不利益な労働条件を一方的に課すことも、労働条件の集合的処理、特にその統一的かつ画一的な決定を建前とする就業規則の性質からいって、その就業規則の規定が合理的なものであるかぎり、個々の労働者において、これに同意しないことを理由として、その適用を拒否することは許されません(秋北バス事件)。したがって、使用者が就業規則の変更により労働条件を変更する場合に、変更後の就業規則を労働者に周知させ、かつ、就業規則の変更が、就業規則の変更に関する諸事情に照らして合理的なものであるときは、労働契約の内容である労働条件は、変更後の就業規則に定めるものとなります(同法第10条)。

なお、これに関連して、就業規則ともいえない単なる内規で、使用者が労働者の労働条件を一方的かつ不利益に変更することは許されないとする裁判例(風月荘事件　大阪地裁平成13年3月26日労判810-41)があります。

ウ　就業規則の不利益な変更に関する合理性の有無

就業規則の不利益な変更に関する合理性の有無については、次のような要素を総合的に考慮して判断されます(第四銀行事件　最高裁第二小法廷平成9年2月28日民集51-2-705)。

① 就業規則の変更によって労働者が被る不利益の程度
② 使用者側の変更の必要性の内容や程度
③ 変更後の就業規則の内容自体の相当性
④ 代償措置その他関連する他の労働条件の改善状況
⑤ 労働組合などとの交渉の経緯
⑥ 他の労働組合または他の労働者の対応
⑦ 同種事項に関する我が国社会における一般的状況など

特に、賃金や退職金など労働者にとって重要な権利、労働条件に関し実質的な不利益を及ぼす就業規則の作成または変更については、その就業

規則の規定が、そのような不利益を労働者に法的に受忍させることを許容することができるだけの高度の必要性に基づいた合理的な内容のものである場合に、その効力を生じます(第四銀行事件)。

なお、合理性の有無の判断においてどの要素が重視されるかは、個々の事実関係に応じて異なり、労働条件の不利益な変更が有利な変更とセットで、多数組合との合意を経て行われていることや変更後の賃金水準が同業他社や世間一般との比較において高いことなどが重視されるものもあれば、労働者の不利益が大きいことや、特定層の労働者に集中的に不利益を課すことや代償措置を十分講じていることが重視されたものもあります。

エ　就業規則の不利益な変更に関する判例

就業規則の不利益な変更に関しては、次のような判例があります。

(1)　賃金制度

① タクシー乗務員の歩合給の計算方法に関する本件就業規則の変更の内容の合理性の有無については、i 新計算方法に基づく賃金額と旧計算方法に基づく賃金額とを比較し、前者が後者より全体として減少していないか、ii 減少していない場合には労働強化によるものではないか、iii 新計算方法における足切額の増加と支給率の減少がこれまでの例と比較し急激かつ大幅な労働条件の低下で従業員に不測の損害を被らせるものではないか、iv 会社が新計算方法を採用した理由は何か、v 会社と第一労働組合との間の団体交渉の経緯などはどうか、vi 会社と第二労働組合との関係で使用者と労働者の利益が調整された内容のものであるという推測が成り立たない事情があるかなどにより、判断する必要がある(第一小型ハイヤー事件　最高裁第二小法廷平成4年7月13日労判630-6)。

② 定年年齢を60歳に引き上げる一方で55歳以降の月給や賞与を年間ベースで54歳時の63〜67%に引き下げる内容の本件就業規

則の変更は、ⅰ 60歳への定年延長の必要性およびそれに伴う55歳以上の賃金水準の見直しには高度の必要性が認められること、ⅱ 変更後の55歳以上の労働者の労働条件内容は同業他社等と比較してほぼ同様であり、その賃金水準は社会一般の水準と比較してかなり高いこと、ⅲ 定年延長は決して小さくない労働条件の改善であること、ⅳ 全行員の約90％（50歳以上の行員の約60％）を組織する労働組合との交渉・合意を経て行われたものであるから、変更後の就業規則の内容は労使間の利益調整がなされた結果としての合理的なものであると一応推測できることなどの事情に照らし、合理性が認められるので、効力を有する（第四銀行事件）。

③ 賃金減額の効果を有する本件就業規則の変更は、ⅰ 賃金体系の変更は、短期的にみれば、特定の層の行員にのみ賃金コスト抑制の負担を負わせているものといわざるを得ず、その負担の程度も大幅な不利益を生じさせるものであり、それらの者は中堅層の労働条件の改善などといった利益を受けないまま退職の時期を迎えること、ⅱ 就業規則の変更によって制度の改正を行う場合には、一方的に不利益を受ける労働者について不利益性を緩和するなどの経過措置を設けることによる適切な救済を併せ図るべきであり、それがないままに大きな不利益のみを受忍させることには、相当性がないこと、ⅲ 経過措置は、その内容、程度に照らし、就業規則の変更の当時既に55歳に近づいていた行員にとっては、救済ないし緩和措置としての効果が十分ではなく、経過措置の適用にもかかわらず依然大幅な賃金の減額をされており、このような経過措置の下においては、賃金面における本件就業規則等変更の内容の相当性を肯定することはできないこと、ⅳ 行員の約73％を組織する労組が変更に同意しているが、不利益性の程度や内容を勘案すると、賃金面における変更の合理性を判断する際に労組の同意を大きな考慮要素と評価することは相当ではないこと、ⅴ 就業規則の変更は、それによる賃金

に対する影響の面からみれば、高年層の行員に対しては、専ら大きな不利益のみを与えるものであることから、変更に同意しない者に対しこれを法的に受忍させることもやむを得ない程度の高度の必要性に基づいた合理的な内容のものであるということはできないので、無効である(みちのく銀行事件　最高裁第一小法廷平成12年9月7日民集54－7－2075)。

(2) 退職金制度

① 　退職金支給規定の変更は従業員に対し所定日以降の就労期間が退職金算定の基礎となる勤続年数に算入されなくなるという不利益を一方的に課すものであるにもかかわらず、その代償となる労働条件を何ら提供しておらず、また、不利益を是認させるような特別の事情も認められないので、就業規則の変更は合理的なものということができないから、無効である(御國ハイヤー事件　最高裁第二小法廷昭和58年7月15日労判425－75)。

② 　合併に伴う退職金規程の変更は、ⅰ 退職金額は、支給倍率の低減による見かけほど低下しておらず、実質的な不利益は、決して大きなものではないこと、ⅱ 従業員の労働条件が異なる複数の農協などが合併した場合に、労働条件の統一的画一的処理の要請から、旧組織から引き継いだ従業員相互間の格差を是正し、単一の就業規則を作成、適用しなければならない必要性が高いこと、ⅲ 合併に際してその格差を是正しないまま放置するならば、合併後の人事管理等の面で著しい支障が生ずること、ⅳ 合併後、休日・休暇、諸手当、旅費等の面において有利な取扱いを受けるようになり、定年も延長されたことなど新規程への変更によって被った不利益の程度、変更の必要性の高さ、その内容、及び関連するその他の労働条件の改善状況などの事情に照らせば、労働者が被った不利益を考慮しても、なお労使関係においてその法的規範性を是認できるだけの合理性があるので、有効である(大曲市農協事件　最高裁第三小法

廷昭和63年2月16日民集42－2－60)。

③　退職金規定の変更は、変更前の退職金を支払い続けることによる経営の悪化を回避し、退職金の支払に関する変則的な措置を解消するために退職金支給率を引き下げたこと自体には高度の必要性を肯定することができるが、同時に行われた定年年齢の引下げの結果、その効力が生じた日に既に定年により退職する者の退職金の額を改定前の退職金額を下回る額にまで減額する点は、法的規範性を是認することができるだけの合理性を有するものとは認め難いので、その限度では、変更後の退職手当規程の効力は認めることができない(朝日火災海上保険事件　最高裁第三小法廷平成8年3月26日労判691－16)。

(3)　労働時間

完全週休2日制を実施するために、平日の所定労働時間を延長する就業規則の変更により生ずる不利益は、これを全体的、実質的にみた場合に必ずしも大きいものということはできず、他方、銀行としては、完全週休2日制の実施に伴い平日の労働時間を画一的に延長する必要性があり、変更後の内容も相当性があるので、労働組合がこれに強く反対していることや銀行における労働組合の立場などを勘案しても、不利益を法的に受忍させることもやむを得ない程度の必要性のある合理的内容のものであるので、効力がある(北都銀行(旧羽後銀行)事件　最高裁第三小法廷平成12年9月12日労判788－23、函館信用金庫事件　最高裁第三小法廷平成12年9月22日労判788－17)。

(4)　定年制

およそ定年制は、一般に、老年労働者にあっては当該業種または職種に要求される労働の適格性が逓減するにかかわらず、給与が却って逓増するところから、人事の刷新・経営の改善など企業の組織および運

> 営の適正化のために行なわれるものであって、一般的にいって、不合理な制度ということはできないから、新たに定年制を採用する本件就業規則の変更も、決して不合理なものということはできず、その適用を拒否することができない(秋北バス事件)。

オ　就業規則の周知

就業規則は、常時各作業場の見やすい場所へ掲示し、または備え付けるなどの方法により周知させなければならず(労働基準法第106条第1項)、就業規則が法的拘束力を生ずるためには、その内容を適用を受ける事業所の労働者に周知させる手続が採られていることが必要です(フジ興産事件。第8章253～254頁参照)。

(3) 労働協約による労働条件の不利益な変更

労働協約には、これに定める労働条件その他の労働者の待遇に関する基準に違反する労働契約の部分は無効とされ、無効となった部分や労働契約に定めがない部分は、労働協約に定める基準によるとする規範的効力があります(労働組合法第16条。第14章476頁参照)。

労働協約は、団体交渉の中で労使が互いに譲歩しつつ複雑に絡み合う利害関係を調整した末に締結されるものです。このため、労働協約による労働条件の不利益な変更もあり得ますが、このような労働協約による労働条件の不利益な変更の場合であっても、その労働協約には、規範的効力があります(茨木高槻交通　大阪地裁平成11年4月28日労判765-29)。ただし、その労働協約による労働条件の変更が特定のまたは一部の組合員をことさら不利益に取扱うことを目的として締結されるなど労働組合の目的を逸脱している場合や特定の労働者が被る不利益が極めて大きい場合、組合規約で定められた締結手続を踏んでいない場合などには、労働協約による労働条件の不利益な変更について、その規範的効力が否定される場合があります(朝日火災海上保険事件　最高裁第一小法廷平成9

年3月27日労判713-27)。

　また、労働協約には、1の事業所に常時使用される同種の労働者の4分の3以上の数の労働者が1の労働協約の適用を受けるに至ったときは、その事業所に使用される他の同種の労働者に関しても、その労働協約が適用されるとする一般的拘束力が認められています(同法17条。第14章476～477頁参照)。

　労働協約の一般的拘束力が認められる場合に、労働協約による労働条件の不利益な変更が行われたときは、その変更の効力は原則としてその労働組合の組合員以外の労働者にも適用されます。

　しかしながら、その労働組合の組合員以外の労働者は、労働組合の意思決定に関与する立場になく、また、その労働組合もその労働組合の組合員以外の労働者の労働条件を改善し、その他の利益を擁護するために活動する立場にはありませんので、労働協約によって特定のその労働組合の組合員以外の労働者にもたらされる不利益の程度や内容、労働協約が締結されるに至った経緯、その労働者が労働組合の組合員資格を認められているかどうかなどに照らし、その労働協約をその労働組合の組合員以外の特定の労働者に適用することが著しく不合理であると認められる特段の事情があるときは、その労働協約の規範的効力をその労働者には適用することはできない場合があります。このため、労働協約によって組合員の範囲から除外されていた者の退職金の額が労働協約による変更前の退職金額を下回る額にまで減額する場合には、その労働協約の規範的効力をその労働者には適用することはできないとする判例(朝日火災海上保険事件　最高裁第三小法廷平成8年3月26日民集50-4-1008)があります。

(4) 変更解約告知

　使用者が労働条件の変更を目的として、現在の労働契約を解約し、新しい労働契約の申込を行うことを変更解約告知といいます。変更解約告知が行われた場合には、労働条件の変更に同意する労働者は新たな労働

条件で労働契約を締結し、変更に同意せず従前の労働契約の存続を望む労働者は一旦解雇された上でその効力を争うことになります。

変更解約告知に関しては、経営危機にある会社から再雇用の申し込みを伴う解雇予告の意思表示がなされたのに対して、解雇予告の意思表示に応ずることなく、再雇用の申し入れをしない労働者について、①労働条件の変更が会社の業務運営上必要不可欠であること、②その必要性が労働条件の変更によって労働者が被る不利益を上回っていること、③労働条件の変更を伴う新契約締結の申込がそれに応じない場合の解雇を正当化するに足るやむを得ないものと認められること、④解雇回避の努力が十分に尽くされていること、の要件を満たす場合には、その労働者を解雇することができるとする裁判例（スカンジナビア航空事件　東京地裁平成7年4月13日労判675－13）があります。

逆に、ドイツ法と異なって変更解約告知に関する明文の規定のない我が国においては、変更解約告知という類型を設けることは相当ではなく、解雇の意思表示が使用者の経済的必要性を主とするものである以上、その実質は整理解雇にほかならないから、整理解雇と同様の厳格な要件が必要であるとする裁判例（大阪労働衛生センター第一病院事件　大阪地裁平成10年8月31日労判751－38、関西金属工業事件　大阪地裁判決平成18年9月6日労判929－36）や賃金制度などの変更に異議を留めて労働者が通常業務に従事している場合で、労働条件の統一的、画一的処理の必要性の面で具体的問題が生じていないときは、賃金制度などの変更に同意しないことを理由とする解雇は無効であるとする裁判例（日本オリーブ事件　名古屋地裁平成15年2月5日労判848－43）もあります。

2　労働慣行

（1）労働慣行とは

　労働慣行とは、その慣行が企業社会一般において労働関係を律する規範的な事実として明確に承認され、あるいはその企業の労働者が一般に当然のこととして異議をとどめずその企業内においてそれが事実上の制度として確立しているものをいいます。

　労働慣行は、それが事実たる慣習として、労働契約の内容を構成するものとなっている場合には、法的拘束力があります。労働慣行が事実たる慣習となっているためには、一般に、①同種の行為または事実が一定の範囲において長期間反復継続して行われていること、②労使双方が明示的にその慣行によることを排除したり、排斥していないこと、③その慣行が労使双方の規範意識に支えられていることが必要です（日本大学事件　東京地裁平成14年12月25日労判845-33）。

　特に使用者側においては、その労働条件の内容を決定し得る権限を有する者あるいはその取扱いについて一定の裁量権を有する者の規範意識に支えられていることが必要で（国鉄国府津運転所事件　横浜地裁小田原支部昭和63年6月7日労判519-26）、当事者の合理的意思に反しては成立しません（松原交通事件　大阪地裁平成9年5月19日労判725-72）。

　労働慣行が事実たる慣習に該当している場合には、労使当事者に法的拘束力があり、例えば、大学法学部と理事会の間では、専任教授の定年制について、専任教授本人が任意に退職を希望しない限り、満65歳を迎える前に法学部教授会が定年延長の内申を理事会に対して行い、理事会がこれを承認し、満70歳で定年退職となるという取扱いが事実たる慣習として成立している場合には、その慣行が労働契約の内容を構成するので、法的拘束力があります（日本大学事件）。

（2） 労働基準法などに反する慣行の効力

　法令中の公の秩序に関しない規定と異なる慣習がある場合において法律行為の当事者がその慣習による意思を有しているものと認められるときは、その慣習に従います（民法92条）が、このような効力が認められるのは、公の秩序に関しない規定と異なる慣習に限られています。逆に、公の秩序に関する規定であると異なる慣習については、このような効力が認められていません。

　労働条件の基準を定める労働基準法の規定は、強行法規で、公の秩序に関する規定ですから、これに反する慣行には効力は認められません（静岡県教組事件　最高裁第一小法廷昭和47年4月6日民集26-3-397）。このため、法定の労働時間を超える時間外労働や法定休日の労働に対しては割増賃金を支給すべきことを定めた労働基準法の規定に反する慣行を認める余地はありませんので、このような慣行の存在を理由として、時間外労働に対しては割増賃金を支給すべき義務を免れることはありません（仁成会（串田病院）事件　大阪地裁平成11年9月8日労判775-43）。

（3） 就業規則などに反する慣行の効力

　労働慣行は、それが事実たる慣習として、労働契約の内容を構成するものとなっている場合には、就業規則に反するかどうかを問わず、法的拘束力があります（日本大学事件）。

　使用者と労働者との間で長期間、反復継続された労働条件に関する取扱いが、就業規則や労働協約の規定に抵触するときには、就業規則を改廃する権限を有する者またはこれと実質上同視し得る者が、このような規範意識を有することが必要となります。したがって、就業規則を改廃する権限を有する者またはこれと実質上同視し得る者が、この取扱いを承認し、これを準則として従うべきであるという規範意識を有していたとは認め難い場合には、振替休日を休日とする取扱いが使用者と労働者の双方を拘束する法的効力を有するものと認められません（商大八戸ノ里ドライビングスクール

事件　大阪地裁平成8年1月22日労判698-46)。

　また、就業規則を改廃する権限を有しない者の規範意識により支持されていたとしても、使用者がそのような規範意識を有していたことにはなりませんので、洗身入浴を労務の提供と認める権限も勤務時間を短縮する権限もない機関区長や電車区長の規範意識により支持されていたとしても、洗身入浴の慣行は法的効力をもつ労働慣行とはいえません(国鉄国府津運転所事件、国鉄蒲田電車区事件　東京地裁昭和63年2月24日労判512-22)。

(4) 労働慣行の改廃・変更

　労働慣行の改廃・変更に関しては、労働者の権利に関し確立した労働慣行を破棄し、または改変しようとする場合には、合理的な理由と必要性があることが必要であり、手続的にも、その理由および必要性を示して、交渉または説得の手続を踏む必要があるとする裁判例(岡山電気軌道事件　広島高裁岡山支部平成7年10月31日労判696-84)がある一方、就業規則を制定改廃する権限を有する者がその取扱いについて規範意識を有していない就業規則に抵触する慣行を使用者の責任において是正することは違法ではなく、団体交渉を経ずに廃止することが不当労働行為に該当したり、信義則に違反したり、権利の濫用になるとはいえないとする裁判例(全逓中央郵便局事件　東京地裁平成3年8月7日労判594-41)があります。

　また、法的効力をもつ労働慣行とはいい難いが、永年にわたって黙認して来た慣行を破棄するためには、破棄の意思表示を労働者に周知徹底させる必要があるとして、慣行の自粛を求め、必要な通告をするなどの手続が必要とされ(国鉄国府津運転所事件)、使用者側の一方的通告に基づき、これまでの慣行に反する規制を急速に実施し、管理者が実力で阻止しようとする場合には、違法と評価される場合があります(国鉄田町電車区事件　東京高裁昭和48年1月26日)。

なお、就業規則の変更により労働慣行を変更しようとする場合には、就業規則の不利益変更、すなわち、就業規則の変更が合理的なものであるときは、労働契約の内容である労働条件は変更後の就業規則に定めるものによる(労働契約法第10条)ので、就業規則の変更が合理的なものか否かにより判断するとする裁判例(ソニー事件　東京地裁昭和58年2月24日労判405−41)があります。

第10章

賃金

「賃金」のポイント
1 賃金とは
2 平均賃金
3 賃金の支払い
4 賃金の査定
5 賃金の減額
6 債務の本旨に従った労務の提供と賃金請求権
7 非常時払い
8 休業手当
9 歩合給制度の場合の保障給
10 最低賃金
11 割増賃金
12 退職労働者の賃金の遅延利息
13 賞与
14 退職金
15 未払賃金の立替払
16 賃金請求権などの消滅時効

「賃金」のポイント

1　賃金とは、賃金、給料、手当、賞与その他名称の如何を問わず、労働の対償として使用者が労働者に支払うすべてのものをいい、①任意的、恩恵的なものは一般に賃金ではない、②福利厚生施設は賃金ではない、③企業設備の一環とされるものは賃金ではない、という取扱いが行われている。労働協約、就業規則、労働契約などによってあらかじめ支給条件が明確にされたものは賃金に該当する。

2　平均賃金とは、原則として、平均賃金を算定すべき事由の発生した日以前3か月間にその労働者に対し支払われた賃金の総額をその期間の総日数で除した金額をいい、①解雇予告手当、②休業手当、③年次給休暇の手当、④労災補償、⑤減給の制裁の際に用いる。

3　賃金は、原則として、通貨で、直接労働者に、その全額を、毎月1回以上、一定の期日を定めて支払わなければならない。また、毎月1回以上、暦月の特定された日に支払わなければならない。

4　一般に、人事考課は、労働者の保有する労働能力、実際の業務の成績、その他のさまざまな要素を総合判断するもので、裁量が大きく働くものであるため、評価が合理性を欠き、社会通念上著しく妥当を欠くと認められない限り、これを違法とすることはできない。

5　労働者が非常の場合の費用に充てるために請求する場合には、支払期日前でも、非常時払いとして、それまでの労働に対する賃金を支払わなければならない。

6　使用者の責めに帰すべき事由による休業の場合には、その休業期間中、平均賃金の6割以上の休業手当を支払わなければならない。

7　賃金の支払が、出来高払制その他の請負制による場合は、一定

額の賃金保障を行うことが義務づけられている。

8　賃金の低い労働者について賃金の最低額を保障することにより、労働条件の改善を図り、労働者の生活の安定や労働力の質的向上、事業の公正な競争の確保に資することなどを目的として、最低賃金が定められており、最低賃金の適用を受ける労働者に対し、その最低賃金額以上の賃金を支払わなければならない。

9　使用者は、非常災害の場合にまたは36協定により労働時間を延長し、もしくは休日に労働させた場合または深夜業をさせた場合には、通常の労働時間の賃金の計算額の一定割合以上の率で計算した割増賃金を支払わなければならない。

1　賃金とは

　賃金とは、賃金、給料、手当、賞与その他名称の如何を問わず、労働の対償として使用者が労働者に支払うすべてのものをいいます（労働基準法第11条）。したがって、労働者と使用者の間に使用従属関係があり、その使用従属関係の下で行う労働の対償として支払うものが賃金です。ここでいう「労働の対償」に該当するか否かについては、次の基準によって判断します。

（1）任意的、恩恵的なもの

　労働者の個人的な吉凶禍福に際して、使用者が任意に与える慶弔見舞金や災害見舞金などは、一般に労働の対償ではないと解されています。例えば、「奨励金」については、支給条件が明確でなく、支払対象者と支給額がすべて代表者の裁量によって決定されるものであるから、会社において従業員に支払義務を負担し、従業員にその請求権が保障されているものとはいえないとする裁判例（中部日本広告社事件　名古屋高裁平成2年8月31日労判569-37）があります。

一方、その支給について、労働協約、就業規則、労働契約などによってあらかじめ支給条件が明確にされたものは、権利として保障されていますので、労働の対償である賃金に該当します（伊予相互金融事件　最高裁第三小法廷昭和43年5月28日判時519-89）。例えば、次のような場合がこれに該当します。

① 　支給基準が明確な食事代および日帰り出張日当（日本ロール製造事件　東京地裁平成14年5月29日労判832-36）

① 　家族手当が就業規則において支給する旨定められており、具体的金額が労働協約において定められていて、具体的支給条件が明確になっている場合（ユナイテッド航空事件　東京地裁平成13年1月29日労判805-71）。

③ 　パン類の訪問販売を行う外交員に対し販売したパン1袋を1点とし、その販売数量に応じて統一的かつ形式的に算出される実績点数に対して一定の金額を乗じて支払われる歩合手数料、半期手数料および退職慰労金（中部ロワイヤル事件　名古屋地裁平成6年6月3日労判680-92）。

② 　奨学手当金が求人票には賃金の一部として記載されており、使用者が労働者に対しこの点に関しなんらの説明もしておらず、基本給が当時の高校卒業者の給料として著しく低額であり、労働契約の内容として准看護婦学校に通学させる義務を負っている場合（第二国道病院事件　横浜地裁川崎支部平成4年7月31日労判622-25）。

③ 　期末、勤勉手当が恩恵による給付ではなく、労働の対価として支払を義務づけられている場合（いずみの会事件　東京高裁昭和60年2月26日労判454-59）

④ 　慶弔金および永年勤続者表彰金が規則に従い、一定の支払条件のもとに、所定の慶弔または永年勤続という支払原因が生じた従業員に対し例外なく支払われるものである場合（東洋酸素事件　東京地裁昭和51年4月19日労判255-59）。

⑤ 就業規則で支給条件が明確に定められた退職金(シンガー・ソーイング・メシーン・カムパニー事件　最高裁第二小法廷昭和48年1月19日民集27−1−27)。

(2) 福利厚生施設

　実物給付については、できるだけ広く福利厚生施設と解し、賃金としては取り扱いませんので、個人的利益に帰属しないものや使用者の支出が明確でないものは福利厚生施設であって、賃金ではありませんが、社会保険料の労働者負担のように必然的な支出を補うものは賃金として取り扱われます。

(3) 企業設備の一環

　業務遂行に必要な費用の実費弁償である旅費や交際費などは、一般に賃金には該当しません。例えば、個人所有の自動車を使用した場合の調査交通費が賃金とは明確に区別されて、調査活動に要した交通費を実費として支給するものと定められており、ただ、実際に公共交通機関を利用したか、個人所有自動車を使用したかを問わず、一律に、調査資料に基づき最低および最短距離の原則に従って公共交通機関を利用した料金相当額を実費とする取扱いがされていた場合には、調査交通費が実費支給ではなく賃金の性質を有していたということはできないとする裁判例(日本調査事件　東京地裁昭和60年4月24日労判451−4)があります。

　なお、会社の株式の給付については、通知書をもって月給10か月分の支給を前提として所得税を控除した額の株式を賞与として支給する旨確約した場合には、賃金に該当するとする裁判例(ジャード事件　東京地裁昭和53年2月23日労判293−52)があります。

　また、会社の従業員などが、一定期間内に、あらかじめ決められた価格で、所属する会社から自社株式を購入できるストック・オプション制度から得られる利益は、その発生の時期・額とも労働者の判断に委ねられるため、賃

金には該当しません(平成9年6月1日基発第412号)。ただし、税法上は、ストップオクション制度に基づく権利行使益は職務を遂行したことに対する対価としての性質を有する経済的利益であることは明らかであるから、その権利行使益は、雇用契約またはこれに類する原因に基づき提供された非独立的な労務の対価として給付されたものとして、所得税法の給与所得に当たります(荒川税務署長(日本アプライド)事件 最高裁第三小法廷平成17年1月25日労判885-5)。

2　平均賃金

(1) 平均賃金とは

　平均賃金とは、原則として、平均賃金を算定すべき事由の発生した日以前3か月間にその労働者に対し支払われた賃金の総額をその期間の総日数で除した金額をいいます(労働基準法第12条第1項)。

(2) 平均賃金を算定すべき事由

　平均賃金は、次の場合に、算定します。

① 　労働者を解雇する場合の予告手当の支払い(同法第20条)
② 　使用者の責に帰すべき事由による休業の場合の手当の支払い(同法第26条)
③ 　年次給休暇の期間について、就業規則その他これに準ずるもので定めるところにより支払う場合(同法第39条第6項)
④ 　休業補償、障害補償、遺族補償、打切補償もしくは分割補償を行い、または葬祭料を支払う場合(同法第76条～第82条)
⑤ 　就業規則で労働者に対して減給の制裁を定める場合

(3) 平均賃金の算定方法

　平均賃金は、原則として、それを算定すべき事由が発生した日の前日か

らさかのぼって3か月間に支払われた賃金の総額をその期間の総日数で除して算定します(同法第12条第1項)。ただし、賃金締切日がある場合には直前の賃金締切日から起算します(同条第2項)。

(4) 平均賃金の賃金の総額から除外される賃金

平均賃金を算定する場合の賃金の総額の中からは、次の賃金は除外します(同条第4項)。

① 臨時に支払われた賃金
② 3か月を超える期間ごとに支払われる賃金
③ 労働基準法第24条第1項ただし書の法令または労働協約の別段の定めに基づいて支払われる通貨以外の賃金を除く通貨以外で支払われた賃金
④ (5)の平均賃金の算定期間から除外される期間中に支払われた賃金

(5) 平均賃金の算定期間から除外される期間

平均賃金の算定期間からは、次の期間は除外します(同法第12条第3項)。

① 業務上の負傷または疾病により療養のために休業した期間
② 産前産後に休業した期間
③ 使用者の責めに帰すべき事由により休業した期間
④ 育児・介護休業法に基づき育児休業または介護休業した期間
⑤ 試用期間

(6) 平均賃金の額の下限

平均賃金の金額は、次により計算した金額を下回ってはなりません(同条第1項ただし書)。したがって、例えば、①に該当する場合には、平均賃金は、(1)により算定した額と①により算定した額のいずれか高いほうということに

なります(大田原重機事件　東京地裁平成11年5月21日労経速1716-17)。

① 　賃金が労働した日もしくは時間によって算定され、または出来高払制その他の請負制によって定められた場合には、賃金の総額をその期間中に労働した日数で除した金額の100分の60
② 　賃金の一部が月、週その他一定の期間によって定められた場合には、その部分の総額をその期間の総日数で除した金額と①の金額の合算額

(7) 平均賃金についてのそのほかの取扱い

平均賃金については、そのほか、次のような取扱いがなされています。
① 　試用期間中に平均賃金を算定すべき事由が発生した場合には、その期間中の日数およびその期間中の賃金は、平均賃金の算定の期間および賃金の総額に算入すること(同法施行規則第3条)。
② 　(5)の①から④までの期間が平均賃金を算定すべき事由の発生した日以前3か月以上にわたる場合または雇入れの日に平均賃金を算定すべき事由の発生した場合の平均賃金は、都道府県労働局長の定めによること(同法施行規則第4条)。
③ 　雇入れ後3か月に満たない者の平均賃金の算定の期間は、雇入れ後の期間とすること(同法第12条第6項)。
⑧ 　日雇労働者の平均賃金は、次によること(同条第7項、昭和38年10月11日労働省告示第52号)。
ｉ 　平均賃金を算定すべき事由の発生した日以前1か月間に日雇労働者がその事業所において使用された期間がある場合には、その期間中に日雇労働者に対して支払われた賃金の総額をその期間中に日雇労働者がその事業所において労働した日数で除した金額の100分の73とすること。
ⅱ 　ｉにより算定できない場合には、平均賃金を算定すべき事由の発

生した日以前1か月間にその事業所において同一業務に従事した日雇労働者に対して支払われた賃金の総額をその期間中にこれらの日雇労働者がその事業所において労働した総日数で除した金額の100分の73とすること。
ⅲ　ⅰおよびⅱにより算定できない場合または日雇労働者もしくは使用者がⅰまたはⅱにより算定することを不適当と認め申請した場合には、都道府県労働局長が定める金額とすること。
ⅳ　都道府県労働局長が一定の事業または職業に従事する日雇労働者の平均賃金を定めた場合には、その金額とすること。

3　賃金の支払い

　賃金は、原則として、通貨で、直接労働者に、その全額を、毎月1回以上、一定の期日を定めて支払わなければなりません（労働基準法第24条第1項）。

（1）通貨払いの原則

　賃金は、原則として通貨で支払わなければなりません。ただし、法令もしくは労働協約に別段の定めがある場合または次の場合には、それぞれで定める方法により、通貨以外のもので支払うことができます。

ア　労働者の同意を得た場合には、次の方法によること。
　①　労働者が指定する銀行その他の金融機関に対するその労働者の預金または貯金への振込み
　②　労働者が指定する金融商品取引業者に対するその労働者の預り金で一定の要件を満たすものへの払込み
イ　労働者の同意を得た場合には、退職手当の支払について次のものをその労働者に交付すること。
　①　銀行などの金融機関によって振り出されたその金融機関を支払人

> とする小切手（地方公務員に関しては地方公共団体によって振り出された小切手を含む）
> ② 銀行その他の金融機関が支払保証をした小切手
> ③ 郵便為替

　なお、ここでいう通貨には、外国通貨は含みません。また、小切手による支払いも退職手当の支払いについて、労働者の同意を得て、イの①または②による場合以外は禁止されており、このような要件を満たさない預金口座への振込みや小切手の交付による支払は、無効である（大鉄工業事件　大阪地裁昭和59年10月31日労判443-55）と解されています。

　株式の支給が賃金に該当する場合であっても、これを株式により支給するとの定めは労働基準法第24条第1項の実物給与の禁止に反し、無効です（ジャード事件）。また、ストック・オプションによる支払いも、通貨払いの原則に違反します（平成9年6月1日基発第412号）。

（2） 直接払いの原則

　賃金は、労働者に直接支払わなければなりません。したがって、労働者の親権者その他の代理人に支払うことは直接払いの原則に違反します。未成年者の場合にも、独立して賃金を請求することができますので、親権者または後見人は、未成年者の賃金を代って受け取ってはなりません（同法第59条）。ただし、本人に直接支払ったのと同視できるような使者に支払うことは差し支えありません。

　労働者が賃金の支払を受ける前に賃金債権を他に譲渡した場合にも、使用者は直接労働者に対し賃金を支払わなければなりませんので、賃金債権の譲受人は自ら使用者に対してその支払を求めることはできません（日本電信電話公社事件　最高裁第三小法廷昭和43年3月12日民集22-3-562）。

　ただし、賃金債権が法律に基づき差し押さえられたときは、使用者が賃金

を差押債権者に支払うことは許されます。また、銀行などの口座に振り込むことも、(1)のアまたはイで定める方法の場合には、可能です。

(3) 全額払いの原則
ア 全額払いの原則
　賃金は、その全額を支払わなければなりませんので、賃金からの控除は原則としてできません。

イ 賃金の一部控除が可能な場合
　ただし、法令に別段の定めがある場合には賃金の一部を控除して支払うことができます（同法第24条第1項ただし書）。例えば、所得税や住民税の源泉徴収、社会保険料や雇用保険料の労働者負担分の控除などがこれに該当します。

　また、その事業所の労働者の過半数で組織する労働組合があるときはその労働組合、労働者の過半数で組織する労働組合がないときは労働者の過半数を代表する者との書面による労使協定がある場合には、その労使協定で定めることにより、賃金の一部を控除して支払うことができます（同項ただし書）。ただし、この労使協定で定めることができるのは、社宅や寮などの費用、労働組合費のチェック・オフなど事理明白なものに限られており、例えば、データ装備費などその内容が明確でないものは、労使協定で定めても、賃金から控除することはできません。このため、労使協定なしに賃金から控除すること（ブルーハウス事件　札幌地裁平成10年3月31日労判740-45）や勤務態度不良を理由に罰金を課してこれを賃金から控除すること（風月荘事件　大阪地裁平成13年3月26日労判810-41）は、賃金の全額払いの原則に違反し、無効です。

ウ 賃金債権と使用者が労働者に対して有する債権との相殺
　労働者の賃金は、労働者の生活を支える重要な財源で、日常必要と

するものですので、これを労働者に確実に受領させ、その生活に不安のないようにすることが必要です。このため、労働者の賃金債権に対しては、使用者は使用者が労働者に対して有する債権をもって一方的に相殺することは許されません（日本勧業経済会事件　最高裁大法廷昭和36年5月31日民集15－5－1482）。

　しかしながら、労働者がその自由な意思に基づき相殺に同意した場合には、その同意が労働者の自由な意思に基づいてされたものであると認めるに足りる合理的な理由が客観的に存在するときは、同意を得てした相殺は全額払いの原則には違反しません（日新製鋼事件　最高裁第二小法廷平成2年11月26日民集44－8－1085）。例えば、事故により、損害額のうち使用者の負担した99,588円全額を求償されてもやむを得なかったところ、現実にはそのうちの1万円しか控除されない場合には、自由な意思に基づいてされたものであると認めるに足りる合理的な理由が客観的に存在する（新協運送事件　大阪地裁平成11年2月17日労判754－17）と評価されています。

エ　賃金額の精算

　賃金支払事務においては、一定期間の賃金がその期間の満了前に支払われることとされている場合には、支払日後、期間満了前に減額事由が生じたときまたは減額事由が賃金の支払日に接着して生じたことなどにより減額不能または計算未了となることや賃金計算における過誤、違算などにより、賃金の過払が生ずることがあります。このような場合に、適正な賃金の額を支払うために行われる相殺は、その行使の時期、方法、金額などからみて労働者の経済生活の安定との関係上不当と認められないものであれば、全額払いの原則に違反するものではないと解されており、この場合に許さる相殺は、過払のあった時期と賃金の精算調整の実を失わない程度に合理的に接着した時期においてされ、また、あらかじめ労働者にそのことが予告されるとか、その額が多額にわたらないとか、労働者の経済生活の安定を

おびやかすおそれのない場合でなければなりません(福島県教組事件　最高裁第一小法廷昭和44年12月18日民集23−12−2495)。

　また、就業規則などに定めていれば、1か月の賃金支払額に100円未満の端数が生じた場合に四捨五入したり、1,000円未満の端数が生じた場合に翌月に繰り越して支払うことは、違法としては取り扱われません(昭和63年3月14日基発第50号)。

オ　チェック・オフ協定の締結

　労働組合費のチェック・オフを行う労使協定が締結される場合がありますが、チェック・オフ協定の締結は、これにより、協定に基づく使用者のチェック・オフが罰則の適用を受けないという効力があるにすぎず、労働協約の形式により締結された場合でも、当然に使用者がチェック・オフをする権限を取得するものでなく、また、組合員がチェック・オフを受忍すべき義務を負うものではありませんので、使用者と労働組合との間に労使協定(労働協約)が締結されている場合であっても、使用者が有効なチェック・オフを行うためには、労使協定の外に、使用者が個々の組合員から賃金から控除した組合費相当分を労働組合に支払うことについて委任を受けることが必要で、委任がないときには使用者は組合員の賃金からチェック・オフをすることはできません(エッソ石油事件　最高裁第一小法廷平成5年3月25日労判650−6)。

カ　賃金債権の放棄

　労働者によるの賃金債権の放棄は、その自由な意思に基づくものであると認められる合理的な理由が客観的に存在していた場合に限って、全額払いの原則に違反しません(北海道国際空港事件　最高裁第一小法廷平成15年12月18日労判866−14)。

（4）毎月1回払いの原則および一定期日払いの原則

　賃金は、毎月1回以上、暦月の特定された日に支払わなければなりません（同法第24条第2項）。ただし、次の賃金については、この限りではありません（同項ただし書）。

① 　臨時に支払われる賃金
② 　賞与
③ 　1か月を超える期間の出勤成績によって支給される精勤手当
④ 　1か月を超える一定期間の継続勤務に対して支給される勤続手当
⑤ 　1か月を超える期間にわたる事由によって算定される奨励加給または能率手当

　なお、賃金が年俸制の場合にも、毎月1回払いの原則および一定期日払いの原則が適用されますので、毎月定期的に支払う必要があります。

4　賃金の査定

　賃金の査定は人事考課によって行われますが、一般に、人事考課は、労働者の保有する労働能力（個々の業務に関する知識、技能、経験）、実際の業務の成績（仕事の正確さ、達成度）、その他のさまざまな要素を総合判断するもので、その評価も一義的に定量判断が可能なわけではないため、裁量が大きく働くものであるため、人事考課をするに当たり、評価の前提となった事実について誤認があるとか、動機において不当なものがあったとか、重要視すべき事項を殊更に無視し、それほど重要でもない事項を強調するとかなどにより、評価が合理性を欠き、社会通念上著しく妥当を欠くと認められない限り、これを違法とすることはできない（光洋精工事件　大阪高裁平成9年11月25日労判729-39）と解されています。ただし、賃金の査定に実施手順などに反する裁量権の逸脱があり、これにより、正当に査定される利益が侵害されたと認められる場合には、その査定が不法行為となる場合があります（マナック事件　広島高裁平13年5月23日労判811-21）。

また、組合活動や思想信条、性別などを理由とする差別に関しては、不利益な取扱いを受けている者の査定が他と比較して著しく低い場合には、低い査定をしたことについて使用者が合理的な理由を反証できなければ、差別的取扱いをしたものと推認されます(第4章113〜117頁、第17章649〜650頁参照)。

5 賃金の減額

ア 個別の賃金の減額

賃金の減額は、労働契約の内容である労働条件の労働者の不利益な変更ですから、それが効力を有するためには、原則として個別に労働者側の同意があることが必要です(福岡雙葉学園事件 福岡高裁平成17年8月2日労判902-81)。この同意は、労働者の自由な意思に基づいてされたものであると認めるに足りる合理的な理由が客観的に存在することが必要であり(更正会社三井埠頭事件 東京高裁平成12年12月27日労判809-82)、黙示の同意(光和商事事件 大阪地裁平成14年7月19日労判833-22)によることも可能ですが、黙示の同意については一般に慎重に判断されています(日本ニューホランド事件 札幌地裁平成13年8月23日労判815-46)。

使用者が賃金を減額する権限があることが就業規則などに定められている場合には、その定めに基づいて使用者が労働者の同意を得ずに賃金を減額することも、権利の濫用などに該当しない限り可能です(エーシーニールセン・コーポレーション事件 東京地裁平成16年3月31日労判873-33)。特に、人事考課については、使用者に幅広い裁量が認められています。ただし、降級理由を認める証拠がない場合など人事考課の裁量の範囲を逸脱した場合には、降級処分の効力が否定されます(マッキャンエリクソン事件 東京地裁判決平成18年10月25日労判928-5)。

一方、使用者に変更の権限がないときは、経営状況が悪化している場合

であっても、労働者の承諾なく、一方的に変更することはできません(東豊観光事件　大阪地裁平成13年10月24日労判817-21。第9章262～264頁参照)。

イ　賃金規定の変更による賃金の減額

　賃金に関し実質的な不利益を及ぼす賃金規定の変更については、その賃金規定の規定が、そのような不利益を労働者に法的に受忍させることを許容することができるだけの高度の必要性に基づいた合理的な内容のものである場合に、その効力を生じます(第四銀行事件　最高裁第二小法廷平成9年2月28日民集51-2-705)。このため、変更後の賃金規定を労働者に周知させ、かつ、賃金規定の変更が、労働者の受ける不利益の程度、労働条件の変更の必要性、変更後の賃金規定の内容の相当性、労働組合などとの交渉の状況その他の賃金規定の変更に関する事情に照らして合理的なものである場合に限って、変更後の賃金規定は効力が発生します(第9章264～270頁参照)。

　なお、具体的に賃金請求権が発生している場合に、これを事後に変更された就業規則によって減額することは許されません(北海道国際空港事件　最高裁第一小法廷平成15年12月18日労判866-14)。

　また、国家公務員に準じて増額改定の利益を享受してきた民営事業所の職員が、官民格差の是正の趣旨でなされた人事院勧告に準拠した改定による賃金減額の不利益を甘受することについては、それ自体十分な合理性を有し、社会的な相当性があるとする裁判例(社会福祉法人八雲会事件　札幌高裁平成19年3月23日労判939-12)があります。

ウ　配転による賃金の減額

　配転と賃金とは別個の問題で、法的には相互に関連していませんので、労働者が使用者からの配転命令に従わなくてはならないことが直ちに賃金減額処分に服しなければならないということを意味するものではありません。

このため、使用者は、より低額な賃金が相当であるような職種への配転を命じた場合であっても、特段の事情のない限り、賃金については従前のままとすべき契約上の義務を負っている(デイエフアイ西友事件　東京地裁平成9年1月24日判時1592-137)と解されています。

エ　年俸制の場合の契約期間途中での賃金額の減額

　年俸制に関し、契約期間途中で年俸額を引き下げるためには、賃金全額払の原則の趣旨に照らし、労働者の自由な意思に基づいてなされたものと認められる合理的理由が必要です(北海道国際空港事件)。また、年俸総額や月額支給額の合意が成立している場合には、就業規則の変更によって契約期間の途中で賃金を減額することは許されない(シーエーアイ事件　東京地裁平成12年2月8日労判787-58)と解されています。ただし、使用者側が年俸額について減額があり得る旨の説明を行い、これに労働者が同意している場合には、額について労働者の同意を得ることなく減額することは可能です(中山書店事件　東京地裁平成19年3月26日労判943-41)

6　債務の本旨に従った労務の提供と賃金請求権

　使用者の責めに帰すべき事由によって労働者が労務の提供ができなかったときは、その労働者は、現実には労務を遂行していなくても、賃金の支払を請求することができます(民法第536条第2項)。
　これに関し、労働契約で職種や業務が特定されていない場合で、病気や障害などによりそれまでの業務を完全に遂行できないときに、それまでと異なる労務の提供の申し出を行い、実際に配置可能な業務がある場合で、使用者がその労務の提供を拒んだときは、使用者の責めに帰すべき事由によって労働者が労務の提供ができなかったときに該当しますので、労働者は、現実には労務を遂行していなくても、賃金の支払を請求することができます

（片山組事件　最高裁第一小法廷平成10年4月9日労判736-15）。

これに対し、職種を特定して雇用された場合で、従前の業務を通常の程度に遂行することができなくなったときは、原則として、労働契約に基づく債務の本旨に従った労務の提供ができないことになります。ただし、他に現実に担当できる業務が存在し、経営上もその業務を担当させることにそれほど問題がないときは、債務の本旨に従った労務の提供ができない状況にあるとはいえないことになります（カントラ事件　大阪高裁平成14年6月19日労判839-47）。

労働者の賃金を一部カットして一時帰休を行うことは、労働者に就労の権利の一部行使の制限や賃金の一部カットといった不利益を与え、一時的に労働者に不利益に変更することになりますので、就業規則の不利益変更に関する法理に準じて、そのような一時帰休が、不利益を労働者に受認させることを許容し得るような合理性があることが必要ですが、諸般の事情に照らし合理性がある場合は、使用者が一時帰休を行い労働者からの労務の提供を拒んだとしても、民法第536条第2項の使用者の責めに帰すべき事由には該当しない（池貝事件　横浜地裁平成12年12月14日労判802-27）と解されています。また、客観的に就労する意思や能力がはじめからない場合には、使用者の責めに帰すべき事由によるものとすることはできません（ユニ・フレックス事件　東京地裁平成10年6月5日労判748-117）。

なお、労働組合活動に関して、外勤・出張拒否闘争により出張・外勤業務に従事せず内勤業務に従事した場合には、債務の本旨に従った労務の提供をしたものとはいえませんので、このような場合には、使用者の責めに帰すべき事由によるものとすることはできません（水道機工事件　最高裁第一小法廷昭和60年3月7日労判449-49）。

7 非常時払い

　使用者は、労働者が次の非常の場合の費用に充てるために請求する場合には、支払期日前でも、非常時払いとして、それまでの労働に対する賃金を支払わなければなりません（労働基準法第25条）。
① 労働者またはその収入によって生計を維持する者が出産し、疾病にかかり、または災害をうけた場合
② 労働者またはその収入によって生計を維持する者が結婚し、または死亡した場合
③ 労働者またはその収入によって生計を維持する者がやむを得ない事由により1週間以上にわたって帰郷する場合

8 休業手当

　使用者の責めに帰すべき事由による休業の場合には、使用者は、その休業期間中、平均賃金の6割以上の休業手当を支払わなければなりません（同法第26条）。
　休業手当は、使用者の責任で労働者が就業できなかった場合に、その休業期間中、使用者が労働者に対して平均賃金の6割以上の休業手当を支払うことにより、労働者の生活を保護しようとするものです。

（1）民法第536条第2項との違い

　民法においても、「債権者の責めに帰すべき事由によって債務を履行することができなくなったときは、債務者は、反対給付を受ける権利を失わない（同法第536条第2項）」と規定しており、使用者の責任で就業ができなかった場合には、労働者は反対給付としての賃金の請求権を失うことはありませんが、両者には次の違いがあります。

> ①　休業手当を支払わないと罰則が科され、付加金の支払いが命じられる場合がある（労働基準法第120条第1号、第114条）こと。
> ②　民法第536条第2項は任意規定であり、これに反する合意は有効であるが、労働基準法第26条は強行規定であり、同条が定める基準を下回る合意は無効となること。
> ③　民法第536条第2項の「債務者の責に帰すべき事由」よりも労働基準法第26条の「使用者の責に帰すべき事由」の方が範囲が広く、使用者側に起因する経営、管理上の障害を含むこと（ノースウエスト航空事件　最高裁第二小法廷昭和62年7月17日労判499－16）。

　なお、労働基準法第26条の規定は、使用者の都合による休業が民法第536条第2項の「債権者の責めに帰すべき事由」に基づく履行不能に該当し、全額賃金の支払を請求し得る場合にも、その請求権を平均賃金の6割に減縮しようとする趣旨のものではありません（小倉綜合補給廠事件　最高裁第二小法廷昭和37年7月20日民集16－8－1684）。

（2）使用者の責めに帰すべき事由

　「使用者の責めに帰すべき事由」に該当するか否かについては、休業になることを避けるために最善の努力をしたかどうかが判断の基準となり、天災地変の場合、休電による場合、法令に基づくボイラーの検査のための休業、労働基準法第33条に基づく代休命令などの不可抗力の場合には使用者の責めに帰すべき事由による休業には該当しませんが、不可抗力以外の場合には使用者の責めに帰すべき事由による休業に該当します。

　具体的には、次のような場合が、これに該当します。

① 取引先の経営困難のために企業が原料や資材の供給を受けることができない場合
② 資金難による経営障害に陥った場合（昭和23年6月11日基収第1998号）

③　会社の倒産後残務整理に従事していた労働者が残務がなくなった後の期間（東洋ホーム事件　東京地裁昭和51年12月14日判時845-112）
④　ゴルフ開発計画の凍結により事務所を閉鎖したものの担当者からの要請で就職せず待機していた場合（ピー・アール・イー・ジャパン事件　東京地裁平成9年4月28日）
⑤　会社が業務を受注できなかったために休業となった場合（大田原重機事件　東京地裁平成11年5月21日労経速1716-17）
⑥　雨天の予報のため元請が工事を中止したため下請けの労働者が就労できなかった場合（最上建設事件　東京地裁平成12年2月23日労判784-58）
⑦　派遣先から派遣労働者の就労を拒絶された場合（三都企画建設事件　大阪地裁平成18年1月6日労判913-49）

(3) 争議行為の影響による休業

争議行為の影響による休業については、次のように考えられます。

①　組合員の一部がストライキを行った場合のストに参加していない組合員の休業については、「使用者の責めに帰すべき事由」に該当しない（ノースウエスト航空事件）
②　その労働者が所属しない組合のストライキによって労務の履行が不可能となった場合には、「使用者の責に帰すべき事由」に該当する（明星電気事件　前橋地裁昭和38年11月14日判時355-71）
③　関連企業での争議のため運送業務量が激減したことにより休業した場合には、「使用者の責に帰すべき事由」に該当する（扇興運輸事件　熊本地裁八代支部昭和37年11月27日労民集13-6-1126）
④　正当なロックアウトによる休業の場合には、使用者は休業手当支払い義務を負わない（昭和23年6月17日基収第1953号）

（4）起訴休職による休業

　起訴休職による休業も、休業手当の支給対象となる場合があり、人身事故を起こしたタクシー運転手に対して司法機関の処分が出るまでの間の特別休職（相互交通事件　函館地判昭63年2月29日労判518-70）や懲戒委員会の審査の間休職処分を受けた場合（日通事件　大阪地裁昭和47年10月13日）に、休業手当の支払いを命じた裁判例があります。

（5）休業期間中の収入の取扱い

　債権者の責めに帰すべき事由によって債務を履行することができなくなったときは、債務者は反対給付を受ける権利を失いませんが、この場合に、自己の債務を免れたことによって利益を得たときは、これを債権者に償還しなければなりません（民法第536条第2項）。このため、使用者の責任で労務の提供ができなかった間に他で労働して得た収入は、賃金の支払いと引き換えに使用者に引き渡さなければなりませんが、休業が使用者の責に帰すべき事由によるものである限り、使用者は休業手当を支払うべき義務を負担していますので、その期間内に労働者が他の職について平均賃金の6割以上の収入を得たことによって当然にその支払を免れることはできませんから、他の職について得た利益の償還の限度を平均賃金の4割以内となります（米軍山田部隊事件　最高裁第二小法廷昭和37年7月20日民集16-78-71656）。

　なお、使用者が月給などのほかに期末手当などを支払うものとしていた労働者に使用者の責に帰すべき事由による休業期間中の賃金を支払う場合には、その労働者が他の職に就いて得た利益の額を期末手当などの全額を対象として控除することができます（いずみ福祉会事件　最高裁第三小法廷平成18年3月28日労判933-12）。

9　歩合給制度の場合の保障給

　賃金の支払が、出来高払制その他の請負制による場合は、仕事の供給量に伴う事業の繁閑によって賃金額が左右され、あるいは仕事の単位量に対する賃金の切下げ、仕事の完成度に対する厳しい評価などとあいまって不当に低い賃金をもたらして、労働者の生活の安定を確保することが難しくなるので、実収賃金の確保ないし減少防止を通して労働者の生活を保障するため、一定額の賃金保障をおこなうことが使用者に義務づけられています（労働基準法第27条）。

　出来高払制その他の請負制による場合の保障給とは、「労働時間に応じた一定額」であるので、時間給で実労働時間に応じて支払うことが原則で、労働者の実労働時間とは無関係に一定額を保障するものは固定給であって、保障給とはいえません。

　なお、これに関連して、保障給について定めが明確にはなされていなくても、現実に労働基準法第27条の趣旨に合致するような給与体系が確立されており、適正に運用されていれば、その労働契約が無効であるとはいえないとする裁判例（山昌事件　名古屋地裁平成14年5月29日労判835－67）があります。

10　最低賃金

（1）目的

　最低賃金は、賃金の低い労働者について賃金の最低額を保障することにより、労働条件の改善を図り、労働者の生活の安定や労働力の質的向上、事業の公正な競争の確保に資することなどを目的としています（最低賃金法第1条）。

（2）最低賃金額

　最低賃金額は、時間給により決定されます。ただし、賃金が通常出来高払制などの請負制で定められている場合で時間給によることが不適当であるときは、労働者の出来高または業績の一定の単位によって定めます（同法第3条）。

（3）最低賃金の効力

　使用者は、最低賃金の適用を受ける労働者に対し、その最低賃金額以上の賃金を支払わなければなりません（同法第4条第1項）。地域別最低賃金に違反した者などは、50万円以下の罰金に処せられます（同法第40条）。また、最低賃金の適用を受ける労働者と使用者との間の労働契約で最低賃金額に達しない賃金を定めるものは、その部分については無効とし、この場合に、無効となった部分は、最低賃金と同様の定めをしたものとみなします（同法第4条第2項）。

　なお、営業収入が最低賃金額と会社経費等の額の合計額を1回でも下回った場合には、直ちに解雇事由に該当する旨の就業規則の規定は、賃金の最低額を保障する最低賃金法の趣旨を没却するもので、無効であるとする裁判例（三和交通事件　大阪地裁平成14年10月4日労判843－73）があります。

（4）参入しない賃金

　次の賃金は、最低賃金の計算にあたって参入されません（同法第4条第3項）。

① 臨時に支払われる賃金および1月を超える期間ごとに支払われる賃金
② 時間外・休日労働について支払われる賃金
③ 深夜労働について支払われる割増賃金
④ 最低賃金において算入しないことを定める賃金

(5) 最低賃金の競合

労働者が以上の最低賃金の適用を受ける場合は、これらにおいて定める最高の最低賃金額を適用します（同法第6条第1項）。

(6) 最低賃金の減額の特例

都道府県労働局長の許可を受けたときは、次の労働者については、最低賃金において定める最低賃金額から労働能力などの事情を考慮して定める率を乗じて得た額を減額した額により最低賃金を適用します（同法第7条）。

① 精神または身体の障害により著しく労働能力の低い者
② 試用期間中の者
③ 職業に必要な基礎的な技能知識を習得させることを内容とする一定の認定職業訓練を受ける者
④ 軽易な業務に従事する者
⑤ 断続的労働に従事する者

(7) 地域別最低賃金

ア 地域別最低賃金の原則

地域別最低賃金は、次の原則により、一定の地域ごとに、最低賃金審議会の調査審議を経て、決定されます（同法第9条～第12条）。

① あまねく全国各地域について決定されなければならないこと。
② 地域における労働者の生計費、類似の労働者の賃金および通常の事業の賃金支払能力を考慮して定められなければならないこと。
③ ②の労働者の生計費を考慮するに当たっては、労働者が健康で文化的な最低限度の生活を営むことができるよう、生活保護施策との整合性に配慮すること。

イ　派遣労働者に対する地域別最低賃金の適用

　派遣労働者については、その派遣先の事業所の所在地の地域について決定された地域別最低賃金において定める最低賃金額を適用します（同法第13条）。

（8）特定最低賃金
ア　特定最低賃金の決定

　労働者または使用者の全部または一部を代表する者は、厚生労働大臣または都道府県労働局長に対し、その労働者もしくは使用者に適用される一定の事業や職業に関する特定最低賃金の決定または改正・廃止の決定をするよう申し出ることができます。この申出があり、必要があるときは、厚生労働大臣または都道府県労働局長は、最低賃金審議会の調査審議を求め、その意見を聞いて、その申出に係る特定最低賃金の決定をすることができます。特定最低賃金額は、地域別最低賃金において定める最低賃金額を上回るものでなければなりません（同法第15条、第16条）。

イ　派遣労働者に対する特定最低賃金

　派遣労働者については、その派遣先と同種の事業またはその派遣先で使用される同種の労働者の職業について特定最低賃金が適用される場合には、当該特定最低賃金において定める最低賃金額を適用します（同法第18条）。

11　割増賃金

（1）割増賃金の支払い義務

　使用者は、非常災害の場合にまたは36協定により労働時間を延長し、もしくは休日に労働させた場合または深夜業をさせた場合には、通常の労働時間の賃金の計算額の一定割合以上の率で計算した割増賃金を支払わ

なければなりません。

　ただし、その事業所に労働者の過半数で組織する労働組合があるときはその労働組合、労働者の過半数で組織する労働組合がないときは労働者の過半数を代表する者との書面による協定により、割増賃金を支払うべき労働者に対して、割増賃金の支払いに代えて、通常の労働時間の賃金が支払われる休暇（年次有給休暇を除く）を与えることを定めた場合に、労働者が休暇を取得したときは、時間外労働のうち取得した休暇に対応する時間の労働については、割増賃金を支払うことを要しないことを内容とする改正が予定されています。

　この場合の法定割増率は、原則として時間外労働および深夜労働については2割5分、休日労働については3割5分です（同法第37条第3項、労働基準法第37条第1項の時間外及び休日の割増賃金に係る率の最低限度を定める政令）。また、延長した労働時間が深夜に及ぶ場合にはその時間の労働については5割以上の率で計算した割増賃金を、休日の労働時間が深夜に及ぶ場合にはその時間の労働については6割以上の率で計算した割増賃金を支払わなければなりません（同法施行規則第20条）。

　ただし、時間外労働させた時間が1か月について60時間を超えた場合には、中小事業主に該当する場合を除き5割以上とすること、厚生労働大臣は、労働時間の延長に係る割増賃金の率などについての基準を定めることができることを内容とする改正が予定されています。

　なお、予め時間外労働の対価の請求を放棄させる契約の規定は、労働基準法第37条に違反し、同法第13条により無効（三和プラント工業事件　東京地裁平成2年9月11日労判569-33）であり、また、就業規則などに割増賃金に関する規定がない場合には、労働基準法第13条により、同法第37条で定める割増率で計算した割増賃金を支払わなければなりません（桐朋学園事件　東京地裁八王子支部平成10年9月17日労判752-37）。

（2） 割増賃金を支払わなければならない場合
ア　違法な時間外労働ないし休日労働に対する割増賃金の支払い
　使用者は労基法33条または36条で定める要件を満たしていない違法な時間外・休日労働に対しても、割増賃金を支払う義務があります（小島撚糸事件　最高裁第一小法廷昭和35年7月14日刑集14－9－1139）。

イ　歩合給の場合
　歩合給の額が時間外及び深夜の労働を行った場合にも増額されるものではなく、通常の労働時間の賃金に当たる部分と時間外及び深夜の割増賃金に当たる部分とを判別することもできない場合には、このような歩合給の支給によって時間外および深夜の割増賃金が支払われたとすることは困難ですので、時間外および深夜の労働については、労働基準法第37条などの規定に従って計算した額の割増賃金を支払う義務があります（高知県観光事件　最高裁第二小法廷平成6年6月13日労判653－12）。

ウ　年俸制の場合
　年俸制を採用することによって、時間外の割増賃金などを支払わなくともよいということにはなりません。割増賃金部分が法定の額を下回っているか否かが具体的に後から計算によって確認できないような方法による賃金の支払方法は、労働基準法第37条に違反し、無効で、このような場合には、時間外および休日労働の時間に応じて、割増賃金を支払う義務があります（創栄コンサルタント事件　大阪地裁平成14年5月17日労判828－14）。
　なお、固定残業代込みの年俸制については、年俸に時間外などの割増賃金が含まれていることが労働契約の内容であることが明らかであって、割増賃金相当部分と通常の労働時間に対応する賃金部分に区分することができ、かつ、割増賃金部分が法定の割増金額以上支払われている場合は労働基準法第37条に違反しませんが、年俸に割増賃金を含むとしても割増賃金相当額が不明である場合や労使双方の認識が一致していない

場合は、同条違反となります（平成12年3月8日基収第78号）。ただし、時間外労働および深夜労働に対する割増賃金分をも含めた賃金の合意をすることは労働基準法第37条に違反するものではなく（オーク事件　東京地裁平成10年7月27日労判748-91）、実質的に見て、時間外労働あるいは休日労働に対する時間当たりの通常賃金部分が既に支払われていると評価できる場合には、割増賃金の算定における加算率は25％として計算すべきであるとする裁判例（東建ジオテック事件　東京地裁平成14年3月28日労判827-74）もあります。

（3）通常の労働時間の賃金の計算

　割増賃金の基礎となる賃金は、通常の労働時間または労働日の賃金です。この通常の賃金は、法定時間外労働ないし深夜労働が深夜ではない所定労働時間中に行われた場合に支払われるべき賃金であり、その基準賃金を基礎として算定しなければなりません（大星ビル管理事件　最高裁第一小法廷平成14年2月28日労判822-5）。具体的には、次の①から⑦までの金額に延長した労働時間数もしくは休日の労働時間数または深夜の労働時間数を乗じた金額です。ただし、休日手当など①から⑦までに含まれない賃金は、月によって定められた賃金とみなされます（同法施行規則第19条）。

① 時間によって定められた賃金については、その金額
② 日によって定められた賃金については、その金額を1日の所定労働時間数（日によって所定労働時間数が異なる場合には1週間における1日平均所定労働時間数）で除した金額
③ 週によって定められた賃金については、その金額を週における所定労働時間数（週によって所定労働時間数が異なる場合には4週間における1週平均所定労働時間数）で除した金額
④ 月によって定められた賃金については、その金額を月における所定労働時間数（月によって所定労働時間数が異なる場合には1年間にお

ける1月平均所定労働時間数)で除した金額
⑤　月、週以外の一定の期間によって定められた賃金については、①から④までに準じて算定した金額
⑥　出来高払制その他の請負制によって定められた賃金については、その賃金算定期間(賃金締切日がある場合には、賃金締切期間)において出来高払制その他の請負制によって計算された賃金の総額をその賃金算定期間における総労働時間数で除した金額
⑦　労働者の受ける賃金が①から⑥までの2以上の賃金よりなる場合には、その部分についてそれぞれ算定した金額の合計額

(4) 割増賃金の算定の基礎となる賃金

　割増賃金の算定に当たっては、①家族手当、②通勤手当、③別居手当、④子女教育手当、⑤住宅手当、⑥臨時に支払われた賃金、⑦賞与など1か月を超える期間ごとに支払われる賃金は算定の基礎となる賃金から除外されます(同法施行規則21条)。これらの除外賃金は、制限列挙です(キャスコ事件　大阪地裁平成12年4月28日労判787－30)。
　その趣旨は、扶養家族の有無や数、通勤にかかる費用など労働の内容や量と無関係な労働者の個人的事情によって額が決まる手当を除外することにあり、これに該当するか否かの判断にあたっては、その名目にとらわれず、その実質に着目すべきで、名目が除外賃金と同一であっても労働者の一身的諸事情の存否や労働時間の多寡にもかかわらず一律に支給されているものについては除外賃金には該当しませんので、例えば、家族手当および通勤手当が各自の個別的事情にかかわらず、無条件で一律に一定額を支払われている場合(壷阪観光事件　奈良地裁昭和56年6月26日労判372－41)や深夜労働手当分が含まれているが、通常の業務としてする乗務の回転数、配送件数、長距離運転などに応じて加算されるポイント制で支給される分も含まれている加算手当の場合(エスエイロジテム事件　東京地裁平成12年11月24日労判802－45)には、除外賃金には該当し

ません。一方、名称が生活手当などでも、扶養家族の有無・数により算定される場合は、除外賃金に当たります。また、年俸制でも毎月払いと賞与の部分を合計して年俸額が確定している場合には、賞与の部分は、除外賃金の賞与には該当しませんので、割増賃金の基礎に算入しなければなりません（システムワークス事件　大阪地裁平成14年10月25日労判844－79）。

（5）割増賃金の計算

　労働基準法第37条は時間外労働などに対し一定額以上の割増賃金の支払を使用者に命じていますが、同条に定める額以上の割増賃金の支払がなされる場合にはその趣旨は満たされますので、同条で定める計算方法を用いる必要はありません（国際情報産業事件　東京地裁平成3年8月27日労判596－29）。ただし、その場合には、①労働基準法が定める計算方法による割増賃金額を下回らないこと（関西ソニー販売事件　大阪地裁昭和63年10月25日労判530－40）②割増賃金の部分とそれ以外の賃金部分とが明確に区別されていること（山本デザイン事務所事件　東京地裁平成19年6月15日労判944－42）、の2つの要件を満たす必要があり、現実の労働時間によって計算した割増賃金額が手当の額を上回っている場合には、労働者は使用者に対しその差額の支払を請求することができます。また、その場合には、割増賃金の固定給の性質を有する手当については、割増賃金の基礎となる賃金には算入しません（ユニ・フレックス事件　東京地裁平成10年6月5日労判748－117）。

　なお、割増賃金の計算における端数処理については、1時間当たりの賃金額及び割増賃金額に円未満の端数が生じた場合には、50銭未満の端数は切り捨て、50銭以上1円未満の端数は1円に切り上げて処理することは差し支えありません。また、給料計算期間を通じた労働時間の端数の合計を四捨五入することも、労働基準法違反として取り扱われません（昭和63年3月14日基発第150号）。

12 退職労働者の賃金の遅延利息

　事業主は、その事業を退職した労働者の賃金（退職金を除く）の全部または一部をその退職の日または支払期日までに支払わなかった場合には、天災地変その他のやむを得ない事由による場合を除き、退職の日または支払期日の翌日からその支払をする日までの期間について、その日数に応じ、年14.6％の金額を遅延利息として支払わなければなりません（賃金の支払の確保等に関する法律第6条。タオヒューマンシステムズ事件　東京地裁平成9年9月26日労経速1658－16）。

13 賞与

　賞与は、それが単なる恩恵的な給付にすぎず、使用者の裁量により随時適当な額が支払われているような場合には賃金には該当しませんが、労働協約、就業規則、労働契約などによってあらかじめ支給条件が明確にされたものは賃金に該当します。

（1）賞与の請求権

　賞与は、功労報償的な意味を有し純然たる労務提供の対価たる賃金とは異なる法的性質を備えていることからすると、使用者が賞与規程において不支給事由を定め、使用者がこの不支給事由に該当するとの判断に基づき賞与を支給しないことは許される（マナック事件　広島高裁平成13年5月23日労判811－21）と解されています。また、その対象期間中の企業の営業実績や労働者の能率など諸般の事情により支給の有無およびその額が変動する性質のものですから、具体的な賞与請求権は、労働協約、就業規則、労働契約などにおいて具体的な支給額またはその算出基準が定められている場合を除き、特段の事情がない限り、賞与に関する労使双方

の合意によってはじめて発生します(小暮釦製作所事件　東京地裁平成6年11月15日労判666-32)。これに関し、裁判例では、次のような場合には、賞与請求権が発生すると判断しています。

① 就業規則には一時金を支給する旨の規定はなく、また、未だ労働協約の締結がなされていないが、従前から支給されていた経緯、支給金額、他の従業員に対する支給状況、会社の経営内容、従前支給されていた賞与の性格などの諸事情を考慮し、支給しないことが従前の労使関係に照らして合理性を有せず、支給しない状態を是認することにより労働者に対して経済的に著しい不利益を与える場合(ノース・ウエスト航空事件　千葉地裁平成14年11月19日労判841-85)。

② 労働協約が形式要件を欠き、規範的効力が認められない場合でも、前年通り支給するとの合意が10年もの間継続し、その協定書でも前年通りとの記載か、または記載されることもなく、支給が慣行化しているような場合で、労使間で同様の合意が成立した場合(秋保温泉タクシー事件　仙台高裁平成16年7月29日労判878-86)。

③ 給与規定に、賞与は会社の営業成績を考慮して支給するとされ、賞与の支給時期、支給対象期間も明示されていて、他の従業員に支給されている場合(日本圧着端子製造事件　大阪地裁平成9年1月24日労判712-26)。

このほか、賞与の全額が人事考課による場合には、使用者による人事考課がなされない限り賞与請求権は発生しないが、労働協約により賞与を支給する義務がある場合に、人事考課をせず、賞与を支給しなかった場合には、賞与の支給を受ける期待権を侵害したとして、損害賠償の支払いが命じられた裁判例(藤沢医科工業事件　横浜地裁平成11年2月16日労判759-21)があります。

（2）支給日在籍要件

　賞与の支給要件は、労使間の合意ないし使用者の決定により自由に定めることができますが、支給要件の内容は合理的でなければなりません。これに関して、支給日に在籍している者に対してのみ賞与が支給する定め（大和銀行事件　最高裁第一小法廷昭和57年10月7日労判399-11）や慣行（京都新聞社事件　最高裁第一小法廷昭和60年11月28日労判469-6）は、合理的であると解されています。ただし、支給時期の変更に伴い、当然に支給対象者の範囲に変更を生じ、支給日在籍者を支給対象者とすることについては、労使交渉の遅れから遅延して定められ、かつ、遅延について宥恕すべき特段の事情のない場合についてまでも、支払日在籍者をもって支給対象者とすべき合理的理由は認められないとする判例（ニプロ医工事件　東京高裁昭和59年8月28日労判437-25、最高裁第三小法廷昭和60年3月12日労経速1226-25）があります。

（3）労働基準法などで認められた権利や利益と賞与の支給要件

　賞与は、賃金後払い的性格とともに、生活補填的性格、功労報償的性格、勤労奨励的性格、収益分配的性格などの多様な性格を併せ持つため、具体的な賞与額の決定には、出勤率や成績評価などが考慮されることが多いが、基本的には対象期間の勤務に対する賃金の一部であり、正当な理由もなく基準額を減額したり不支給とすることは許されません。賞与の支給要件として出勤率要件を定めることは、その功労報償的・勤労奨励的性格から不合理とはいえませんが、労働基準法などで認められた権利や利益としての不就労日を欠勤扱いにし、これを理由に不利益な取扱いをすることについては、その権利などの行使を抑制し、労働基準法などがそのような権利などを保障した趣旨を実質的に失わせるものと認められる場合には許されません。ただし、産前産後休業や育児時間による不就労日を減額の対象とすることは、支給要件の問題と異なり、欠勤日に応じて支給額が減

少するものの、部分的には支給されることとなること、本来産前産後休業や育児時間は法律上無給とされていることから、労働基準法などが権利・利益を保障した趣旨を実質的に失わせるものではないので、有効です（東朋学園事件　最高裁第一小法廷平成15年12月4日労判862-14）。

（4）賞与の支給に関する慣行

　一定期間、一定金額の賞与が支給されたり、前年度実績を下らない額の賞与が支給されてきたからといって、労働慣行は、同種行為または事実が長期間反復継続され、当事者に継続的な行為の準則として意識されたことによって、初めて法的効力を持つに至るので、会社側に規範意識がないような場合には、賞与の支給に関する慣行が成立しているとは認められません（松原交通事件　大阪地裁平成9年5月19日労判725-72）が、賞与について妥結に至らない段階でも会社の直近の回答の額や基準により支給される取扱いが労使の慣行として定着している場合には、労働者には、労使の協定が成立せず妥結していない段階でも、会社の回答した金額または基準により算出した支払いを請求する権利があるとする裁判例（津田電気計器事件　大阪地裁平成7年3月20日労経速1587-3）があります。

（5）年俸制と賞与

　年俸制に関し、年俸額が確定額で定められ、賞与の支給額が定められていて、その計算方法に特段の合意がない場合に契約期間途中で退職した者の賞与請求権は、少なくとも契約期間中勤務した日数により按分した額であるとする裁判例（シーエーアイ事件　東京地裁平成12年2月8日労判787-58）があります。

14　退職金

　労働協約や就業規則、労働契約などで支給基準などが定められている退職金は、使用者に支払い義務があり、任意的な給付ではないので、労働基準法の「賃金」に該当し、原則として同法第24条の賃金の5原則が適用されます（シンガー・ソーイング・メシーン・カムパニー事件）。

（1）退職金債権の譲渡

　退職金債権の譲渡を禁ずる規定はないので、退職金債権の譲渡を禁ずる旨の特約がなければ、退職金債権を他に譲渡した場合に譲渡自体を無効とする根拠はありません。しかし、その場合にも、賃金の直接払いの原則が適用されますので、使用者は直接労働者に対し退職金を支払わなければならず、したがって、退職金債権の譲受人は自ら使用者に対してその支払を求めることは許されません（日本電信電話公社事件）。

（2）退職金の支払い時期

　退職金について使用者が就業規則中に規定を設けて、あらかじめその支給条件を明確にし、その支払が使用者の義務である場合には、退職金は賃金の一種であり、労働者が退職した場合における賃金の支払の確保を図ろうとする労働基準法第23条の規定は退職金の支払について適用されますが、同条第1項は、使用者の負担する賃金債務ですでに履行期の到来したものについて権利者から請求があったときにおいて7日以内にその支払をしなければならないことを規定していますので、就業規則などで退職金の支払期日を定めている場合には、その支払時期に支払えばよいことになります（昭和63年3月14日基発第150号）。

　退職金の支払い時期に関しては、このほか、次のような裁判例があります。

① 退職金規程に、原則として退職の事務手続を完了した日から3週間以内に退職金を支給すると定めている場合には、退職の事務手続完了に通常必要と認められる期間の末日から3週間後が退職金支払期限となる(ジャレコ事件　東京地裁平成9年6月20日労判720-24)。
② 退職金の支払時期について就業規則に定めがないとき(黒川建設事件　東京地裁平成13年7月25日労判813-15)や訓示規定に過ぎないとき(クレジット債権管理組合事件　福岡地裁平成2年2月13日労判582-25)は、期限の定めのない債務として、請求があった日に支払時期が到来する。
③ 労働基準法23条の適用があるから、退職金を請求した日から7日を置いた日から遅滞の責を負う(三基産業事件　東京地裁昭和60年2月5日労経速1224-12、宇田工業事件　大阪地裁昭和60年12月23日労判467-74)。

(3) 退職金の減額や不支給

　退職金には、賃金の後払いの性格だけでなく、功労報償的な性格もありますが、一般的には、就業規則に懲戒解雇の場合退職金は支給しないと定めていても、退職金不支給規定を有効に適用できるのは、労働者のそれまでの勤続の功労を抹消ないし減殺してしまう程度の著しく信義に反する行為があった場合に限られる(日本電信電話事件　大阪地裁平成9年4月25日労経速1638-15)と解されています。ただし、懲戒解雇が有効な場合には、原則として、それまでの勤続の功を抹消してしまうほどの著しく信義に反する行為があったという評価が事実上推定され、労働者がそれまでの勤続の功を抹消してしまうほどの著しく信義に反するという評価を障害する事実を立証しない限り、それまでの勤続の功を抹消してしまうほどの著しく信義に反する行為があったことが立証されたとする裁判例(日音事件　東京地裁平成18年1月25日労判912-63)もあります。
　なお、就業規則において同業他社への転職制限に反して同業他社に就

職した退職社員に支給すべき退職金額を一般の自己都合退職による場合の半額と定めることも、合理性のない措置とはいえないとする判例(三晃社事件　最高裁第二小法廷昭和52月8月9日労経速958-25)があります。

(4) 退職金の不利益変更

　退職金規定で退職金を不利益に変更する場合は、そのような不利益を労働者に及ぼすことが認められるだけの高度の必要性に基づいた合理的な内容でなければなりません(大曲市農協事件　最高裁第三小法廷昭和63年2月16日民集42-2-60)。このため、変更後の退職金規定を労働者に周知させ、かつ、退職金規定の変更が、労働者の受ける不利益の程度、労働条件の変更の必要性、変更後の退職金規定の内容の相当性、労働組合などとの交渉の状況その他の退職金規定の変更に関する事情に照らして合理的なものである場合に限って、変更後の退職金規定は効力が発生します(第9章268〜269頁参照)。

(5) 退職金の支払い方法

　退職金の支払いについては、その額が高額になる場合があり、現金の保管、持ち運びに伴う危険を回避する必要があることおよび銀行振り出し小切手などによる支払いは確実であることなどから、退職する労働者の同意を得た場合には、小切手などの方法により支払うことができます(285〜286頁参照)。

(6) 退職金の保全措置

　事業主は、労働契約や労働協約、就業規則などにより労働者に退職金を支払うことを定めたときは、退職金の支払に充てるべき額について、その保全措置を講ずるように努めなければなりません(賃金の支払の確保等に関する法律第5条)。

(7) 中小企業退職金共済制度による退職金
ア 中小企業退職金共済制度

　中小企業の従業員について、中小企業の事業主の相互扶助の精神に基づき、その拠出による退職金共済制度を確立し、従業員の福祉の増進と中小企業の振興に寄与することを目的として、中小企業退職金共済制度が設けられています。中小企業退職金共済制度には、中小企業の事業主が独立行政法人勤労者退職金共済機構に掛金を納付し、その事業主の雇用する常用の従業員に退職金を支給することをないようとして通常の退職金共済契約と建設業、清酒製造業および林業の期間を定めて雇用される者について、事業主が証紙を貼り付け消印することにより独立行政法人勤労者退職金共済機構に掛金を納付し、その者の退職に当たり退職金を支給する特定業種退職金共済契約があります。

イ 中小企業退職金共済制度と就業規則に定める退職金

　中小企業退職金共済制度と就業規則に定める退職金の関係については、次のような裁判例があります。

① 中小企業退職金共済制度により支払われる退職共済金が就業規則の退職金支給基準を上回る場合であっても、その過払い分を労働者から返還させることはできない（中小企業退職金共済制度退職金過払返還請求事件　東京簡裁平成19年5月25日）。

② 退職手当規定に中小企業退職金共済制度に基づいて支払われる退職共済金を控除するか併給するかについて明文の定めがなくても、会社が退職手当規定に基づく退職金の額から中小企業退職金共済制度に基づく退職共済金の額を控除して、差額がある場合に退職する従業員に支払う慣行を有していたとの事実関係の下では、中小企業退職金共済制度に基づき支給された退職共済金は、会社が支払うべき退職金の額から控除される（自動車教習所事件　さいたま地裁平成19年3月6日）。

③　中小企業退職金共済制度の場合、退職した従業員は直接独立行政法人勤労者退職金共済機構に退職金を請求する権利を有し、雇傭主に対しては退職金を請求する権利はないから、使用者が同制度に加入しているからといって、労働者が使用者に対し退職金請求権を有するとはいえない(カメラのマルタニ事件　大阪地裁平成2年2月14日労経速1387-15)。

(8) 死亡退職金の受給権

　退職金規定に労働者の死亡による退職の場合の退職金について何ら規定されていない場合には、退職金は相続財産又はそれに準ずるものとして、相続人はそれぞれの相続分に応じ退職金請求権があります(日本花材事件　大阪地裁昭和62年12月22日労経速1324-18)が、退職金規定は死亡退職金の受給権者の範囲および順位について、民法に規定する相続人の範囲および順位決定の原則とは異なった定め方をすることができますので、このような規定がある場合には、遺族はその規定の定めにより直接これを自己の固有の権利として取得することができます(福岡工業大学事件　最高裁第一小法廷昭和60年1月31日労経速1238-3)。

　なお、労働者が退職金を遺贈する旨の遺言を残して死亡した場合には、退職金の遺贈を受けた者が退職金を請求することができます(三井生命保険事件　東京地裁平成2年7月20日労民集40-4・5-458)。

15　未払賃金の立替払

　政府は、労災保険の適用事業に該当する事業を1年以上行っていた事業主が次の事由に該当した場合に、最初の破産手続開始などの申立てがあった日などの6月前の日から2年間にその事業を退職した労働者に未払賃金があるときは、労働者の請求に基づき、未払賃金債務のうち未払賃金総額(請求をする労働者の年齢の区分に応じた上限額の範囲内の額)の

100分の80に相当する額を事業主に代わって弁済します（賃金の支払の確保等に関する法律第7条）。

① 破産手続開始の決定を受けたこと。
② 特別清算開始の命令を受けたこと。
③ 再生手続開始の決定があったこと。
④ 更生手続開始の決定があったこと。
⑤ 中小企業事業主が事業活動に著しい支障を生じたことにより事業活動が停止し、再開する見込みがなく、かつ、賃金支払能力がない状態になったことについて、その事業を退職した者の申請に基づき、労働基準監督署長の認定があったこと。

なお、これに関し、倒産が認定された会社の従業員に対する退職金額の計算については、同社の代表取締役の所在が不明となったときから就労をしていないため、同日を退職基準日とすること、倒産が認定された会社に退職金規程が存在しない場合には具体的な退職金請求権は発生しない取扱いが適法であるとする裁判例（茨木労基署長（豊中管材）事件　大阪地裁平成10年7月29日労判747－45）があります。

16 賃金請求権などの消滅時効

退職金を除く賃金、災害補償その他の請求権は2年間、退職金の請求権は5年間行わない場合には、時効によって消滅します（労働基準法第115条）。

第11章
労働時間・休憩・休日

「労働時間・休憩・休日」のポイント
1 労働時間とは
2 労働時間の長さ
3 労働時間の通算
4 変形労働時間制
5 みなし労働時間制
6 始業・終業時刻の繰上げ・繰下げ
7 休憩時間
8 休日
9 時間外・休日労働
10 深夜業
11 労働時間規制の適用除外
12 労働時間の適正な把握などによるサービス残業の解消
13 ワーク・ライフ・バランスと労働時間の設定の改善

「労働時間・休憩・休日」のポイント

1　労働時間とは、労働者が使用者の指揮命令下に置かれている時間をいい、労働時間に該当するか否かは、労働者の行為が使用者の指揮命令下に置かれたものと評価することができるか否かにより客観的に定まるものであり、労働契約や就業規則、労働協約などの定めのいかんにより決定されるものではない。

2　使用者は、労働者に、休憩時間を除き、原則として、1週間について40時間（特例措置の事業所については44時間）を超えて、1週間のそれぞれの日について8時間を超えて、労働させてはならない。

3　労働時間は、事業所を異にする場合においても、労働時間に関する規定の適用については通算される。

4　変形労働時間制とは、業務の繁閑に応じて、所定労働時間をあらかじめ傾斜的に配分することを可能とする制度をいい、1か月単位の変形労働時間制、1年単位の変形労働時間制、1週間単位の非定型的変形労働時間制およびフレックスタイム制があり、それぞれの適用要件を具備していなければ、採用できない。

5　みなし労働時間制には、事業場外労働時間制、専門業務型裁量労働時間制および企画業務型裁量労働時間制があり、この場合には、一定の労働時間労働したものとみなされる。

6　休憩時間は、労働者が権利として労働から離れることを保障されている時間をいい、単に作業に従事していない手待ち時間は労働時間であり、休憩時間ではなく、①労働時間が6時間を超える場合には45分、②労働時間が8時間を超える場合には1時間以上の休憩時間を、労働時間の途中に与えなければならない。休憩時間は、原則として一斉に与え、労働者に自由に利用させなければならない。

7　生後満1歳に満たない生児を育てる女性は、休憩時間のほかに、

1日に2回おのおの30分以上、その生児を育てるための育児時間を使用者に対して請求することができる。

8 使用者は、労働者に対して、毎週1回または4週間を通じ4日以上の休日を与えなければならない。

9 法定時間外・休日労働をさせるには、原則として①36協定の締結と届出、②労働契約や就業規則などに根拠となる定めがあること、③法定の割増賃金を支払うことが、所定時間外・休日労働をさせるには、①労働契約や就業規則などに根拠となる定めがあること、②原則として通常の労働時間の賃金を支払うこと)、がそれぞれ必要である。

10 災害その他避けることのできない事由によって臨時の必要が発生した場合には、原則として労働基準監督署長の許可により、その必要な限度において法定時間外・休日労働をさせることができる。

11 36協定をし、労働基準監督署長に届け出た場合には、労働時間または休日に関する規定にかかわらず、労働時間を延長し、または休日に労働させることができるが、36協定の内容は限度基準に適合したものとなるようにしなければならない。

12 時間外労働の場合には2割5分増しの割増賃金を、休日労働の場合には3割5分の割増賃金を、深夜業の場合には2割5分増しの割増賃金を、支払わなければならない。

13 労働基準法は原則としてあらゆる事業に適用されるが、①農業、畜産・養蚕・水産業に従事する者、②管理・監督の地位にある者、機密の事務を取り扱う者、③監視・継続的な労働に従事する者で行政官庁の許可を得た者については、労働時間、休憩および休日に関する規定は適用されない。このうち、②の管理監督者は、労働時間、休憩、休日などに関する規制の枠を超えて活動することが要請されざるを得ない、重要な職務と責任を有し、現実の勤務態様も、労働時間などの規制になじまないような立場にある者に限られる。

14　労働時間の適正な把握などによるサービス残業の解消を図るため、「労働時間の適正な把握のために使用者が講ずべき措置に関する基準」および「賃金不払残業の解消を図るために講ずべき措置等に関する指針」が定められている。

15　ワーク・ライフ・バランスとは、仕事と生活の調和のことで、国民一人ひとりがやりがいや充実感を持ちながら働き、仕事上の責任を果たすとともに、家庭や地域生活などにおいても、子育て期、中高年期といった人生の各段階に応じて多様な生き方が選択・実現できることをいう。

16　労働者がその有する能力を有効に発揮することができるようにし、労働者の健康で充実した生活の実現と国民経済の健全な発展に資することを目的として「労働時間等の設定の改善に関する特別措置法」が制定されている。

1　労働時間とは

　労働時間とは、労働者が使用者の指揮命令下に置かれている時間をいいますので、労働時間に該当するか否かは、労働者の行為が使用者の指揮命令下に置かれたものと評価することができるか否かにより客観的に定まるものであり、労働契約や就業規則、労働協約などの定めのいかんにより決定されるものではありません（三菱重工業長崎造船所事件　最高裁第一小法廷平成12年3月9日民集54-3-801）。

（1）就業に関連する行為

　労働者が就業を命じられた業務の準備行為などを事業所内において行うことを使用者から義務付けられる行為は、就業規則などにおいてその行為を所定労働時間外に行うものとされている場合でも、特段の事情のない

限り、使用者の指揮命令下に置かれたものと評価できますので、その行為を行うために要した時間は、それが社会通念上必要と認められるものである限り、労働時間に該当します。

具体的には、事業所内の更衣所において作業服や保護具などの装着、資材などの受出し、月数回の散水が義務付けられている場合には、①更衣所での作業服や保護具などの装着、②準備体操場までの移動、③資材などの受出し、④月数回の散水、⑤作業場から更衣所までの移動、⑥作業服や保護具などの脱離については、使用者の指揮命令下に置かれたと評価されています（三菱重工業長崎造船所事件）。

一方、⑦入退場門から更衣所までの移動、⑧午前終業時刻後の作業場から食堂までの移動、⑨現場控所における作業服や保護具などの一部の脱離、⑩午後始業時刻前の食堂などから作業場や準備体操場までの移動、⑪脱離した作業服や保護具などの再装着、⑫手洗や洗面、洗身、入浴、⑬更衣所から入退場門までの移動については、労働時間には該当しないと評価されています（三菱重工業長崎造船所事件）。

また、駅務員が行う点呼や出勤点呼後の勤務場所への移動は、使用者の指揮命令下に置かれているから、これに要した時間は、それが社会通念上必要と認められるものに限り、労働時間に当たるが、始業時刻の一定時間前に引継を行うために勤務場所に出向くことが明示あるいは黙示に義務付けられていない場合に、駅務員が出勤点呼終了後直ちに勤務場所に赴き、引継事項がある場合に始業時刻前に引継を完了させることがあるとしても、これは任意に行われているので、この引継に要した時間は労働時間ではないとする裁判例（東京急行電鉄事件　東京地裁平成14年2月28日労判824-5）があります。

（2）手待時間

実際には業務を行っていなくても、いつでも使用者の指示に従って労働に従事できる状態にある時間を「手待時間」といいますが、手待時間につ

いては、労働者は労働契約に基づき使用者の指示を受け次第労務を遂行すべき職務上の義務を負っており、この義務を履行するために場所的に拘束されるなど使用者の指揮命令下に置かれて労務の提供を継続していますから、実際に労務を遂行しなくても、原則として労働時間に該当します（日本貨物鉄道事件　東京地裁平成10年6月12日労判745－16）。

　しかしながら、長距離トラックの運転手が荷物待ちなどのために費やされる時間や運転荷扱い終了後の待機時間を自由に過ごすことができ、仮に突然の指示がきても、自ら応諾するかしないか判断することが許されている場合には労働時間には該当しないとする裁判例（大虎運輸事件　大阪地裁平成18年6月15日労働判例924－72）があります。

（3）仮眠時間

　実作業に従事していない仮眠時間が労働時間に該当するか否かは、労働者が仮眠時間において使用者の指揮命令下に置かれていたものと評価することができるか否かにより客観的に決まり、仮眠時間において労働者が実作業に従事していないというだけでは使用者の指揮命令下から離脱しているということはできず、その時間に労働者が労働から離れることを保障されていて初めて、労働者が使用者の指揮命令下に置かれていないものと評価できるので、仮眠時間であっても労働からの解放が保障されていない場合には、労働時間に当たります（大星ビル管理事件　最高裁第一小法廷平成14年2月28日民集56－2－361）。例えば、仮眠時間中に、労働契約に基づく義務として、仮眠室における待機と警報や電話などに対して直ちに相当の対応をすることが義務付けられていて、実作業への従事がその必要が生じた場合に限られていても、その必要が生じることが皆無に等しいなど実質的にこのような義務付けがされていないと認めることができるような事情も存しない場合には、仮眠時間は全体として労働からの解放が保障されているとはいえないので、その仮眠時間は労働時間と評価されます（大星ビル管理事件）。これに対し、実作業への従事の必要が生じる

ことが皆無に等しいなど実質的に相当の対応をすべき義務づけがされていないと認められるような事情がある場合には、仮眠時間は労働時間には該当しないとする裁判例(ビル代行事件　東京高裁平成17年7月20日労判899－13)があります。

(4) 不活動時間

　労働者が実作業に従事していない不活動時間が労働時間に該当するか否かも、労働者が不活動時間において使用者の指揮命令下に置かれていたものと評価することができるか否かにより客観的に定まり、例えば、マンションの管理人が、所定労働時間外においても管理人室の照明の点消灯、ごみ置場の扉の開閉、テナント部分の冷暖房装置の運転の開始および停止などの断続的な業務に従事すべき旨の指示に従い、その業務に従事していた場合や午前7時から午後10時までの時間に管理人室の照明を点灯しておくように指示され、マニュアルにも所定労働時間外でも、午前7時から午後10時までの時間は住民などが管理人による対応を期待し、その要望に随時対応するために、事実上待機せざるを得ない状態に置かれていた場合には労働時間に該当するが、土曜日については1人体制で執務するように明確な指示があり、労働者もこれを承認し、業務量も1人で処理できないようなものであったともいえない場合には、1人のみが業務に従事したものとして労働時間を算定し、また、病院への通院、犬の運動に要した時間は、会社の指揮命令下にあったということはできないから、労働時間には該当しない(大林ファシリティーズ(オークビルサービス)事件　最高裁第二小法廷平成19年10月19日　労判946－31)と判断されています。

(5) 移動時間

　出張中における移動時間は、一般的にいえば、労働拘束性の程度が低く、労働時間に当たるとするのは困難である(横河電機事件　東京地裁平成6年9月27日労判660－35)と解されています。また、寮から工事現場ま

での往復の時間は通勤時間の延長ないしは拘束時間中の自由時間である以上、労働時間に当たらないし、資材置場に立ち寄ったというだけでは寮から工事現場までの往復が労働時間であるということもできないとする裁判例（高栄建設事件　東京地裁平成10年11月16日労判758-63）もあります。

（6）始業時刻より前に出勤する時間

　始業時刻より前に出勤する時間に関し、始業時刻より前に出勤することが通勤のために乗車する列車時刻などの事情があることからすると一般的に極めて当然のことであり、列車時刻などの事情により生じた単なる始業時までの個人的な時間で、労働時間ではないとする裁判例（札幌東労基署長（北洋銀行）事件　札幌高裁平成20年2月28日）があります。

（7）小集団活動・教育訓練

　小集団活動や教育訓練は、一般的には、その費用を使用者が負担していても、労働者が参加するか否かは全くその自由に委ねられ、会社から参加を強制されていない場合には、業務として行なわれたとはいえないので、労働時間には該当しませんが、全労働者が参加する趣旨で設けられ、委員会の役員には手当が支給され、また、すべての労働者いずれかの委員会に配属されている場合には、委員会に出席して活動した時間は労働時間である（八尾自動車興産事件　大阪地裁昭和58年2月14日労判405-64）と解されています。

　一方、労災認定に関し、小集団活動が上司に管理され、その命令で業務に従事する可能性があった場合には、その労働時間性が肯定され、「創意くふう提案活動」および「QC（品質向上）サークル活動」は会社の事業活動に直接役立つ性質のものであり、また、「交通安全活動」もその運営上の利点があるものとして、いずれも会社が育成・支援するものと推認される場合には、これにかかわる作業は、その業務起因性を判断する際には、使

用者の支配下における業務であるとする裁判例（豊田労基署長（トヨタ自動車）事件　名古屋地裁平成19年11月30日労判951-11）があります。

　また、安全衛生教育は、労働者がその業務に従事する場合の労働災害を防止するためのものであり、事業者の責任において実施されなければならないので、安全衛生教育を行う時間は労働時間に該当します。安全・衛生委員会の会議の開催に要する時間も同様です（昭和47年9月18日基発第602号）。なお、これに関して、職場安全会議は会社が業務遂行上の安全対策の一環として当該職場全従業員の出席を求めて開催するもので、会社の設定した施策の伝達および従業員の安全教育のためにするものであることに鑑みると、職場安全会議への出席時間は労働時間であるとする裁判例（丸十東鋼運輸倉庫事件　大阪地裁堺支部昭和53年1月11日労判304-61）があります。

（8）健康診断

　健康診断の受診に要した時間については、一般健康診断は、一般的な健康の確保を図ることを目的として事業者に実施を義務づけたものであり、業務遂行との関連において行われるものではありませんので、必ずしも労働時間ではありませんが、労働者の健康の確保は、事業の円滑な運営に不可欠な条件ですので、その受診に要した時間を労働時間として取り扱うことがが望ましく、また、特殊健康診断は、業務の遂行にからんで当然に実施されなければならない性格のものですので、その実施に要する時間は労働時間です（昭和47年9月18日基発第602号）。

（9）黙示の指示

　労働者が使用者からの黙示の指示によって労働している場合には、労働時間に該当します（昭和25年9月14日基収第2983号）。裁判例では、次のような場合には、黙示の指示があると判断されています。

① 午前7時から午後10時までの時間は住民などが管理員室の照明を

点灯しておくように指示し、マニュアルにも、所定労働時間外においても午前7時から午後10時までの時間は住民等が管理員による対応を期待し、その要望に随時対応するために、事実上待機せざるを得ない状態に置かれていて、会社がこの対応を管理日報の提出により認識している場合（大林ファシリティーズ（オークビルサービス）事件）

② 従業員が深夜労働の申告承認の手続を取っていなかったとしても、タイムカードの記載から深夜に労働していたことが認識できる場合（ドワンゴ事件　京都地裁平成18年5月29日労判920-57）

③ 駐車場の門扉の開閉装置が夜間に故障した際の対応、病人、火災の発生の対応など、事務の性質上労働者が勤務時間外に行わざるを得ない場合（互光建物管理事件　大阪地裁平成17年3月11日労判898-77）

④ 事実上出席が義務付けられている会議への出席や多数の労働者が一定の時刻まで業務に従事している実態が特殊なものではなく、勤務終了予定時間を記載した予定表が作成されている場合（京都銀行事件　大阪高裁平成13年6月28日労判811-5）

⑤ 使用者の指示による業務量が就業時間内にこなすことができないほどのもので、時間外労働に従事せざるを得ない状況にある場合（千里山生活協同組合事件　大阪地裁平成11年5月31日労判772-60）

（10）タイムカードなどの記載と労働時間

　労働時間の適正な把握のために使用者が講ずべき措置に関する基準（平成13年4月6日基発第339号）においては、始業・終業時刻を確認し、記録する方法としては、原則として使用者が自ら現認することまたはタイムカード、ICカードなどの客観的な記録を基礎とすることのいずれかの方法によることとしており、一般に、タイムカードを打刻すべき時刻に関して労使間で特段の取決めのない場合には、タイムカードに記録された出社時刻から退社時刻までの時間が労働時間と推定される（三晃印刷事件　東京地

裁平成9年3月13日労判714-21)と考えられています。ただし、労働契約上の労働時間の起算点は業務の開始時点であり、タイムカード打刻をもって労働契約上要求される業務の開始があったとする趣旨ではないとする裁判例(石川島播磨東二工場事件　東京高裁昭和59年10月31日労判442-29)やタイムカードの打刻は出・退勤時刻を表示はするものの、必ずしも実勤務時間を表示するものではないとする裁判例(武谷病院事件　東京地裁平成7年12月26日労判689-26)もあります。

また、労働時間の把握に関し、デスクワークをする人間は通常、パソコンの立ち上げと立ち下げをするのは出勤と退勤の直後と直前であることを経験的に推認できるので、他に客観的な時間管理資料がない場合には、その記録を参照するのが相当であるとする裁判例(PE&HR事件　東京地裁平成18年11月10日労判931-65)もあります。

(11) 坑内労働の特例

なお、坑内労働の場合には、坑口に入った時刻から坑口を出た時刻までの時間が休憩時間を含めて労働時間とみなされます(労働基準法第38条第2項)。

2　労働時間の長さ

使用者は、労働者に、休憩時間を除き、原則として、1週間について40時間(常時10人未満の労働者を使用する物品の販売、配給、保管もしくは賃貸または理容の事業、映画の映写または演劇その他興行の事業、病者または虚弱者の治療、看護その他保健衛生の事業および旅館、料理店、飲食店、接客業または娯楽場の事業所(以下「特例措置の事業所」という)については44時間)を超えて、また、1週間のそれぞれの日について8時間を超えて、労働させてはなりません(同法第32条、第40条)。ただし、宿直または日直の勤務で断続的な業務について、労働基準監督署長の許可を

受けた労働者については、この範囲を超えて、使用することができます(同法施行規則第23条)。法定労働時間の規定(特例措置の事業所に関する規定を含む)に違反した者は、6月以下の懲役または30万円以下の罰金に処せられます(同法第119条)。

また、満15歳に達した日以後の最初の3月31日が終了するまでの児童について、労働基準監督署長の許可を受けて使用する場合の労働時間は、修学時間を通算して1週間について40時間、1日について7時間以内としなければなりません(同法第60条第2項)。

なお、この場合の1週間とは、その事業所の就業規則などの定めによりますが、就業規則などに定めがないときには「日曜日から土曜日まで」の暦週をいい、1日とは、原則として「午前0時から午後12時まで」をいいます。

3 労働時間の通算

労働時間は、事業所を異にする場合においても、労働時間に関する規定の適用については通算されます(同法第38条第1項)。ここでいう「事業所が異なる場合」とは、1日のうちにA事業所で働いた後にB事業所で働くことをいい、この場合には、同じ事業主の異なる事業所で働く場合だけでなく、事業主が異なる事業所で働く場合も含まれます。また、「労働時間については通算する」とは、時間外労働に関しては、A事業所およびB事業所における労働時間を通算して、時間外労働に関する制限を受けるということで、労働時間の通算の結果、時間外労働に該当する場合には、割増賃金を支払わなければなりません。この場合に、時間外労働について法所定の手続をとり、また割増賃金を負担しなければならないのは、通常は、時間的に後で労働契約を締結した会社です。ただし、A事業所で4時間、B事業所で4時間働いている場合に、A事業所が、この後B事業所で4時間働くことを知りながら労働時間を延長するときは、A事業所が時間外労働の手続をしなければなりません。

なお、これに関連して、同一の会社と18時から20時30分までの清掃の清掃夜勤契約を締結した後、22時から6時まで清掃日勤契約を締結したことについて、「両契約は、当事者が同一、就労場所が同一であること、両契約は勤務時間が違うだけであるという側面があること、清掃夜勤に続いて清掃日勤の業務に従事することは事実上時間外労働しているのと変わりがないこと、清掃日勤契約が正社員契約であり、清掃夜勤契約がパートタイマー契約であることなどが認められ、これらの諸事実に照らすと、会社の正社員として22時から6時までの間就労義務を負っており、これに加えて、清掃夜勤として18時から20時30分までの間働くのは、清掃日勤契約の時間外労働、換言すれば早出残業をしていると位置づけるのが相当であるとする裁判例（千代田ビル管財事件　東京地裁平成18年7月26日労判923-25）があります。

4　変形労働時間制

　変形労働時間制とは、業務の繁閑に応じて、所定労働時間をあらかじめ傾斜的に配分することを可能とする制度をいい、1か月単位の変形労働時間制、1年単位の変形労働時間制、1週間単位の非定型的変形労働時間制およびフレックスタイム制があります。変形労働時間制は、それぞれの適用要件を具備していなければ、採用できません。

(1)　1か月単位の変形労働時間制
ア　1か月単位の変形労働時間制の要件

　使用者は、その事業所に労働者の過半数で組織する労働組合があるときはその労働組合、労働者の過半数で組織する労働組合がないときは労働者の過半数を代表する者との書面による労使協定または就業規則その他これに準ずるものにより、1か月以内の一定の期間を平均し1週間当たりの労働時間が40時間（特例措置の事業所は44時間）を超えない定めをし

たときは、その定めにより、特定された週において40時間または特定された日において8時間を超えて、労働させることができます（同法第32条の2）。

　1か月単位の変形労働時間制を採用する場合には、使用者が特定の日または週に法定労働時間を超えて労働させることが可能となる反面、過密な労働や規則正しい日常生活が乱されて健康を害したり、余暇時間や私生活の設計を困難にさせたりするなど労働者の生活に与える影響が大きいため、次の要件を満たす必要があります。なお、⑤の労使協定の届出の規定に違反した者は、30万円以下の罰金に処せられます（同法第120条）。

① その事業所の労働者の過半数で組織する労働組合があるときはその労働組合、労働者の過半数で組織する労働組合がないときは労働者の過半数を代表する者との書面による労使協定または就業規則その他これに準ずるものにより、変形期間におけるそれぞれの日、週の労働時間（始業・終業時刻）を定めること。
② 1か月以内の変形期間の労働時間を平均して、1週間の労働時間は40時間（特例措置の事業所は44時間）を超えないこと。
③ 変形期間の起算日を定めておくこと。
④ 労使協定の有効期間の定めをすること。
⑤ 労使協定は、所轄の労働基準監督署長に届け出ること。
⑥ 常時10人に満たない労働者を使用する使用者が定めをした場合には、これを労働者に周知させること。

　ただし、旅客または貨物の運送の事業において列車、気動車または電車に乗務する労働者で予備の勤務に就くものについては、1か月以内の一定の期間を平均し1週間当たりの労働時間が40時間を超えない場合には、①から⑥までの要件を満たさないときにも、1週間について40時間、1日について8時間を超えて労働させることができます（同法施行規則第26条）。

イ　1か月単位の変形労働時間制に関する裁判例

　1か月単位の変形労働時間制が適用されるためには、期間内のそれぞれの週や日の所定労働時間を就業規則などにおいて特定する必要がありますので、就業規則その他これに準ずるものによりそれぞれの週や日の所定労働時間の特定がされているとは認めがたい場合には、1か月単位の変形労働時間制の適用が認められません（セントラル・パーク事件　岡山地裁平成19年3月27日労判941－23）。また、労働協約または就業規則において、業務の都合により4週間ないし1か月を通じ、1週平均38時間以内の範囲内で就業させることがある旨の定めがある場合（大星ビル管理事件）や使用者が就業規則の規定に従って勤務割表を作成し、これを事前に従業員に周知させただけの場合（岩手第一事件　仙台高裁平成13年8月29日労判810－11）、具体的な勤務日を前月末までに定めることを規定したにすぎない場合（桐朋学園事件　東京地裁八王子支部平成10年9月17日労判752－37）には、1か月単位の変形労働時間制を適用する要件を満たしません。

　しかしながら、1か月単位の変形労働時間制について勤務指定前には予見することが不可能なやむを得ない事由の発生した場合にまで、勤務変更を可能とする規定を就業規則などで定めることを一切禁じた趣旨とまではいえませんので、1か月単位の変形労働時間制に関して、勤務指定前に予見することが不可能なやむを得ない事由が発生した場合には、使用者が勤務指定を行った後もこれを変更しうる変更条項を就業規則などで定め、これを使用者の裁量に一定程度まで委ねたとしても、直ちにその就業規則などの定めが「特定」の要件を充たさないとして違法となるものではない（JR東日本横浜土木技術センター事件　東京地裁平成12年4月27日労判782－6）と解されています。ただし、この場合にも、勤務変更が、勤務時間の延長、休養時間の短縮およびそれに伴う生活設計の変更などにより労働者の生活利益に対して少なからぬ影響を与えるので、使用者は、勤務変更をなし得る旨の変更条項を就業規則で定めるに際し、「特定」を要求した

趣旨を没却しないよう、変更規定において、勤務変更が勤務指定前に予見できなかった業務の必要上やむを得ない事由に基づく場合のみに限定して認められる例外的措置であることを明示し、労働者から見てどのような場合に勤務変更が行われるかを予測することが可能な程度に変更事由を具体的に定めることが必要です。このため、特定した労働時間を変更する場合の具体的な変更事由を何ら明示することのない、包括的な内容のものであって、労働者においてどのような場合に変更が行われるのかを予測することが不可能な場合には、「特定」の要件に欠ける違法なものとなります（ＪＲ東日本横浜土木技術センター事件）。

（2） 1年単位の変形労働時間制
ア　労使協定

　使用者は、その事業所に労働者の過半数で組織する労働組合があるときはその労働組合、労働者の過半数で組織する労働組合がないときは労働者の過半数を代表する者との書面による労使協定により、次の事項を定め、労働基準監督署長に届け出たときは、その労使協定で対象期間として定められた1か月を超え1年以内の期間を平均し1週間当たりの労働時間が40時間（特例措置の事業所も40時間）を超えない範囲内において、その労使協定で定めるところにより、特定された週において40時間または特定された日において8時間を超えて、労働させることができます（同法第32条の4）。労使協定の届出の規定に違反した者は、30万円以下の罰金に処せられます（同法第120条）。

① 　対象労働者の範囲
② 　1か月を超え1年以内の対象期間（その期間を平均し1週間当たりの労働時間が40時間を超えない範囲内において労働させる期間）
③ 　特定期間（②の対象期間中の特に業務が繁忙な期間）
④ 　②の対象期間における労働日と労働日ごとの労働時間（対象期間を1か月以上の期間ごとに区分する場合には、その区分による最初の

> 期間における労働日と労働日ごとの労働時間および最初の期間を除く各期間における労働日数と総労働時間）
> ⑤ 労使協定の有効期間の定め
> ⑥ 変形期間の起算日

なお、労使協定において、④の区分をし、最初の期間を除く各期間における労働日数と総労働時間を定めたときは、各期間の30日以上前に過半数労働組合等の同意を得て、書面により、その労働日数を超えない範囲内において各期間における労働日とその総労働時間を超えない範囲内において各期間における労働日ごとの労働時間を定めなければなりません（同法第32条の4第2項）。

イ　労働時間や労働日の設定の要件

1年単位の変形労働時間制を採用するためには、労働時間や労働日について、次の要件を満たさなければなりません。

> ① 変形期間の1週間の労働時間の平均が40時間（特例措置の事業所も40時間）を超えないこと。
> ② 対象期間内の所定労働日数は、原則として1年当たり280日までとすること。
> ③ 所定労働時間は、原則として1日10時間、1週52時間以内とすること。
> ④ 対象期間内において、週48時間を超える所定労働時間の週は、連続3週間以内とすること。
> ⑤ 対象期間を起算日から3か月ごとに区切った各期間において、週48時間を超える所定労働時間の週は、3週以内とすること。
> ⑥ 連続して労働させることができる日数は、6日以内とすること。ただし、特定期間については、週に1日の休日が確保できる範囲で所定労働日を設定できること。

ウ　中途採用者および退職者の取扱い

対象期間の途中から採用されたり、途中で退職する労働者など対象期間を通じて使用されない労働者の場合には、使用者は、対象期間中労働させた期間を平均し1週間当たり40時間を超えて労働させたときは、その超えた時間について労働基準法第37条に規定する法定割増賃金の算定方式の例により割増賃金を支払わなければなりません（同法第32条の4の2）。

（3）　1週間単位の非定型的変形労働時間制

日ごとの業務に著しい繁閑の差が生ずることが多く、かつ、これを予測した上で就業規則その他これに準ずるものにより各日の労働時間を特定することが困難であると認められる常時使用する労働者の数が30人未満の小売業、旅館、料理店および飲食店の事業において、使用者が、次の事項について、その事業所に労働者の過半数で組織する労働組合があるときはその労働組合、労働者の過半数で組織する労働組合がないときは労働者の過半数を代表する者との書面による労使協定を締結し、労働基準監督署長に届け出たときは、1日について10時間まで労働させることができます（同法第32条の5）。労使協定の届出の規定に違反した者は、30万円以下の罰金に処せられます（同法第120条）。

① 所定労働時間は1週間40時間（特例措置の事業所も40時間）以内とすること。
② 変形期間の起算日

イ　労働者への通知

1週間のそれぞれの日の労働時間については、原則としてその週の始まる前までに労働者に書面で通知しなければなりません。緊急でやむを得ない事由が生じた場合には、すでに通知した労働時間を変更しようとする日の前日までに書面により労働者に通知しなければなりません（同法第32条

の5第3項)。これに違反した者は、30万円以下の罰金に処せられます(同法第120条)。

　なお、ここでいう「緊急でやむを得ない事由がある場合」とは、使用者の主観的な必要性でなく、例えば台風の接近、豪雨、雪などの天候の急変などにより予約が大量にキャンセルになった場合や団体客を急に引き受けることになった場合など当初想定した業務の繁閑に大幅な変更が生じたことが客観的に認められる場合に限られます。

　また、1週間のそれぞれの日の労働時間を決めるに当たっては、労働者の意向を聞き、これを尊重するように努めなければなりません(同法施行規則第12条の5第5項)。

(4) フレックスタイム制

　就業規則その他これに準ずるものにより、その労働者についての始業および終業の時刻をその労働者の決定にゆだねることとした労働者についてその事業所に労働者の過半数で組織する労働組合があるときはその労働組合、労働者の過半数で組織する労働組合がないときは労働者の過半数を代表する者との書面による労使協定により次の事項を定めたときは、その労使協定で1か月以内の清算期間として定められた期間を平均し1週間当たりの労働時間が40時間を超えない範囲内において、1週間において40時間(特例措置の事業所は44時間)または1日において8時間を超えて、労働させることができます(同法第32条の3、同法施行規則第12条の2、第12条の3)。

① 対象とする労働者の範囲
② 1か月以内の清算期間(その期間を平均し1週間当たりの労働時間が40時間(特例措置の事業所は44時間)を超えない範囲内において労働させる期間)
③ 清算期間における総労働時間
④ 標準となる1日の労働時間

⑤　労働者が労働しなければならない時間帯（コアタイム）を定める場合には、その時間帯の開始および終了の時刻
⑥　労働者がその選択により労働することができる時間帯（フレキシブルタイム）に制限を設ける場合には、その時間帯の開始および終了の時刻
⑦　変形期間の起算日

　フレックスタイム制においては、週または日については労働時間の規制はありませんが、清算期間の1週間の労働時間の平均は40時間（特例措置の事業所は44時間）を超えてはなりません。
　なお、フレックスタイム制において、実際に労働した時間が清算期間における総労働時間として定められた時間に比べて過不足が生じた場合に、次の清算期間に繰り越すことについては、次によります（昭和63年1月1日基発第1号）。

①　清算期間における実際の労働時間に過剰があった場合に、総労働時間として定められた時間分はその期間の賃金支払日に支払うが、それを超えて労働した時間分を次の清算期間中の総労働時間の一部に充当することは、その清算期間内における労働の対価の一部がその期間の賃金支払日に支払われないことになり、労働基準法第24条に違反し、許されない。
②　清算期間における実際の労働時間に不足があった場合に、総労働時間として定められた時間分の賃金はその期間の賃金支払日に支払うが、それに達しない時間分を、次の清算期間中の総労働時間に上積みして労働させることは、法定労働時間の総枠の範囲内である限り、その清算期間においては実際の労働時間に対する賃金よりも多く賃金を支払い、次の清算期間でその分の賃金の過払を清算するものと考えられ、同条に違反するものではない。

（5） 変形労働時間制が適用されない場合

ア 妊産婦の取扱い

　使用者は、妊娠中および産後1年を経過しない妊産婦が請求したときは、(1)の1か月単位の変形労働時間制、(2)の1年単位の変形労働時間制および(3)の1週間単位の非定型的変形労働時間制によって労働させる場合であっても、その者を、1週40時間（(1)の場合には特例措置の事業所は44時間）または1日8時間を超えて労働させてはなりません（同法第66条第1項）。

　また、妊産婦がこの請求をしたことまたは労働をしなかったことを理由として、不利益な取扱いをしてはなりません（男女雇用機会均等法第9条第3項）。

イ 年少者の取扱い

　満18歳未満の年少者については、1週間について48時間、1日について8時間の範囲内で、(1)の1か月単位の変形労働時間制および(2)の1年単位の変形労働時間制を適用することができますが、(3)の1週間単位の非定型的変形労働時間制および(4)のフレックスタイム制を適用することはできません。ただし、1週間に40時間の範囲内で、1週間のうち1日の労働時間を4時間以内に短縮する場合には、他の日の労働時間を10時間まで延長することができます（労働基準法第60条）。

ウ 育児を行う者などに対する配慮

　(1)の1か月単位の変形労働時間制、(2)の1年単位の変形労働時間制または(3)の1週間単位の非定型的変形労働時間制を、育児を行う者、老人などの介護を行う者、職業訓練または教育を受ける者などの特別の配慮を要する者に適用する場合には、これらの者が育児などに必要な時間を確保できるよう配慮しなければなりません（同法施行規則第12条の6）。

5　みなし労働時間制

　みなし労働時間制には、事業場外労働時間制、専門業務型裁量労働時間制および企画業務型裁量労働時間制があります。
　「労働者の労働時間の適正な把握のために講ずべき基準」においては、みなし労働時間制が適用される労働者（事業場外労働を行う者にあっては、みなし労働時間制が適用される時間に限る）については適用除外とされていますが、同基準の適用から除外する労働者についても、健康確保を図る必要があることから、使用者において適正な労働時間管理を行う責務があることが明記されています。また、みなし労働時間制を採用された労働者についても生命および健康の保持や確保（業務遂行に伴う疲労や心理的負荷等が過度に蓄積して労働者の心身の健康を損なうことのないように配慮すること）の観点から労働時間管理をすべきことが求められています（京都市教育委員会事件　京都地裁平成20年4月23日労判961－13）。

（1）事業場外労働

　労働者が労働時間の全部または一部について事業所外で業務に従事した場合に、労働時間を算定し難いときは、所定労働時間労働したものとみなします。ただし、その業務を遂行するためには通常所定労働時間を超えて労働することが必要となる場合には、その業務の遂行に通常必要とされる時間労働したものとみなします。また、この場合に、使用者が、その事業所に労働者の過半数で組織する労働組合があるときはその労働組合、労働者の過半数で組織する労働組合がないときは労働者の過半数を代表する者との書面による労使協定を締結し、労働基準監督署長に届け出たときは、その労使協定で定める時間労働したものとみなします（同法第38条の2）。なお、労使協定の届出の規定に違反した者は、30万円以下の罰金

に処せられます(同法第120条)。

したがって、「事業場外労働に関するみなし労働時間制」によりみなされるのは、次のとおりです。

① 労働時間の全部または一部について事業場外で業務に従事した場合において、労働時間を算定し難いときは、所定労働時間労働したものとみなす。
② その業務を遂行するためには通常所定労働時間を超えて労働することが必要となる場合には、その業務の遂行に通常必要とされる時間労働したものとみなす。
③ 「業務の遂行に通常必要とされる時間」について、労使協定が締結された場合には、労使協定で定める時間を、「業務の遂行に通常必要とされる時間」とみなす。

事業場外みなし労働時間制は、事業所外で業務に従事した場合に労働時間を算定し難いときに限り所定労働時間労働したものとみなしますので、例えば、次のような場合には、事業場外で業務に従事する場合であっても、使用者の具体的な指揮監督が及んでいる場合については、労働時間の算定が可能ですので、みなし労働時間制の適用はありません(昭和63年1月1日基発第1号)。

① 何人かのグループで事業場外労働に従事する場合で、そのメンバーの中に労働時間の管理をする者がいる場合
② 事業所外で業務に従事するが、携帯電話などによって随時使用者の指示を受けながら労働している場合
③ 事業所において、訪問先、帰社時刻など当日の業務の具体的指示を受けたのち、事業所外で指示どおりに業務に従事し、その後事業所にもどる場合

裁判例では、次のような場合には、事業場外労働に関するみなし労働時

間制は適用されないと判断しています。

① 営業社員が基本的に会社に出社して毎朝実施されている朝礼に出席し、その後外勤勤務に出、基本的に午後6時までに帰社して事務所内の掃除をして終業となるが、その内容はメモ書き程度の簡単なものとはいえ、その日の行動内容を記載した予定表を会社に提出し、外勤中に行動を報告したときには、会社においてその予定表の該当欄に線を引くなどしてこれを抹消しており、さらに、営業社員全員に会社所有の携帯電話を持たせている場合（光和商事事件　大阪地裁平成14年7月19日労判833-22）。
② 展覧会での展示販売が、業務に従事する場所および時間が限定されており、支店長なども業務場所に赴いている場合（ほるぷ事件　東京地裁平成9年8月1日労民集48-4-312）。

（2）専門業務型裁量労働制

　使用者が、その事業所に労働者の過半数で組織する労働組合があるときはその労働組合、労働者の過半数で組織する労働組合がないときは労働者の過半数を代表する者との書面による労使協定を締結し、次のアからキまでの事項を定めて、労働基準監督署長に届け出た場合に、労働者をアの業務に就かせたときは、その労働者は、イの時間労働したものとみなします（同法第38条の3）。なお、労使協定の届出の規定に違反した者は、30万円以下の罰金に処せられます（同法第120条）。

ア　業務の性質上その遂行の方法を大幅にその業務に従事する労働者の裁量にゆだねる必要があるため、その業務の遂行の手段およびび時間配分の決定などに関し使用者が具体的な指示をすることが困難な表12-1の業務のうち、労働者に就かせる対象業務。

みなし労働時間制

表12－1 業務の性質上その遂行の方法を大幅にその業務に従事する労働者の裁量にゆだねる必要があるため、その業務の遂行の手段および時間配分の決定などに関し使用者が具体的な指示をすることが困難な業務

① 新商品・新技術の研究開発または人文科学・自然科学に関する研究の業務
② 情報処理システムの分析または設計の業務
③ 新聞・出版の事業の記事または放送番組の製作のための取材・編集の業務
④ 衣服・室内装飾・工業製品・広告などの新たなデザインの考案の業務
⑤ 放送番組・映画などの製作の事業におけるプロデューサー・ディレクターの業務
⑥ コピーライターの業務
⑦ システムコンサルタントの業務
⑧ インテリアコーディネーターの業務
⑨ ゲーム用ソフトウェアの創作の業務
⑩ 証券アナリストの業務
⑪ 金融工学などの知識を用いて行う金融商品の開発の業務
⑫ 学校教育法に規定する大学の教授、助教授または講師の業務
⑬ 公認会計士の業務
⑭ 弁護士の業務
⑮ 建築士（一級建築士、二級建築士および木造建築士）の業務
⑯ 不動産鑑定士の業務
⑰ 弁理士の業務
⑱ 税理士の業務
⑲ 中小企業診断士の業務

イ 対象業務に従事する労働者の労働時間として算定される時間
ウ その業務の遂行の手段および時間配分の決定などに関し、対象業務に従事する労働者に使用者が具体的な指示をしないこと。
エ 対象業務に従事する労働者の健康および福祉を確保するための措置を講ずること。
オ 対象業務に従事する労働者からの苦情の処理に関する措置を講ずること。
カ 労使協定の有効期間
キ エおよびオに関し、労働者ごとに講じた措置の記録を協定の有効期間およびその期間の満了後3年間保存すること。

なお、専門業務型裁量労働制の適用の単位は事業所毎とされていますので、本社で本社の過半数労働者の代表者と労使協定を締結し、本社に対応する労働基準監督署に届け出ても、本社とは別個の事業所にはその

労使協定の効力は及びません(ドワンゴ事件　京都地裁平成18年5月29日労判920-57)。

　また、専門業務型裁量労働制のもとで業務に従事する労働者についても、使用者は労働者の生命、身体および健康を危険から保護するように配慮すべき義務(安全配慮義務)を負い、その具体的内容としては、労働時間、休憩時間、休日、休憩場所などについて適正な労働条件を確保し、さらに、健康診断を実施した上、労働者の年齢、健康状態などに応じて従事する作業時間および内容の軽減、就労場所の変更など適切な措置を採るべき義務を負います(システムコンサルタント事件　最高裁第二小法廷平成12年10月13日労判791-6)。

(3) 企画業務型裁量労働制
ア　企画業務型裁量労働制に関するみなし労働時間制

　賃金、労働時間その他のその事業所の労働条件に関する事項を調査審議し、事業主に対し意見を述べることを目的とする使用者およびその事業場の労働者を代表する者を構成員とする委員会(以下「労使委員会」という)が設置された事業所において、労使委員会がその委員の5分の4以上の多数による議決により次の事項に関する決議をし、かつ、使用者が、その決議を労働基準監督署長に届け出た場合には、②の労働者の範囲に属する労働者をその事業所の①の業務に就かせたときは、その労働者は、③の時間労働したものとみなします(労働基準法38条の4)。なお、決議の届出の規定に違反した者は、30万円以下の罰金に処せられます(同法第120条)。

① 対象となる業務の具体的な範囲
② 対象となる労働者の具体的な範囲
③ 労働時間として算定される時間
④ 使用者が対象となる労働者の勤務状況に応じて実施する健康および福祉を確保するための措置の具体的内容

⑤ 使用者が対象となる労働者からの苦情の処理のため実施する措置の具体的内容
⑥ 本制度の適用について労働者本人の同意を得なければならないことおよび不同意の従業員に対し不利益な取扱いをしてはならないこと
⑦ 労使委員会の決議の有効期間
⑧ 労働者ごとの次の記録を、決議の有効期間中およびその満了後3年間保存すること
 ⅰ 労働者の労働時間の状況ならびに④の労働者の健康および福祉を確保するための措置として講じた措置
 ⅱ ⑤の労働者からの苦情の処理に関する措置として講じた措置
 ⅲ ⑥の労働者本人の同意

イ 企画業務型裁量労働制に関するみなし労働時間制を導入できる事業所

企画業務型裁量労働制に関するみなし労働時間制を導入できる事業所は、次のとおりです。
① 本社・本店
② その事業所の属する企業などが取り扱う主要な製品・サービスなどの事業計画の決定などを行っている事業本部
③ その事業所の属する企業などが事業活動の対象としている主要な地域における生産、販売などの事業計画や営業計画の決定などを行っている地域本社や地域を統轄する支社・支店など
④ 本社・本店の具体的な指示を受けることなく、独自にその事業所の属する企業などが取り扱う主要な製品・サービスなどの事業計画の決定などを行っている工場など
⑤ 本社・本店の具体的な指示を受けることなく、独自にその事業所を含む複数の支社・支店などの事業活動の対象となる地域における生産、販売などの事業計画や営業計画の決定などを行っている支社・支店な

ど
⑥ 本社・本店の具体的な指示を受けることなく、独自にその事業所のみの事業活動の対象地域の生産、販売などの事業計画や営業計画の決定などを行っている支社・支店など

ウ 企画業務型裁量労働制に関するみなし労働時間制の対象となる業務

企画業務型裁量労働制に関するみなし労働時間制の対象となる業務は、次のとおりです。

① 事業の運営に関する事項についての業務であること。
② 企画、立案、調査または分析の業務であること。
③ その業務の性質上これを適切に遂行するにはその遂行の方法を大幅に労働者の裁量にゆだねる必要がある業務であること。
④ その業務の遂行の手段および時間配分の決定などに関し使用者が具体的な指示をしない業務であること。

エ 労使委員会の要件

企画業務型裁量労働制に関するみなし労働時間制に関する決議を行う労使委員会は、次の要件を満たなければなりません。

(1) 労使委員会の委員の構成は、次によること。
　① 労働者代表の委員と使用者代表の委員で構成されていること。
　② 労使代表各2名以上で、労働者代表の委員が半数を占めていなければならないこと。
　③ 使用者代表の委員は使用者側の指名により選出されるが、労働者代表の委員は、その事業所に労働者の過半数で組織する労働組合があるときはその労働組合、労働者の過半数で組織する労働組合がないときは労働者の過半数を代表する者の指名により、管理監督者以外から任期を定めて選出されること。

(2) 労使委員会の開催の都度議事録が作成され、その開催の日（決議が行われた会議については決議の有効期間の満了の日）から3年間保存されること。
(3) 労使委員会の議事録は、事業所の労働者に次のいずれかの方法で周知が図られていること。
　① 常時各作業場の見やすい場所へ掲示し、または備え付けること。
　② 書面を労働者に交付すること。
　③ 磁気テープ、磁気ディスクその他これらに準ずる物に記録し、かつ、各作業場に労働者がその記録の内容を常時確認できる機器を設置すること
(4) 労使委員会の招集、定足数、議事その他労使委員会の運営について必要な事項を規定する運営規程を定めていること。
(5) 労働者が労使委員会の委員であることもしくは労使委員会の委員になろうとしたことまたは労使委員会の委員として正当な行為をしたことを理由として不利益な取扱いをしないこと。

オ　労働者の健康および福祉を確保するための措置の実施状況についての報告

　企画業務型裁量労働制に関するみなし労働時間制の決議の届出をした使用者は、決議が行われた日から起算して6月以内に1回、およびその後1年以内ごとに1回、労働者の労働時間の状況ならびに労働者の健康および福祉を確保するための措置の実施状況について労働基準監督署長に報告しなければなりません（同法第38条の4第4項）。

6　始業・終業時刻の繰上げ・繰下げ

　始業・終業時刻の繰上げ・繰下げは、一般に就業規則などに定めがあれば可能であり、就業規則にこのような定めがある場合には労働者はこれに

従う義務があると解されています。

　就業規則にこのような規定がない場合には、労働時間の繰上げを内容とする勤務の変更を命じる権限は使用者にはありませんので、原則として労働者はこのような勤務の変更を拒否できることになります。ただし、使用者側の要請の内容とその原因、要請の緊急性と代替性の有無、勤務変更により労働者の受ける不利益の有無やその程度などの具体的諸事情によっては、このような勤務の変更を拒否することが信義則に反する場合があるとする裁判例（日本航空事件　東京地裁昭和59年9月20日労判438－16）があります。

7　休憩時間

(1) 休憩時間とは

　休憩時間は、労働者が権利として労働から離れることを保障されている時間をいい、単に作業に従事していない手待時間は労働時間であり、休憩時間ではありません（昭和22年9月13日基発第17号）。したがって、休憩時間といえるためには、労働から完全に解放された時間であることが必要で、持ち場を離れることができず、休憩時間中に訪問者があればその応対をすることとなっている場合には休憩時間ということはできません（関西警備保障事件　大阪地裁平成13年4月27日労経速1774－15）。

　裁判例では、次のような場合には、休憩時間を与えたことにはならないと判断しています。なお、使用者に休憩を与える義務の不完全履行がある場合には、慰藉料の支払いが求められることがあります（住友化学工業事件　最高裁第三小法廷昭和54年11月13日労民集26－6－1103）。

① 　仮眠時間において、外部からの電話は仮眠室に繋がっており、機械警備等の警報が発報した場合には事故の確認その他の指示を受けることになっており、残業した従業員の退出を管理する業務がある場合（関西警備保障事件）

② 食事休憩時間に運転車両および積荷の管理保管のために監視などの業務に従事していた場合(立正運輸事件　大阪地裁昭和58年8月30日労判416-40)
③ 客が途切れた時などに適宜休憩してもよいというものにすぎず、現に客が来店した際には即時その業務に従事しなければならない場合(すし処「杉」事件　大阪地裁昭和56年3月24日労経速1091-3)
④ 休憩時間中、操炉現場を離れることを禁止され、作業に従事することが命じられている場合(住友化学工業事件)

(2) 休憩時間の長さ
ア　休憩時間の長さの原則
　使用者は、次の時間以上の休憩時間を、労働時間の途中に与えなければなりません(同法第34条第1項)。

① 労働時間が6時間を超える場合には45分
② 労働時間が8時間を超える場合には1時間

　ここでいう労働時間とは実労働時間の意味ですから、例えば、所定労働時間が1日8時間の者が時間外労働によって8時間を超える場合には、所定労働時間の途中の休憩時間を含めて少なくとも1時間の休憩時間が与えなければなりません(昭和22年11月27日基発第401号)。

イ　休憩時間に関する裁判例
　これに関連して、労働基準法第34条は、使用者に対し労働時間の長さに応じて一定の休憩時間を労働時間の途中において与えなければならないことを規定しているに止どまり、具体的な個々の労働契約の休憩時間を定めたものではないから、会社の休憩時間が同法に違反している場合、労働者としては使用者をしてこれを是正させるべきであり、それ以前に、自分だけが独自に適当な時期に適当な長さの休憩をとることは許されないとす

る裁判例（大阪空気製作所事件　大阪地裁昭和40年10月29日労民集16-5-3380）があります。

ウ　休憩時間の付与に関する特例
次の者には、休憩時間を与えないことができます（同法施行規則第32条第1項）。

① 長距離にわたり継続して乗務する列車・気動車・電車・自動車・船舶・航空機の乗務員
② 屋内勤務者30人未満の郵便局において郵便・信書便・電気通信の事業に従事する者

また、①に該当しない乗務員について、その者の従事する業務の性質上、休憩時間を与えることができないと認められる場合に、その勤務中における停車時間、折返しによる待合せ時間その他の時間の合計がアの①または②の休憩時間に相当するときは、休憩時間を与えないことができます（同条第2項）。

（3）休憩時間の一斉付与
休憩時間は、原則として一斉に与えなければなりません（同法第34条第2項）。ただし、次の場合には、一斉に付与する必要はありません。

① その事業所に労働者の過半数で組織する労働組合がある場合にはその労働組合、労働者の過半数で組織する労働組合がない場合には労働者の過半数を代表する者と一斉に休憩を与えない労働者の範囲およびその労働者に対する休憩の与え方について定めた書面による労使協定があるとき（同項ただし書、平成11年1月29日基発第45号）
② 運輸交通業・商業・金融広告業・映画・演劇業・通信業・保健衛生業・接客娯楽業・官公署（同法施行規則第32条第1項）。
③ 平成11年の労働基準法改正前に労働基準監督署長の許可を受

けて一斉休憩の適用が除外されている場合

（4）休憩時間の自由利用

　休憩時間は、労働者に自由に利用させなければなりません（同法第34条第2項）。ただし、休憩時間の利用について事業場の規律保持上必要な制限を加えることは、休憩の目的を害わない限り差し支えありません（昭和22年9月13日基発第17号）。また、休憩時間中の外出について所属長の許可を受けさせることは、事業所内において自由に休憩しうる場合には、必ずしも違法にはなりません（昭和23年10月30日基発第1575号）。

　このため、労働者は、企業施設内で休憩する場合においては、休憩の目的を害さない範囲で使用者による施設管理や職場の規律保持のために必要な制約に服するとともに、他の従業員の休憩を妨げてはならず、職場内でのビラ配布を許可制とすることも企業施設管理および規律保持の観点から可能です（電電公社目黒電報電話局事件　最高裁第三小法廷昭和52年12月13日民集31－7－974）。ただし、事業所内でのビラ配布や政治活動が形式的には就業規則の規定に違反する場合であっても、実質的にみて職場の秩序を乱す恐れがない場合、またはその恐れが極めて少ない場合には、就業規則に違反しません（明治乳業事件　最高裁第三小法廷昭和58年11月1日労判417－21）。

　このほか、休憩時間中に仮眠することは、労働者の疲労回復を目的とする休憩時間の自由な利用の限界を超えるものではないから、いかなる懲戒処分にも値いしないとする裁判例（淀川製鋼所事件　大阪地裁昭和32年1月25日労経速242－2）があります。

　なお、次の者には、休憩時間の自由利用は適用されません（同法施行規則第33条）。

① 　常勤の消防団員および児童と起居をともにする児童自立支援施設に勤務する者
② 　労働基準監督署長の許可を得た児童と起居をともにする乳児院、児

童養護施設、知的障害児施設、盲ろうあ児施設および肢体不自由児施設に勤務する者

　休憩時間に関する規定に違反した者は、6月以下の懲役または30万円以下の罰金に処せられます（同法第119条）

（5）育児時間

　生後満1歳に満たない生児を育てる女性は、休憩時間のほかに、1日に2回おのおの30分以上、その生児を育てるための育児時間を使用者に対して請求することができますので、育児時間中は、使用者は、その女性を使用してはなりません（同法第67条）。これに違反した者は、6月以下の懲役または30万円以下の罰金に処せられます（同法第119条）。

　また、育児時間の請求をし、または育児時間を取得したことを理由として、不利益な取扱いをしてはなりません（男女雇用機会均等法9条3項）。

　したがって、「賃上げは稼働率80％以上のものとする」旨の賃上げ労使協定に関し、育児時間などによる欠務を欠勤として算入するとの取扱い（日本シェーリング事件　最高裁第一小法廷平成元年12月14日民集43-12-1895）や賞与の支給要件として支給対象期間の出勤率が90％以上であることが必要とし、その出勤率の算定にあたり、育児時間を欠勤日数に算入するとの取扱い（東朋学園事件　最高裁第一小法廷平成15年12月4日労判862-14）は、公序良俗に違反し、無効です。

8　休日

（1）休日の取扱い

　使用者は、労働者に対して、毎週1回または4週間を通じ4日以上の休日を与えなければなりません（労働基準法35条）。これに違反した者は、6月以下の懲役または30万円以下の罰金に処せられます（法第119条）。

休日

　ここでいう「4週間を通じ4日以上の休日」とは、どの4週間を区切っても4日以上の休日が与えられていなければならない趣旨ではなく、特定の4週間に4日の休日が与えられていれば足ります（鹿屋市笠野原小学校事件鹿児島地裁昭和48年2月8日判時718-104）。

　休日については、これを特定すべきことを要求していませんが、就業規則の中で単に1週間につき1日といっただけではなく具体的に一定の日を休日と定める方法を規定するよう指導が行われています。また、休日は、原則として暦日（午前0時から午後12時までの継続24時間をいう）で与えなければなりませんが、次の要件を満たす8時間3交替制勤務については、休日は継続24時間を与えれば差し支えありません（昭和63年3月14日基発第150号）。

① 番方編成による交替制によることが就業規則などにより定められており、制度として運用されていること。
② 各番方の交替が規則的に定められているものであって、勤務割表などによりその都度設定されるものではないこと。

　これに関連して、1の休日とは通常暦日の午前0時から午後12時までを指すが、1日24時間の勤務の後から継続24時間使用者の拘束から解放されているような場合には、暦日からは1日とは云えないけれども、労働基準法上は休日と解すべきであるとする裁判例（合同タクシー事件　福岡地裁小倉支部昭和42年3月24日労民集18-2-210）があります。

　労働基準法が義務づけているのは週1回の休日ですので、例えば、週休2日制であっても、同法の休日労働に関する割増賃金は、法定の休日の労働についてのみ適用されます。

　なお、出張中の休日はその日に旅行するなどの場合でも、旅行中における物品の監視など別段の指示がある場合の外は休日労働として取扱わなくても差し支えありません（昭和33年2月13日基発第90号）。

　また、常時10人に満たない労働者を使用する使用者が4週間を通じ4日

以上の休日を与える定めをした場合には、これを労働者に周知させなければなりません。また、就業規則その他これに準ずるものにおいて、4日以上の休日を与えることとする4週間の起算日を明らかにしなければなりません（同法施行規則第12条、第12条の2）。

（2）休日の振替

　業務上の都合によって定められた休日に労働者に労働させる必要が生じた場合に、定められた休日を労働日とし、その代わりに特定の労働日を休日とすることを休日の振替といいます。

　休日が特定されている場合に、他の労働日を休日にするかわりに就業規則で特定されている休日を労働日とすることができるとする就業規則の定めは有効であり、あらかじめ別の日を休日として特定してなされる限り、使用者は個々の労働者の同意がなくても休日を振り替えることができます（三菱重工業横浜造船所事件　横浜地裁昭和55年3月28日労判339－20）。

　ただし、休日の振替を行うにあたっては、振り替えられた後の状態が、法定基準を満たす必要があり、あらかじめ休日の振替が行われ、かつ法定基準を満たしている場合には、就業規則において休日とされている日は通常の労働日となり、労働基準法の休日労働には該当せず、36協定の締結・届出や休日労働に関する割増賃金の支払いは必要ありません（最上建設事件　東京地裁平成12年2月23日労判784－58）。

　このほか、前日までに振替えによる休日を指定して従業員に通知して、就業規則所定の休日を1週間以内の他の日と振り替えることができる旨の定めがある場合に、当日に出勤を命じたとしてもこれに応じる義務はないとする裁判例（山口観光事件　大阪地裁平成7年6月28日労判686－71）もあります。

（3） 代休

あらかじめ振替休日を特定しないまま、就業規則で休日とされている日に労働させ、事後的に休日を与えることを代休といいます。代休の場合には、休日は労働日に変更されないので、休日労働させることになり、その休日が法定休日に該当する場合には休日労働となりますので、36協定の締結・届出と休日割増賃金の支払いが必要です（昭和63年3月14日基発第150号。ブルーハウス事件　札幌地裁平成10年3月31日労判740-45）。

これに関しては、代休は休日出勤の代償として認められた労働義務の免除であるから、あらかじめ定められた休日同様に尊重すべきであり、一旦合意により定めた代休日を使用者側の都合により一方的に変更することは原則として許されないとする裁判例（岩手県交通事件　盛岡地裁一関支部平成8年4月17日労判703-71）があります。

9　時間外・休日労働

（1） 法定時間外・休日労働と所定時間外・休日労働

法定時間外労働とは、法定労働時間（原則として1週40時間、1日8時間と法律で決められている労働時間）を超えて働くことをいいます。これに対し、所定時間外労働とは、労働契約で定めた所定の労働時間を超えて、法定労働時間までの時間を働くことをいいます。

同様に、法定休日労働とは、法定休日（毎週1回または4週間を通じ4日と法律で決められている休日）に働くことをいいます。これに対し、所定休日労働とは、労働契約で定めた休日で法定休日でない日に働くことをいいます。

法定時間外・休日労働をさせるには、原則として①36協定の締結と届出、②労働契約や就業規則などに根拠となる定めがあること、③法定の割増賃金を支払うことが、所定時間外・休日労働をさせるには、①労働契約

や就業規則などに根拠となる定めがあること、②原則として通常の労働時間の賃金を支払うこと（静岡銀行事件　静岡地裁昭和53年3月28日労判297-39）がそれぞれ必要です。

（2）法定時間外・休日労働の範囲

　法定時間外労働の範囲は、労働基準法に定める労働時間を超えた労働であり、変形労働時間制の場合には、次の時間がこれに該当します（JR西日本広島支社事件　広島地裁平成13年5月30日判タ1071-180）。

①1日8時間を超える労働時間を定めている日はその時間を超える部分の時間、それ以外の日は8時間を超える部分の時間。
②1週40時間を超える労働時間を定めている週は、その時間を超える部分の時間、それ以外の週は40時間を超える部分の時間（①で時間外となる時間を除く）。
③変形期間の全期間　変形期間における法定労働時間を超えて労働させた時間（①または②で時間外労働となる時間を除く）。

　また、法定休日労働の範囲は、労働基準法に定める1週1日または4週を通じて4日の休日に行う労働です。したがって、例えば、週休2日制のように使用者が法定休日の外にもう1日の休日を付与していたとしても、その1日の休日は法定休日ではなく、法定外休日に労働者に労働をさせたとしても、割増賃金を支払う必要はありません（最上建設事件　東京地裁平成12年2月23日労判784-58）。

　なお、休日労働の場合には、その時間が何時間であろうと休日労働であって、時間外労働には該当しません。

　これに関して、日曜日のほか、第1、第3、第5土曜日以外の土曜日も休日として扱われていた場合に、与えられた労働基準法第35条第1項の週1回の休日は毎日曜日と認めるのが相当であるから、休日である土曜の労働については、その日の労働が1週の法定時間内に収まる場合は法定時

間内労働に、その日の労働が1週の法定時間内に収まらない場合は法定時間外労働に、それぞれ分類されるとする裁判例(関西医科大学事件大阪高裁平成14年5月9日労判831-28)があります。

(3) 時間外・休日労働を行う義務

　36協定によっては時間外・休日労働を行う義務は発生しません(日本鋼管事件　横浜地裁川崎支部昭和45年12月28日労民集21-6-1762)が、就業規則に36協定を締結し、労働基準監督署長に届け出た場合において、使用者が36協定の範囲内で一定の業務上の事由があれば労働契約に定める労働時間を延長して労働者を労働させることができる旨定めているときは、就業規則の規定の内容が合理的なものである限り、それが労働契約の内容となりますのでその就業規則の規定の適用を受ける労働者は、その定めるところに従い、時間外・休日労働を行う義務を負います(日立製作所武蔵工場事件　最高裁第一小法廷平成3年11月28日民集45-8-1270)。

(4) 非常災害の場合の時間外・休日労働

　災害その他避けることのできない事由によって臨時の必要が発生した場合には、労働基準監督署長の許可(事態急迫のために労働基準監督署長の許可を受ける暇がない場合には、事後に遅滞なく届出)により、その必要な限度において法定時間外・休日労働をさせることができます(同法第33条第1項)。事後の届出の規定に違反した者は、30万円以下の罰金に処せられます(同法第120条)。

　「災害その他避けることのできない事由」には災害発生が客観的に予見される場合を含みます(昭和33年2月13日基発第90号)。また、これによって臨時の必要が発生した場合に該当するのは、急病、ボイラーの破裂その他人命または公益を保護するために必要な場合や事業の運営を不可能ならしめるような突発的な機械の故障があった場合、電圧低下により保安など

の必要がある場合、天災地変、急病、ボイラーの破裂など事業運営上通常予想し得ない場合で、単なる業務の繁忙や事業所において通常発生するトラブルの場合、通常予見される部分的な修理、定期的な手入れなどは、これに該当しません（昭和26年10月11日基発第696号。茨木市事件　大阪地裁昭和43年1月18日行裁例集19-12-18）。

　なお、非常災害の届出があった場合に、労働基準監督署長がその労働時間の延長または休日の労働を不適当と認めるときは、その後にその時間に相当する休憩または休日を与えるべきことを、命ずることができます（同法第33条2項）。この命令に違反した者は、6月以下の懲役または30万円以下の罰金に処せられます（同法第119条）。

　また、公務のために臨時の必要がある場合には、官公署の事業に従事する国家公務員および地方公務員については、時間外・休日労働をさせることができます（同法第33条第3項）。この「公務のために臨時に必要がある場合とは、いわゆる非現業公務員について公務の特殊性から、一般労働者と区別して設けられたものであり、単純な労務に従事する公務員は含まれない（津山市職員事件　広島高裁岡山支部昭和48年3月12日判タ295-270）と解されています。

（5）　36協定の締結による時間外・休日労働
ア　36協定の締結

　使用者が、次の事項について、その事業所に労働者の過半数で組織する労働組合があるときはその労働組合、労働者の過半数で組織する労働組合がないときは労働者の過半数を代表する者と有効期間の定めをした書面による協定（36協定）をし、労働基準監督署長に届け出た場合には、労働時間または休日に関する規定にかかわらず、その協定で定めるところによって労働時間を延長し、または休日に労働させることができます（同法第36条第1項）。

① 時間外または休日の労働をさせる必要のある具体的事由

②　業務の種類
③　労働者の数
④　1日および1日を超える一定の期間についての延長することができる時間または労働させることができる休日

　36協定は、使用者が、労働者に時間外または休日の労働をさせても処罰されないという刑事上の免責の効果を生じさせるための条件にすぎず、それ自体としては労働者に時間外または休日の労働をする義務を生じさせるような民事上の効力を有しません（日本金属事件　横浜地裁昭和45年12月24日労判123-23）が、36協定がなければ労働者には残業義務はありません（トーコロ事件　最高裁第二小法廷平成13年6月22日労判808-11）。

　36協定を締結するか否かは、原則として、労働組合ないし労働者代表の自由ですから、労働組合などが超過勤務自体の労働条件に関する労使間の意見不一致のため、36協定の締結ないしは更新を拒否したとしても、原則として違法ではありません（北九州市交通局事件　福岡高裁昭和55年10月22日労民集31-5-1033）。

　親睦会代表との間で締結している36協定は協定当事者が労働者の過半数を代表する者ではないので無効であり、このような場合には、労働者は時間外・休日労働命令に従う義務はありません（トーコロ事件）。また、文書によらずに口頭で締結された36協定は無効であり、これに基づいて行われる残業命令には、労働者は従う義務はない（片山工業事件　岡山地裁昭和40年5月31日労民集16-3-418）と解されています。

イ　限度基準
　厚生労働大臣は、労働時間の延長を適正なものとするため、前項の協定で定める労働時間の延長の限度その他の必要な事項（ただし、労働時間の延長に係る割増賃金の率を加える改正が予定されています。）につい

て、労働者の福祉、時間外労働の動向その他の事情を考慮して基準を定めることができます(労働基準法第36条第2項)。これに基づいて、「労働基準法第36条第1項の協定で定める労働時間の延長の限度、労働時間の延長に係る割増賃金の率等に関する基準(平成10年12月28日労働省告示第154号。「限度基準」という)」が定められています。36協定をする使用者および労働組合または労働者の過半数を代表する者は、36協定で労働時間の延長を定めるに当たり、36協定の内容が限度基準に適合したものとなるようにしなければなりません(同条第3項)。

限度基準には、次の事項が定められています。

① 業務の種類について定めるに当たっては、業務の区分を細分化することにより業務の範囲を明確にすること。
② 「1日を超える一定の期間」については、「1日を超え3か月以内の期間」および「1年間」とすること。
③ 36協定において一定期間についての延長時間は、④の場合を除き、表12-2の区分に応じ、同表に定められた限度時間を超えないこと。
④ あらかじめ、表12-2に定められた限度時間以内の時間の一定期間についての延長時間を定め、かつ、限度時間を超えて労働時間を延長しなければならない特別の臨時的な事情が生じたときに限り、その一定期間ごとに、労使当事者間において定める手続を経て、限度時間を超える一定の時間まで労働時間を延長することができる旨を定める特別条項がある場合には、その例外とすることができること。

表12-2　限度基準に定められた限度時間

期間	一般労働者の場合	対象期間が3ヶ月を超える1年単位の変形労働時間制の対象者の場合
1週間	15時間	14時間
2週間	27時間	25時間
4週間	43時間	40時間
1ヶ月	45時間	42時間
2ヶ月	81時間	75時間
3ヶ月	120時間	110時間
1年間	360時間	320時間

なお、限度基準は、次の事業または業務の36協定には、限度時間のうち1年間以外の期間については適用されません（限度基準第5条）。

① 工作物の建設などの事業
② 自動車の運転の業務
③ 新技術、新商品などの研究開発の業務
④ 季節的要因などにより事業活動もしくは業務量の変動が著しい次の事業または業務
　ⅰ 鹿児島県および沖縄県における砂糖製造業（砂糖精製業を除く）
　ⅱ 造船事業における船舶の改造または修繕に関する業務
　ⅲ 郵政事業の年末・年始における業務
　ⅳ 都道府県労働局長が厚生労働省労働基準局長の承認を得て地域を限って指定する事業または業務
⑤ 公益上の必要により集中的な作業が必要とされる次の業務
　ⅰ 電気事業における発電用原子炉およびその附属設備の定期検査ならびにそれに伴う電気工作物の工事に関する業務
　ⅱ ガス事業におけるガス製造設備の工事に関する業務

ウ　特別条項付き協定

限度時間を超えて時間外労働を行う「特別の事情」が予想される場合には、限度時間を超えて労働させることができる特別条項付き協定を締結することができます。この特別条項付き協定では、次の事項を定める必要があります。

① 限度時間以内の時間の一定期間についての延長時間
② 限度時間を超えて労働時間を延長しなければならない特別の事情
③ 限度時間以内の時間を延長する場合に労使がとる手続
④ 限度時間を超える一定の時間

このうち②の「特別の事情」については、一時的または突発的に時間外

労働を行わせる必要があるもので、全体として1年の半分を超えないことが見込まれるものに限られています。

また、特別条項付き協定には、1日を超え3か月以内の一定期間について、原則となる延長時間を超え、特別延長時間まで労働時間を延長することができる回数を協定しなければなりませんが、この回数は、特定の労働者についての特別条項付き協定の適用が1年のうち半分を超えないものとする必要があります。

エ　助言指導
労働基準監督署長は、限度基準に関し、使用者および労働組合または労働者の過半数を代表する者に対し、必要な助言指導を行うことができます（同条第4項）。

（6）時間外労働・休日労働の制限
ア　健康上特に有害な業務
健康上特に有害な次の業務の労働時間の延長は、1日について2時間を超えてはなりません（同条第1項ただし書）。

① 　坑内労働
② 　多量の高熱物体を取り扱う業務および著しく暑熱な場所における業務
③ 　多量の低温物体を取り扱う業務および著しく寒冷な場所における業務
④ 　ラジウム放射線、X線その他の有害放射線にさらされる業務
⑤ 　土石、獣毛などのじんあいまたは粉末を著しく飛散する場所における業務
⑥ 　異常気圧下における業務
⑦ 　削岩機、鋲打機などの使用によって身体に著しい振動を与える業務
⑧ 　重量物の取扱いなど重激なる業務

⑨　ボイラー製造など強烈な騒音を発する場所における業務
⑩　鉛、水銀、クロム、砒素、黄りん、弗素、塩素、塩酸、硝酸、亜硫酸、硫酸、一酸化炭素、二硫化炭素、青酸、ベンゼン、アニリン、その他これに準ずる有害物の粉じん、蒸気またはガスを発散する場所における業務

イ　妊産婦

妊産婦が請求した場合には、妊産婦に時間外労働や休日労働をさせてはなりません（同法66条2項）。この場合に妊産婦が請求したことまたは労働をしなかったことを理由として、不利益な取扱いをしてはなりません（男女雇用機会均等法9条3項）。

ウ　年少者

18歳未満の年少者には、非常災害の場合を除き、時間外労働や休日労働をさせてはなりません（労働基準法60条1項）。

エ　育児・介護を行う者

小学校就学始期前の子の養育または要介護状態の対象家族を介護する者が請求した場合には、1か月24時間、1年150時間を超える時間外労働をさせてはなりません（育児・介護休業法17条、23条）。

（7）時間外・休日労働の場合の割増賃金

時間外労働の場合には2割5分増しの割増賃金を、休日労働の場合には3割5分の割増賃金を支払わなければなりません（同法第37条第3項、労働基準法第37条第1項の時間外及び休日の割増賃金に係る率の最低限度を定める政令。第10章302〜307頁参照）。

10 深夜業

(1) 深夜業の範囲
　深夜業は、午後10時から午前5時まで(厚生労働大臣が必要であると認める地域または期間については午後11時から午前6時まで)の間の労働をいいます。

(2) 深夜業の制限
ア　妊産婦
　妊産婦が請求した場合には、深夜業をさせてはなりません(同法第66条第3項)。妊産婦が請求したことまたは労働をしなかったことを理由として、不利益な取扱いをしてはなりません(男女雇用機会均等法第9条第3項)。

イ　年少者
　18歳未満の年少者については、次の場合を除き、深夜業をさせてはなりません。労働基準監督署長から許可を受けて満15歳に達した日以後の最初の3月31日するまでの児童を使用する場合は、午後8時から午前5時までの間は使用してはなりません(労働基準法第61条)。

① 　満16歳以上満18歳未満の男性を交替制で午後10時から午前5時までの深夜業に従事させる場合
② 　交替制によって労働させる事業において、労働基準監督署長から許可を受けて、午後10時30分まで労働させ、または午前5時30分から労働させる場合
③ 　災害などによる臨時の必要がある場合に労働時間を延長し、もしくは休日に労働させる場合
④ 　農林の事業、畜産、養蚕もしくは水産の事業、保健衛生の事業または電話交換の業務に従事させる場合

ウ　育児・介護を行う者

　小学校就学始期前の子の養育または要介護状態の対象家族を介護する者が請求した場合には、深夜業をさせてはなりません（育児・介護休業法第17条、第23条）。

　なお、これに関連して、育児・介護休業法に基づく深夜業免除制度は、就労を免除された深夜時間帯の勤務について有給であることは保障していないとする裁判例（日本航空インターナショナル事件　東京地裁平成19年3月26日労判937—54）があります。

(3) 深夜業の場合の割増賃金

　深夜業の場合には2割5分増しの割増賃金を支払わなければなりません（同法第37条第3項、労働基準法第37条第1項の時間外及び休日の割増賃金に係る率の最低限度を定める政令）。また、延長した労働時間が深夜に及ぶ場合には5割増しの割増賃金を、休日の労働時間が深夜に及ぶ場合には6割増しの割増賃金を支払わなければなりません（同法施行規則第20条。第10章 302～303頁）。

11　労働時間規制の適用除外

　労働基準法は原則としてあらゆる事業に適用されますが、労働の性質やその態様が、法定労働時間や週休制などを適用することにふさわしくない事業または業務に従事する労働者がいます。これを大別すると、次の3つのグループに分かれます（労働基準法第41条）。

① 　農業、畜産・養蚕・水産業に従事する労働者
② 　管理・監督の地位にある者、機密の事務を取り扱う者
③ 　監視・継続的な労働に従事する者で行政官庁の許可を得た者

　これらの労働者については、労働時間、休憩および休日に関する規定は

適用されません。一方、深夜業に関する規制は適用されます。

（1） 農業、畜産・養蚕・水産業に従事する労働者

次のいずれかの事業に従事する労働者は、天候気象などの自然条件によって労働時間、休憩、休日が左右されることが多いので、労働時間や休憩、休日の規定が適用されません。

① 「土地の耕作もしくは開墾または植物の栽植、栽培、採取もしくは伐採の事業その他農林の事業」から林業を除いたもの
② 動物の飼育または水産動植物の採捕もしくは養殖の事業その他の畜産、養蚕または水産の事業

なお、林業については、従来労働時間規制の適用除外とされていましたが、林業における作業の機械化、労使の意識の変化などから、労働時間や休憩、休日の規定が適用されるようになりました。

（2） 管理・監督の地位にある者および機密の事務を取り扱う者

ア　管理監督者の範囲

管理監督者は、一般的には、部長、工場長など労働条件の決定その他労務管理について経営者と一体的な立場にある者の意味であり、名称にとらわれず、実態に即して、次の考え方により判断されます（昭和22年9月13日発基第17号）。

① 原則
労働基準法に規定する労働時間、休憩、休日などの労働条件は、最低基準を定めたものであるから、この規制の枠を超えて労働させる場合には、法所定の割増賃金を支払うべきことは、すべての労働者に共通する基本原則であり、企業が人事管理上あるいは営業政策上の必要などから任命する職制上の役付者であれば全てが管理監督者として例

外的取扱いが認められるものではないこと。
② 適用除外の趣旨
　これらの職制上の役付者のうち、労働時間、休憩、休日などに関する規制の枠を超えて活動することが要請されざるを得ない、重要な職務と責任を有し、現実の勤務態様も、労働時間などの規制になじまないような立場にある者に限って管理監督者として同法第41条による適用の除外が認められる趣旨であること。したがって、その範囲はその限りに、限定しなければならないものであること。
③ 実態に基づく判断
　一般に、企業においては、職務の内容と権限などに応じた地位（以下「職位」という）と経験、能力などに基づく格付（以下「資格」という）とによって人事管理が行われている場合があるが、管理監督者の範囲を決めるにあたっては、かかる資格および職位の名称にとらわれることなく、職務内容、責任と権限、勤務態様に着目する必要があること。
④ 待遇に対する留意
　管理監督者であるかの判定にあたっては、①から③までのほか、賃金などの待遇面についても無視しえないものであること。この場合、定期給与である基本給、役付手当などにおいて、その地位にふさわしい待遇がなされているか否か、ボーナスなどの一時金の支給率、その算定基礎賃金などについても役付者以外の一般労働者に比し優遇措置が講じられているか否かなどについて留意する必要があること。なお、一般労働者に比べ優遇措置が講じられているからといって、実態のない役付者が管理監督者に含まれるものではないこと。
⑤ スタッフ職の取扱い
　法制定当時には、あまり見られなかったいわゆるスタッフ職が、本社の企画、調査などの部門に多く配置されており、これらスタッフの企業内における処遇の程度によっては、管理監督者と同様に取扱い、法の規制外においても、これらの者の地位からして特に労働者の保護に欠けるおそ

れがないと考えられ、かつ、同法が監督者のほかに、管理者も含めていることに着目して、一定の範囲の者については、同法第41条第2号該当者に含めて取り扱うことが妥当であると考えられること。

イ　管理監督者の具体的範囲について

　管理監督者の具体的な範囲について示したものに、次のようなものがあります。

①　多店舗展開の形態をとる小売業、飲食業の店舗における管理監督者の範囲の適正化について（平成20年9月9日基発第0909001号）。なお、ここで示された否定する要素に該当しない場合に、管理監督者性が認められるという反対解釈が許されるものではありません（平成20年10月3日基監発第1003001号）。

次の7つの判断要素が店長などの管理監督者性を否定する重要な要素となる。

1　職務内容、責任と権限についての判断要素

（1）　アルバイト・パートなどの採用について責任と権限がない。

（2）　アルバイト・パートなどの解雇について職務内容に含まれず、実質的にも関与しない。

（3）　部下の人事考課について職務内容に含まれず、実質的にも関与しない。

（4）　労働時間の管理について、勤務割表の作成、所定時間外労働の命令にについて責任と権限がない。

2　勤務態様についての判断要素

（5）　遅刻、早退などにより減給の制裁、人事考課での負の評価など不利益な取扱いがされる。

また、次の要素は、管理監督者性を否定する補強要素となる。

①　長時間労働を余儀なくされるなど、実際には労働時間に関する裁量がほとんどない

② 労働時間の規制を受ける部下と同様の勤務態様が労働時間の大半を占める
3　賃金等の待遇についての判断要素
(6)　時間単価換算した場合にアルバイト・パートなどの賃金額に満たない。
(7)　時間単価換算した場合に最低賃金額に満たない。
　また、次の要素は、管理監督者性を否定する補強要素となる。
　① 役職手当などの優遇措置が割増賃金が支払われないことを考慮すると十分でなく労働者の保護に欠ける。
　② 支払われた賃金の年間の総額が一般労働者と比べ同程度以下である。

② 都市銀行など以外の金融機関における管理監督者に関する通達（昭和52年2月28日基発第105号）

取締役、理事等役員を兼務する者のほか、おおむね、次に掲げる職位にある者は、一般的には管理監督者の範囲に含めて差し支えないものと考えられること。
(1)　出先機関を統轄する中央機構（以下「本部」という。）の組織の長については、次の者
　① 経営者に直属する部等の組織の長（部長など）
　② 相当数の出先機関を統轄するため権限分配を必要として設けられた課またはこれに準ずる組織の長（課長など）
　③ ①、②と同格以上に位置づけられている者であって、①の者を補佐して、通常当該組織の業務を総括し、かつ、①の者に事故ある場合には、その職務の全部または相当部分を代行または代決する権限を有する者（副部長、部次長など）
　　したがって、②の者の下位に属する、例えば副課長、課長補佐、課長代理などの職位は除外されるものであること。

(2)　支店、事務所など出先機関における組織の長については、次の者
　④　支店、事務所など出先機関の長（支店長、事務所長など）
　　ただし、労働基準法の適用単位と認められないような小規模出先機関の長は除外される。
　⑤　大規模の支店又は事務所における部、課等の組織の長で、上記①②④の者と企業内において同格以上に位置づけられている者（本店営業部または母店などにおける部長、課長など）
　　したがって、④の者を補佐する者で⑤以外の者（次長、支店長代理など）は、原則として除外されるものであること。ただし、④の者に直属し、下位にある役付者（支店長代理、⑤に該当しない支店課長など）を指揮監督して、通常支店などの業務を総括し、かつ、その者に事故ある場合には、その職務の全部又は相当部分を代行または代決する権限を有する者であって、①②④と同格以上に位置づけられているものは含めることができること（副支店長、支店次長など）。
　　①～④と企業内において同格以上に位置づけられている者であって、経営上の重要な事項に関する企画、立案、調査などの業務を担当する者（いわゆるスタッフ職）
注　②の本部の課長などは、権限分配された職務を実質的に所掌する者であって、その地位にふさわしい処遇を受けているものでなければならない。従って、単なる人事処遇上の実質を伴わない課長などは除外する。
　支店次長など支店長の直近下位の職制管理者については、その職位にあるからといって、支店長などの職務の全部または相当部分を代行又は代決する権限を有するものとして取扱うものではなく、その代行、代決の権限が明らかなものに限られる。したがって、本来なら次長制を必要としないような規模の支店などに名目上の次長を置いたり、形式的に複数の次長を置くなど実質を伴わない補佐役は含まれない。

また、機密の事務を取り扱う者とは、秘書その他職務が経営者または監督若しくは管理の地位にある者の活動と一体不可分であって、出社退社などについて厳格な制限を受けない者をいいます（昭和22年9月13日発基第17号）。

イ　管理監督者に関する裁判例

裁判例においては、個々具体的な事情に応じて判断していますが、一般に管理・監督者か否かの判断を厳格に行い、容易に管理・監督者とは認めない傾向にあります。例えば、次のような場合には、管理監督者ではないと判断しています。

① 銀行の支店長代理（静岡銀行事件　静岡地裁昭和53年3月28日労判297-39）

出退勤について厳格な規制を受け、自己の勤務時間について自由裁量権を全く有せず、経営者と一体的な立場にある者とは到底解せられない。

② 役職手当を支給されていた課長職（サンド事件　大阪地裁昭和58年7月12日労判414-63）

課長職にあって役職手当を支給されていたとはいえ、課長昇進前とほとんど変わらないその職務内容・給料・勤務時間の取扱に照らし、会社の利益を代表して大阪工場の事務を処理するような職務内容・裁量権限・待遇を与えられていたとは到底いえず、会社と一体的な立場に立って勤務し勤務時間について自由裁量権を有していたともいえない。

③ アート・ディレクター（ケー・アンド・エル事件　東京地裁昭和59年5月29日労判431-57）

部長の指揮監督を受けて、広告の視覚に訴える部面の製作に従事していたもので、その製作の過程において技術者を指揮監督することはあったものの、労務管理方針の決定に参画し、或いは労務管理上の指揮権限を有し、経営者と一体的な立場にあったとはいえないこと、勤

務時間についての管理が行われていたと認められること、賃金については、監督若しくは管理の地位にあることに対する特別な給与が支払われていたとは認められないこと、雇用契約の締結に際し、休日に勤務した場合には代替の休日が与えられることが約されたことを総合してみると、監督若しくは管理の地位にある者と認めることはできない。

④　レストランの店長（レストラン・ビュッフェ事件　大阪地裁昭和61年7月30日労判481-51）

　店舗の店長として、店舗で勤務しているコック、ウエイターなどの従業員6、7名程度を統轄し、ウエイターの採用にも一部関与したことがあり、材料の仕入れ、店の売上金の管理などを任せられ、店長手当として月額金2万円ないし3万円の支給を受けていたが、店舗の営業時間は完全に拘束されていて出退勤の自由はなく、むしろ、タイムレコーダーにより出退勤の時間を管理されており、仕事の内容も、店長としての職務にとどまらず、コックはもとよりウエイター、レジ係、掃除等の全般に及んでおり、採用したウエイターの賃金などの労働条件は、最終的に会社が決定したことが認められ、これら労働の実態を勘案すれば、店舗の経営者と一体的な立場にあるとはいえない。

⑤　本社総務課主任（京都福田事件　大阪高裁平成元年2月21日労判538-63）

　就業規則は、労働時間等に関する規定を適用しないものとして部長、次長、工場長、課長を挙げているが、主任や工場課長は挙げていないこと、賃金規定上支給されていた役職手当は時間外勤務手当の算定の基礎の1つとされており、役職手当が時間外勤務手当をも含んでいるものではないこと、出社・退社の勤務時間等は一般従業員と全く変わらなかったこと、経営者と一体的立場にあったとはいえないことなどの事実関係によれば、「監督若しくは管理の地位にある者又は機密の事務を取り扱う者」にあったとはとうてい認められない。

⑥　会社の経営する喫茶店で一人で勤務していた労働者（三栄珈琲事

件　大阪地裁平成3年2月26日労判586-80)
　パート従業員の採用権限およびこれに対する労務指揮権限を有し、現に自らの判断で採用しこれを使用していたこと、売上金の管理を任されていたこと、材料の仕入、メニューの決定についてもその一部を決める権限を与えられていたこと、営業時間は決定したものであること、責任手当として月額金1万円を支給されていたことが認められるが、他方、欠勤、早退、私用による外出する際には必ず連絡しており無断で店を閉める権限は与えられていなかったこと、パート従業員の労働条件(労働時間、賃金)を決定したが、これとてもあくまで会社が許容する範囲内でのことであり、一体的立場にたって行ったとまではいえないこと、営業時間についても、実際に独自に決定できる余地は些少なものであったこと、会社は、営業実績が芳しくない場合には、その意思とは無関係にいつでもこれを閉店できる立場にあったこと、パート従業員と2人で行っていた店であり、自らが調理、レジ係、掃除などの役務に従事していたことが認められるから、「監督若しくは管理の地位にある者」に該当するとまではいえない。

⑦　金融機関の業務役(国民金融公庫事件　東京地裁平成7年9月25日労判683-30)
　総務課長の権限の一部として検印業務などを行っていたものであるが、労務管理に関する具体的な権限としては、契約係職員に対する超過勤務命令につき、総務課長とともに支店長に対して具申する権限を有していたことは認められるものの、それ以上に経営方針の決定や労務管理上の指揮権限につき経営者と一体的な立場にあったことを認めるに足りる事実は存在せず、当時は超過勤務命令および時間外手当の支給の対象とはされていなかったものの、その他の出退勤の管理については一般職員と同様であったことが認められるのであり、「管理・監督者」に該当するとは認められない。

⑧　営業部主任(日本アイティーアイ事件　東京地裁平成9年7月28日

労判724-30)

　　営業部の従業員を統括する立場にあったとはいえ、管理監督者に該当するとは到底認められない。
⑨　書籍の販売訪問を主たる業務とする会社の支店の販売主任(株式会社ほるぷ事件　東京地裁平成9年8月1日労民集48-4-312)

　　過去に営業所長を経験して足切り措置なく販売報奨金の支給を受け、支店長が常駐していなかったために、売上集計や支店内会議の資料の作成などを行い、朝礼において支店長からの指示事項を伝え、支店長会議に出席することもあり、新入社員のタイムカードに確認印を押していたことが認められるが、タイムカードにより厳格な勤怠管理を受けており、自己の勤務時間について自由裁量を有していなかった。また、勤怠管理を行っていたものではないこと、売上集計や支店長不在時の会議の取りまとめ、支店長会議への出席あるいは朝礼時に支店長からの指示事項を伝えることはあっても、支店営業方針を決定する権限や、具体的な支店の販売計画等に関して独自に課長に対して指揮命令を行う権限をもっていたと認めるに足りる証拠はないから、経営方針の決定に参画する立場になかったことはもちろん、労務管理上の指揮権限を有するなど等経営者と一体的な立場にあったものとも認められない。
⑩　課長(関西事務センター事件　大阪地裁平成11年6月25日労判769-39)

　　課長に就任したことによって従業員の労務管理などについて何らかの権限を与えられたとの主張立証はなく、役職手当が支給されたりあるいは休暇取得や勤務時間などについて多少の優遇措置が採られるようになったことは認められるものの、これらのみでは、監督管理者に該当するとはいい難い。
⑪　マネージャー職(日本コンベンションサービス事件　大阪高裁平成12年6月30日)

　　それぞれの課や支店において、責任者としての地位にあったことは

認められるものの、他の従業員と同様の業務に従事し、出退勤の自由もなかったのであるから、経営者と一体的立場にあるとまではいえない。

⑫　課長代理および課長（ザ・スポーツコネクション事件　東京地裁平成12年8月7日労判804-81）

　　課長代理の役職以上の者の出退社時間はタイムレコーダーによって管理されていなかったこと、課長代理の役職以上の者には残業代が支払われていないが、これらの事実だけでは管理監督者に当たると認めることはできない。そして、経理課長の役職にあったことからすれば、原告は経理課に所属する従業員を管理監督する立場にあったといえること、課長という役職に対する手当として1か月当たり約3万円程度の支給を受けていた事実を併せ考えても、管理監督者と認めることはできない。

⑬　主任（キャスコ事件　大阪地裁平成12年4月28日労判787-30）

　　一般職位の上位にあるが、室長、班長の指揮監督下にあり、下に一般職位の部下がいるわけでもなく、その出退勤は、タイムカードや出・退社記録によって管理され、業務についても、室長、班長の指揮監督下におこなっていたから、管理監督者と認めることはできない。

⑭　カラオケ店の店長（風月荘事件　大阪地裁平成13年3月26日労判810-41）

　　店舗の他の従業員の賃金などに比べ、風紀手当が格段に高額に設定されており、これは勤務が不規則になったり、勤務時間が長時間に及ぶことなどへの配慮がなされた結果であると推認できないではないが、会社の営業方針や重要事項の決定に参画する権限が認められていたわけではないし、タイムカードの打刻や原告の分をも含む日間面着表の提出が義務づけられ、ある時期まで残業手当も支給されており、日常の就労状況も査定対象とされ、出退勤や勤務時間が自由裁量であったとも認められず、店舗の人事権も有していなかったのであって、勤務状況等も含めて管理されていたというべきであり、到底、経営者と一体

的立場にあったなどとは認められず、企業経営上重要な職務と責任を有し、現実の勤務形態が労働時間の規制に馴染まないような立場にあったとはいえないから、管理監督者に該当するものではない。

⑮　土木施工技術者で現場監督（光安建設事件　大阪地裁平成13年7月19日労判812-13）

　勤務時間について自由裁量が認められていたと認めるに足りる証拠はなく、単に工事現場における従業員の配置を決めるだけではなく、これを越えて従業員の採用および従業員の考課、被告の労務管理方針の決定に参画し、または労務管理上の指揮権限を有し経営者と一体的な立場にあった、あるいは、経営を左右するような立場にあったと認めるに足りる証拠もない。したがって、労働時間が定められ、賃金の面で特に管理職に見合う手当などが支給されていないことなどの労働実態に、会社が実質的に代表者の家族で運営されていることを考慮すれば、経営者と一体的な立場にあるとはいえず、いまだ「監督若しくは管理の地位にある者」に該当するとまではいえない。

⑯　次長待遇調査役などの地位にある者（東建ジオテック事件　東京地裁平成14年3月28日労判827-74）

　東京支店又は東北支店の技術部門に所属し、現場に赴いて自ら、あるいは他従業員を現場で指揮監督しつつ地質調査の業務に従事していたほか、課長補佐以上の職にあった当時（調査役の職にあった時期を除く。）いずれも、支店の管理職会議に出席して支店の運営方針などについて意見を述べる機会が与えられ、次長職にあった当時、週1回開かれる支店の幹部会議に出席し、また、5名は、部下の人事評価に関与していたことが認められる。しかしながら、この管理職会議は、支店において開かれるもので、回数も年に2回にすぎず、その実態も、基本的に会社経営側の支店運営方針を下達する場であったから、管理職会議の場で意見具申の機会を与えられていたことをもって、経営方針に関する意思決定に直接的に関与していたと評価することはできないし、出席

していた幹部会議も会社の経営方針にかかわることがらを決定する場であったとは認めがたい。また、5名が行っていた人事考課についても、係長として部下の評価について意見を述べ、あるいは課長補佐以上の職にある者として自ら部下の評価を行うことはあったが、当該人事考課には上位者による考課がさらに予定され、最終的には支店長の評点が被考課者の総合評価とされていたのであり、労務管理の一端を担っていたことは否定できないものの、経営者と一体的立場にあったことを示す事実とはいいがたい。その他、職務内容および勤務実態にもかかわらず、なお、労働条件の決定その他労務管理について経営者と一体的立場にあると評価しうるような事情を認めるに足りる証拠はなく、いずれも管理監督者と認めることはできない。

⑰　学習塾を経営する会社の営業課長（育英舎事件　札幌地裁平成14年4月18日労判839-58）

　第3営業課長として、その課に属する5教室の人事管理を含むその運営に関する管理業務全般の事務を担当していたものであるが、それらの業務全般を通じて、形式的にも実質的にも裁量的な権限は認められておらず、急場の穴埋のような臨時の異動を除いては何の決定権限も有してはいなかった。また、営業課長として、社長および他の営業課長らおよび事務局とで構成するチーフミーティングに出席し、営業に関する事項についての協議に参加する資格を有していたが、そのミーティング自体が、いわば社長の決定に当たっての諮問機関の域を出ないものであって、それへの参加が何らかの決定権限や経営への参画を示すものではない。さらに、その勤務形態として、本部に詰めるか、あるいはまた、いつどの教室で執務をするかしないかについては、毎週本部で開かれるチーフミーティングに出席する場合を除いてその裁量に委ねられていたけれども、それは、市内に点在する5教室の管理を任されている関係上、いつどこの教室を回って、どのようにその管理業務を行うかについての裁量があるというに過ぎず、本部および各教室における出退

勤についてはタイムカードへの記録が求められていて、その勤怠管理自体は他の従業員と同様にきちんと行われており、各教室の状況について社長に日報で報告することが例とされているというその業務態様に照らしても、事業場に出勤をするかどうかの自由が認められていたなどということはないし、現に原告は、公休日を除いて毎日事業場には出勤をしていた。そして、課長に昇進してからは、課長手当が支給されることになり、それまでの手当よりも月額で1万2千円ほど手当が上がったため、月額支給額が上がり、賞与も多少増額となり、接待費及び交通費として年間30万円の支出が認められ、また、業績に応じて1度だけとはいえ、課長報奨金として70万円が支給されるなど、給与面等での待遇が上がっていることは確かであるが、賞与の支給率も、他の事務職員や教室長と比べ、総じて高いとはいえ、匹敵する一般従業員もいることからすると、それは、その役職にふさわしい高率のものであるともいえない。

⑱ 飲食店マネージャー（アクト事件　東京地裁平成18年8月7日労判924−50）

　アルバイト従業員の採用、シフトの作成について決定権などの権限はあるものの、人件費は各店舗の売上の28％という代表者の決定した制約の下におかれ、また、正社員の採用権限はないこと、下位の従業員の報奨、賞与について査定ができるものの、最終的な決定権はないこと、定期的に開催される幹部会議で店長やマネージャーが発言権を持っていたとしても、それによって会社の人事や経営に関する重要な事項の決定に参画していたとまではいい難い、マネージャーとしてアルバイト従業員の管理、客のクレームの処理などをしていたが、接客業務の内容はアルバイト従業員と変わらず、開店前の店内の掃除、後片付けなどもアルバイト従業員と同様に行っていたこと、処遇についてみても、基本給において一般職よりも厚遇されているわけではなく（むしろ賃金額は一般職よりも低い場合がある）、役職手当が支給されているが、その額は定額時間外深夜手当を含めてみれば、せいぜい1万5千円にとどまっており、

労働時間規制の適用除外

職能手当についてみてもその差額は平均的な月でみると、2万円にすぎず、時間外労働の割増賃金が支払われないことの代償として、十分な処遇がなされていたとはいえない。以上の点からすると、その権限に照らしても、処遇に照らしても管理監督者に該当するとはいえない。

⑲　会社との間でパートナー契約を結んで就労していた者（PE&HR事件　東京地裁判決平成18年11月10日労判931-65）

会社から出退勤時刻の厳密な管理はなされていたようには思われないものの、出勤日には社員全員が集まりミーティングでお互いの出勤と当日の予定を確認しあっており、実際の勤務面における時間の自由の幅は相当狭いものであったと見受けられること、時間外賃金はがつかないかわりに管理職手当、特別手当が付いているとの事情もなく、月額支給の給与額（28万円）もそれに見合うものではなかったことなどからすると、管理監督者とは認めることはできない。

⑳　デザイナー（丸栄西野事件　大阪地裁平成20年1月11日労判957-5）

管理監督性を基礎付けることのできる事情としては、待遇および採用面接を担当したことの2点を考慮しても、労働条件の決定その他労務管理について経営者と一体的な立場にあり、労働時間、休憩、休日などに関する規制の枠を超えて活動せざるを得ない重要な職務と責任を有し、現実の職務が労働時間の規制になじまないような立場にあって、管理監督者にふさわしい待遇がなされているとは認められないので、管理監督者であると認めることはできない。

㉑　ファースト・フード店長（日本マクドナルド事件　東京地裁平成20年1月28日労判953-10）

店長は労務管理の一端を担っていることは否定出来ないものの、社員の採用権限がないことや社員の人事考課の最終決定権を有していないことから、労務管理に関し、経営者と一体的な立場にあったとはいい難い。また、店舗のシフトについては、クルー、スウィングマネージャー及

11

労働時間・休憩・休日

び社員のシフトを作成する権限を有しており、36協定や他の協定の使用者側の締結当事者であったが、36協定は雛形が本社から送付されてくるので形式的なもので、就業規則についても同様である。店舗運営においては重要な職責を負っているものの、店長の権限は店舗内の事項に限られている。店長の会議などの参加についても情報提供が主であり、経営に関する重要事項に関与しているとはいい難く、経営上の必要から、経営者と一体的な立場において、労働基準法の枠を超えて事業活動することを要請されてもやむを得ないというような重要な職務と権限を付与されているとはいい難い。また、形式的には労働時間に裁量があるといえるが、実際には店長として固有の業務を遂行するだけで相応の時間を要する上、営業時間帯には必ずシフトマネージャーを置かなければならないという勤務体制上の必要性から、自らシフトマネージャーとして勤務することを余儀なくされ、かかる勤務実態からすると、労働時間に関する自由裁量性があったとは認められない。待遇についても、店長の全体の10%を占めるC評価者の賃金は店長より下の社員より下回っている。また、全体の40%を占めるB評価と一般社員との賃金の差は44万6943円にとどまっており、店長の半分のものが管理監督者としてふさわしくない待遇である。これらを総合すれば、店長は、その職務の内容、権限および責任の観点からしても、その待遇の観点からしても、管理監督者と認めることは出来ない。

㉒　スポーツ用品会社の技術課長（エイティズ事件　神戸地裁尼崎支部平成20年4月19日）

　時間外労働や休日労働が非常に長く、ほとんどが現場作業に費やされ、出退社時刻もタイムカードで管理されていたから、現場の長という立場にすぎず、管理監督者だとすることはできない。

労働時間規制の適用除外

一方、管理監督者と認められた裁判例には、次のようなものがあります。

① 病院の人事第二課長として主として看護婦の募集業務に従事していた者（徳洲会事件　大阪地裁昭和62年3月31日労判497-65）

　看護婦の採否の決定、配置など労務管理について経営者と一体的な立場にあり、出勤、退勤時にそれぞれタイムカードに刻時すべき義務を負っているものの、それは精々拘束時間の長さを示すだけにとどまり、その間の実際の労働時間は自由裁量に任せられ、労働時間そのものについては必ずしも厳格な制限を受けていないから、実際の労働時間に応じた時間外手当等が支給されない代わりに、責任手当、特別調整手当が支給されていることもあわせ考慮すると、監督若しくは管理の地位にある者に該る。

② 総務局次長（日本プレジデントクラブ事件　東京地裁昭和63年4月27日労判517-18）

　経理のみならず人事、庶務全般および事務を管掌することを委ねたこと、そのため、総務局次長として任用し、基本給、職能給の他に手当として、役職手当3万円、職務手当5万円、家族手当2万円を支給していたこと、就業規則には役職手当の受給者に対しては時間外労働手当を支給しない旨の規定があることが認められ、監督もしくは管理の地位にある者に該当していた。

③ 総務の責任者（ソーエイ事件　東京簡裁平成18年6月21日）

　総務管理の幹部社員として採用されたことは明らかである。また、平成17年9月以降は管理職手当の支給を受け、また、それ以前も、会社の基準では管理職手当相当額を含むものとしての総支給額を受けていたものと認められる。総務の仕事を担当し、就業規則の整備、社会保険加入手続等に関することを主に行っていたこと、これらの仕事は社長や専務から命ぜられたものであったこと、会社ではほぼ毎朝8時から経営会議が開かれていたが、この会議に常時出席していた者は社長、専務、部長、課長と原告であったことによれば、いわゆる監督

的な業務はしていなかったものの会社における総務の責任者としての仕事をしていた。一方、勤務時間は9時から18時までで、タイムカードによって勤務時間を管理されていた。以上を総合すると、勤務時間に関しては出退勤の自由はなかったものの、給与面や仕事内容で管理者としての処遇を受けていたから、「管理監督者」にあたる。

(3) 監視・断続的な労働に従事する者
ア　監視・断続的な労働

　監視労働とは、例えば守衛、警備員のように、原則として一定の部署にあって監視することを本来の業務とし、常態として身体の疲労または精神的緊張の少ない労働のことをいい、①交通関係の監視、車両誘導を行う駐車場などの監視など精神的緊張の高い業務、②プラントなどにおける計器類を常態として監視する業務、③危険または有害な場所における業務はこれに該当しません。また、断続的労働とは、例えば寮や寄宿舎の管理人や給食調理人のように、本来業務が間欠的で、作業時間が長く継続することなく中断し、しばらくして再び同じような態様の作業が行われ、また中断するというように繰り返されるもので、労働時間中においても手待時間が多く実作業時間が少ない業務をいい、①修繕係など通常は業務が閑散で、事故発生に備えて待機するものや②寄宿舎の賄人などについては、その者の勤務時間を基礎にして作業時間と手待時間が折半程度までの場合で実労働時間の合計が8時間を超えないもの、③1日の交通量10往復程度まで鉄道踏切番、④役員専属自動車運転者、⑤寄宿舎の寮母や看護師などがこれに該当し、新聞配達従業員、タクシー運転者、常勤消防職員などはこれに該当しません（昭和22年9月13日発基第17号）。なお、断続的労働と通常の労働とが1日の中において混在し、または日によって反覆するような場合には、常態として断続的労働に従事する者には該当しません（昭和63年3月14日基発第150号）。

イ 監視・断続的な労働に関する裁判例

監視・断続的な労働に関しては、次のような裁判例があります。

① 修学旅行ないし遠足における引率ないし付添の勤務は、児童・生徒に対する教育的効果の達成や危険の予防ないし発生した危険に対する善後措置の施行等極めて重大な責任を負担し、心神ともに不断の緊張およびその結果としての疲労を伴うものであって、のみならず、行政官庁の許可を受けたことについてなんらの主張・立証がないから、時間外勤務手当の支払義務を免れることはできない（静岡市教職員事件　最高裁第三小法廷昭和47年12月26日民集26-10-2096）。

② 通常は、全体の勤務時間内に巡視の占める時間の割合は2割以下であること、外部との連絡、文書の収受、電話電報の処理などの他の業務もその勤務時間中絶え間なくあるわけではないこと、午後10時から翌日午前6時までは警報機が鳴るといった場合のほか特段業務はなく、その間仮眠が可能であること、盗難又は火災警報機が鳴ることは、誤報が殆んどで、多くても月2回程度であることによれば、本件警備業務は身体および精神の緊張が比較的少ない監視労働にあたる（近畿保安警備事件　大阪高裁平成2年7月31日労判575-53）。

ウ 監視・断続的な労働の許可

監視・断続的な労働の労働態様はまちまちであり、これを使用者の主観的な判断に任せることは妥当でないので、その適用除外については、労働基準監督署長の許可を受けなければなりません。したがって、実質的に監視・断続的労働に該当しても、許可を得ていない限り、労働時間などの規制が適用され、1日に8時間を越えて労働させた場合、使用者は割増賃金の支払い義務を負います（静岡市教職員事件）。

エ 宿日直勤務

宿日直勤務に従事する場合においても、労働密度の点から過度の労働

に至らず、労働時間、休憩および休日に関する法的規制を宿日直勤務に関する限り除外しても労働者の保護に欠けるところがないから、監視・断続的な労働の1類型として、行政官庁の許可があれば、労働基準法の労働時間、休憩および休日に関する規定が適用されません（北海道教育委員会事件　札幌地裁平成2年12月26日労判578-40）。ただし、この宿日直勤務は常態として殆んど労働する必要のない労働の密度の薄い勤務をいい、その勤務内容も定時的巡視、緊急の文書または電話の収受、非常事態発生の準備等に限定されるから、この基準を超えて、宿日直勤務を行わせることは労働基準法第32条に違反します（全日本検数協会事件　名古屋地裁昭和40年10月18日労民集16-5-706）。

なお、宿日直の許可基準を満たさない宿日直の許可は違法であり、損害賠償の対象となるとともに、このような場合には労働基準法の労働時間、休憩および休日に関する規定の適用は除外されないとする裁判例（中央労基署長（大島町診療所）事件　東京地裁平成15年2月21日）があります。

12　労働時間の適正な把握などによるサービス残業の解消

労働基準法の法定労働時間などの規定は、労働者が健康で安心して働けるようにという趣旨で定められています。サービス残業（所定労働時間外に労働時間の一部または全部に対して所定の　賃金または割増賃金を支払うことなく労働を行わせること）は、時間外労働や休日労働に対して賃金を支払わないわけですから、労働基準法に違反しますが、これに加えて、サービス残業をさせた場合には、使用者側の経済的負担なしに労働させることになるので、長時間にわたる過重な労働になりやすく、そのことが労働者の健康を損ねることにもつながりかねません。したがって、サービス残業をなくすということは、労働基準法違反をなくすというにとどまらず、過重な労働を防止するためにも重要です。

労働時間の適正な把握などによるサービス残業の解消

サービス残業が発生する背景として、職場の中にサービス残業が存在することはやむを得ないとの職場風土があるほか、人件費の削減の取組みの1つとして、時間外労働の削減を十分行うことなしに、時間外手当のみを削減しようとする場合もありますので、次のような取組みが必要です（労働時間の適正な把握のために使用者が講ずべき措置に関する基準、賃金不払残業の解消を図るために講ずべき措置等に関する指針（平成15年5月23日基発第0523004号））。

(1) 労働時間の適正な把握

ア 労働時間を適正に管理するため、労働時間数の把握のみでなく、労働日ごとの始業・終業時刻を確認し、これを記録すること。

イ 始業・終業時刻を確認し、記録する方法としては、原則として次のいずれかの方法によること。

① 使用者が自ら現認することにより確認し、記録すること。

② タイムカード、ICカードなどの客観的な記録を基準として確認し、記録すること。

ウ 自己申告制により行わざるを得ない場合には、次の措置を講ずること。

① 自己申告制を導入する前に、その対象者に対して、労働時間の実態を正しく記録し、適正に自己申告を行うことなどについて十分な説明を行うこと。

② 自己申告制により把握した労働時間が実際の労働時間と合致しているか否かについて、必要に応じて実態調査を実施すること。

③ 労働時間の適正な申告を阻害する目的で時間外労働時間数の上限を設定するなどの措置を講じないこと。また、時間外労働時間の削減のための社内通達や時間外労働手当の定額払いなどの措置が、労働時間の適正な申告を阻害する要因となっていないかについて確認するとともに、その要因となっている場合においては、改善のための措置を講ずること。

エ　労働時間の記録に関する書類について、最後の記載がなされた日から起算して3年間保存すること。
(2)　サービス残業を容認する職場風土の改革
①　経営トップによるサービス残業解消に向けた決意の表明。
②　労使によるサービス残業撲滅共同宣言。
③　労使共同による事業場内巡視などの実施。
④　管理職・個々の労働者に対するサービス残業解消のための教育。
(3)　適正な労働時間管理を行うためのシステムの整備
①　出退勤時刻や入退室時刻の記録、そのコンピューターシステムへの入力・記録。
②　サービス残業の有無も含めた労働者の勤務状況に係る社内アンケートを実施することなどによりサービス残業の実態を把握した上で、サービス残業の解消に向けて関係者が行うべき事項や手順などを具体的に示したマニュアルを作成すること。
③　労使委員会が当事者からヒアリングを行うなどにより勤務実態を明らかにし、労働時間の管理のための制度・運用、業務体制や業務指示などについての見直しを行うための検討をすること。
④　人件費予算の制約によりサービス残業がないよう、業務内容と予算額の調整をすること。
⑤　人事考課に当たり、サービス残業をした労働者もこれを許した現場責任者も評価しないというサービス残業の解消の視点に立った人事管理を行うこと。
(4)　労働時間の適正把握のための責任体制の明確化
①　事業場ごとに労働時間の管理を行う責任者を明確にすること。
②　特にサービス残業が行われた事業所については、同じ指揮命令系統にない複数の者を労働時間管理の責任者にすることにより、労働時間のダブルチェックを行うなどの牽制体制を確立することが望ましいこと。

③ 企業全体として、適正な労働時間の管理を遵守徹底させる責任者を選任すること。
(5) 労働時間の適正把握のためのチェック体制の整備
① サービス残業に関する相談窓口を設置するなどその実態を積極的に把握する体制を確立すること。
② 上司や人事労務担当者以外の者を相談窓口とすることや企業トップが直接情報を把握できるような投書箱(目安箱)や専用の電子メールアドレスを設けること。
③ 労働組合においても、相談窓口を設置したり、サービス残業を把握した場合には企業と協力して対応すること。

13 ワーク・ライフ・バランスと労働時間の設定の改善

(1) ワーク・ライフ・バランス

ワーク・ライフ・バランスとは、仕事と生活の調和のことで、国民一人ひとりがやりがいや充実感を持ちながら働き、仕事上の責任を果たすとともに、家庭や地域生活などにおいても、子育て期、中高年期といった人生の各段階に応じて多様な生き方が選択・実現できることをいい、具体的には、次のような社会を目指しています(平成19年12月18日　仕事と生活の調和(ワーク・ライフ・バランス)憲章)。

① 就労による経済的自立が可能な社会
　経済的自立を必要とする者とりわけ若者がいきいきと働くことでき、かつ、経済的に自立可能な働き方ができ、結婚や子育てに関する希望の実現などに向けて、暮らしの経済的基盤が確保できること。
② 健康で豊かな生活のための時間が確保できる社会
　働く人々の健康が保持され、家族・友人などとの充実した時間、自己啓発や地域活動への参加のための時間などを持てる豊かな生活ができること。

③　多様な働き方・生き方が選択できる社会
　性や年齢などにかかわらず、誰もが意欲と能力を持って様々な働き方や生き方に挑戦できる機会が提供されており、子育てや親の介護が必要な時期など個人の置かれた状況に応じて多様で柔軟な働き方が選択でき、しかも公正な処遇が確保されていること。

　また、平成19年12月18日に策定された「仕事と生活の調和のための行動指針」においては、次のような取組みを行うことが定められています。

① 経営トップのリーダーシップの発揮による職場風土改革のための意識改革、柔軟な働き方の実現など目標設定
② 計画的取組み、点検の仕組み、着実な実行
③ 労使で働き方を見直し、業務の見直しなどにより、時間あたり生産性を向上（就労による経済的自立）
④ 人物本位による正当な評価に基づく採用の推進
⑤ 就業形態にかかわらない公正な処遇など（健康で豊かな生活のための時間の確保）
⑥ 労働時間関連法令の遵守の徹底
⑦ 労使による長時間労働の抑制などのための労働時間などの設定改善のための業務見直し
⑧ 要員確保の推進（多様な働き方の選択）
⑨ 育児・介護休業、短時間勤務、短時間正社員制度、テレワーク、在宅就業など個人のおかれた状況に応じた柔軟な働き方を支える制度整備と利用しやすい職場風土づくりの推進
⑩ 女性や高齢者などへの再就職・継続就業機会の提供

　また、同指針においてはいくつかの項目について数値目標を設定していますが、このうち、労働時間に関しては、週労働時間60時間以上の雇用者の割合を現状の10.4％から10年後に半減する目標を設定しています。

なお、労働契約法においても、労働契約は、労働者と使用者が仕事と生活の調和にも配慮しつつ締結し、または変更すべきしなければならない(同法第3条第5項)と規定していますので、労働時間や休日数、年次有給休暇を与える時季などの労働条件を定めるに当たっては、仕事と生活の調和に配慮しつつ決定される必要があります。

(2) 労働時間の設定の改善
ア 労働時間等設定改善法

労働時間などの現状や動向にかんがみ、労働時間等設定改善指針を策定するとともに、事業主などによる労働時間等の設定の改善に向けた自主的な努力を促進するための特別の措置を講ずることにより、労働者がその有する能力を有効に発揮することができるようにし、労働者の健康で充実した生活の実現と国民経済の健全な発展に資することを目的として「労働時間等の設定の改善に関する特別措置法」が制定されています(同法第1条)。ここでいう「労働時間等の設定」とは、労働時間、休日数、年次有給休暇を与える時季などの労働時間などに関する事項を定めることをいいます(同法第1条の2)。

イ 事業主の責務

事業主には、労働時間等の設定の改善に関し、次の責務があります(同法第2条第1項、第2項および第4項)。

① その雇用する労働者の労働時間等の設定の改善を図るため、業務の繁閑に応じた労働者の始業・終業の時刻の設定、年次有給休暇を取得しやすい環境の整備などの措置を講ずるように努めること。
② 労働時間等の設定に当たり、その雇用する労働者のうち、その心身の状況や労働時間などの実情に照らして、健康の保持に努める必要がある労働者に対して休暇の付与などの措置を講ずるほか、子の養育や家族の介護を行う労働者、単身赴任者、教育訓練を受ける労働者など

の特に配慮を必要とする労働者について、その事情を考慮して行うなどその改善に努めること。
③ 他の事業主との取引を行う場合に、労働時間等の設定の改善の措置の円滑な実施を阻害する取引条件を付けないなど取引上必要な配慮をするように努めること。

ウ 事業主団体の責務
　事業主団体は、その構成員である事業主の雇用する労働者の労働時間等の設定の改善に関し、必要な助言、協力その他の援助を行うように努めなければなりません(同法第2条第3項)。

エ 労働時間等設定改善委員会
　事業主は、労働時間等設定改善委員会を設置するなど労働時間等の設定の改善を効果的に実施するために必要な体制の整備に努めなければなりません(同法第6条)が、同法では、1)の要件を満たす労働時間等設定改善委員会がその委員の5分の4以上の多数による議決を行った場合には、労働基準法上の労使協定に代えて、2)の事項を行うことができる労働基準法の特例が定められています(同法第7条第1項)。

1) 労働時間等設定改善委員会の要件
① 事業所ごとに設置している委員会であること。
② 委員の半数が、その事業所に労働者の過半数で組織する労働組合があるときはその労働組合、労働者の過半数で組織する労働組合がないときは労働者の過半数を代表する者の推薦に基づき指名されていること。
③ 委員会の設置について、労働基準監督署長に届け出ていること。
④ 委員会の開催のつど議事録が作成され、3年間保存されていること。
⑤ 委員の任期、委員会の招集、定足数、議事などを内容とする運営

規定が定められていること。
2) 労働時間等設定改善委員会の決議により実施できる事項
① 1か月単位の変形労働時間制
② フレックスタイム制
③ 1年単位の変形労働時間制
④ 1週間単位の非定型的変形労働期間制
⑤ 一斉休憩の適用除外
⑥ 時間外および休日労働
⑦ 事業場外の労働に関するみなし労働時間制
⑧ 専門業務型裁量労働制
⑨ 年次有給休暇の計画的付与

また、労働時間等設定改善委員会の委員の5分の4以上の多数の議決による決議のうち次の制度については、労働基準監督署長への届出が免除されます。
① 1か月単位の変形労働時間制
② 1年単位の変形労働時間制
③ 1週間単位の非定型的変形労働時間制
④ 事業場外の労働に関するみなし労働時間制
⑤ 専門業務型裁量労働制

　労働時間等設定改善委員会が設置されていない事業所で、その事業所に労働者の過半数で組織する労働組合があるときはその労働組合、労働者の過半数で組織する労働組合がないときは労働者の過半数を代表する者との書面による労使協定により、労働時間等設定改善委員会に関する1)の要件を満たす衛生委員会（安全衛生委員会を含む）に、その事業所の労働時間等の設定の改善に関する事項を調査審議させ、事業主に対して意見を述べさせることを定めたときは、その衛生委員会を労働時

間等設定改善委員会とみなすことができます(同法第7条第2項)。

オ　労働時間等設定改善実施計画の承認
　同一の業種に属する2以上の事業主は、共同して、実施しようとする労働時間等設定改善実施計画を作成し、適当である旨の承認を受けることができます。この場合に必要があるときは、関係行政機関が独占禁止法に関し、公正取引委員会と調整を行います(同法第8条から第12条)。

第12章

休暇と休業

「休暇と休業」のポイント
1 年次有給休暇
2 産前産後休業
3 生理日の就業に関する措置
4 育児休業
5 介護休業
6 子の看護休暇

「休暇と休業」のポイント

1　年次有給休暇の権利は、要件が充足されることによって法律上当然に労働者に生ずる権利であって、労働者の請求をまって始めて生ずるものではなく、労働者がその有する休暇日数の範囲内で、具体的な休暇の始期と終期を特定して時季指定をしたときは、客観的に時季変更権を行使できる事由が存在し、使用者がその行使をしないかぎり、指定によって成立し、その労働日の労働する義務は消滅する。

2　年次有給休暇を与えなければならない労働者は、その事業所に6か月継続勤務し、全労働日の8割以上出勤した労働者で、最低10労働日の有給休暇を付与しなければならず、その後、継続勤務が1年増すごとに所定の日数を加えた有給休暇を付与しなければならない。

3　1週間の所定労働時間が30時間未満で、①1週間の所定労働日数が4日以下または②週以外の期間によって所定労働日数が定められている場合には1年間の所定労働日数が216日以下の労働者に対しては、比例付与の日数の年次有給休暇を与えなければならない。

4　年次有給休暇をどのように利用するかは使用者の干渉を許さない労働者の自由であるが、争議行為として行われる場合には、本来の年次有給休暇権の行使ではない。

5　労働者から請求された時季に有給休暇を与えることが事業の正常な運営を妨げる場合には、使用者は他の時季にこれを与えることができるが、この場合の「事業の正常な運営を妨げる場合」とは、労働者が年休を取得しようとする日の仕事が、その労働者の担当している業務や一定の組織の業務運営に不可欠であり、代わりの者を確保することが困難な状態をいう。

6　労使協定により年次有給休暇を与える時季に関する定めをしたときは、有給休暇の日数のうち5日を超える部分については、その定めにより有給休暇を与えることができる。

7　使用者は、年次有給休暇を取得した労働者に対して、賃金の減額その他不利益な取扱いをしないようにしなければならない。

8　使用者は、6週間（多胎妊娠の場合は14週間）以内に出産する予定の女性が請求した場合には、その者を就業させてはならない。また、産後8週間を経過しない女性も原則として就業させてはならない。

9　使用者は、生理日の就業が著しく困難な女性が休暇を請求した場合には、その者を生理日に就業させてはならない。

10　期間の定めのない労働者または一定の要件も満たす有期雇用の労働者は、その事業主に申し出ることにより、原則として子が1歳に達するまで育児休業をすることができる。

11　期間の定めのない労働者または一定の要件も満たす有期雇用の労働者は、その事業主に申し出ることにより、対象家族1人について、要介護状態に至るごとに1回、原則として通算93日まで、護休業をすることができる。

12　小学校就学の始期に達するまでの子を養育する労働者は、その事業主に申し出ることにより、1年度に5日まで病気やけがをした子の看護休暇を取得することができる。

1　年次有給休暇

（1）年次有給休暇とは

　年次有給休暇制度は、労働者を法定休日以外に毎年一定日数のまとまった期間、労働から解放し、これを有給とすることによって、心身の疲労を回復させ、労働力の維持培養を図ることを目的としています。

　年次有給休暇は、法定の要件を充足した場合に、労働者は法律上当然

に所定日数の年次有給休暇の権利を取得し、使用者はこれを与える義務を負い、その権利を具体的に行使するにあたっては、労働者において休暇の時季を請求し、これに対し使用者は、時季変更権を行使できる事由がある場合に限って、他の時季に変更させることができます。したがって、年次有給休暇の権利は、要件が充足されることによって法律上当然に労働者に生ずる権利であって、労働者の請求をまって始めて生ずるものではなく、休暇の時季指定の効果は、使用者の適法な時季変更権の行使を解除条件として発生しますので、労働者がその有する休暇日数の範囲内で、具体的な休暇の始期と終期を特定して時季指定をしたときは、客観的に時季変更権を行使できる事由が存在し、かつ、これを理由として使用者がその行使をしないかぎり、指定によって年次有給休暇が成立し、その労働日の労働する義務は消滅します。このため、年次休暇の成立要件として、労働者による休暇の請求や、これに対する使用者の承認の観念を容れる余地はありません（林野庁白石営林署事件　最高裁第二小法廷昭和48年3月2日民集27-2-191）。このことは、使用者の承認が必要であると定めた就業規則があっても変わりません（安威川生コンクリート工業事件　大阪地裁昭和59年8月14日労判439-40）。

（2）年次有給休暇を与えなければならない場合
ア　年次有給休暇を与えなければならない労働者

　年次有給休暇を与えなければならない労働者は、その事業所に6か月継続勤務し、全労働日の8割以上出勤した労働者です。使用者は、原則として、この労働者に対して最低10労働日の有給休暇を付与しなければなりません（労働基準法第39条第1項）。また、その後、継続勤務が1年増すごとに所定の日数を加えた有給休暇を付与しなければなりません。ただし、その日数が20日を超える場合には20日です（同条第2項）。

　なお、労働基準法に定められた有給休暇日数を超える日数を労使間で定めているときは、その超過日数分については、同条によらず労使間で定め

るところによって取り扱って差し支えありません（昭和23年3月31日基発第513号、日本放送協会事件　東京地裁昭和56年12月24日労判377－17）。ただし、就業規則において、年次有給休暇の成立要件、年次有給休暇期間の賃金支払義務について、法定年次休暇と法定外年次休暇を区別せずに定めている場合には、両者を同様に取り扱う趣旨であると評価されます（エス・ウント・エー事件　最高裁第三小法廷平成4年2月18日労判609－12）。

イ　継続勤務

　年次有給休暇を与えなければならない第1の要件は、6か月継続勤務していることです。ここでいう継続勤務とは、労働契約の存続期間、すなわち在籍期間をいいます。継続勤務か否かについては、勤務の実態に即し実質的に判断され、次の場合を含みます。この場合には、実質的に労働関係が継続している限り、勤務年数を通算します（昭和63年3月14日基発第150号）。

① 定年退職による退職者を引き続き嘱託などとして再採用している場合（退職手当規程に基づき、所定の退職手当を支給した場合を含む）。ただし、退職と再採用との間に相当期間が存し、客観的に労働関係が断続していると認められる場合はこの限りでない。
② 期間の定めのある者でも、その実態より見て引き続き使用されていると認められる場合
③ 臨時工が一定月ごとに雇用契約を更新され、6か月以上に及んでいる場合で、その実態より見て引き続き使用されていると認められる場合
④ 在籍出向をした場合
⑤ 休職とされていた者が復職した場合
⑥ 臨時工、パートタイム労働者などを正社員に切替えた場合
⑦ 会社が解散し、従業員の待遇などを含め権利義務関係が新会社に包括承継された場合

⑧　全員を解雇し、所定の退職金を支給し、その後改めて一部を再採用したが、事業の実体は人員を縮小しただけで、従前とほとんど変わらず事業を継続している場合

　1年単位の労働契約を数年にわたって更新した場合は「継続勤務」に当たります（国際協力事業団事件　東京地裁平成9年12月1日労判729-26）、また、雇われている期間が仕事のある時だけに限られ、労働契約を結んでいない期間があるからといっても、労働契約が実態として同一性がある場合があります（日本中央競馬会事件　東京高裁平成11年9月30日労判780-80）。

　一方、定年退職の翌日から非常勤嘱託職員として月18日間（週4日相当）の勤務となった場合には正規職員と嘱託員との間の勤務関係は実質的には別個であって、両者の間には勤務の継続はなく、勤務年数の通算もないとする裁判例（東京芝浦食肉事業公社事件　東京地裁平成2年9月25日労判569-28）もあります。

ウ　全労働日の8割以上出勤

　年次有給休暇を与えなければならない第2の要件は、全労働日の8割以上出勤したことです。この期間については、まず、雇入れの日から起算して6か月間について判断し、その後は6か月を超えて継続勤務する日から起算した継続勤務年数1年ごとに判断します。

　ここでいう「全労働日」は就業規則その他によって定められた所定休日を除いた日をいい、各労働者の職種などにより異なることもあり得ます。次の日は、全労働日に含まれません（昭和63年3月14日基発第150号）。

①　使用者の責に帰すべき事由による休業の日
②　正当なストライキその他正当な争議行為により労務の提供が全くなされなかった日（釧路交通事件　札幌高裁昭和53年7月31日労判304-36）

③　休日労働をさせた日

また、次の日は、出勤したものとみなされます（同条第7項）。
①　年休を取得した日
②　業務上負傷し、または疾病にかかり、療養のため休業した日
③　女性が産前産後の休業をした日
④　育児・介護休業法による育児休業または介護休業をした日

また、「8割以上出勤」というのは、現実にその労働者が出勤した日数を全労働日の日数で除した数が0.8以上であることを意味します。
これに関して、次のような裁判例があります。
①　就業規則において、「労働義務があるが欠勤として差し支えない日」と定めても、労働義務を課せられていない日に当たるものとして、全労働日に含まれるものとして年次有給休暇権の要件を定めている部分は無効である（エス・ウント・エー事件）。
②　派遣労働者の場合には、使用者から派遣先において就業すべきであると指示された日、すなわち派遣先において就業すべき日とされている日が全労働日となる（ユニ・フレックス事件　東京高裁平成11年8月17日労判772-35）。

（3）基準日の統一

全労働者について一律の基準日を定めて年次有給休暇を与える取扱いについては、次の要件を満たす場合には、可能です（平成6年1月4日基発第1号）。
①　法定の基準日以前に付与する場合の年次有給休暇の付与要件である8割出勤の算定は、短縮された期間は全期間出勤したものとみなすこと。
②　次年度以降の年次有給休暇の付与日についても、初年度の付与

日を法定の基準日から繰り上げた期間と同じまたはそれ以上の期間、
法定の基準日より繰り上げること。

(4) 年次有給休暇の付与日数
ア　通常の労働者に対する付与日数
　年次有給休暇の要件を満たした場合にイの比例付与の対象となる労働者以外の労働者に与えなければならない年次有給休暇の日数は、表12-1のとおりです（同条第2項）。

表12-1　一般的な年次有給休暇の付与日数

継続勤務年数	6カ月	1年6カ月	2年6カ月	3年6カ月	4年6カ月	5年6カ月	6年6カ月
付与日数	10日	11日	12日	14日	16日	18日	20日

イ　比例付与の対象となる労働者に対する付与日数
　1週間の所定労働時間が30時間未満で、かつ、労働日数が次のいずれかに該当する労働者に与えなければならない年次有給休暇の日数は、表12-2のとおりです（同条第3項）。

① 1週間の所定労働日数が4日以下の労働者
② 週以外の期間によって所定労働日数が定められている労働者については、1年間の所定労働日数が216日以下の労働者

表12-2　所定労働日数の少ない者に対する年次有給休暇の付与日数

週の所定労働日数	1年間の所定労働日数	勤続年数						
		6カ月	1年6カ月	2年6カ月	3年6カ月	4年6カ月	5年6カ月	6年6カ月
4日	169～216日	7日	8日	9日	10日	12日	13日	15日
3日	121～168日	5日	6日	6日	8日	9日	10日	11日
2日	73～120日	3日	4日	4日	5日	6日	6日	7日
1日	48～72日	1日	2日	2日	2日	3日	3日	3日

(5) 年次有給休暇の付与単位
　労働基準法に規定する年次有給休暇は、1労働日を単位とするもので

すから、使用者は労働者に半日単位で付与する義務はありません（昭和63年3月14日基発第150号）。

しかし、年次有給休暇制度の目的は、労働者の心身の疲労を回復させ、労働力の維持培養を図ることにあり、この目的を達成するために、使用者が進んで半日年休を付与する取扱いをすることを何ら妨げるものではありません（高宮学園事件　東京地裁平成7年6月19日労判678-18）。時間単位の付与についても、同様に解されています（東京国際郵便局事件　東京地裁平成5年12月8日労判640-15）。

ただし、次の事項についてその事業所に労働者の過半数で組織する労働組合があるときはその労働組合、労働者の過半数で組織する労働組合がないときは労働者の過半数を代表する者との書面による労使協定を締結すれば、5日以内について時間単位で付与できることを内容とする改正が予定されています。

① 時間単位で付与する労働者の範囲
② 時間単位で付与する有給休暇の日数
③ その他厚生労働省令で定める事項

(6) 年次有給休暇の取得目的

年次有給休暇の権利は、労働基準法の要件が充足されることによって法律上当然に労働者に生ずる権利であり、労働者がその有する年次有給休暇の日数の範囲内で始期と終期を特定して休暇の時季指定をしたときは、使用者が適法な時季変更権を行使しないかぎり、指定によって年次有給休暇が成立し、その労働日における就労義務が消滅するものであり、また、年次有給休暇の利用目的は同法の関知しないところであって、休暇をどのように利用するかは使用者の干渉を許さない労働者の自由です。このため、利用目的を考慮して年次休暇を与えないことは、原則として許されません（電々公社近畿電通局事件　最高裁第一小法廷昭和62年7月2日労判504-10）。

ただし、年次有給休暇の時季指定権についても、社会通念上正当とされる範囲を逸脱して行使され、権利の行使として是認することができない場合には、権利濫用の法理の適用があります。このため、年次休暇の利用目的は労働基準法の関知しないところで、休暇をどのように利用するかは、使用者の干渉を許さない労働者の自由ですが、これは、有効な時季指定権の行使がされた場合に当てはまることで、時季指定権の行使が権利の濫用として無効とされるときには、年次休暇の自由利用の原則が問題とされる余地はありません。このような権利の濫用を目的として、時季指定する目的かどうかを確認するために行う使用者が年次有給休暇の利用目的に関し質問することは、その自由利用を制約すること自体を目的とするものではないので、不当ではない（日本交通事件　東京高裁平成11年4月20日判時1682-135）と解されています。

（7）争議行為と年次有給休暇

　年次有給休暇の利用目的は労働者の自由であるとはいっても、争議行為として行われる場合には、その事情が異なります。労働者がその所属する事業所において、その業務の正常な運営の阻害を目的として、全員一斉に休暇届を提出して職場を放棄・離脱する一斉休暇闘争は、その実質は、年次有給休暇に名をかりた争議行為にほかなりませんから、本来の年次有給休暇権の行使ではなく、これに対する使用者の時季変更権の行使もありえません。しかし、「事業の正常な運営を妨げる」か否かの判断は、労働者の所属する事業所を基準として判断されますので、年次有給休暇中の労働者が他の事業所の争議行為に参加したか否かは、年次有給休暇の成否に影響することはありません（国鉄郡山工場事件　最高裁第二小法廷昭和48年3月2日民集27-2-210）。

　また、その所属する事業所において行われた争議行為の職場集会などに参加して、争議行為対象者の激励などを行っても、争議行為対象者と業務の内容が異なり、本来の業務には何ら業務の阻害はなかった場合には、

実質的にみれば、他の事業所における争議行為の支援活動を行った場合と異ならないので、年次有給休暇の取得は有効です（国鉄直方自動車営業所事件　最高裁第二小法廷平成8年9月13日労判702-23）。

一方、争議行為に参加しその所属する事業所の正常な業務の運営を阻害する目的をもって、たまたま先にした年次有給休暇の請求を事実上承認しているのを幸い、この請求を維持して行った職場離脱は、事業所において業務を運営するための正常な勤務体制が存在することを前提としてその枠内で休暇を認めるという年次有給休暇制度の趣旨に反し、本来の年次有給休暇権の行使とはいえません（国鉄津田沼電車区事件　最高裁第三小法廷平成3年11月19日民集45-8-1236）。

(8) 年次有給休暇の請求の手続
ア　年次有給休暇の時季指定の方法

年次有給休暇の時季指定を書面によると就業規則に定めることは、年休権行使の意思および休暇の始・終期を明確にする目的を有するもので合理性があり、有効である（日本電建事件　名古屋地裁昭和57年2月26日労判386-33）と解されています。

このほか、時季指定の方法に関しては、次のような裁判例があります。

① 年次有給休暇に充てる旨をタイムカードに記載し使用者において了知しうる状態においた以上、その旨の意思表示があった（東京菱和自動車事件　東京高裁昭和50年12月24日東高民時報26-12-278）。
② 本人の意思決定に基づき、これを他の者が使用者に伝達するという方法により年次有給休暇の時季指定の意思表示をなすことはさまたげない（電々公社福島局事件　仙台高裁昭和59年7月18日労判437-30）。

イ　年次有給休暇の時季指定の時期

　就業規則などでその請求は一定期日前までに年次有給休暇の時季指定を行うと定めることは、その期日が人員確保などの必要性から合理性がある場合には、労働基準法に違反せず、有効であり、少人数の会社において、届出を3日前までに書面でなすことを就業規則で定めることにも合理性があり、前日に届出がなされた場合に年次有給休暇の時季指定を承認しなかったことも適法であるとする裁判例（三晃運輸事件　大阪地裁平成12年9月1日労経速1753-24）があります。

　一方、休暇の前々日までに時季指定をしなければならないとの就業規則の定めに反したとの一事をもって直ちにこれを無効とすることは、年休時季指定の行使時期に条理上要求されるもの以上の格別の規制を加えていない労基法の規定に抵触して許されず、時季指定が就業規則などに定められた時期に遅れたことは、特別な場合を除き、あくまでも代務者補充の困難など時季変更権の要否を判断するにあたっての一事情として考慮されるにすぎないとする裁判例（仙台中央電報局事件　仙台地裁昭和60年4月25日労判453-87）もあります。

ウ　年次有給休暇の事後請求

　急病などの緊急の事態のためあらかじめ時季指定をすることができずに欠勤した場合に、労働者からの事後請求に応じて年次有給休暇に振り替えることについては、年次有給休暇の事後請求によって当然に休暇取得の法的効力を生ずると解される法的根拠はなく、これに応じた処理をするか否かは、使用者の裁量に委ねられています。ただし、事後請求の事情を勘案すれば年次有給休暇として処理することが当然に妥当と認められるのに、もっぱら他の事情に基づいてその処理を拒否するなど裁量権を濫用したと認められる特段の事情がある場合には違法となります（東京貯金事務センター事件　東京高裁平成6年3月24日労判670-83）。

　なお、年次有給休暇の事後請求に応じた場合には、その出勤日、あらか

じめ定められている休日と同じく始業時刻当初からの休日となるので、その出勤日における労働者の遅刻などの就労態度を、通常の出勤日と同様に評価し就業規則違反の責任を問うことはできません(電気化学工業事件新潟地裁昭和37年3月30日労民集13-2-327)。

(9) 時季変更権の行使

　労働者から請求された時季に有給休暇を与えることが事業の正常な運営を妨げる場合には、使用者は他の時季にこれを与えることができます(同法第39条第4項)。労働者の特定の時季を指定した年次有給休暇の請求に対し、使用者がこれを承認または不承認とする旨の応答をすることは事実上ありますが、これは、使用者が時季変更権を行使しないとの態度を表明したものまたは時季変更権行使の意思表示をしたものにあたります(電電公社此花電報電話局事件　最高裁第一小法廷昭和57年3月18日労判381-26)。

　また、この場合の「事業の正常な運営を妨げる場合」とは、労働者が年休を取得しようとする日の仕事が、その労働者の担当している業務や一定の組織の業務運営に不可欠であり、代わりの者を確保することが困難な状態をいいます(千葉中郵便局事件　最高裁第一小法廷昭和62年2月19日労判493-6)。このため、結果的には何とか事業の正常な運営が確保されたとしても、業務運営の定員が決められていることなどから、事前の判断で、事業の正常な運営が妨げられると考えられる場合には、時季変更権を行使することができます(電電公社此花電報電話局事件)。

　ただし、使用者は、できるだけ労働者が指定した時季に休暇を取れるよう状況に応じた配慮をすることが要請されており、使用者としての通常の配慮をすれば、勤務割を変更して代替勤務者を配置することが客観的に可能な状況にあると認められるにもかかわらず、使用者がそのための配慮をしないことにより代替勤務者が配置されないときは、必要配置人員を欠くものとして事業の正常な運営を妨げる場合に当たるということはできません(弘

前電報電話局事件　最高裁第二小法廷昭和62年7月10日労判499－19)。また、この場合の使用者の配慮については、具体的には、①職場の勤務割変更の方法とその頻度、②年休の時季指定に対する対応の状況、③請求した労働者の作業内容や性質、④仕事をサポートする者の作業の繁閑からみて、代わりに勤務することが可能であったか、⑤時季指定が代わりの勤務者を確保できる時間的余裕のある時期になされたか、⑥週休制の運用がどのようになされてきたか、などに照らして判断されます（電電公社関東電気通信局事件　最高裁第三小法廷平成元年7月4日）。

　なお、時季変更権を3日前に行使することは、やむを得ない特段の事情が認められない限り、労働者に年休を保障した趣旨を没却するものであって許されませんが、労働者が請求した時季が、指定した期間の始まりの時季に極めて接近していたために、時季を変更するかどうかを事前に判断する時間的余裕がなかった場合に、客観的に時季変更権を行使できる理由があり、かつ、変更が速やかになされたのであれば、年休が始まってから、あるいはすでに年休の期間が過ぎてから、年休時季を変更した場合であっても、適法な時季変更権の行使です（電電公社此花電報電話局事件）。一方、年次有給休暇の時季指定権の行使から15日後、休暇期間の始期から13日後、休暇期間満了後2日後に行った時季変更権の行使は効力を生じないとする裁判例（ユアーズ・ゼネラルサービス事件　大阪地裁平成9年11月5日労判744－73）があります。

　また、労働者が長期かつ連続の年次有給休暇を取得しようとする場合には、それが長期のものであればあるほど、使用者において代替勤務者を確保することの困難さが増大するなど事業の正常な運営に支障を来す蓋然性が高くなり、使用者の業務計画、他の労働者の休暇予定等との事前の調整を図る必要が生ずるのが通常であり、しかも、使用者にとっては、労働者が時季指定をした時点において、その長期休暇期間中の当該労働者の所属する事業場において予想される業務量の程度、代替勤務者確保の可能性の有無、同じ時季に休暇を指定する他の労働者の人数などの事

業活動の正常な運営の確保にかかわる事情について、これを正確に予測することは困難であり、労働者の休暇の取得がもたらす事業運営への支障の有無、程度につき、蓋然性に基づく判断をせざるを得ないことを考えると、労働者が、その有する年次有給休暇の日数の範囲内で始期と終期を特定して長期かつ連続の年次有給休暇の時季指定をした場合には、これに対する使用者の時季変更権の行使については、休暇が事業運営にどのような支障をもたらすか、休暇の時期、期間につきどの程度の修正、変更を行うかに関し、使用者にある程度の裁量的判断の余地が認められます（時事通信社事件　最高裁第三小法廷平成4年6月23日労判613-6）。

　訓練期間中の年次有給休暇の時季指定については、使用者は、年休期間における具体的な訓練の内容が、これを欠席しても予定された知識、技能の修得に不足を生じさせないものであると認められない限り、年休取得が事業の正常な運営を妨げるものとして時季変更権を行使することができ（NTT事件　最高裁第二小法廷平成12年3月31日労判781-18）、また、休暇を変更する時季を指定しなければ時季変更権の行使が不適法であるということはない（JR東日本高崎車掌区事件　東京高裁平成12年8月31日労判795-28）と解されています。

　なお、時季変更権の行使が適法でない場合には、労働者に対し慰謝料の支払いが求められることがあります（名古屋近鉄タクシー事件　名古屋地裁平成5年7月7日労判651-155）。

　派遣労働者の年次有給休暇について、労働基準法第39条の事業の正常な運営が妨げられるかどうかの判断は、派遣元の事業について行います。したがって、例えば、派遣労働者が派遣先の事業において働かないことが派遣先の事業の正常な運営を妨げる場合であっても、派遣元の事業の関係においては、事業の正常な運営を妨げる場合に当たらない場合もあり得るので、代替労働者の派遣の可能性も含めて派遣元の事業の正常な運営を妨げるかどうかを判断することになります（昭和61年6月6日基発第333号）。

（10）年次有給休暇の計画的付与

　使用者は、その事業所に労働者の過半数で組織する労働組合があるときはその労働組合、労働者の過半数で組織する労働組合がないときは労働者の過半数を代表する者との書面による労使協定により、年次有給休暇を与える時季に関する定めをしたときは、有給休暇の日数のうち5日を超える部分については、その定めにより有給休暇を与えることができます（同条第5項）。この場合には、労使協定の定めによる時季における労働日が年次有給休暇に確定し、その限りで労働者の時季指定権と使用者の時季変更権が排除されます。

　労使協定には計画年休を与える時季およびその具体的日数を明確に規定しなければなりませんので、これらが明確にされていない場合には、要件を満たしているとはいえず、計画的付与制度を認められません（全日本空輸大阪空港支店事件　大阪地裁平成10年9月30日労判748-80）。また、その事業所の約98パーセントを組織する労働組合との間で締結した計画年休に関する協定は、これに反対する少数派労働組合の労働者をも拘束します（三菱重工業長崎造船所事件　福岡高裁平成6年3月24日労民集45-1・2-123）。

　計画的付与の方式としては、事業所全体の休業による一斉付与、班別による交替制付与、年休計画表による個人別付与などがありますが、この制度は、年次有給休暇の取得の促進という観点から設けられたものであり、例えば事業所全体の休業によりこれを行う場合には、年次有給休暇が全くない者や年次有給休暇の日数が計画的付与をしようとする日数に足りない者に対しては、付与日数を増やすとか、あらかじめ休日とするなどの措置が必要です（昭和63年1月1日基発第1号）。これらの措置を講じないで労働者を休業させたときには使用者の責めによる休業となるので、休業手当の支払いが必要となります（昭和63年3月14日基発第150号）。

（11） 年次有給休暇に対する賃金

年次有給休暇の期間には、次のいずれかの賃金を支払わなければならない（同条第6項）。

① 平均賃金
② 所定労働時間労働した場合の通常の賃金
③ 労使協定により定めた場合には健康保険法による標準報酬日額

（12） 年次有給休暇の繰越

その年度に消化されなかった年休については、年休制度の趣旨に照らし、翌年度に繰り越され、時効（2年）によって消滅しない限り、翌年度以降も行使できます（昭和23年12月25日基発第501号、国際協力事業団事件）。

（13） 年次有給休暇の買上げ

年次有給休暇の買上げの予約をし、これに基づいて年次有給休暇の日数を減じないし請求された日数を与えないことは、違法です（昭和30年11月30日基収第4718号）。一方、労働契約において、年次有給休暇の買上げの予約をしている場合には、年次有給休暇買上金を支払う義務があるとする裁判例（コントロインスツルメント事件　東京地裁平成7年7月14日労経速1574−20）や労働者が有給休暇を請求しなかった場合に、使用者が当該労働者に有給休暇を与えなかったとしても、それ故に使用者が労働者に対し有給休暇相当分の賃金を支払う義務が法律上当然に発生するものではないとする裁判例（山口事件　大阪地裁平成元年8月22日労判546−27）があります。

（14） 退職と年次有給休暇の請求

年次有給休暇の権利は、労働関係の存続を前提したものですので、退職などの場合、その日までに年休の権利行使をしない限り、残りの休暇の権

利は当然に消滅します(山口事件　大阪地裁平成元年8月22日労判546-27)。

　一方、解雇予定日が20日後である労働者が20日の年休権を有している場合に、労働者がその年休取得を申し出たときは、その20日間の年次有給休暇の権利が労働基準法に基づくものである限り、その労働者の解雇予定日を超えての時季変更は行うことができません(昭和49年1月11日基収第5554号)。

(15) 年次有給休暇の取得を理由とする不利益取扱い

　使用者は、年次有給休暇を取得した労働者に対して、賃金の減額その他不利益な取扱いをしないようにしなければなりません(同法第136条)。このため、精勤手当および賞与の額の算定などに際して、年次有給休暇を欠勤として、または欠勤に準じて取り扱うこと、その他労働基準法上労働者の権利として認められている年次有給休暇の取得を抑制するすべての不利益な取扱いはしないようにしなければならず、年次有給休暇のように法律で認められた権利の行使を抑制する定めや措置は無効です。

　具体的には、賃金引上げ対象者の算定に当たり年休を欠勤扱いにすること(日本シェーリング事件)や賞与の算定に当たり年休を欠勤扱いにすること(エス・ウント・エー事件)、年次有給休暇を取得したことを理由として解雇すること(黒川乳業事件　大阪地裁平成10年5月13日労判746-25)などがこれに該当します。

　これに対し、労働基準法第134条の規定は、それ自体としては、使用者の努力義務を定めたものであって、労働者の年次有給休暇の取得を理由とする不利益取扱いの私法上の効果を否定するまでの効力を有するものとは解されないとして、年次有給休暇の取得を理由に皆勤手当を控除する措置は、労働基準法の趣旨からして望ましいものではないとしても、労働者の年次有給休暇取得の権利の行使を抑制し、ひいては同法が労働者に権利を保障した趣旨を実質的に失わせるものとまでは認められないから、

公序に反する無効なものとまではいえないとする判例(沼津交通事件　最高裁第二小法廷平成5年6月25日労判636-11)もあります。

2　産前産後休業

　使用者は、6週間(多胎妊娠の場合は14週間)以内に出産する予定の女性が請求した場合には、その者を就業させてはなりません。また、産後8週間を経過しない女性を就業させてはなりません。ただし、産後6週間を経過した女性が請求した場合に、その者について医師が支障がないと認めた業務に就かせることは差し支えありません(同法第64条の3)。
　なお、ここでいう「出産」は妊娠4か月以上(1か月は28日として計算するので、4か月以上というのは85日以上のこと)の分娩であり、生産のみならず死産も含みます(昭和23年12月23日基発第1885号)。
　また、その雇用する女性労働者が産前休業を請求し、または産前産後休業をしたことを理由として、解雇その他不利益な取扱いをしてはなりません(男女雇用機会均等法第9条第3項)。
　このため、「賃上げは稼働率80%以上のものとする」旨の賃上げ労使協定に関し、産前産後休業などによる欠務を欠勤として算入するとの取扱い(日本シェーリング事件)や賞与の支給要件として支給対象期間の出勤率が90%以上であることが必要とし、その出勤率の算定にあたり、産前産後休業を欠勤日数に算入するとの取扱い(東朋学園事件)は、公序良俗に違反し、無効です。

3　生理日の就業に関する措置

　使用者は、生理日の就業が著しく困難な女性が休暇を請求した場合には、その者を生理日に就業させてはなりません(労働基準法第68条)。
　この措置は、女性が現実に生理日の就業が著しく困難な状態にある場

合に休暇の請求があったときはその者を就業させてはならないこととしたものであり、生理であることのみをもって休暇を請求することを認めたものではありません。また、休暇の請求は、就業が著しく困難である事実に基づき行われるので、必ずしも暦日単位で行われなければならないものではなく、半日または時間単位で請求した場合には、使用者はその範囲で就業させなければ足ります（昭和61年3月20日基発第151号婦発第69号）。

　この日数を就業規則その他により限定することは、生理期間、その間の苦痛の程度あるいは就労の難易は各人によって異なり、客観的な一般基準は定められないので許されませんが、有給の日数を定めておくことはそれ以上休暇を与えることが明らかにされていれば差し支えありません。また、この請求手続については、原則として特別の証明がなくても女性労働者の請求があった場合には、これを与えることにし、特に証明を求める必要が認められる場合であっても、医師の診断書のような厳格な証明を求めることなく、例えば同僚の証言程度の簡単な証明など一応事実を推断せしめるに足るものとするよう指導が行われています（昭和63年3月14日基発第150号婦発第47号）。

　また、「賃上げは稼働率80％以上のものとする」旨の賃上げ労使協定に関し、生理休暇などによる欠務を欠勤として算入するとの取扱い（日本シェーリング事件）は、公序良俗に違反し、無効ですが、生理休暇取得日が欠勤扱いとされ、生理休暇を取得した場合に精皆勤手当を減額することについては、生理休暇の取得を著しく困難とし労働基準法が女子労働者の保護を目的として生理休暇について特に規定を設けた趣旨を失わせるものではないので、これに違反するものではありません（エヌ・ビー・シー工業事件　最高裁第三小法廷昭和60年7月16日民集39-5-1023）。

　さらに、生理休暇について、年間24日を有給とする旨の就業規則の規定を濫用防止のためとして月2日を限度に基本給1日分の68％補償に変更することの効力については、就業規則の不利益変更が合理的なものであるか否かにより判断されるとする判例（タケダシステム事件　最高裁第三

小法廷昭和58年11月25日判時1101-114)もあります。

　このほか、次のような裁判例があります。

① 　生理休暇取得者が月経困難症であるとの証拠もなく、生理休暇を取得した経緯、休暇中の取得者の行動および休暇を取得しなければ就業したであろう業務の苦痛の程度などから、就業が著しく困難でないと明らかに認められる場合などは、生理休暇の取得は不正取得として許されないが、生理休暇を取得する旨連絡をし、夫の運転する自動車に乗車しながらとはいえ、深夜遠隔地へ長時間をかけて旅行し、翌日の民謡大会に出場したことは、生理日のため就業が著しく困難であったといえない(岩手県交通事件　盛岡地裁一関支部平成8年4月17日労判703-71)。

② 　「女子が生理日の就業を著しく困難とするとき、1日の有給生理休暇を与える」旨の就業規則の規定は、1生理期ごとに1日を与える趣旨である(帝国興信所事件　名古屋高裁昭和48年10月15日判タ301-194)。

4　育児休業

(1)　育児休業とは

　育児休業は、日々雇用される者を除く労働者が育児・介護休業法に定めるところにより、その子を養育するためにする休業をいいます(同法第2条第1号)。

(2)　育児休業をすることができる労働者

　期間の定めのない労働者および次のいずれの要件も満たす有期雇用の労働者は、その養育する1歳に満たない子について、その事業主に申し出ることにより、育児休業をすることができます(同法第5条第1項)。

① 　その事業主に引き続き雇用された期間が1年以上であること。

② 子が1歳に達する日(誕生日の前日)を超えて引き続き雇用されることが見込まれること(子が1歳に達する日から1年を経過する日までに雇用期間が満了し、更新されないことが明らかな者を除く)。

ただし、育児休業をしたことがある労働者は、その育児休業をした子については、特別の事情がある場合を除き、育児休業の申出をすることはできません(同条第2項)。

(3) 子が1歳6か月まで育児休業ができる労働者

その子について、労働者またはその配偶者が、その子が1歳に達する日において育児休業をしている場合で、次のいずれかの事情がある場合には、1歳6か月まで育児休業をすることができます(同条第3項)。

① 保育所に入所を希望しているが、入所できない場合
② 子の養育をし、1歳以降も子を養育する予定であった配偶者が、死亡、疾病、心身の障害、離婚などの事情により子と同居しなくなったこと、6週間(多胎妊娠の場合には14週間)以内に出産予定かまたは産後8週間を経過しないことにより、子を養育することが困難になった場合

(4) 育児休業の申出の手続

育児休業の申出は、子の氏名や生年月日、労働者との続柄、休業開始予定日、休業終了予定日などを明らかにして、1歳までの育児休業については休業開始予定日の1か月(出産予定日前に子が出生したことなどの事由が生じた場合は1週間)前までに行わなければなりません。ただし、1歳から1歳6か月までの育児休業については、休業開始予定日を1歳の誕生日とし、その2週間前までに申し出なければなりません(同条第4項)。

(5) 育児休業の申出があった場合の事業主の義務

事業主は、労働者から育児休業の申出があったときは、その事業所に労

働者の過半数で組織する労働組合があるときはその労働組合、労働者の過半数で組織する労働組合がないときは労働者の過半数を代表する者との書面による労使協定で、次の労働者のうち育児休業をすることができないと定めた労働者からの申出があった場合を除き、その申出を拒むことができません（同法第6条第1項）。

① その事業主に引き続き雇用された期間が1年に満たない労働者
② 労働者の配偶者である子の親が、常態としてその子を養育することができる労働者
③ 育児休業の申出をした日から起算して1年（1歳から1歳6か月までの育児休業の申出にあっては6月）以内に雇用関係が終了することが明らかな労働者
④ 週の所定労働日数が2日以下の労働者
⑤ 労働者の配偶者でない子の親が、常態としてその子を養育することができる労働者

(6) 休業開始予定日の繰上げおよび休業終了予定日の繰下げ

育児休業の申出をした労働者は、出産予定日前に子が出生したことなどの事由が生じた場合には、1回に限り開始予定日を繰り上げることができます（同法第7条第1項）。

子が1歳に達するまでの育児休業の申出をした労働者は1か月前までに申し出ることにより、子が1歳に達するまでの期間内で1回に限り終了予定日の繰り下げることができます。また、子が1歳から1歳6か月までの休業をしている場合は、2週間前までに申し出ることにより、子が1歳6か月に達するまでの期間内で1回に限り終了予定日の繰り下げることができます（同条第2項）。

(7) 育児休業の申出の撤回

育児休業の申出をした労働者は、休業開始予定日の前日までにその申

出を撤回することができます。この場合には、特別の事情がある場合を除き、育児休業の申出を再度することはできません（同法第8条）。

（8） 不利益取扱いの禁止

　事業主は、労働者が育児休業の申出をし、または育児休業をしたことを理由として、その労働者に対して解雇などの不利益な取扱いをしてはなりません（同法第10条）。

（9） 育児休業給付

　休業開始前の2年間に賃金支払基礎日数11日以上ある月（過去に基本手当の受給資格決定を受けたことがある者については、その後のものに限る）が12か月以上ある一般被保険者が1歳（支給対象期間の延長に該当する場合は1歳6月）未満の子を養育するために育児休業を取得した場合には、雇用保険制度に基づき、育児休業給付が支給されます。

　育児休業給付には、育児休業期間中に支給される「育児休業基本給付金」と、育児休業が終了して6月経過した時点で支給される「育児休業者職場復帰給付金」があります（雇用保険法第61条の4～第61条の6、附則第9条）。

ア　育児休業基本給付金

　育児休業基本給付金は、次のいずれの要件を満たす場合に支給されます。

① 　育児休業期間中の各1月毎に、休業開始前の1月当たりの賃金の8割以上の賃金が支払われていないこと。
② 　休業している日数が各支給対象期間ごとに20日以上あること。

　育児休業基本給付金の支給額は、支給対象期間1月当たり、休業開始時賃金日額×支給日数の30％相当額です。

イ　育児休業者職場復帰給付金

　育児休業者職場復帰給付金は、育児休業終了後引き続いて6か月間雇用された場合に、その時点で支給されます。

　育児休業者職場復帰給付金は、職場復帰後にまとめて、休業開始時賃金日額×育児休業基本給付金の支給日数の10％相当額（平成19年3月31日以降に職場復帰した者から平成22年3月31日までに育児休業を開始した者については20％相当額）が支給されます。

（10）育児休業をしない労働者に関する措置

　事業主は、育児休業をしない1歳（1歳6か月までの休業ができる場合には1歳6か月）に満たない子を養育する日々雇用を除く労働者に関し、次のいずれかの措置を講じなければなりません。また、1歳（1歳6か月までの休業ができる場合には1歳6か月）以上3歳に満たない子を養育する日々雇用を除く労働者に関し、育児休業に準ずる措置または次のいずれかの措置を講じなければならないほか、3歳から小学校就学の始期に達するまでの子を養育する労働者に関して、育児休業の制度または次のいずれかの措置に準じて、必要な措置を講ずるよう努めなければなりません（育児・介護休業法第23条第1項、第24条第1項）。

① 希望者に適用される短時間勤務の制度を設けること。
② 希望者に適用されるフレックスタイム制度を設けること。
③ 希望者に適用される始業・終業時刻の繰上げ・繰下げ制度を設けること。
④ 所定時間外労働をしないことを希望する労働者に所定時間外労働をさせない制度を設けること。
⑤ 3歳に満たない子に対する託児施設の設置運営その他これに準ずる便宜の供与を行うこと。

(11) 育児休業に関する裁判例

　育児休業に関しては、旧育児休業法第2条第1号は「期間を定めて雇用される」労働者は、育児休業の権利を有する労働者には含まれない旨規定するところ、同法の適用から排除される労働者の範囲は限定的に解すべきであるから、労働契約の形式上期間を定めて雇用されているものであっても、当該契約が期間の定めのない契約と実質的に異ならない状態となっている場合には、当該労働者は「期間を定めて雇用される」労働者には該当せず、業務内容が恒常的なものであって臨時的なものと認めることはできず、継続雇用を期待することが合理的な状況にあり、更新が5回に及びその都度の手続きが何ら実施されていない場合には、期間の定めのない契約と実質的に異ならない状態になっていたから、同法に基づく育児休業を請求し得る立場にあったとする裁判例（日欧産業協力センター事件　東京高裁平成17年1月26日労判890-18）や勤務時間の短縮の措置に関し、ボーナスの支給に際して支給対象期間の出勤率を90％以上と定め、その期間中、出勤すべき日数から育児休業法の勤務時間短縮措置を除外して出勤率を算定したことは、公序良俗に違反して無効とする判例（東朋学園事件）があります。

5　介護休業

(1) 介護休業とは

　介護休業は、日々雇用される者を除く労働者が育児・介護休業法に定めるところにより、その要介護状態にある対象家族を介護するためにする休業をいいます（同法第2条第2号）。ここでいう「要介護状態」とは、負傷や疾病、身体上・精神上の障害により、2週間以上の期間にわたり常時介護を必要とする状態をいい、「対象家族」とは、配偶者（事実上の婚姻関係を含む）、父母、子、同居し扶養している祖父母、兄弟姉妹および孫ならびに配偶者の父母をいいます（同条第3号、第4号）。

（2） 介護休業をすることができる労働者

　期間の定めのない労働者および次のいずれの要件も満たす有期雇用の労働者は、その事業主に申し出ることにより、対象家族1人について、要介護状態に至るごとに1回、通算93日（勤務時間の短縮などの措置が講じられている場合はそれとあわせて93日）まで、介護休業をすることができます（同法第11条第1項）。

① その事業主に引き続き雇用された期間が1年以上であること。
② 介護休業開始予定日から起算して93日を経過する日を超えて引き続き雇用されることが見込まれること（93日を経過する日から1年を経過する日までの間に、その雇用期間が満了し、かつ、更新されないことが明らかな者を除く）。

　ただし、介護休業をしたことがある労働者は、介護休業の対象家族が次のいずれかに該当する場合には、その対象家族については、介護休業の申出をすることができません（同条第2項）。

① 特別の事情がある場合を除き、対象家族が介護休業を開始した日から引き続き要介護状態にある場合
② 対象家族について、介護休業をした日数と勤務時間の短縮などの措置が講じられた日数を合算した日数が93日に達している場合

（3） 介護休業の申出の手続

　介護休業の申出は、対象家族の氏名および労働者との続柄、介護を必要とする理由、休業開始予定日および休業終了予定日などを明らかにして、休業開始予定日の2週間前までに行わなければなりません（同条第3項）。

（4） 介護休業の申出があった場合の事業主の義務

　事業主は、労働者から介護休業の申出があったときは、その事業所に労

働者の過半数で組織する労働組合があるときはその労働組合、労働者の過半数で組織する労働組合がないときは労働者の過半数を代表する者との書面による労使協定で、次の労働者のうち介護休業をすることができないと定めた労働者からの申出があった場合を除き、その申出を拒むことができません（同法第12条第1項）。

① 　その事業主に引き続き雇用された期間が1年に満たない労働者
② 　介護休業の申出をした日から起算して93日以内に雇用関係が終了することが明らかな労働者
③ 　週の所定労働日数が2日以下の労働者

（5）休業終了予定日の繰下げ

　介護休業の申出をした労働者は2週間前までに申し出ることにより、93日までの期間内で1回に限り終了予定日の繰り下げることができます（同法第13条）。

（6）介護休業の申出の撤回

　介護休業の申出をした労働者は、休業開始予定日の前日までにその申出を撤回することができます。この場合には、撤回後になされる最初の介護休業の申出を除き、事業主は、これを拒むことができます（同法第14条）。

（7）不利益取扱いの禁止

　事業主は、労働者が介護休業の申出をし、または介護休業をしたことを理由として、その労働者に対して解雇などの不利益な取扱いをしてはなりません（同法第16条）

（8）介護休業給付

　休業開始前の2年間に賃金支払基礎日数11日以上ある月（過去に基本手当の受給資格決定を受けたことがある者については、その後のものに

限る)が12か月以上ある一般被保険者が家族を介護するための休業をし、次のいずれの要件も満たす場合には、雇用保険法に基づき、介護休業給付が支給されます(同法第61条の7〜第61条の8)。

① 介護休業期間中の各1月毎に休業開始前の1月当たりの賃金の8割以上の賃金が支払われていないこと。
② 休業している日数が各支給対象期間ごとに20日以上あること(ただし、休業終了日が含まれる支給対象期間は、休業日が1日でもあれば、20日以上である必要はない)。

介護休業給付の1月当たりの支給額は、原則として休業開始時賃金日額×支給日数の40％相当額です。

(9) 介護休業をしない要介護状態にある対象家族を介護する労働者に対する勤務時間の短縮などの措置

事業主は、介護休業をしない要介護状態にある対象家族を介護する日々雇用を除く労働者に関し、対象家族1人について1要介護状態ごとに連続する93日(介護休業した期間および別の要介護状態で介護休業などをした期間があれば、それとあわせて93日)以上の期間において、次のいずれかの措置を講じなければならないほか、その家族を介護する労働者に関して、介護休業の制度または次のいずれかの措置に準じて、その介護を必要とする期間、回数などに配慮した必要な措置を講ずるよう努めなければなりません(育児・介護休業法第23条第2項、第24条第2項)。

① 希望者に適用される短時間勤務の制度を設けること。
② 希望者に適用されるフレックスタイム制度を設けること。
③ 希望者に適用される始業・終業時刻の繰上げ・繰下げ制度を設けること。
④ 要介護状態にある対象家族を介護する労働者がその就業中に、代わって対象家族を介護するサービスを利用する場合に負担すべき費用

を助成する制度その他これに準ずる制度を設けること。

6　子の看護休暇

(1) 子の看護休暇をすることができる労働者

　小学校就学の始期に達するまでの子を養育する労働者は、その事業主に申し出ることにより、1年度に5日まで、病気やけがをした子の看護休暇を取得することができます。この申出は、労働者の氏名、子の氏名および生年月日、子の看護休暇を取得する年月日、子が負傷し、または疾病にかかっている事実を明らかにしてしなければなりません。また、1年度は、事業主が別段の定めをする場合を除き、4月1日に始まり、翌年3月31日に終わります（同法第16条の2）。

(2) 子の看護休暇の申出があった場合の事業主の義務

　事業主は、労働者から子の看護休暇の申出があったときは、その事業所に労働者の過半数で組織する労働組合があるときはその労働組合、労働者の過半数で組織する労働組合がないときは労働者の過半数を代表する者との書面による労使協定で、次の労働者のうち介護休業をすることができないと定めた労働者からの申出があった場合を除き、その申出を拒むことができません（同法第16条の3）。

① 　その事業主に引き続き雇用された期間が6月に満たない労働者
② 　週の所定労働日数が2日以下の労働者

(3) 不利益取扱いの禁止

　事業主は、労働者が子の看護休暇の申出をし、または子の看護休暇をしたことを理由として、その労働者に対して解雇などの不利益な取扱いをしてはなりません（同法第16条の4）。

第13章

退職と解雇

「退職と解雇」のポイント
1 退職
2 解雇
3 有期労働契約の更新拒否（雇止め）
4 退職に当たっての措置

「退職と解雇」のポイント

1　退職の意思表示が心裡留保または要素の錯誤に当たる場合には、その意思表示は無効となる。また、退職の意思表示が強迫による場合には、取り消すことができる。

2　労働契約は、労働者が退職願を提出して合意解約申込みの意思表示をし、労働者からの退職願を受理・承認して労働契約の合意解約の申込みに対する承諾の意思表示をする権限がある者が承諾する意思表示をした時点で、合意解約により終了する。一方、退職の意思を承認する権限のある者が承諾するまでならば、原則として、退職の意思を撤回できる。

3　退職勧奨として許される限界を超える退職強要は、違法である。また、退職の勧奨について、労働者の性別や女性労働者が妊娠・出産したことなどを理由とする差別的取扱いは禁止されている。

4　早期退職優遇制度は、一般に、労働者が応募することで退職という法的効果が自動的に生じるものではなく、応募に対して使用者には承諾の義務はないので、退職の申出をしたが承認がされなかった労働者については、その効果は生じない。

5　定年の定めをする場合には、その定年年齢は60歳を下回ることができない。また、65歳未満の定年の定めをしている事業主は、その雇用する高年齢者の65歳までの安定した雇用を確保するため、①定年の引上げ、②継続雇用制度の導入、③定年の定めの廃止、のいずれかの措置を講じなければならない。

6　①労働者が業務上の災害の療養のために休業中の期間およびその後30日間および②産前産後休業中の期間およびその後30日間は、原則として、いかなる解雇事由があるとしても、解雇を行うことが禁止されている。また、妊産婦に対する解雇については、その解雇が

妊娠・出産または産前産後休業の取得その他の妊娠・出産に関する事由を理由としたものでないことなどを事業主が証明しなければ、原則として無効となる。

7 　使用者は、労働者を解雇しようとする場合には、原則として、30日前までにその予告をするか、30日分以上の平均賃金を支払わなければならない。

8 　解雇は、客観的に合理的な理由を欠き、社会通念上相当であると認められない場合には、その権利を濫用したものとして、無効となる。

9 　整理解雇が解雇権の濫用に当たるか否かについては、①人員削減の必要性が認められるか、②解雇を回避する努力を尽くしたか、③解雇対象者の人選は合理的なものであったか、④解雇手続は妥当なものであったかの4つの要素を総合考慮して判断される。

10 　有期労働契約の更新拒否の効力については、一般に雇用の臨時性・常用性、更新の回数、雇用の通算期間、契約期間管理の状況、雇用継続の期待を持たせる言動・制度の有無など個々具体的な事情に応じて判断されるが、特に長期雇用の期待を抱かせるような言動を使用者がとっていたか否かが重要な要素となる。

11 　退職する労働者が退職時に証明書の交付を請求したときには、退職の理由の如何を問わず、使用期間、業務の種類、その事業における地位、賃金、退職の事由、退職の事由が解雇の場合にはその理由を記載した証明書を交付しなければならない。

12 　労働者が退職した場合に請求があれば、請求があった日から7日以内に賃金を支払い、積立金、保証金、貯蓄金その他名称の如何を問わず、労働者の権利に属する金品を返還しなければならない。

1　退職

　広義の退職には、一般に労使間の合意による解約、労働契約に期間の定めがある場合の期間満了、労働者側から労働契約を将来に向かって一方的に解約するいわゆる任意退職、使用者側から労働契約を将来に向かって一方的に解約する解雇、定年による退職など死亡などの場合を除く労働契約を終了する場合一般が含まれますが、狭義の退職には、解雇以外の労働契約を終了する場合をいうことが多い。

（1）退職の意思表示
ア　退職の意思表示

　この狭義の退職に関する典型的な例が、労働者による任意退職と労働契約の合意解約です。この場合、労働者による一方的退職の意思表示は、生活の基盤たる従業員の地位を直ちに失わせる旨の意思表示であるからその認定は慎重に行うべきで、労働者による一方的退職の表明は、使用者の態度如何にかかわらず確定的に労働契約を終了させる旨の意思が客観的に明らかな場合に限り、一方的退職の意思表示と解すべきであって、そうでない場合には、労働契約の合意解約の申込みであるとする裁判例（大通事件　大阪地裁平成10年7月17日労判750－79）があります。

　裁判例では、次のような場合には、退職の意思表示をしたものではないと判断しています。

① 　部下に別れの挨拶をし、私物を整理するとともに、若干の清算書類の作成をし、以後出勤しなかった場合（奥野製薬工業事件　大阪地裁平成13年10月26日労経速1788－18）。
② 　「会社を辞めたる」旨発言し、常務の制止も聞かず部屋を退出した場合（大通事件）。
③ 　取引先に退職する旨伝え、同僚に「今日が最後です」と挨拶して帰

宅し、以後出社しない場合（日本メタルゲゼルシャフト事件　東京地裁平成5年10月13日労判648-65）。

一方、次の場合には、退職の意思表示をしたと判断しています。
① 机の引き出しの中に退職届を入れて退出し、退出前に退職届の所在を知らせている場合（東京ゼネラル事件　東京地裁平成11年4月19日労判768-62）。
② 話合いを行った翌日以降、事務所に出勤せず、長期の休暇で海外に旅行し、休暇が明けた後も事務所に出勤しなかった場合（フィリップ・クワーク事件　東京地裁平成11年3月1日労経速1706-17）。
③ 退職時期および退職の意思表示を行う時期を念入りに考慮して決定し、転職先会社との間において就労開始の日程を取り決めている場合（ジャレコ事件　東京地裁平成9年6月20日労判720-24）。
④ 支店長と激しい言葉のやりとりをした後、その面前で会社発行の身分証明書と会社から交付されたバッジを置いたうえ、「帰る」と言って支店を退出し、翌日から支店に出勤しなかった場合（三和開発事件　東京地裁昭和54年10月25日労経速1031-20）。

イ　退職の意思表示が心裡留保の場合

退職の意思表示が、心裡留保（意思表明をする者が自分の表明した意思が真意ではないことを知っており、かつ、相手が自分の真意を知っているか知るはずであった場合）に該当する場合には、その意思表示は無効となります。

例えば、退職願は、文面上は退職を希望する意思表示のように記載されているが、その実、退職を余儀なくされることを何とか回避しようとして作成されたものにすぎず、しかも、最初の提出の段階から、その真意は明確に表明され続け、使用者もこれを承知していたことが明らかである場合には、心裡留保に該当し、その労働契約解約の申込みとして有効なものと解する余

地はありません(昭和女子大学事件　東京地裁平成4年　12月21日労判623-46)。

ウ　退職の意思表示が錯誤の場合
　退職の意思表示が錯誤(意思表示の要素に意思表示をした者の内心の意思と表示した意思が一致しない場合)に当たる場合には、その意思表示は無効となります。ただし、無効となるのは、要素の錯誤の場合であり、動機の錯誤の場合には無効とはなりません。
　例えば、懲戒解雇事由が存在せず、これがあるものと誤信し、懲戒解雇を避けるために、任意退職の意思表示をした場合には、その意思表示には要素の錯誤があり、その退職の意思表示は無効となります(ヤマハリビングテック事件　大阪地裁平成11年5月26日労経速1710-23)が、暴力事件に関し懲戒処分が検討されていることに関し、内心においてそのような誤信があったとしても、相手方に表示されていない以上、それは意思表示の動機の錯誤に過ぎないことになりますので、無効にはなりません(ネスレジャパンホールディング事件　水戸地裁龍ケ崎支部平成13年3月16日労判817-51)。

エ　退職の意思表示が強迫の場合
　退職の意思表示が強迫(他人に害悪を示し、脅かして恐怖心を生じさせ、その人の自由な意思決定を妨げる行為)による場合には、取り消すことができます。
　例えば、転勤を承諾しなければ懲戒解雇になり得る、あるいは、懲戒解雇になると語気荒く言われたために退職届けを提出する場合(損害保険リサーチ事件　旭川地裁平成6年5月10日労判675-72)や強度かつ執拗な強迫によって、畏怖を抱き、その畏怖によって、退職する旨の意思表示をなした場合(学校法人白頭学院事件　大阪地裁平成9年8月29日労判725-40)には、強迫によるものとして、取り消すことができます。

オ 退職の意思表示が本人の意思に基づくものでない場合

退職の意思表示が本人の意思に基づくものでない場合には、その意思表示は無効となり、これに基づいて行われた労働契約の解約も無効となります（倉敷紡績事件　名古屋地裁昭和36年1月30日労民集12-1-49）。

（2）合意退職と退職の撤回
ア　合意退職

労働契約は、労働者が退職願を提出して合意解約申込みの意思表示をし、労働者からの退職願を受理・承認して労働契約合意解約の申込みに対する承諾の意思表示をする権限がある者が承諾する意思表示をした時点で、合意解約により終了します。例えば、工場長には、その工場勤務の労働者からの退職願を受理・承認して労働契約合意解約の申込みに対する承諾の意思表示をする権限がある（ネスレジャパンホールディング事件）と考えられます。ただし、退職の意思表示が法的に効力を有するためには、会社の代表者にその意思表示が到達しなければならず、直属の上司の部長に対し退職する旨の意思表示をしたことをもって、退職の意思表示をしたと認めることはできないとされる場合（日音事件　東京地裁平成18年1月25日労判912-63）もあります。

イ　合意退職が成立したと認められる場合

合意退職についても、客観的状況や合理的な推測などから有効か否かが判断される場合があり、裁判例では、次のような場合には、合意退職が成立したと判断されています。

① 退職届の提出を明確に拒絶してきたが、早期退職者優遇措置に基づいて退職金の額などの説明を受け、再就職セミナーも受講し、退職に伴う書類を提出して、社宅を退去し、退職金、早期退職者優遇措置による割増金を受領した場合（ダイフク事件　大阪地裁平成12年9月8日労判798-44）。

② 名刺をくず篭に捨てて退社し、その後会社事務所の鍵を返し、また健康保険証を返還した場合(東洋建材興業事件　東京地裁平成4年10月26日労経速1500-21)。
② 常務理事に就任するのに伴い事務局長を辞任した場合(大阪工大摂南大学事件　大阪高裁平成4年4月28日労判606-6)。
③ 別個独立した法人と雇用契約を締結した場合(アサヒ三教事件　東京地裁平成2年12月14日労判576-30)
④ 出向元が出向先の経営から手をひくことを承知のうえ、出向元からの復帰の誘いにも応じようとせず、社会保険の関係では使用主を出向先とする手続きを取り、それ以降も出向先において仕事をする場合(アイ・ビイ・アイ事件　東京地裁平成2年10月26日労判574-41)。

ウ　合意退職が成立したと認められない場合

逆に、次のような場合には、合意退職は成立していないと判断されています。

① 退職届を提出したのが第三者であり、本人は一切退職届に触れることもなく、日付の記入も押印もされていない場合(大阪エムケイ事件　大阪地裁平成12年12月11日労経速1761-14)。
② 労働者が雇用契約終了の効力を訴訟で争っている場合に、使用者に対し離職票の交付を請求した場合(ヤマゲンパッケージ事件　大阪地裁平成9年11月4日労判738-55)。
③ 配転がいやなのであれば、退職するしかない旨および退職するまでの間は、有給休暇を取っても良い旨を勧告した上、再就職の際の便宜などを考慮して、会社都合による退職扱いとしても良い旨を提案し、退職願を書くように求めたことに対し、カナダ人労働者が「それはグッド・アイデアだ」と答えた場合(朋栄事件　東京地裁平成9年2月4日判時1595-139)。
④ 解雇の意思表示をうけた医師が他の病院に勤務していたとしても、

法廷で解雇の効力を争う準備中である旨通告をしている場合(医療法人思誠会事件　東京地裁平成7年11月27日労判683-17)。
⑤　退職届と題する書面が、退職の意思表示を表したものというよりは、退職の件に関しては、裁判によってでも争うとの退職の意思を拒否した抗議の意思が表明されたものとみられる場合(新大阪警備保証事件　大阪地裁平成4年9月30日労判620-70)。

エ　退職の意思の撤回
　一方、権限ある者が了解や承諾をしない場合や所定の手続が取られていない場合には、合意解約は成立しないことになり(日本臓器製薬事件　大阪地裁平成12年9月1日労経速1764-3)、退職の意思を承認する権限のある者が承諾するまでならば、使用者に不測の損害を与えるなど信義に反すると認められるような特段の事情がない限り、退職の意思を撤回できます(学校法人白頭学院事件)。
　退職の意思を承認する権限のある者が誰であるかについては、企業内の任免に関する人事権の配分の問題ですので、企業における新規採用の決定と退職願に対する承認とが企業の人事管理上同一の比重を持つものとは限らず、退職承認についてのみ単独で決定する権限を与えることも何ら不合理なことではありません(大隈鐵工所事件　最高裁第三小法廷昭和62年9月18日労判504-6)。

(3)　退職の手続
　民法では、①労働契約の当事者が雇用期間を定めなかったときは、両当事者は、いつでも解約の申入れをすることができること、②①の場合には、解約の申入れの日から2週間を経過することによって終了すること、③期間によって報酬を定めた場合には、解約の申入れは、次期以後についてすることができるが、その解約の申入れは、当期の前半にしなければならないこと、が定められています(同法第627条)。

退職の効力発生を使用者の承認にかからしめる特約は、労働者の解約の自由を制約することになるので、無効です（日本高圧瓦斯工業事件　大阪地裁昭和59年7月25日労判451-64）。また、民法の定める期間を超えて退職の予告期間を延長することも、労働基準法が定める人身拘束防止の諸規定の趣旨に反し、労働者の退職の自由を制限するので、無効とする裁判例（高野メリヤス事件　東京地裁昭和51年10月29日判時841-102）があります。

　なお、退職の手続に関しては、労働者が入社後4日で突然退職したことについて、労働者に損害賠償の支払いを命じた裁判例（ケイズインターナショナル事件　東京地裁平成4年9月30日労判616-10）や退職に関する会社の手続きを遅れたため、転職に支障を来したことについて、会社に対し損害賠償金支払いを命じた裁判例（東京ゼネラル事件　東京地裁平成8年12月20日労判711-52）があります。

（4）退職の勧奨
ア　退職の強要

　書面で退職勧奨をしたことだけで、労働者に対する不当な債務不履行または不法行為に該当することはありません（鳥井電器事件　東京地裁平成13年5月14日労判806-18）が、裁判例では、次のような場合には、退職勧奨として許される限界を超える退職強要は、違法であると判断されています。

①　仕事を取り上げ、執務室を閉鎖し、しかも他への配転を検討することもなく、退職を勧奨する場合（東光パッケージ事件　大阪地裁平成18年7月27日労判924-59）。
②　衆人環視の下で侮蔑的な表現を用いて名誉を毀損する行為を行う場合（東京女子醫科大学事件　東京地裁平成15年7月15日労判865-57）
③　面談の頻度や時間の長さ、言動が社会通念上許容しうる範囲をこ

えている場合(全日本空輸事件　大阪高裁平成13年3月14日労判809-61)
④　近親者の影響力を期待して、退職勧奨に応じるよう説得することを依頼する場合(鳥屋町職員事件　金沢地裁平成13年1月15日労判805-82)
⑤　3～4か月の間に11～13回にわたり出頭を命じ、20分から長いときは2時間にもおよぶ退職勧奨を行い、退職勧奨を受け入れない限り、所属する組合の要求に応じないと述べたり、提出物を要求したり、配転をほのめかしたりする場合(下関商業高校事件　最高裁第一小法廷昭和55年7月10日労判345-20)

イ　退職勧奨を拒否した者に対する不利益取扱い

　退職勧奨を拒否した者に対して不利益な取扱いをすることは、一般に、違法と解されています。例えば、次のような場合です。

①　退職勧奨を拒否したために嫌がらせなどを目的として配転・降格処分を行う場合(日本アムウェイ事件　東京地方裁判所平成18年1月13日判910-91)
②　工場への配転命令が、単純作業の肉体労働へ従事させるべき業務上の必要性があったものとはいえず、退職勧奨拒否に対する嫌がらせである場合(フジシール事件　大阪地裁平成12年8月28日労判793-53)
③　退職勧奨を拒否し続けた後に退職した者に対して、退職勧奨に応じた場合に与えられる優遇措置が与えられない場合(鳥取県教育委員会事件　鳥取地裁昭和61年12月4日労判486-53)

　一方、退職勧奨を承認しない満65歳に達した者に対し賃上げを実施しないことや定額の一時金支給を定めた労働協約の定めは、従業員の高齢化による労務費の高騰と経営状態の悪化から取り結ばれたものであって、

動機や目的に不合理な点はないとする裁判例（東京都十一市競輪事業組合事件　東京地裁昭和60年5月13日労判453−75）があります。

ウ　性別を理由とする差別的取扱い

　事業主は、退職の勧奨について、その性別を理由として、差別的取扱いをしてはなりません（男女雇用機会均等法第6条第4号）。ここでいう「退職の勧奨」とは、雇用する労働者に対し退職を促すことをいいます。

　退職の勧奨について、性別による差別が禁止されるのは、次の場合です（性差別指針）。

> （1）　退職の勧奨に当たり、その対象を男女のいずれかのみとすること。男女のいずれかのみとしているのは、例えば、女性に対してのみ、経営の合理化のための早期退職制度の利用を働きかけることである。
> （2）　退職の勧奨に当たっての条件を男女で異なるものとすること。異なる取扱いをしているのは、例えば、次の場合である。
> 　①　女性に対してのみ、子がいることを理由として退職の勧奨をすること。
> 　②　経営の合理化に際して、既婚の女性に対してのみ退職の勧奨をすること。
> （3）　退職の勧奨に当たり、能力や資質の有無などを判断する場合に、その方法や基準について男女で異なる取扱いをすること。異なる取扱いをしているのは、例えば、経営合理化に伴い退職勧奨を実施するに当たり人事考課を考慮する場合に、男性は最低の評価の者のみ退職の勧奨の対象とするが、女性は特に優秀という評価の者以外は退職の勧奨の対象とすることである。
> （4）　退職の勧奨に当たって、男女のいずれかを優先すること。優先しているのは、例えば、次の場合である。
> 　①　男性よりも優先して、女性に対して退職の勧奨をすること。
> 　②　退職の勧奨の対象とする年齢を女性は45歳、男性は50歳とする

など男女で差を設けること。

　男女間に年齢差のある退職勧奨年齢基準を設定し、これに基づき退職勧奨を行うことは、違法です(鳥取県教育委員会事件、鳥屋町事件)。一方、満40歳以上の全職員を対象にし、有夫の女性だけを対象にしたものではない場合には不法行為には当たりません(全国商工会連合会事件　東京地裁平成10年6月2日労判746-22)。

エ　女性労働者が妊娠・出産したことなどを理由とする不利益取扱い

　男女雇用機会均等法は、退職の勧奨について、女性労働者が婚姻・妊娠・出産したことを理由として不利益な取扱いをすること禁止しており(同法第9条第1項)、女性に対して妊娠を理由に退職を勧奨することは、違法です(今川学園木の実幼稚園事件　大阪地裁堺支部平成14年3月13日労判828-59)。

(5) 早期退職優遇制度

　早期退職優遇制度は、一般に、転職や独立を支援するため、通常の自己都合退職金に加え、特別加算金を支給することを主な内容とするもので、一定の資格や条件を満たしていて、一定の期間内に応募をする場合に適用されます(ソニー事件　東京地裁平成14年4月9日労判829-56)。したがって、制度の適用対象年齢以前に退職した場合(アラビア石油事件　東京地裁平成13年11月9日労判819-39)には、早期退職優遇制度は適用されません。また、会社に必要不可欠な者が退職すると業務に支障が生じるので、早期退職に使用者の承認を必要とすることも不合理ではありません(大和銀行事件　大阪地裁平成12年5月12日労判785-31)。ただし、希望退職の募集に承諾条件を設定するのであれば、第1に「会社の認める者」といった無限定で会社による一方的な判断の可能な事由ではなく、

各社員につき適用の有無が判明するような明確で具体的な承諾条件で、かつ、それが確たる根拠に裏付けされたものであることを要し、第2に会社は募集に際し、社員の決断の時機を逸することなく、これを明示すべきであり、少なくとも各社員がそれを明確に認識できるよう周知する手段を講じる必要があり、これらを欠いたまま会社が希望退職の募集をし、社員が希望退職の申込みをし、会社がこれを受理して不承諾の意思を告知することなく退職の手続をし、社員がそのまま退職に至った場合は、特段の事情がない限り会社はこれを承諾したものと推認するのが相当であるとする裁判例(アジアエレクトロニクス事件　東京地裁平成14年10月29日労判839－17)があります。

　早期退職優遇制度は、一般に、退職の申し込みではなく、その誘引であり、労働者が応募することで退職という法的効果が自動的に生じるものではなく、応募に対して使用者には承諾の義務はありませんので、所定の条件を満たした労働者が定年前に退職の申出をし使用者がこれを認めたときに定年退職扱いとし割増退職金を支給するとの選択定年制が定められている場合に、これによる退職の申出をしたが承認がされなかった労働者については、定年退職の効果は生じません(神奈川信用農業協同組合事件　最高裁第一小法廷平成19年1月18日判タ1252－150)。ただし、恣意的な運用が許容されないので、その適用を申請した者に制度の適用を認めないことが信義に反する特段の事情がある場合には、使用者は信義則上、その承認を拒否することができません(ソニー事件)。

　制度が適用されていた労働者の間で不平等が生じたり、制度適用の時間的前後関係から違いが生じても、一般的には、差額の支払い請求は認められません(住友金属工業事件　大阪地裁平成12年4月19日労判785－38)。

(6) 休職期間満了後の退職

　休職制度は、本来は、直ちに解雇事由となるべきところを一定の猶予期

間を置いて回復状態を待つという制度であり、休職期間が満了しても復職できないときは、期間満了時に退職または解雇となります。

　この場合に、休職期間満了による退職が、①就業規則に解雇とは別に規定されていること、②休職期間が満了し、なお休職事由が消滅しないときは退職とする旨規定されていて、その効力発生のために特段の意思表示が要件とされていないこと、③使用者に退職させるか否かを決定する裁量権が留保されていないこと、④①から③までと異なる慣行が存在していない場合には、解雇ではなく、労働契約の自動終了事由となります（三和交通事件　札幌地裁昭和57年1月18日労民集33-1-31）。

　しかし、従来使用者側が休職期間の延長を積極的な意思表示によって行ってきたという実情が認められる場合には、労働者側の休職期間延長の期待もありますので、使用者側が何らの意思表示もしないで退職させることはできず、休職期間満了による解雇または事前の期間満了退職の予告が必要です。

（7）婚姻・妊娠・出産を退職理由として予定する定め

　事業主は、女性が婚姻したこと、妊娠したこと、または出産したことを退職理由として予定する定めをしてはなりません（男女雇用機会均等法第9条第1項。第17章650頁参照）。

（8）定年

ア　定年制

1)　定年とは

　定年制とは、労働者が一定年齢に到達したことを理由に労働契約を終了させる制度をいい、定年到達を解雇事由と捉え、労働契約を終了させるためには解雇の意思表示を必要とする定年解雇制と、通常、使用者の特別な意思表示がなくても当然に労働契約が終了する定年退職制があります。

2） 60歳定年制

　事業主がその雇用する労働者の定年の定めをする場合には、その定年年齢は、高年齢者が従事することが困難である鉱業（鉱物の試掘、採掘およびこれに附属する選鉱、製錬などの事業）における坑内作業の業務に従事している労働者を除き60歳を下回ることができません（高年齢者雇用安定法第8条）。

3） 労働者の性別などを理由とする差別的な取扱い

　また、労働者の性別（男女雇用機会均等法第6条第4号）や国籍、信条または社会的身分（労働基準法3条）を理由として、定年について差別的取扱いをしてはなりません。

　定年について性別による差別が禁止されるのは、定年の定めについて男女で異なる取扱いをする場合（性差別指針）で、異なる取扱いをしていると認められるのは、例えば、定年年齢の引上げを行うに際して、厚生年金の支給開始年齢に合わせて男女で異なる定年を定める場合です。

　定年に関しては、男女雇用機会均等法が施行される前から、女性の定年年齢を男性より低く定めた部分は女性であることを理由として差別したもので性別による不合理な差別として民法第90条により無効である（日産自動車事件　最高裁第三小法廷昭和56年3月24日民集35－2－300）と解されていましたが、同法施行後においても、次のような裁判例があります。

① 　定年を男子62歳、女子57歳と女子職員の定年を男子より低く定めた就業規則の部分は無効である定年年齢は男女とも満60歳とするが、「定年を、男子については最初の6年間は満62歳とし、以後3年毎に6ヶ月ずつ段階的に引下げ、昭和72年1月から満60歳とする。女子については、当初現行定年年齢満57歳を満59歳とし、以後1年毎に6ヶ月ずつ延長し、昭和63年1月から満60歳とする」旨の経過措置は、女子に関する部分は無効であるとする（（財）放射線影響研究所事件　広島高裁昭和62年6月15日労判498－6、最高裁平成2年5月28日労経

速1394−3)。
② 女性職員が、定年が65歳の第1種職員として採用されたにもかかわらず、定年が満60歳の第2種職員と呼び替える呼称変更を行い、第2種職員であることを理由に満60歳の定年としたことも民法第90条や男女雇用機会均等法に違反し無効である(大阪市交通局協力会事件　大阪高裁平成10年7月7日労判742−17)。

4) 定年制に関する取扱い

　定年制は、一般的に、老年労働者の場合にはその業種や職種に要求される労働の適格性が逓減するにかかわらず、給与が却って逓増するので、人事の刷新・経営の改善など企業の組織および運営の適正化のために行われるもので、不合理な制度ではありません(秋北バス事件最高裁大法廷判決)が、定年年齢到達を理由に、労働契約が自動的に終了するとの効果を生じさせるには、定年年齢への到達が就業規則によって退職事由として明文で規定され、労働契約の内容となっていることが必要です(協和精工事件　大阪地裁平成14年3月25日労経速1812−3)。

　定年制が社会的相当性を欠くような場合には、公序良俗違反または権利濫用との評価を受けて無効とされることもありますが、定年年齢についての合理的な年齢はその時々の社会的背景・状況によって変わってきます(アール・エフ・ラジオ日本事件　東京地裁平成12年7月13日労判790−15)。現在では、60歳未満の定年年齢を定めることは、原則として禁止されており、無効となります。

　また、従来定年制がない場合に、新たに就業規則により定年制を設けることは、その定年年齢に合理性が認められれば不合理なものではなく、既得権侵害の問題を生ずる余地はないので、その適用を拒むことはできないとする裁判例(新潟・土木建築請負会社事件　東京高裁平成12年8月23日判時1730−52)があります。

　さらに、65歳定年制が定められている場合であっても、任意に中途退職

しない限り満70歳まで定年が延長されるということが慣例として確立している場合には、それが労働契約の内容を構成し、法的拘束力を有する場合があります（日本大学事件　東京地裁平成14年12月25日労判845－33）。

なお、選択定年制度に基づく退職は、「定年」との用語を用いているとはいえ、定年退職とは性質を異にするとする裁判例（協同乳業事件　東京地裁平成12年3月27日労判783－51）があります。

イ　定年退職者の再雇用

　65歳未満の定年の定めをしている事業主は、その雇用する高年齢者の65歳までの安定した雇用を確保するため、①定年の引上げ、②継続雇用制度の導入、③定年の定めの廃止、のいずれかの措置を講じなければなりません。ただし、これらの措置についての雇用の上限年齢は、平成25年度までに段階的に引き上げることができます（高年齢者雇用安定法第9条第1項、附則第4条第1項）。

　このうち、継続雇用制度は、現に雇用している高年齢者が希望するときは、その高年齢者をその定年後も引き続いて雇用する制度をいい、具体的には、勤務延長制度および再雇用制度がこれに該当します。勤務延長制度と再雇用制度の違いは、勤務延長制度が労働契約を終了させることなく雇用を延長するのに対して、再雇用制度はいったん労働契約を終了させた後に再び新しく労働契約を締結することにあります。

　また、継続雇用制度については、原則として希望者全員を対象としなければなりませんが、労使協定（大企業では平成21年3月まで、中小企業では平成23年3月までの間は就業規則による場合も含む）により、継続雇用制度の対象となる高年齢者の基準を定めることができます（同法第9条第2項、附則第5条第1項、第2項）。ただし、この基準は、客観的で明確なものでなければなりません。

　再雇用制度が就業規則などに定められており、特段の事情のない限り、

希望者全員が再雇用される旨規定されている場合には、労働者が再雇用の申入れをすれば再雇用契約が成立するほか、希望者がほとんど再雇用されているなど、再雇用の労使慣行が存すると認められるときには、労働者の申入れにより再雇用が成立します（大栄交通事件　最高裁第二小法廷昭和51年3月8日労判245-25）。

なお、65歳以上の者の再雇用についての雇止めに関し、解雇権の濫用の法理が類推適用されるといっても、自ら程度の差はあるとする裁判例（大京ライフ事件　横浜地裁平成11年5月31日労判769-44）もあります。

2　解雇

解雇とは、使用者側から労働契約を将来に向かって一方的に解約することをいい、解雇には、通常の解雇である普通解雇、懲戒処分として行う懲戒解雇、人員整理として行う整理解雇などがあります。

(1) 解雇制限
ア　解雇が制限される期間

次の期間については、原則として、いかなる解雇事由があるとしても、解雇を行うことが禁止されており（労働基準法第19条第1項）、これに違反する解雇は無効です（スイス航空事件　東京地裁昭和59年5月30日労判433-22）。

① 労働者が業務上の災害の療養のために休業中の期間およびその後30日間
② 産前産後休業（同法第65条）中の期間およびその後30日間

イ　解雇制限の例外

ただし、次の場合には、解雇は可能です。

①　労働基準法第81条の打切補償が行われた場合
②　療養の開始後3年を経過した日において労働者災害補償保険法（以下「労災保険法」という）第18条の傷病補償年金を受けている場合または同日後において傷病補償年金を受けることとなった場合（同法第19条）
③　天災事変その他やむを得ない事由のために事業の継続が不可能となった場合で、その事由について労働基準監督署長の認定を受けたとき

ウ　解雇制限により禁止される範囲

　禁止されるのは、解雇禁止期間中の解雇であり、解雇予告までも禁ずるものではありません（栄大事件　大阪地裁平成4年6月1日労経速1471－15）。また、その禁止の対象となる休業は、必ずしも全部休業である必要はなく、一部休業でも足り（大阪築港運輸事件　大阪地裁平成2年8月31日労判570－52）、禁止される解雇は普通解雇だけでなく、労働者の責に帰すべき事由に基づく懲戒解雇も含まれます（三栄化工機事件　横浜地裁川崎支部昭和51年7月19日労判259－35）。なお、業務上の災害の療養のための休業に関する解雇の禁止については、業務上の疾病によると判断される場合には、解雇は無効です（東芝事件　東京地裁平成20年4月24日労経速2005－3）が、業務上の災害の場合にも、症状が固定し治癒した後については、解雇禁止の対象とはなりません（中川印刷事件　大阪地裁平成13年8月24日労経速1785－47）。また、定年退職は解雇とは異なりますので、解雇制限期間中の労働者であっても、定年年令に達すると必然的に労働契約が終了します（朝日製鋼所事件　大阪地裁岸和田支部昭和36年9月11日労民集12－5－824）。

エ　労働者の性別を理由とする解雇

　事業主は、解雇について、その性別を理由として、差別的取扱いをして

はなりません（男女雇用機会均等法第6条第4号）。

解雇について、性別による差別が禁止されるのは、次の場合です（性差別指針）。

> (1) 解雇に当たり、その対象を男女のいずれかのみとすること。男女のいずれかのみとしているのは、例えば、経営の合理化に際して、女性のみを解雇の対象とすることである。
> (2) 解雇の対象者の条件を男女で異なるものとすること。異なる取扱いをしているのは、例えば、次の場合である。
> ① 経営の合理化に際して、既婚の女性のみを解雇の対象とすること。
> ② 一定年齢以上の女性のみを解雇の対象とすること。
> (3) 解雇に当たり、能力や資質の有無などを判断する場合に、その方法や基準について男女で異なる取扱いをすること。異なる取扱いをしているのは、例えば、経営合理化に伴う解雇に当たり、人事考課を考慮する場合に、男性については最低の評価の者のみを解雇の対象とするが、女性については特に優秀という評価の者以外は解雇の対象とする場合である。
> 4) 解雇に当たり、男女のいずれかを優先すること。優先しているのは、例えば、解雇の基準を満たす者の中で、男性よりも優先して女性を解雇の対象とする場合である。

これに関しては、男女雇用機会均等法が施行される前に、「有夫の女子」や「27歳以上の女子」（日特金属工業事件　東京地裁八王子支部昭和47年10月18日労旬821-91）や「既婚女子社員で子供が2人以上いる者」（コパル事件　東京地裁昭和50年9月12日判時789-817）という整理解雇の基準は無効であるとする裁判例があります。

オ　婚姻・妊娠・出産などを理由とする解雇

事業主は、女性が婚姻したこと妊娠・出産に関する事由に該当すること

を理由として、解雇など不利益な取扱いをしてはなりません。また、妊産婦に対する解雇については、その解雇が妊娠・出産または産前産後休業の取得その他の妊娠・出産に関する事由を理由としたものでないことなどを事業主が証明しなければ、原則として無効となります（男女雇用機会均等法第9条第2項～第4項。第17章650～652頁参照）。

カ　解雇が制限されるそのほかの事由

このほか、次の場合には、解雇が禁止されています。

① 労働基準監督機関に申告したことを理由として行う解雇（労働基準法第104条）
② 労働者の募集、採用、配置、昇進、教育訓練、福利厚生、定年、退職また解雇に関する男女の均等な機会および待遇の確保に係る労使の紛争について都道府県労働局長に援助を求めたことまたは調停の申請をしたことを理由として行う解雇（同法第13条第2項、第14条第2項）
③ パートタイム労働者が都道府県労働局長に紛争の解決の援助を求めたことまたは調停の申請をしたことを理由として行う解雇（パートタイム労働法第21条第2項、第22条第2項）。
④ 育児休業もしくは介護休業の申出をしたこと、または育児休業もしくは介護休業をしたことを理由として行う解雇（育児・介護休業法第10条、第16条）
⑤ 労働組合の組合員であること、労働組合に加入し、またはこれを結成しようとしたこと、労働組合の正当な行為をしたことを理由として行う解雇（労働組合法第7条）
⑥ 労働者が都道府県労働局長に援助を求めたこと、またはあっせんの申請をしたことを理由として行う解雇（個別労働関係紛争の解決の促進に関する法律（以下「個別労働関係紛争解決法」という）第4条、第5条）

(2) 解雇の予告
ア 解雇の予告が必要な場合

使用者は、労働者を解雇しようとする場合には、原則として、30日前までにその予告をしなければなりません。30日前に予告をしない使用者は、30日分以上の平均賃金を支払わなければなりません。なお、解雇予告の日数は、平均賃金を支払った日数だけ短縮できます（労働基準法第20条第1項、第2項）。

なお、解雇が無効の場合であっても、労働者が解雇の効力を否定しないことは差し支えないので、このような場合には、労働者は解雇予告手当の支払を請求することができます（わいわいランド事件　大阪地裁平成12年6月30日労判793-49）。また、解雇予告期間に不足がある場合には、その不足した日数について、労働者には解雇予告手当請求権が発生します（吉村商会事件　大阪地裁昭和61年3月11日労判473-69）。

イ 解雇予告の必要がない場合

次のいずれかに該当する場合には、解雇の予告などをする必要はありません（同法第21条）。

① 日々雇い入れられる者で1月以内のもの
② 2か月以内の期間を定めて使用される者でその期間を超えないもの
③ 季節的業務に4か月以内の期間を定めて使用される者でその期間を超えないもの
④ 試みの試用期間中の者で14日以内のもの

また、天災事変その他やむを得ない事由のために事業の継続が不可能となった場合または労働者の責に帰すべき事由に基づいて解雇する場合で、その事由について労働基準監督署長の認定を受けた場合にも、解雇の予告などをする必要はありません（同法第20条ただし書、第3項）。

ウ　解雇予告の方法

　解雇の予告は、使用者が労働者に対し、確定的に解雇の意思を明示することが必要です。このため、裁判例では、次のような場合には、確定的な解雇の意思を予告したものとは判断していません。

① 「進退も含めて考えるよう」述べた場合（トピック事件　東京地裁平成14年10月29日労経速1824-16）
② 「がんばってもらわないと、このままでは30日後に解雇する」旨の通告をした場合（全国資格研修センター事件　大阪地裁平成7年1月27日労判680-86）
③ 離職票を交付した場合（東部第一交通事件　福岡地裁小倉支部平成4年12月24日労判623-24）
④ 「出社停止」という表示をした場合（中川製作所事件　東京地裁平成4年8月10日労判616-96）

　一方、次のような場合には、解雇の意思表示であると判断しています。

① 労働者から自分は首ですかと尋ねられたのに対して、何らの回答をせず、沈黙した場合（解雇予告手当請求事件　名古屋高裁平成19年9月13日）
② 3か月の期間を置いて退職の予告をして来たのに対し即時に辞めてもよく、明日から来なくてよい旨伝えるとともに、今日辞める旨話がついたと主張し続けた場合（アクティ英会話スクール事件　大阪地裁平成5年9月27日労判646-55）

　なお、職場規律紊乱などを理由とする解雇予告が解雇権の濫用に該当する場合に、その解雇予告通知書を会議の席で読み上げたことが名誉侵害にあたるとして損害賠償の支払いが認められた裁判例（女子学院事件　東京地裁昭和54年3月30日労判324-56）もあります。

エ　解雇の予告の効力

　使用者が労働基準法第20条に定める予告期間をおかず、または予告手当の支払いをしないで労働者に解雇の通知をした場合、その通知は即時解雇としては効力を生じませんが、使用者が即時解雇を固執する趣旨でない限り、通知後30日の期間を経過するか、または通知の後に予告手当の支払をしたときのいずれかから解雇の効力が生じます（細谷服装事件　最高裁第二小法廷昭和35年3月11日民集14－3－403）。

オ　解雇予告手当の支払い

　解雇予告手当は、実質的には賃金であるので、全額支払いの原則に従って支払われるべきであり、労働者の真に自由な意思に反して使用者が労働者の行為に基づく損害と相殺すること（関西フェルトファブリック事件　大阪地裁平成8年3月15日労判692－30）や小切手で支払うこと（日本国際連合協会事件　東京地裁昭和39年4月28日労民集15－3－411）は無効です。

カ　有期労働契約と解雇の予告

　試みの雇用期間日数は労働日のみならず休日も含む暦によりますので、14日を超えて引き続き使用された場合には、解雇の予告が必要となります（ファルコンプリント事件　東京簡裁昭和54年12月10日労民集30－6－1186）。また、有期労働契約が実質的に更新されて、所定の期間を超えて引き続き使用された場合にも、解雇の予告が必要となります（羽柴事件　大阪地裁平成9年7月25日労判720－18）。

キ　労働者の責めに帰すべき事由

　「労働者の責めに帰すべき事由」に該当するか否かについては、その労働者の地位、職責、勤務年限、勤務状態などを考慮し総合的に判断され、「天災事変その他やむを得ない事由のため事業の継続が不可能となつた

場合」と同程度に重大且つ悪質なものに限り(秋田物産事件　岡山地裁昭和43年10月14日判タ232－230)、予告期間を置かずに即時に解雇されてもやむを得ないと認められるほどに重大な服務規律違反、悪質な背信行為が労働者にある場合をいう(アール企画事件　東京地裁平成15年3月28日労判850－48)と解されています。

ク　天災事変その他やむを得ない事由

　また、「天災事変その他やむを得ない事由」とは、天災事変に準ずる程度に不可抗力に基づき、かつ、突発的な事由の意であり、事業の経営者として社会通念上採るべき必要な措置を以ってしても通常如何ともなし難く、かつ解雇の予告をする余裕のないものをいい、経営者の事業計画の見透しの杜撰さ、社会状勢の変化などから招くに至った会社経営の不振は、これに該当しません(山下事件　名古屋高裁昭和53年4月11日判時917－143)。

ケ　解雇予告除外事由の認定

　労働基準監督署長による解雇予告除外事由の認定の有無は、使用者が解雇予告除外事由についての恣意的に判断して解雇しようとするのを制約し、行政官庁においてその事由の有無を一応確認することにより、その適正な運用を行政的に監督するために設けられたもので、解雇の効力に影響を及ぼすものではない(グラバス事件　東京地裁平成16年12月17日労判889－52)ので、労働基準監督署長の認定を受けていなくても、解雇が「労働者の責めに帰すべき事由」に基づくものと認められる場合には、使用者は解雇予告手当の支払義務を負わない(豊中市不動産事業協同組合事件　大阪地裁平成19年8月30日労判957－65)と解されています。

(3)　解雇事由

　就業規則を作成する場合には解雇の事由を記載しなければなりません

（労働基準法第89条）が、就業規則に定められた普通解雇の解雇事由の規定が、解雇事由を限定的に列挙したものであるのか、例示的に列挙したものであるのかについては、それぞれの就業規則の規定に即して判断されています。具体的には、就業規則を制定することによって自ら解雇権を行使しうる場合を就業規則所定の事由がある場合に限定したものであるから、そのいずれにも該当しない事由により解雇することは許されないとする裁判例（千葉県レクリエーション都市開発会社事件　千葉地裁平成3年1月23日労判682－67）があるのに対し、一般的には解雇事由の列挙は例示的なもので、使用者は就業規則に規定された解雇事由に該当しない事由をもって解雇をなし得るとする裁判例（大阪フィルハーモニー交響楽団事件　大阪地裁昭和63年5月11日労判518－20）や就業規則に懲戒解雇に関する規定のほかには解雇について定めた規定がない場合には著しく不合理であり社会通念上相当なものとして是認できないときには解雇が無効とされる場合があるほかは、解雇は自由になしうるとする裁判例（東洋信託銀行事件　東京地裁平成10年9月14日労経速1687－23）もあります。

　また、使用者が労働者を懲戒するには、あらかじめ就業規則において懲戒の種別および事由を定めておくことが必要です（フジ興産事件最高裁判決）ので、懲戒解雇を行うためには、一般に就業規則所定の懲戒解雇事由に該当することが必要ですが、就業規則所定の懲戒事由に直接該当するものではなくても、所定の事由と違反の類型および程度において同等の行為と認められる場合には、その準用により懲戒事由に該当するものとして懲戒解雇をすることも許されるとする判例（笹谷タクシー事件　最高裁第一小法廷昭和53年11月30日民集125－739）もあります。

（4）解雇権の濫用

　契約自由の原則からすれば、解雇は原則として自由に行うことができることになりますが、実際には客観的に合理的な理由を欠き、社会通念上相当であると認められない場合には、その権利を濫用したものとして、無効で

す(労働契約法第16条)。

　したがって、解雇が有効になるためには、解雇について客観的合理的な理由と社会通念上の相当性が必要となります。解雇の客観的合理的な理由には、①疾病や負傷、高齢などによる労働能力の喪失や低下、②能力不足や適格性の欠如、③非違行為、④使用者の業績悪化などの経営上の理由、⑤ユニオンショップ協定に基づく解雇などがあります。

　一方、社会通念上の相当性の判断においては、その事実関係の下で労働者を解雇することが過酷に過ぎないかなどの点が考慮され、労働者の行為が就業規則上の解雇事由に該当し、かつ、労働者の側に非がある場合にも、労働者側に有利な事情を列挙して解雇することは過酷に過ぎ、社会的相当性を欠くとして解雇を無効としています(高知放送事件　最高裁第二小法廷昭和52年1月31日労判268-17)。例えば、勤務終了後に酒気を帯びて、同僚の運転するバスに乗車するため停留所以外の場所でバスを停止させ、運行に遅延を生じさせたことなどを理由とするバス運転手の解雇について、遅延の程度がさほど大きくないこと、自己の非を認めて反省する態度が見られること、バス運転士として24年間勤務し無事故賞などの表彰歴があること、再就職の容易でない中高齢者であること、会社や同業他社に置いて同様の行為で解雇された例が見られないことなどから、解雇の社会的相当性を否定し、解雇権の濫用に当たるとしています(西武バス事件　最高裁第三小法廷平成7年5月30日労判672-15)。

(5)　労働者の責めに帰すべき事由による解雇

　解雇の客観的合理的理由の中には、①病気やけがなどによる労働能力の喪失や低下、②能力不足や適格性の欠如、③非違行為など解雇の原因が主として労働者側にあるものがあります。これらの理由による解雇の効力は、個々の事案ごとに解雇理由の重大性や改善の余地、使用者の対応のあり方などを総合的に考慮して判断されます。

　例えば、学校教育および学校運営の根幹にかかわる事項につき、虚偽

の事実を織り混ぜ、または事実を誇張わい曲して、学校および校長を非難攻撃し、全体としてこれを中傷ひぼうし、問題のある情報が同誌の記事として社会一般に広く流布されることを予見ないし意図して、週刊誌の記者に対し情報を提供したことは、校長の名誉と信用を著しく傷付け、学校の信用を失墜させ、労働契約上の信頼関係を著しく損なうものであることとして、解雇の効力を認めたもの（学校法人敬愛学園（国学館高校）事件　最高裁第一小法廷平成6年9月8日労判657-12）もあります。

　労働者の能力不足を理由とする解雇においては、その労働者の能力に対する評価が問題となりますが、一般的に、使用者の評価に違法や不当な点がないとしても、そのことから直ちに解雇に合理的理由や社会的相当性があるとして解雇の効力を認めてはいません（森下仁丹事件　大阪地裁平成14年3月2日2労判832-76）。一方、労働者の能力や適格性に重大な問題があり、使用者が教育訓練や配置転換等による解雇回避の努力をしてもなお雇用の維持が困難である場合には、解雇の効力が認められています（三井リース事件　東京地裁平成6年11月10日労経速1550-23）。また、高度の職業能力を有することを前提として中途採用された労働者が期待された能力を発揮しなかった場合には、能力不足・適格性欠如を理由とする解雇の効力が認められやすくなっています（ヒロセ電機事件　東京地裁平成14年10月22日労判838-15）。

　疾病や負傷などによる労働能力の喪失や低下を理由とする解雇については、労働能力が職務遂行が不可能な程度にまで低下していたかが問題になりますが、更に、業務内容の変更による雇用維持の可能性や使用者がこうした雇用維持の可能性を検討していたかなどが問題となります（中川工業事件　大阪地裁平成14年4月10日労経速1809-18）。

（6）整理解雇
ア　整理解雇の4要件
　整理解雇は、労働者に何ら責めに帰すべき事由がないにもかかわらず、

使用者側の事情によって、一方的に従業員の地位を失わせるものですので、使用者が整理解雇をするに当たっては、労使間の信義誠実の原則に従って解雇権を行使すべきことが強く要請されます（日証事件　大阪地裁平成11年3月31日労判765-57）。このため、整理解雇が解雇権の濫用に当たるか否かについては、①人員削減の必要性が認められるか、②解雇を回避する努力を尽くしたか、③解雇対象者の人選は合理的なものであったか、④解雇手続は妥当なものであったかの4つの要素を総合考慮して判断されます。これらの4要件については、一般に、解雇権濫用に該当するか否かという総合判断の中で考慮される要素と考えられています（東京自転車健康保険組合　東京地裁平成18年11月29日労判935-35）。

イ　人員削減を行う経営上の必要性

　人員削減を行う経営上の必要性については、経営上の合理的理由が認められれば足り、人員削減が経営状況打開のための唯一残された手段であることまでは必要としません（大阪暁明館事件　大阪地裁平成7年10月20日労判685-49）。

ウ　解雇を回避するための努力

　使用者による十分な解雇を回避するための努力としては、一般に、残業規制、配転・出向、新規採用の抑制・停止、非正規従業員の雇い止め、希望退職募集などがあります（あさひ保育園事件　最高裁第一小法廷昭和58年10月27日労判427-63）が、企業内での配転等による解雇回避を十分に期待できない場合には、当面の生活維持及び再就職の便宜のために相応の配慮を行うなどの措置を採っていることも判断要素となります（ナショナル・ウエストミンスター銀行事件　東京地裁平成12年1月21日労判782-23）。

エ　被解雇者の選定基準

　被解雇者の選定に関しては、客観的な選定基準を設定することに加え、選定基準の合理性が必要です。合理的な基準としては、一般的には、懲戒処分歴や欠勤率などの会社への貢献度に基づく基準、扶養家族の有無等の労働者の生活への打撃の程度を考慮した基準などが考えられます。なお、一定の年齢以上の者とする基準は、一般的には、使用者の恣意が介在する余地がないという点で公平性が担保され、また、年功序列賃金体系を採る企業においては、一定額の経費を削減するための解雇人員が相対的に少なくて済むという点においてそれなりに合理性がありますが、53歳以上の幹部職員のみを解雇の対象とすることは、合理的と評価することはできず、整理解雇の対象の人選は全体として著しく不合理であるとする裁判例（ヴァリグ日本支社事件　東京地裁平成13年12月19日労判817-5）もあります。

オ　労働組合などとの協議

　被解雇者や労働組合との間の協議については、労働組合との労働協約などに解雇協議条項がない場合にも信義則上必要である（あさひ保育園事件）と解されており、例えば、労働組合の団体交渉の申し入れを拒否し、人員削減の必要性について説明をして協力を求めるなどの措置を講じた形跡や希望退職を募る段階でも予定人員に達しなかった場合には解雇を行うことがあり得ることが伝えられたこともなく、考慮期間を10日間しか与えられていないなど性急に過ぎる場合には、信義に従い誠実に手続を進めたとはいえず、解雇権を濫用したものとして無効であると判断されています（ジャレコ事件　東京地裁平成7年10月20日労経速1588-17）。

(7) 懲戒解雇と普通解雇

　一般に、使用者には解雇権の行使に裁量があるので、就業規則所定の懲戒解雇事由に当たる事実がある場合に、懲戒解雇ではなく、退職金の支

給等において有利な普通解雇とすることができる(群英学園事件　東京高裁平成14年4月17日労判831-65)と解されていますが、この場合には、その効力は、懲戒解雇としての要件ではなく、普通解雇の要件を満たせば足りるとする裁判例(関西トナミ運輸事件　大阪地裁平成9年11月14日労経速1658-11)と懲戒解雇は企業秩序違反に対する制裁罰として普通解雇とは制度上区別されたものであり、実際上も普通解雇に比して特別の不利益を労働者に与えるものであるから、仮に普通解雇に相当する事由がある場合であっても、懲戒解雇の意思表示を普通解雇の意思表示に転換することは認められないとする裁判例(日本メタルゲゼルシャフト事件　東京地裁平成5年10月13日労判648-65)があります。

　一方、懲戒解雇の意思表示をした場合に、懲戒解雇事由に該当しないときには、普通解雇の意思表示に転換できるかについては、懲戒解雇の意思表示を普通解雇の意思表示に転換したとみることが必ずしも不相当であるとまではいえないとする裁判例(十和田運輸事件　東京地裁平成13年6月5日労経速1779-3)がある一方、両者はそれぞれその社会的、法的意味を異にする意思表示であるから、懲戒解雇の意思表示がされたからといって、当然に普通解雇の意思表示がされたと認めることはできないとする裁判例(岡田運送事件　東京地裁平成14年4月24日労判828-22)があります。

(8) ユニオン・ショップ協定と解雇

　使用者は、労働者が労働組合に加入せず、若しくは労働組合から脱退することを雇用条件としてはなりませんが、労働組合が特定の事業所に雇用される労働者の過半数を代表する場合には、その労働者がその労働組合の組合員であることを雇用条件とする労働協約を締結することを差し支えありません(労働組合第7条第1号)。このような労働協約をユニオン・ショップ協定と呼んでいます。

　ユニオン・ショップ協定は、労働者が労働組合の組合員たる資格を取

得せずまたはこれを失った場合に、使用者にその労働者を解雇させることにより間接的に労働組合の組織の拡大強化をはかろうとする制度であり、このような制度としての正当な機能を果たす場合に限って有効であり、ユニオン・ショップ協定のうち、締結した労働組合以外の他の労働組合に加入している者や締結した労働組合から脱退または除名され、他の労働組合に加入しまたは新たな労働組合を結成した者について使用者の解雇義務を定める部分は、公序良俗に反し無効となります。労働組合からの除名が無効な場合には、使用者に解雇義務が生じませんから、他に解雇の合理性を裏づける特段の事由がないかぎり、解雇権の濫用として無効です（日本鋼管事件　最高裁第一小法廷平成元年12月21日労判553-6）。

(9) 解雇に関する手続

　労働組合との労働協約に解雇についての協議が定められている場合には、協議をしない解雇は無効である（大阪フィルハーモニー交響楽団事件　大阪地裁平成元年6月29日労判544-44）と解されていますが、労働組合の執行委員会が解雇を承認している場合（日本タクシー事件　大阪地裁平成2年10月1日労判672-58）や会社および労働組合の委員各5名をもって構成する労務委員会に付議した場合（佐世保重工業事件　長崎地裁佐世保支部平成元年7月17日労判543-29）には、これらの要件を満たすとする裁判例があります。

　就業規則などに定める手続に違反して行う解雇は無効である（千代田学園事件　東京高裁平成16年6月16日労判886-93）と解されています。このため、理事会の議決が無効である場合には、これを前提とする養護施設園長に対する解雇の意思表示は無効となるとする裁判例（社会福祉法人東洋会事件　和歌山地裁平成3年9月10日労民集42-5-689）がある一方、就業規則などに規定がなければ、解雇理由を明示しないこと（上田株式会社　東京地裁平成9年9月11日労判739-145）や弁明の機会を与えないこと（学研ジー・アイ・シー事件　大阪地裁平成9年3月26日労判

は、解雇の効力には影響を及ぼさないとする裁判例があります。

3　有期労働契約の更新拒否（雇止め）

（1）有期労働契約の更新拒否

　有期の労働契約の場合には、原則としてその期間の満了により労働契約は終了します。しかしながら、その期間の満了後も更新し、反復継続する場合があり、このように反復継続した有期の労働契約の更新を使用者側が拒否することがあり、このような場合を雇止めといいます。雇止めに関する紛争が生ずることを未然に防止するため、労働基準法第14条第2項に基づき、有期労働契約基準が定められています。

　期間の定めのある労働契約の更新拒否（雇止め）の効力については、一般に雇用の臨時性・常用性、更新の回数、雇用の通算期間、契約期間管理の状況、雇用継続の期待を持たせる言動・制度の有無など個々具体的な事情に応じて判断されますが、特に長期雇用の期待を抱かせるような言動を使用者がとっていたか否かが重要な要素となります（山藤三陽印刷事件　札幌高裁平成19年3月30日労判935-79）。これに関して、次のような判例があります。

① 　本件労働契約においては、期間は一応2か月と定められてはいるが、実質において、当事者双方ともいずれかから格別の意思表示がなければ当然更新されるべき労働契約を締結する意思であったものであり、期間の満了毎に当然更新を重ねてあたかも期間の定めのない契約と実質的に異ならない状態で存在していたものといわなければならず、本件雇止めの意思表示はこのような契約を終了させる趣旨のもとにされたのであるから、実質において解雇の意思表示にあたる。このような場合には、経済事情の変動により剰員を生じるなど従来の取扱いを変更して当該条項を発動してもやむをえないと認められる特段の事情の存しないかぎり、期間満了を理由として雇止めをすることは、信義則上からも許さ

れない（東芝柳町工場事件　最高裁第一小法廷昭和49年7月22日民集28-5-927）。

② 5回にわたる契約の更新によって、本件労働契約が期間の定めのない契約に転化したり、あるいは期間の定めのない労働契約が存在する場合と実質的に異ならない関係が生じたということもできない。季節的労務や特定物の製作のような臨時的作業のために雇用されるものではなく、その雇用関係はある程度の継続が期待されており、5回にわたり契約が更新されているから、このような労働者を契約期間満了によって雇止めにするに当たっては、解雇に関する法理が類推され、解雇であれば解雇権の濫用、信義則違反または不当労働行為などに該当して解雇無効とされるような関係の下に使用者が新契約を締結しなかったとするならば、期間満了後における使用者と労働者間の法律関係は従前の労働契約が更新されたのと同様の法律関係となる。しかし、その雇用関係は比較的簡易な採用手続で締結された短期的有期契約を前提とするものである以上、雇止めの効力を判断すべき基準は、終身雇用の期待の下に期間の定めのない労働契約を締結している本工を解雇する場合とはおのずから合理的な差異がある。したがって、事業上やむを得ない理由により人員削減をする必要があり、その余剰人員を他の事業部門へ配置転換する余地もなく、臨時員全員の雇止めが必要であると判断される場合には、これに先立ち、期間の定めなく雇用されている従業員につき希望退職者募集の方法による人員削減を図らなかったとしても、それをもって不当・不合理であるということはできず、希望退職者の募集に先立ち臨時員の雇止めが行われてもやむを得ない（日立メディコ事件　最高裁第一小法廷昭和61年12月4日労判486-6）。

③ 使用者が労働者を新規に採用するに当たり、その雇用契約に期間を設けた場合において、その設けた趣旨・目的が労働者の適性を評価・判断するためのものであるときは、期間の満了により雇用契約が当

然に終了する旨の明確な合意が当事者間に成立しているなどの特段の事情が認められる場合を除き、その期間は契約の存続期間ではなく、試用期間である（神戸弘陵学園事件　最高裁第三小法廷平成2年6月5日民集44−4−668）。

（2）性別を理由とする差別的な取扱い

　事業主は、労働契約の更新について、その性別を理由として、差別的取扱いをしてはなりません（男女雇用機会均等法第6条第4号）。

　労働契約の更新について、性別による差別が禁止されるのは、次の場合です（性差別指針）。

(1)　労働契約の更新に当たって、その対象から男女のいずれかを排除すること。
　　排除しているのは、例えば、経営の合理化に際して、男性のみを労働契約の更新の対象とし、女性は労働契約の更新をしない場合である。
(2)　労働契約の更新に当たっての条件が男女で異なること。異なるのは、例えば、次の場合である。
　① 　経営の合理化に際して、既婚の女性のみ労働契約の更新をしないこと。
　② 　女性のみ、子がいることを理由として、労働契約の更新をしないこと。
　③ 　男女のいずれかのみ、労働契約の更新回数の上限を設けること。
(3)　労働契約の更新に当たり、能力や資質の有無などを判断する場合に、その方法や基準について男女で異なる取扱いをすること。異なる取扱いをしているのは、例えば、労働契約の更新に当たり、男性は平均的な営業成績である場合には更新の対象とするが、女性は特に営業成績が良い場合にのみその対象とする場合である。
(4)　労働契約の更新に当たって男女のいずれかを優先すること。優先しているのは、例えば、労働契約の更新の基準を満たす者の中から、男

女のいずれかを優先して労働契約の更新の対象とすることである。

4 退職に当たっての措置

(1) 退職時の証明

　退職する労働者が退職時に証明書の交付を請求したときには、退職の理由の如何を問わず、使用期間、業務の種類、その事業における地位、賃金、退職の事由、退職の事由が解雇の場合にはその理由を記載した証明書を交付しなければなりません（労働基準法第22条第1項）。この退職時の証明は、労働者が請求した事項についての事実を記載した証明書を遅滞なく交付してはじめて同項の義務を履行したものと認められ、労働者と使用者との間で退職の事由について見解の相違がある場合、使用者が自らの見解を証明書に記載し労働者の請求に対し遅滞なく交付すれば、基本的には同項違反とはなりませんが、それか虚偽であった場合には、同項の義務を果たしたことにはなりません（平成11年3月31日基発第169号）。

　また、ここでいう「退職の事由」とは、自己都合退職、勧奨退職、解雇、定年退職など労働者が身分を失った事由をいます。また、解雇の場合には、その解雇の理由も「退職の事由」に含まれます。解雇の理由については、具体的に示す必要があり、就業規則の一定の条項に該当することを理由として解雇した場合には、就業規則のその条項の内容およびその条項に該当するに至った事実関係を証明書に記入しなければなりません（平成11年1月29日基発第45号）。

　解雇の場合には、解雇の予告がなされた日から退職の日までの間においても、その請求により、解雇の理由を記載した証明書を交付しなければなりませんが、解雇の予告がされた日以後に労働者がその解雇以外の事由により退職した場合においては、その退職の日以後は交付する必要はありません（同条第2項）。

　退職時の証明書には、労働者の請求しない事項を記入してはなりません

（同条第3項）ので、解雇された労働者が解雇の事実のみについて使用者に証明書を請求した場合には、使用者は、解雇の理由を証明書に記載してはならず、解雇の事実のみを証明書に記載する義務があります（平成11年1月29日基発第45号）。

　退職時の証明に当たっては、使用者は退職する者の就業を妨げることを目的として、その者の国籍、信条、社会的身分または労働組合運動に関する通信や秘密の記号の記入をしてはなりません（同条第4項）。なお、この「国籍、信条、社会的身分または労働組合運動に関する通信や秘密の記号の記入」は、制限列記事項であって例示ではありません（昭和22年12月15日基発第502号）。

（2）金品の返還

　労働者が退職した場合に請求があれば、請求があった日から7日以内に賃金を支払い、積立金、保証金、貯蓄金その他名称の如何を問わず、労働者の権利に属する金品を返還しなければなりません（同法第23条第1項）。ここでいう賃金とは未払い賃金のことであり、「権利に属する金品」とは退職の際に返還されることを条件として払い込まれた金品などその所有権のある金品をいいます。これに関しては、看護婦免許証はここでいう金品に該当するとする裁判例（医療法人北錦会事件　大阪簡裁平成5年12月21日労判646-40）や親睦会費はここでいう積立金には該当しないとする裁判例（新協運送事件　大阪地裁平成11年2月17日労判754-17）があります。

　退職金についても、就業規則などであらかじめ支給条件が明確に定められているものは賃金なので、請求があれば7日以内に支払わなければなりませんが、就業規則などで退職金の支払期日を定めている場合には、その支払時期に支払えば差し支えありません（昭和63年3月14日基発第150号）。なお、労働契約上、使用者には労働者が退職した場合には速やかに退職金支払手続などを行うべき義務がありますので、これを速やかに履行

しなかった場合には債務不履行に該当すること（東京ゼネラル事件　東京地裁平成8年12月20日労判711-52）があります。

(3) 退職後の措置

　使用者は、労働者が退職した後も3年間は、労働者名簿、賃金台帳および雇入れ、解雇、災害補償、賃金その他労働関係に関する重要な書類を保存しなければなりません（同法第109条）。また、健康保険および厚生年金保険ならびに雇用保険に関する手続が必要で、健康保険および厚生年金保険については社会保険事務所に、雇用保険については公共職業安定所に、それぞれ被保険者資格喪失届を提出しなければなりません。なお、労働契約上、使用者には労働者が退職した場合には速やかに社会保険の資格喪失手続などを行うべき義務がありますので、これを速やかに履行しなかった場合には債務不履行に該当すること（東京ゼネラル事件）があります。

第14章

労働組合

「労働組合」のポイント
1 労働組合法の適用
2 労働組合
3 団体交渉
4 労働協約
5 組合活動
6 争議行為
7 不当労働行為
8 労働委員会
9 不当労働行為事件の審査

「労働組合」のポイント

1　労働組合法の労働組合は、労働者が主体となって自主的に労働条件の維持改善その他経済的地位の向上を図ることを主たる目的として組織する団体またはその連合団体をいうが、次のいずれかに該当する場合には、労働組合ではない。
　① 役員、雇入れや解雇、昇進、異動などに関して直接の権限を持つ監督的地位にある労働者、使用者の労働関係についての計画と方針とに関する機密の事項に接し、そのためにその職務上の義務と責任とが労働組合の組合員としての誠意と責任とに直接に抵触する監督的地位にある労働者など使用者の利益を代表する者の参加を許すもの
　② 団体の運営のための経費の支出につき使用者の経理上の援助を受けるもの
　③ 共済事業など福利事業のみを目的とするもの
　④ 主として政治運動または社会運動を目的とするもの
2　労働組合法により、労働組合には、次のような保護が与えられる。
　① 労働組合の正当な行為についての刑事上の免責
　② 労働組合に対する不当労働行為の禁止
　③ 労働組合の正当な争議行為についての民事上の免責
　④ 労働組合の法人格の取得
　⑤ 労働協約の締結など
　⑥ 労働委員会の労働者委員の推薦
　⑦ 労働委員会に対する不当労働行為の申立ておよび救済
3　労働組合は使用者に対して団体交渉を求める法律上の地位を有し、使用者はこれに応ずべき法律上の地位にある。団体交渉の対象となる事項は、一般的には、労働者の労働条件その他その労働関係

に関係する事項であり、純粋に企業の経営や管理運営に関する事項は団体交渉の対象とはならないが、企業の経営や管理運営に関する事項が労働者の労働条件や労働関係に影響を及ぼす場合には、その範囲で団体交渉の対象となる。
4 労働協約は、労働組合と使用者またはその団体との間で労働条件などについて定めた契約で、書面に作成し、両当事者が署名し、または記名押印することによってのみ、その効力が発生する。労働協約に定める労働条件などの労働者の待遇に関する基準に違反する労働契約の部分は無効となり、無効となった部分は労働協約に定める基準の定めによる。また、1の事業所に常時使用される同種の労働者の4分の3以上の数の労働者が1の労働協約の適用を受けるときは、その事業所に使用される他の同種の労働者についても、その労働協約が適用される。
5 その目的や態様などが正当な争議行為や組合活動については、民事および刑事の責任が免除される。
6 使用者は、次の不当労働行為を行ってはならない。
① 労働者が労働組合の組合員であること、労働組合に加入し、またはこれを結成しようとしたこともしくは労働組合の正当な行為をしたことを理由として、その労働者を解雇するなどの不利益な取扱いをすること。
② その雇用する労働者の代表者と団体交渉をすることを正当な理由がなくて拒むこと。
③ 労働者が労働組合を結成し、もしくは運営することを支配し、またはこれに介入すること。労働組合の運営のための経費の支払いについて経理上の援助を与えること。
④ 労働者が労働委員会に対し不当労働行為の救済の申立てをしたことや中央労働委員会に対し再審査の申立てをしたことなどを理由として、その労働者を解雇するなどの不利益な取扱いをす

> ること。
> 7 労働委員会は、労働者が団結することを擁護して、労働関係の公正な調整を図ることを任務としており、労働組合の資格審査、不当労働行為事件の審査、労働争議のあっせん、調停および仲裁に関する事務などを所掌する。

憲法第28条は、「勤労者の団結する権利および団体交渉その他の団体行動をする権利は、これを保障する」と定めています。これを具体化したのが、労働組合法です。

1 労働組合法の適用

労働組合法の労働者は、職業の種類を問わず、賃金、給料その他これに準ずる収入によって生活する者をいいます（同法第3条）。また、同法の使用者に当たるか否かに関しては、基本的労働条件について雇用主と部分的に同視できる程度に現実的かつ具体的に支配、決定できる地位にある者は同法の使用者に当たる（朝日放送事件　最高裁第三小法廷平成7年2月28日労判929-94）などの判例があります（第1章43～47頁）。

2 労働組合

(1) 労働組合の範囲

ア 労働組合法の労働組合

労働組合法の労働組合は、労働者が主体となって自主的に労働条件の維持改善その他経済的地位の向上を図ることを主たる目的として組織する団体またはその連合団体をいいますが、次のいずれかに該当する場合には、労働組合ではありません（同法第2条）。

① 役員、雇入れや解雇、昇進、異動などに関して直接の権限を持つ監

督的地位にある労働者、使用者の労働関係についての計画と方針とに関する機密の事項に接し、そのためにその職務上の義務と責任とが労働組合の組合員としての誠意と責任とに直接に抵触する監督的地位にある労働者など使用者の利益を代表する者の参加を許すもの
② 団体の運営のための経費の支出につき使用者の経理上の援助を受けるもの。ただし、使用者の経理上の援助からは、労働者が労働時間中に時間または賃金を失うことなく使用者と協議し、または交渉することを使用者が許すことや厚生資金や経済上の不幸災厄の防止救済のための支出に実際に用いられる福利などの基金に対する使用者の寄附、最小限の広さの事務所を供与することは除かれます。
③ 共済事業など福利事業のみを目的とするもの
④ 主として政治運動または社会運動を目的とするもの

なお、監督的地位にある労働者のみで組織するいわゆる管理職組合も労働組合法の労働組合です（セメダイン事件　最高裁第一小法廷平成13年6月14日労判807-5）。また、主として政治運動または社会運動を目的とするものは労働組合ではありませんが、労働者がその経済的地位の向上を図るにあたっては、単に対使用者との交渉においてのみこれを求めても、十分にはその目的を達成することができないので、労働組合は、この目的をより十分に達成するための手段として、その目的達成に必要な政治活動や社会活動を行うことが妨げられるものではありません（三井美唄労組事件　最高裁大法廷昭和43年12月4日刑集22-13-425）。

イ　労働組合法の手続に参与し、救済を受けられる労働組合
　労働組合法の手続に参与し、救済を受けられるためには、労働組合がアの要件を満たすほか、その規約に次の事項を規定していなければなりません（同法第5条第2項）。
① 名称

② 主たる事務所の所在地
③ 単位労働組合の組合員は、その労働組合のすべての問題に参与する権利および均等の取扱いを受ける権利を有すること。
④ 何人も、いかなる場合においても、人種、宗教、性別、門地または身分によって組合員たる資格を奪われないこと。
⑤ 単位労働組合の役員は組合員の直接無記名投票により選挙されること、連合団体または全国的規模をもつ労働組合の役員は単位労働組合の組合員またはその組合員の直接無記名投票により選挙された代議員の直接無記名投票により選挙されること。
⑥ 総会は、少なくとも毎年1回開催すること。
⑦ すべての財源や使途、主要な寄附者の氏名や現在の経理状況を示す会計報告は、組合員によって委嘱された職業的に資格がある会計監査人による正確であることの証明書とともに、少なくとも毎年1回組合員に公表されること。
⑧ ストライキは、組合員または組合員の直接無記名投票により選挙された代議員の直接無記名投票の過半数による決定を経なければ開始しないこと。
⑨ 単位労働組合の規約は組合員の直接無記名投票による過半数の支持を得なければ改正しないこと、連合団体または全国的規模をもつ労働組合の規約は単位労働組合の組合員またはその組合員の直接無記名投票により選挙された代議員の直接無記名投票による過半数の支持を得なければ改正しないこと。

　なお、労働組合の規約に違反して締結された労働協約は、無効になります（中根製作所事件　最高裁第三小法廷平成12年11月28日労判797-12）。

ウ　資格審査
　労働組合法の手続に参与し、救済を受けられるためには、労働組合がア

およびイの要件を満たすことを労働委員会に証拠を提出して立証しなければなりません(同条第1項)。

この資格審査は、労働委員会の公益委員のみが参与して行います(同法第24条)。

なお、労働組合の資格審査については、労働委員会が国家に対して負う責務ですので、資格審査に手続き上または実体判断上の瑕疵があったとしても、使用者はこれを理由として、争うことはできません(日通会津若松支店事件　最高裁第三小法廷昭和32年12月24日民集11-14-2336)。

(2) 労働組合に与えられる保護

労働組合法により、労働組合には、次のような保護が与えられます。

① 労働組合の正当な行為についての刑事上の免責(同法第1条第2項)
② 労働組合に対する不当労働行為の禁止(同法第7条)
③ 労働組合の正当な争議行為についての民事上の免責(同法第8条)
④ 労働組合の法人格の取得(同法第11条)
⑤ 労働協約の締結など(同法第14条～第18条)
⑥ 労働委員会の労働者委員の推薦(同法第19条の3)
⑦ 労働委員会に対する不当労働行為の申立ておよび救済(同法第27条～第27条の26)

(3) 法人の登記

労働組合は、(1)のウの資格審査を受け、これに適合する旨の労働委員会の証明を受けた場合には、その主たる事務所の所在地において登記することによって法人となることができます。登記するのは、名称、主たる事務所の所在場所、目的および事業、代表者の氏名および住所ならびに解散事由を定めたときはその事由です。労働組合に関して登記すべき事項は、

登記した後でなければ第三者に対抗することができません（同法第11条）。

（4） 労働組合と組合員の関係
ア　加入・脱退

　労働組合は、労働者が自由に組織する団体ですから、労働者が労働組合に加入するか否かは、本来労働者の自由ですが、ただし、労働組合が特定の工場事業所に雇用される労働者の過半数を代表する場合には、その労働者がその労働組合の組合員であることを雇用条件とする労働協約（ユニオン・ショップ協定）を締結することは可能（同法第7条第1号ただし書）ですから、ユニオン・ショップ協定がある場合には、その制限を受けます。

　組合員には、労働組合からの脱退の自由があります（東芝労働組合小向支部・東芝事件　最高裁第二小法廷平成19年2月2日労判933-5）。

イ　統制

　労働組合は、組合員の労働組合からの脱退の自由を前提として、組合員に対する統制権の保持を法律上認められています（東芝労働組合小向支部・東芝事件）。労働組合の統制権について、最高裁は、「問題とされている具体的な組合活動の内容・性質、組合員の協力の内容・程度・態様などを比較考量し、多数決原理に基づく組合活動の実効性と組合員個人の基本的利益の調和という観点から、組合の統制力とその反面としての組合員の協力義務の範囲に合理的な限定を加えることが必要である（国労広島地本事件　最高裁第二小法廷昭和50年11月28日民集29-11-1698）」としており、次の場合には、その限界を超えます。

① 　労働組合の方針に反して地方議会議員の選挙に立候補した組合員に対し、勧告、説得の域を超えて立候補を取りやめることを要求し、これに従わないことを理由に、統制違反者として処分すること（三井美唄労組事件）。
② 　参議院議員選挙において労働組合の推薦候補以外の候補を支持

する反組合的行動を行った場合は統制違反として処分するとの組合決議を行うこと(中里鉱業所事件　最高裁第二小法廷昭和44年5月2日労旬708-4)。

ウ　組合費

また、労働組合の組合員は労働組合に対して活動の経済的基礎をなす組合費を納付する義務を負います(東芝労働組合小向支部・東芝事件)が、これについても、組合員個人の基本的利益との調和から、合理的な限定が加えられます。具体的には、他の労働組合の闘争を支援するための資金や闘争犠牲者救援のための資金については組合員に納付義務がありますが、総選挙に際し特定の立候補者支援のための資金については、労働組合が組織として支持政党またはいわゆる統一候補を決定してその選挙運動を推進すること自体は自由ではあるものの、組合員には納付義務はありません(国労広島地本事件)。

(5)　労働組合の組織と財政

ア　労働組合の組織

労働組合の総会は、少なくとも毎年1回開催しなければなりません。また、単位労働組合にあっては、その役員は組合員の直接無記名投票により選挙されること、連合団体である労働組合または全国的規模をもつ労働組合にあっては、その役員は単位労働組合の組合員またはその組合員の直接無記名投票により選挙された代議員の直接無記名投票により選挙されることが必要です(同法第5条第2項第5号、第6号)。

労働組合によっては、その役員が在籍専従の形で労働組合の執行などに当たる場合がありますが、この在籍専従を要求する権利は、憲法第28条の団結権に当然含まれるものではなく、使用者の承諾があって初めて成立するものなので、在籍専従の承諾を与えるか否かは使用者の自由です(三菱重工業長崎造船所事件　最高裁第一小法廷昭和48年11月8日労判

190−29)。

イ　労働組合の財政

労働組合のすべての財源および使途、主要な寄附者の氏名ならびに現在の経理状況を示す会計報告は、組合員によって委嘱された職業的に資格がある会計監査人による正確であることの証明書とともに、少なくとも毎年1回組合員に公表されることが必要です（同法第5条第2項第7号）。また、共済事業など福利事業のために特設した基金を他の目的のために流用しようとするときは、総会の決議を経なければなりません（同法第9条）。

（6）労働組合の解散

労働組合は、次の事由によって解散します（同法第10条）。

① 　規約で定めた解散事由の発生
② 　組合員または構成団体の4分の3以上の多数による総会の決議

法人である労働組合の清算が結了したときは、清算結了の日から2週間以内にその登記をしなければなりません（同法施行令第6条）。

なお、内紛などで、旧労働組合を解散し、新にこれと別個の労働組合を結成した場合には、旧労働組合と新労働組合とは関連性はありません（熊本電鉄事件　最高裁第二小法廷昭和28年12月4日民集7−12−1318）が、内部対立により労働組合が分裂し、新労働組合が成立する事態が生じた場合には、組合の分裂による財産の分割という特別の法理の導入の検討の余地があるとするが判例もあります（名古屋ダイハツ労組事件　最高裁第一小法廷昭和49年9月30日判時760−97）。

また、法人格のない労働組合は、権利能力なき社団なので、その財産は、総組合員の同意をもって総有の廃止などの財産の処分に関する定めがなされない限り、現在の組合員や元組合員は、当然には、財産について共有の持ち分権または分割請求権を持つものではありません（品川白煉瓦岡山

工場労組事件　最高裁第一小法廷昭和32年11月14日民集11-12-1943)。

3　団体交渉

(1)　団体交渉の権利および義務

　正当な理由のない団体交渉の拒否を禁止した労働組合法第7条の不当労働行為の規定は、労働組合と使用者との間でも私法上の効力もありますので、労働組合は使用者に対して団体交渉を求める法律上の地位を有し、使用者はこれに応ずべき法律上の地位にあります(国鉄団交拒否事件最高裁第三小法廷平成3年4月23日労判589-6)。

(2)　団体交渉の当事者

　団体交渉の当事者は、使用者側は個々の使用者および使用者団体であり、労働者側は労働組合です。この労働組合については、合同労組などを含みます。また、使用者が特定の労働組合との間でその労働組合だけしか団体交渉を行わない唯一交渉団体条項を締結しても、それ以外の労働組合にも固有の団体交渉権がありますので、使用者はその労働組合からの団体交渉の要求を拒否することはできません。

(3)　団体交渉の担当者

ア　労働組合側の当事者

　労働組合の代表者または労働組合の委任を受けた者は、労働組合または組合員のために使用者やその団体と労働協約の締結などに関して交渉する権限があります(同法第6条)。

イ　使用者側の当事者

　使用者側については、使用者内部でその権限を有する者となりますが、

交渉委員として指名された者が労働協約を締結する権限まではなくても、団体交渉の権限を与えられている場合に、労働協約を締結する権限がないことは、団体交渉の申入れを拒否する正当な理由にはなりません（全逓都城郵便局事件　最高裁第一小法廷昭和51年6月3日労判254-20）。

（4）交渉事項

　団体交渉の対象となる事項は、一般的には、労働者の労働条件その他その労働関係に関係する事項であり、純粋に企業の経営や管理運営に関する事項は団体交渉の対象とはなりませんが、企業の経営や管理運営に関する事項が労働者の労働条件や労働関係に影響を及ぼす場合には、その範囲で団体交渉の対象となります。

　なお、特定の労働組合員の解雇問題も団体交渉に応じなければならない事項であり、解雇から6年10か月を経過して組合に加入しその分会を結成した者について、分会結成4日後になされた解雇問題に関する団体交渉の申し入れを拒否する正当な理由にはなりません（日本鋼管事件　最高裁第三小法廷昭和61年7月15日労判484-21）。

　また、非組合員である労働者の労働条件に関する問題は、当然には団交事項に当たるものではありませんが、それが将来にわたり組合員の労働条件、権利などに影響を及ぼす可能性が大きく、組合員の労働条件と関わりが強い事項については、団交事項に当たる（根岸病院事件　東京高裁平成19年7月31日労判946-58）と解されています。

（5）団体交渉に関するその他の事項
ア　複数の労働組合との共同交渉

　複数の労働組合併存下において複数の労働組合が共同交渉を申し入れたのに対して、個別交渉を行うことは、不当労働行為には該当しません（旭ダイヤモンド工業事件　最高裁第二小法廷昭和60年12月13日労判465-6）。

イ　不誠実な団体交渉

　団体交渉の申し入れに対しては誠実に対応しなければなりませんので、団体交渉において合意達成の意志を最初から有していないに等しい使用者の態度は、不当労働行為に該当します（倉田学園事件　最高裁第三小法廷平成6年12月20日民集48－8－1496）。

ウ　団体交渉の打ち切り

　使用者が会社再建と解雇撤回を求める組合と2か月間に5回の交渉を行った場合で、これ以上交渉を重ねても進展する見込みがない段階にいたった場合は、使用者が交渉を打ち切ることは許されます（池田電器事件　最高裁第二小法廷平成4年2月14日労判614－6）。

4　労働協約

　労働協約は、労働組合と使用者またはその団体との間で労働条件などについて定めた契約です（同法第14条）。

(1)　労働協約の効力の発生

　労働協約は、要式行為で、書面に作成し、両当事者が署名し、または記名押印することによってのみ、その効力が発生します（同条）。

　労働組合法第14条が、労働協約は、書面に作成し、両当事者が署名または記名押印することによってその効力が生ずることとしているのは、労働協約に規範的効力などの法的効力を付与している以上、その存在および内容は明確なものでなければならないためですので、書面に作成され、かつ、両当事者がこれに署名または記名押印しない限り、仮に、労働組合と使用者との間に労働条件その他に関する合意が成立したとしても、これに労働協約としての規範的効力を付与することはできません（都南自動車教習所事件　最高裁第三小法廷平成13年3月13日判時1746－144）。

(2) 労働協約の期間

　労働協約には、3年をこえる有効期間の定めをすることができません。3年をこえる有効期間の定めをした労働協約は、3年の有効期間の定めをしたものとみなされます（同法第15条第1項、第2項）。

(3) 有効期間の定めのない労働協約の解約

　有効期間の定めのない労働協約は、当事者の一方が、署名または記名押印した文書によって、少なくとも90日前に相手方に予告することにより、解約することができます。一定の期間の定めがあり、その期間の経過後も期限を定めずに効力を存続する旨の定めがある労働協約についても、その期間の経過後は、同様です（同法第15条第3項、第4項）。

(4) 労働協約の効力
ア　基準の効力

　労働協約に定める労働条件などの労働者の待遇に関する基準に違反する労働契約の部分は無効となり、無効となった部分は労働協約に定める基準の定めによります（同法第16条）。なお、労働条件などの労働者の待遇に関する基準以外について定めた労働協約の条項には、このような効力は認められていません。

１）一般的拘束力

　労働協約は、原則として、その労働協約を締結した労働組合の組合員にのみ適用されますが、1の事業所に常時使用される同種の労働者の4分の3以上の数の労働者が1の労働協約の適用を受けるときは、その事業所に使用される他の同種の労働者についても、その労働協約が適用されます（同法第17条）。

　また、1の地域において従業する同種の労働者の大部分が1の労働協約の適用を受けるときは、その労働協約の当事者の双方または一方の申

立てに基づき、労働委員会の決議により、厚生労働大臣または都道府県知事は、その地域において従業する他の同種の労働者およびその使用者もその労働協約の適用を受けることを決定することができます(同法第18条第1項)。

2) 労働協約の効力に関する判例
　労働協約の効力に関しては、次のような判例があります。

① 労働組合の規約に違反する労働協約の効力
　労働組合大会の決議により決めるとの労働の組合規約に違反して、職場集会での意見聴取の上、代議委員会で了承され、締結・実施された労働協約は、無効である(中根製作所事件)。

② 旧労働組合の解散、新労働組合の結成の場合の旧労働組合当時の労働協約の効力
　旧労働組合の内紛により旧労働組合を解散し、新たにこれと別個の労働組合を結成したような場合には、前の労働組合と後の労働組合とはその関連性がなく、団体としての統一的持続を欠き、旧労働組合当時の協約はその効力を失う(熊本電鉄事件)。

③ すでに発生した具体的権利としての退職金請求権を事後に締結された労働協約の遡及適用で変更することは許されず、退職金協定失効後、新協定が締結されない場合の退職金額は、旧協定と同内容の効力を有する就業規則による(香港上海銀行事件　最高裁第一小法廷平成元年9月7日労判546-6)。

(5) 労働協約の平和義務

　労働協約を締結した当事者は、その労働協約の有効期間中その労働協約の中に定められた事項の改廃を目的とした争議行為を行わない義務を負っています。この義務を「平和義務」といいます。平和義務は、労働協約が労使間の平和協定としての意義を持つことや、契約における信義則

上も一定事項に合意した以上、その有効期間中はその内容を尊重するのが当然の義務であると考えられていることから、労働協約に明示されていなくても当然に生じる義務（相対的平和義務）です。これに加えて、労働協約の中に「労働協約の有効期間中その労働協約の中に定められた事項の改廃を目的とした争議行為を行わない」旨の規定を置くことがありますが、このような規定に基づいて発生する義務を絶対的平和義務と呼んでいます。

平和義務に違反した争議行為によって損害が発生した場合は、相手方に損害賠償を請求することができると解されています。ただし、平和義務に違反する争議行為は、その平和義務が労働協約に内在するいわゆる相対的平和義務である場合においても、また、いわゆる絶対的平和義務条項に基づく平和義務である場合においても、これに違反する争議行為は、単なる契約上の債務の不履行であって、これをもって、企業秩序の侵犯にあたるとすることはできません（弘南バス事件　最高裁第三小法廷昭和43年12月24日民集22-13-3194）。また、労働協約の有効期間中であっても、次期の労働協約の交渉期間に入った場合には、次期の労働協約の内容に関して争議行為をすることはこの義務に違反するものではありません。

また、労働協約の有効期間中に、その労働協約に定められた事項の改廃に関する団体交渉を求められても、これに応じなければならない義務はありません。

（6）労働協約による労働条件の変更

労働協約は団体交渉の中で労使が互いに譲歩しつつ複雑に絡み合う利害関係を調整した末に締結されるものであり、労働協約による労働条件の不利益な変更がありえますので、一般に、労働協約により労働条件が不利益に変更された場合でも、労働協約の規範的効力が認められます。ただし、労働協約が特定のまたは一部の組合員を殊更不利益に取扱うことを目的として締結された場合などには、労働組合の目的を逸脱し、その効力

が否定されます。また、特定の労働者の不利益が極めて大きい場合や組合規約で定められた締結手続を踏んでいない場合には、不利益変更の効力が否定される場合があります(朝日火災海上保険事件　最高裁第一小法廷平成9年3月27日労判713-27)。

　労働協約の一般的拘束力が認められる場合には、一般に、労働条件の不利益変更の効力が原則として組合員以外の労働者にも及びますが、特定の労働者に適用することが著しく不合理と認められる特段の事情がある場合には、その労働者には労働協約の一般的拘束力は適用されない場合があります(朝日火災海上保険事件　最高裁第三小法廷平成8年3月26日民集50-4-1008。第9章270～271頁)。

(7) 会社分割の場合の労働協約の承継
ア　労働組合への通知

　新設分割または吸収分割による会社分割をする場合で労働組合との間で労働協約を締結しているときは、分割会社は、その労働組合に対し、通知期限日までに、労働協約を承継会社等(新設分割設立会社または吸収分割承継会社)が承継する旨の分割契約等(新設分割計画または　吸収分割契約)における定めの有無などを書面により通知しなければなりません(労働契約承継法第2条第2項)。

イ　労働協約の承継

　この場合の労働協約の承継は、次のように取り扱われます(同法第6条)。

① 　分割会社は、分割契約等に、分割会社と労働組合との間で締結されている労働協約のうち承継会社等が承継する部分を定めることができること。
② 　労働協約の規範的効力以外の部分の全部または一部について分割会社と労働組合との間で分割契約等の定めに従い承継会社等に承継させる旨の合意があったときは、その合意された部分は、分割契約等

の定めに従い、分割の効力が生じた日に、承継会社等に承継されること。
③ ②以外の労働協約については、労働組合の組合員である労働者と分割会社との間で締結されている労働契約が承継会社等に承継されるときは、分割の効力が生じた日に、承継会社等と労働組合との間で労働協約と同一の内容の労働協約が締結されたものとみなすこと。

5 組合活動

(1) ビラ貼りなど

ビラ貼りなどが正当な組合活動か否かについて、次のような判例があります。

ア ビラ貼り

ビラ貼りについて、使用者が労働組合活動のための企業の物的施設の利用を受忍しなければならない義務を負う理由はなく、使用者の許諾を得ないで企業の物的施設を利用して行う組合活動は、利用を許さないことが使用者の権利の濫用であると認められる場合を除いて、正当な組合活動ではない(国鉄札幌駅事件　最高裁第三小法廷昭和54年10月30日民集33-6-647)。

イ ビラ配布

① 就業規則所定の許可手続きを取っていないビラ配布が業務に支障を及ぼしていない場合には、これを理由とする懲戒処分は不当労働行為に当たる(倉田学園事件)。

② 原発労働者は地元で取れた魚は食べないなどの表現を含む原子力発電批判の組合ビラの発行、配布が、組合活動としての正当な範囲を逸脱し、これを理由とする懲戒処分は不当労働行為でなく、有効である(中国電力事件　最高裁第三小法廷平成4年3月3日労判609-10)。

③ 就業時間外にビラを配布したもので、その配布の場所は、会社の敷地内ではあるが事業所内ではない、会社の正門と歩道との間の広場であって、当時一般人が自由に立ち入ることのできる格別会社の作業秩序や職場秩序が乱されるおそれのない場所から、ビラ配布行為は会社の有する施設管理権を不当に侵害するものではない(住友化学工業名古屋製造所事件　最高裁第二小法廷昭和54年12月14日判時956-114)。

ウ　リボンの着用

ホテル内で労働組合員が就業時間中に「要求貫徹」、「ホテル労連」と記したリボンを着用したことは、労働組合の正当な行為に当たらない(大成観光(ホテルオークラ)事件　最高裁第三小法廷昭和57年4月13日民集36-4-659)。

エ　バッジの着用

① 就業規則に違反して勤務中に労組バッジを制服の襟に着用した組合員への厳重注意および夏季手当の5%減額は、不当労働行為には当たらない(国労バッジ事件　最高裁第二小法廷平成10年7月17日労判744-15)。

② 組合バッジ取り外しの命令に従わず、違反行為を行う者に対して、職場規律維持の上で支障の少ない降灰除去作業に従事させることは職務管理上やむを得ない措置で、ことさらに労働者に不利益を課すという違法不当な目的で行われたものではないので、降灰除去作業に従事させる業務命令は違法ではない(国鉄鹿児島自動車営業所事件　最高裁第二小法廷平成5年6月11日労判632-10)。

オ　ベルトの着用

労働組合のマーク入りのベルトの取り外し命令に応じなかった組合員に始業時から午後4時半ごろまで翌日午前に労働者が腰痛を訴えるまで、就業規則全文の書き写しを命じたことは、見せしめをかねた懲罰的目的からなされた人格権を侵害する行為である(JR東日本(本荘保線

区)事件　最高裁第二小法廷平成8年2月23日労判690-12)。

(2) 勤務時間中や会社施設内などでの活動

　組合活動は、勤務時間外に会社施設外で行うことが原則ですが、これに関連して、次のような判例があります。

① 　出向先企業の工場前で出向反対の街頭宣伝活動を行ったことは、出向先企業に少なからぬ不安感を与えて会社の緊要の課題であった出向施策の円滑な実施などを妨げる恐れがあるので、正当な組合活動ではない(国労高崎地本事件　最高裁第二小法廷平成11年6月11日労判762-16)。

② 　労働組合が無許可で食堂を使用したことに対して、会社が食堂に施錠して組合の使用を拒否したことは、不当労働行為に当たらない(オリエンタルモーター事件　最高裁第二小法廷平成7年9月8日労判679-11)。

③ 　組合員が勤務時間中に職場を離脱して行う組合活動は、会社の組合の組織に対する切り崩しに対する抗議活動や対策協議のために行ったもので、組合運営に不可欠であるとともに、組合員が勤務時間中に組合活動をしなければならなかったのも会社の行為が原因となっており、就業時間中の組合活動により業務に具体的な支障を生じていない場合には、正当な組合活動である(オリエンタルモーター事件　最高裁第二小法廷平成3年2月22日判時1393-145)。

④ 　労働組合の会社施設の利用を認めず、許諾を得られないままに開催した組合集会の開催を妨害したことは、不当労働行為に当たらない(池上通信機事件　最高裁第三小法廷昭和63年7月19日労判527-5)。

(3) 一部組合員の活動

　労働組合の活動については、その統制の下に行われるのが原則ですが、

一部の組合員の活動であっても、それが、労働者の生活利益を守るための労働条件の維持改善その他の経済的地位の向上を目指すものであり、所属組合の自主的、民主的運営を志向する意思表明行為であると評価できるものであれば、その活動が組合機関による正式な意思決定や授権に基づくものではなく、組合による積極的な指示がいまだ得られていない活動であり、他面において政党員の活動としての性格を持ち、組合少数派の活動が組合執行部に対する批判を伴うものであっていたとしても、組合が会社との間でそのことについて労働協約を締結するまでは、組合員として労働組合の自主的、民主的運営を志向するためにされた活動であり、正当な組合活動に当たります（千代田化工建設事件　最高裁第二小法廷平成8年1月26日労判688-14）。

（4）組合休暇

　組合休暇の制度は労働組合の組合活動に対する便宜供与の一種で、これを付与するか否かは、原則として使用者に裁量が認められています（向日町郵便局事件　最高裁第一小法廷昭和52年10月13日訟務月報23-10-1777）が、組合の闘争によって正常な労使関係が失われているときにはいかなる組合活動のためであっても一切組合休暇を与えないことは当然には許されません（全逓都城郵便局事件）。

（5）配置転換の業務命令の拒否

　配置転換の業務命令を組合（支部）指令によるとして拒否したことは、正当な争議行為または組合活動に当たらないとする判例（エッソ石油事件　最高裁第二小法廷平成6年1月31日労判663-15）があります。

6　争議行為

（1）争議行為の範囲

　争議行為とは、同盟罷業、怠業、作業所閉鎖その他労働関係の当事者が、その主張を貫徹することを目的として行う行為およびこれに対抗する行為で、業務の正常な運営を阻害するものをいいます（労働関係調整法第7条）。これに関して、36協定の締結・更新の拒否は争議行為に該当するとする判例（北九州市交通局事件　最高裁第一小法廷昭和63年12月8日労判530-6）があります。

（2）争議行為に対する賃金のカット

　争議行為を行った時間については、ノーワーク・ノーペイの原則により、その対応する賃金がカットされるのが原則であり、賃金が削減されない場合には、不当労働行為の1つとして禁止されている使用者による経費援助に該当します。これに関しては、次のような判例があります。

ア　争議行為の権利

　昇給の要件である出勤率（80%）の計算において、ストライキなど労働組合法に基づく不就労を含めて稼働率を算定する場合に、同法が労働者に権利を保障した趣旨を実質的に失わせるときは、その制度を定めた労働協約の条項は、公序に反して無効です（日本シェーリング事件　最高裁第一小法廷平成元年12月14日民集43-12-1895）。

イ　生活給の取扱い

　ストライキによって削減しうる賃金は、労働協約などに別段の定めがある場合などのほかは、拘束された勤務時間に応じて支払われる賃金としての性格を有することを必要とし、労働の対価として支給されるものでない生活

補償費の性質を有する給与は当然には削減しうるものではありません（明治生命事件　最高裁第二小法廷昭和40年2月5日民集19-1-52）が、労働協約などの定めや労働慣行がある場合にはこれに基づいて判断すべきであり、ストライキ期間の家族手当を削減する労働慣行がある場合には、その慣行は労働基準法第37条第2項の割増賃金に関する規定に照らしても著しく不合理ではなく、これを削減することは違法ではありません（三菱重工業長崎造船所事件　最高裁第二小法廷昭和56年9月18日民集35-6-1028）。

（3）正当な争議行為に対する民事および刑事免責

その目的や態様などが正当な争議行為については、次のように民事および刑事の責任が免除されます。

ア　労働組合の正当な争議行為に対する民事免責

使用者は、正当なストライキなどの争議行為によって損害を受けたことを理由に、労働組合またはその組合員に対し賠償を請求することができません（同法第8条）。

イ　労働組合の正当な行為に対する刑事免責

法令または正当な業務による行為は罰せられません（刑法第35条）が、労働組合が行う労働組合法の目的を達成するためにした正当な団体交渉などの行為には、この原則が適用されます（労働組合法第1条第2項）。争議行為の際に行われた行為の刑法上の違法性阻却事由の有無を判断するに当たっては、その行為が争議行為に際してなされたものであることも含めて、その行為の具体的状況など諸般の事情を考慮に入れて、法秩序全体の見地から許容されるものであるか否かを判定しなければなりません（国労久留米駅事件　最高裁大法廷昭和48年4月25日刑集27-3-418）。

ただし、いかなる場合においても、暴力の行使は労働組合の正当な行為とは認められません（同項ただし書）ので、組合結成後に労使間で多くの紛争が発生している中で上司に対して暴力行為をしたことを理由とする解雇は、不当労働行為には該当しません（富里商事事件　最高裁第三小法廷平成10年7月14日労判757-27）し、組合活動に関連して公務執行妨害で有罪となった者に対して、就業規則の懲戒事由に該当するとしてなされた解雇は有効になります（国鉄中国支社事件　最高裁第一小法廷昭和49年2月28日民集28-1-66）。また、使用者側に反組合的意思がありその徴憑と認むべき事実がある場合でも、被解雇者側に別に懲戒解雇に値する事由とくに顕著な懲戒事由がある場合には、使用者側の反組合的意思の実現ということとは無関連に懲戒解雇を断行することはあり得ないことではなく（品川白煉瓦事件　最高裁第二小法廷昭和35年6月24日裁判集民41-517）、違法なストライキを指導した組合幹部に対する懲戒解雇が有効（興人佐伯工場事件　最高裁第三小法廷昭和50年9月9日労判233-22）とされる場合があります。

（4）生産管理

労働組合が行う生産管理は、経営者側が生産をサボっているなどの特別の事情のない限り、違法な争議行為です（山田鋼業吹田工場事件　最高裁大法廷昭和25年11月15日刑集4-11-2257）

（5）争議行為の目的

争議行為の目的に関しては、次のような判例があります。

> ア　政治的目的
> 使用者に対する経済的地位の向上の要請とは直接関係のない政治目的のために争議行為を行うことは、憲法第28条の保障とは無関係なことで、正当な争議行為ではない（三菱重工業長崎造船所事件　最高裁第二小法廷平成4年9月25日刑集27-4-547）。

イ 非組合員の解雇

　非組合員の解雇反対を目的とする争議行為については、その理由が、公正な人事機構の確立を要求することにより、組合員その他従業員の労働条件の改善ないしその経済的地位の向上を図るための手段として、もしくはそのための要求の一環としている場合には目的において正当である（高知新聞社事件　最高裁第三小法廷昭和35年4月26日民集14-6-1004）。

ウ 鉱業所長の追放

　鉱業所長の追放を主張して行う争議行為がもっぱら同所長の追放自体を直接の目的とするものではなく、労働者の労働条件の維持改善その他経済的地位の向上を図る為の必要的手段としてこれを主張する場合には、かかる行為は必ずしも労働組合運動として正当な範囲を逸脱していない（大浜炭坑事件　最高裁第二小法廷昭和24年4月23日刑集3-5-592）。

（6）争議行為の態様

　争議行為の態様に関しては、次のような判例があります。

ア 病院などにおける争議行為

　病院などにおいては、患者の生命・身体の安全を脅かし、病状に相当の悪影響を及ぼすような行為は、争議行為としても為し得ないことであるので、病院の労働者が争議行為を行うにあたっては、予め患者の生命身体の保全に遺憾なきを期するとともに、患者の身体の回復を図るべき病院の使命に対する管理者の真摯な努力にも拘らず、緊急事態発生の客観的危険性が現れた場合には、その善後措置に協力すべき義務があり、これを故なく拒否すれば、争議行為は不当になるが、本件ストライキについては、それにより患者の治療に或る程度の支障を来したとはいえ、その病状に相当の悪影響を及ぼしたものとは認められないので、争議行為の正当性の範囲を逸脱したものではない（青山信愛会新

し、衡平の見地から対抗手段として相当なものと認められる場合には、正当な争議行為であり、賃金支払義務を免れます（丸島水門事件　最高裁第三小法廷昭和50年4月25日民集29-4-481）。

　判例では、個々の事案に応じて、ロックアウトの正当性が認められたもの（丸島水門事件、安威川生コンクリート工業事件　最高裁第三小法廷平成18年4月18日労判915-6）と否定されたもの（ノースウエスト・エアラインズ・インコーポレイテッド事件　最高裁第一小法廷昭和50年7月17日裁判集民115-465、第一ハイヤー事件　最高裁第二小法廷昭和52年2月28日裁判集民120-185、山口放送事件　最高裁第二小法廷昭和55年4月11日労判366-11、日本原子力研究所事件　最高裁第二小法廷昭和58年6月13日労判410-18）があります。なお、ロックアウトの正当性が認められない場合には、賃金の支払い義務は免れません。

（9）争議行為と年次有給休暇

　年次有給休暇の利用目的は労働者の自由ですが、労働者がその所属する事業所において、その業務の正常な運営の阻害を目的として、全員一斉に休暇届を提出して職場を放棄・離脱する一斉休暇闘争は、その実質は、年次有給休暇に名をかりた争議行為にほかなりませんので、本来の年次有給休暇権の行使ではなく、これに対する使用者の時季変更権の行使もありません。したがって、一斉休暇の名の下に争議行為に入った労働者については、賃金請求権は発生しません（国鉄郡山工場事件　最高裁第二小法廷昭和48年3月2日民集27-2-210）。

　しかし、時季変更権の行使に関する「事業の正常な運営を妨げる」か否かの判断は、労働者の所属する事業所を基準として判断されるので、年次有給休暇の権利を取得した労働者が、他の事業所の争議行為に休暇中の労働者が参加したか否かは、年次有給休暇の成否に影響しません（国鉄郡山工場事件）。ただし、争議行為に参加しその所属する事業所の正常な業務の運営を阻害する目的をもって、たまたま先にした年次有給休暇

の請求を事実上承認しているのを幸い、この請求を維持して行った職場離脱は、年次有給休暇制度の趣旨に反し、本来の年次有給休暇権の行使とはいえません(国鉄津田沼電車区事件　最高裁第三小法廷平成3年11月19日民集45−8−1236)。

　一方、その所属する事業所において行われた争議行為の職場集会などに参加して、争議行為対象者の激励などを行っても、争議行為対象者と業務の内容が異なり、本来の業務には何ら業務の阻害はなかった場合には、実質的にみれば、他の事業所における争議行為の支援活動を行った場合と異ならないので、年次有給休暇の取得は有効である(国鉄直方自動車営業所事件　福岡高裁平成4年9月24日労判702−30)と解されています。

(10)　争議行為と休業手当

　労働者の一部によるストライキが原因でスト不参加者が労働不能になった場合には、使用者が不当労働行為など不当な目的を持ってストライキを行わせたなどの特別の事情のない限り、労働者は賃金や休業手当の請求権を失い、労働組合の主体的判断で行われた一部営業所のストライキの結果、使用者側が他の営業所の労働者に命じた休業は、使用者側に起因する経営、管理上の障害とはいえず、休業手当を請求することはできません(ノースウエスト航空事件　最高裁第二小法廷昭和62年7月17日労判499−6)。

7　不当労働行為

(1)　不当労働行為の禁止

　使用者は、次の不当労働行為を行ってはなりません(同法第7条)。

ア　不利益な取扱い(同条第1号)
　①　労働者が労働組合の組合員であること、労働組合に加入し、また

はこれを結成しようとしたこともしくは労働組合の正当な行為をしたことを理由として、その労働者を解雇するなどの不利益な取扱いをすること。
　② 労働者が労働組合に加入せず、もしくは労働組合から脱退することを雇用条件とすること。ただし、特定の事業所に雇用される労働者の過半数を代表する労働組合が、その労働者についてその労働組合の組合員であることを雇用条件とする労働協約を締結することは差し支えないこと。
イ　正当な理由のない団体交渉の拒否（同条第2号）
　その雇用する労働者の代表者と団体交渉をすることを正当な理由がなくて拒むこと。
ウ　支配介入（同条第3号）
　① 労働者が労働組合を結成し、もしくは運営することを支配し、またはこれに介入すること。
　② 労働組合の運営のための経費の支払いについて経理上の援助を与えること。ただし、次のことは差し支えないこと。
　　ⅰ　労働者が労働時間中に時間又は賃金を失うことなく使用者と協議し、または交渉することを許すこと。
　　ⅱ　厚生資金または経済上の不幸災厄を防止し、もしくは救済するための支出に実際に用いられる福利などの基金に対し寄附をすること。
　　ⅲ　最小限の広さの事務所を供与すること。
エ　不当労働行為の救済手続きを理由とする不利益な取扱い（同条第4号）
　① 労働者が労働委員会に対し不当労働行為の救済の申立てをしたことや中央労働委員会に対し再審査の申立てをしたことを理由として、その労働者を解雇するなどの不利益な取扱いをすること。
　② 労働委員会が不当労働行為の救済などの申立てについて、調査

や審問をしたり、当事者に和解の勧告をすることや労働争議の調整をする場合に労働者が証拠を提示したり、発言をしたことを理由として、その労働者を解雇するなどの不利益な取扱いをすること。

これらの不当労働行為の禁止は、憲法第28条に由来し、労働者の団結権、団体行動権を保証するためのものですから、これに違反する法律行為は、無効です（医療法人新光会事件　最高裁第三小法廷昭和43年4月9日民集22－4－845）。

（2）ユニオン・ショップ協定

労働組合法第7条第1号ただし書により、特定の事業所に雇用される労働者の過半数を代表する労働組合が、その労働者についてその労働組合の組合員であることを雇用条件とする労働協約（ユニオン・ショップ協定）を締結することは可能ですが、これに関して、次のような判例があります。

① 社外の労働組合にも加入している労働者が、企業とユニオン・ショップ協定を結ぶ労働組合を辞めないとの会社との合意は、無効である（東芝労働組合小向支部・東芝事件）。
② ユニオン・ショップ協定は、労働者が労働組合の組合員たる資格を取得せず又はこれを失った場合に、使用者をして当該労働者との雇用関係を終了させることにより間接的に労働組合の組織の拡大強化を図ろうとするものであるが、他方、労働者には、自らの団結権を行使するため労働組合を選択する自由があり、また、ユニオン・ショップ協定を締結している労働組合（以下「締結組合」という）の団結権と同様、同協定を締結していない他の労働組合の団結権も等しく尊重されるべきであるから、ユニオン・ショップ協定によって、労働者に対し、解雇の威嚇の下に特定の労働組合への加入を強制することは、それが労働者の組合選択の自由および他の労働組合の団結権を侵害する場合には許されない。したがって、ユニオン・ショップ協定のうち、締結組合以外の他の労

働組合に加入している者および締結組合から脱退しまたは除名されたが、他の労働組合に加入し又は新たな労働組合を結成した者について使用者の解雇義務を定める部分は無効である。そうすると、使用者が、ユニオン・ショップ協定に基づき、このような労働者に対してした解雇は、同協定に基づく解雇義務が生じていないのにされたから、客観的に合理的な理由を欠き、社会通念上相当なものとして是認することはできず、他に解雇の合理性を裏付ける特段の事由がない限り、解雇権の濫用として無効である（三井倉庫港運事件　最高裁第一小法廷平成元年12月14日民集43－12－2051）。

③　労働組合による除名は無効であり、労働組合との間のユニオン・ショップ協定に基づいて行った解雇は他にその合理性を裏づける特段の事由もなく権利の濫用として無効である場合には、その就労させなかった期間は使用者の責めに帰すべき事由によるものであり、使用者には賃金の支払義務がある（清心会山本病院事件　最高裁第一小法廷昭和59年3月29日労判427－17）。

④　ユニオン・ショップ協定は、労働者が労働組合の組合員たる資格を取得せずまたはこれを失った場合に、使用者をして当該労働者との雇用関係を終了させることにより間接的に労働組合の組織の拡大強化をはかろうとする制度であり、このような制度としての正当な機能を果たすものと認められるかぎりにおいてのみその効力を承認することができるから、ユニオン・ショップ協定に基づいて、使用者が解雇義務を負うのは、労働者が正当な理由なく組合に加入しないとき、および有効に組合から脱退もしくは除名されたときに限られ、除名が無効な場合は、使用者に解雇義務が生ぜず、解雇は解雇権の濫用として無効になる（日本食塩製造事件　最高裁第二小法廷昭和50年4月25日民集29－4－456）。

（3）チェック・オフ

　使用者はその計算期間の労働に対して約束した賃金の全額を支払わなければならず、賃金からの控除は原則として許されません。ただし、労働組合費を賃金から差し引くチェック・オフの労使協定を締結した場合には賃金から組合費を控除することができます（労働基準法第24条第1項ただし書）。

　このチェック・オフに関して、次のような判例があります。

① 使用者が、組合員の賃金から違法にチェック・オフしてライバル組合に引き渡していた相当額を組合に支払うように命じた救済命令は、チェック・オフ協定および委任がなく、私法的法律関係から著しくかけ離れ、労働基準法第24条第1項の趣旨にも抵触し、違法である（ネスレ日本霞ケ浦工場事件　最高裁第一小法廷平成7年2月23日労判670-10）。

② 使用者と労働組合の間に労働基準法第24条第1項ただし書きの要件を具備するチェック・オフ協定が労働協約で締結されている場合でも、使用者が有効なチェック・オフを行うためには、その協定の外に使用者が個々の労働組合員から委任を受けることが必要であり、委任がないときは使用者は当該組合員の賃金からチェック・オフをすることはできないので、組合員からチェック・オフの中止が使用者に申し入れられたときは、使用者はその組合員に対するチェック・オフを中止しなければならない（エッソ石油事件　最高裁第一小法廷平成5年3月25日労判650-6）。

③ チェック・オフを行うには、チェック・オフの労使協定が必要であり、この労使協定のない下でのチェック・オフの中止は不当労働行為に当たらない（済生会中央病院事件　最高裁第二小法廷平成元年12月11日民集43-12-1786）。

(4) 組合間差別

　労働組合法第7条第1号は、労働者が労働組合の組合員であること、労働組合に加入し、またはこれを結成しようとしたこともしくは労働組合の正当な行為をしたことを理由とする不利益な取扱いを禁止していますが、その対象には組合間差別もあります。この組合間差別に関して、次のような判例があります。

> ア　ストライキ日の欠勤扱い
> 　複数組合が併存する場合における一時金の算定に関するストライキ日の欠勤扱いが、使用者に組合嫌悪、報復の意図が認められる場合には、不当労働行為に該当する（西日本重機事件　最高裁第一小法廷昭和58年2月24日労判408-50）。
>
> イ　時間外労働
> ①　複数組合が併存する場合に、タクシー会社が多数組合と歩合給の引き下げと新たな勤務シフトによる36協定を締結したが、少数組合とは合意が得られず、少数組合の組合員に時間外労働を禁止したことは、そうしなければ、少数組合に有利な条件を認めることとなり、また、会社の態度は不誠実とまではいえず、組合弱体化の意図は認められないので、不当労働行為には当たらない（高知県観光事件　最高裁第二小法廷平成7年4月14日労判679-14）。
> ②　複数組合が併存する場合に、使用者に協力的な組合の組合員にのみ時間外労働をさせ、他の組合の組合員にはさせなかったことは、組合を否認し嫌悪することが決定的動機となって行われた行為であり、団体交渉がそのような既成事実を維持するために形式的に行われていると認められる特段の事情のある場合には、不当労働行為に該当する（日産自動車事件　最高裁第三小法廷昭和60年4月23日）。
>
> ウ　一時金の格差
> 　複数組合が併存する場合における一時金交渉において、多数組合と

は妥結したが、少数組合と妥結に至らず、少数組合を弱体化する意図のもとに合理性のない前提条件に固執し、一時金に格差が生じたことは、不当労働行為に該当する(日本メールオーダー事件　最高裁第三小法廷昭和59年5月29日民集38-7-802)。

エ　組合事務所などの貸与

①　複数組合が併存する場合に、掲示板に関して使用者が両組合に同一の貸与条件を示したが、これを拒否した側の組合に貸与しなかったことは、貸与条件が不合理とはいえないので、不当労働行為には該当しない(日本チバガイギー事件　最高裁第一小法廷平成元年1月19日労判533-7)。

②　複数組合が併存する場合に、使用者が一方の組合に組合事務所などを貸与し、他方の組合に一切貸与を拒否することは、合理的な理由が存在しない限り、不当労働行為である(日産自動車事件　最高裁第二小法廷昭和62年5月8日判時1247-131)。

オ　大数観察方式

　複数組合が併存する場合における組合員の差別の有無の認定については、組合側が差別されたと主張する組合員集団の査定結果が他の従業員集団の査定結果と比べて全体的に低位に有り、その低位性が組合弱体化の意図や差別的意図に基づいていることが立証されれば不当労働行為が推定され、使用者側から格差に合理性が有ることが立証され、この推定が覆されない限り、不当労働行為に該当する(紅屋商事事件　最高裁第二小法廷昭和61年1月24日労判467-6)。

(5) 支配介入

ア　支配介入の主体

　労働組合法第7条第3号は、使用者が、労働者が労働組合を結成し、もしくは運営することを支配し、またはこれに介入することを禁止していますが、この使用者の利益代表者に近接する職制上の地位にある者が使用者の

意を体して労働組合に対する支配介入を行った場合には、使用者との間で具体的な意思の連絡がなくとも、その支配介入は、使用者の不当労働行為と評価されます（JR東海事件）。また、使用者と取引関係にあり、かつ、融資も受けている第3者から、労働組合の委員長を解雇するように迫られ、会社存続のためにやむなくその委員長を解雇した場合には、第三者の意図が使用者の意思に直結して、使用者の意思を形成したと見られますので、使用者の支配介入に当たります（山恵木材事件）。

イ　支配介入の態様

支配介入の態様に関して、次のような判例があります。

① 労働組合から、36協定を従業員の過半数からなる当該組合と締結すべきであると主張がなされ、労働基準監督署から是正勧告を受けた会社が、締結主体の適格性を確認するために組合に組合員名簿の提出を求め組合が拒否した後、職制を通じて記名式の組合加入の有無の調査を行ったことは、会社が組合員の氏名を知ろうとすること自体は禁止されているところではなく、会社は早急に新協定を結ぶ必要が有り、組織率を把握できる資料を組合が提出しない以上、調査は無理からぬものであるので、支配介入には当たらない（オリエンタルモーター事件　最高裁第二小法廷平成7年9月8日労判679-11）。

② 4回にわたる勧奨退職が労働組合の運営を支配しこれに介入しようとするもので、不当労働行為にあたり、その回数、内容（組合嫌悪の姿勢）などに照らし今後も繰り返されるおそれがある（倉田学園事件　最高裁第三小法廷平成平成6年12月20日）。

③ 団体交渉決裂後に「重大な決意をする」旨の社長名の声明文が掲示され、その影響により193名のストライキ脱落者がでたことは、支配介入に当たる（プリマハム事件　最高裁第二小法廷昭和57年9月10日労経速1134-5）。

④ 社長が従業員およびその父兄に対して組合の上部団体加盟を非難

し、人員整理に関する不利益をほのめかすことは、支配介入に当たる(山岡内燃機事件　最高裁第二小法廷昭和28年5月28日民集8－5－990)。

8　労働委員会

　労働委員会は、使用者委員、労働者委員および公益委員の各同数で組織され、中央労働委員会、船員中央労働委員会、都道府県労働委員会および船員地方労働委員会があります(同法第19条)。

　労働委員会は、労働者が団結することを擁護して、労働関係の公正な調整を図ることを任務としており、労働組合の資格審査、不当労働行為事件の審査、労働争議のあっせん、調停および仲裁に関する事務などを所掌します(同法第19条の2)。なお、資格審査や不当労働行為の審査などは、労働委員会の公益委員のみが参与します(同法第24条)。

9　不当労働行為事件の審査

(1)　不当労働行為事件の審査の開始

　労働委員会は、不当労働行為の救済の申立てを受けたときは、遅滞なく調査を行い、必要があるときは、その申立てが理由があるかどうかについて審問を行わなければなりません。ただし、不当労働行為は成立したが、すでに是正され、救済の必要性が認められないときは、労働委員会は救済申し立てを棄却できます(新宿郵便局事件　最高裁第三小法廷昭和58年12月20日労判421－20)。

　不当労働行為の救済の申立ては、労働組合のほか、その組合員も申立適格があります(京都市交通局事件　最高裁第二小法廷平成16年7月12日労判875－5)。

　労働組合が不当労働行為の救済の申立てをするには、労働組合として

の資格審査を受けなければなりませんが、この資格審査は労働委員会が国家に対して負う責務であるので、同審査に仮に手続き上または実体判断上の瑕疵があったとしても、使用者はこれを理由に救済命令の取消を求めることはできません（日通会津若松支店事件）。

審問の手続においては、使用者および申立人に対し、証拠を提出し、証人に反対尋問をする充分な機会が与えられなければなりません。ただし、不当労働行為の申立てが、行為の日から1年を経過した事件であるときは、これを受けることができません（同法第27条）。なお、昇給、昇格差別の不当労働行為の申立期間1年の始期は、その査定に基づく最後の賃金支払日です（紅屋商事事件）。

（2）証拠調べ

労働委員会は、当事者の申立てまたは職権で、当事者または証人に出頭を命じて陳述させることや物件の提出を命じ、または提出された物件を留め置くことにより、証拠調べをすることができます（法第27条の7第1項）。

（3）救済命令

労働委員会は、事件が命令を発するのに熟したときは、事実の認定をし、この認定に基づいて、申立人の請求に係る救済の全部もしくは一部を認容し、または申立てを棄却する救済命令などを発し、その写しを使用者および申立人に交付します。救済命令などは、交付の日から効力を生じます（同法第27条の12）。

ア　不当労働行為に該当するか否かに関する労働委員会の裁量

不当労働行為に該当するか否かに関する労働委員会の裁量については、次のような判例があります。

① 配転を組合活動の故をもってなされた不利益取扱いであるためには、会社の反組合活動の意思が業務の必要性よりも優越し、配転の決

定的な動機であったことが必要であり、そのことについては、十分に客観的、具体的根拠が必要となる(東京焼結金属事件　最高裁第三小法廷平成10年4月28日労判740-22)。
② 雇入れの拒否は、それが従前の雇用契約関係における不利益な取扱いにほかならないとして不当労働行為の成立を肯定することができる場合に当たるなどの特段の事情がない限り、労働組合法第7条第1号の不利益な取扱いには当たらない(JR北海道・日本貨物鉄道不採用事件)。
③ 不当労働行為の救済について、労働委員会はその裁量により使用者の行為が不当労働行為に該当するか否かを判断して救済命令を発することができるのではなく、裁判所は、救済命令のうちの使用者の行為が不当労働行為であるとする点に関する労働委員会の判断を審査して、それが誤りであると認めるときは、その救済命令を違法なものとして取り消すことができる(寿建築研究所事件　最高裁第二小法廷昭和53年11月24日労判312-54)。

イ　不当労働行為の救済命令の名宛人

不当労働行為の救済命令の名宛人は法律上独立した権利義務の帰属主体であることが必要で、企業主体である法人の構成部分に過ぎないものはこの使用者にはあたらないので、これを救済命令の名宛人として救済命令を発することはできません(済生会中央病院事件　最高裁第三小法廷昭和60年7月19日民集39-5-1266)。

ウ　組合員資格を喪失した者などに対する救済命令

労働組合による救済申し立ての審査中に対象となる労働者が組合員資格を喪失した場合でも、組合はその労働者の権利回復に固有の救済利益を有し、本人が積極的に放棄する意思を表明しない限り、その労働者に対する救済措置を命じることができます(旭ダイヤモンド事件　最高裁第三小

法廷昭和61年6月10日民集40-4-793)。また、組合員の個人的な権利利益の回復を目的としたものではなく、専ら組合の組合活動一般に対する侵害の除去、予防を目的とした救済命令は、その組合員の労働契約や組合員資格の如何に拘らず、労働組合はポストノーティス命令を求めることができます(小南記念病院事件　最高裁第一小法廷平成9年3月13日労判722-30)。

エ　救済の内容についての労働委員会の裁量
　労働委員会は、不当労働行為からの救済のための是正措置については、裁量権があり(第二鳩タクシー事件　最高裁大法廷昭和52年2月23日民集31-1-93)、昇給差別がなされたときに、労働委員会が昇給額を決定して支払いを命じることも労働委員会の裁量の範囲内です(紅屋商事事件)。

オ　差し止め命令
　過去になされた不当労働行為が1回限りのものではなく、繰り返されるおそれが多分にあるときは、予想される将来の不当労働行為が過去のそれと同種もしくは類似のものである限り、労働委員会はあらかじめそれを禁止する不作為命令を発することができます(栃木化成事件　最高裁第三小法廷昭和37年10月9日民集16-10-2084)。

カ　バックペイの中間収入の控除
　救済命令により解雇などが無効となった場合には、解雇などとされた期間の損失補償(バックペイ)が必要となり、その際には解雇などとされた期間において労働者が得た収入(中間収入)の扱いが問題となりますが、その控除の要否や程度は、解雇された者個人の経済的被害の回復と解雇が組合活動一般に対して与える侵害の除去の2つの観点から考慮し、合理的裁量によって決定しなければならず(第二鳩タクシー事件)、全額バックペイ

を命ずることは、労働委員会の裁量権の合理的な行使の限度を超え、違法になります（あけぼのタクシー事件　最高裁第一小法廷昭和62年4月2日労判500－14）。

キ　ポストノーティス

　また、不当労働行為を行った使用者が、陳謝もしくは今後不当労働行為を繰り返さないことを掲示し、または文書交付などにより知らせるポストノーティス命令は、不当労働行為の救済命令の1つとして行われていますが、このポストノーティス命令は、思想および良心の自由を定めた憲法第19条には違反しません（亮正会高津中央病院事件　最高裁第三小法廷平成2年3月6日労判584－38）。

　ポストノーティス命令は、組合員の個人的な権利利益の回復を目的としたものではなく、専ら組合の組合活動一般に対する侵害の除去、予防を目的としたものですから、組合員の労働契約や組合員資格の如何に拘らず、組合はポストノーティス命令を求めることができます（小南記念病院事件）。

（4）**救済命令の確定**

　使用者が救済命令などの交付の日から30日以内の期間内に取消しの訴えを提起しないときは、救済命令などは、確定します。使用者が確定した救済命令などに従わないときは、労働委員会ならびに労働組合および労働者は、使用者の住所地の地方裁判所にその旨を通知します（同法第27条の13）。

（5）**和解**

　労働委員会は、審査の途中において、いつでも、当事者に和解を勧めることができます。救済命令などが確定するまでの間に当事者間で和解が成立し、当事者双方の申立てがあった場合に、労働委員会が和解の内容が当事者間の労働関係の正常な秩序を維持させ、または確立させるため適

当と認めるときは、審査の手続は終了します（同法第27条の14）。

（6） 再審査の申立て

使用者または労働組合もしくは労働者は、都道府県労働委員会の救済命令などの交付を受けたときは、15日以内（やむを得ない理由があるときはその理由がやんだ日の翌日から起算して1週間以内）に中央労働委員会に再審査の申立てをすることができます（同法第27条の15）。

（7） 取消しの訴え

使用者が都道府県労働委員会の救済命令などについて中央労働委員会に再審査の申立てをしないとき、または中央労働委員会が救済命令などを発したときは、使用者は、救済命令などの交付の日から30日以内に、救済命令などの取消しの訴えを提起することができます。なお、使用者または労働組合もしくは労働者は、中央労働委員会に再審査の申立てをしたときは、その申立てに対する中央労働委員会の救済命令などに対してのみ、取消しの訴えを提起することができます（同法第27条の19）。

なお、労働組合の救済申し立てに関する救済命令の取消訴訟に、その組合員は参加することはできません（国労上告等参加申立事件　最高裁第一小法廷平成14年9月26日労判836-40）。

（8） 緊急命令

使用者が裁判所に訴えを提起した場合に、裁判所は、労働委員会の申立てにより、使用者に対し判決の確定に至るまで救済命令などの全部または一部に従うべき旨を命じることができます（同法第27条の20）。

（9） 証拠の申出の制限

労働委員会が物件提出命令をしたにもかかわらず物件を提出しなかった者は、正当な理由があるときを除き、その物件により認定すべき事実を証

明するためには、裁判所に対しその物件についての証拠の申出をすることができません（同法第27条の21）。

　なお、これに関連する判例として、定年退職後1年3か月以上経過した後に再雇用を命じた労働委員会の救済命令に対して、会社が命令の取消しを求める行政訴訟において初めて、定年退職後の再雇用は1年間と定められているので、1年を超えて雇用することを命じることとなる救済命令は不当であると主張したことについて、労働委員会は、救済命令として、労働者個人に対する侵害に基づく個人的被害を救済するという観点からだけでなく、あわせて組合活動一般に対する侵害の面をも考慮し、このような侵害状態を除去、是正して法の所期する正常な集団的労使関係を回復確保するという観点から、必要、適切な措置を命ずることができるのであるから、救済命令は、その裁量を逸脱、濫用していない（近畿システム管理事件　最高裁第三小法廷平成7年11月21日労判694−22）とするものがあります。

第15章
労働者の安全と衛生

「労働者の安全と衛生」のポイント
1 安全衛生の基本
2 労働安全衛生法の特色と関係者の責務
3 安全衛生管理体制
4 労働者の危険または健康障害を防止するための措置
5 機械・設備および有害物に関する規制
6 安全衛生教育
7 就業制限
8 中高年齢者等についての配慮
9 健康の保持増進
10 安全衛生改善計画
11 過重な業務による健康障害の防止
12 寄宿舎における安全衛生などの確保
13 安全配慮義務

「労働者の安全と衛生」のポイント

1　労働災害や職業性疾病などを防止し、労働者の安全と健康を確保するためには、安全衛生管理体制などの責任体制を明確化し、安全衛生活動を適切に推進するとともに、労働者が就業し易い快適な職場環境の形成を図ることが重要である。

2　事業者は、業種や規模に応じて、総括安全衛生管理者、安全管理者、衛生管理者、安全衛生推進者または衛生推進者、産業医を選任し、安全委員会、衛生委員会を設置しなければならない。また、労働災害を防止するための管理を必要とする作業については、作業主任者を選任し、その作業に従事する労働者の指揮などを行わせなければならない。

3　事業者は、危険や健康障害を防止するため必要な措置を講じるとともに、労働者を就業させる作業場について、通路、床面、階段などの保全や換気、採光、照明、保温、防湿、休養、避難、清潔など労働者の健康、風紀および生命の保持のために必要な措置や労働者の作業行動から生ずる労働災害を防止するために必要な措置などを講じなければならない。また、労働者も、事業者が講ずる措置に応じて、必要な事項を守らなければならない。

4　事業者は、建設物や設備などによる危険性や有害性などの調査を行い、その結果に基づき労働者の危険や健康障害を防止するための措置を講ずるよう努めなければならない。

5　注文者や元方事業者、機械などの貸与者なども労働災害を防止するため必要な措置を講じなければならない。

6　特定機械等を製造しようとする者などは、あらかじめ、都道府県労働局長の許可などを受けなければならない。また、検査証を受けていない特定機械等は、使用してはならない。

7 　一定の機械・設備は、厚生労働大臣が定める規格や安全装置を具備しなければ、譲渡し、貸与し、または設置してはならない。また、機械・設備の種類に応じて個別検定や型式検定を受け、あるいは自主検査や資格を有する者による特定自主検査を行わなければならない。

8 　労働者の知識、経験の不足などによって発生する労働災害を防止するため、事業者は、雇入れ時や作業内容の変更時、危険有害業務に就かせるときなどに、労働者に対して安全衛生教育を行わなければならない。また、製造業などの新たに職務に就く職長などに対しても、安全衛生のための教育を行わなければならない。

9 　事業者は、クレーンや建設機械の運転などの業務については、都道府県労働局長の免許を受けた者または技能講習を修了した者などの資格を有する者でなければ、その業務に就かせてはならない。

10 　事業者は、有害な業務を行う作業場においては、作業環境測定を行わなければならない。

11 　事業者は、雇入れ時や定期に一般健康診断を行い、業務に起因する疾病の可能性の高い業務については特殊健康診断を実施するとともに、健康診断結果の記録と保存、健康診断の結果について医師などからの意見聴取、医師などの意見を勘案し、必要があるときは就業場所の変更、作業の転換、労働時間の短縮、深夜業の回数の減少、施設・設備の設置・整備などの措置などを講じなければならない。

12 　時間外労働が月100時間を超す労働者から申し出がある場合には、事業者は、医師による面接指導を行わなければならない。

13 　業務による過重な負荷により脳・心臓疾患を発症させる要因には、①交替制の勤務、②深夜労働、③不規則な労働時間、④拘束時間の長い勤務、⑤頻繁な出張や連続した出張、⑥作業環境、⑦精神的ストレス、⑧長い労働時間などがあるが、特に、労働時間につ

いては、長時間労働により睡眠が十分に取れないため、疲労の回復が困難となり疲労が蓄積することが原因で、脳・心臓疾患の発症につながり、月45時間以下の時間外労働では脳・心臓疾患の発症との関連は明らかではないが、月80～100時間の時間外労働は、脳・心臓疾患の発症と大きく関連している可能性があり、その中間では労働態様によって影響がみられる可能性がある。

14　業務による精神障害を発症させる要因としては、①長い労働時間、②仕事上の失敗、③仕事の内容や質の変化、③仕事の上での地位や役割などの変化、④職場における人間関係のトラブルや変化、⑤職場環境、⑥使用者側の対応などが挙げられているが、このうち、労働時間の長さについては、恒常的な長時間労働は、精神障害を引き起こす準備状態を形成する要因となる可能性が高く、また、生理的に必要な最小限度の睡眠時間を確保できないほどの極度の長時間労働の場合には、それだけで精神障害を引き起こすおそれがある程度に心理的・身体的な負担があると考えられており、近年の裁判例においても労働時間の長さが重視されている。また、仕事上の失敗や上司などとの人間関係が原因と見られる自殺のケースも増加している。

15　常態として相当人数の労働者が宿泊し、共同生活の実態を備える寄宿舎が事業経営の必要上その一部として設けられているような事業との関連を持つ場合には、事業附属寄宿舎として、労働基準法などの規制を受ける。

1 安全衛生の基本

　職場において業務に従事するに当たっては、労働者に危険や健康障害を発生させる要因が存在します。例えば、作業施設や設備、機械器具・機材などの生産設備や原材料などに不備や欠陥があり、危険なものであれば、労働者が作業を行う上で、労働災害や職業性疾病などに被災し、罹患する可能があります。同様に、労働者が作業を行う上で安全でない作業方法や行動を取った場合や業務の遂行に当たって適切な人員配置が行われないために、労働災害が発生することもあります。さらに、複数の労働者がそれぞれ別の作業を行っている場合に、労働者の作業間の連絡調整が適切に行われないことにより、労働災害が発生することもあります。

　このような労働災害や職業性疾病などを防止し、労働者の安全と健康を確保するためには、安全衛生管理体制などの責任体制を明確化し、安全衛生活動を適切に推進するとともに、労働者が就業し易い快適な職場環境の形成を図ることが重要です。

2 労働安全衛生法の特色と関係者の責務

（1） 労働安全衛生法の特色

　労働安全衛生法には、労働基準法などと比較した場合には、次のような特色があります。
① 　安全衛生に関する努力義務や指針などを盛り込んだ法律
　　　労働基準法が主として労働条件の最低基準を定めているのに対し、労働安全衛生法は安全衛生に関する最低基準を定めていることはもとよりのこと、努力義務規定や指針などの根拠となる規定を設けるなど最低基準にとどまらず、幅広い規制を行っています。
② 　労使関係を超えた規制

労働基準法が主として使用者に対し労働契約を締結した労働者について講ずべき措置を定めているのに対し、労働安全衛生法においては、主たる義務者を「事業者」とし、事業経営の利益の帰属主体そのものを義務主体としてとらえ、その安全衛生上の責任を明確にしたことに加え、①「機械、器具その他の設備を設計し、製造し、若しくは輸入する者、原材料を製造し、若しくは輸入する者又は建設物を建設し、若しくは設計する者」（同法第3条第2項）や②「建設工事の注文者等仕事を他人に請け負わせる者」（同条第3項）、③労働者（同法第4条など）、④元方事業者（同法第15条など）、⑤請負人（同法第16条など）、⑥注文者（同法第31条）、⑦機械等貸与者（同法第33条）、⑧建築物貸与者（同法第34条）、⑨ガス工作物等設置者（同法第102条）などについてもそれぞれごとに応じた規制を行っています。

③　労働者にも義務を課した法律

　労働基準法が主として使用者に対し義務を課し、労働者はもっぱら保護の対象としているのに対し、労働安全衛生法においては、事業者などが講ずべき措置に応じて労働者は必要な事項を守らなければならない、健康診断や面接指導を受けなければならない、事業者が講ずる措置を利用して、その健康の保持増進に努めるなどとする義務を労働者にも課しています。

④　厚生労働省令において具体的な規制内容が規定された法律

　労働基準法などにおいては、具体的な規制の内容を法律そのものにおいて定め、細部にわたる事項を政令や省令などの命令に定めているのに対し、労働安全衛生法においては、例えば、労働者の危険または健康障害を防止するために事業者が講ずべき措置として、機械、器具その他の設備による危険などを防止するために、事業者は必要な措置を講じなければならないなどと定めた上で、事業者が講ずべき措置および労働者が守らなければならない事項は、厚生労働省令で定めると規定しています（同法第27条第1項）。

（2） 安全衛生に関する関係者の責務

① 事業者の責務

　　事業者は、単に労働安全衛生法で定める労働災害の防止のための最低基準を守るだけでなく、快適な職場環境の実現と労働条件の改善を通じて職場における労働者の安全と健康を確保するようにしなければなりません（同法第3条第1項）。

　　また、労働契約に伴い、労働者がその生命、身体などの安全を確保しつつ労働することができるよう、必要な配慮をしなければならない義務があります（労働契約法第5条。第6章197～206頁参照）。

② 機械などの設計者などの責務

　　機械、器具その他の設備を設計し、製造し、もしくは輸入する者、原材料を製造し、もしくは輸入する者または建設物を建設し、もしくは設計する者は、これらの物の設計、製造、輸入又は建設に際して、これらの物が使用されることによる労働災害の発生の防止に資するように努めなければなりません（労働安全衛生法第3条第2項）。

③ 建設工事の注文者などの責務

　　建設工事の注文者など仕事を他人に請け負わせる者は施工方法、工期などについて、安全で衛生的な作業の遂行をそこなうおそれのある条件を附さないように配慮しなければなりません（同条第3項）。

④ 労働者の協力

　　労働者は、労働災害を防止するため必要な事項を守るほか、事業者その他の関係者が実施する労働災害の防止に関する措置に協力するように努めなければなりません（同法第4条）。

3　安全衛生管理体制

（1）総括安全衛生管理者

　表15-1の業種の区分に応じて、常時それぞれに定める数以上の労働者を使用する事業所においては、その事業を統括管理する者を総括安全衛生管理者に選任しなければなりません（同法第10条）。

表15-1　総括安全衛生管理者を選任すべき業種および規模

業　種	労働者数
① 林業、鉱業、建設業、運送業および清掃業	100人
② 製造業、電気業、ガス業、熱供給業、水道業、通信業、各種商品卸・小売業、家具・建具・じゅう器等卸・小売業、旅館業、ゴルフ場業、自動車整備業および機械修理業	300人
③ ①および②以外の業種	1,000人

　この場合の「事業を統括管理する者」とは、例えば、工場であれば工場長などその事業所のトップをいいます。また、総括安全衛生管理者が旅行、疾病、事故などのやむを得ない事由によって職務を行うことができないときは、代理者を選任しなければなりません。

　総括安全衛生管理者は、安全管理者、衛生管理者などを指揮するとともに、次の業務を統括管理します。

① 労働者の危険または健康障害を防止するための措置
② 労働者の安全衛生教育の実施
③ 健康診断の実施など健康の保持増進のための措置
④ 労働災害の原因の調査および再発防止対策
⑤ 安全衛生に関する方針の表明
⑥ 危険性または有害性などの調査およびその結果に基づき講ずる措置
⑦ 安全衛生に関する計画の作成、実施、評価および改善

都道府県労働局長は、労働災害を防止するため必要があるときは、総括安全衛生管理者の業務の執行について事業者に勧告することができます。また、労働災害が発生した場合に、その再発を防止するため必要があるときは、総括安全衛生管理者に都道府県労働局長の指定する者が行う講習を受けさせるよう指示することができます（同法第99条の2）。

（2） 安全管理者

常時50人以上の労働者を使用する次の業種の事業所においては、安全管理者を選任しなければなりません（同法第11条）。

> 林業、鉱業、建設業、運送業、清掃業、製造業、電気業、ガス業、熱供給業、水道業、通信業、各種商品卸・小売業、家具・建具・じゅう器等卸・小売業、燃料小売業、旅館業、ゴルフ場業、自動車整備業および機械修理業

安全管理者は、労働安全コンサルタント資格を有するか、または一定の学歴と実務経験があり、かつ、一定の研修を修了した者の中からその事業所に専属の者を選任しなければなりません。また、安全管理者が旅行、疾病、事故などのやむを得ない事由によって職務を行うことができないときは、代理者を選任しなければなりません。

安全管理者は、次の事項のうち安全に関する技術的事項を管理します。

> ① 労働者の危険を防止するための措置
> ② 労働者の安全のための教育の実施
> ③ 安全に関する労働災害の原因の調査および再発防止対策
> ④ 安全に関する方針の表明
> ⑤ 危険性などの調査およびその結果に基づき講ずる措置
> ⑥ 安全に関する計画の作成、実施、評価および改善に関すること。

安全管理者は、作業場などを巡視し、設備、作業方法などに危険のおそ

れがあるときは、直ちに、その危険を防止するため必要な措置を講じなければなりません。また、事業者は、安全管理者に対し、安全に関する措置をなし得る権限を与えなければなりません。

　労働基準監督署長は、労働災害を防止するため必要があるときは、安全管理者の増員または解任を命ずることができます。また、都道府県労働局長は、労働災害が発生した場合に、その再発を防止するため必要があるときは、安全管理者に都道府県労働局長の指定する者が行う講習を受けさせるよう指示することができます（同法第99条の2）。

（3）衛生管理者

　常時50人以上の労働者を使用する事業所においては、表15−2の業種の区分に応じて定められた免許を有する者または医師、歯科医師、労働衛生コンサルタントなどのうちから、衛生管理者を選任しなければなりません（同法第12条）。この場合、また、坑内労働などに常時30人以上の労働者を使用する500人以上の労働者を使用する事業所にあっては、衛生管理者のうち1人は衛生工学衛生管理者免許を有する者のうちから選任しなければなりません。

表15−2　衛生管理の選任に関する免許

①　農林畜水産業、鉱業、建設業、製造業、電気業、ガス業、水道業、熱供給業、運送業、自動車整備業、機械修理業、医療業および清掃業掃業	第1種衛生管理者免許または衛生工学衛生管理免許
②　①以外の業種	第1種衛生管理者免許、第2種衛生管理者免許もしくは衛生工学衛生管理者免許

　選任すべき衛生管理者の数は、常時使用する労働者の数に応じて表15−3の常時使用する労働者の数に応じて定める数以上です。常時1000人（坑内労働などに常時30人以上の労働者を使用する事業所の場合は500人）以上の労働者を使用する事業所にあっては、少なくとも1人は専任としなければなりません。

表15-3 選任すべき衛生管理者の数

常時使用する労働者の数	衛生管理者の人数
50人以上200人以下	1人以上
200人を超え500人以下	2人以上
500人を超え1,000人以下	3人以上
1,000人を超え2,000人以下	4人以上
2,000人を超え3,000人以下	5人以上
3,000人を超える場合	6人以上

　また、衛生管理者が旅行、疾病、事故などのやむを得ない事由によって職務を行うことができないときは、代理者を選任しなければなりません。

　衛生管理者は、次の事項のうち衛生に関する技術的事項を管理します。

① 労働者の健康障害を防止するための措置
② 労働者の衛生のための教育の実施
③ 健康診断の実施など健康の保持増進のための措置
④ 衛生に関する労働災害の原因の調査および再発防止対策
⑤ 衛生に関する方針の表明
⑥ 有害性などの調査およびその結果に基づき講ずる措置
⑦ 衛生に関する計画の作成、実施、評価および改善

　衛生管理者は、少なくとも毎週1回作業場などを巡視し、設備、作業方法または衛生状態に有害のおそれがあるときは、直ちに、労働者の健康障害を防止するため必要な措置を講じなければなりません。また、事業者は、衛生管理者に対し、衛生に関する措置をなし得る権限を与えなければなりません。

　労働基準監督署長は、労働災害を防止するため必要があるときは、衛生管理者の増員または解任を命ずることができます。また、都道府県労働局長は、労働災害が発生した場合に、その再発を防止するため必要があるときは、衛生管理者に都道府県労働局長の指定する者が行う講習を受けさせるよう指示することができます（同法第99条の2）。

(4) 安全衛生推進者など

　常時10人以上50人未満の労働者を使用する事業所においては、表15－4の業種の区分に応じて、安全衛生推進者または衛生推進者を選任しなければなりません（同法第12条の2）。

表15－4 安全衛生推進者または衛生推進者を選任すべき業種

	業　　　種	区　　分
①	林業、鉱業、建設業、運送業、清掃業、製造業、電気業、ガス業、熱供給業、水道業、通信業、各種商品卸・小売業、家具・建具・じゅう器等卸・小売業、旅館業、ゴルフ場業、自動車整備業および機械修理業	安全衛生推進者
②	①以外の業種	衛生推進者

　安全衛生推進者は次の業務を、衛生推進者は次の業務のうち衛生に関するものを担当し、これらの業務を担当するため必要な能力を有すると認められるその事業所に専属の者のうちから選任しなければなりません。

① 労働者の危険または健康障害を防止するための措置
② 労働者の安全または衛生のための教育の実施
③ 健康診断の実施など健康の保持増進のための措置
④ 労働災害の原因の調査および再発防止対策
⑤ 安全および衛生に関する方針の表明
⑥ 危険性または有害性などの調査およびその結果に基づき講ずる措置
⑦ 安全および衛生に関する計画の作成、実施、評価および改善に関すること。

　事業者は、安全衛生推進者または衛生推進者を選任したときは、その氏名を作業場の見やすい箇所に掲示するなどにより関係の労働者に周知しなければなりません。

（5） 産業医

　常時50人以上の労働者を使用する事業所においては、労働者の健康管理などを行うのに必要な医学に関する知識についての研修を修了するなどの要件を備えた医師のうちから産業医を選任しなければなりません。常時1,000人（一定の有害な業務に従事する場合には500人）以上の労働者を使用する事業所においては専属の産業医を、常時3,000人をこえる労働者を使用する事業所においては2人以上の産業医を、それぞれ選任しなければなりません（同法第13条）。

　産業医は、次の事項で医学に関する専門的知識を必要とするものを担当します。

① 健康診断や面接指導などの実施、これらの結果に基づく労働者の健康を保持するための措置
② 作業環境の維持管理
③ 作業の管理
④ その他の労働者の健康管理
⑤ 健康教育、健康相談など労働者の健康の保持増進を図るための措置
⑥ 衛生教育
⑦ 労働者の健康障害の原因の調査および再発防止のための措置

　塩酸、硝酸、硫酸、亜硫酸、フッ化水素、黄りんその他歯またはその支持組織に有害な物のガス、蒸気または粉じんを発散する場所における業務に常時50人以上の労働者を従事させる事業所においては、事業者は、労働者の歯またはその支持組織に関する事項について、適時、歯科医師（産業歯科医）の意見を聴くようにしなければなりません。

　産業医および産業歯科医は、労働者の健康を確保するため必要があるときは、事業者または総括安全衛生管理者に対し労働者の健康管理などについて必要な勧告をし、衛生管理者に対し指導助言をすることができま

す。事業者などは、この勧告などを受けたときは、これを尊重しなければなりません。

　事業者は、産業医がその職務を十分に行うことができるよう、権限を与えなければなりません。また、産業医が勧告などを行ったことを理由として、解任など不利益な取扱いをしないようにしなければなりません。

　産業医は、少なくとも毎月1回作業場などを巡視し、作業方法や衛生状態に有害のおそれがあるときは、直ちに、労働者の健康障害を防止するため必要な措置を講じなければなりません。また、事業者は、産業医に対し、必要な権限を与えなければなりません。

　常時50人未満の労働者を使用する事業所においても、労働者の健康管理などを行うのに必要な医学に関する知識を有する医師または地域産業保健センター事業（国が郡市区医師会に委託して行う労働者の健康管理等に係る業務についての相談、情報の提供などの援助の事業）の実施に当たり備えている労働者の健康管理などに必要な知識を有する者の名簿に記載されている保健師に労働者の健康管理などの全部または一部を行わせるように努めなければなりません（同法第13条の2）。

　なお、裁判例には、産業医を選任していなかったことが安全配慮義務違反であるとするもの（榎並工務店事件　大阪高裁平成15年5月29日労判858-93）があります。

(6) 作業主任者

　次の労働災害を防止するための管理を必要とする作業については、免許を受けた者または登録を受けた者が行う技能講習を修了した者のうちから、作業の区分に応じて、作業主任者を選任し、その者にその作業に従事する労働者の指揮などを行わせなければなりません（同法第14条、同法施行令第6条）。なお、この規定に関しては、労働者を直接その支配下に置いてこれを指揮監督する法律関係が認められる場合において、法定の危険業務に従事させるときは、その雇用主である「事業者」に各作業主任者

選任義務を負わせているとする裁判例（労働安全衛生法違反被告事件福岡高裁昭和63年5月12日判時1278-161）があります。

① 高圧室内作業
② アセチレン溶接装置またはガス集合溶接装置を用いて行う金属の溶接、溶断または加熱の作業
③ 機械集材装置もしくは運材索道の組立て、解体、変更もしくは修理の作業またはこれらの設備による集材もしくは運材の作業
④ 小型ボイラーを除くボイラーの取扱いの作業
⑤ 放射線業務の作業
⑥ ガンマ線照射装置を用いて行う透過写真の撮影の作業
⑦ 木材加工用機械を所定の台数以上有する事業所において行うその機械の作業
⑧ 動力により駆動されるプレス機械を5台以上有する事業所において行うその機械の作業
⑨ 乾燥設備による物の加熱乾燥の作業
⑩ コンクリート破砕器を用いて行う破砕の作業
⑪ 掘削面の高さが2メートル以上となるずい道およびたて坑以外の坑の掘削を除く地山の掘削の作業
⑫ 土止め支保工の切りばりまたは腹おこしの取付けもしくは取りはずしの作業
⑬ ずい道およびたて坑以外の坑の掘削の作業（掘削用機械を用いて行う掘削の作業のうち労働者が切羽に近接することなく行うものを除く）またはこれに伴うずり積み、ずい道支保工の組立て、ロックボルトの取付けもしくはコンクリートなどの吹付けの作業
⑭ ずい道型わく支保工の組立て、移動もしくは解体または組立て若しくは移動に伴うコンクリートの打設の作業
⑮ 掘削面の高さが2メートル以上となる岩石の採取のための掘削の作業

⑯　高さが2メートル以上のはいのはい付けまたははいくずしの作業（荷役機械の運転者のみによって行われるものを除く）
⑰　船舶に荷を積み、船舶から荷を卸し、または船舶において荷を移動させる作業（総トン数500トン未満の船舶において揚貨装置を用いないで行うものを除く）
⑱　型わく支保工の組立てまたは解体の作業
⑲　ゴンドラのつり足場を除くつり足場、張出し足場または高さが5メートル以上の構造の足場の組立て、解体または変更の作業
⑳　高さが5メートル以上の金属製の部材により構成される建築物の骨組みまたは塔の組立て、解体または変更の作業
㉑　高さが5メートル以上または上部構造のうち橋梁の支間が30メートル以上の金属製の部材により構成される橋梁の上部構造の架設、解体または変更の作業
㉒　軒の高さが5メートル以上の木造建築物の構造部材の組立てまたはこれに伴う屋根下地もしくは外壁下地の取付けの作業
㉓　高さが5メートル以上のコンクリート造の工作物の解体または破壊の作業
㉔　高さが5メートル以上または上部構造のうち橋梁の支間が30メートル以上のコンクリート造の橋梁の上部構造の架設または変更の作業
㉕　小型圧力容器などを除く第一種圧力容器の取扱いの作業
㉖　特定化学物質を製造し、または取り扱う作業（試験研究のため取り扱う作業を除く）
㉗　遠隔操作によって行う隔離室におけるものなどを除く鉛業務の作業
㉘　遠隔操作によって行う隔離室におけるものなどを除く四アルキル鉛等業務の作業
㉙　酸素欠乏危険場所における作業
㉚　屋内作業場またはタンク、船倉もしくは坑の内部などの場所において所定の有機溶剤などを製造し、または取り扱う業務に係る作業

㉛　試験研究のため取り扱う作業を除く石綿などを取り扱う作業または石綿などを試験研究のため製造する作業

　作業主任者は、その作業に従事する労働者を直接指揮するほか、作業開始前に作業方法を決定すること、安全装置を点検すること、作業中に安全帯の使用状況を確認することなどを行います。
　事業者は、1つの作業を同一の場所で行う場合にその作業について作業主任者を2人以上選任したときは、それぞれの作業主任者の職務の分担を定めなければなりません。また、作業主任者を選任したときは、その氏名を作業場の見やすい箇所に掲示するなどにより関係の労働者に周知しなければなりません。

（7）統括安全衛生責任者

　建設業または造船業の元方事業者（1つの場所において行う事業の仕事の一部を請負人に請け負わせている事業者で、当該事業の仕事の一部を請け負わせる契約が2つ以上あるため、その者が2人以上いるときは、当該請負契約のうちの最も先次の請負契約における注文者。以下「特定元方事業者」という）は、その労働者および請負関係にある複数事業所の労働者が同一の作業場所で混在して仕事をすることから生ずる労働災害を防止するため、表15－5の仕事の区分に応じて、その場所で作業する労働者の数がそれぞれ定める人数以上である場合には、統括安全衛生責任者を選任し、その者に元方安全衛生管理者の指揮をさせる（建設業の場合）とともに、特定元方事業者の講ずべき措置を統括管理させなければなりません（同法第15条）。

表15－5　統括安全衛生責任者を選任すべき仕事

仕　事　の　区　分	人　　数
① ずい道などの建設、一定の橋梁の建設または圧気工法による作業	30人
② ①以外の仕事	50人

　統括安全衛生責任者は、その場所においてその事業の実施を統括管理する者を充てなければなりません。また、統括安全衛生責任者が旅行、疾病、事故などのやむを得ない事由によって職務を行うことができないときは、代理者を選任しなければなりません。

　都道府県労働局長は、労働災害を防止するため必要があるときは、統括安全衛生責任者の業務の執行について事業者に勧告することができます（同法第99条の2）。

（8）元方安全衛生管理者

　統括安全衛生責任者を選任する建設業の事業者は、一定の学歴と実務経験を有するその事業所に専属の者のうちから元方安全衛生管理者を選任し、その者に元方事業者の講ずべき措置のうち技術的事項を管理させなければなりません（同法第15条の2第1項）。また、元方安全衛生管理者が旅行、疾病、事故などのやむを得ない事由によって職務を行うことができないときは、代理者を選任しなければなりません。

　事業者は、元方安全衛生管理者に対し、その労働者および請負事業者の労働者の作業が同一の場所で行われることによって生ずる労働災害を防止するため必要な措置をなし得る権限を与えなければなりません。

　労働基準監督署長は、労働災害を防止するため必要があるときは、事業者に対し、元方安全衛生管理者の増員または解任を命ずることができます（同条第2項）。

（9）店社安全衛生管理者

　建設業の元方事業者は、表15－6の仕事の区分に応じて、その場所で

作業する労働者の数がそれぞれ定める人数以上である場合には、建設工事に係る請負契約を締結している事業所ごとに、一定の学歴または実務経験を有する者のうちから店社安全衛生管理者を選任しなければなりません。

表15－6　店社安全衛生管理者を選任すべき仕事

仕 事 の 区 分	人　数
① ずい道などの建設、一定の橋梁の建設または圧気工法による作業	20人～29人
② 主要構造部が鉄骨造または鉄骨鉄筋コンクリート造である建築物の建設の仕事	29人～49人

店社安全衛生管理者には、次の事項を行わせなければなりません（同法第15条の3）。

① 元方事業者として行う労働災害防止のための事項を担当する者に対する指導などを行うこと。
② 少なくとも毎月1回労働者が作業を行う場所を巡視すること。
③ 労働者の作業の種類その他作業の実施の状況を把握すること。
④ 協議組織の会議に随時参加すること。
⑤ 仕事の工程に関する計画および作業場所における機械、設備などの配置に関する計画に関しその機械、設備などを使用する作業に関し請負事業者が法令に基づき講ずべき措置を講じていることについて確認すること。

また、店社安全衛生管理者が旅行、疾病、事故などのやむを得ない事由によって職務を行うことができないときは、代理者を選任しなければなりません。

(10) 安全衛生責任者

統括安全衛生責任者を選任すべき事業者以外の自らその仕事を行う請負事業者は、安全衛生責任者を選任し、その旨を元方事業者に通報す

るとともに、その者に次の事項を行わせなければなりません（同法第16条）。

① 統括安全衛生責任者との連絡
② 統括安全衛生責任者から連絡を受けた事項の関係者への連絡
③ 統括安全衛生責任者から連絡を受けた事項の実施についての管理
④ その労働者の作業の実施に関し請負事業者が作成する計画と特定元方事業者が作成する計画との整合性の確保を図るための統括安全衛生責任者との調整
⑤ その労働者の行う作業とそれ以外の者の行う作業によって生ずる労働災害の発生の危険の有無の確認
⑥ 仕事の一部をさらに下請事業者に請け負わせている場合の下請事業者の安全衛生責任者との作業間の連絡および調整

また、安全衛生責任者が旅行、疾病、事故などのやむを得ない事由によって職務を行うことができないときは、代理者を選任しなければなりません。

（11）安全委員会

労働災害を防止するためには、労働者代表が参加して、職場の安全問題を審議することにより、労働者の意見を反映させ、また、職場の安全問題に関心を持ってもらうことが必要です。このため、表15-7の業種の区分に応じて、それぞれに定める人数以上の労働者を常時使用する事業所においては、安全委員会を設置しなければなりません（同法第17条）。

表15-7　統括安全衛生責任者を選任すべき仕事

業　種	人　数
① 林業、鉱業、建設業、木材・木製品製造業、化学工業、鉄鋼業、金属製品製造業および輸送用機械器具製造業、道路貨物運送業および港湾運送業、自動車整備業、機械修理業ならびに清掃業	50人
② 道路貨物運送業および港湾運送業以外の運送業、木材・木製品製造業、化学工業、鉄鋼業、金属製品製造業および輸送用機械器具製造業以外の製造業、電気業、ガス業、熱供給業、水道業、通信業、各種商品卸・小売業、家具・建具・じゅう器等卸・小売業、燃料小売業、旅館業ならびにゴルフ場業	100人

安全委員会は、次の委員で構成されます。

① 総括安全衛生管理者またはこれに準ずる事業者が指名した者1人
② 事業者が指名した安全管理者
③ 事業者が指名した安全に関し経験を有する労働者

　安全委員会の議長は、①の委員がなります。また、①以外の委員の半数については、その事業所に労働者の過半数で組織する労働組合があるときはその労働組合、労働者の過半数で組織する労働組合がないときは労働者の過半数を代表する者の推薦に基づき指名しなければなりません。

　安全委員会は、次の事項を調査審議し、事業者に対し意見の申し出を行います。

① 労働者の危険を防止するための基本となるべき対策
② 安全に関する労働災害の原因および再発防止対策
③ 安全に関する規程の作成
④ 危険性などの調査およびその結果に基づき講ずる措置
⑤ 安全に関する計画の作成、実施、評価および改善
⑥ 安全教育の実施計画の作成
⑦ 労働者の危険の防止に関し関係行政機関から文書により命令、指示、勧告または指導を受けた事項

　安全委員会は毎月1回以上開催するようにしなければなりません。また、安全委員会の開催の都度、委員会における議事の概要を常時各作業場の見やすい場所に掲示し、または備え付けることなどの方法によって労働者に周知するとともに、委員会における議事で重要なものの記録を作成して、3年間保存しなければなりません。

（12）衛生委員会

　安全委員会と同様の理由で、常時50人以上の労働者を使用する事業

所においては、衛生委員会を設置しなければなりません（同法第18条）。

衛生委員会は、次の委員で構成されます。

① 総括安全衛生管理者またはこれに準ずる事業者が指名した者1人
② 事業者が指名した衛生管理者
③ 事業者が指名した産業医
④ 事業者が指名した衛生に関し経験を有する労働者

ただし、作業環境測定を実施している作業環境測定士である労働者を衛生委員会の委員として指名することができます。

衛生委員会の議長は、①の委員がなります。また、①以外の委員の半数については、その事業所に労働者の過半数で組織する労働組合があるときはその労働組合、労働者の過半数で組織する労働組合がないときは労働者の過半数を代表する者の推薦に基づき指名しなければなりません。

衛生委員会は、次の事項を調査審議し、事業者に対し意見の申し出を行います。

① 労働者の健康障害を防止するための基本となるべき対策
② 労働者の健康の保持増進を図るための基本となるべき対策
③ 衛生に関する労働災害の原因および再発防止対策
④ 衛生に関する規程の作成
⑤ 有害性などの調査およびその結果に基づき講ずる措置
⑥ 衛生教育の実施計画の作成、実施、評価および改善
⑦ 有害性などの調査およびその結果に対する対策の樹立
⑧ 作業環境測定の結果に対する対策の樹立
⑨ 健康診断および医師の診断、診察または処置の結果ならびにその結果に対する対策の樹立
⑩ 労働者の健康の保持増進を図るため必要な措置の実施計画の作成
⑪ 長時間にわたる労働による労働者の健康障害の防止を図るための

対策の樹立
⑫　労働者の精神的健康の保持増進を図るための対策の樹立
⑬　労働者の健康障害の防止に関する関係行政機関から文書により命令、指示、勧告または指導を受けた事項

　衛生委員会は毎月1回以上開催するようにしなければなりません。また、衛生委員会の開催の都度、委員会における議事の概要を常時各作業場の見やすい場所に掲示し、または備え付けることなどの方法によって労働者に周知するとともに、委員会における議事で重要なものの記録を作成して、3年間保存しなければなりません。

(13) 安全衛生委員会

　安全委員会および衛生委員会を設けなければならない事業者は、それぞれの委員会の設置に代えて、安全衛生委員会を設置することができます（同法第19条）。
　安全衛生委員会は、次の委員で構成されます。

①　総括安全衛生管理者またはこれに準ずる事業者が指名した者1人
②　事業者が指名した安全管理者または衛生管理者
③　事業者が指名した産業医
④　事業者が指名した安全に関し経験を有する労働者
⑤　事業者が指名した衛生に関し経験を有する労働者

　ただし、作業環境測定を実施している作業環境測定士である労働者を安全衛生委員会の委員として指名することができます。
　安全衛生委員会の議長は、①の委員がなります。また、①以外の委員の半数については、その事業所に労働者の過半数で組織する労働組合があるときはその労働組合、労働者の過半数で組織する労働組合がないときは労働者の過半数を代表する者の推薦に基づき指名しなければなりません。

安全衛生委員会は、安全委員会および衛生委員会が調査審議する事項を調査審議し、事業者に対し意見の申し出を行います。
　安全衛生委員会は毎月1回以上開催するようにしなければなりません。また、安全衛生委員会の開催の都度、委員会における議事の概要を常時各作業場の見やすい場所に掲示し、または備え付けることなどの方法によって労働者に周知するとともに、委員会における議事で重要なものの記録を作成して、3年間保存しなければなりません。
　なお、安全委員会、衛生委員会または安全衛生委員会を設けていない事業者も、安全または衛生に関する事項について、関係する労働者の意見を聴くための機会を設けるようにしなければなりません。

(14) 安全管理者などに対する教育

　事業者は、安全衛生の水準の向上を図るため、安全管理者、衛生管理者、安全衛生推進者、衛生推進者など労働災害の防止のための業務に従事する者に対し、これらの者が従事する業務に関する能力の向上を図るための教育、講習などを行い、またはこれらを受ける機会を与えるように努めなければなりません（同法第19条の2）。

4　労働者の危険または健康障害を防止するための措置

(1) 事業者の講ずべき措置

ア　事業者は、次の危険を防止するため必要な措置を講じなければなりません（同法第20条、第21条）。なお、ここでいう「危険」とは、その危険の発生が労働者の注意力の偏倚、疲労その他の原因による精神的弛緩、作業に対する不馴れなどによる場合をも含め、労働者が作業の過程で危害の発生する危険をいい、その危険が熟練した注意深い労働者からみて異常とみられる作業方法により、または労働者の重大な過失により生じうるものであると否とを問いません（西田工業事件　最高裁第三小法廷

昭和48年7月24日判時715-110)。

1) 機械、器具などの設備による危険

労働安全衛生規則(以下「則」という)、ボイラー及び圧力容器安全規則(以下「ボイラー則」という)、クレーン等安全規則(以下「クレーン則」という)およびゴンドラ安全規則(以下「ゴンドラ則」という)においては、次の事項が規定されています。

(1) 機械設備に関する安全基準
　①一般基準(則第101条～第111条)
　②工作機械(則第112条～第121条)
　③木材加工用機械(則第122条～第130条)
　④プレス機械およびシャー(則第131条～第137条)
　⑤遠心機械(則第138条～第141条)
　⑥粉砕機および混合機(則第142条、第143条)
　⑦ロール機など(則第144条～第148条)
　⑧高速回転体(第149条～第150条の2)
　⑨産業用ロボット(則第150条の3～第151条)
(2) 荷役運搬機械など
　①車両系荷役運搬機械などの総則(則第151条の2～第151条の15)
　②フォークリフト(則第151条の16～第151条の26)
　③ショベルローダーなど(則第151条の27～第151条の35)
　④ストラドルキャリヤー(則第151条の36～第151条の42)
　⑤不整地運搬車(則第151条の43～第151条の58)
　⑥構内運搬車(則第151条の59～第151条の64)
　⑦貨物自動車(則第151条の65～第151条の76)
　⑧コンベヤー(則第151条の77～第151条の83)
(3) 建設機械など

①車両系建設機械の構造やその使用に係る危険の防止など（則第152条〜則第171条）
　　　②コンクリートポンプ車（則第171条の2、第171条の3）
　　　③ブレーカ（則第171条の4）
　　　④くい打機、くい抜機およびボーリングマシン（則第172条〜第194条の3）
　　　⑤ジャッキ式つり上げ機械（則第194条の4〜第194条の7）
　　　⑥高所作業車（則第194条の8〜第194条の28）
　　　⑦軌道装置および手押し車両（則第195条〜第236条）
（4）　その他
　　　①　型わく支保工に関する規制（則第237条〜第247条）
（5）　ボイラーおよび圧力容器
　　　①ボイラー（ボイラー則第3条〜第48条）
　　　②第一種圧力容器（ボイラー則第49条〜第83条）
　　　③第二種圧力容器（ボイラー則第84条〜第90条）
　　　④小型ボイラーおよび小型圧力容器（ボイラー則第90条の2〜第96条）
（6）　クレーンなど
　　　①クレーン（クレーン則第3条〜第52条）
　　　②移動式クレーン（クレーン則第53条〜第93条）
　　　③デリック（クレーン則第94条〜第137条）
　　　④エレベーター（クレーン則第138条〜第171条）
　　　⑤建設用リフト（クレーン則第172条〜第201条）
　　　⑥簡易リフト（クレーン則第202条〜第212条）
　　　⑦ゴンドラに関する規制（ゴンドラ則）

　なお、これに関して、車両系建設機械に関して事業者に課せられた危険防止措置義務は、その危険の発生が労働者の注意力の偏倚、疲労、その

他の原因による精神的弛緩などによる場合をも含め、労働者が車両系建設機械を用いて作業を行う場合にその運行経路の路肩が崩壊して危害を蒙る危険(抽象的危険)の存する限り、その危険の存する時間の長短、危険防止措置を講ずるための費用の多少、建設工事発注者が危険防止措置を講ずべきことを事業者に対し求めているか否か、またこの措置を講ずべき費用を計上しているか否かを問わず、車両系建設機械の運行経路の路肩が崩壊することを防止する措置を講ずべきことを求めたものであるとする裁判例(阿川建設事件　仙台高裁昭和58年7月19日高刑速報58-345)や使用者が講ずべき機械・設備に関する危害防止の措置は、当該機械・設備の所有・管理が何人に帰属するかを問わず、広く労働者にこのような危険な機械・設備に接近して作業をさせる使用者に対しても要求されるとする裁判例(労働基準法違反被告事件　名古屋高裁金沢支部昭和46年3月30日判時634-92)があります。

2）爆発性の物、発火性の物、引火性の物などによる危険

同法施行令第9条の3および別表第1は、爆発性、発火性、引火性などの危険物質を指定しています。また、則、ボイラー則および高気圧作業安全衛生規則(以下「高圧則」という)においては、次の事項が規定されています。

①溶融高熱物などによる爆発火災などを防止するための措置(則第248条〜第255条)
②危険物の製造・取扱に関する措置(則第256条〜第267条)
③化学設備に関する措置(則第268条〜第278条)
④火気などの管理の措置(則第279条〜第292条)
⑤乾燥設備に関する措置(則第293条〜第300条)
⑥アセチレン溶接装置に関する措置(則第301条〜第307条、第312条、第314条〜第317条)
⑦ガス集合溶接装置に関する措置(則第308条〜第311条、第313条〜第317条)

⑧発破の作業に関する措置(則第318条～第321条)
⑨コンクリート破砕器を用いて破砕の作業に関する措置(則第321条の2～第321条の4)
⑩建設工事に関する措置(則第322条、第381条～第382条の3、第389条～第389条の6、第642条、第642条の2)
ボイラーおよび圧力容器に関する措置(ボイラー則)
高圧室内業務に関する措置(高圧則第17条、第22条、第23条、第25条の2～第26条)

3) 電気、熱などのエネルギーによる危険

則においては、次の事項が規定されています。

①電気機械器具に関する措置　(則第280条～第282条、第329条～第335条)
②配線および移動電線に関する措置(則第336条～第338条)
③停電作業に関する措置(則第339条、第340条)
④活線作業および活線近接作業に関する措置(則第341条～第349条)
⑤作業の管理に関する措置(則第350条～第352条)

4) 掘削、採石、荷役、伐木などの業務における作業方法から生ずる危険

このような作業方法として、則およびクレーン則においては、次の事項が規定されています。

（1）　掘削作業
　　①明り掘削の作業(則第355条～378条)
　　②ずい道などの建設の作業(則第379条～398条)
　　③採石作業(則第399条～第416条))
（2）　荷役作業
　　①貨物取扱作業(則第418条～第435条)

②港湾荷役作業(則第449条〜第476条))
(3) 林業の作業
　①伐木作業(則第477条〜第479条)
　②造材作業(則第480条〜第481条)
　③木馬運材作業(則第485条〜第490条)
　④雪そり運材作業(則第491条〜第497条)
　⑤機械集材装置および運材索道による作業(則第498条〜第517条)
(4) 建設の作業(則第517条の2〜第第517条の24)
　①建築物などの鉄骨の組立てなどの作業
　②鋼橋架設などの作業
　③木造建築物の組立てなどの作業
　④コンクリート造の工作物の解体などの作業
　⑤コンクリート橋架設などの作業。
　玉掛けの作業(クレーン則第213条〜第222条)

5) 労働者が墜落するおそれのある場所、土砂などが崩壊するおそれのある場所などに関する危険

則においては、次の事項が規定されています。

①墜落などによる危険を防止するための措置(則第518条〜533条)
②飛来崩壊による危険を防止するための措置(則第534条〜第539条など)
③土石流による危険を防止するための措置(則第575条の9〜第575条の13)

なお、これに関し、し尿処理施設に設置された活性汚泥槽が則第533条にいう「転落することにより火傷、窒息等の危険を及ぼすおそれのあるホッパー、ピット等」に含まれるとする判例(奈良県葛城地区清掃事務組合事件　最高裁第三小法廷昭和51年12月10日判時838-98)があります。

イ 事業者は、次の健康障害を防止するために必要な措置を講じなければなりません(同法第22条)。

> 1) 原材料、ガス、蒸気、粉じん、酸素欠乏空気、病原体などによる健康障害
> 2) 放射線、高温、低温、超音波、騒音、振動、異常気圧などによる健康障害
> 3) 計器監視、精密工作などの作業による健康障害
> 4) 排気、排液または残さい物による健康障害

労働者の健康障害を防止するため、次の措置を講じなければなりません。
(1) 有害な作業環境に関する措置(則第576条～第589条)
　①有害原因の除去
　②ガスなどの発散の抑制など
　③内燃機関の使用禁止
　④排気の処理
　⑤排液の処理
　⑥病原体の処理
　⑦粉じんの飛散の防止
　⑧坑内の炭酸ガス濃度の基準
　⑨騒音を発する場所の明示など
　⑩騒音の伝ぱの防止
　⑪有害な場所への立入禁止
　⑫作業環境測定などの措置
(2) 有害な業務に労働者を従事させる場合のその業務に応じた保護具などの使用とその適切な管理(則第593条～第597条)
(3) 特定の作業や物質などに関する措置
　①石綿などを取り扱う業務などに関する措置　(石綿障害予防規則)
　②廃棄物の焼却施設における作業に関する措置(則第592条の2～

第592条の7)
③粉じん作業に関する措置(粉じん障害防止規則)
④有機溶剤業務に関する措置(有機溶剤中毒予防規則)
⑤鉛業務に関する措置(鉛中毒予防規則)
⑥四アルキル鉛等業務に関する措置(四アルキル鉛中毒予防規則)
⑦特定化学物質等を取り扱う業務に関する措置(特定化学物質等障害予防規則(以下「特化則」という))
⑧高圧室内業務および潜水業務に関する措置(高圧則)
⑨放射線業務に関する措置(電離放射線障害防止規則)
⑩酸素欠乏危険作業に関する措置(酸素欠乏症等防止規則(以下「酸欠則」という))

ウ　事業者は、労働者を就業させる建設物などの作業場について、通路、床面、階段などの保全ならびに換気、採光、照明、保温、防湿、休養、避難、清潔など労働者の健康、風紀および生命の保持のために、次の措置を講じなければなりません(同法第23条)。

①通路、床面、階段などに関する措置(則第540条〜第558条)
②化学設備を内部に設ける建築物などは不燃性の材料とするなどの措置(則第268条など)
③足場に関する措置(則第559条〜第575条)
④作業構台に関する措置(則第575条の2〜第575条の8)
⑤気積および換気に関する措置　(則第600条〜第603条)
⑥採光および照明に関する措置(則第604条〜第605条)
⑦温度および湿度に関する措置(則第606条〜第612条)
⑧休養に関する措置(則第606条〜第618条)
⑨清潔に関する措置(則第619条〜第628条)
⑩食堂および炊事場に関する措置(則第619条〜第628条)
⑪事務所の衛生に関する措置(事務所衛生基準規則)

なお、ここでいう「通路」とは労働者が通行する場所をいい、網状鋼板を取り付けるため、足場板を取り外して生じさせた開口部は通路ではないとする裁判例（労働安全衛生法違反被告事件　東京高裁平成14年3月22日労判835-80）があります。

エ　事業者は、労働者の作業行動から生ずる労働災害を防止するために必要な措置を講じなければなりません（同法第24条）。
　労働者の不安全行動には、次のようなものがあり、作業に伴う危険に対する知識の不足については、安全衛生教育により不足する安全衛生に関する知識の補強などを行う必要があります（同法第59条～第60条の2）が、日頃の安全衛生活動や安全衛生委員会などを通じて、安全衛生に対するやる気の高揚などを図ることが重要です。
① 　作業に伴う危険に対する知識の不足による不安全行動
② 　安全に作業を遂行する技能未熟による不安全行動
③ 　安全に対する意欲の欠如による不安全行動
④ 　人間の特性としてのエラーによる不安全行動

オ　事業者は、労働災害発生の急迫した危険があるときには、作業の直ちに中止し、労働者を作業場から退避させるなど必要な措置を講じなければなりません（同法第25条）。
　このため、事業者は、次の措置を講じなければなりません。
① 　労働災害の発生に備えて、救急用具の備付けならびにその備付け場所および使用方法を労働者に周知させること（則第633条、第644条）。
② 　救護組織の確立、関係者の訓練などの措置（特化則第26条）
③ 　異常な事態が発生した場合における作業規程の定め（則第274条など）
④ 　避難所・避難階の設備などの設置（則第321条、第546条～第549

条）
⑤ 避難用具の設置（酸欠則第15条など）
⑥ 緊急しゃ断装置の設置（則第273条の4など）
⑦ 警報設備の設置（則第273条の3など）
⑧ 労働災害発生の急迫した危険があるときは、直ちに作業を中止し、労働者を安全な場所に退避させ、労働災害のおそれのないことを確認するまでの間、関係者以外の立入りを禁止すること（則第274条の2など）。

カ　建設業の出入口からの距離が1,000メートル以上の場所において作業を行うこととなるまたは深さが50メートル以上となるたて坑の掘削を伴うずい道やゲージ圧力が0.1メガパスカル以上で行う圧気工法による作業を行う仕事の事業者は、爆発、火災などが生じたことに伴い労働者の救護に関する措置がとられる場合における労働災害の発生を防止するため、労働者の救護に関する次の措置を講じなければなりません（同法第25条の2第1項）。

① 空気呼吸器または酸素呼吸器、メタン、硫化水素、一酸化炭素および酸素の濃度を測定するため必要な測定器具、懐中電灯などの携帯用照明器具などの労働者の救護に関し必要な機械、器具などの設備の備付けと管理
② 労働者の救護に関し必要な機械・設備の使用方法、救急そ生の方法その他の救急処置などの労働者の救護に関し必要な事項についての訓練
③ 救護に関する組織、救護に関し必要な機械・設備の点検及び整備、救護に関する訓練の実施などの労働者の救護の安全に関する事項を定めること。
④ 作業を行う労働者の人数と氏名を常時確認すること。

また、この場合に、事業者は、その仕事に3年以上の実務経験を有するその事業所に専属の者のうちから、労働者の救護の安全に関する技術的事項を管理する者を選任し、その者に技術的事項を管理させなければなりません。また、救護に関する技術的事項を管理する者に対し、労働者の救護の安全に関し必要な措置をなし得る権限を与えなければなりません（同条第2項）。

（2）労働者の遵守
　労働者は、事業者が講ずる措置に応じて、必要な事項を守らなければなりません（同法第26条）。

（3）技術上の指針
　厚生労働大臣は、事業者が講ずべき措置の適切かつ有効な実施を図るため必要な業種または作業ごとの技術上の指針および特定の化学物質を製造または取り扱う事業者が化学物質による労働者の健康障害を防止するための指針を公表します。技術上の指針を定めるに当たっては、中高年齢者に関して、特に配慮します。技術上の指針または労働者の健康障害を防止するための指針を公表した場合に必要があるときは、事業者またはその団体に対し、技術上の指針などに関し必要な指導などを行うことができます（同法第28条）。
　なお、現在、工作機械の構造の安全基準に関する技術上の指針など15の技術上の指針と18の化学物質による労働者の健康障害を防止するための指針が公表されています。

（4）自主的な安全衛生活動の促進
　事業者は、次の危険性や有害性など調査を行い、その結果に基づき労働者の危険や健康障害を防止するための措置を講ずるよう努めなければなりません（同法第28条の2第1項）。

① 建設物・設備・原材料・ガス・蒸気・粉じんなどによる危険性や有害性など
② 作業行動など業務に起因する危険性や有害性など

ただし、これらの調査のうち、労働者の危険または健康障害を生ずるおそれのある化学物質、化学物質を含有する製剤など以外のものについては、次の業種の事業者に義務付けられています。

林業、鉱業、建設業、運送業、清掃業、製造業、電気業、ガス業、熱供給業、水道業、通信業、各種商品卸・小売業、家具・建具・じゅう器等卸・小売業、燃料小売業、旅館業、ゴルフ場業、自動車整備業および機械修理業

また、これらの調査を行うのは、次の時期です。
① 建設物の設置・移転・変更・解体
② 設備・原材料などの新規採用または変更
③ 作業方法・作業手順の新規採用または変更
④ 建設物・設備・原材料・ガス・蒸気・粉じんなどによる危険性や有害性などまたは作業行動など業務に起因する危険性や有害性などについて変化または変化のおそれのある時期

このような危険性や有害性などの調査およびその結果に基づく労働者の危険や健康障害を防止するための措置ならびに安全衛生水準の向上のために、次の自主的活動（労働安全衛生マネジメントシステム）を一連の過程を定めて行うことを労働基準監督署長が認定した場合には、一定の労働基準監督署長への計画の届出が免除されます（同法第88条第1項）。
① 安全衛生に関する方針の表明
② 安全衛生に関する目標の設定
③ 安全衛生に関する計画の作成・実施・評価・改善

厚生労働大臣は、その適切かつ有効な実施を図るため、「危険性又は有害性等の調査等に関する指針（平成18年3月10日公示第1号）」を定めており、これに基づき、事業者や事業者団体に対し、必要な指導援助などを行うことができます。
　また、「労働安全衛生マネジメントシステムに関する指針（平成11年4月30日労働省告示第53号）」も定められています。

（5） 元方事業者の講ずべき措置
　元方事業者は、関係請負人およびその労働者が、請け負わせた仕事に関し、労働安全衛生法令に違反しないよう必要な指導を行わなければなりません。元方事業者は、関係請負人またはその労働者が、請け負わせた仕事に関し、労働安全衛生法令に違反していると認めるときは、是正のため必要な指示を行わなければなりません。また、指示を受けた関係請負人またはその労働者は、その指示に従わなければなりません（同法第29条）。

（6） 建設業の元方事業者の講ずべき措置など
　建設業の元方事業者は、次の場所において、請負事業者の労働者が作業を行うときは、請負事業者が講ずべき危険を防止するための措置が適正に講ぜられるように、技術上の指導など必要な措置を講じなければなりません（同法第29条の2）。

① 土砂などが崩壊するおそれのある場所
② 土石流が発生するおそれのある場所
③ 機械・設備が転倒するおそれのある場所
④ 充電電路に労働者の身体などが接触し、または接近することにより感電の危険が生ずるおそれのある架空電線の充電電路に近接する場所
⑤ 埋設物やれんが壁、コンクリートブロック塀、擁壁などの建設物が損壊するなどのおそれのある場所

（7）特定元方事業者などの講ずべき措置

　特定元方事業者は、その労働者および請負事業者の労働者の作業が同一の場所において行われることによって生ずる労働災害を防止するため、次の措置を講じなければなりません（法第30条）。

① 特定元方事業者およびすべての請負事業者が参加する協議組織を設置し、その会議を定期的に開催すること。
② 随時、特定元方事業者と請負事業者との間および請負事業者相互間における作業間の連絡および調整を行うこと。
③ 作業場所の巡視を毎作業日に少なくとも1回行うこと。
④ 教育を行う場所の提供、教育に使用する資料の提供などの請負事業者が行う安全衛生教育に対する指導および援助を行うこと。
⑤ 工程表などの仕事の工程に関する計画ならびにその作業場所における主要な機械、設備および作業用の仮設の建設物の配置に関する計画を作成し、請負事業者が定める作業計画などがこれらの計画に適合するよう指導すること。
⑥ クレーンなどの運転についての合図の統一を行い、これを請負事業者に周知し、およびこれを実施すること。
⑦ 事故現場などを表示する標識の統一を行い、これを請負事業者に周知するとともに、これを実施し、および労働者の立入りを禁止すること。
⑧ 有機溶剤などの容器や有機溶剤などを入れてあった容器で有機溶剤などの蒸気が発散するおそれのあるものを集積する箇所の統一を行い、これを請負事業者に周知し、およびこれを実施すること。
⑨ X線装置に電力が供給されている場合、放射性物質を装備している機器により照射が行われている場合および火災が発生した場合の警報の統一を行い、これを請負事業者に周知するとともに、これを実施し、および警報が行われたときに労働者を退避させること。
⑩ 避難などの訓練の実施時期や実施方法の統一を行い、これを請負事業者に周知し、およびこれを実施すること。

なお、この規定の趣旨は、同一場所で特定元方事業者の労働者やいくつかの請負人の労働者が入り込んで作業している場合には、これら労働者間の連絡調整が不十分であったことなどから数多くの労働災害が発生しているため、特定元方事業者に安全管理の交通整理ともいうべき役割を積極的に行わせることにより混在作業より生ずる各種労働災害から下請労働者をできる限り広範囲にかつ適切に保護しようとするもので、ここでいういう「同一の場所」の範囲も、仕事の関連性、労働者の作業の混在性および統括安全衛生責任者の選任を定めた同法第15条の趣旨をも併せ考慮して目的論的見地から決定されるべきものであるとする裁判例（労働安全衛生法違反被告事件　広島高裁昭和53年4月18日判時918-135）があります。

(8) 製造業の元方事業者の講ずべき措置

　製造業の元方事業者は、その労働者および請負事業者の労働者の作業が同一の場所において行われることによって生ずる労働災害を防止するため、次の措置を講じなければなりません（同法第30条の2）。

① 　元方事業者と請負事業者との間、請負事業者相互間の連絡調整を随時行うこと。
② 　クレーンなどの運転についての合図の統一を行い、これを請負事業者に周知し、およびこれを実施すること。
③ 　事故現場などを表示する標識の統一を行い、これを請負事業者に周知するとともに、これを実施し、および労働者の立入りを禁止すること。
④ 　有機溶剤などの容器や有機溶剤などを入れてあった容器で有機溶剤などの蒸気が発散するおそれのあるものを集積する箇所の統一を行い、これを請負事業者に周知し、およびこれを実施すること。
⑤ 　X線装置に電力が供給されている場合、放射性物質を装備している機器により照射が行われている場合および火災が発生した場合の警報の統一行い、これを請負事業者に周知するとともに、これを実施し、お

よび警報が行われたときに労働者を退避させること。

(9) 建設業の元方事業者の講ずべき措置

建設業の特定の工事の仕事が数次の請負契約によって行われる場合には、元方事業者は、その場所において作業に従事するすべての労働者に関し、爆発火災などに伴う労働者の救護に関する次の措置を講じなければなりません（同法第30条の3）。

① 空気呼吸器または酸素呼吸器、メタン、硫化水素、一酸化炭素および酸素の濃度を測定するために必要な測定器具、懐中電灯などの携帯用照明器具などの労働者の救護に関し必要な機械、器具などの設備の備付けおよび管理を行うこと。
② 労働者の救護に関し必要な機械・設備の使用方法、救急そ生の方法などの救急処置などの労働者の救護に関し必要な事項についての訓練を行うこと。
③ 救護に関する組織、救護に関し必要な機械・設備の点検整備、救護に関する訓練の実施などの労働者の救護の安全に関する事項を定めること。
④ 作業を行う労働者の人数および氏名を常時確認することができる措置を講ずること。
⑤ その仕事に3年以上の実務経験を有するその事業所に専属の者のうちから、労働者の救護の安全に関する技術的事項を管理する者を選任し、その者にその事項を管理させ、労働者の救護の安全に関し必要な措置をなし得る権限を与えること。

(10) 注文者の講ずべき措置

建設業および造船業において、その事業の仕事を自ら行う注文者は、建設物、設備または原材料を、その仕事を行う場所においてその請負事業者

の労働者に使用させるときは、その労働災害を防止するため、くい打機やくい抜機、軌道装置、型わく支保工、アセチレン溶接装置などについて定められた基準に適合したものとすることなどの必要な措置を講じなければなりません（同法第31条）。

（11） 化学物質の危険有害情報の提供

次の設備の改造、修理、清掃などでその設備を分解する作業またはその設備の内部に立ち入る作業の注文者は、製造・取扱い設備の中の化学物質の危険有害性、作業の注意事項、安全衛生確保のための措置、事故発生時の応急措置などの危険・有害情報を文書などにより請負事業者に提供しなければなりません（同法第31条の2）。

① 爆発性・発火性・酸化性・引火性・可燃性のある化学物質の製造・取扱い設備
② 引火点が65度以上の物を引火点以上の温度で行う製造・取扱い設備
③ 一定の特定化学物質の製造・取扱い設備

（12） 建設業の発注者などの講ずべき措置

建設業の仕事を行う複数の事業者の労働者が1つの場所において機体重量が3トン以上のパワー・ショベル、ドラグ・ショベルおよびクラムシェル、くい打機、くい抜機、アース・ドリル、アース・オーガーならびにつり上げ荷重が3トン以上の移動式クレーンの作業を行う場合、その作業の仕事を自ら行う発注者または元方事業者は、その場所において作業に従事するすべての労働者の労働災害を防止するため、次の措置を講じなければなりません（同法第31条の3）。

① 発注者または元方事業者とその請負事業者との間および請負事業者相互間における作業の内容や作業の指示の系統、立入禁止区域について必要な連絡および調整を行うこと。

② ①の措置を講ずべき者がいないときは、その措置を講ずる者を指名するなど必要な配慮をすること。

(13) 違法な指示の禁止

注文者は、その請負人に対し、請け負わせた仕事に関し、その指示に従って請負人の労働者を労働させたならば、労働安全衛生法令に違反する指示をしてはなりません(同法第31条の4)。

(14) 請負人の講ずべき措置

元方事業者または注文者の講ずる措置に応じて、請負人も労働災害の防止に必要な措置を講じなければなりません(同法第32条)。

(15) 機械等貸与者の講ずべき措置

一定の機械・設備を他の事業者に貸与する機械等貸与者(リース業者)は、貸与を受けた事業者の事業所における機械・設備による労働災害を防止するため必要な措置を講じなければなりません。また、機械・設備の貸与を受けた者は、その機械・設備を操作する者がその使用する労働者でないときは、機械・設備の操作による労働災害を防止するため必要な措置を講じなければなりません(同法第33条)。

なお、ここでいう「機械・設備の貸与を受けた者」は、その機械・設備を操作する運転手との関係で直接的な使用関係にないため、労働災害発生防止の見地から抽象的に必要と認められる事項をその運転手らに対し通知すべき旨を規定したもので、その者が事業者であると否とを問わないとする裁判例(三和重機事件　福岡高裁昭和52年8月3日判時896－110)があります。

(16) 建築物貸与者の講ずべき措置

建築物を他の事業者に貸与する建築物貸与者は、建築物の全部を1人

の事業者に貸与するときを除き、その建築物の貸与を受けた事業者の事業についての建築物による労働災害を防止するため必要な措置を講じなければなりません(同法第34条)。

(17) 重量表示

重量が1トン以上の1個の貨物を発送しようとする者は、包装されていない重量が一見して明らかである貨物である場合を除き、見やすく、かつ、容易に消滅しない方法で、その貨物にその重量を表示しなければなりません(同法第35条)。

5 機械・設備および有害物に関する規制

(1) 製造の許可など

特定機械等(①ボイラー、②第一種圧力容器、③つり上げ荷重が3トン以上のクレーン、④つり上げ荷重が3トン以上の移動式クレーン、⑤つり上げ荷重が2トン以上のデリック、⑥積載荷重が1トン以上のエレベータ、⑦ガイドレールの高さが18メートル以上の建設用リフト、⑧ゴンドラ)については、次の規制があります。

① 特定機械等を製造しようとする者は、あらかじめ、都道府県労働局長の許可を受けなければならないこと(同法第37条)。

② 特定機械等を製造し、もしくは輸入した者、一定期間設置されなかった特定機械等を設置しようとする者または使用を廃止した特定機械等を再び設置し、もしくは使用しようとする者は、その特定機械等について、都道府県労働局長(特定廃熱ボイラーについては登録製造時等検査機関)の検査を受けなければならないこと(同法第38条1項、第2項)。

③ 特定機械等の設置、特定機械等の一定部分の変更または使用を休止した特定機械等の再使用をする者は、その特定機械等について、労働基準監督署長の検査を受けなければならないこと(同法第38条第3

項)。
④ 検査証を受けていない特定機械等は、使用してはならない。また、検査証を受けた特定機械等は、検査証とともにするのでなければ、譲渡し、または貸与してはならないこと(同法第40条)。

(2) 譲渡などの制限

次の危険もしくは有害な作業を必要とする機械・設備、危険な場所において使用する機械・設備または危険もしくは健康障害を防止するため使用する機械・設備は、それぞれの機械・設備の種類ごとに厚生労働大臣が定める規格または安全装置を具備しなければ、譲渡し、貸与し、または設置してはなりません。また、これらの機械・設備については、機械・設備の種類に応じて定められた厚生労働大臣が定める規格または安全装置を具備したものでなければ、使用してはなりません(同法第42条、同法施行令第13条第3項)。

① ゴム、ゴム化合物または合成樹脂を練るロール機およびその急停止装置
② 船舶に用いられるものなどを除く第2種圧力容器
③ 船舶に用いられるものなどを除く小型ボイラー
④ 船舶に用いられるものなどを除く小型圧力容器
⑤ プレス機械またはシャーの安全装置
⑥ 船舶に用いられるものを除く防爆構造電気機械器具
⑦ クレーンまたは移動式クレーンの過負荷防止装置
⑧ ろ過材または面体を有していないものを除く防じんマスク
⑨ ハロゲンガス用、有機ガス用、一酸化炭素用、アンモニア用および亜硫酸ガス用防毒マスク
⑩ 木材加工用丸のこ盤およびその反発予防装置または歯の接触予防装置
⑪ 動力により駆動されるプレス機械

⑫　交流アーク溶接機用自動電撃防止装置
⑬　その電圧が、直流の場合750Vを、交流の場合300Vを超える充電電路に用いられる絶縁用保護具
⑭　その電圧が、直流の場合750Vを、交流の場合300Vを超える充電電路に用いられる絶縁用防具
⑮　物体の飛来もしくは落下または墜落による危険を防止するための保護帽
⑯　アセチレン溶接装置のアセチレン発生器
⑰　研削盤、研削といしおよび研削といしの覆い
⑱　手押しかんな盤およびその刃の接触予防装置
⑲　アセチレン溶接装置またはガス集合溶接装置の安全器
⑳　その電圧が、直流の場合750Vを、交流の場合600Vを超える充電電路に用いられる活線作業用装置
㉑　その電圧が、直流の場合750Vを、交流の場合300Vを超える充電電路に用いられる活線作業用器具
㉒　対地電圧が50Vを超える充電電路に用いられる絶縁用防護具
㉓　フォークリフト
㉔　車両系建設機械
㉕　型わく支保工用のパイプサポート、補助サポートおよびウイングサポート
㉖　鋼管足場用の部材および附属金具
㉗　つり足場用のつりチェーンおよびつりわく
㉘　アピトンまたはカポールをフェノール樹脂などにより接着した合板足場板
㉙　つり上げ荷重が0.5t以上3t未満（スタッカー式クレーンの場合は0.5t以上1t未満）のクレーン
㉚　つり上げ荷重が0.5t以上3t未満の移動式クレーン
㉛　つり上げ荷重が0.5t以上2t未満のデリック

機械・設備および有害物に関する規制

㉜ 積載荷重が0.25t以上1t未満のエレベーター
㉝ ガイドレールの高さが10m以上18m未満の建設用リフト
㉞ 積載荷重が0.25t以上の簡易リフト
㉟ 再圧室
㊱ 潜水器
㊲ 波高値による定格管電圧が10kV以上のX線装置（X線またはX線装置の研究または教育のため使用のつど組み立てるものおよび医療機器を除く）
㊳ ガンマ線照射装置（医療機器を除く）
㊴ ビーター、シリンダーなどの回転体を有する紡績機械および製綿機械
㊵ 船舶に用いられるものなどを除く蒸気ボイラーおよび温水ボイラー
㊶ 船舶に用いられるものなどを除く第一種圧力容器以外の容器
㊷ 大気圧を超える圧力を有する気体をその内部に保有する容器
㊸ 墜落による危険を防止するための安全帯
㊹ 内燃機関を内蔵し、排気量が40m3以上のチェーンソー
㊺ ショベルローダー
㊻ フォークローダー
㊼ ストラドルキャリヤー
㊽ 不整地運搬車
㊾ 作業床の高さが2m以上の高所作業車

　また、次の防護のための措置が施されていない動力により駆動される機械・設備を、譲渡し、貸与し、または譲渡もしくは貸与の目的で展示してはなりません（同法第43条、則第25条）。
① 作動部分上の突起物は、埋頭型とするかまたは覆いを設けること。
② 動力伝導部分または調速部分には、覆いまたは囲いを設けること。

（3） 個別検定

次の機械・設備を製造し、または輸入した者は、登録個別検定機関が個々に行う検定を受けなければなりません（同法第44条第1項、同法施行令第14条）。

① ゴム、ゴム化合物または合成樹脂を練るロール機の電気的制動方式の急停止装置
② 船舶に用いられるものなどを除く第2種圧力容器
③ 船舶に用いられるものなどを除く小型ボイラー
④ 船舶に用いられるものなどを除く小型圧力容器

（4） 型式検定

次の機械・設備を製造し、または輸入した者は、登録型式検定機関が型式について行う検定を受けなければなりません（同法第44条の2第1項、同法施行令第14条の2）。

① ゴム、ゴム化合物または合成樹脂を練るロール機の電気的制動方式以外の制動方式の急停止装置
② プレス機械またはシャーの安全装置
③ 船舶に用いられるものを除く防爆構造電気機械器具
④ クレーンまたは移動式クレーンの過負荷防止装置
⑤ ろ過材および面体を有する防じんマスク
⑥ ハロゲンガス用、有機ガス用、一酸化炭素用、アンモニア用および亜硫酸ガス用防毒マスク
⑦ 木材加工用丸のこ盤の可動式の歯の接触予防装置
⑧ スライドによる危険を防止するための機構を有する動力により駆動されるプレス機械
⑨ 交流アーク溶接機用自動電撃防止装置
⑩ その電圧が、直流の場合750Vを、交流の場合300Vを超える充電電路に用いられる絶縁用保護具

⑪ その電圧が、直流の場合750Vを、交流の場合300Vを超える充電電路に用いられる絶縁用防具
⑫ 物体の飛来もしくは落下または墜落による危険を防止するための保護帽

(5) 自主検査

次の機械・設備については、定期に自主検査を行い、その結果を記録しておかなければなりません(同法第45条、同法施行令第15条第1項)。

① 小型ボイラーなどを除くボイラー
② 小型圧力容器などを除く第一種圧力容器
③ つり上げ荷重が3t(スタッカー式クレーンは1t)以上のクレーン
④ つり上げ荷重が3t以上の移動式クレーン
⑤ つり上げ荷重が2t以上のデリック
⑥ 積載荷重が1t以上のエレベーター
⑦ ガイドレール(昇降路を有するものは昇降路)の高さが18m以上で積載荷重が0.25t以上の建設用リフト
⑧ ゴンドラ
⑨ その電圧が、直流の場合750Vを、交流の場合600Vを超える充電電路に用いられる活線作業用装置
⑩ その電圧が、直流の場合750Vを、交流の場合300Vを超える充電電路に用いられる活線作業用器具
⑪ フォークリフト
⑫ 車両系建設機械
⑬ つり上げ荷重が0.5t以上3t未満(スタッカー式クレーンの場合は0.5t以上1t未満)のクレーン
⑭ つり上げ荷重が0.5t以上3t未満の移動式クレーン
⑮ つり上げ荷重が0.5t以上2t未満のデリック
⑯ 積載荷重が0.25t以上1t未満のエレベーター

⑰　ガイドレールの高さが10m以上18m未満の建設用リフト
⑱　積載荷重が0.25t以上の簡易リフト
⑲　ショベルローダー
⑳　フォークローダー
㉑　ストラドルキャリヤー
㉒　不整地運搬車
㉓　作業床の高さが2m以上の高所作業車
㉔　船舶に用いられるものなどを除く第2種圧力容器
㉕　船舶に用いられるものなどを除く小型ボイラー
㉖　船舶に用いられるものなどを除く小型圧力容器
㉗　その電圧が、直流の場合750Vを、交流の場合300Vを超える充電電路に用いられる絶縁用保護具
㉘　その電圧が、直流の場合750Vを、交流の場合300Vを超える充電電路に用いられる絶縁用防具
㉙　動力により駆動されるプレス機械
㉚　動力により駆動されるシャー
㉛　動力により駆動される遠心機械
㉜　配管を除く化学設備およびその附属設備
㉝　地下に埋設された配管を除くアセチレン溶接装置およびガス集合溶接装置
㉞　乾燥設備およびその附属設備
㉟　鉄道営業法などの適用を受けるものを除く、軌条により人または荷を運搬する用に供される動力車および動力により駆動される巻上げ装置
㊱　局所排気装置、プッシュプル型換気装置、除じん装置、排ガス処理装置および排液処理装置
㊲　特定化学設備およびその附属設備
㊳　透過写真の撮影に用いられるガンマ線照射装置

機械・設備および有害物に関する規制

　このうち、次の機械・設備の自主検査については、その使用する資格を有する労働者または検査業者に実施させる特定自主検査を行わなければなりません（同法第45条第2項、同法施行令第15条第2項）。

① フォークリフト
② 車両系建設機械
③ 不整地運搬車
④ 作業床の高さが2m以上の高所作業車
⑤ 動力により駆動されるプレス機械

（6）製造などの禁止

　次の労働者に重度の健康障害を生ずる物は、製造、輸入、譲渡、提供または使用してはなりません（同法第55条、同法施行令第16条第1項）。

① 黄りんマッチ
② ベンジジンおよびその塩
③ 4-アミノジフエニルおよびその塩
④ 石綿
⑤ 4-ニトロジフエニルおよびその塩
⑥ ビス（クロロメチル）エーテル
⑦ ベータ-ナフチルアミンおよびその塩
⑧ その含有するベンゼンの容量がゴムのりの希釈剤を含む溶剤の5％を超えるベンゼンを含有するゴムのり
⑨ ②、③若しくは⑤から⑦までの物をその重量の1％または④の物をその重量の0.1％を超えて含有する製剤その他の物

（7）製造の許可

　次の労働者に重度の健康障害を生ずるおそれのある物を製造しようとする者は、あらかじめ、物ごとに、かつ、製造するプラントごとに、厚生労働大臣の許可を受けなければなりません（同法第56条第1項、同法施行令第17

条、別表第3、特化則第48条)。

① ジクロルベンジジンおよびその塩
② アルファ-ナフチルアミンおよびその塩
③ 塩素化ビフエニル(別名PCB)
④ オルト-トリジンおよびその塩
⑤ ジアニシジンおよびその塩
⑥ ベリリウムおよびその化合物
⑦ ベンゾトリクロリド
⑧ ①から⑥までの物をその重量の1%または⑦の物をその重量の0.5%を超えて含有する製剤その他の物(合金の場合は、ベリリウムをその重量の3%を超えて含有するもの)

(8) 表示など

爆発性の物、発火性の物、引火性の物その他の労働者に危険を生ずるおそれのある物もしくはベンゼン、ベンゼンを含有する製剤などの労働者に健康障害を生ずるおそれのあるものまたはジクロルベンジジン、ジクロルベンジジンを含有する製剤などの労働者に重度の健康障害を生ずるおそれのある物を容器に入れまたは包装して譲渡し、または提供する者は、その容器または包装に次の事項を表示しなければなりません(同法第57条)。

① 名称
② 成分およびその含有量
③ 人体に及ぼす作用
④ 貯蔵または取扱い上の注意
⑤ 注意を喚起するための標章

(9) 文書の交付など

アクリルアミド、アクリル酸などの労働者に危険や健康障害を生ずるおそれのある物を譲渡し、または提供する者は、文書の交付など方法によりその

物に関する次の事項を譲渡し、または提供する相手方に通知しなければなりません(同法第57条の2)。

① 名称
② 成分およびその含有量
③ 物理的および化学的性質
④ 人体に及ぼす作用
⑤ 貯蔵または取扱い上の注意
⑥ 流出その他の事故が発生した場合において講ずべき応急の措置

(10) 化学物質の有害性の調査

既存の化学物質以外の新規化学物質を製造し、または輸入しようとする事業者は、あらかじめ、その新規化学物質が労働者の健康に与える影響についての有害性の調査をを行い、その化学物質の名称、有害性の調査の結果などを厚生労働大臣に届け出なければなりません(同法第57条の3)。

(11) 機械・設備などの規制に関する裁判例

機械・設備などに関する規制に関し、「労働安全衛生法関係法令上の第一種圧力容器の製造及び設置に関する諸規則は、第一種圧力容器が、その内部において固体または液体の煮沸、加熱、反応などの操作を大気圧を超える状態で行う装置であるため、蒸気の噴出など労働作業上の危険を伴い、また破裂した場合には大きな労働災害に至るおそれを有することから、国が、労働安全衛生行政の立場から、その構造等に一定の規格を定め、製造から設置に至る段階において製造許可、構造検査、落成検査などの審査手続を行い、製造者が製造、搬出し事業者が設置する第一種圧力容器について規格が確保されるよう監督し、その構造上の安全性を確保することにより労働者の生命、身体、健康を労働災害から保護することを目的とするものであり、国が事業者に対し安全性を保証する制度ではな

く、国が事業者に対し規制を実施すべき義務を負うものではない。したがって規制の結果第一種圧力容器の安全性が一般的に確保されることによって事業者が利益を享受することがあったとしても、それは事実上の利益にすぎず、審査手続上の過誤により規格適合性の審査が十分に行われないまま規格に適合しない第一種圧力容器が設置されるに至ったとしても、事業者との関係においては、その違法性を論ずる余地はない」とする裁判例（富士ブロイラー事件　静岡地裁昭和58年4月7日訟務月報29－11－2031）があります。

6　安全衛生教育

（1）雇入れ時などの安全衛生教育

　労働者を雇い入れたときには、原則として次のうちその労働者が従事する業務に関する安全または衛生のために必要な事項について、教育を行わなければなりません。

① 　機械や原材料などの危険性または有害性およびこれらの取扱い方法
② 　安全装置や有害物抑制装置、保護具の性能およびこれらの取扱い方法
③ 　作業手順
④ 　作業開始時の点検
⑤ 　その業務に関して発生するおそれのある疾病の原因や予防
⑥ 　整理、整頓および清潔の保持
⑦ 　事故時などにおける応急措置および退避
⑧ 　その業務に関する安全または衛生のために必要な事項

　ただし、次の業種以外の事業所においては、①から④までの事項についての教育を省略することができます（同法第59条）。

林業、鉱業、建設業、運送業、清掃業、製造業、電気業、ガス業、熱供給業、水道業、通信業、各種商品卸・小売業、家具・建具・じゅう器等卸・小売業、燃料小売業、旅館業、ゴルフ場業、自動車整備業および機械修理業

なお、十分な知識または技能を有していると認められる労働者については、その事項についての教育を省略することができます。

また、労働者の作業内容を変更した時にも、同様の安全衛生教育が必要です。

(2) 危険有害業務に関する特別の安全衛生教育

次の危険または有害な業務に労働者をつかせるときは、その業務に関する安全または衛生のための特別の教育を行わなければなりません。ただし、十分な知識および技能を有している労働者については、その科目についての特別教育を省略することができます。また、特別の教育を行ったときは、特別の教育の受講者、科目などの記録を作成して、これを3年間保存しておかなければなりません（同法第59条3項、則第36条）。

① 研削といしの取替えまたは取替え時の試運転の業務
② 動力プレスの金型、シャーの刃部またはプレス機械もしくはシャーの安全装置もしくは安全囲いの取付け、取外しまたは調整の業務
③ アーク溶接などの業務
④ 高圧（直流の場合は750Vを、交流の場合は600Vを超え、7,000V以下である電圧）もしくは特別高圧（7,000Vを超える電圧）の充電電路もしくは充電電路の支持物の敷設、点検、修理もしくは操作の業務、低圧（直流の場合は750V以下、交流の場合は600V以下である電圧）の充電電路（対地電圧が50V以下であるもの及び電信用のもの、電話用のものなどで感電による危害を生ずるおそれのないものを除く）の敷設もしくは修理の業務または配電盤室、変電室など区画された場所に設置する低圧の電路（対地電圧が50V以下であるものおよび電信用のも

の、電話用のものなどで感電による危害の生ずるおそれのないものを除く)のうち充電部分が露出している開閉器の操作の業務
⑤　最大荷重1t未満のフォークリフトの運転の業務
⑥　最大荷重1t未満のショベルローダーまたはフォークローダーの運転の業務
⑦　最大積載量が1t未満の不整地運搬車の運転の業務
⑧　制限荷重5t未満の揚貨装置の運転の業務
⑨　機械集材装置の運転の業務
⑩　胸高直径が70cm以上の立木の伐木、胸高直径が20cm以上で、かつ、重心が著しく偏している立木の伐木、つりきりその他特殊な方法による伐木またはかかり木でかかっている木の胸高直径が20cm以上であるものの処理の業務
⑪　チェーンソーを用いて行う立木の伐木、かかり木の処理または造材の業務
⑫　機体重量が3t未満の車両系建設機械の運転の業務
⑬　車両系建設機械以外の基礎工事用機械の運転の業務
⑭　基礎工事用車両系建設機械の作業装置の操作の業務
⑮　締固め用車両系建設機械の運転の業務
⑯　コンクリート打設用機械の作業装置の操作の業務
⑰　ボーリングマシンの運転の業務
⑱　建設工事の作業を行う場合におけるジャッキ式つり上げ機械の調整または運転の業務
⑲　作業床の高さが2m以上10メートル未満の高所作業車の運転の業務
⑳　電気ホイスト、エヤーホイストおよびこれら以外の巻上げ機でゴンドラに係るものを除く動力により駆動される巻上げ機の運転の業務
㉑　巻上げ装置を除く軌条により人または荷を運搬する用に供される動力車及び動力により駆動される巻上げ装置(鉄道営業法などの適用を

受けるものを除く)の運転の業務
㉒　小型ボイラーの取扱いの業務
㉓　つり上げ荷重が5t未満の移動式クレーンを除くクレーンまたはつり上げ荷重が5t以上の跨線テルハの運転の業務
㉔　つり上げ荷重が1t未満の移動式クレーンの運転の業務
㉕　つり上げ荷重が5t未満のデリックの運転の業務
㉖　建設用リフトの運転の業務
㉗　つり上げ荷重が1t未満のクレーン、移動式クレーンまたはデリックの玉掛けの業務
㉘　ゴンドラの操作の業務
㉙　作業室および気閘室へ送気するための空気圧縮機を運転する業務
㉚　高圧室内作業に係る作業室への送気の調節を行うためのバルブまたはコックを操作する業務
㉛　気閘室への送気または気閘室からの排気の調整を行うためのバルブまたはコックを操作する業務
㉜　潜水作業者への送気の調節を行うためのバルブまたはコックを操作する業務
㉝　再圧室を操作する業務
㉞　高圧室内作業の業務
㉟　四アルキル鉛等業務
㊱　酸素欠乏危険場所における業務
㊲　第一種圧力容器の整備の業務を除く特殊化学設備の取扱い、整備および修理の業務
㊳　X線装置またはガンマ線照射装置を用いて行う透過写真の撮影の業務
㊴　原子炉等規正法に規定する加工施設、再処理施設または使用施設等の管理区域内において核燃料物質もしくは使用済燃料またはこれらによって汚染された原子核分裂生成物を含む物を取り扱う業務

㊵　原子炉等規正法に規定する原子炉施設の管理区域内において、核燃料物質もしくは使用済燃料またはこれらによって汚染された原子核分裂生成物を含む物を取り扱う業務
㊶　設備による注水または注油をしながら行う作業を除く特定粉じん作業
㊷　ずい道などの内部において行われるその掘削の作業またはこれに伴うずり、資材などの運搬、覆工のコンクリートの打設などの業務
㊸　産業用ロボットの駆動源を遮断して行うものを除く産業用ロボットの可動範囲内において産業用ロボットについて行うマニプレータの動作の教示などまたは教示などを行う労働者と共同して産業用ロボットの可動範囲外において行う教示などの機器の操作の業務
㊹　産業用ロボットの運転中に産業用ロボットの可動範囲内において行う産業用ロボットの検査などまたは検査などを行う労働者と共同して産業用ロボットの可動範囲外において行う検査などの機器の操作の業務
㊺　二輪自動車を除く自動車用タイヤの組立てにおいて、空気圧縮機を用いてタイヤに空気を充てんする業務
㊻　廃棄物の焼却施設においてばいじんおよび焼却灰その他の燃え殻を取り扱う業務
㊼　廃棄物の焼却施設に設置された廃棄物焼却炉、集じん機などの設備の保守点検などの業務
㊽　廃棄物の焼却施設に設置された廃棄物焼却炉、集じん機などの設備の解体などの業務ならびにこれに伴うばいじんおよび焼却灰その他の燃え殻を取り扱う業務
㊾　石綿などが使用されている建築物または工作物の解体などの作業
㊿　石綿などの封じ込めまたは囲い込みの作業

　また、その事業所における安全衛生の水準の向上を図るため、危険または有害な業務に現に就いている者に対し、その従事する業務に関する安全または衛生のための教育を行うように努めなければなりません。厚生労働

大臣は、この教育の適切かつ有効な実施を図るため必要な「危険又は有害な業務に現に就いている者に対する安全衛生教育に関する指針(平成元年5月22日公示第1号)」を公表しており、この指針に従い、事業者またはその団体に対し、必要な指導などを行うことができます(同法第60条の2)。

(3) 職長などの安全衛生教育

表15-8の業種において、新たに職務に就く職長その他の作業中の労働者を直接指導または監督する者に対しては、同表に定める事項について、安全または衛生のための教育を行わなければなりません(同法第60条)。

表15-8　職長などの安全衛星教育を行わなければならない業種および事項

業種	建設業、製造業(食料品・たばこ製造業(うま味調味料製造業および動植物油脂製造業を除く)、繊維工業(紡績業および染色整理業を除く)、衣服その他の繊維製品製造業、紙加工品製造業(セロファン製造業を除く)、新聞業、出版業、製本業および印刷物加工業を除く)、電気業、ガス業、自動車整備業および機械修理業
事項	① 作業方法の決定および労働者の配置に関すること。 ② 労働者に対する指導または監督の方法に関すること。 ③ その他現場監督者として行うべき労働災害防止活動に関すること。

適切な安全衛生教育を行うことは、安全配慮義務の重要な要素であり、例えば、次のような場合には、安全配慮義務違反として、損害賠償の対象となるとする裁判例があります。

① 機械の運転方法について説明したのみで、自動洗濯ラインの仕組み(各機械が停止、運転する仕組み等)やトラブル時の対処方法、作業上及び安全上の注意事項(コンベヤー上に乗ってはならないこと、シェーカー内に進入してはならないこと、あるいは、やむを得ず進入せざるを得ない場合には、必ず、エアーシューター制御盤のシェーカー、エアーシューターのセレクタースイッチを『停』にしなければならないこと等)については、何ら具体的な説明・注意を行わなかった(Aサプライ(知的障害者死亡事故)事件　東京地裁八王子支部平成15年12月10日労判　870-50)。

② 日常の一般的な安全教育などの面でも、また造粒機の操作に従事

するにあたっての個別的な安全指導などの面でもいずれも十分でなく、造粒機の操作に従事するのは当日が最初であったうえ、機械の構造や作業上および安全上の注意事項などについての説明、指導は何も受けていなかった（セイシン企業事件　東京高裁平成13年3月29日労判831-78）。

③　被災した労働者は、入社後わずか6か月しか経過しておらず、ピット内でアルゴンガス漏れによる酸欠事故が発生する可能性を具体的かつ徹底的に教育指導されていたわけではない（東洋精箔事件　千葉地裁平成11年1月18日労判765）。

7　就業制限

次の業務については、都道府県労働局長の免許を受けた者または技能講習を修了した者などの資格を有する者でなければ、その業務に就かせてはなりません。また、これらの業務につくことができる資格を有する者でなければ、その業務を行ってはなりません。これらの業務につく資格を有する者は、その業務に従事するときは、免許証その他その資格を証する書面を携帯していなければなりません（同法第61条、同法施行令第20条）。

①　発破の場合におけるせん孔、装てん、結線、点火ならびに不発の装薬または残薬の点検および処理の業務
②　制限荷重が5トン以上の揚貨装置の運転の業務
③　小型ボイラーを除くボイラーの取扱いの業務
④　小型ボイラーを除くボイラーまたは小型圧力容器を除く第一種圧力容器の自動溶接機によるものなどを除く溶接の業務
⑤　小型ボイラーなどを除くボイラーまたは小型圧力容器などを除く第一種圧力容器の整備の業務
⑥　つり上げ荷重が5トン以上の跨線テルハを除くクレーンの運転の業務

⑦　つり上げ荷重が1トン以上の移動式クレーンの運転の業務
⑧　つり上げ荷重が5トン以上のデリックの運転の業務
⑨　潜水器を用い、かつ、空気圧縮機もしくは手押しポンプによる送気またはボンベからの給気を受けて、水中において行う業務
⑩　可燃性ガスおよび酸素を用いて行う金属の溶接、溶断または加熱の業務
⑪　最大荷重が1トン以上のフォークリフトの運転の業務
⑫　機体重量が3トン以上の一定の車両系建設機械の運転の業務
⑬　最大荷重が1トン以上のショベルローダーまたはフォークローダーの運転の業務
⑭　最大積載量が1トン以上の不整地運搬車の運転の業務
⑮　作業床の高さが10メートル以上の高所作業車の運転の業務
⑯　制限荷重が1トン以上の揚貨装置またはつり上げ荷重が1トン以上のクレーン、移動式クレーンもしくはデリックの玉掛けの業務

　例えば、クレーンを操作して走行中のものを停止させるには、それなりの習熟度を必要としたのに、これを運転する資格を有していない者がクレーンを操作していたのを黙認していたような場合には、安全配慮義務違反ともなり、損害賠償の対象となるとする裁判例（岡崎工業・高千穂工業事件　千葉地裁平成元年3月24日）があります。

8　中高年齢者等についての配慮

　中高年齢者その他労働災害の防止上その就業に当たって特に配慮を必要とする者については、その心身の条件に応じて適正な配置を行うように努めなければなりません（同法第62条）。
　ここでいう「その他労働災害の防止上その就業に当たって特に配慮を必要とする者」には身体障害者・出稼労働者などが含まれます（昭和47年

9月18日基発第602号)。このため、知的障害者の就労にあたっては、安全確保のための特段の配慮が必要になるとする裁判例(Aサプライ(知的障害者死亡事故)事件)があります。

9 健康の保持増進

(1) 健康の保持のための3管理

職場における労働者の健康の保持のためには、次の3つの管理が総合的に機能することが必要です。
① 作業環境を良好な状態に維持管理すること(作業環境の管理)。
② 労働者の疲労やストレスが過度にならないように作業を適切に管理すること(作業の管理)。
③ 労働者の健康状態を的確に把握し、必要な措置を講ずること(健康の管理)。

(2) 作業環境測定

作業環境管理は、作業環境中の有害要因を取り除くことを目的としており、作業環境管理を進めるに当たっては、作業環境を正確に把握し、その結果の評価に基づき、必要な場合には施設・設備の設置・整備などの措置を講ずる必要があります。

ア 作業環境測定

作業環境を正確に把握するために、事業者は、必要な作業環境測定を行わなければなりません。この作業環境測定とは、作業環境の実態を把握するため空気環境その他の作業環境について行うデザイン、サンプリングおよび解析を含む分析をいいます(同法第2条第4号)。

作業環境測定を行わなければならないのは、次の有害な業務を行う作業場です(同法第65条第1項、同法施行令第21条)。

① 土石、岩石、鉱物、金属または炭素の粉じんを著しく発散する屋内作業場
② 暑熱、寒冷または多湿の屋内作業場
③ 著しい騒音を発する屋内作業場
④ 坑内の作業場
⑤ 中央管理方式の空気調和設備を設けている建築物の事務所用の室
⑥ 放射線業務を行う作業場
⑦ 特定化学物質などを製造し、もしくは取り扱う屋内作業場またはコークス炉上においてもしくはコークス炉に接してコークス製造を行う作業場
⑧ 遠隔操作によって行う隔離室におけるものを除く鉛業務を行う屋内作業場
⑨ 酸素欠乏危険場所の作業場
⑩ 所定の有機溶剤を製造し、または取り扱う業務を行う屋内作業場

　このうち、①、⑦、⑧および⑩の作業場ならびに放射性物質取扱作業室において作業環境測定を行う場合には、作業環境測定士にこれを実施させなければなりません。また、その作業環境測定を行うことができないときは、その作業環境測定を作業環境測定機関に委託しなければなりません(作業環境測定法第3条)。作業環境測定は、厚生労働大臣の定める作業環境測定基準に従って行わなければなりません。また、作業環境測定の結果を記録しておかなければなりません(労働安全衛生法第65条第1項、第2項)。

　厚生労働大臣は、作業環境測定の適切かつ有効な実施を図るため作業環境測定指針を公表し、必要があるときは、事業者もしくは作業環境測定機関またはこれらの団体に対し必要な指導などを行うことができます。また、都道府県労働局長は、作業環境の改善により労働者の健康を保持する必要があるときは、事業者に対し、作業環境測定の実施などを指示する

ことができます(同法第65条第4項、第5項)。

イ　作業環境測定の結果の評価など
　作業環境測定を行った場合には、その結果の評価を行う必要がありますが、この評価は、厚生労働大臣の定める作業環境評価基準に従って行わなければなりません(同法第65条の2第2項)。
　作業環境測定の結果の評価に基づいて、労働者の健康を保持するため必要があるときは、事業者は、施設・設備の設置・整備、健康診断の実施などの適切な措置を講じなければなりません。また、作業環境測定の結果の評価を行ったときは、その結果を記録しておかなければなりません(同法第65条の2第1項、第3項)。

(3) 作業管理
ア　作業の管理
　事業者は、労働者の健康に配慮して、その従事する作業を適切に管理するように努めなければなりません(同法第65条の3)。

イ　作業時間の制限
　健康障害を生ずるおそれのある高圧室内業務および潜水業務に従事させる労働者については、作業時間についての基準に違反して、その業務に従事させてはなりません(同法第65条の4、高圧則第15条、第27条)。

(4) 健康診断
　個々の労働者の健康状態を把握し、適切な健康管理を行い、その健康状況から職場の有害因子を発見し改善していくためには、健康診断が必要です。

ア　一般健康診断

事業者は、労働者に対し、医師による次の一般健康診断を行わなければなりません（法第66条1項、則第43条～第47条）。

① 常時使用する労働者を雇い入れるときに行う健康診断
② 常時使用する労働者（③の労働者を除く）に対し、1年以内ごとに1回、定期に行う健康診断
③ 深夜業を含む業務など特定業務に常時従事する労働者に対し、その業務への配置替えの際および6月以内ごとに1回、定期に行う健康診断
④ 労働者を本邦外の地域に6月以上派遣しようとするときおよび本邦外の地域に6月以上派遣した労働者を本邦の地域内における業務に就かせるときに行う健康診断
⑤ 定期健康診断の際結核の発病のおそれがあると診断された労働者に対して6月後に実施する結核健康診断
⑥ 事業に附属する食堂または炊事場における給食の業務に従事する労働者に対し、その雇入れの際またはその業務への配置替えの際に行う検便による健康診断

　なお、これに関して、業務に関して、その使用する従業員の数が少ないことから、不規則な勤務形態をとる業務であることを知りながら、特定の病院などと提携するなどして、従業員の健康診断を法律どおり実施できる体制を確立せず、その結果雇入時の健康診断および定期健康診断を実施せず、常時使用する労働者の健康管理に必要な基礎資料を得るために法律で定められた必要な健康診断をしなかったことは、事業者としての基本的な業務を怠ったとする裁判例（労働安全衛生法違反、労働基準法違反被告事件　大阪地裁平成12年8月9日判時1732－152）があります。

　また、健康診断を実施して雇用する労働者の健康状態を的確に把握することは、安全配慮義務の内容となりますので、次のような場合には、これに

違反し、損害賠償の対象となるとする裁判例があります。

① 研修医について、研修開始時に健康診断を行っていない場合（関西医科大学事件　大阪高裁平成16年7月15日労判879−22）。
② 季節労働者である蔵人を雇い入れるにあたり、健康診断をするなどして、その健康状態を把握していない場合（やちや酒造事件　金沢地裁平成10年7月22日判タ1006−193）。
③ 定期の健康診断を実施していない場合（富士保安警備事件　東京地裁平成8年3月28日労判694−34）。
④ 本来は年2回実施すべき深夜業務の定期的従事者への定期健康診断を年1回しか実施していない場合（榎並工務店事件　大阪高裁平成15年5月29日労判858−93）。

イ　有害業務従事者の健康診断

　業務に起因する疾病の可能性の高い次の業務については、これに起因する疾病の早期発見や適切な事後措置などの健康管理を行うために、その業務に応じた特殊健康診断を行わなければなりません（同法第66条第1項、同法施行令第22条第1項）。

① 潜函工法その他の圧気工法により、大気圧を超える気圧下の作業室またはシャフトの内部において行う高圧室内作業
② 潜水器を用い、かつ、空気圧縮機もしくは手押しポンプによる送気またはボンベからの給気を受けて、水中において行う業務
③ 放射線業務
④ 特定化学物質を製造し、もしくは取り扱う業務
⑤ アモサイトおよびクロシドライトを除く石綿またはこれを含有する製剤などを製造し、もしくは取り扱う業務
⑥ 石綿等の製造または取扱いに伴い石綿の粉じんを発散する場所における業務
⑦ 黄りんマッチ、ベンジジンおよびその塩、4-アミノジフエニルおよびその

塩、アモサイト、クロシドライト、4-ニトロジフエニルおよびその塩、ビス（クロロメチル）エーテル、ベータ-ナフチルアミンおよびその塩、アモサイトおよびクロシドライトを除く石綿を含有する一定の製品、ベンゼンを含有する一定のゴムのり、これらの物を含有する一定の製剤などを試験研究のため製造し、もしくは使用する業務

⑧ 遠隔操作によって隔離室で行うものを除く鉛業務
⑨ 遠隔操作によって隔離室で行うものを除く4アルキル鉛等業務
⑩ 屋内作業場またはタンク、船倉もしくは坑の内部などの場所において有機溶剤を製造し、または取り扱う業務

また、次の有害な業務に従事させたことがあり、現に使用している労働者についても、その業務に応じた特殊健康診断を行わなければなりません（同法第66条第1項、同法施行令第22条第2項）。

① ベンジジンおよびその塩
② アモサイト
③ クロシドライト
④ ビス（クロロメチル）エーテル
⑤ ベータ-ナフチルアミンおよびその塩
⑥ ジクロルベンジジンおよびその塩
⑦ アルファ-ナフチルアミンおよびその塩
⑧ オルト-トリジンおよびその塩
⑨ ジアニシジンおよびその塩
⑩ ベリリウムおよびその化合物
⑪ ベンゾトリクロリド
⑫ アモサイトおよびクロシドライトを除く石綿
⑬ エチレンイミン
⑭ 塩化ビニル
⑮ オーラミン

⑯　クロム酸およびその塩
⑰　クロロメチルメチルエーテル
⑱　コールタール
⑲　三酸化砒素
⑳　3・3'-ジクロロ―4・4'-ジアミノジフエニルメタン
㉑　重クロム酸およびその塩
㉒　ニツケルカルボニル
㉓　パラージメチルアミノアゾベンゼン
㉔　ベータ-プロピオラクトン
㉕　ベンゼン
㉖　マゼンタ
㉗　①から26の物を含有する製剤など

　事業者は、塩酸、硝酸、硫酸、亜硫酸、フッ化水素、黄りんその他歯またはその支持組織に有害な物のガス、蒸気または粉じんを発散する場所における業務に従事する労働者に対し、歯科医師による健康診断を行わなければなりません（同法第66条第3項）。

　都道府県労働局長は、労働者の健康を保持するため必要があるときは、労働衛生指導医の意見に基づき、事業者に対し、臨時の健康診断の実施などを指示することができます（同条第4項）。

　労働者は、事業者の指定した医師または歯科医師が行う健康診断を受けることを希望しない場合に、他の医師または歯科医師の行うこれらの健康診断に相当する健康診断を受け、その結果を証明する書面を事業者に提出したときを除き、事業者が行う健康診断を受けなければなりません（同条第5項）。

　なお、これに関して、市町村立中学校の教職員は市町村が行う定期の健康診断を受ける義務を負うので、市立中学校の教諭が3度にわたる定期健康診断に係る胸部エックス線検査を受けるように命じた校長の職務命

健康の保持増進

令を放射線暴露の危険性を理由に拒否したことを理由とする減給処分に違法はないとする判例(愛知県教委事件　最高裁第一小法廷平成13年4月26日労判804−15)があります。

ウ　自発的健康診断

過去6ケ月間を平均して1ケ月当たり4回以上深夜業に従事した労働者は、自ら受けた健康診断の結果を証明する書面を事業者に提出することができます(同法第66条の2)。

エ　健康診断に関する措置

自発的健康診断の場合を含め健康診断に関して、事業者は、次の措置を講じなければなりません。

① 健康診断個人票を作成して健康診断の結果を記録し、一般健康診断については5年間、特殊健康診断についてはその種類ごとに定められた期間保存すること(同法第66条の3)。
② 健康診断の結果(健康診断の項目に異常の所見があると診断された労働者に限る)に基づき、その労働者の健康を保持するために必要な措置について、医師または歯科医師の意見を聴くこと(同法第66条の4)。
③ 医師や歯科医師の意見を勘案し、その必要があるときは、労働者の実情を考慮して、就業場所の変更、作業の転換、労働時間の短縮、深夜業の回数の減少、作業環境測定の実施、施設・設備の設置・整備、医師や歯科医師の意見の衛生委員会などへの報告などの適切な措置を講じること(同法第66条の5)。
④ 健康診断を受けた労働者に健康診断の結果を通知すること(同法第66条の6)。
⑤ 健康診断の結果、特に健康の保持に努める必要があると認める労働者に対し、医師や保健師による保健指導を行うよう努めること(同法

第66条の7)。

なお、これらに関して、健康診断結果について医師の意見を聴いていないことが安全配慮義務に違反して、損害賠償の対象となるとする裁判例(榎並工務店事件)や健康診断を実施しても、結果を本人に伝えただけで、それ以上の考慮をしていないことが安全配慮義務に違反して、損害賠償の対象となるとする裁判例(システムコンサルタント事件　東京高裁平成11年7月28日判時1702-88など)があります。

(5) 面接指導
ア　面接指導
　時間外労働が月100時間を超えており、かつ、疲労の蓄積が見られる労働者から申出がある場合には、その申出後遅滞なく、医師が問診などにより心身の状況を把握し、これに応じて面接により指導を行う面接指導を行わなければなりません(同法第66条の8第1項)。

　労働者は、事業者の指定した医師が行う面接指導を受けることを希望しない場合に、他の医師の行う面接指導を受け、その結果を証明する書面を事業者に提出したときを除き、事業者が行う面接指導を受けなければなりません(同条第2項)。

イ　面接指導について講ずべき措置
　面接指導についても、事業者は、次の措置を講じなければなりません。
① 　面接指導の結果の記録を作成し5年間保存すること(同条第3項)。
② 　面接指導の結果に基づき、遅滞なく医師から意見を聴取すること(同条第4項)。
③ 　医師の意見を勘案し、労働者の実情を考慮して、就業場所の変更、作業の転換、労働時間の短縮、深夜業の回数の減少、医師の意見の衛生委員会などへの報告などの適切な措置を講ずること(同条第5項)

また、面接指導の義務のない労働者であっても、長時間の労働により疲労の蓄積が認められ、または健康上の不安のあるものに対して、その申し出に基づき面接指導を行うよう努めなければなりません（同法第66条の9）。

（6）健康管理手帳

都道府県労働局長は、がんなどの健康障害を生ずるおそれのある業務に従事していた者のうち一定の要件に該当する者に対し、離職の際または離職後に、無料で健康診断を受診できる健康管理手帳を交付します（同法第67条）。

（7）病者の就業禁止

事業者は、病毒伝ぱのおそれのある伝染性の疾病や労働のため病勢が著しく増悪するおそれのある心臓、腎臓、肺などの疾病にかかった者などについては、あらかじめ、産業医その他専門の医師の意見を聴いて、その就業を禁止しなければなりません（法第68条、則第61条）。

（8）健康の保持増進のための措置

ア　健康教育など

事業者は、労働者に対する健康教育および健康相談など他労働者の健康の保持増進を図るため必要な措置を継続的かつ計画的に講ずるように努めなければなりません。また、労働者は、事業者が講ずる措置を利用して、その健康の保持増進に努めなければなりません（同法第69条）。

イ　体育活動などについての便宜供与

事業者は、労働者の健康の保持増進を図るため、体育活動、レクリエーションなどの活動についての便宜を供与するなど必要な措置を講ずるように努めなければなりません（同法第70条）。

ウ　健康の保持増進のための指針の公表

　厚生労働大臣は、事業者が講ずべき健康の保持増進のための措置に関して、その適切かつ有効な実施を図るため「事業場における労働者の健康保持増進のための指針（昭和63年9月1日公示第1号）」などを公表しており、この指針に従い、事業者や事業者団体に対し、必要な指導などを行うことができます（同法第70条の2）。

（9）快適な職場環境の形成のための措置
ア　事業者の講ずる措置

　事業者は、事業所における安全衛生の水準の向上を図るため、①作業環境を快適な状態に維持管理するための措置、②労働者の従事する作業について、その方法を改善するための措置、③作業に従事することによる労働者の疲労を回復するための施設・設備の設置・整備、④その他の快適な職場環境を形成するため必要な措置を継続的かつ計画的に講ずることにより、快適な職場環境を形成するように努めなければなりません（同法第71条の2）。

イ　快適な職場環境の形成のための指針の公表

　厚生労働大臣は、事業者が講ずべき快適な職場環境の形成のための措置に関して、その適切かつ有効な実施を図るため「事業者が講ずべき快適な職場環境の形成のための措置に関する指針（平成4年7月1日告示第59号）」を公表しており、この指針に従い、事業者や事業者団体に対し、必要な指導などを行うことができます（同法第71条の3）。

10　安全衛生改善計画

（1）安全衛生改善計画の作成の指示

　都道府県労働局長は、事業場の施設などについて労働災害の防止を

図るため総合的な改善措置を講ずる必要があるときは、事業者に対し、安全衛生改善計画を作成することを指示することができます（同法第78条第1項）。

事業者は、安全衛生改善計画を作成しようとする場合には、その事業所に労働者の過半数で組織する労働組合があるときはその労働組合、労働者の過半数で組織する労働組合がないときは労働者の過半数を代表する者の意見を聴かなければなりません（同条第2項）。

（2） 安全衛生改善計画の遵守

事業者およびその労働者は、安全衛生改善計画を守らなければなりません（同法第79条）。

11 過重な業務による健康障害の防止

（1） 過重な業務による健康障害の増加

近年、過重な業務による健康障害が増加しており、業務による脳・心臓疾患の発症者数は、平成14年度以降毎年300人～400人で推移し、死亡者数も年間150人前後となっています。また、業務による精神障害の発症者数も、平成14年度以降毎年100人以上で、特に18年度、19年度は200人を超えており、自殺者も年間40人以上となっていて、特に19年度は80人を超えています。

（2） 脳・心臓疾患の発症の予防

脳・心臓疾患の発症の予防は、その発症の基礎となる血管の病変などが、主に加齢や食生活、生活習慣などの日常生活による諸要因、あるいは遺伝などの個人に内在する要因により長い年月の生活の営みの中で徐々に形成、進行及び悪化するといった経過をたどって発症するもので、広く一般に普遍的に数多く発症する疾病ですが、業務による過重な負荷が加わ

ることにより、血管の病変などがその自然経過を超えて著しく悪化させ、発症させることがあります。

　業務による過重な負荷により脳・心臓疾患を発症させる要因には、①交替制の勤務、②深夜労働、③不規則な労働時間、④拘束時間の長い勤務、⑤頻繁な出張や連続した出張、⑥作業環境、⑦精神的ストレス、⑧長い労働時間などがあります。

ア　労働時間の適正な管理

　特に、労働時間については、長時間労働により睡眠が十分に取れないため、疲労の回復が困難となり疲労が蓄積することが原因で、脳・心臓疾患の発症につながり、月45時間以下の時間外労働では脳・心臓疾患の発症との関連は明らかではないが、月80～100時間の時間外労働は、脳・心臓疾患の発症と大きく関連している可能性があり、その中間では労働態様によって影響がみられる可能性があると考えられています。

　このため、労働時間の管理については、次の措置を講ずる必要があります（過重労働による健康障害防止のための総合対策（平成14年2月12日基発第0212001号））。

① 　時間外・休日労働時間の削減に取り組み、実際の時間外労働を月45時間以下とするようにし、休日労働の削減に努めること。
② 　労働時間に関する自己申告制などが不適正に運用され、その結果、労働時間の把握があいまいになり、過重な長時間労働につながっている場合があるので、労働時間の適正な把握を行うこと。
③ 　裁量労働制の対象者や管理・監督者についても、過重労働とならないよう十分な配慮を行うこと。
④ 　年次有給休暇を取得しやすい職場環境づくりや計画的付与制度の活用などにより年次有給休暇の取得促進を図ること。
⑤ 　疲労を蓄積させない、または疲労を軽減させるような労働時間等の設定を行うこと。

イ　適切な健康管理

　過重労働による脳・心臓疾患の発症を予防するためには、一般に健康診断を実施してその健康状態を的確に把握し、その結果に基づき、医学的知見を踏まえて健康管理を適切に実施した上で、その年齢や健康状態などに応じて従事する作業時間および内容の軽減、働く場所や業務の内容の変更などの措置を適切に講ずることが必要です。

　このため、雇入れ時の健康診断、定期の健康診断、深夜業従事者などの特定業務従事者の健康診断などを適切に実施するとともに、健康診断の結果に基づく措置を適切に講じる必要があります。また、所定外労働時間が月100時間を超えているなどの長時間労働を行った者に対しては、医師による面接指導を行う必要があり、面接指導の結果についても、適切な措置を講じる必要があります（568～575頁参照）。

　このほか、医学的知見を踏まえて健康管理を適切に行う必要がありますので、健康状況に影響のある業務に従事させるなどの場合には、産業医や主治医の意見を聴いた上で判断することや仮眠などを伴う場合には安眠できる環境を整備すること、出張が頻繁にある場合や連続する場合には出張による健康への影響に配慮すること、騒音、寒冷、時差などの職場環境や小集団活動などの業務に関連する活動などの健康への影響にも留意する必要があります。

　なお、過重な業務により発症する可能性がある疾病には、このほか、十二指腸潰瘍や喘息などがあります。

（3）精神障害の発症の予防

　業務による心理的あるいは身体的な負担により、精神障害を発症させ、その病態として出現する蓋然性が高いとされる自殺願望があらわれることがあります。

　業務による精神障害を発症させる要因としては、①長い労働時間、②仕事上の失敗、③仕事の内容や質の変化、③仕事の上での地位や役割な

どの変化、④職場における人間関係のトラブルや変化、⑤職場環境、⑥使用者側の対応などが挙げられています。

このうち、労働時間の長さについては、恒常的な長時間労働は、精神障害を引き起こす準備状態を形成する要因となる可能性が高く、また、生理的に必要な最小限度の睡眠時間を確保できないほどの極度の長時間労働の場合には、それだけで精神障害を引き起こすおそれがある程度に心理的・身体的な負担があると考えられており、近年の労災認定の裁判例においても労働時間の長さが重視されています。

また、仕事上の失敗や上司などとの人間関係が原因と見られる自殺のケースも増加しています。

一方、精神障害は個人の資質が極めて大きな影響を及ぼすとともに、ストレス要因の中には、仕事以外のストレス要因があり、その中で特に重要なのが本人の家庭生活や個人的な生活で、例えば、病気やケガをしたり、妊娠・出産、結婚・離婚、財産を失う、災害に巻き込まれる、家族の病気やケガ、死亡、犯罪、家族や親戚・近所とのトラブルなどは、大きなストレス要因であることにも留意する必要があります。

このため、長時間労働とならないようにすることや上司など職場の人間関係についてセクハラに関する措置（第17章660～661頁参照）に準じた取組みを行い、適正な職務への配置や業務に関する相談・支援体制を整備することが重要です。

また、これと並んで、メンタルヘルス不調につながるおそれのある状況は、長い職業生涯の過程では、頻繁に起こってくることであり、これを根本的になくすということは現実には不可能なので、このような兆候が現れた場合に適切に対処し配慮することが重要です。その際、最ものぞましいのは、本人がストレスに気づき、これに適切に対処することですが、職場のストレス要因には、本人の力だけでは取り除くことができないものもあるので、事業者が職場のメンタルヘルスケアを積極的に推進し、そのために必要な適切な支援を講ずる必要があります。このため、メンタルヘルス不調の兆候が現れた場

合には、本人がこれに気づき、適切に対処することが重要ですので、これに対処するための知識、方法を日頃から身につけさせておく必要があります。また、管理監督者が職場環境などの把握と改善、部下からの相談対応を行うことや産業保健スタッフなどがメンタル不調を把握し、必要な配慮を行うこと、外部の専門機関を活用することも重要です。

さらに、メンタルヘルスについては、客観的な測定方法が十分確立しておらず、その評価は容易ではないなどの特質があることに留意するとともに、センシティブな個人情報を取り扱い、また、本人からの率直な状況の報告や自発的な相談などが求められるので、その前提として、個人のこころの健康情報が確実に保護され、本人の意思が尊重されることが不可欠であることに配慮する必要があります。

また、職場におけるメンタルヘルスケアについては、その構成要素として、次の4つのメンタルヘルスケアがあり、これらを継続的かつ計画的に行うことが重要と考えられています。

① セルフケア

本人が、ストレスの要因やその存在に気づき、これに対処することをいい、ストレスの要因は、仕事や職業生活、家庭、地域などにあるので、本人自身がセルフケアの必要性を認識することが重要です。事業者は、本人がメンタル不調に対する気づきを促進するため、必要な教育研修や情報提供を行うとともに、企業内に相談体制を整備したり、外部の専門機関を活用することにより、自発的に相談しやすい環境を整える必要があります。

② ラインによるケア

管理者がメンタルの問題について、職場環境の改善や特に配慮が必要な者に対する相談や対応などに当たることをいい、事業者は、必要な事項について、教育研修や情報提供を行う必要があります。

③　産業保健スタッフによるケア

　産業保健スタッフが労働者本人や管理者に対し、こころの健康問題について、必要な支援などを行うことをいい、こころの健康問題について中心的な役割を果たすことが期待されています。

④　外部専門機関によるケア

　企業外のメンタルヘルスの専門的な機関を活用することをいい、こころの問題や求めるサービスに応じて活用することが可能なほか、労働者が相談の内容などを職場に知られたくないような場合には、その活用が効果的です。

12　寄宿舎における安全衛生などの確保

（1）事業附属寄宿舎

　常態として相当人数の労働者が宿泊し、共同生活の実態を備えるものを寄宿舎といい、それが事業経営の必要上その一部として設けられているような事業との関連を持つ場合には、事業附属寄宿舎として、労働基準法などの適用を受けます。

　事業附属寄宿舎であるためには、「寄宿舎であること」と「事業に附属していること」が必要です。

　このうち、寄宿舎であるか否かについては、次の基準で判断します。

①　相当人数の労働者が宿泊しているか否か。
②　その場所が独立または区画された施設であるか否か。
③　共同生活の実態を備えているか否か。すなわち単に便所、炊事場、浴室などが共同となっているだけでなく、一定の規律、制限により労働者が通常、起居寝食などの生活態様をともにしているか否か。

　また、事業に附属するか否かについては、次の基準によって判断します。

① 宿泊している労働者について、労務管理上共同生活が要請されているか否か。
② 事業場内またはその付近にあるか否か。

（2） 寄宿舎生活の自治

事業附属の寄宿舎においては、寄宿する労働者の私生活の自由を侵す行為をしてはなりません（同法第94条第1項）。なお、ここでいう「私生活」とは、広く業務から解放された労働関係外の生活をいい、始業時間前、終業時間後の生活が含まれ、寄宿舎に寄宿する労働者の私生活の自由を侵す行為とは、次のような場合です。
① 外出または外泊について使用者の承認を受けさせること。
② 教育、娯楽その他の行事に参加を強制すること。
③ 共同の利益を害する場所および時間を除き、面会の自由を制限すること。

私生活の自由を前提とする寄宿舎生活の秩序は、寄宿する労働者の自治によって維持されるべきであり、このため寮長、室長などの寄宿舎生活の自治に必要な役員の選任に対する使用者の干渉はしてはなりません（同条第2項）。この規定に違反した者は、6月以下の懲役または30万円以下の罰金に処せられます（同法第119条）。

（3） 寄宿舎規則

事業に附属した宿舎に労働者を寄宿させる場合には、寄宿舎生活の秩序を保つとともに、労働者の私生活を確保するために、次の事項を定めた寄宿舎規則を寄宿舎に寄宿する労働者の過半数を代表する者の同意を得て作成し、その署名または記名押印のある書面を添附して、労働基準監督署長に届け出なければなりません（同法第95条第1項～第3項）。これに違反した者は、30万円以下の罰金に処せられます（同法第120条）。

① 起床、就寝、外出および外泊
② 行事
③ 食事
④ 安全および衛生
⑤ 建設物および設備の管理

　使用者は、労働基準法および事業附属寄宿舎規程または建設業附属寄宿舎規程ならびに寄宿舎規則を、寄宿舎の見易い場所に掲示し、または備え付けるなどの方法によって、寄宿舎に寄宿する労働者に周知するとともに、寄宿舎に労働者を寄宿させるに際し、寄宿舎規則を示さなければなりません（同法106条2項）。これに違反した者は、30万円以下の罰金に処せられます（同法第120条）。

　使用者および寄宿舎に寄宿する労働者は、寄宿舎規則を遵守しなければなりません（同法第95条第4項）。

（4）寄宿舎の設備および安全衛生

　事業の附属寄宿舎については、換気、採光、照明、保温、防湿、清潔、避難、定員の収容、就寝に必要な措置など労働者の健康、風紀および生命の保持に必要な措置を講じなければなりません。また、なるべく教養、娯楽、面会のための室など寄宿舎に寄宿する労働者のための適当な福利施設を設けなければなりません（同法第96条第1項）。寄宿舎の設備及び安全衛生の基準に違反した者は、6月以下の懲役または30万円以下の罰金に処せられます（同法第119条）。

　また、常時10人以上の労働者を就業させる事業などに附属する寄宿舎を設置、移転、変更する場合には、寄宿舎則などに定められた危害防止などに関する基準に従って定めた計画を、工事着手2週間前までに労働基準監督署長に届け出なければなりません（同法第96条の2第1項）。

13 安全配慮義務

　労働者の安全衛生に関して、使用者は、労働契約に伴い、労働者がその生命、身体などの安全を確保しつつ労働することができるよう、必要な配慮をしなければなりません（労働契約法第5条）。この安全配慮義務については、判例において、完全に定着しています（第6章197～206頁参照）。

第16章

災害補償

「災害補償」のポイント
1 労働基準法の災害補償
2 労災保険とは
3 業務災害に関する保険給付
4 通勤災害に関する保険給付
5 二次健康診断等給付
6 社会復帰促進等事業
7 労災保険給付と損害賠償などとの調整
8 その他

「災害補償」のポイント

1　労働者が労働災害などに被災した場合には、使用者には、療養補償給付、休業補償給付、障害補償給付、遺族補償給付および葬祭料を支払う義務がある。

2　業務上の事由または通勤による労働者の負傷、疾病、障害、死亡などに対して迅速公正な保護をするため、必要な保険給付を行うことなどを目的として、かつ、労働基準法に規定する災害補償の事由が生じた場合に、補償を受けるべき労働者もしくは遺族または葬祭を行う者に対し必要な給付を行う労災保険制度が整備されている。

3　業務上の災害と認定されるためには、一般に業務遂行性と業務起因性があることが必要であり、業務遂行性とは労働契約に基づき労働者が使用者の支配・管理下にあることを、業務起因性とは業務と負傷や疾病などとの間に相当因果関係があることをいう。なお、業務上であるか否について、労働基準監督署長が迅速・適正な認定を行うことができるとともに、全国斉一的な認定ができるように、主な疾病については、認定基準が示されている。

4　通勤災害は、労働者の通勤による負傷、疾病、障害または死亡をいい、通勤とは、労働者が、就業に関し、①住居と就業の場所との間の往復、②複数就業者の特定の就業の場所から他の就業の場所への移動、③単身赴任者の赴任先の住所と帰省先の住所間の移動を、合理的な経路および方法により行うことをいい、業務の性質を有するものを除く。往復の経路を逸脱しまたは往復を中断した場合には、逸脱または中断の間およびその後の往復は通勤とはならないが、逸脱または中断が日常生活上必要な行為でやむを得ない事由により行うための最小限度のものである場合は、その逸脱または中断の間を除いて、通勤に含まれる。

5 労災保険給付と損害賠償などとは、次のように調整される。
① 労働基準法に規定する災害補償の事由について、労災保険法などに基づいて、労働基準法の災害補償に相当する給付が行われる場合には、使用者は、補償の責を免れる。
② 使用者は、労働基準法による補償を行った場合や労災保険給付があった場合には、同一の事由については、その価額の限度において損害賠償の責を免れるが、労災保険の将来の給付額は損害賠償額から控除されない。また、労災保険の給付は財産的損害を補償することを目的としているので、入院雑費、付添看護費および慰謝料については、保険給付との調整は行われない。被災労働者に過失があった場合に行われる過失相殺と労災保険給付の控除との関係については、損害額について過失相殺した後で、労災保険の給付分を控除する。
③ 第三者行為災害の場合の損害賠償についても、労災保険の将来の給付額は損害賠償額から控除されない。
④ 労災保険法に基づく特別支給金には、被災労働者の損害をてん補する性質がないので、特別支給金の額は損害賠償額から控除されない。

1 労働基準法の災害補償

　労働基準法の災害補償には次のものがあり、これらの規定に違反した者は、6月以下の懲役または30万円以下の罰金に処せられます（同法第119条）。

（1）療養補償

　労働者が業務上負傷し、または疾病にかかった場合には、使用者は、その費用で次の必要な療養を行い、または必要な療養の費用を負担しなけ

ればなりません（同法第75条）。

① 診察
② 薬剤または治療材料の支給
③ 処置、手術その他の治療
④ 居宅における療養上の管理およびその療養に伴う世話その他の看護
⑤ 病院または診療所への入院およびその療養に伴う世話その他の看護
⑥ 移送

（2）休業補償

　労働者が業務上負傷し、または疾病にかかり療養のため、労働することができないために賃金を受けない場合には、使用者は、労働者の療養中平均賃金の100分の60の休業補償を行わなければなりません（同法第76条）。

（3）障害補償

　労働者が業務上負傷し、または疾病にかかり、治った場合に、その身体に障害があるときは、使用者は、その障害の程度に応じて、平均賃金に所定日数を乗じて得た金額の障害補償を行わなければなりません（同法第77条、第78条）。

（4）遺族補償

　労働者が業務上死亡した場合には、使用者は、遺族に対して、平均賃金の1000日分の遺族補償を行わなければなりません（同法第79条）。

（5）葬祭料

　労働者が業務上死亡した場合には、使用者は、葬祭を行う者に対して、

平均賃金の60日分の葬祭料を支払わなければなりません（同法第80条）。

(6) 打切補償

(1)の休業補償を受ける労働者が、療養開始後3年を経過しても負傷または疾病がなおらない場合には、使用者は平均賃金の1200日分の打切補償を行い、その後は補償を行わなくても差し支えありません（同法第81条）。

2 労災保険とは

　業務上の事由または通勤による労働者の負傷、疾病、障害、死亡などに対して迅速公正な保護をするため、必要な保険給付を行うことなどを目的として、かつ、労働基準法に規定する災害補償の事由が生じた場合に、補償を受けるべき労働者もしくは遺族または葬祭を行う者に対し必要な給付を行う労災保険制度が整備されています（労災保険法第1条、第12条の8第2項）。

　労災保険は、労働者の就業形態や雇用期間、就労時間数に関係なく、労働者を1人でも使用している場合には、原則として強制適用事業であり（同法第3条第1項）、また、労働者以外の者であっても、その業務の実情や災害の発生状況などからみて、労働者に準じて保護することが適当であると認められる者に対しては、特別に任意で加入することができます（同法第33条～第36条）。

　労災保険の給付には、次の3種類があります（同法第7条第1項）。

① 業務上の事由による負傷、疾病、障害、死亡（業務災害）を被った労働者やその遺族に対して迅速公正な保護のために行う業務災害に関する保険給付

② 通勤による負傷、疾病、障害、死亡（通勤災害）を被った労働者やその遺族に対して迅速公正な保護のために行う通勤災害に関する保険給付

③ 労働安全衛生法に基づく健康診断において、血圧検査、血液検査などの脳・心臓疾患の発症に関連する検査の項目に異常の所見があると診断された場合に、脳の血管および心臓の状態を把握するために必要な健康診断を行い、その結果に基づき、脳の血管および心臓の疾病の発症を予防するために、医師または保健師による面接による保健指導を行う二次健康診断等給付

なお、労働者が、故意に負傷、疾病、障害もしくは死亡またはその直接の原因となつた事故を生じさせたときは、労災保険の給付は行いません。また、労働者が故意の犯罪行為もしくは重大な過失により、または正当な理由がなくて療養に関する指示に従わないことにより、負傷、疾病、障害もしくは死亡もしくはこれらの原因となった事故を生じさせ、または負傷、疾病もしくは障害の程度を増進させ、もしくはその回復を妨げたときは、給付の全部または一部を行わないことができます（同法第12条の2の2）。

3　業務災害に関する保険給付

（1）業務上の認定
ア　業務上外の認定
　業務上の災害と認定されるためには、労働者が労働契約に基づいて事業主の支配下にある状態にあること（業務遂行性）と業務と傷病などとの間に一定の因果関係が存すること（業務起因性）が必要です。これについては、次のように考えられています。

1）事業主の支配・管理下で業務に従事している場合
　労働者が、予め定められた担当の仕事をしている場合や特命業務に従事している場合、担当業務を行う上で必要な行為、作業中の用便、飲水などの生理的行為を行っている場合その他労働関係の本旨に照らして合理

業務災害に関する保険給付

的と認められる行為を行っているなどの場合には、災害は、業務としての行為や事業所の施設・設備の管理状況などが原因となって発生しますので、他に業務上と認め難い事情がない限り、業務上と認められます。なお、ここでいう「業務上と認め難い特別の事情」としては、次のような場合です。

① 就業中に私的行為を行い、または恣意的行為をしていて、その私的行為または恣意的行為が原因となって災害が発生した場合
② 故意に災害を発生させた場合
③ 個人的なうらみなどにより、第三者から暴行などを受けて被災した場合
④ 地震、台風、火災など天災地変によって被災した場合(この場合、事業所の立地条件などにより、天災地変に際して災害を被り易い業務上の事情があるときは、業務起因性が認められます)

一方、第三者の加害行為による災害の場合でも、加害者と被害者との間に私的な怨恨関係がなく、災害の原因が業務にあって業務と災害との間に相当因果関係が認められる場合には、業務起因性が認められます。

また、例えば、業務行為中に事業所施設に危険な事態が生じたため、業務行為の継続が困難と判断し、危険を避けるために施設外へ避難するという労働者の行為は、単なる私的行為または恣意行為と異なり、合理的な業務附随行為であり、避難行為が私的行為、恣意行為と認められない限りは、業務上になります(昭和49年10月25日基収第2950号)。

2) 事業主の支配・管理下にあるが、業務に従事していない場合

休憩時間に事業所構内でキャッチボールをしている場合や社員食堂で食事をしている場合、休憩室で休んでいる場合、通勤専用に提供した交通機関を利用しているなどの場合で、出社して事業所施設内にいる限り、労働契約に基づき施設管理下にあるので業務遂行性は認められますが、休憩時間や始業前終業後は実際に仕事をしているわけではないので、行為

そのものは私的行為です。

　ただし、例えば、昼食をとりに社内食堂へ行く途中の階段で足を滑らせてけがをした場合に、事業所の施設・設備の管理状況などが原因となって発生したと評価されるときは、業務上になります。

3）事業主の支配下にあるが、管理下を離れて業務に従事している場合

　出張や社用での外出、運送、配達、営業などのため事業所の外で仕事をする場合、事業所外の就業場所への往復、食事、用便など事業所外での業務に付随する行為を行うなどの場合で、出張や社用での外出など事業所施設外で業務に従事する場合は、施設管理下を離れてはいますが、労働契約に基づき、事業主の命令を受けて仕事をしているわけですから、仕事の場所はどこであっても、途中で労働者が積極的私的行為を行うなど特段の事情がない限り、一般的に業務遂行性が認められます。そして、業務遂行性が認められるものについては、業務起因性について特にこれを否定すべき事情がない限り、一般的には業務上と認められます。例えば、次のような場合です。

① 　営業員が取引先があるビル内で崩れ落ちてきた積荷で頭部を打ち、死亡した場合で、業務に従事していた事実が証明されたとき
② 　休日に事故があったため、自宅などから使用者の呼出しを受けて現場にかけつける途上や予め休日に出勤を命ぜられている場合に自宅から現場までの途上でけがをしたとき（昭和24年1月19日基収第3375号）。
③ 　駅頭で商品の宣伝パンフレットを配布している途中で第三者から蹴られてけがをした場合で、加害者の私怨や私的関係に由来していないとき

　特に出張中はその出張業務の成否や遂行方法について包括的に事業

主が責任を負っていますので、出張過程の全般について事業主の支配下にあると評価され、積極的な私用や私的行為あるいは本人の恣意行為による場合を除き、一般に出張に当然または通常伴う行為とみて、業務遂行性が認められます。したがって、出張中の食事や喫茶、列車内での睡眠中の事故、旅館やホテルなどでのたとえば宿泊中の火災、食事による食中毒などの宿泊中の災害も、業務起因性が認められて業務上の災害となります。

また、社外行事への参加については、強制参加の場合には一般に業務と評価されますが、費用の全額が会社が負担している場合であっても、強制参加とされていない場合には業務とは評価されません。一方、行事そのものが業務とみなされない場合でも、その行事に世話役などとしてその職務の一環として参加する場合には業務と評価され、業務遂行性が認められます。

イ 疾病に関する認定基準

労災給付給付について業務上であるか否かを判断し、保険給付を行うか否かの決定をするのは所轄の労働基準監督署長ですが、労働基準監督署長が迅速・適正な認定を行うことができるとともに、全国斉一的な認定ができるように、主な疾病については、認定基準が示されています。

このうち、「脳血管疾患及び虚血性心疾患等（負傷に起因するものを除く）の認定基準（平成13年12月12日基発第1063号）」の概要は、次のとおりです。

(1) 対象となる疾病
① 脳血管疾患：脳内出血（脳出血）、くも膜下出血、脳梗塞、高血圧性脳症
② 虚血性心疾患等：心筋梗塞、狭心症、心停止（心臓性突然死を含む）、解離性大動脈瘤

(2) 認定要件
① 発症直前から前日までの間において、「異常な出来事」に遭遇し

たこと
　② 　発症に近接した時期に、「短期間の過重業務」に就労したこと
　③ 　発症前に「長期間の過重業務」に就労したこと
(3) 　認定要件の運用
　① 　異常な出来事
　　極度の緊張や興奮、恐怖など、強度の精神的負荷を引き起こす突発的または予測困難な異常な事態をいい、取り返しのつかない大事故を起こしてしまったというような場合で、発症直前から前日までの間にそのような「異常な出来事」があったか否かにより認定する。
　② 　短期間の過重業務
　　発症前およそ1週間の間に日常業務に比較して特に過重な身体的、精神的負荷を生じさせたと客観的に認められる業務に就労していたか否かにより認定する。
　③ 　長期間の過重業務
　　発症前おおむね1ヵ月ないし6か月間における業務量、業務内容、作業環境などを考慮し、著しい疲労が蓄積されていたか否かにより認定する。この場合の労働時間の目安については、発症日を起点とした1か月単位の連続した期間をみて、1か月当たりおおむね45時間を超える時間外労働時間では業務と発症との関連性が徐々に強まること、1か月間におおむね100時間または発症前2か月間ないし6か月間にわたって、1か月あたりおおむね80時間を超える時間外労働が認められる場合は、業務と発症との関連性が強いと評価できること、である。また、労働時間以外にも、不規則な勤務、拘束時間の長い勤務、出張の多い業務、交替制勤務・深夜勤務、作業環境（温度環境・騒音・時差）、精神的緊張を伴う業務を過重労働の判断要素としている。さらに、これらの要因については、負荷の程度を評価するための視点が示されており、例えば、「不規則な勤務」については予定された業務スケジュールの変更の頻度・程度・事前の通知状況、予測の度合、業

務内容の変更の程度などを考慮し、「拘束時間の長い勤務」については拘束時間数、実労働時間数、労働密度（実作業時間と手待時間との割合など）、業務内容、休憩・仮眠時間数、休憩・仮眠施設の状況（広さ、空調、騒音など）などで判断する。

また、「心理的負荷による精神障害等に係る業務上外の判断指針について（平成11年9月14日基発第544号）」の概要は、次のとおりです。
(1)　労働者の精神障害が業務に起因するか否かについては、精神障害の発病の有無、発病時期および疾患名を明らかにした上で、①業務による心理的負荷、②業務以外の心理的負荷、③個体側要因（精神障害の既往歴など）について評価し、これらと発病した精神障害との関連性について総合的に判断する。
(2)　①対象疾病に該当する精神障害を発病していること、②対象疾病の発病前おおむね6か月の間に客観的にその精神障害を発病させるおそれのある業務による強い心理的負荷が認められること、③業務以外の心理的負荷および個体側要因によりその精神障害を発病したとは認められないことのすべてを満たす場合に、業務上と認められる。
(3)　業務上の精神障害によって、正常の認識、行為選択能力が著しく阻害され、または自殺行為を思いとどまる精神的な抑制力が著しく阻害されている状態で自殺が行われたと認められる場合には、結果の発生を意図した故意には該当しないので、このような場合には、業務と自殺との間の相当因果関係が認められる（平成11年9月14日基発第545号）。

ウ　労働災害の業務上外の認定に関する裁判例
　労働災害の業務上外の認定に関する裁判例には次のようなものがあります。

1) 就業時間中の行為

　警備会社の受付け業務を担当していたアルバイト学生が就業時間内に無断で会社所有の自動二輪を無免許で運転したことは、雇傭主のため職務の範囲内である巡回を善意で行う目的で、詰所からコンテナ置場附近に赴く途中災害に遇ったから、業務遂行性が認められ、また、災害は雇傭主が黙認していた自動二輪車の無免許運転に内在する危険が現実化したもので業務起因性が認められるから、業務上である（神戸東労基署長事件　神戸地裁昭和50年5月16日訟務月報21-7-1423）。

2) 休憩時間中の行為

① 「健康づくり運動」の一環として休憩時間中に行われたドッジボールにおいてボールが耳にあたり負傷したのは、業務上の事由に当たらない（尼崎労基署長（神崎製紙）事件　神戸地裁昭和63年3月24日労判515-38）。

② 休憩時間中に行われた業間体操に引き続き就業時間に若干ずれこんで行われたハンドボールは、事実上は病気や負傷などやむをえない事由でもないかぎりこれに参加せざるをえない状態にあったから、その際の事故は業務上に当たる（佐賀労基署長（ブリジストンタイヤ）事件　佐賀地裁昭和57年11月5日労経速1147-3）。

3) 社外の行事など

① 上司の依頼により同僚の引越し手伝いに行く途上に発生した新聞配達員の事故は、業務遂行性および業務起因性を欠く（横浜北労基署長事件　横浜地裁平成7年12月21日訟務月報42-11-2769）。

② 会社が経費の全額を負担しているが、会社役員が従業員に対し特に都合が悪い場合は格別できるだけ参加するようにと勧め、参加者を当日出勤扱いにする旨伝えたものの、参加することを強制した事実は認められない忘年会への参加には業務遂行性は認められない（福

井労基署長事件　名古屋高裁金沢支部昭和58年9月21日訟務月報30-3-552)。
③　棟上げ作業に従事するようにとの社長からの指示に基づき参加した「棟上げ式」の餅まきの行事における建設会社の社員の負傷は、業務上に当たる(淡路労基署長(上田建設)事件　神戸地裁昭和58年8月29日労判416-49)。
④　得意先を招待してアクアラングを装着遊泳中に生じた死亡事故は業務上に当たらない(神戸西労基署長事件　最高裁第一小法廷昭和49年10月14日訟務月報21-2-434)。

4)　出張中の行為
①　中国への海外出張中にホテル内で殺害されたことは、業務に内在する危険性が現実化したものであるから、業務上に当たる(鳴門労基署長事件　徳島地裁平成14年1月25日判タ1111-146)。
②　「研修旅行」と称する関連会社の工場見学等のほか、主に観光地訪問を内容とした2泊3日の台湾旅行に自己負担金3万円(旅行費用59、800円)を支払って参加したことは、会社の業務として行われたものとは解し難く、旅行への参加は業務遂行性が認められず、事故による死亡を業務上と認めることはできない(多治見労基署長事件　岐阜地裁平成13年11月1日労判818-17)。
③　飲酒行為は、宿泊を伴う出張において通常随伴する行為といえないことはなく、宿泊中の出張者が使用者に対して負う出張業務全般についての責任を放棄ないし逸脱した態様のものに至っていたとは認められないから業務遂行性は失われておらず、事故は、業務と全く関連のない私的行為や恣意的行為あるいは業務遂行から逸脱した行為によって自ら招いた事故ではなく、業務起因性を否定すべき事実関係はないので、出張中の宿泊先で夕食中に飲酒した後、階段から転落したことは、業務上に当たる(大分労基署長事件　福岡高裁平成5年4月28日労判648-82)。

5) 暴力行為

> 暴行が職場での業務遂行中に生じたものである限り、暴行が労働者との私的怨恨または労働者による職務上の限度を超えた挑発的行為もしくは侮辱的行為などによって生じたものであるなど、もはや労働者の業務とは関連しない事由によって発生したものであると認められる場合を除いては、業務に内在または随伴する危険が現実化したものであるとして、業務起因性を認めるのが相当である（新潟労基署長（中野建設工業）事件　新潟地裁平成15年7月25日労判858−170）。

エ　職業性疾病の業務上外の認定に関する裁判例

職業性疾病の業務上外の認定に関する裁判例には次のようなものがあります。

> 本件頸肩腕症候群は、何らの異常も自覚されていなかった20歳の若年者において、客室乗務員としての勤務と対応するようにして異常が自覚され発症に至ったものであること等を考慮すれば、客室乗務員としての業務に従事したことにより蓄積された頸肩腕部、腰部の疲労が慢性化し発症に至ったものであって、頸肩腕症候群の原因は不明であり、個々人の肉体的・精神的な素因に社会的環境的要因が働いて発症することが多いとされていることを考慮するとしても、少なくとも客室乗務員としての業務が相対的に有力な原因となっており、業務に起因するものと認めるのが相当である（大田労基署長（日本航空）事件　東京高裁平成13年9月25日労判817−35）。

オ　脳・心臓疾患の業務上外の認定に関する裁判例

脳・心臓疾患の業務上外の認定に関する裁判例には次のようなものがあります。

> ①　小集団活動にかかわる作業は、労災認定の業務起因性を判断する際には、使用者の支配下における業務である。また、ライン稼働中の

業務は労働密度も比較的高いものであり、加えて、深夜勤務を含む2交代勤務制である勤務形態は慢性疲労につながる。さらに、災害直前に発生した不具合を処理するに際して、後工程のチームリーダーらから強い口調で叱責され、相当程度に強い精神的ストレスをもたらした。労働時間は、発症前1か月間に1日5時間程度の時間外労働が継続し、発症前1か月間におおむね100時間を超える時間外労働が、量的及び質的にも過重な業務に従事して疲労を蓄積させた上、災害直前において極度に強い精神的ストレスを受けたものと認められ、従事した業務は、心室細動などの致死性不整脈を成因とする心臓突然死を含む心停止発症の原因となるものであった（豊田労基署長（トヨタ自動車）事件　名古屋地裁平成19年11月30日労判951-11）。

② 発症前1か月間の90時間に及ぶ時間外労働に加え、8年間もの長期間にわたり恒常的な長時間労働に従事し、発症前2年間は1か月80時間前後の時間外労働が常態化していたこと、唯一の日本人技術者であり、かつ生産・技術部門の副社長として、責任ある立場にあったこと、労務管理に腐心していたものの、その成果が上がらず、雇用状況ひいては生産量の改善の見通しが立たない困難な状態にあったことを総合してみれば、従事していた業務が過重であることが原因となって、その有していた血管病変をその自然経過を超えて著しく増悪させ、疾病を発症させたと認めることができ、業務と疾病の発症との間には相当因果関係がある（中央労基署長（興国鋼線索）事件　大阪地裁平成19年6月6日労判952-64）。

③ 長期間にわたる長時間労働（1年4か月にわたる1か月平均約130時間前後の時間外労働）による疲労の蓄積により、血管病変などがその自然的経過を超えて著しく増悪し、不整脈などの虚血性心疾患を発症した結果、心臓由来の塞栓子を生じ、これが左総腸骨動脈および下腸間膜動脈を閉塞し、疾病を発症したと認めるのが相当であるので、疾病発症は、業務に内在する危険が現実化したものと評価するこ

とができ、業務起因性を認めるのが相当である(池袋労基署長(フクダコーポレーション)事件　東京地裁平成19年1月22日労判939－79)。
④　基礎疾患の内容、発症に近接した時期における健康状態、発症前の6か月間の業務の内容を総合考慮すれば、基礎疾患である脳動脈瘤が本件発症当時その自然の経過によって一過性の血圧上昇があれば直ちに破裂するという程度に増悪していたとみることはできず、他に確たる増悪要因が認められない以上は、発症前に従事した業務による過重な精神的、身体的負荷が基礎疾患をその自然の経過を超えて増悪させ、その結果本件発症に至ったものとみるのが相当であり、その間に相当因果関係がある(成田労基署長(日本航空チーフパーサー)事件　東京高裁平成18年11月22日労判929－18)。
⑤　当日直ちに心筋梗塞を発症するような状態にはなく、消防署から本件査察の連絡を受け、作業に従事しなければ相当期間にわたり生きることができたのに、作業等に従事したことにより既存の基礎疾患を急激に増悪させ、その結果、心筋梗塞を発症した。よって、業務起因性がある(立川労基署長(日本光研工業)事件　東京地裁平成18年7月10日労判922－42)。
⑥　アスファルト工事という「暑熱な場所における業務」に従事中、熱中症を発症したうえ、致死的不整脈を発症し、死亡したものと認めることができるから、疾病発症は業務に起因する(足立労基署長(日昇舗装興業)事件　東京地裁平成18年6月26日労判923－54)。
⑦　急性心筋梗塞に移行する危険性の高い疾病である不安定狭心症を基礎疾患として有し、長期間深夜交替制の勤務形態に服し、常態として負荷の大きい業務に従事していて疲労の蓄積し、負荷の蓄積により事故前日の年休のみでは疲労の回復ないし解消が得られていないにもかかわらず、事故当日休暇取得の申出をしにくい状況の下で業務に従事したことによって更に負荷の暴露を受けざるを得なかったことにより、長期間にわたって業務に従事したことによる負荷の暴露と相俟

って、勤務態様及び労働密度を含めたところの業務に内在する一般的危険性が現実化し、血管病変が自然的経過を超えて急激に著しく増悪し急性心筋梗塞の発症を早めるのに大きく寄与したと推認するのが相当である（京都上労基署長（大日本京都物流システム）事件　大阪高裁平成18年4月28日労判917-5）。

⑧　当日の業務は、運転手に対して過重な負荷（約3時間にわたり車両を運転し、引き続き外気温よりも20度前後低いコンテナ内に入って、積荷の積み替え作業を行ったことなど）を与えた結果、過重な業務によって著しく血管病変などを増悪されるような急激な血圧変動や血管収縮が引き起こされ、その結果、基礎疾病の自然の経過を超えて虚血性心疾患が発症したと認められ、当該業務に内在し随伴する危険が現実化したものとみることができ、業務起因性を肯定される（立川労基署長（東京港運送）事件　東京高裁平成16年12月16日労判888-68）。

⑨　「過労死認定基準」は、業務上外認定処分取消訴訟における業務起因性の判断について裁判所を拘束するものではない。「自動車運転者の労働時間等の改善のための基準」は、業務の過重性判断の一つの指標となりえる。その基準に照らすと、死亡前の13営業日では、拘束時間は「改善基準」の262時間を20時間以上超える業務を行っていたこと、勤務は隔日勤務で所定時間が19時間という長時間であり、夜間や深夜に及ぶうえ、交通事故を起こさないようにする等緊張が強いられていたものであったことを総合してみると、死亡前の業務と、身体的、精神的の両面からして、過重なものであったと認めることができる（岡山労基署長（東和タクシー）事件　広島高裁岡山支部平成16年12月9日労判889-62）

⑩　6か月間にわたる過重業務が基質を徐々に悪化させるとともに、発症の誘因にも作用することによって、自然的経過を超えて、その基質を有意に増悪させ、致死性心室細動を引き起こしたものであることを、経験則に照らし通常人が疑いを差し挟まない程度の真実性をもって、

肯定することができる。したがって、その増悪は業務に内在または随伴する危険が現実化したものとして業務との相当因果関係を肯定するのが相当である（立川労基署長（東京海上火災保険）事件　東京地裁平成15年10月22日労判866-71）。

⑪　本人の経験からは困難な業務を期間内に行わなければならない一方、同僚らからの支援を期待できないという精神的な緊張を伴う業務を1か月間に所定労働時間を少なくとも104時間以上超過して行うという過重な業務を行っていた。他方、高血圧症であったということができ、また、飲酒、喫煙といった脳出血の発症する危険のある嗜好を有していたものの、臓器障害の他覚的徴候に欠けること、不安神経症も抗不安剤の服用により症状が消失していたことに照らすと、これらの私的な要因が有力な原因となって発症したということはできない。したがって、疾病は、業務が過重であったことが相対的に有力な原因となって発症したものということができる（和歌山労基署長（ＮＴＴ和歌山設備建設センター）事件　和歌山地裁平成15年7月22日労判860-43）。

⑫　従事した業務は、少なくとも有していた狭心症などの心血管疾患を自然の経過を超えて増悪させる危険性を有するものであったから、高血圧症や高脂血症などと相まって、従事した業務が、その狭心症などの心血管疾患を少なくとも増悪させる有力な原因であったことを十分に推察させる。そして、狭心症などの心血管疾患は、疾患発症の基礎となっていたから、従事した業務の過重性と疾患の発症との間には相当因果関係を認めることが相当である（長崎労基署長（三菱重工長崎研究所）事件　長崎地裁平成16年3月2日労判873-43）。

⑬　疾病は、基礎疾患であるＷＰＷ症候群が関与しているものの、過重業務などによるストレスによって、基礎疾患をその自然の経過を超えて増悪させ、発症に至ったと見るのが相当であって、疾病と業務との間に相当因果関係の存在を肯定することができる（平塚労基署長（東都春陽堂）事件　東京高裁平成13年12月20日労判838-77）。

カ 精神障害の業務上外の認定に関する裁判例

精神障害の業務上外の認定に関する裁判例には次のようなものがあります。

① 浄水場所長の業務上の心理的負荷がなかったとはいえず、サービスセンター長の業務の負荷についても、単純に担当していた業務の延長線上のものということはできず、さらに、兼務による心理的負荷も極めて大きかったと解され、他方、上司である支店長との相性ないし人間関係が良好ではなく、その物心両面にわたる援助は十分にされていなかったこと、本部長も同様であったことにかんがみると、これらの心理的負担が上司らにより有意的に軽減されていたとはいいがたく、年齢、経験、業務内容、労働時間、責任の大きさ、裁量性などからみて、精神障害を発症、もしくはこれを相当増悪させる程度に過重な心理的負荷を業務上負っていたと認めるのが相当であり、これらの心理的負荷の結果、うつ病を発症した。また、役員ら列席のもと、研修参加者全員が出席する懇親会の席上で行われた、本部長の「できが悪い」、「何をやらしてもアカン」などの発言によりかかった負荷は、業務上のものと解され、本部長の発言は、言われた者にとっては、にわかに忘れることの困難な、かつ明らかなストレス要因となる発言であり、社会通念上、精神障害を発症ないし増悪させる程度に過重な心理的負荷を有する（奈良労基署長（日本ヘルス工業）事件　大阪地裁平成19年11月12日労判958－54）。

② うつ病は、継続的かつ恒常的に心理的負荷を募らせていった状況の下、時間外労働の増加を伴う業務に従事したことおよび主任に昇格したことによる心身的負荷とうつ病に親和的な性格傾向が相乗的に影響し合って発症したものである。そして、うつ病を発症した以降も長時間にわたる時間外労働に従事し、さらに、結婚指輪に関する上司の発言などによってうつ病を急激に増悪させた結果、うつ病による希死念慮の下、発作的に自殺した。したがって、業務などによる心身的負

荷は、社会通念上、うつ病の発症のみならず増悪の点でも、一定程度以上の危険性を有するものであったから、うつ病の発症および増悪とこれに基づく自殺には業務起因性が認められる(名古屋南労基署長(中部電力)事件　名古屋高裁平成19年10月31日労判954-31)。

③　直属上司の「存在が目障りだ」、「お願いだから消えてくれ」、「お前は対人恐怖症やろ」などの言動により、社会通念上、客観的にみて精神疾患を発症させる程度に過重な心理的負荷を受けており、他に業務外の心理的負荷や個体的脆弱性も認められないことからすれば、業務に内在ないし随伴する危険が現実化したものとして、精神障害を発症したと認められる。精神障害を発症し、当該精神障害に罹患したまま、正常の認識および行為選択能力が当該精神障害により著しく阻害されている状態で自殺に及んだと推定され、この評価を覆すに足りる特段の事情は見当たらないから、業務起因性を認めるのが相当である(静岡労基署長(興和創薬)事件　東京地裁平成19年10月15日労判950-5)。

④　入社後、OJT期間に入ってから急激に労働時間が増えた上、盆休みも取れないままシステムのプログラミング作業に従事し、精神的・肉体的疲労が蓄積していたこと、同作業終了後休息期間を取ることなく初めての出張に行き、出張直前から出張中まで、休日なく11日間連続で勤務し、その間に2日間も徹夜作業をするなど拘束時間が急増したこと、システム開発の納期は、リーダーが更に1ヶ月ほど必要と感じたほど厳しいものであったことに加え、出張中次々と発生するバグの場所の特定および修理作業という経験したことのない困難な業務に追われたこと、出張中ずっとホテルに連泊して作業するという閉塞的で逃げ場のない環境で業務に従事していたこと、納期前日にも、納期に間に合わない場合の対策や見通しを聞かされていない状態で作業を続け、上司からの作業中止の指示後も翌日午前3時37分頃まで作業を続け、それでも納期に間に合わない状況に陥ったこと、出張も納期に迫られながらのバグ修

正作業も初めての経験であったことなどの事情を総合的に判断すれば、同程度の経験と同種の労働者であれば、心身の疲労が限界に達し、納期に間に合わないことが確実になったことで遂にその限界を超え、精神の変調を来したとしても不自然ではないと認められるのであり、システム開発業務は、社会通念上、客観的にみて、精神障害を発症させる程度に過重の心理的負荷を与える業務であった。そして、業務以外の出来事による心理的負荷が窺えないこと、特段の個体側要因がないことからすれば、精神障害は、業務上の心理的負荷を主な原因として発症したといえるのであり、従事した業務と精神障害の発症との間には相当因果関係が認められる(福岡中央労基署長(九州テン)事件　福岡地裁平成19年6月27日労判944－27)。

⑤　カリブ海の小国であるセントヴィンセントに単身赴任し、かつ1人の事務所での勤務であり、そのこと自体一般的に心理的負荷は軽くない上、在留資格の延長許可がうまく受けられなかったばかりか、その結果、頻繁に在留資格が切れる状態に陥っており、その状態は自殺するまで解決せず、自殺の直前にも同様の状態に陥っている。その労働環境や生活環境が十分な休息や息抜きをし得る環境でもない中で、海外赴任の基礎となる在留資格の問題が継続して生じていたこと自体、過大な心理的負荷となり得る。また、ドミニカ国に出張した際、入国目的を偽ったとして逮捕すると政府関係者から言われたから、その心理的負荷が極めて強かった。さらに、再度、単身赴任の状態となり、労働時間も著しく増加する中、セントヴィンセントでの常駐要員の滞在期間に関する方針が変更されるなど、心理的負荷となりうる事態が立て続けに生じた。これらの事象は、いずれも平均的労働者にとっても過度の心理的負荷となり得るものであったと解され、社会通念上、精神疾患を発症・増悪させる程度の危険を有するものであり、うつ病の発症・増悪および自殺に至る一連の過程は、これらの業務に内在する危険が現実化した(八王子労基署長(パシフィックコンサルタンツ)事件　東京地裁八王子支部平

成19年5月24日労判945−5)。

⑥ ⅰ小児科部長代行職に就いた直後、医師2名の退職意思の表明を契機として発生した宿直当番の調整問題や補充医師の確保の問題が心理的負荷となったこと、ⅱ宿直勤務の回数(月8回)の業務は、勤務・拘束時間が長時間化した場合にも比すべきストレス要因となったこと、ⅲ2名の医師が退職した後の勤務状況は、高度の専門職である医師を束ね、かつ、補充医師の確保が極めて困難であることから個々の医師の去就につき大きな関心を抱かざるを得ない立場にある管理職にとって、特に心理的負荷がかかる性質のものであったことから、業務上の負荷があった。一方、家族に関係する心理的負荷の原因は特に見当たらず、親族に関係する心理的負荷の原因については的確な証拠はない。性格(個体的要因)にもうつ病発症との関係で有力な原因があるとは認められない。このため、業務に起因してうつ病に罹患し、その判断能力が制約された状況で、うつ病による自殺念慮から自殺に及んだ(新宿労基署長(佼成病院)事件　東京地裁判決平成19年3月14日労判941−57)。

⑦ ⅰ品質管理責任者となり、前任課長が病気で倒れ、また他に定年退職した者もあり、これらの補充がなく、人員は徐々に減らされる傾向にあった。この結果、責任と負担が増したこと、ⅱ現場のトラブルに適切な対応ができず、周囲や部下から文句が出され、馬鹿にされたこと、ⅲ規格書の改訂のため労力と時間を要し、期限に終了する見込みがなく、心理的負荷を与えたことから、業務上の負荷があった。一方、ⅳ株取引の損失が心理的負荷を与えたが、うつ病の発症・増悪の決定的な原因でなかったこと、ⅴ家族関係に関しては心理的負荷の原因とは認められないこと、ⅵ既往症である脳梗塞や本人の性格はうつ病と関連するものとは認められないことから、うつ病の発症・増悪は業務によるストレスが有力な一因となったことが認められ、業務とうつ病発症・増悪との間には相当因果関係がある(さいたま労基署長(日研化学)事件　さいたま

地裁平成18年11月29日労判936-69)。
⑧　死亡前3か月は、10月は150時間22分、11月は149時間40分、12月は112時間36分の残業があり、長時間労働による睡眠不足状態にあったこと、仕事内容・仕事量の変化、取引先との人間関係、社用車による交通事故(自損)、「予算」(ノルマ)の不達成などによる心理的負荷は、新人時代という人生における特別な時期において、人によっては経験することもあり得るという程度に強度のものと認められること、本人は脆弱性を問題にするほどの性格的傾向を有するものと認められないことから、業務と相当因果関係が認められる(真岡労基署長(関東リョーショク)事件　東京地裁平成18年11月27日労判935-44)。
⑨　業務により、「適応障害」に分類される精神障害を発症し、これに罹患した状態で、本件自殺に及んだものと認められ、他方、本件自殺時点において、正常な認識、行為選択能力および抑制力が著しく阻害されていなかったと認めるべき事情は認められないのであるから、死亡については、業務に起因する(加古川労基署長事件　東京地裁平成18年9月4日労判934-32)。
⑩　住み慣れた関西地方を離れ単身赴任を余儀なくされたこと、担当業務も長年従事してきた業務から変わったこと、業務引継ぎ終了後は一人でそれを行わなければならなくなっていたことにより相当の心理的負荷を受けていた。さらに加え、心理的負荷の大きい業務に従事することになったこと、技術の習得は他の業務と並行して行っており、そのため、勤務時間外の相当な時間において自習に励まざるを得なかったことによる心理的負荷が短期間にかかったといえるのであり、これらの業務に起因する心理的負荷は、同種の労働者にとって、精神障害を発症させるおそれのある程度の強度の心理的負荷であったから、精神障害を発症させるおそれのある心理的負荷であったといえる。他方、業務以外の出来事による特段の心理的負荷はなく、また、精神障害の発症に寄与する個体側の要因もなかったから、業務と精神障害との間には相当因

果関係がある(八女労基署長(九州カネライト)事件　福岡地裁平成18年4月12日労判916-20)。

⑪　ⅰ 2年半の期間の時間外労働時間が最大259.5時間、平均170.6時間に及んでいたこと、ⅱ オンコール体制や宿直が過重であったこと、ⅲ 医師は裁量性があるがゆえに過重性が増すこと、ⅳ 外科医の業務の質から、心理的負荷が高いことから、業務と相当因果関係が認められる(土浦労基署長(総合病院土浦協同病院)事件　水戸地裁平成17年2月22日労判891-41)。

キ　過重労働によるその他の健康障害の業務上外の認定に関する裁判例

過重労働によるその他の健康障害の業務上外の認定に関する裁判例には次のようなものがあります。

①　過労およびストレスが気管支喘息の症状および発作の増悪因子であるということは医学上も十分に合理的な関連性が肯定されているところ、喘息症状は、それ以前のステップ1「軽症間欠型」ないしステップ2「軽症持続型」からステップ3「中等症持続型」に悪化し、さらに、喘息発作が発生したのはいずれも指定前教習開始後であって、しかも、発症2か月前の時間外労働時間は71時間、発症1か月前の時間外労働時間が89時間であることに加え、指定前教習が開始された以降の時間外労働時間は増大し続けており、業務は客観的に見ても過重なものであったと評価できることとともに、喘息の発作の原因となるような気道感染をうかがわせる症状はなく、喘息発作の発生直前に多数の喘息患者の症状が急激に悪化するような異常気象や急激な気象変化があったと認められないことを総合考慮すると、季節の影響を考慮しても、喘息発作は、過重な労働という業務に伴う危険が相対的に有力な原因となって現実化した(小樽労基署長事件　札幌地裁平成20年3月21日)。

②　出張は、通常の勤務状況に照らして異例に精神的および肉体的な負担が掛かっていたものと考えられ、客観的にみて、特に過重な業務であったということができるところ、他に確たる発症因子があったことはうかがわれない。そうすると、疾病（十二指腸潰瘍）は、有していた基礎疾患などが出張という過重な業務の遂行によりその自然の経過を超えて増悪させ、発症に至ったものとみるのが相当であり、業務の遂行と本件疾病の発症との間に相当因果関係の存在を肯定することができる（神戸東労基署長（ゴールドリングジャパン）事件　最高裁第三小法廷平成16年9月7日労判880-42）。

③　気管支喘息は、長時間労働に加え、それまで経験のない単身赴任や実質的現場責任者という立場により精神的な負担および生活の質の低下をも強いられたことにより、それまでの軽症から急激に悪化に向かい、これが十分回復しないまま、身体的精神的負担の大きい現場での勤務に就いたことにより、さらに増悪・慢性化し、いつ致死的な重積発作を引き起こしてもおかしくない状態に陥っていたものと推認することができる。そして、工事終了後、ある程度の長期間通常の内勤業務に戻り、単身生活を解消して生活の質を向上させ、並行して気管支喘息の治療に専念して症状を軽症化、安定化させることが望ましい病態であったにもかかわらず、わずか2週間の本社内勤の後、出向を命じられ、再び単身で生活しつつ現場での長時間労働を強いられており、気管支喘息はこれを回復させる機会のないまま、重症またはこれに近い状態で推移し、遂には、そのような状況の中で発生した重篤な発作のため死に至ったから、死亡と業務との間には、相当因果関係がある（中央労基署長（新太平洋建設）事件　東京高裁平成15年9月30日労判857-91）。

（2） 業務災害に対する保険給付と労働基準法の災害補償との関係

　傷病補償年金および介護補償給付を除く労災保険法の保険給付は、労働基準法に規定する災害補償の事由が生じた場合に、補償を受けるべき労働者もしくは遺族または葬祭を行う者に対し、その請求に基づいて行います（同法第12条の8第2項）。

（3） 業務災害に対する保険給付の内容
ア　保険給付の種類
　業務災害に対する保険給付には、次のものがあります（同法第12条の8第1項）。

①　治療などの療養を必要とするときに、療養の給付または療養の費用の支給を行う療養補償給付
②　労働者が休業したときに休業開始4日目から原則として給付基礎日額の60％を支給する休業補償給付
③　治ゆ後障害が残ったときに年金または一時金を支給する障害補償給付
④　被災した労働者が死亡したときに遺族に年金または一時金を支給する遺族補償給付
⑤　葬祭を行う者に支給する葬祭料
⑥　療養開始後1年6か月経過しても治ゆしないときに年金を支給する傷病補償年金
⑦　被災した労働者が介護を必要とするときに介護費用を支給する介護補償給付

イ　療養補償給付
　労働者が業務上災害により、負傷しまたは疾病にかかって、治療などの療養が必要となったときは、療養補償給付が支給されます。

1） 療養補償給付の範囲

療養補償給付の範囲は、次のとおりです（同法第13条第2項）。

① 診察
② 薬剤または治療材料の支給
③ 処置または手術などの治療
④ 訪問看護
⑤ 入院
⑥ 移送

2） 給付の内容

療養補償給付は、被災した労働者が、労災保険指定医療機関である独立行政法人労働者健康福祉機構が運営する労災病院または都道府県労働局長が指定した病院、診療所もしくは薬局において無料で必要な治療を受けることができる現物給付の制度である「療養の給付」が原則ですが、療養の給付をすることが困難などの場合には、被災した労働者が、労災保険指定医療機関以外の医療機関において治療を受け、治療費を自ら医療機関に支払い、その後所轄の労働基準監督署長に請求して給付を受ける「療養の費用の支給」を受けることもできます（同条第1項、第3項）。

3） 支給期間

療養補償給付は、その負傷や疾病が治り、治療を必要としなくなるまで支給されます。この場合の治療を必要としなくなるとは、症状や障害が残っていても、症状が固まり、それ以上の治療の余地がなくなれば、これに該当します。

4） 給付の手続

療養の給付を受けようとするときは、治療を受けようとする労災保険指定医療機関を経由して請求します。また、療養の費用の支給を受けようとする

ときは、所轄の労働基準監督署長に対して請求します。

ウ　休業補償給付
　労働者が業務上災害による負傷または疾病の治療のために働くことができず、休業し、賃金を受けることができない場合には、休業補償給付が支給されます。

１）給付の内容
　休業補償給付は、その休業を開始した日の４日目から１日につき原則として給付基礎日額の60％に相当する額の休業補償給付が支給されます（同法第14条第１項）。なお、休業を開始した日から３日目までは、労働基準法第76条に基づき使用者が平均賃金の60％の休業補償を行わなければなりません。
　負傷または疾病による療養のため所定労働時間の１部分についてのみ労働する日については、給付基礎日額から労働に対して支払われる賃金の額を控除して得た額の60％に相当する額となります（労災保険法第14条第１項ただし書）。また、障害厚生年金または障害基礎年金を受けることができるときは、休業補償給付の額は減額されます（同条第２項）。
　労働者が刑事施設、労役場その他これらに準ずる施設に拘禁されている場合または少年院その他これに準ずる施設に収容されている場合には、休業補償給付は支給されません（同法第14条の２）。
　なお、休業補償給付に関しては、労働者が業務上の傷病により療養のため労働不能の状態にあって賃金を受けることができない場合に支給されるものであり、この条件を具備する限り、その者が休日または出勤停止の懲戒処分を受けたなどの理由で労働契約上賃金請求権を有しない日についても、休業補償給付の支給がされるとする判例（浜松労基署長（雪島鉄工所）事件　最高裁第一小法廷昭和58年10月13日労判417−29）があります。

2）給付の手続

休業補償給付を受けようとするときは、所轄の労働基準監督署に対して請求します。

エ 障害補償給付
1）給付の内容

労働者が業務上の災害により負傷し、または疾病にかかり、その負傷または病気が治ったときに、身体に「障害等級表（同法施行規則別表第1）」に定める障害が残った場合には、障害補償給付が支給されます。この場合の「治ったとき」とは、症状が安定し、それ以上の治療を行っても治療の余地がなくなったときをいいます。

障害補償給付については、障害の程度に応じて、障害補償年金または障害補償一時金が支給されます（同法第15条第1項）。

2）障害等級とその認定

障害等級表は、障害の程度を第1級から第14級まで14等級に区分しており、障害補償年金は障害等級の第1級から第7級までに該当するときに支給され、障害補償一時金は障害等級の第8級から第14級までに該当するときに支給されます。

障害等級は、次により認定されます。

① 障害等級表に定める障害（140種類）により認定し、これに該当するものがないときはこれに準じて等級を定めること。
② 障害が2つ以上ある場合は、重い方の障害の等級によることとし、次の場合にはそれぞれの方法で等級を繰り上げて、決定すること（障害の併合）。
　i 第13級以上の障害が2つ以上あるときは、重い方の等級を1級繰り上げること。

ⅱ 第8級以上の障害が2つ以上あるときは、重い方の等級を2級繰り上げること。
ⅲ 第5級以上の障害が2つ以上あるときは、重い方の等級を3級繰り上げること。
③ 既に障害のあった労働者が、業務災害による負傷・疾病により、同じ部位の障害の程度が重くなったときは、重くなった後の障害の障害等級とすること。再発によって重くなったときも同様とすること(障害の加重)。

3）給付の額

障害補償年金の額は、給付基礎日額に障害の程度に応じて定めた次の日数を乗じた額です(同法第15条第2項、別表第一)。
① 障害等級第1級に該当する障害がある者は313日分
② 障害等級第2級に該当する障害がある者は277日分
③ 障害等級第3級に該当する障害がある者は245日分
④ 障害等級第4級に該当する障害がある者は213日分
⑤ 障害等級第5級に該当する障害がある者は184日分
⑥ 障害等級第6級に該当する障害がある者は156日分
⑦ 障害等級第7級に該当する障害がある者は131日分

また、障害補償一時金の額は、給付基礎日額に障害の程度に応じて定めた次の日数を乗じた額です(同法別表第二)。
① 障害等級第8級に該当する障害がある者は503日分
② 障害等級第9級に該当する障害がある者は391日分
③ 障害等級第10級に該当する障害がある者は302日分
④ 障害等級第11級に該当する障害がある者は223日分
⑤ 障害等級第12級に該当する障害がある者は156日分
⑥ 障害等級第13級に該当する障害がある者は101日分
⑦ 障害等級第14級に該当する障害がある者は56日分

4）障害補償年金の変更

障害補償年金を受給している者の障害の程度が新たな傷病や傷病の再発によらず、自然に変更した場合には、新たな障害の程度に対応した障害補償年金または障害補償一時金に変更されて支給されます（同法第15条の2）。

5）給付の手続

障害補償給付を受けようとするときは、所轄の労働基準監督署に対して請求します。

オ　遺族補償給付

労働者が業務上の災害により死亡した場合には、遺族補償給付が行われます。遺族補償給付には、遺族補償年金と遺族補償一時金があります（同法第16条）。ただし、労働者を故意に死亡させた者などは、遺族補償給付を受けることができる遺族とはなりません（同法第16条の9）。

1）遺族補償年金

① 　受給資格者とその順位

遺族補償年金を受給できるのは、死亡した労働者の配偶者（事実上の婚姻関係を含む）、子、父母、孫、祖父母および兄弟姉妹で労働者が死亡した当時その収入によって生計を維持した者です。ただし、妻以外の者の場合は、労働者の死亡の当時次の要件に該当する場合に限ります（同法第16条の2第1項）。

> ⅰ　夫、父母または祖父母については、60歳以上であること。
> ⅱ　子または孫については、18歳に達する日以後の最初の3月31日までの間にあること。
> ⅲ　兄弟姉妹については、18歳に達する日以後の最初の3月31日までの間にあることまたは60歳以上であること。

ⅳ　ⅰからⅲまでの要件に該当しない夫、子、父母、孫、祖父母または兄弟姉妹については、一定の障害の状態にあること。

　なお、労働者の死亡の当時胎児であった子が出生したときは、将来に向かって、その子は、労働者の死亡の当時その収入によって生計を維持していた子とみなされます。また、遺族補償年金を受ける遺族の順位は、配偶者、子、父母、孫、祖父母および兄弟姉妹の順です（同条第2項、第3項）。

② 　遺族補償年金の額
　遺族補償年金の額は、給付基礎日額に次の遺族補償年金を受ける権利を有する遺族およびその者と生計を同じくしている遺族補償年金を受けることができる遺族の人数の区分に応じて定める日数を乗じた額ですが、遺族補償年金を受ける権利を有する者が2人以上あるときは、その人数で除した額になります（同法第16条の3第1項、第2項、別表第一）。
 ⅰ　1人の場合には153日分。ただし、55歳以上の妻または一定の障害の状態にある妻は175日分
 ⅱ　2人の場合には201日分
 ⅲ　3人の場合には223日分
 ⅳ　4人以上の場合には245日分

③ 　遺族補償年金を受ける権利の消滅
　遺族補償年金を受ける権利は、その権利を有する遺族が次のいずれかに該当するに至ったときは消滅し、遺族補償年金を受ける遺族ではなくなります。この場合には、同順位者がなくて後順位者があるときは、次の順位者に遺族補償年金が支給されます（同法第16条の4）。
 ⅰ　死亡したとき
 ⅱ　婚姻（事実上の婚姻関係を含む）をしたとき。
 ⅲ　直系血族または直系姻族以外の者の養子（事実上の養子縁組関

> 係を含む)となったとき。
> ⅳ　離縁によって、死亡した労働者との親族関係が終了したとき。
> ⅴ　子、孫または兄弟姉妹については、18歳に達した日以後の最初の3月31日が終了したとき(労働者の死亡の時から引き続き一定の障害の状態にあるときを除く)。
> ⅵ　一定の障害の状態にある夫、子、父母、孫、祖父母または兄弟姉妹については、その事情がなくなったとき(夫、父母または祖父母については、労働者の死亡の当時60歳以上であったとき、子または孫については、18歳に達する日以後の最初の3月31日までの間にあるとき、兄弟姉妹については、18歳に達する日以後の最初の3月31日までの間にあるかまたは労働者の死亡の当時60歳以上であったときを除く)。

なお、これに関連して、法律上の妻がいる労働者の重婚的内縁配偶者も「事実上の婚姻関係」にあるとする裁判例(中央労基署長(松原工業所)事件　東京地裁平成10年5月27日労判739-65)があります。

また、遺族補償年金を受ける権利を有する者の所在が1年以上明らかでない場合には、遺族補償年金は、同順位者があるときは同順位者の、同順位者がないときは次順位者の申請によって、その所在が明らかでない間、その支給を停止します。この場合に、同順位者がないときは、その間、次順位者を先順位者とします。また、遺族補償年金の支給を停止された遺族は、いつでも、その支給の停止の解除を申請することができます(同法第16条の5)。

④　給付の手続

遺族補償年金を受けようとするときは、所轄の労働基準監督署に対して請求します。

2）遺族補償一時金
① 遺族補償一時金の支給

遺族補償一時金は、次の場合に支給されます（同法第16条の6第1項）。

i 労働者の死亡の当時遺族補償年金を受けることができる遺族がないとき
ii 遺族補償年金を受ける権利を有する者の権利が消滅した場合に、他に遺族補償年金を受けることができる遺族がなく、かつ、労働者の死亡に関し支給された遺族補償年金の額の合計額が遺族補償一時金の額に満たないとき

② 遺族補償一時金を受けることができる遺族

遺族補償一時金を受けることができる遺族は次の者で、その順位は、その順序により、ii およびiii の者の場合は、その順序によります（同法第16条の7）。

i 配偶者
ii 労働者の死亡の当時その収入によって生計を維持していた子、父母、孫および祖父母
iii ii に該当しない子、父母、孫および祖父母ならびに兄弟姉妹

③ 遺族補償一時金の額

遺族補償一時金の額は、給付基礎日額の1,000日分で、遺族補償年金を受給していた者がその権利を失い、それまで受給していた額が給付基礎日額の1,000日分に満たないときは、その額までの差額分が支給されます（同法第16条の8、別表第二）。

④ 給付の手続

遺族補償一時金を受けようとするときは、所轄の労働基準監督署に対して請求します。

カ　葬祭料

労働者が業務上の災害により死亡した場合には、葬祭を行う者に葬祭料が支給されます。葬祭料の額は、31万5,000円に給付基礎日額の30日分を加えた額または給付基礎日額の60日分次のいずれかのうち高い方の額です（同法第17条）。

葬祭料の支給を受けようとするときは、所轄の労働基準監督署に対して請求します。

キ　傷病補償年金

1）給付の内容

傷病補償年金は、業務災害により、労働者が負傷し、または疾病にかかり、その負傷・疾病の療養開始した後1年6か月経過した日以降に次のいずれにも該当するに至ったときに支給されます（同法第12条の8第3項）。

① その負傷または疾病が治っていないこと。
② その負傷または疾病による障害の程度が「傷病等級表」（同法施行規則別表第2）の傷病等級に該当すること。

傷病補償年金が支給される場合には、療養補償給付は引き続き支給されますが、休業補償給付は支給されません（同法第18条第2項）。

2）傷病補償年金の額

傷病補償年金の額は、給付基礎日額に次の傷病等級に応じて定める日数を乗じた額です（同法第18条第1項、別表第一）。

① 傷病等級第1級に該当する障害の状態にある者は313日分
② 傷病等級第2級に該当する障害の状態にある者は277日分
③ 傷病等級第3級に該当する障害の状態にある者は245日分

傷病補償年金を受給している者の傷病等級が変更した場合には、新た

な傷病等級に対応した傷病補償年金に変更されて支給されます(同法第18条の2)。

3) 傷病補償年金の支給の決定

　傷病補償年金の支給は、休業給付を受けている被災労働者が療養開始後1年6月経過したときに、労働基準監督署長の判断で決定されます。

4) 労働基準法の解雇制限との関係

　業務上負傷し、または疾病にかかった労働者が、負傷または疾病に係る療養の開始後3年を経過した日において傷病補償年金を受けている場合または同日後において傷病補償年金を受けることとなった場合には、解雇を制限している労働基準法第19条第1項の適用については、使用者は、3年を経過した日または傷病補償年金を受けることとなった日に労働基準法第81条の規定により打切補償を支払ったものとみなします(同法第19条)ので、それ以降については、解雇をすることができます。

ク　介護補償給付

1) 給付の内容

　介護補償給付は、業務災害に被災した労働者であって、障害等級および傷病等級の第1級の全員または第2級の精神神経・胸腹部臓器に障害があり、常時または随時介護を必要とし、民間の有料の介護サービスまたは親族・友人・知人などの介護を現に受けている者に支給されます。ただし、次の期間は、除かれます(同法第12条の8第4項)。

① 　障害者支援施設に入所し、生活介護を受けている期間
② 　特別養護老人ホームなどの生活介護を行う障害者支援施設に準ずる施設に入所している期間
③ 　病院または診療所に入院している期間

2) 介護補償給付の額

介護補償給付の額は、介護の費用として支出した額ですが、常時介護を必要とする場合には、月104,960円が上限で、介護の費用として支出した額が月56,930円未満の場合には月56,930円が支給され、随時介護を必要とする場合には、月52,480円が上限で、月28,470円未満の場合には、月28,470円が支給されます。

3) 給付の手続

介護補償給付の支給を受けようとするときは、所轄の労働基準監督署に対し、医師の診断書などを添えて請求します。

4 通勤災害に関する保険給付

(1) 通勤災害の範囲

ア　通勤による災害

通勤災害は、労働者の通勤による負傷、疾病、障害または死亡をいいます(同法第7条第1項第2号)。

ここでいう通勤とは、労働者が、就業に関し、次の移動を、合理的な経路および方法により行うことをいい、業務の性質を有するものを除きます(同条第2項)。

① 住居と就業の場所との間の往復
② 就業の場所から他の就業場所への移動。すなわち、複数就業者が特定の就業の場所から他の就業の場所に移動すること。
③ 住居と就業の場所との間の往復に先行し、または後続する住居間の移動。すなわち、単身赴任者が赴任先の住所と帰省先の住所間を移動すること。

また、「通勤による」とは、通勤と災害との間に相当因果関係があることを

いい、通勤に通常伴う危険が具体化したことが必要になります。「就業に関し」とは、住居と就業の場所との間などを移動することをいい、業務に就くため、あるいは業務を終えたことに伴うものであることを必要とします。つまり、通勤と認められるためには、住居と就業の場所との間などの移動が業務と密接な関連をもって行われることが必要となります。

　ここでいう「住居」とは、労働者が居住して日常生活の用に供している家屋などの場所で、本人の就業のための拠点となるところを、「就業の場所」とは、業務を開始し、または終了する場所を、「合理的な経路および方法」とは、その住居と就業の場所との間を移動する場合に、一般に用いると認められる経路およびその手段をいいます。このうち、「合理的な経路」については、通勤のために通常利用する経路であれば、そのような経路が複数あっても、それらの経路がいずれも合理的な経路となり、一般的には、乗車定期券に表示され、あるいは、会社に届け出ているような鉄道、バスなどの通常利用する経路および通常これに代替することが考えられる経路などが合理的な経路となります。また、「合理的な方法」については、鉄道やバスなどの公共交通機関を利用し、自動車、自転車などを本来の用法に従って使用する場合、徒歩の場合など通常利用されている交通方法は、その労働者が通常利用しているか否かにかかわらず一般に合理的な方法と認められます。

　また、「業務の性質を有するもの」とは、就業に関し、住居と就業の場所との間を、合理的な経路および方法により移動する行為ですが、その移動する行為による災害が業務災害と解されるものをいい、例えば、事業主の提供する専用交通機関を利用して行う通勤や突発的な事故などによる緊急用務のため、休日または休暇中に呼出しを受け、予定外に緊急出勤する場合にその途上で災害に被災した場合などがこれに該当します。

イ　逸脱および中断

　また、この通勤には、往復の経路を逸脱し、または往復を中断した場合に

は、逸脱または中断の間およびその後の往復は通勤とはなりませんが、逸脱または中断が日常生活上必要な行為でやむを得ない事由により行うための最小限度のものである場合は、その逸脱または中断の間を除いて、通勤に含まれます（同法第7条第3項）。

ここでいう「逸脱」とは、通勤の途中において就業または通勤とは関係のない目的で合理的な経路をそれることをいい、「中断」とは、通勤の経路上において通勤とは関係のない行為を行うことをいいます。また、「日常生活上必要な行為」は、次のとおりです（同法施行規則第8条）。

① 日用品の購入その他これに準ずる行為
② 公共職業能力開発施設において行われる職業訓練、学校において行われる教育その他これらに準ずる職業能力の開発向上に資する教育訓練を受ける行為
③ 選挙権の行使その他これに準ずる行為
④ 病院または診療所において診察または治療を受けることその他これに準ずる行為
⑤ 要介護状態にある配偶者、子、父母配偶者の父母ならびに同居し、かつ、扶養している孫、祖父母および兄弟姉妹の介護（継続的にまたは反復して行われるものに限る）

ウ　通勤災害に関する裁判例

通勤災害に関しては、次のような裁判例があります。

（1）　通勤による
　①　オウム真理教の信者らにより危険な人物と目されて計画的に通勤途上で殺害されたことについて、本件犯行が通勤途上に行われたのは、単なる機会として選択されたに過ぎず、通勤によって生じたものということはできない（大阪南労基署長（オウム通勤災害）事件最高裁第二小法廷平成12年12月22日労判798−5）。
　②　通勤災害とは、当該災害が通常の出退勤に内在する危険の現

実化したものでなければならず、体質的素因に基因して脳内出血が発症し、退勤の途次であったことが傷病の『機会原因』に過ぎない場合は通勤災害にはあたらない（名古屋北労基署長（大東運送）事件　名古屋地裁昭和62年3月9日労判510-84）。

(2)　就業に関し

駅助役らの参加する本件管理者会は東北本社の実質的支配下にあったと評価することができるから、管理者会の活動は東北本社の業務であったと解すべきであり、その帰途における事故は通勤災害に当たる（大河原労基署長（JR東日本白石電力区）事件　仙台地裁平成9年2月25日労判714-35）。

(3)　「住居」から「就業の場所」

自宅に家族を残し働いていた工事現場に近い寮で単身赴任している者が、休日を利用して自宅に帰省し、休日の前日の午後寮に戻る途中で遭遇した災害は、「就業に関して」、「住居」から「就業の場所」に向かっていたときに被災したもので、通勤災害に該当する（能代労基署長（日動建設）事件　秋田地裁平成12年11月1日労判800-49、高山労基署長事件　名古屋高裁平成18年3月15日労判914-5）。

(4)　業務の性質を有するもの

交通の不便な山間僻地の発電所に勤務している電力会社の社員が、通常の通勤日にバスに乗り遅れたため自己所有の原動機付きの自転車を運転して自宅を出て出勤する途中に県道から転落して死亡した事故は、通勤途中の災害ではあるが、労働者が使用者の支配管理下におかれているとみられる特別の事情のもとにおいて生じたものであって、業務上災害に該当する（橋本労基署長事件　最高裁第二小法廷昭和54年12月7日判タ407-76）。

(5)　逸脱および中断

①　義父に対する介護は、妻の父という近親者に対する介護であって、義父と同居する義兄又は妻による介護のできない時間帯にお

いて介護することは、日常生活のために必要不可欠な行為であり、当日、義父宅を出た後、コンビニに行き、自己の夕食を購入し、その後に、交差点において事故にあったから、通勤の途上の災害に当たる（羽曳野労基署長事件　大阪地裁平成18年4月12日労判920-77）。
② 通勤の経路上において通勤とは関係のない飲酒行為を行ったもので、これにより往復を中断し、その後に災害に遭ったから、通勤災害とはいえない（立川労基署長（エムシー・エレクトロニクス）事件　東京地裁平成14年8月21日労経速1814-22）。
③ 就業の場所から徒歩による退勤途中に、夕食の材料などを購入する目的で自宅と反対方向にある商店に向かって40数メートル歩行した際に遭遇した災害は、労働者が往復の経路を逸脱した間は、たとえその逸脱が日常生活上必要な行為をやむをえない事由により行うための最小限度のものであっても、通勤災害に該当しない（札幌中央労基署長（札幌市農業センター）事件　札幌高裁平成元年5月8日労判541-27）。

（2）通勤災害に対する保険給付

ア　保険給付の種類

通勤災害に関する保険給付には、次のものがあります（同法第21条）。

① 治療などの療養を必要とするときに、療養の給付または療養の費用の支給を行う療養給付
② 労働者が休業したときに休業開始4日目から原則として給付基礎日額の60％を支給する休業給付
③ 治ゆ後障害が残ったときに年金または一時金を支給する障害給付
④ 被災した労働者が死亡したときに遺族に年金または一時金を支給する遺族給付
⑤ 葬祭を行う者に支給する葬祭給付

⑥　療養開始後1年6か月経過しても治ゆしないときに年金を支給する傷病年金
⑦　被災した労働者が介護を必要とするときに介護費用を支給する介護給付

イ　療養給付

　労働者が通勤災害により、負傷し、または疾病にかかって、治療などの療養が必要となったときは、療養給付が支給されます。療養給付の範囲や内容、支給期間などは、療養補償給付の場合と同じですが、療養給付を受ける労働者からは原則として一部負担金として200円（日雇特例被保険者については100円）が徴収されます。この場合には、一部負担金に充てるため、労働者に支払うべき保険給付の額から一部負担金の額に相当する額を控除することができます（同法第22条第1項、第2項、第31条第2項、第3項など）。

　療養の給付を受けようとするときは、治療を受けようとする労災保険指定医療機関を経由して請求します。また、療養の費用の支給を受けようとするときは、所轄の労働基準監督署長に対して請求します。

ウ　休業給付

　通勤災害に被災した労働者がその負傷または疾病の治療のために働くことができず、休業し、賃金を受けることができない場合には、その休業を開始した日の4日目から1日につき原則として給付基礎日額の60％に相当する額の休業給付が支給されます。休業を開始した日から3日目までは、労働基準法に基づく使用者の休業補償の責任はありませんので、被災した労働者が負担します。

　負傷または疾病による療養のため所定労働時間の1部分についてのみ労働する日についての取扱いや障害厚生年金または障害基礎年金を受の減額、刑事施設などに拘禁されている場合などの不支給については、休

業補償給付と同じです。ただし、療養給付を受ける労働者に支給する休業給付で最初に支給すべき事由の生じた日については、200円（日雇特例被保険者については100円）が減額されます（同法第22条の2第1項～第3項）。

　休業給付を受けようとするときは、所轄の労働基準監督署長に対して請求します。

エ　障害給付

　通勤災害に被災した労働者が負傷し、または疾病にかかり、その負傷または疾病が治ったときに一定の障害が残った場合には、障害給付が支給されます。障害給付については、障害の程度に応じて、障害年金または障害一時金が支給され、その内容は、障害補償給付と同じです（同法第22条の3第1項～第3項）。障害給付を受けようとするときは、所轄の労働基準監督署に対して請求します。

オ　遺族給付

　労働者が通勤災害により死亡した場合には、遺族給付が行われます。遺族給付には、遺族年金と遺族一時金があり、その内容は、遺族補償給付と同じです（同法第22条の4第1項～第3項）。遺族給付を受けようとするときは、所轄の労働基準監督署に対して請求します。

カ　葬祭給付

　労働者が通勤災害により死亡した場合には、葬祭を行う者に葬祭給付が支給され、その内容は葬祭料に同じです（同法第22条の5第1項、第2項）。葬祭給付の支給を受けようとするときは、所轄の労働基準監督署に対して請求します。

キ　傷病年金

　傷病年金は、通勤災害により、労働者が負傷し、または疾病にかかり、その負傷または疾病の療養開始した後1年6か月経過した日以降に次のいずれにも該当するに至ったときに支給されます（同法第23条第1項）。

① 　その負傷または疾病が治っていないこと。
② 　その負傷または疾病による障害の程度が「傷病等級表」（同法施行規則別表第2）の傷病等級に該当すること。

　傷病年金の内容は、傷病補償年金と同じです（同条第2項）が、労働基準法第19条の解雇制限との関係に関する労災保険法第19条は適用されません。

ク　介護給付

　介護給付は、通勤災害に被災した労働者で、障害等級および傷病等級の第1級の全員または第2級の精神神経・胸腹部臓器に障害があり、常時または随時介護を必要とし、民間の有料の介護サービスまたは親族・友人・知人などの介護を現に受けている者に支給されます。介護給付の内容は、介護補償給付と同じです（同法第24条第1項、第2項）。介護給付の支給を受けようとするときは、所轄の労働基準監督署長に対して請求します。

5　二次健康診断等給付

　二次健康診断等給付とは、労働安全衛生法に基づく健康診断において血圧検査、血液検査など脳・心臓疾患の発症に関連する検査の項目に異常の所見があると診断された場合に、脳の血管や心臓の状態を把握するために必要な健康診断ならびにその結果に基づき、脳の血管や心臓の疾病の発症を予防するための医師または保健師による面接による特定保健指導を無料で行う給付をいいます（同法第26条第1項）。ただし、二次健

康診断の結果などにより既に脳の血管や心臓の疾病の症状がある労働者については、特定保健指導を行いません(同条第3項)。

　また、二次健康診断を受けた労働者から3か月以内に二次健康診断の結果を証明する書面の提出を受けた事業者は、労働者の健康を保持するために必要な措置について、医師の意見を聴かなければなりません(同法第27条、労働安全衛生法第66条の4)。

6 社会復帰促進等事業

(1) 社会復帰促進等事業

　労働者やその遺族に対し、次の社会復帰促進等事業を行います(労災保険法第29条)。

① 療養やリハビリテーションに関する施設の設置運営など被災労働者の円滑な社会復帰を促進するために必要な事業
② 被災労働者の療養生活や受ける介護、その遺族の就学、被災労働者やその遺族が必要とする資金の貸付けなど被災労働者やその遺族の援護を図るために必要な事業
③ 業務災害の防止に関する活動に対する援助、健康診断施設の設置運営など労働者の安全および衛生、保険給付の適切な実施ならびに賃金の支払の確保を図るために必要な事業

　なお、これに関して、労働基準監督署長の行う労災就学援護費の支給または不支給の決定は、法を根拠とする優越的地位に基づいて一方的に行う公権力の行使であり、被災労働者またはその遺族の権利に直接影響を及ぼす法的効果を有するから、抗告訴訟の対象となる行政処分に当たるとする判例(中央労基署長事件　最高裁第一小法廷平成15年9月4日労判858-48)があります。

（2）特別支給金

　休業補償給付または休業給付、障害補償給付または障害給付、遺族補償給付または遺族給付および傷病補償年金または傷病年金を受給できる場合には、これらに上乗せして、特別支給金が支給されます（労働者災害補償保険特別支給金支給規則）。

　業務災害に被災した労働者に係る特別支給金には、休業補償特別支給金、障害補償特別支給金、遺族補償特別支給金、傷病補償特別支給金、障害補償特別年金、障害補償特別一時金、遺族補償特別年金、遺族補償特別一時金および傷病補償特別年金の9種類があり、通勤災害に被災した労働者に係る特別支給金には、休業特別支給金、障害特別支給金、遺族特別支給金、傷病特別支給金、障害特別年金、障害特別一時金、遺族特別年金、遺族特別一時金および傷病特別年金の9種類があります。

　このうち休業補償特別支給金および休業特別支給金は給付基礎日額の20％の上乗せ支給、障害補償特別支給金および障害特別支給金、遺族補償特別支給金および遺族特別支給金ならびに傷病補償特別支給金および傷病特別支給金が一定額の上乗せ支給、障害補償特別年金および障害特別年金、障害補償特別一時金および障害特別一時金、遺族補償特別年金および遺族特別年金、遺族補償特別一時金および遺族特別一時金ならびに傷病補償特別年金および傷病特別年金がボーナスを算定基礎とした上乗せ給付となっています。

表16−1　特別支給金の概要

支給金の種類	支給内容
休業（補償）特別給付金	休業4日目から休業1日につき給付基礎日額の20％を支給。
障害（補償）特別支給金	障害の程度に応じて一定額を支給。
遺族（補償）特別給付金	遺族に300万円を支給。
傷病（補償）特別支給金	傷病の程度に応じて一定額を支給。
障害（補償）特別年金	過去1年間に受けた3か月を超える期間を対象とする賃金を365で除した額に障害（補償）年金の支給日数を乗じた額を支給。
障害（補償）特別一時金	過去1年間に受けた3か月を超える期間を対象とする賃金を365で除した額に障害（補償）一時金の支給日数を乗じた額を支給。
遺族（補償）特別年金	過去1年間に受けた3か月を超える期間を対象とする賃金を365で除した額に遺族（補償）年金の支給日数を乗じた額を支給。

遺族（補償）特別一時金	過去1年間に受けた3か月を超える期間を対象とする賃金を365で除した額に遺族（補償）一時金の支給日数を乗じた額を支給。
傷病（補償）特別年金	過去1年間に受けた3か月を超える期間を対象とする賃金を365で除した額に傷病（補償）年金の支給日数を乗じた額を支給。

7　労災保険給付と損害賠償などとの調整

（1）労災保険給付と使用者の災害補償責任の関係

　労災保険法の業務災害に関する療養補償給付、休業補償給付、障害補償給付、遺族補償給付および葬祭料は、労働基準法に規定する災害補償の事由が生じた場合に、補償を受けるべき労働者もしくは遺族または葬祭を行う者に対し行います（労災保険法第12条の8第2項）ので、労働基準法に規定する災害補償の事由について、労災保険法などに基づいて、労働基準法の災害補償に相当する給付が行われる場合には、使用者は、補償の責を免れます（同法第84条第1項。神奈川都市交通事件　最高裁第一小法廷平成20年1月24日労判953−5）。同一の事由について労災保険の支給額が労働基準法で定める補償額に達しないときでも、使用者は、災害補償義務の全部を免れます（戸塚管工事事件　最高裁第一小法廷昭和49年3月28日判時741−110）。

（2）使用者の災害補償と損害賠償との調整

　使用者は、労働基準法による補償を行った場合においては、同一の事由については、その価額の限度において民法による損害賠償の責を免れます（労働基準法第84条第2項）。

（3）労災保険給付と損害賠償との調整

　労災保険法に基づく保険給付の実質は、使用者の労働基準法上の災害補償義務を政府が保険給付の形式で行うもので、受給権者に対する損害の填補の性質もありますから、事故が使用者の行為によって生じた場合

に、政府が労災保険法に基づく保険給付をしたときは労働基準法第84条第2項の規定が類推適用され、使用者は、同一の事由については、その価額の限度において民法による損害賠償の責を免れます。ただし、政府が保険給付をしたことによって使用者に対する損害賠償請求権が失われるのは、政府が現実に保険金を給付して損害を填補したときに限られ、いまだ現実の給付がない以上、たとえ将来にわたり継続して給付されることが確定していても、使用者に対し損害賠償の請求をするにあたり、このような将来の給付額を損害賠償額から控除する必要はありません（三共自動車事件　最高裁第三小法廷昭和52年10月25日民集31－6－836）。

なお、ここでいう「同一の事由」とは、保険給付の趣旨目的と民事上の損害賠償のそれとが一致すること、すなわち、保険給付の対象となる損害と民事上の損害賠償の対象となる損害とが同性質であり、保険給付と損害賠償とが相互補完性を有する関係にある場合をいい、単に同一の事故から生じた損害であることをいうものではありません。このため、労災保険の給付は被災した労働者やその遺族の財産的損害を補償することを目的としているため、慰謝料などには影響を与えないので、保険給付との調整なしに入院雑費、付添看護費および慰謝料を請求できます（青木鉛鉄事件　最高裁第二小法廷昭和62年7月10日労判507－6）。

また、損害賠償の請求においてその額を算定する際、被災労働者に過失があった場合に行われる過失相殺と労災保険給付の控除との関係については、損害額について過失相殺した後で、労災保険の給付分を控除します（高田建設事件　最高裁第三小法廷平成元年4月11日労判546－16）。

（4）第三者行為災害の場合の損害賠償

労災保険の給付の原因である事故が第三者の行為によって生じた場合に労災保険の給付をしたときは、政府は、その給付の価額の限度で、労災保険の給付を受けた者が第三者に対して有する損害賠償の請求権を

取得します。また、労災保険の給付を受けるべき者が第三者から同一の事由について損害賠償を受けたときは、その価額の限度で労災保険の給付をしないことができます（労災保険法第12条の4）。

　第三者行為災害の場合の損害賠償の請求に関しても、たとえ将来にわたり継続して労災保険給付が行われることが確定していても、将来の給付額を損害賠償額から控除する必要はありません（共栄塗装事件　最高裁第一小法廷昭和46年12月2日判時656-90）。

（5）特別支給金と損害賠償との関係

　特別支給金の支給は、社会復帰促進等事業の一環として、被災労働者の療養生活の援護などによりその福祉の増進を図るために行われるものです。また、損害賠償と特別支給金の支給との関係について、労災保険給付の場合のような調整規定はありません。このため、特別支給金には、被災労働者の損害をてん補する性質がありませんので、被災労働者が受領した特別支給金をその損害賠償額から控除する必要はありません（コック食品事件　最高裁第二小法廷平成8年2月23日労判695-13）。

8　その他

（1）費用の徴収

　労災保険の保険料は事業主が負担しますが、次のいずれかに該当する事故について保険給付を行ったときは、政府は、その保険給付に要した費用に相当する金額の全部または一部を事業主から徴収することができます（労災保険法第31条第1項）。

① 事業主が故意または重大な過失により保険関係の成立に係る届出をしていない期間中に生じた事故
② 事業主が保険料を納付しない期間中に生じた事故
③ 事業主が故意または重大な過失により生じさせた業務災害の原因

である事故

(2) メリット制度

　事業の種類ごとに災害率などに応じて定められている労災保険率を個別事業に適用する際、事業の種類が同一であっても事業ごとの災害率に差があるため、事業主負担の公平性および事業主の災害防止努力をより一層促進する観点から、事業の災害の多寡に応じ、労災保険率または労災保険料を上げ下げするメリット制度が設けられています（労働保険の徴収等に関する法律第12条第3項）。

第17章

女性の労働

「女性の労働」のポイント
1　性別を理由とする差別的な取扱い
2　女性であることを理由とする賃金についての差別的な取扱い
3　婚姻・妊娠・出産などを理由とする不利益取扱い
4　妊産婦などの就業制限
5　妊娠中および出産後の健康管理
6　職場におけるセクハラの防止

「女性の労働」のポイント

1 事業主は、募集および採用、配置（業務の配分および権限の付与を含む）、昇進、降格、教育訓練、住宅資金の貸付けなどの福利厚生の措置、職種および雇用形態の変更、退職の勧奨、定年、解雇ならびに労働契約の更新について、性別を理由として差別的取扱いをしてはならない。

2 次の事由も間接差別に該当し、事業主は、雇用管理上特に必要である場合など合理的な理由がなければ、これを行ってはならない。

① 募集または採用に当たり、身長、体重または体力を要件とすること。

② コース別雇用管理における「総合職」の募集または採用に当たり、転居を伴う転勤に応じることができることを要件とすること。

③ 昇進に当たり、転勤の経験があることを要件とすること。

3 雇用の分野における男女の均等な機会および待遇の確保の支障となっている事情を改善することを目的として、女性に有利な取扱いや優先する措置を講ずることは、禁止の対象ではない。

4 女性が婚姻したこと、妊娠したこと、または出産したことを退職理由として予定する定めをしたり、女性が婚姻したことを理由として解雇してはならない。また、女性が妊娠したことなど妊娠・出産に関する事由を理由として、解雇など不利益な取扱いをしてはならない。

5 妊産婦については就業制限があるほか、妊産婦以外の女性についても一定の就業制限がある。また、妊産婦については、産前産後休業、時間外・休日・深夜労働の制限などの規制がある。

6 事業主は、その雇用する女性労働者が保健指導または健康診査を受けるために必要な時間を確保することができるようにするとともに、保健指導または健康診査に基づく指導事項を守ることができるようにするための措置を講じなければならない。

7 　事業主は、職場におけるセクハラを防止するために雇用管理上必要な措置を講じなければならない。

1　性別を理由とする差別的な取扱い

　事業主は、男女双方に対しその性別にかかわりなく均等な機会を与えなければならず、性別を理由として差別的な取扱いをすることは禁止されています。

　ここでいう「その性別にかかわりなく均等な機会を与える」とは、男性、女性一般に対する社会通念や平均的な就業実態などを理由とする男女異なる取扱いは認められていません。「性別を理由として」とは、社会通念やその事業所において男女間に一般的にまたは平均的に能力や勤続年数、主たる生計の維持者である者の割合などに格差があることを理由とすることで、個々の労働者の意欲や能力などを理由とすることはこれに該当しません。また、「差別的な取扱い」とは、合理的な理由なく、社会通念上許容される限度を超えて、一方に対し他方と異なる取扱いをすることをいいます。

　差別的な取扱いが禁止されているのは、女性に対する差別的な取扱いだけではなく、男性に対する差別的な取扱いについても同様に禁止されています。男性に対する差別的な取扱いの事例としては、次のようなものがあります。

① 　管理栄養士の男性が、求人広告に応募しても「女性しか募集していない」と断られ、管理栄養士の資格を取得したにもかかわらず活かせない。
② 　経理専門学校を卒業した男性が、経理事務員の仕事を探しているが、「経理事務員は女性しか募集していない」と断られ、希望の仕事に就くことができない。
③ 　男性保育士は保育実習としては受け入れてもらえるが、採用はして

もらえない。
④　訪問介護の登録ヘルパーとして働くことを希望する男性が、「訪問介護の世界では、男性ヘルパーの需要が少ない」と断られ、採用してもらえない。
⑤　派遣労働者として働くことを希望する男性が、派遣会社に応募をしても、「クライアントの希望が女性である」と断られ、登録もしてもらえない。
⑥　一般事務の求人を見て電話をすると「女性を希望している」という企業が大変多く、家族を養わなければならないのに非常に困っている。
⑦　「事務員募集」の広告を見て電話で応募したところ、男性は採用しないと言われた。

　募集・採用や配置などについて禁止されているのは1の雇用管理区分において一定の差別的取扱いをすることですが、ここでいう「雇用管理区分」とは、職種、資格、雇用形態、就業形態などの区分など労働者についての区分で、その区分に属している労働者について他の区分に属している労働者と異なる雇用管理を行うことを予定しているものをいいます。雇用管理区分が同一か否かは、その区分に属する労働者の従事する職務の内容、転勤を含めた人事異動の幅や頻度などについて、同一区分に属さない労働者との間に、客観的・合理的な違いがあるか否かにより、単なる形式ではなく、企業の雇用管理の実態に即して判断され、例えば、採用に際しては異なる職種として採用していても、入社後は、同一企業内の労働者全体について、営業や事務など様々な職務を経験させたり、同一の基準で人事異動を行うなど特に取扱いを区別することなく配置などを行っている場合には、企業全体で1つの雇用管理区分となります。

　また、性別による差別の禁止の対象には、直接の差別のほか、一定の間接差別が含まれます。ここでいう間接差別は、次のいずれにも該当するものをいいます（同法第7条）。
①　性別以外の事由を要件とする措置であること。すなわち、男性、女性

という性別に基づく措置ではなく、外見上は性中立的な規定や基準、慣行などに基づく措置である場合であること。
② その要件を満たす男性および女性の比率を勘案すると実質的に性別を理由とする差別となるおそれがあると考えられるものであること。すなわち、その基準などを満たすことができる者の比率が男女で相当程度異なり、他の性の構成員と比較して、一方の性の構成員に相当程度の不利益を与える場合であること。
③ 合理的な理由がない場合に講じていること。すなわち、その措置の対象となる業務の性質に照らしてその措置の実施がその業務の遂行上特に必要とは認められない場合や事業の運営の状況に照らしてその措置の実施が雇用管理上特に必要とは認められない場合などであること。

（1）募集および採用

事業主は、労働者の募集および採用について、性別にかかわりなく均等な機会を与えなければなりません。また、次の場合には、間接差別に該当します（男女雇用機会均等法第5条。第2章63～66頁参照）。
① 労働者の募集または採用に当たり、労働者の身長、体重または体力を要件とすること。
② コース別雇用管理における「総合職」の労働者の募集または採用に当たり、転居を伴う転勤に応じることができることを要件とすること。

（2）配置

事業主は、労働者の配置（業務の配分および権限の付与を含む）について、労働者の性別を理由として、差別的取扱いをしてはなりません（同法第6条第1号。第5章155～158頁参照）。

（3）昇進

　事業主は、労働者の昇進について、労働者の性別を理由として、差別的な取扱いをしてはなりません。また、「労働者の昇進に当たり、転勤の経験があることを要件とすること」は、間接差別に該当します（同号。第5章165～171頁参照）。ここでいう「昇進」とは、企業内での労働者の位置付けについて下位の職階から上位の職階への移動を行うことをいい、職制上の地位の上方移動を伴わない「昇格」も含まれます。

（4）降格

　事業主は、労働者の降格について、労働者の性別を理由として、差別的な取扱いをしてはなりません（同号。第5章172～173頁参照）。ここでいう「降格」とは、企業内での労働者の位置付けについて上位の職階から下位の職階への移動を行うことをいい、昇進の反対の措置である場合と昇格の反対の措置である場合の双方が含まれます。

（5）教育訓練

　事業主は、労働者の教育訓練について、労働者の性別を理由として、差別的取扱いをしてはなりません（同号）。ここでいう「教育訓練」とは、事業主が、その雇用する労働者に対して、その労働者の業務の遂行の過程外（オフ・ザ・ジョブ・トレーニング）においてまたは業務の遂行の過程内（オン・ザ・ジョブ・トレーニング）において、現在および将来の業務の遂行に必要な能力を付与するために行うものをいいます。

　教育訓練について、性別による差別が禁止されるのは、次の場合です（性差別指針）。

（1）　教育訓練に当たって、その対象から男女のいずれかを排除すること。排除しているのは、例えば、次の場合である。
　①　一定の職務に従事する者を対象とする教育訓練の対象を男女のいずれかのみとすること。

②　工場実習や海外留学による研修の対象を男性のみとすること。
　③　接遇訓練の対象を女性のみとすること。
(2)　教育訓練を行うに当たっての条件を男女で異なるものとすること。異なるものとしているのは、例えば、次の場合である。
　①　女性についてのみ、婚姻していることや一定の年齢に達していること、子がいることを理由として、将来従事する可能性のある職務に必要な知識を身につけるための教育訓練の対象から排除すること。
　②　教育訓練の対象者について、男女で異なる勤続年数を条件とすること。
　③　女性についてのみ、上司の推薦がなければ教育訓練の対象としないこと。
　④　男性は全員を教育訓練の対象とするが、女性は希望者のみを対象とすること。
(3)　教育訓練の内容について、男女で異なる取扱いをすること。異なる取扱いをしているのは、例えば、教育訓練の期間や課程を男女で異なるものとする場合である。

(6) 福利厚生の措置

　事業主は、住宅資金の貸付けその他これに準ずる福利厚生の措置について、労働者の性別を理由として、差別的取扱いをしてはなりません（同条第2号）。ここでいう「福利厚生の措置」とは、次のものをいいます。

①　住宅資金の貸付け（同号）
②　生活資金や教育資金など労働者の福祉の増進のために行われる資金の貸付け（同法施行規則第1条第1号）
③　労働者の福祉の増進のために定期的に行われる金銭の給付（同条第2号）
④　労働者の資産形成のために行われる金銭の給付（同条第3号）
⑤　住宅の貸与（同条第4号）

これらの福利厚生の措置について、性別による差別が禁止されるのは、次の場合です（性差別指針）。

> （1） 福利厚生の措置の実施に当たり、その対象から男女のいずれかを排除すること。排除しているのは、例えば、男性についてのみ、社宅を貸与する場合である。
> （2） 福利厚生の措置の実施に当たっての条件を男女で異なるものとすること。異なるものとしているのは、例えば、次の場合である。
>   ① 女性についてのみ婚姻していることを理由として社宅の貸与の対象から排除すること。
>   ② 住宅資金の貸付けに当たり、女性に対してのみ配偶者の所得額に関する資料の提出を求めること。
>   ③ 社宅の貸与に当たり世帯主であることを条件とする場合に、男性は本人の申請のみで貸与するが、女性は本人の申請に加え、住民票の提出を求め、または配偶者に一定以上の所得がないことを条件とすること。

（7）職種の変更

　事業主は、労働者の職種の変更について、その性別を理由として、差別的取扱いをしてはなりません（同法第6条第3号）。ここでいう「職種」とは、職務や職責の類似性に着目して分類されるものをいい、「営業職」と「技術職」の別や「総合職」と「一般職」の別などがあります。

　労働者の職種の変更について、性別による差別が禁止されるのは、次の場合です（性差別指針）。

> （1） 職種の変更に当たって、その対象から男女のいずれかを排除すること。排除しているのは、例えば、次の場合である。
>   ① 「一般職」から「総合職」への職種の変更の対象を男女のいずれかのみとすること。
>   ② 「総合職」から「一般職」への職種の変更について、制度上は男

女双方を対象としているが、男性については職種の変更を認めない運用を行うこと。
　③　「一般職」から「総合職」への職種の変更のための試験の受験資格を男女のいずれかに対してのみ与えること。
　④　「一般職」の男性については「準総合職」や「総合職」への変更の対象とするが、「一般職」の女性については「準総合職」のみへの変更の対象とすること。
(2)　職種の変更に当たっての条件を男女で異なるものとすること。異なるものとしているのは、例えば、次の場合である。
　①　女性についてのみ、子がいることを理由として、「一般職」から「総合職」への変更の対象から排除すること。
　②　「一般職」から「総合職」への変更について、男女で異なる勤続年数を条件とすること。
　③　「一般職」から「総合職」への変更について、男女のいずれかについてのみ、一定の国家資格の取得、研修の実績または一定の試験に合格することを条件とすること。
　④　「一般職」から「総合職」への変更のための試験について、女性についてのみ上司の推薦を受けることを受験の条件とすること。
(3)　一定の職種への変更に当たり、能力や資質の有無などを判断する場合に、その方法や基準について男女で異なる取扱いをすること。異なる取扱いをしているのは、例えば、次の場合である。
　①　「一般職」から「総合職」への変更のための試験の合格基準を男女で異なるものとすること。
　②　男性については人事考課において平均的な評価がなされている場合には「一般職」から「総合職」への変更の対象とするが、女性については特に優秀という評価がなされている場合にのみその対象とすること。
　③　「一般職」から「総合職」への変更のための試験について、その受

験を男女のいずれかに対してのみ奨励すること。
④　「一般職」から「総合職」への変更のための試験について、男女いずれかについてのみその一部を免除すること。
（4）　職種の変更に当たり、男女のいずれかを優先すること。優先しているのは、例えば、「一般職」から「総合職」への職種の変更の基準を満たす者の中から男女のいずれかを優先して職種の変更の対象とする場合である。
（5）　職種の変更について男女で異なる取扱いをすること。異なる取扱いをしているのは、例えば、次の場合である。
①　経営の合理化に際して、女性のみを研究職から賃金などの労働条件が劣る一般事務職への変更の対象とすること。
②　女性についてのみ、年齢を理由として専門職から事務職への変更の対象とすること。

（8）　雇用形態の変更

　事業主は、労働者の雇用形態の変更について、その性別を理由として、差別的取扱いをしてはなりません（同号）。ここでいう「雇用形態」とは、労働契約の期間の定めの有無、所定労働時間の長さなどにより分類されるものをいい、正社員、パートタイム社員、契約社員などがあります。
　労働者の雇用形態の変更について、性別による差別が禁止されるのは、次の場合です（性差別指針）。

（1）　雇用形態の変更に当たって、その対象から男女のいずれかを排除すること。排除しているのは、例えば、次の場合である。
①　有期契約社員から正社員への登用の対象を男性のみとすること。
②　パートタイム社員から正社員への雇用形態の変更のための試験の受験資格を男女のいずれかに対してのみ与えること。
（2）　雇用形態の変更に当たっての条件を男女で異なるものとすること。異なるものとしているのは、例えば、次の場合である。

①　女性についてのみ、婚姻していることや子がいることを理由として、有期契約社員から正社員への登用の対象から排除すること。
②　有期契約社員から正社員への登用について、男女で異なる勤続年数を条件とすること。
③　パートタイム社員から正社員への登用について、男女のいずれかについてのみ、一定の国家資格の取得や研修の実績を条件とすること。
④　パートタイム社員から正社員への登用のための試験について、女性についてのみ上司の推薦を受けることを受験の条件とすること。
(3)　一定の雇用形態への変更に当たり能力や資質の有無などを判断する場合に、その方法や基準について男女で異なる取扱いをすること。異なる取扱いをしているのは、例えば、次の場合である。
①　有期契約社員から正社員への登用のための試験の合格基準を男女で異なるものとすること。
②　契約社員から正社員への登用のための人事考課において、男性は平均的な評価がなされている場合に対象とするが、女性は特に優秀という評価がなされている場合にのみ対象とすること。
③　パートタイム社員から正社員への登用のための試験の受験について、男女のいずれかに対してのみ奨励すること。
④　有期契約社員から正社員への職種の変更のための試験の受験について、男女のいずれかについてのみその一部を免除すること。
(4)　雇用形態の変更に当たって、男女のいずれかを優先すること。優先しているのは、パートタイム社員から正社員への登用の基準を満たす者の中から、男女のいずれかを優先してその対象とする場合である。
(5)　雇用形態の変更について、男女で異なる取扱いをすること。異なる取扱いをしているのは、例えば、次の場合である。
①　経営の合理化に際して、女性のみを正社員から賃金などの労働条件が劣る有期契約社員への変更の勧奨の対象とすること。

> ② 女性についてのみ、一定の年齢に達していることや婚姻していること、子がいることを理由として、正社員から賃金などの労働条件が劣るパートタイム社員への変更の勧奨の対象とすること。
> ③ 経営の合理化に当たり正社員の一部をパートタイム社員とする場合に、正社員である男性は正社員としてとどまるか、またはパートタイム社員に変更するかを選択できるが、正社員である女性は全員パートタイム社員への変更を強要すること。

(9) 退職の勧奨

　事業主は、退職の勧奨について、その性別を理由として、差別的取扱いをしてはなりません（同条第4号。第13章434～435頁参照）。

(10) 定年

　事業主は、定年について、その性別を理由として、差別的取扱いをしてはなりません（同号。第13章438～439頁参照）。

(11) 解雇

　事業主は、解雇について、その性別を理由として、差別的取扱いをしてはなりません（同号。第13章442～443頁参照）。

(12) 労働契約の更新

　事業主は、労働契約の更新について、その性別を理由として、差別的取扱いをしてはなりません（同号。第13章458～459頁参照）。

(13) ポジティブ・アクション

　雇用の分野における男女の均等な機会および待遇の確保の支障となっている事情を改善することを目的として、女性に有利な取扱いや優先する措置を講ずることは、(1)から(12)までに抵触するものではありません（同法

第8条)。

2 女性であることを理由とする賃金についての差別的な取扱い

　使用者は、労働者が女性であることを理由として、賃金について、男性と差別的な取扱いをしてはなりません(労働基準法第4条)。これに違反した者は、6月以下の懲役または30万円以下の罰金に処せられます(同法第119条)。

　一般に、同一の年齢の男女間に相当の賃金格差が存在する場合には、合理的な理由が認められない限り、その賃金格差は女性であることを理由に差別的な取扱いをしていることを疑わせ、年齢がほぼ同じで、学歴、等級の等しい男性労働者を比較して相当の格差がある場合には、本人について賃金が低くなる特段の事情がない限り、その格差は女性であることを理由に差別的な取扱いを受けたことによって生じたものと推認されますので、賃金格差について使用者が主張する理由に合理的なものと認めることができないときは、女性であることを理由として賃金について差別的取扱いという不法行為があったと推認されます(日本オートマチックマシン横浜地裁平成19年1月23日労判938-54)。

　このほか、性別を理由とする差別的な取扱いに関する裁判例には、次のようなものがあります。

① 女性であることのみを理由として賃金格差のある賃金制度を定め、維持することは違法であり、労使交渉により賃金表が作成され、賃金が確定されたとしても、不合理な差別のある内容で賃金などが支給されることについて容認していることにはならず、賃金表が労使合意のもとに作成されているとしても、その内容が違法であれば、民主的手続きを経たことによってそれが適法になるわけではない。労働組合の組合員は、一般的には労使の合意内容に拘束を受けるとしても、その内容が労働

基準法第4条に違反するような場合には、個別の労働者は会社の不合理な差別という不法行為による損害賠償を請求することができる(内山工業事件　広島高裁岡山支部平成16年10月28日労判884-13)。
② 　男子行員に対しては、妻に収入があっても家族手当を支給してきたが、女子行員に対しては、生計維持者であるかどうかにかかわらず、実際に子を扶養するなどしていても夫に収入があると家族手当の支給をしていないから、男女の性別のみによる賃金の差別扱いである。合理性があるとする特別の事情もないので、労基法第4条に違反し、民法第90条により無効である(岩手銀行事件　仙台高裁平成4年1月10日労民集43-1-1)。

3　婚姻・妊娠・出産などを理由とする不利益取扱い

(1) 婚姻・妊娠・出産を退職理由として予定する定め

　事業主は、女性が婚姻したこと、妊娠したこと、または出産したことを退職理由として予定する定めをしてはなりません(男女雇用機会均等法第9条第1項)。

　ここでいう「予定する定め」とは、女性が婚姻、妊娠または出産した場合には退職する旨をあらかじめ労働協約、就業規則または労働契約に定めることをいうほか、労働契約の締結に際し念書を提出する場合や婚姻、妊娠または出産した場合の退職慣行について、事実上退職する制度が運用されている実態がある場合も含みます。

　これに関し、女性は婚姻後家庭に入るべきという考えによる退職勧奨を違法とする裁判例(DPAセンター事件　東京地裁平成17年10月21日労経速1918-25)があります。

（2） 婚姻を理由とする解雇

事業主は、女性が婚姻したことを理由として解雇してはなりません（同条第2項）。

（3） 妊娠・出産などを理由とする不利益な取扱い

事業主は、女性が妊娠したことなど妊娠・出産に関する次の事由のいずれかに該当したことを理由として、解雇など不利益取扱いをしてはなりません（同条第3項）。

① 妊娠したこと。
② 出産したこと。
③ 妊産婦が妊娠中および出産後の健康管理または保健指導もしくは健康診査に基づく指導事項を守ることができるようにするための措置を求め、またはこれらの規定による措置を受けたこと（656～658頁参照）。
④ 妊産婦が坑内業務や危険有害業務の就業制限により業務に就くことができないこと、坑内業務や就業制限の業務に従事しない旨の申し出をし、またはこれらの業務に従事しなかったこと（653～654頁参照）。
⑤ 妊産婦が産前休業を請求し、または産前産後休業をしたこと（654～655頁参照）。
⑥ 妊娠中の女性が軽易な業務への転換を請求し、または軽易な業務に転換したこと（652頁参照）。
⑦ 妊産婦が変形労働時間制がとられる場合に1週間または1日について法定労働時間を超える時間に労働しないことや時間外・休日労働をしないこと、深夜業をしないことを請求したこと、またはこれらの労働をしなかったこと（655頁参照）。
⑧ 生後満1年に達しない生児を育てる女性が育児時間の請求をし、または育児時間を取得したこと（655頁参照）。
⑨ つわり、妊娠悪阻など妊娠・出産による症状により労務の提供ができないこと若しくはできなかったこと、または労働能率が低下したこと。

また、妊娠中および産後1年以内の女性に対する解雇については、その解雇が妊娠・出産または産前産後休業の取得その他の妊娠・出産に関する事由を理由としたものでないことなどを事業主が証明しなければ、原則として無効となります（同条第4項）。

（4）婚姻・妊娠・出産などを理由とする不利益な取扱いに関する裁判例

婚姻・妊娠・出産などを理由とする不利益な取扱いに関する裁判例としては、次のようなものがあります。

① 妊娠したことを理由とする解雇は解雇権の濫用として無効であり、また、妊娠を理由とする中絶の勧告、退職の強要および解雇は男女雇用機会均等法の趣旨に反する違法な行為である（今川学園木の実幼稚園事件　大阪地裁堺支部平成14年3月13日労判828−59）。
② 妊娠したことを理由とする期間満了による雇止めは更新拒絶権を濫用したものとして無効である（正光会宇和島病院事件　松山地裁宇和島支部平成13年12月18日労判839−68）。
③ 既婚女性の勤続を理由とする嫌がらせは不法行為であり、また、既婚女性であることを理由として、不利益な取扱いをすることは違法である（住友生命保険事件　大阪地裁平成13年6月27日労判809−5）

4　妊産婦などの就業制限

（1）妊産婦については、次の就業制限があります

1) 妊娠中の女性が請求した場合には、他の軽易な業務に転換させるなければなりません（労働基準法第65条第3項）。
2) 表17−1の重量を超える重量物を取り扱う業務に就かせてはなりません（同法第64条の3第1項）。

表17－1　妊産婦などの重量物の制限

年齢	重量（単位　kg）	
	断続作業の場合	継続作業の場合
満16歳未満	12	8
満16歳以上18歳未満	25	15
満18歳以上	30	20

3）　次の妊娠、出産、哺育などに有害な業務（産後1年を経過しない女性を就かせてはならない業務は、①から⑪までおよび⑭から23までの業務（①から⑪まで、⑭から⑯までおよび⑱から22までの業務については、産後1年を経過しない女性がその業務に従事しない旨を使用者に申し出た場合に限る））に就かせてはなりません（同項）。

①　ボイラーの取扱いの業務
②　ボイラーの溶接の業務
③　つり上げ荷重が5t以上のクレーンもしくはデリックまたは制限荷重が5t以上の揚貨装置の運転の業務
④　運転中の原動機または原動機から中間軸までの動力伝導装置の掃除、給油、検査、修理またはベルトの掛換えの業務
⑤　クレーン、デリックまたは揚貨装置の玉掛けの業務（2人以上の者によって行う玉掛けの業務における補助作業の業務を除く）
⑥　動力により駆動される土木建築用機械または船舶荷扱用機械の運転の業務
⑦　直径が25cm以上の丸のこ盤（横切用丸のこ盤および自動送り装置を有する丸のこ盤を除く）またはのこ車の直径が75cm以上の帯のこ盤（自動送り装置を有する帯のこ盤を除く）に木材を送給する業務
⑧　操車場の構内における軌道車両の入換え、連結または解放の業務
⑨　蒸気または圧縮空気により駆動されるプレス機械または鍛造機械を用いて行う金属加工の業務
⑩　動力により駆動されるプレス機械、シャーなどを用いて行う厚さが8mm以上の鋼板加工の業務

⑪　岩石または鉱物の破砕機または粉砕機に材料を送給する業務
⑫　土砂が崩壊するおそれのある場所または深さが5m以上の地穴における業務
⑬　高さが5m以上の場所で、墜落により労働者が危害を受けるおそれのあるところにおける業務
⑭　足場の組立て、解体または変更の業務（地上または床上における補助作業の業務を除く）
⑮　胸高直径が35cm以上の立木の伐採の業務
⑯　機械集材装置、運材索道などを用いて行う木材の搬出の業務
⑰　鉛、水銀、クロム、砒素、黄りん、弗素、塩素、シアン化水素、アニリンその他これらに準ずる有害物のガス、蒸気または粉じんを発散する場所における業務
⑱　多量の高熱物体を取り扱う業務
⑲　著しく暑熱な場所における業務
⑳　多量の低温物体を取り扱う業務
㉑　著しく寒冷な場所における業務
㉒　異常気圧下における業務
㉓　さく岩機、鋲打機など身体に著しい振動を与える機械器具を用いて行う業務

4）　妊娠中の女性および坑内で行われる業務に従事しない旨を使用者に申し出た産後1年を経過しない女性に坑内で行われるすべての業務に就かせてはなりません（同法第64条の2第1号）。
5）　6週間（多胎妊娠の場合は14週間）以内に出産する予定の女性が請求した場合には、その者を就業させてはなりません。また、産後8週間を経過しない女性を就業させてはなりません。ただし、産後6週間を経過した女性が請求した場合に、その者について医師が支障がないと認めた業務に就かせることは差し支えありません（同法第65条。第11章41

0～411頁参照）。

6) 妊娠中および産後1年を経過しない妊産婦が請求した場合には、1か月単位の変形労働時間制、1年単位の変形労働時間制および1週間単位の非定型的変形労働時間制によって労働させる場合であっても、1週または1日の労働時間が法定時間を超える時間に労働させてはなりません（同法第66条第1項。第11章331～337頁参照）。

7) 妊産婦が請求した場合には、妊産婦に時間外労働や休日労働をさせてはなりません（同条第2項。第11章355～363頁参照）。

8) 妊産婦が請求した場合には、深夜業をさせてはなりません（同条第3項。第11章364～365頁参照）。

9) 生後満1歳に満たない生児を育てる女性が1日に2回おのおの30分以上、その生児を育てるための育児時間を請求した場合には、育児時間中は就業させてはなりません（同法第67条。第11章352頁参照）。

(2) **妊産婦以外の女性**についても、次の就業制限があります

1) 表17-1の重量物を取り扱う業務に就かせてはなりません（同法第64条の3第2項）。

2) 鉛、水銀、クロム、砒素、黄りん、弗素、塩素、シアン化水素、アニリンその他これらに準ずる有害物のガス、蒸気または粉じんを発散する場所における業務に就かせてはなりません（同項）。

3) 坑内における人力、遠隔操作を除く動力または発破による土石・岩石・鉱物の掘削・掘採の業務およびこれらの業務に付随して行われるずり、資材などの運搬、覆工のコンクリートの打設などの業務に就かせてはなりません（同法第64条の2第2号）。

4) 生理日の就業が著しく困難な女性が休暇を請求した場合には、その者を生理日に就業させてはなりません（同法第68条。第12章411～413頁参照）。

(2)の4)に違反した者は30万円以下の罰金(同法第120条)に、(1)の1)から3)までのいずれかもしくは5)から9)までまたは(2)の1)もしくは2)に違反した者は6月以下の懲役または30万円以下の罰金(同法第119条)に、(1)の4)または(2)の3)に違反した者は1年以下の懲役または50万円以下の罰金(同法第118条)に処せられます。

5 妊娠中および出産後の健康管理

(1) 保健指導または健康診査を受けるために必要な時間の確保

事業主は、次により、妊娠中または出産後の女性労働者が保健指導または健康診査を受けるために必要な時間を確保することができるようにしなければなりません(男女雇用機会均等法第12条)。

ア 妊娠中

事業主は、表17-2の妊娠週数の区分に応じ、それぞれに定める期間以内ごとに1回保健指導または健康診査を受けるために必要な時間を確保することができるようにしなければなりません。ただし、医師または助産師がこれと異なる指示をしたときは、その指示するところにより、保健指導または健康診査を受けるために必要な時間を確保することができるようにしなければなりません。

表17-2　保健指導または健康診査を受けるために必要な時間

妊娠週数	期間
妊娠23週まで	4週
妊娠24週から35週まで	2週
妊娠36週から出産まで	1週

イ 産後1年以内

医師または助産師が指示するところにより、保健指導または健康診査を

受けるために必要な時間を確保することができるようにしなければなりません。

（2）保健指導または健康診査に基づく指導事項を守ることができるようにするための措置

　事業主は、その雇用する女性労働者が医師または助産師の保健指導または健康診査に基づく指導事項を守ることができるようにするため、勤務時間の変更、勤務の軽減など次の措置を講じなければなりません（同法第13条、妊娠中及び出産後の女性労働者が保健指導または健康診査に基づく指導事項を守ることができるようにするために事業主が講ずべき措置に関する指針（平成9年9月25日労働省告示第105号））。

ア　妊娠中の通勤緩和について

　妊娠中の女性から、通勤に利用する交通機関の混雑の程度が母体または胎児の健康保持に影響があるとして、医師などから通勤緩和の指導を受けたとの申出があった場合には、時差通勤、勤務時間の短縮などの措置を講ずるとともに、医師などから具体的な指導がない場合でも、妊娠中の女性から通勤緩和の申出があったときには、担当の医師などと連絡をとり、その判断を求めるなどの対応をしなければなりません。

イ　妊娠中の休憩

　妊娠中の女性から、その作業などが母体または胎児の健康保持に影響があるとして、医師などから休憩について指導を受けたとの申出があった場合には、休憩時間の延長、休憩の回数の増加などの措置を講ずるとともに、医師などから具体的な指導がない場合でも、妊娠中の女性から休憩について申出があったときは、担当の医師などと連絡をとり、その判断を求めるなど適切な対応をしなければなりません。

ウ　妊娠中または出産後の症状などへの対応

　妊娠中または出産後の女性から、保健指導または健康診査に基づき、医師などからその症状などに関して指導を受けたとの申出があった場合には、その指導に基づき、作業の制限、勤務時間の短縮、休業などの措置を講ずるとともに、医師などからの指導に基づき講じなければならない措置が明確でない場合には、担当の医師などと連絡をとりその判断を求めるなど適切な対応をしなければなりません。

エ　母性健康管理指導事項連絡カードの利用

　妊娠中および出産後の女性に対し、母性健康管理上必要な措置を適切に講ずるためには、女性についての医師などからの指導事項の内容が的確に伝達され、かつ、講ずべき措置の内容が明確にされる必要があることから、母性健康管理指導事項連絡カードの利用に努めなければなりません。

オ　プライバシーの保護

　妊娠中および出産後の女性の症状などに関する情報は、個人のプライバシーに属するので、その保護に特に留意しなければなりません。

6　職場におけるセクハラ防止

　事業主は、職場におけるセクハラを防止するために雇用管理上必要な措置を講じなければなりません（同法第11条）。このセクハラには、女性に対するセクハラのみならず、男性に対するセクハラも含みます。

（1）セクハラとは

　セクハラには、次のように、性的な言動に対する対応により労働者が労働条件上不利益を受ける「対価型セクハラ」と性的な言動により労働者の就

業環境が害される「環境型セクハラ」を含んでいます（事業主が職場における性的な言動に起因する問題に関して雇用管理上講ずべき措置についての指針（平成18年10月11日厚生労働省告示第615号。以下「セクハラ指針」という）。

ア　対価型セクハラ

「対価型セクハラ」とは、職場において行われる労働者の意に反する性的な言動に対する労働者の対応により、その労働者が解雇、降格、減給などの不利益を受けることで、その典型的な例としては、次のようなものがあります。

① 事務所内において事業主が労働者に対して性的な関係を要求したが、拒否されたため、その労働者を解雇すること。
② 出張中の車中において上司が労働者の腰、胸などに触ったが、抵抗されたため、その労働者について不利益な配置転換をすること。
③ 営業所内において事業主が日頃から労働者に関する性的な事柄について公然と発言していたが、抗議されたため、その労働者を降格すること。

イ　環境型セクハラ

「環境型セクハラ」とは、職場において行われる労働者の意に反する性的な言動により労働者の就業環境が不快なものとなったため、能力の発揮に重大な悪影響が生じるなど労働者が就業する上で見過ごせない程度の支障が生じることで、その典型的な例としては、次のようなものがあります。

① 事務所内において事業主が労働者の腰、胸などに度々触ったため、その労働者が苦痛に感じてその就業意欲が低下していること。
② 同僚が取引先において労働者に係る性的な内容の情報を意図的かつ継続的に流布したため、その労働者が苦痛に感じて仕事が手につかないこと。

③　労働者が抗議をしているにもかかわらず、事務所内にヌードポスターを掲示しているため、その労働者が苦痛に感じて業務に専念できないこと。

　また、この場合の職場とは、労働者が通常就業している場所だけでなく、例えば、取引先の事務所や取引先と打ち合わせをする飲食店、顧客の自宅などであっても、労働者が業務を遂行する場所であれば、職場に該当します。

（2）セクハラの防止のために事業主が講ずべき措置

　セクハラの防止のために、事業主は次の措置を講じなければなりません（セクハラ指針）。

ア　事業主の方針の明確化およびその周知・啓発
　①　就業規則などの服務規律を定めた文書に職場におけるセクハラの内容および職場におけるセクハラはあってはならない旨の方針を明確化し、管理監督者を含む労働者に対して、広報啓発資料や研修、講習などにより、周知・啓発すること。
　②　職場におけるセクハラに関する性的な言動を行った者については、厳正に対処する旨の方針や懲戒規定の適用対象となることなどの対処の内容を就業規則などの服務上の規律を定めた文書に規定し、管理監督者を含む労働者に対して、周知・啓発すること。
イ　相談に応じ、適切に対応するために必要な体制の整備
　①　相談担当者の選任、相談に対応するための制度の整備、外部機関に対する相談への対応の委託などにより、相談窓口を定めること。
　②　相談窓口の担当者と人事部門との連携体制や相談マニュアルの整備など相談窓口の担当者が適切に対応できるようにすること。
ウ　セクハラが生じた場合における事後の迅速かつ適切な対応
　①　相談窓口の担当者や人事部門、専門の委員会による相談者およ

び行為者の双方からの事実関係の確認、事実関係についての主張に不一致がある場合の第三者による確認、事実関係の確認が困難な場合における第三者機関への紛争処理の委託などにより、事実関係を迅速かつ正確に確認すること。
② 事実確認ができた場合には、行為者に対する就業規則に基づく制裁措置や被害者の不利益の回復措置(第三者機関に委託した場合にはその紛争解決案に従った措置)により、行為者および被害者に対する措置を適切に行うこと。
③ 広報啓発資料や研修、講習などにより、周知・啓発を行い、再発防止措置を講ずること。
エ セクハラについての情報の保護
　職場におけるセクハラについての相談者・行為者の情報はそのプライバシーに属することから、相談マニュアルの整備などその保護のために必要な措置を講ずるとともに、広報啓発資料などにより、労働者に対して周知すること。
オ 相談苦情を理由とする不利益な取扱いの禁止
　職場におけるセクハラに関して、労働者が相談をし、または事実関係の確認に協力したことなどを理由として、不利益な取扱いを行ってはならない旨を就業規則などの服務規律を定めた文書に定めるとともに、広報啓発資料などにより、労働者に周知・啓発すること。

(3) セクハラに関する裁判例

セクハラについては、次のように数多くの裁判例があります。

ア セクハラの防止に関する使用者の義務
① 使用者は、被用者に対し、労働契約上の付随義務として労務遂行に関連して被用者の人格的尊厳を侵しその労務提供に重大な支障を来す事由が発生することを防ぎ、またはこれに適切に対処するなど被用者にとって働きやすい職場環境を保つように配慮すべき義務

を負っている(福岡セクハラ(丙企画)事件　福岡地裁平成4年4月16日労判607-6、三重セクハラ(厚生農協連合会)事件　津地裁平成9年11月5日労判729-54、仙台セクハラ(自動車販売会社)事件　仙台地裁平成13年3月26日労判808-13、鹿児島セクハラ(医師会)事件　鹿児島地裁平成13年11月27日労判836-151、岡山セクハラ(リサイクルショップ)事件　岡山地裁平成14年11月6日労判845-73、下関セクハラ(食品会社営業所)事件　広島高裁平成16年9月2日労判881-29、派遣添乗員セクハラ・解雇事件　東京地裁平成17年1月25日労判890-42、京都セクハラ(消費者金融会社)事件　京都地裁平成18年4月27日労判920-66)ので、管理監督者が何らの対応策をとらずにセクハラ行為をみのがした場合(三重セクハラ(厚生農協連合会)事件)や侵入事件に対する初期の適正迅速な事実調査義務を怠った場合(仙台セクハラ(自動車販売会社)事件)には、職場環境配慮義務を怠ったものとして、債務不履行責任を負う。

②　セクハラ行為に関しては、使用者はセクハラに関する方針を明確にして、それを従業員に対して周知・啓発したり、セクハラ行為を未然に防止するための相談体制を整備したり、セクハラ行為が発生した場合には迅速な事後対応をするなど、その実情に応じて具体的な対応をすべき義務(岡山セクハラ(リサイクルショップ)事件、下関セクハラ(食品会社営業所)事件)や職場においてセクシャルハラスメントなど労働者の職場環境を侵害する事件が発生した場合、誠実かつ適切な事後措置をとり、その事案にかかる事実関係を迅速かつ正確に調査することおよび事案に誠実かつ適正に対処する義務を負っている(仙台セクハラ(自動車販売会社)事件)が、男女雇用機会均等法などを通じて企業に求められるセクシャルハラスメント防止のための措置として十分なものがとられている場合には、その予防義務に違反したとすることはできない(兵庫セクハラ(総合警備保障)事件　神戸

地裁尼崎支部平成17年9月22日労判906-25)。
イ　セクハラ行為に関する使用者の責任
① 　セクハラ行為が上司たる職務上の地位を利用して行われた場合には、使用者責任を負う(東京セクハラ(航空会社派遣社員)事件東京地裁平成15年8月26日労判856-87)。
② 　忘年会でのセクハラ行為は、不法行為に当たり、忘年会は職員相互の親睦を図る目的で設立された会の主催で行われたものであるが、顧問は営業所長とされ、営業日でしかも職員の勤務時間内に行われたこと、営業に関する慰労を兼ねたものであったことなどからして、会社の業務の一部、少なくとも業務に密接に関連する行為として行われたものであるから、会社の事業の執行につき行われたものと認められ、会社には使用者責任がある(広島セクハラ(生命保険会社)事件広島地裁平成19年3月13日労判943-52)。
③ 　性的自由を侵害した不法行為は、研修期間中の会社が指定した宿泊先において、上司である地位を利用して行ったから、事業の執行につき加えた損害に当たり、使用者責任を負う(千葉セクハラ(自動車販売会社)事件　東京地裁平成16年3月30日労判876-87)。
④ 　セクハラ行為のうち、部屋に押し入った行為は、社外ではあるが社命を受けて出張した際に行われたものであるから、業務の執行に関連して行われた。また、社外で行われたセクハラ行為についても、それらの行為の背景には、会社における優越的地位があり、部下として職場環境を悪化させたくないとの立場からすれば、社内における行為と同様、業務と密接な関連を有する(青森セクハラ(バス運送業)事件青森地裁平成16年12月24日労判889-19)。
⑤ 　出向社員による出向先社員に対するセクハラについては、出向先会社の事業を執行しており、事業の執行に当たっては、出向先会社の指揮監督を受けていたから、出向先会社は、使用者として、損害賠償責任を負う。一方、出向元会社からは出向期間の定めなく出向し、

その間休職を命ぜられており、出向元会社から日常の業務の遂行について指示を受けることはなく、出向先会社が業務命令権および配転命令権を有しており、出向先会社は出向元会社の100パーセント出資の子会社であるとはいえ、独立採算制が採られ、出向先会社の事業が出向元会社の事業と実質的に同一のものあるいはその一部門に属するとみることもできない場合には、出向元会社は実質上の指揮監督関係を有しておらず、損害賠償責任は認められない（横浜セクハラ（建設会社）事件　東京高裁平成9年11月20日労判728－12）。

ウ　セクハラの態様

①　職場において、男性の上司が部下の女性に対し、その地位を利用して、女性の意に反する性的言動に出た場合に、それがすべて違法と評価されるものではなく、その行為の態様、行為者である男性の職務上の地位、年齢、被害女性の年齢、婚姻歴の有無、両者のそれまでの関係、その言動の行われた場所、その言動の反復・継続性、被害女性の対応などを総合的にみて、それが社会的見地から不相当とされる程度のものである場合には、性的自由ないし性的自己決定権などの人格権を侵害するものとして、違法となる（金沢セクハラ事件　最高裁第二小法廷平成11年7月16日労判767－14）。

②　セクハラ行為が地位の悪用、行為の内容からも倫理的に非難の枠を超え、社会通念上相当とされる範囲を逸脱する場合には、性的自由、性的自己決定権、人格権を侵害する違法性が認められ、不法行為に該当する（熊本セクハラ（教会・幼稚園）事件　大阪高裁平成17年4月22日労判892－90）。

③　職場または社外ではあるが職務に関連する場において、関係者に対し、個人的な性生活や性交を窺わせる事項について発言を行い、その結果、職場に居づらくさせる状況を作り出し、その状況の出現について意図していたか、または少なくとも予見していた場合には、人格

を損なってその感情を害し、働きやすい職場環境のなかで働く利益を害するものとして、不法行為に該当する(福岡セクハラ(丙企画)事件)。
④　懇親を図るために飲み会を企画し、1次会で帰宅しようとすると「カラオケに行こう」と2次会に誘い、仕事の話に絡ませながら性的いやがらせを繰り返した行為は、職務に関連させて上司たる地位を利用して行ったものであり、不法行為に該当する(大阪セクハラ(運送会社)事件　大阪地裁平成10年12月21日労判756-26)。
⑤　宴会において飲酒を勧めた行為や2次会に参加させようとした行為は、強引で不適切な面があったことは否定できないとしても、飲酒した宴会の席では行われがちであるという程度を越えて不法行為を構成するまでの違法性があったとはいえず、不法行為は成立しない(東京セクハラ(協同組合)事件　東京地裁平成10年10月26日労判756-82)。

エ　セクハラに対する使用者の対応
①　加害者の弁解を軽信し、個人的な争いを蒸し返して社内秩序を乱したものと判断し、正当な理由があると考えて解雇をしたことには、過失がある(東京セクハラ(水産物販売会社)事件　東京地裁平成11年3月12日)。
②　男性派遣労働者による派遣先女性社員に対するセクハラ行為は、その態様も執拗かつ悪質であり、相当程度の苦痛と恐怖を与え、派遣先においてその職場内の風紀秩序を著しく乱し、派遣元の名誉・信用を著しく傷つけたから、就業規則の懲戒解雇事由に該当する(コンピューター・メンテナンス・サービス事件　東京地裁平成10年12月7日労判751-18)。
③　公的機関からセクハラについて具体的な指摘を受けた以上、直ちに被害者が安心して申告できるような窓口を社内に設置し、セクハラを行った者に対しては懲戒処分もあることを告示するなど、これを防止するより強力な措置を講じる必要があった。公的機関から指摘された

時点で直ちに適切な措置を講じていれば、セクハラは許されないという社内意識が涵養され、本件のような事態にはならなかった(下関セクハラ(食品会社営業所)事件)。

④　役員に次ぐ地位にあり、80人の従業員を管理監督すべき立場であるにもかかわらず、立場上拒絶が困難な者に対して自らセクハラ行為を行っていたのであって、その責任は極めて重い。しかも会社では、差別や嫌がらせの禁止、これに違反した場合に懲戒解雇を含む厳罰を課する旨明示するとともに、全管理職に対し、業務上の行動指針に関する教育を実施したほか、改正男女雇用機会均等法のセクハラに関する規定の説明、セクハラが業務上の行動指針違反、就業規則における懲戒処分に該当する不正行為とみなされ、免職を含めた懲戒処分が適用されること、管理職においてセクハラに関する法律、業務上の行動指針の規定等が遵守されるよう周知徹底すべきことを告知していたにもかかわらず、これらを軽視し、セクハラ行為に及んだものであり、セクハラ被害を申告した者や他の女性従業員への影響を考慮して、セクハラ行為を行った者に対して厳正な態度で臨もうとする姿勢には正当な理由がある(コンピューター関連会社事件　東京地裁平成17年1月31日判時1891-156)。

⑤　会社は、申告を受けた後、速やかに両者から事情聴取をするとともに、加害者の下で就業することがないように就労義務を免除し、更に両者を別の事業所に配置転換した。また、会社は、新たにセクハラに関する苦情処理窓口を設置した。したがって、使用者として、性的嫌がらせの被害者の就業環境に配慮しており、公平な立場で苦情を処理すべき義務に違反したとは認められない(千葉セクハラ(自動車販売会社)事件　東京地裁平成16年3月30日労判876-87)。

⑥　会社はAから事情聴取しているが、Aのみからの事情聴取に依拠して原告の人格に対する否定的判断を下した上、原告に確認・連絡せずに「原告の了解によって問題が終息した」と結論づけており、こ

れらの対応のまずさから被害事実を見過ごし、セクハラ行為を放置したことによって、退職という不本意な結論を選択することを余儀なくさせた。退職にまで至ったのは、セクハラ行為だけでなく、被害に対する会社の無理解な対応にも起因するから、セクハラ行為および会社の対応と退職との間には相当因果関係がある（青森セクハラ（バス運送業）事件　青森地裁平成16年12月24日労判889-19）。

オ　セクハラによる損害の範囲

① セクハラを受けた場合には、自分の能力に自信をなくし、再就職に対する不安を抱いたり、また同じような目にあうことを心配して再就職に向けた活動を行いにくくなることは容易に想定しうるから、再就職には、一般的に再就職に要する期間よりも長期間を要する。そうすると、会社を退職した後少なくとも3か月間はセクハラ行為のために就労することができなかったものであり、また、その後9か月も通常の3分の1以下の就労しかできなかったと認めるのが相当であり、その間の得べかりし給与はセクハラ行為と相当因果関係のある損害である（ベンチャー社長セクハラ事件　京都地裁平成19年4月26日）。

第 18 章

未成年の労働

「未成年の労働」のポイント
1　就業できる最低年齢
2　未成年の労働契約
3　賃金の支払い
4　労働時間
5　就業制限
6　帰郷旅費

「未成年者の労働」のポイント

1　労働基準監督署長の許可を得て満13歳以上の児童（映画の制作や演劇の事業については満13歳に満たない児童を含む）を使用する場合を除き、児童が満15歳に達した日以後の最初の3月31日が終了するまでは、使用してはならない。また、満18歳に満たない年少者については、その年齢を証明する住民票記載事項の証明書などを事業所に備え付けなければならないほか、就業制限などの規制がある。
2　親権者または後見人は、未成年者に代って労働契約を締結してはならない。また、未成年者は、独立して賃金を請求することができるので、親権者または後見人は、未成年者の賃金を代って受け取ってはならない。
3　満18歳未満の年少者には、変形労働時間制の適用、時間外・休日・深夜労働、従事する業務などについて、制限がある。

1　就業できる最低年齢

（1）最低年齢

　使用者は、児童が満15歳に達した日以後の最初の3月31日が終了するまで、使用してはなりません。ただし、次の工業的事業以外の業種の職業で、児童の健康および福祉に有害でなく、かつ、その労働が軽易なものについては、労働基準監督署長の許可を得て満13歳以上の児童（映画の制作や演劇の事業については満13歳に満たない児童を含む）を修学時間外に使用することができます（労働基準法第56条）。これに違反した者は、1年以下の懲役または50万円以下の罰金に処せられます（同法第119条）。

① 物の製造、改造、加工、修理、洗浄、選別、包装、装飾、仕上げ、販売のためにする仕立て、破壊もしくは解体または材料の変造の事業(電気、ガスまたは各種動力の発生、変更もしくは伝導の事業および水道の事業を含む)
② 鉱業、石切り業その他土石または鉱物採取の事業
③ 土木、建築その他工作物の建設、改造、保存、修理、変更、破壊、解体またはその準備の事業
④ 道路、鉄道、軌道、索道、船舶または航空機による旅客または貨物の運送の事業
⑤ ドック、船舶、岸壁、波止場、停車場または倉庫における貨物の取扱いの事業

(2) 年少者の証明書

満18歳に満たない年少者については、その年齢を証明する戸籍証明書(住民票記載事項の証明書)を事業所に備え付けなければなりません。また、労働基準監督署長の許可を得て、児童が満15歳に達した日以後の最初の3月31日が終了するまでに使用する場合には、修学に差し支えないことを証明する学校長の証明書および親権者または後見人の同意書を事業場に備え付けなければなりません(同法第57条)。これらに違反した者は、30万円以下の罰金に処せられます(同法第120条)。

2 未成年の労働契約

親権者または後見人は、未成年者に代わって労働契約を締結してはなりません(同法第58条第1項)。この規定に違反した者は、30万円以下の罰金に処せられます(同法第120条)。

親権者や後見人あるいは労働基準監督署長は、未成年者の労働契約が未成年者に不利である場合には、将来に向かって解除することができま

す（同法第58条第2項）。ここでいう「不利」とは、未成年者の労働契約を継続することがその労働条件又は就労状況からみて未成年者のために不利益である場合をいい、解除権者の使用者に対する好悪の感情、未成年者またはその交友との信条の相違、親権者の家庭事情などの解除権者の都合による事由に基づいて不利を認定して解除権を行使するのは権利の濫用に当たるとする裁判例（倉敷紡績事件　名古屋地裁昭和37年2月12日労民集13-1-76）があります。

3　賃金の支払い

　未成年者は、独立して賃金を請求することができますので、親権者または後見人は、未成年者の賃金を代って受け取ってはなりません（同法第59条）。

4　労働時間

（1）児童の法定労働時間
　満15歳に達した日以後の最初の3月31日が終了するまでの児童について、労働基準監督署長の許可を受けて使用する場合の労働時間は、修学時間を通算して1週間について40時間、1日について7時間以内としなければなりません（同法第60条第2項）。

（2）変形労働時間制の適用
　18歳未満の年少者については、1週間について48時間、1日について8時間の範囲内で、1か月単位の変形労働時間制、1年単位の変形労働時間制を適用することができますが、1週間単位の非定型的変形労働時間制およびフレックスタイム制を適用することはできません。ただし、1週間に40時間の範囲内で、1週間のうち1日の労働時間を4時間以内に短縮するこ

とを条件として、他の日の労働時間を10時間まで延長することができます（同法第60条）。

（3）時間外・休日労働の制限

18歳未満の年少者については、非常災害の場合を除き、時間外労働・休日労働をさせてはなりません（法第60条第1項）。

（4）深夜業の制限

18歳未満の年少者については、次の場合を除き、深夜業をさせてはなりません（同法第61条第1項～第4項）。

① 満16歳以上満18歳未満の男性を交替制で午後10時から午前5時までの深夜業に従事させる場合
② 交替制によって労働させる事業において、労働基準監督署長から許可を受けて、午後10時30分まで労働させ、または午前5時30分から労働させる場合
③ 災害などによる臨時の必要がある場合に労働時間を延長し、もしくは休日に労働させる場合
④ 農林の事業、畜産、養蚕もしくは水産の事業、保健衛生の事業または電話交換の業務に従事させる場合

また、満15歳に達した日以後の最初の3月31日するまでの児童を労働基準監督署長から許可を受けて使用する場合は、午後8時から午前5時までの間は使用してはなりません（同法61条5項）。

5　就業制限

満18歳に満たない年少者については、次の就業制限があります。
ア　表18-1に定められた重量を超える重量物を取り扱う業務に就かせて

はなりません（同法第62条第1項）

表18-1　年少者に対する重量物の制限

年齢および性		重量（単位 kg）	
		断続作業の場合	継続作業の場合
満16歳未満	女	12	8
	男	15	10
満16歳以上満18歳未満	女	25	15
	男	30	20

イ　次の危険な業務または安全、衛生もしくは福祉に有害な場所における業務に就かせてはなりません（同法第62条）。

① ボイラーの取扱いの業務
② ボイラーの溶接の業務
③ クレーン、デリックまたは揚貨装置の運転の業務
④ 緩燃性でないフィルムの上映操作の業務
⑤ 最大積載荷重が2t以上の人荷共用若しくは荷物用のエレベーターまたは高さが15m以上のコンクリート用エレベーターの運転の業務
⑥ 動力により駆動される軌条運輸機関、乗合自動車または最大積載量が2t以上の貨物自動車の運転の業務
⑦ 動力により駆動される巻上げ機（電気ホイストおよびエアホイストを除く）、運搬機または索道の運転の業務
⑧ 直流にあっては750Vを、交流にあっては300Vを超える電圧の充電電路またはその支持物の点検、修理または操作の業務
⑨ 運転中の原動機または原動機から中間軸までの動力伝導装置の掃除、給油、検査、修理またはベルトの掛換えの業務
⑩ クレーン、デリックまたは揚貨装置の玉掛けの業務（2人以上の者によって行う玉掛けの業務における補助作業の業務を除く）
⑪ 最大消費量が毎時400l以上の液体燃焼器の点火の業務
⑫ 動力により駆動される土木建築用機械または船舶荷扱用機械の運転の業務

⑬　ゴム、ゴム化合物または合成樹脂のロール練りの業務
⑭　直径が25cm以上の丸のこ盤（横切用丸のこ盤及び自動送り装置を有する丸のこ盤その他反ぱつにより労働者が危害を受けるおそれのないものを除く）またはのこ車の直径が75cm以上の帯のこ盤に木材を送給する業務
⑮　動力により駆動されるプレス機械の金型またはシャーの刃部の調整または掃除の業務
⑯　操車場の構内における軌道車両の入換え、連結または解放の業務
⑰　軌道内であって、ずい道内の場所、見通し距離が400m以内の場所または車両の通行が頻繁な場所において単独で行う業務
⑱　蒸気または圧縮空気により駆動されるプレス機械または鍛造機械を用いて行う金属加工の業務
⑲　動力により駆動されるプレス機械、シャーなどを用いて行う厚さが8mm以上の鋼板加工の業務
⑳　手押しかんな盤または単軸面取り盤の取扱いの業務
㉑　岩石または鉱物の破砕機または粉砕機に材料を送給する業務
㉒　土砂が崩壊するおそれのある場所または深さが5m以上の地穴における業務
㉓　高さが5m以上の場所で、墜落により労働者が危害を受けるおそれのあるところにおける業務
㉔　足場の組立、解体または変更の業務（地上または床上における補助作業の業務を除く）
㉕　胸高直径が35cm以上の立木の伐採の業務
㉖　機械集材装置、運材索道などを用いて行う木材の搬出の業務
㉗　火薬、爆薬または火工品を製造し、または取り扱う業務で、爆発のおそれのあるもの
㉘　危険物（爆発性の物、発火性の物、酸化性の物、引火性の物または可燃性のガス）を製造し、または取り扱う業務で、爆発、発火または引火

のおそれのあるもの
㉙　圧縮ガスまたは液化ガスを製造し、または用いる業務
㉚　水銀、砒素、黄りん、弗化水素酸、塩酸、硝酸、シアン化水素、水酸化ナトリウム、水酸化カリウム、石炭酸その他これらに準ずる有害物を取り扱う業務
㉛　鉛、水銀、クロム、砒素、黄りん、弗素、塩素、シアン化水素、アニリンその他これらに準ずる有害物のガス、蒸気または粉じんを発散する場所における業務
㉜　土石、獣毛などのじんあいまたは粉末を著しく飛散する場所における業務
㉝　ラジウム放射線、エックス線その他の有害放射線にさらされる業務
㉞　多量の高熱物体を取り扱う業務および著しく暑熱な場所における業務
㉟　多量の低温物体を取り扱う業務および著しく寒冷な場所における業務
㊱　異常気圧下における業務
㊲　さく岩機、鋲打機など身体に著しい振動を与える機械器具を用いて行う業務
㊳　強烈な騒音を発する場所における業務
㊴　病原体によって著しく汚染のおそれのある業務（保健師、助産師、看護師または准看護師の養成中の者を除く）
㊵　焼却、清掃またはと殺の業務
㊶　刑事施設（留置施設を含む）または精神科病院における業務
㊷　酒席に侍する業務
㊸　特殊の遊興的接客業における業務
㊹　そのほか、厚生労働大臣が別に定める業務

ウ　坑内で労働させてはなりません(同法第63条)。

なお、(ア)または(イ)に違反した者は6月以下の懲役または30万円以下の罰金(同法第119条)に、(ウ)に違反した者は1年以下の懲役または50万円以下の罰金に処せられます(同法第118条)。

6　帰郷旅費

満18歳に満たない年少者が解雇の日から14日以内に帰郷する場合には、その年少者の責めに帰すべき事由に基づいて解雇され、その事由について労働基準監督署長の認定を受けたときを除き、必要な旅費を負担しなければなりません(同法第64条)。これに違反した者は、30万円以下の罰金に処せられます(同法第120条)。

第19章 非正規労働者

「非正規労働者」のポイント
1 非正規労働者の人事労務管理
2 パートタイム労働法
3 有期契約労働者
4 派遣労働者
5 外国人労働者

「非正規労働者」のポイント

1 　非正規労働者の数は1,894万人で、雇用労働者の総数の35.6％を占めており、パートタイム労働者が886万人、アルバイトが408万人、契約社員が225万人、派遣労働者が161万人、嘱託が106万人となっている。また、外国人労働者の数は34万人となっている。

2 　労働法は、雇用関係がある限りは、正規労働者にも非正規労働者にも、原則として適用される。派遣労働者については、派遣先との間には雇用関係がないが、派遣先に対し5つの法律について法律上の義務を課す規定が設けられている。また、パートタイム労働法や労働者派遣法のように、パートタイム労働者や派遣労働者のみをその対象として規制している法律もある。

3 　非正規労働者については、正規労働者との均衡のとれた処遇が問題となる。

4 　パートタイム労働法においては、パートタイム労働者は、①職務内容が正規労働者と同一のパートタイム労働者、②正規労働者と同視すべきパートタイム労働者、③職務内容が正規労働者と同一のパートタイム労働者以外のパートタイム労働者に区分されて、それぞれに応じた処遇が求められている。また、正規労働者への転換を推進するための措置を講じるとともに、パートタイム労働者から求めがあったときは、待遇の決定に当たって考慮した事項を説明しなければならない。

5 　有期労働契約の締結、更新および雇止めに際して発生するトラブルを防止し、その迅速な解決が図られるようにするため、有期労働契約基準が定められている。また、有期労働契約については、必要以上に短い期間を定めることにより、その労働契約を反復して更新することのないよう配慮しなければならない。

6 　派遣元、派遣先および派遣労働者の関係は、次のような関係にあ

る。
① 派遣元が派遣労働者を雇用していること。
② 派遣元と派遣先との間に労働者派遣契約が締結され、この契約に基づき、派遣先は派遣労働者を指揮命令し、派遣先のために労働に従事させることができること。
③ 派遣先は派遣労働者を指揮命令し、派遣先のために労働に従事させること。

7 ①港湾運送業務、②建設業務、③警備業務、④医療機関における医療関連業務について、労働者派遣事業を行うことは禁止されており、労働者派遣事業を行うためには、許可（一般労働者派遣事業）または届出（特定労働者派遣事業）が必要である。

8 労働者派遣法は、このほか、労働者派遣契約、派遣元の講ずべき措置、派遣先の講ずべき措置、労働基準法などの適用の特例などを定めている。

9 外国人は、在留資格の範囲内で我が国での活動ができるが、就労の可否によって分けると次の4つに分類される。
① 永住者、日本人の配偶者等、永住者の配偶者等および定住者は、就労活動に制限がない。
② 外交、公用、教授、芸術、宗教、報道、投資・経営、法律・会計業務、医療、研究、教育、技術、人文知識・国際業務、企業内転勤、興行および技能在留資格の範囲内で就労が可能であるが、このうち、一般の事務所で雇用されることが多いのは、技術、人文知識・国際業務、企業内転勤、技能である。
③ 特定活動は、許可の内容によって就労の可否が決まるが、この中には技能実習やワーキングホリデーが含まれる。
④ 原則として就労が認められないのは文化活動、短期滞在、留学、就学、研修および家族滞在の6種類であるが、このうち、留学、就学および家族滞在については、あらかじめ法務大臣から資格外活動

の許可を受けた場合には、一定の範囲内で短時間の就労が認められている。
10　新たに外国人労働者を雇い入れた場合またはその雇用する外国人労働者が離職した場合などの場合には外国人労働者の氏名、在留資格、在留期間などの事項について確認し、公共職業安定所長に届け出なければならない。

1　非正規労働者の人事労務管理

(1) 非正規労働者の雇用の現状

　パートタイム労働者、アルバイト、派遣労働者、契約社員、嘱託などの非正規労働者の数は1,894万人で、雇用労働者の総数の35.6％を占めています。これを雇用形態別にみると、パートタイム労働者が886万人（雇用労働者総数の16.6％）、アルバイトが408万人（7.7％）、契約社員が225万人（4.2％）、派遣労働者が161万人（3.0％）、嘱託が106万人（2.0％）となっています（総務省　平成19年就業構造基本調査）。

　また、平成20年6月1日現在で、外国人労働者の数は338,813人となっています。

(2) 非正規労働者に対する労働法の適用

　労働法は、誰か1人でも労働者を雇っていれば、原則として業種のいかんを問わず、すべての業種の職場に適用され、雇用関係がある限りは、正規労働者にも非正規労働者にも、原則として適用されます。

　非正規労働者のうち、派遣労働者については、派遣先との間には雇用関係がありませんが、派遣先に対し5つの法律について法律上の義務を課す規定が設けられています。

　また、パートタイム労働法や労働者派遣法のように、パートタイム労働者や派遣労働者のみをその対象として規制している法律もあります。

(3) 正規労働者と非正規労働者との均衡処遇

非正規労働者については、正規労働者との均衡のとれた処遇が問題となります（第4章120～125頁参照）。

2 パートタイム労働者

(1) パートタイム労働法

パートタイム労働者についても、労働基準法、最低賃金法、労働安全衛生法、労災保険法、男女雇用機会均等法、育児・介護休業法、雇用保険法などの法令は適用がありますので、事業主はそのことを認識して、これらの法律を遵守する必要があります（「事業主が講ずべき短時間労働者の雇用管理の改善等に関する措置等についての指針（平成19年10月1日厚生労働省告示第326号。以下「パートタイム指針」という）」）。

これに加えて、パートタイム労働者の適正な労働条件や雇用管理の改善、通常の労働者への転換の促進、職業能力の開発向上などに関する措置を講じ、正規労働者との均衡のとれた待遇の確保などを図ることを通じて、その有する能力を有効に発揮することができるようにすることにより、その福祉の増進と経済社会の発展に寄与することを目的として、「パートタイム労働法」が制定されています（同法第1条）。

ア パートタイム労働者の範囲

パートタイム労働法が適用されるパートタイム労働者は、原則として1週間の所定労働時間が同じ事業所の正規労働者の1週間の所定労働時間に比べて短い者です（同法第2条）。

したがって、名称が「パートタイム労働者」であっても、その事業所の正規労働者と同一の所定労働時間である場合には、パートタイム労働法の対象とはなりません。

イ　事業主などの責務

　事業主は、パートタイム労働者について、その職務の内容、職務の内容や配置の変更の範囲、労働契約期間の定めの有無、経験、能力、成果、意欲などの就業の実態や正規労働者との均衡などを考慮して、適正な労働条件の確保や教育訓練の実施、福利厚生の充実などの雇用管理の改善やパートタイム労働者であることに起因して、待遇に関する透明性・納得性が欠如していることを解消すること、正規労働者として就業することを希望する者について、その就業の可能性をすべてのパートタイム労働者に与えることなど正規労働者への転換の促進を図るために必要な措置を講ずることにより、正規労働者との均衡のとれた待遇の確保などを図り、パートタイム労働者がその能力を有効に発揮することができるように努めなければなりません。また、事業主団体も、事業主がパートタイム労働者について行う雇用管理の改善などに関し、必要な助言や協力などの援助を行うように努めなければなりません（同法第3条第1項、第2項）。

　また、パートタイム労働者の多様な就業実態を踏まえ、その職務の内容、職務の成果、意欲、能力、経験などに応じた待遇に関する措置を講ずるように努め、特に、その労働時間および労働日については、パートタイム労働者本人の事情を十分考慮するとともに、できるだけ所定労働時間を超えて、または所定労働日以外の日に労働させないようにする必要があります。さらに、雇用管理の改善などに関する措置を講ずるに当たっては、関係労使の十分な話合いの機会を提供するなどパートタイム労働者の意見を聴く機会を設けるための適当な方法を工夫するように努める必要があります（パートタイム指針）。

ウ　労働条件に関する文書の交付

　労働基準法は、労働契約の締結に際し、使用者は、労働者に対して、労働時間や賃金などの労働条件を明示すること、このうち①労働契約の期間、②就業の場所および従事すべき業務、③始業および終業の時刻、所定

労働時間を超える労働の有無、休憩時間、休日、休暇ならびに就業時転換、④賃金の決定、計算および支払方法、賃金の締め切りおよび支払の時期および⑤退職（解雇の事由を含む）については書面で明示することを義務付けています（同法第15条第1項。第3章104～105頁参照）が、これに加えて、パートタイム労働者を雇い入れたときは、昇給、賞与および退職金の有無を、文書の交付やパートタイム労働者が希望した場合はFAXまたは電子メールの送信により明示しなければなりません。これに違反した者には、10万円以下の過料が科されます（パートタイム労働法第6条第1項第47条）。

このほか、①所定労働日以外の日の労働の有無、②所定時間外労働・所定日外労働の有無およびその程度、③安全・衛生、④教育訓練、⑤休職などについても、事業主は、文書などでパートタイム労働者に明示するよう努めなければなりません（同法第6条第2項）。

エ　就業規則の作成の手続

就業規則を作成または変更するに当たっては、その事業所に労働者の過半数で組織する労働組合があるときはその労働組合、労働者の過半数で組織する労働組合がないときは労働者の過半数を代表する者の意見を聴き、作成または変更した就業規則は、過半数労働組合などの署名または記名押印のある意見を記した書面を添付した上で、労働基準監督署長に届け出なければなりません（労働基準法第89条、第90条第2項）が、パートタイム労働者用の就業規則を作成または変更しようとするときは、これに加えて、その事業所のパートタイム労働者の過半数を代表する者の意見を聴くように努めなければなりません（パートタイム労働法第7条）。

なお、パートタイム労働者が、過半数代表者であることもしくは過半数代表者になろうとしたことまたは過半数代表者として正当な行為をしたことを理由として不利益な取扱いをしないようにしなければなりません（パートタイム指針）。

オ　パートタイム労働法におけるパートタイム労働者の区分

パートタイム労働法は、パートタイム労働者を次の3つに区分しています。

① 職務内容が正規労働者と同一のパートタイム労働者　業務の内容や責任の程度が正規労働者と同じであるパートタイム労働者
② 正規労働者と同視すべきパートタイム労働者　職務内容が正規労働者と同一の一のうち、期間の定めのない労働契約（反復して更新されることによって期間の定めのない労働契約と同視することが社会通念上相当と認められる期間の定めのある労働契約を含む）を締結しているもので、慣行などからみて、雇用期間が終了するまでの全期間において、その業務の内容や責任の程度、配置が正規労働者の業務の内容や責任の程度および配置と同一の範囲で変更されると見込まれるもの
③ 職務内容が正規労働者と同一のパートタイム労働者以外のパートタイム労働者

②の正規労働者と同視すべきパートタイム労働者は、次のいずれにも該当する者をいいます。

① 業務の内容や責任の程度が正規労働者と同じであること。
② 慣行などからみて、人材活用の仕組みや運用などが全雇用期間を通じて正規労働者と同じであること。
③ 労働契約の期間が実質的に無期契約となっていること。

ここでいう「人材活用の仕組みや運用などが全雇用期間を通じて同じ」とは、パートタイム労働者が正規労働者と職務が同じになってから、退職までの期間、事業所の人事システムや慣行から判断して同じとなる場合をいいます。また、「契約期間が実質的に無期契約」とは、期間の定めがない労働契約を結んでいる場合だけでなく、反復更新によって実質的に期間の定めのない労働契約と変わらない雇用関係の場合も正規労働者と同様の実

態にあると判断するもので、業務の客観的内容（恒常的な業務に従事しているのか、臨時的な業務に従事しているのか、正規労働者の業務との違いがあるのか）、契約上の地位の性格（契約上の地位が臨時的か）、当事者の主観的態様（継続雇用を期待させる会社側の言動や認識があったか）、更新の手続・実態（反復更新の有無や回数、勤続年数、契約更新時の手続方法）、他の労働者の更新状況（同様の地位にある労働者に対する雇止めの有無）などによって判断します。

カ　正規労働者と同視すべきパートタイム労働者に対する差別的な取扱い

　正規労働者と同視すべきパートタイム労働者については、賃金の決定や教育訓練の実施、福利厚生施設の利用などの待遇において差別的な取扱いをしてはなりません（同法第8条）。

キ　職務内容が正規労働者と同一のパートタイム労働者に対する取扱い

1）賃金

　正規労働者と同視すべきパートタイム労働者以外の職務内容が正規労働者と同一のパートタイム労働者に対しては、その職務の内容と配置が正規労働者の職務の内容と配置の変更の範囲内で行われる期間については、正規労働者と同一の方法により賃金を決定するように努めなければなりません（同法第9条第2項）。

　ここでいう「同一の方法により賃金を決定する」とは、正規労働者とパートタイム労働者とで職務の内容と人材活用の仕組みや運用などが同じであれば、単位当たりの仕事の対価は同じであるという理念を表したものであり、同一の賃金決定方法にすることにより、両者を同じ職能や職務といった「モノサシ」で評価することが可能になるというものです。具体的には、このようなパートタイム労働者に正規労働者と同じ賃金表を適用することがもっとも

望ましいと考えられますが、正規労働者が職能給であればパートタイム労働者も職能給にするなど、同じ評価基準によって賃金を決定することをいいます。

2）**教育訓練の実施**
　職務の遂行に必要な能力を付与するために必要な教育訓練で正規労働者に対し実施するものについては、正規労働者と同視すべきパートタイム労働者以外の職務内容が正規労働者と同一のパートタイム労働者に対しても、すでにその職務を行う能力がある場合などを除き、これを実施しなければなりません（同法10条第1項）。
　ここでいう「職務の遂行に必要な能力を付与するために必要な教育訓練」とは、その職務を遂行するに当たって必要な知識や技術を身につけるための教育訓練をいい、パートタイム労働者と正規労働者の職務の内容が同じ場合には、パートタイム労働者が既に必要な能力を身につけている場合を除き、正規労働者と同様にパートタイム労働者に対しても実施しなければなりません。例えば、経理業務に従事している正規労働者にその職務遂行上必要な簿記の訓練を実施しているときは、同じ職務に従事しているパートタイム労働者に対しても実施しなければなりません（同通達）。
　また、例えば、キャリアアップのための教育訓練など職務の遂行に必要な能力を付与する教育訓練に該当しない教育訓練についても、職務の内容の違いの如何にかかわらず、パートタイム労働者の職務の内容や成果、意欲、能力、経験などに応じ実施するよう努めなければなりません（同条第2項）。

3）**福利厚生施設の利用**
　正規労働者に対して利用させる給食施設、休憩室および更衣室は、パートタイム労働者に対しても利用の機会を与えるよう配慮しなければなりません（同法第11条）。

ここでいう「配慮する」とは、福利厚生施設の定員などの関係で利用の機会が制限される場合を除き、パートタイム労働者にも利用の機会を与えるようにすることをいいます。例えば、給食施設の定員の関係で全員に施設の利用の機会を与えられないような場合に増築などをして全員に利用の機会が与えられるようにすることまでは求められませんが、福利厚生施設の利用規程の対象が正規労働者に限定されているなら、パートタイム労働者にも適用されるよう改定し、パートタイム労働者と正規労働者に同じ機会を与えるなどの具体的な措置が求められます。

　なお、医療、教養、文化、体育、レクリエーションなどを目的とした福利厚生施設の利用やその他の福利厚生の措置についても、パートタイム労働者の就業の実態、正規社員との均衡などを考慮した取扱いをするように努める必要があります（パートタイム指針）。

ク　職務内容が正規労働者と同一のパートタイム労働者以外のパートタイム労働者に対する取扱い

1）賃金

　職務内容が正規労働者と同一のパートタイム労働者以外のパートタイム労働者についても、正規労働者との均衡を考慮しつつ、パートタイム労働者の職務の内容や成果、意欲、能力、経験などを勘案して、職務の内容に密接に関連して支払われる賃金を決定するように努めなければなりません（同法第9条第1項）。

　ここでいう「職務の内容に密接に関連して支払われる賃金」とは、基本給や賞与、役付手当などをいい、通勤手当や退職手当、家族手当、住宅手当、別居手当、子女教育手当などはこれに該当しません。したがって、パートタイム労働者の基本給や賞与、役付手当などを客観的な基準に基づかない主観や、パートタイム労働者だからという理由で一律に決定するのではなく、職務の内容や能力のレベルに応じて段階的に設定するなど、働きや貢献に応じて決定する必要があります。

なお、通勤手当や退職手当などの職務の内容に密接に関連して支払われるもの以外の手当についても、その就業の実態、通常の労働者との均衡などを考慮して定めるように努める必要があります（パートタイム指針）。

２）教育訓練の実施
　例えば、キャリアアップのための教育訓練など職務の遂行に必要な能力を付与する教育訓練に該当しない教育訓練については、職務の内容の違いの如何にかかわらず、パートタイム労働者の職務の内容や成果、意欲、能力、経験などに応じ実施するよう努めなければなりません（同法第10条第2項）。

３）福利厚生施設の利用
　正規労働者に対して利用させる給食施設、休憩室および更衣室を、パートタイム労働者に対しても利用の機会を与えるよう配慮しなければなりません（同法第11条）。また、医療、教養、文化、体育、レクリエーションなどを目的とした福利厚生施設の利用やその他の福利厚生の措置についても、パートタイム労働者の就業の実態、正規労働者との均衡などを考慮した取扱いをするように努める必要があります（パートタイム指針）。

ケ　正規労働者への転換
　正規労働者への転換を推進するため、パートタイム労働者に対して、次のいずれかの措置を講じなければなりません（同法第12条第1項）。

① 　正規労働者の募集を行う場合に、現に雇用するパートタイム労働者に対し、募集の内容を掲示するなどにより周知すること。
② 　正規労働者を配置する場合に、現に雇用するパートタイム労働者に対し、その配置の希望を申し出る機会を与えること。
③ 　資格のあるパートタイム労働者を正規労働者に転換するための試験制度を設けること。

④ その他のパートタイム労働者を正規労働者への転換を推進するための措置を講ずること。

コ 待遇の決定に当たって考慮した事項の説明

パートタイム労働者から求めがあったときは、待遇の決定に当たって考慮した事項を説明しなければなりません（同法第13条）。

説明しなければならない具体的な内容は、労働条件の文書の交付、就業規則の作成手続、待遇の差別的な取扱いの禁止、賃金の決定方法、教育訓練、福利厚生施設、正規労働者への転換を推進するための措置です。

なお、パートタイム労働者から求めがあったときは、これら以外の待遇に関する事項についても、説明するように努める必要があります。また、パートタイム労働者が、待遇の決定に当たって考慮した事項の説明を求めたことを理由として不利益な取扱いをしないようにしなければなりません（パートタイム指針）。

（2）パートタイム労働者に関するその他の労務管理上の留意事項

ア 労働時間

労働時間は、事業所が異なる場合にも通算します（労働基準法第38条第1項）。したがって、パートタイム労働者が複数の事業所に勤務する場合には、労働時間を計算して通算しなければなりません。

また、労働時間が6時間を超える場合には45分、8時間を超える場合には1時間の休憩時間を与えなければなりません（同法第34条第1項）。したがって、所定労働時間が6時間以下である場合には休憩時間を与えなくてよいことになりますが、所定時間を超えて時間外労働をする場合で、労働時間が6時間を超える場合には45分の休憩時間を与えなければなりません。

イ　年次有給休暇

　1週間の所定労働時間が30時間未満で、かつ、次の①または②のいずれかに該当する労働日数の少ないパートタイム労働者についても、正規労働者の所定労働日数に比例した日数の年次有給休暇を与えなければなりません（同法第39条第3項。第12章400頁参照）。

① 　1週間の所定労働日数が4日以下の者
② 　週以外の期間によって所定労働日数が定められている者については、1年間の所定労働日数が216日以下の者

　なお、契約の更新などの際に、契約労働日数が変更された場合の取扱いについては、翌年度に年次有給休暇の権利が発生するかどうかは、それまでの所定労働日数より算定し、新たに発生する年次有給休暇の付与日数は、契約更新日の所定労働日数によります。また、年度途中に所定労働日数が変更された場合には、年次有給休暇は基準日において発生しますので、初めの日数のままとなります（昭和63年3月14日基発第150号）。

ウ　健康診断

　労働安全衛生法は、常時使用する労働者を雇い入れるときや原則として1年以内ごとに1回定期に、医師による健康診断を行わなければならないと規定しています（同法第66条第1項、労働安全衛生規則第43条、第44条）。

　この場合の「常時使用する」とは、労働契約の更新などにより1年以上雇用されることが予定されており、かつ、週の所定労働時間が同一の事業所において同種の業務に従事する正規社員の4分の3以上である者をいいます（昭和59年12月3日基発第641号）ので、これに該当する場合には、雇い入れ時および年1回の定期健康診断を実施しなければなりません。

　また、1年以上雇用されることが予定されていて、1週間の所定労働時間が正規社員の概ね2分の1以上4分の3未満の者についても、健康診断を

実施することが望ましい(平成5年12月1日基発第663号)という指導が行われています。

3　有期契約労働者

アルバイト、契約社員、嘱託などは、いずれも有期の労働契約の労働者です。

(1) 有期労働契約の期間

労働契約は期間の定めのないものを除き、原則として3年を超える期間について締結してはなりません。ただし、次のような例外があります(第4章133～135頁参照)。

① 高度な専門的知識・技術・経験を有する者との間に締結される労働契約は、5年(労働基準法第14条第1項第1号)。
② 契約締結時に満60歳以上の者との間に締結される労働契約は5年(同項第2号)
③ 一定の事業の完了に必要な期間を定める労働契約については、その事業が完了するまでの期間
④ 職業能力開発促進法第24条による認定職業訓練を受ける者で、都道府県労働局長の許可を受けて使用されるものとの間に締結される労働契約については、その受ける職業訓練の訓練課程の期間

(2) 有期労働契約を中途で解除できる場合

労働契約の当事者が雇用の期間を定めた場合であっても、やむを得ない事由があるときは、各当事者は、直ちに契約の解除をすることができます(民法第628条)。また、使用者は、期間の定めのある労働契約について、やむを得ない事由がある場合でなければ、その契約期間が満了するまでの間において、労働者を解雇することができません(労働契約法第17条第1

項)一方、有期労働契約の上限が3年とされる労働者が、1年を超える有期労働契約を締結する場合には、平成16年の改正労働基準法の見直しが行われるまでの期間、その労働者は、民法第628条のやむを得ない事由がなくても、労働契約が1年を経過した日以後においては、その使用者に申し出ることにより、いつでも退職することができます(労働基準法第137条。第4章135～136頁参照)。

(3) 有期労働契約基準

　有期労働契約の締結、更新および雇止めに際して発生するトラブルを防止し、その迅速な解決が図られるようにするため、有期労働契約基準が定められています。また、有期労働契約については、必要以上に短い期間を定めることにより、その労働契約を反復して更新することのないよう配慮しなければなりません(労働契約法第17条第2項、第4章136～138頁参照)。

(4) 有期労働契約の更新拒否 (雇止め)

　有期労働契約の更新拒否(雇止め)のについては、一般に雇用の臨時性・常用性、更新の回数、雇用の通算期間、契約期間管理の状況、雇用継続の期待を持たせる言動・制度の有無などその雇用の実態に即して判断され、特に長期雇用の期待を抱かせるような言動を使用者がとっていたか否かが重要な要素となります(第13章456～458頁参照)。

(5) 有期労働契約と年次有給休暇

　年次有給休暇付与の要件である継続勤務は、労働契約の存続期間を意味しており、継続勤務に該当するか否かは勤務の実態に則して実質的に勤務関係が継続しているか否かにより判断されます。したがって、有期労働契約が更新され実質的には引き続き使用されている場合には、継続勤務しているものと認められ、未消化の年休があれば翌年度に繰り越すことができます(第12章398、409頁参照)。

（6）有期契約労働者の育児休業、介護休業、子の看護休暇
ア　育児休業
　日々雇い入れられる者を除く有期契約労働者も、次の要件を満たす場合には、育児休業をすることができます（第12章413～418頁参照）。
① 　同じ事業主に継続して雇用された期間が1年以上あること。
② 　子が1歳に達する日を超えて雇用が継続することが見込まれること。

イ　介護休業
　日々雇い入れられる者を除く有期契約労働者も、次の要件を満たす場合には、介護休業をすることができます（第12章418～421頁参照）。
① 　同じ事業主に継続して雇用された期間が1年以上あること。
② 　介護休業の開始日から93日を経過する日を超えて継続雇用されることが見込まれること。

ウ　子の看護休暇
　有期契約労働者も、次のいずれかに該当し、かつ、その事業所に労働者の過半数で組織する労働組合があるときはその労働組合、労働者の過半数で組織する労働組合がないときは労働者の過半数を代表する者との書面による労使協定によって子の看護休暇の対象としない場合を除き、子の看護休暇を取得することができます（第12章422頁参照）。

4　派遣労働者

（1）労働者派遣法
ア　労働者派遣事業とは
1）労働者派遣事業とは
　労働者派遣事業は、労働者派遣を業として行うことをいいます。労働者派遣においては、労働者派遣事業を行う派遣元、派遣先および派遣労働

者の関係は、次のような関係にあります（労働者派遣法第2条第1号）。
① 派遣元が派遣労働者を雇用していること。
② 派遣元と派遣先との間に労働者派遣契約が締結され、この契約に基づき、派遣先は派遣労働者を指揮命令し、派遣先のために労働に従事させることができること。
③ 派遣先は派遣労働者を指揮命令し、派遣先のために労働に従事させること。

このため、労働者派遣に該当するためには、少なくとも労働者派遣を行っている期間は、派遣元と派遣労働者との間に雇用関係が継続していることが必要です。一方、派遣先と派遣労働者との間には雇用関係があれば、労働者派遣には該当しません。

2）請負事業との違い

請負契約は、「当事者の一方がある仕事の完成を約束し、相手方がその仕事の結果に対してその当事者に報酬を与えることを約することによって、その効力を生ずる」契約です（民法第632条）ので、請負事業と労働者派遣事業とでは、その性格を異にしていますが、両者間の区分を明確にするために「労働者派遣事業と請負により行われる事業との区分に関する基準（昭和61年労働省告示第37号。以下「請負区分基準」という）」が定められていますので、請負事業が労働者派遣事業に該当せず、適正なものであるためには、請負区分基準の要件を満たさなければなりません。

請負区分基準により、請負事業が労働者派遣事業に該当しないためには、次の3つの要件を満たす必要があります。
① 請負業務に従事する労働者の業務の遂行について、請負事業主が直接指揮監督を行うこと。
② その業務を請負事業主の業務として注文主から独立して業務を処理すること。

③　請負事業主がその有する能力に基づきその責任で処理すること。

　請負区分基準では、このような考え方に基づいて、次のような基準を示しています。

>　請負の形式による契約により行う業務に自己の雇用する労働者を従事させることを業として行う事業主であっても、その業務の処理に関し次の1および2のいずれにも該当する場合を除き、労働者派遣事業を行う事業主とする。
>　1　次の（1）から（3）までのいずれにも該当することにより自己の雇用する労働者の労働力を自ら直接利用するものであること。
>（1）　次の①および②のいずれにも該当することにより業務の遂行に関する指示その他の管理を自ら行うものであること。
>　①　労働者に対する業務の遂行方法に関する指示その他の管理を自ら行うこと。この判断は、労働者に対する仕事の割り付け、順序、緩急の調整などにつき、その事業主が自ら行うものであるか否かを総合的に勘案して行う。
>　②　労働者の業務の遂行に関する評価などに係る指示その他の管理を自ら行うこと。
>（2）　次の①および②のいずれにも該当することにより労働時間などに関する指示その他の管理を自ら行うものであること。
>　①　労働者の始業および終業の時刻、休憩時間、休日、休暇などに関する指示その他の管理（これらの単なる把握を除く）を自ら行うこと。
>　②　労働者の労働時間を延長する場合または労働者を休日に労働させる場合における指示その他の管理（労働時間などの単なる把握を除く）を自ら行うこと。
>（3）　次の①及び②のいずれにも該当することにより企業における秩序の維持、確保などのための指示その他の管理を自ら行うものであること。

① 労働者の服務上の規律に関する事項についての指示その他の管理を自ら行うこと。
　　② 労働者の配置などの決定および変更を自ら行うこと。
2　次の(1)から(3)までのいずれにも該当することにより請負契約により請け負った業務を自己の業務として契約の相手方から独立して処理するものであること。
　(1)　業務の処理に要する資金につき、すべて自らの責任の下に調達し、かつ、支弁すること。
　(2)　業務の処理について、民法、商法その他の法律に規定された事業主としてのすべての責任を負うこと。
　(3)　次の①または②のいずれかに該当するものであって、単に肉体的な労働力を提供するものでないこと。
　　① 自己の責任と負担で準備し、調達する機械、設備もしくは器材（業務上必要な簡易な工具を除く）または材料もしくは資材により、業務を処理すること。
　　② 自ら行う企画または自己の有する専門的な技術もしくは経験に基づいて、業務を処理すること。

3）二重派遣

　二重派遣の場合には、派遣元は派遣先へ派遣する派遣労働者について、他の派遣元から提供を受けており、派遣元間の契約が労働者派遣契約であれば、この派遣労働者を受け入れている派遣元はその派遣労働者を雇用していないことになり、このような雇用していない労働者を派遣することは、事実上の支配下にある者を第三者に提供し、その指揮命令下に労働に従事させることになりますので、職業安定法の労働者供給事業に該当します。

　労働者供給事業については、労働組合等が許可を受けて無料で行う場合を除き全面的に禁止されています（第2章81～85頁参照）。

イ　労働者派遣事業が禁止される業務

次の業務について、労働者派遣事業を行うことは禁止されています。禁止されている業務について労働者派遣事業を行った者は1年以下の懲役または100万円以下の罰金に処せられます（労働者派遣法第4条第1項、第59条第1号）。

① 港湾運送業務
② 建設業務
③ 警備業務
④ 医療機関における医療関連業務（紹介予定派遣を行うことは可能）

ウ　事業規制

労働者派遣事業には、特定労働者派遣事業と一般労働者派遣事業の2種類があります。特定労働者派遣事業は常時雇用される労働者だけを対象とする労働者派遣事業を、一般労働者派遣事業は特定労働者派遣事業以外の労働者派遣事業をいい（同法第2条第4号、第5号）、両者に区分されて、それぞれに応じた次の規制が行われています。

① 一般労働者派遣事業は許可制となっており、許可の欠格事由に該当せず、かつ、許可基準に合致する場合に限って、許可されます。許可の有効期間は、新規の場合には3年、更新の場合には5年であり、これらに違反した場合には、許可の取消しや事業の停止命令、改善命令などの対象となるほか、許可を受けずに一般労働者派遣事業を行った者や虚偽などの不正の行為によって許可を受けた者は、1年以下の懲役または100万円以下の罰金に処されます（同法第5条～第15条、第49条、第59条第2号、第3号）。

② 特定労働者派遣事業は届出制となっていますが、欠格事由に該当する場合には、これを行うことができません。欠格事由に該当する場合には事業の廃止命令、同法に違反したなどの場合には事業の停止命令、改善命令などの対象となるほか、厚生労働大臣に届出書を提出し

ないで特定労働者派遣事業を行った者は、6月以下の懲役または30万円以下の罰金に処されます(同法第16条〜第22条、第49条、第60条第1号)。

③　特定労働者派遣事業および一般労働者派遣事業に共通した規制として、事業報告書および収支決算書の作成・提出、争議行為中の事業所への新たな労働者派遣の禁止、海外派遣の場合の事前の届出、個人情報の適切な管理などが定められており、これらに違反した者に対しては30万円以下の罰金などが適用されます(同法第23条〜第25条、第61条第2号など)。

エ　労働者派遣契約に関する規制

労働者派遣契約について、次のような規制が行われています(同法第26条〜第28条)。

①　契約の当事者は、契約の締結に当たり、派遣労働者の就業条件について定めるとともに、その内容の差異に応じて派遣労働者の人数を定めること。

②　契約の締結の際に定める労働者派遣の期間について、厚生労働大臣がその期間の制限を定めた業務についてはその期間を超える定めをしてはならないこと。

③　海外派遣の契約の締結に際しては、派遣先が講ずべき措置を定めること。

④　派遣受入期間の制限のある業務(同法施行令第4条に定められている26業務、有期プロジェクト業務、日数限定業務および産前産後・育児・介護休業代替業務以外の業務)について、労働者派遣の役務の提供を受ける期間の制限(派遣先が就業の場所ごとの同一の業務についてその過半数労働組合などの意見を聴いた上で1年を超え3年以内の期間を定めた場合にはその期間、そのような定めがない場合には1年)に抵触することとなる最初の日(以下「派遣受入期間の制限の抵

触日」という)を通知しない派遣先との間に労働者派遣契約を締結してはならないこと。
⑤　派遣先は、契約の締結に際し、派遣労働者を特定することを目的とする行為をしないように努めなければならないこと。
⑥　派遣先は、派遣労働者の国籍、信条、性別、社会的身分、派遣労働者が労働組合の正当な行為をしたことなどを理由として、労働者派遣契約を解除してはならないこと。
⑦　派遣元は、派遣先が、派遣労働者の就業に関し、労働者派遣法や適用の特例が定められている労働基準法などに違反した場合には、労働者派遣を停止し、あるいは労働者派遣契約を解除することができること。

オ　派遣元の講ずべき措置

派遣元は、次の措置を講じなければなりません。⑤から⑨までに違反した者は、30万円以下の罰金に処せられます(同法第30条～第38条、第61条第3号)。

①　雇用する派遣労働者あるいは派遣労働者として雇用しようとする者について、それぞれの希望や能力に応じた就業や教育訓練の機会の確保、労働条件の向上などの雇用の安定を図るための措置を講ずることにより、その福祉の増進を図るように努めること。
②　派遣先がその指揮命令の下に派遣労働者を就業させるに当たり、法令違反がないなどその就業が適正に行われるように必要な措置を講ずるなどの適切な配慮をすること。
③　派遣労働者として雇い入れようとするときは、あらかじめその旨(紹介予定派遣の場合にはその旨)を明示すること。また、派遣労働者として雇い入れていない労働者を新たに労働者派遣の対象としようとするときは、あらかじめその旨(新たに紹介予定派遣の対象としようとする場合にはその旨)を明示し、その同意を得ること。

④　雇用する派遣労働者あるいは派遣労働者として雇用しようとする者との間で、正当な理由がなく、派遣元との雇用関係の終了後派遣先に雇用されることを禁ずる旨の契約を締結してはならないこと。また、派遣先との間で、正当な理由がなく、派遣元との雇用関係の終了後派遣先が派遣労働者を雇用することを禁ずる旨の契約を締結してはならないこと。

⑤　労働者派遣をしようとするときは、あらかじめ、派遣労働者に対し、労働者派遣をしようとする旨、派遣労働者の就業条件および派遣受入期間の制限のある業務の場合には派遣先が派遣受入期間の制限の抵触日を明示すること。

⑥　労働者派遣をするときは、派遣労働者の氏名、健康保険、厚生年金保険や雇用保険の被保険者資格取得届の提出の有無などを派遣先に通知すること。

⑦　派遣受入期間の制限の抵触日の1月前の日からその前日までの間に、その抵触日以降継続して労働者派遣を行わないことを派遣先と派遣労働者に通知すること。また、派遣受入期間の制限の抵触日以降継続して労働者派遣を行わないこと。

⑧　派遣労働者に対する助言指導、苦情の処理、個人情報の管理などを行わせるため派遣元責任者を選任すること。

⑨　派遣労働者の就業に関し、派遣元管理台帳を作成し、その台帳に派遣労働者ごとに所定の事項を記載し、3年間保存すること。

ク　派遣先の講ずべき措置など

派遣先は、次の措置を講じなければなりません。⑩または⑪に違反した者は、30万円以下の罰金に処せられます（同法第39条〜第43条、第61条第3号）。

①　許可を受け、または届出をした派遣元以外から、労働者派遣の役務の提供を受けてはならないこと。

② 派遣受入期間の制限のある業務について、新たに労働者派遣を受け入れようとするときは、労働者派遣契約の締結に当たり、あらかじめ、派遣元に対し、派遣受入期間の制限の抵触日を通知すること。
③ 労働者派遣契約の定めに反することのないように適切な措置を講ずること。
④ 派遣労働者からその就業に関し苦情の申出を受けたときは、苦情の内容を派遣元に通知するとともに、密接な連携の下に、誠意をもって、遅滞なく、苦情の適切・迅速な処理を図ること。
⑤ 派遣労働者の就業が適正・円滑に行われるようにするため、適切な就業環境の維持、派遣先の診療所、給食施設などの施設の利用について便宜の供与を行うなどの措置を講ずるように努めること。
⑥ 派遣受入期間の制限のある業務について労働者派遣を受け入れる場合には、派遣先の就業の場所ごとの同一の業務について、派遣元から原則1年（過半数労働組合などの意見を聴いて定めた場合には最長3年）の期間を超えて継続して労働者派遣を受け入れてはならないこと。
⑦ 派遣受入期間の制限のある業務に関し、就業の場所ごとの同一の業務について派遣元から継続して1年以上労働者派遣を受け入れた場合に、引き続き同一の業務に従事させるため、労働者派遣を受け入れた期間が経過した日以後労働者を雇い入れようとするときは、その業務に継続して従事してきた一定の要件を満たす派遣労働者を雇い入れるように努めること。
⑧ 派遣受入期間の制限のある業務に関し、派遣受入期間の制限の抵触日以降の労働者派遣の停止に関する通知を受けた場合に、その日以降継続して派遣労働者を使用しようとするときは、あらかじめ、派遣先に雇用されることを希望する派遣労働者に対し、労働契約の締結を申し込むこと。
⑨ 派遣受入期間の制限のない業務に関し、就業の場所ごとの同一の

業務について、派遣会社から3年を超える期間継続して同一の派遣労働者を受けている場合に、その業務に従事させるため、3年が経過した日以後労働者を雇い入れようとするときは、その派遣労働者に対し、労働契約の締結を申し込むこと。
⑩ 派遣労働者の就業に関し、関係法令や労働者派遣契約の定めなどの周知、苦情の処理などを行わせるため、派遣先責任者を選任すること。
⑪ 派遣労働者の就業に関し、派遣先管理台帳を作成し、派遣労働者ごとに就業した日や時間、申出のあった苦情などについて記載し、3年間保存すること。また、記載した就業した日や労働時間の実績、就業した場所、従事した業務を派遣元に通知すること。

　なお、これに関しては、クーリング・オフ期間（労働者派遣を受け入れていた派遣先が新たな労働者派遣を受け入れるまでの期間）が3か月を超えている場合には、新たな労働者派遣はゼロから期間の計算を行っていいという取扱いがなされていますが、一方、派遣可能期間の満了により派遣による就業を終えた派遣労働者を就業していた派遣先が3か月を超える期間直接雇用し、その雇用期間が終了した後に元の派遣元がその派遣労働者を再び雇用してその派遣先に、派遣して就業させるという取扱いは、派遣労働者が自由な意思に基づいて派遣先に雇用される場合をのぞき、労働者派遣法の趣旨に反しています（平成20年9月26日職発第0926001号）。
　また、派遣元や派遣先が講ずべき措置に関して、その適切・有効な実施を図るために必要な指針（派遣元事業主が講ずべき措置に関する指針（平成11年労働省告示第137号）、派遣先が講ずべき措置に関する指針（平成11年労働省告示第138号。以下「派遣先指針」という）、日雇派遣労働者の雇用の安定等を図るために派遣元事業主及び派遣先が講ずべき措置に関する指針（平成20年厚生労働省告示第36号が公表されてい

ます（同法第47条の3）。

（2）労働基準法や労働安全衛生法の適用

　派遣労働者に対する労働基準法や労働安全衛生法などの適用については、原則として派遣労働者を雇用する派遣元が責任を負う立場にありますが、派遣労働者については、派遣先が具体的な指揮命令を行い、また実際に働く場の設備、機械などの設置・管理も行っているため、派遣先にも一定の責任を負わせるため、現に派遣先で就業している派遣労働者についての労働基準法、労働安全衛生法、じん肺法、作業環境測定法および男女雇用機会均等法の適用の特例などに関する規定が設けられています（同法第44条〜第47条の2）。

　これらの特例規定は、その規定がなければ派遣元が負わなければならない責任を派遣先に負わせるものですから、このような特例規定のない労働基準法や労働安全衛生法などの規定については、すべて派遣元が責任を負います。

　また、労働者派遣契約に定める就業条件に従って、派遣労働者を派遣先が指揮命令して働かさせたなら、労働基準法や労働安全衛生法などの規定に抵触する場合には、派遣元は、その労働者派遣をしてはなりません。このような労働者派遣を行い、派遣先が労働基準法や労働安全衛生法などに抵触した場合には、具体的に法違反を行った派遣先だけではなく、派遣元も違法となり、同法の罰則が適用されます。

ア　労働基準法の適用の特例

　派遣労働者に対する労働基準法の適用については、労働時間、休憩、休日などの派遣社員の具体的な就業に関する事項について、その枠組みについては派遣元が設定し、その設定された枠組みの範囲内で派遣先が派遣労働者に対し指揮命令を行い、労働させることになります。このため、変形労働時間制の定めや時間外・休日労働の定めなどについては派遣

元が行いますが、労働時間、休憩、休日などの管理については、その定めの範囲内で派遣先が責任を負います。

1) 労働時間

　派遣先は、派遣労働者についても、派遣元が36協定を締結していなければ、原則として休憩時間を除き1週間について40時間、1日について8時間を超えて労働させてはなりません（同法第32条）。

　変形労働時間制については、1週間単位の非定型的変形労働時間制は派遣労働者には適用されませんが、それ以外の1か月単位の変形労働時間制、フレックスタイム制または1年単位の変形労働時間制を派遣労働者に適用するためには、派遣元が、労働基準法に定められた変形労働時間制適用のための要件である労使協定の締結や就業規則への記載、労働基準監督署への届出を行う必要があります（同法第32条の2～第32条の5）。

2) 災害時の時間外・休日労働

　災害その他避けることのできない事由によって、臨時の必要がある場合には、派遣先は、労働基準監督署の許可（事態急迫の場合には事後に遅滞なく届出）を受けて、その必要の限度において、派遣労働者に時間外・休日労働をさせることができます（同法第33条）。

3) 36協定による時間外・休日労働

　派遣元が、その事業所に労働者の過半数で組織する労働組合があるときはその労働組合、労働者の過半数で組織する労働組合がないときは労働者の過半数を代表する者との書面による労使協定（36協定）をし、労働基準監督署に届け出た場合には、派遣先はその36協定の定めにより派遣労働者に時間外・休日労働をさせることができます。

4） 休憩

　派遣先は、派遣労働者の労働時間が6時間を超える場合には少なくとも45分、8時間を超える場合には少なくとも1時間の休憩時間を労働時間の途中に与えなければなりません。この休憩時間は、原則として、一斉に与え、自由に利用させなければなりません。ただし、派遣先の事業所に労働者の過半数で組織する労働組合があるときはその労働組合、労働者の過半数で組織する労働組合がないときは労働者の過半数を代表する者との労使協定があるときは一斉に与えなくても差し支えありません（同法第34条）。

5） 妊産婦

① 妊産婦である派遣労働者が請求したときは、派遣先は、変形労働時間制の場合であっても、1週間について40時間、1日について8時間を超えて労働させてはなりません。また、妊産婦である派遣労働者が請求した場合には、時間外・休日労働や深夜業をさせてはなりません（同法第66条）。

② 派遣先は、妊産婦である女性派遣労働者を、重量物を取り扱う業務などの妊娠、出産、哺育などに有害な業務に就かせてはなりません（同法第64条の3）。

③ 派遣先は、妊娠中および申し出をした産後1年以内の女性派遣労働者を、坑内で働かせてはなりません（同法第64条の2）。

④ 生後満1年に達しない生児を育てる女性派遣労働者が、休憩時間のほかに、1日2回それぞれ少なくとも30分、その生児を育てるための時間を請求したときは、派遣先は、この育児時間中に、その女性を使用してはなりません（同法第67条）。

6） 妊産婦以外の女性

① 派遣先は、妊産婦以外の女性派遣労働者についても、重量物を取り扱う業務などの妊娠、出産の機能に有害である業務に就かせてはな

りません（同法第64条の3）。
② 派遣先は、妊産婦以外の女性派遣労働者についても、坑内における人力、遠隔操作を除く動力または発破による土石・岩石・鉱物の掘削・掘採の業務およびこれらの業務に付随して行われるずり、資材などの運搬、覆工のコンクリートの打設などの業務に従事させてはなりません（同法第64条の2）。
③ 派遣先は、生理日の就業が著しく困難な女性派遣労働者が、休暇を請求したときは、その者を生理日に就業させてはなりません（同法第68条）。

7）年少者

① 派遣先は、満15歳以上で満18歳に満たない派遣労働者について、次による場合を除き、時間外・休日労働をさせてはなりません（同法第60条第1項、第3項）。
　i　1週間の労働時間が40時間を超えない範囲内において、1週間のうち1日の労働時間を4時間以内に短縮する場合において、他の日の労働時間を10時間まで延長すること。
　ⅱ　1週間について48時間、1日について8時間を超えない範囲内において、1か月単位の変形労働時間制又は1年単位の変形労働時間制により労働させること。
② 労働基準監督署の許可を受けて満15歳の未満の派遣労働者を修学時間外に使用する場合には、派遣先は、休憩時間を除き修学時間を通算して1週間について40時間、1週間のそれぞれの日について7時間を超えて労働させてはなりません（同法第60条第2項）。
③ 派遣先は、交替制によって使用する満16才以上の男性を除き、満18歳に満たない派遣労働者を午後10時から午前5時までの間に使用してはなりません（同法第61条第1項〜第4項）。
④ 派遣先は、労働基準監督署の許可を受けて15歳の未満の修学時

間外に使用する派遣労働者については、午後8時から午前5時までの間に使用してはなりません(同法第61条第4項)。
⑤　派遣先は、満18歳に満たない派遣労働者を、所定の危険な業務、重量物を取り扱う業務、安全、衛生または福祉に有害な業務、坑内労働に就かせてはなりません(同法第62条、第63条)。

派遣労働者に対する労働基準法の適用関係は、表19−1のとおりです。

表19−1　派遣労働者に対する労働基準法の適用関係

派遣元	派遣先
均等待遇 男女同一賃金の原則 強制労働の禁止	均等待遇 強制労働の禁止 公民権行使の保障
労働契約 賃金 1か月単位の変形労働時間制、フレックスタイム制、1年単位の変形労働時間制の協定の締結・届出、時間外・休日労働の協定の締結・届出、事業場外労働に関する協定の締結・届出、専門業務型裁量労働制に関する協定の締結・届出 時間外・休日、深夜の割増賃金 年次有給休暇 最低年齢 年少者の証明書	労働時間、休憩、休日 労働時間および休日(年少者) 深夜業(年少者) 危険有害業務の就業制限(年少者および妊産婦等)
帰郷旅費(年少者) 産前産後の休業	坑内労働の禁止(年少者および女性) 産前産後の時間外、休日、深夜業 育児時間 生理日の就業が著しく困難な女性に対する措置
徒弟の弊害の排除 職業訓練に関する特例 災害補償 就業規則 寄宿舎 国の援助義務 申告を理由とする不利益取扱いの禁止 法令規則の周知義務 労働者名簿 賃金台帳 記録の保存 報告の義務	徒弟の弊害の排除 国の援助義務 申告を理由とする不利益取扱いの禁止 法令規則の周知義務(就業規則を除く) 記録の保存 報告の義務

イ　労働安全衛生法などの適用

　派遣労働者に対する安全衛生の確保については、派遣労働者の就業に対する具体的な指揮命令や作業環境の重要な要素である設備などの設置・管理に関係しますので、安全管理および就業に伴う具体的な衛生管理については派遣先が、一般的な健康管理については派遣元がそれぞれ責任を負います（第15章参照）。

1）安全衛生管理体制

　表19－2の労働安全衛生法に基づく安全衛生管理体制の選任または設置に関する労働者の人数の要件の適用に当たっては、派遣先においても、派遣労働者を含めて人数を計算します。

表19－2　労働安全衛生法に基づく安全衛生管理体制

選任すべき者または設置すべき委員会	選任または設置すべき業種および規模など
① 総括安全衛生管理者（同法第10条）	林業、鉱業、建設業、運送業および清掃業においては常時100人以上、製造業（物の加工業を含む）、電気業、ガス業、熱供給業、水道業、通信業、各種商品卸・小売業、家具・建具・じゅう器等卸・小売業、燃料小売業、旅館業、ゴルフ場業、自動車整備業および機械修理業においては常時300人以上、その他の業種においては常時1000人以上の社員を使用する事業所
② 安全管理者（同法第11条）	常時50人以上の社員を使用する林業、鉱業、建設業、運送業、清掃業、物の加工業を含む製造業、電気業、ガス業、熱供給業、水道業、通信業、各種商品卸・小売業、家具・建具・じゅう器等卸・小売業、燃料小売業、旅館業、ゴルフ場業、自動車整備業および機械修理業
③ 衛生管理者（同法第12条）	常時50人以上の社員を使用する事業所
④ 安全衛生推進者（同法第12条の2）	常時10人以上50人未満の社員を使用する林業、鉱業、建設業、運送業、清掃業、物の加工業を含む製造業、電気業、ガス業、熱供給業、水道業、通信業、各種商品卸・小売業、家具・建具・じゅう器等卸・小売業、燃料小売業、旅館業、ゴルフ場業、自動車整備業および機械修理業の事業所
⑤ 衛生推進者（同法第12条の2）	常時10人以上50人未満の社員を使用する④以外の業種
⑥ 産業医（同法第13条）	常時50人以上の社員を使用する事業所
⑦ 作業主任者（同法第14条）	危険または有害な作業で労働災害を防止するため特別の管理を必要とする政令で定める作業
⑧ 安全委員会（同法第17条）	常時50人以上の社員を使用する林業、鉱業、建設業、木材・木製品製造業、化学工業、鉄鋼業、金属製品製造業および輸送用機械器具製造業、道路貨物運送業および港湾運送業、自動車整備業、機械修理業ならびに清掃業ならびに常時100人以上の社員を使用する道路貨物運送業および港湾運送業以外の運送業、木材・木製品製造業、化学工業、鉄鋼業、金属製品

⑨	衛生委員会(同法第18条)	製造業および輸送用機械器具製造業以外の物の加工業を含む製造業、電気業、ガス業、熱供給業、水道業、通信業、各種商品卸・小売業、家具・建具・じゅう器等卸・小売業、燃料小売業、旅館業ならびにゴルフ場業の事業所 常時50人以上の社員を使用する事業所

2)危険または健康障害を防止するための措置

派遣先は、派遣労働者の就業に関し、次の措置を講じなければなりません。

① 次の危険を防止するために必要な措置(同法第20条、第21条)。
  ⅰ 機械、器具その他の設備による危険
  ⅱ 爆発性の物、発火性の物、引火性の物などによる危険
  ⅲ 電気、熱などのエネルギーによる危険
  ⅳ 掘削、採石、荷役、伐木などの業務における作業方法から生ずる危険
  ⅴ 労働者が墜落するおそれのある場所、土砂などが崩壊するおそれのある場所などの危険
② 次の健康障害を防止するために必要な措置(同法第22条)。
  ⅰ 原材料、ガス、蒸気、粉じん、酸素欠乏空気、病原体などによる健康障害
  ⅱ 放射線、高温、低温、超音波、騒音、振動、異常気圧などによる健康障害
  ⅲ 計器監視、精密工作などの作業による健康障害
  ⅳ 排気、排液または残さい物による健康障害
③ 派遣労働者を就業させる建設物などの作業場について、通路、床面、階段などの保全ならびに換気、採光、照明、保温、防湿、休養、避難および清潔その他労働者の健康、風紀および生命の保持のために必要な措置(同法第23条)
④ 派遣労働者の作業行動から生ずる労働災害を防止するために必要な措置(同法第24条)

⑤ 労働災害発生の急迫した危険があるときの作業の直ちに中止し、派遣労働者を作業場から退避させるなどの必要な措置(同法第25条)

3）安全衛生教育
① 雇入れ時の安全衛生教育
　派遣労働者の雇入れ時の安全衛生教育の責任は派遣元が負います(同法第59条第1項)が、派遣先は、派遣元が適切に行えるよう、派遣労働者が従事する業務について、派遣先で使用する機械・設備の種類・型式の詳細、作業内容の詳細、派遣先において使用している教材、資料などを派遣会社に対し積極的に提供するとともに、派遣元から教育の委託の申入れがあった場合には可能な限りこれに応じるよう努めるなど必要な協力や配慮をしなければなりません(派遣先指針)。

② 作業内容変更時の安全衛生教育
　同じ派遣先において作業内容を変更した場合に行う作業内容変更時の安全衛生教育は、派遣先が行わなければなりません(同条第2項)。
③ 危険または有害業務に従事する際の特別な安全衛生教育
　派遣先は、所定の危険または有害な業務に派遣労働者を就かせるときは、その業務に関する安全または衛生のための特別の教育を行わなければなりません(同条第3項)。

4）就業制限
　派遣先は、派遣労働者をクレーンの運転などの政令で定める業務に就かせるときは、都道府県労働局長の免許または技能講習を修了するなどの資格を有する派遣労働者でなければ、その業務に就かせてはなりません(同法第61条)。

5）作業環境測定
　政令で定める作業場において派遣労働者が就業する場合には、派遣先は、作業環境測定を行わなければなりません（同法第65条）。

6）特殊健康診断
　派遣先は、高圧室内作業など政令で定める有害な業務に従事する派遣労働者に対し、特別の項目について特殊健康診断を行わなければなりません。また、派遣先が派遣労働者に対して特殊健康診断を行ったときは、派遣先は、健康診断の結果を記載した書面を作成し、派遣会社に送付しなければなりません。また、特殊健康診断の結果の記録・保存、医師などからの意見の聴取、就業上の措置なども、派遣先が実施しなければなりません（同法第66条第2項など）。

7）じん肺に関する予防・健康管理の措置
　じん肺に関する予防や健康管理などの措置については、原則として派遣先が講じなければなりません。

8）死傷病報告書の提出
　派遣労働者が労働災害などの就業中または事業所内・付属建物内における負傷、窒息または急性中毒により死亡、休業した場合には、派遣元も派遣先も双方が労働基準監督署に死傷病報告書を提出しなければなりません（同法第100条第1項）。この場合、派遣先は、提出した死傷病報告書の写しを派遣元に送付しなければなりません。
　派遣労働者に対する労働安全衛生法、じん肺法および作業環境測定法の適用関係は、表19-3から表19-5のとおりです。

表19-3 労働安全衛生法の適用関係

派遣元	派遣先
職場における安全衛生を確保する事業者の責務	職場における安全衛生を確保する事業者の責務
事業者などの実施する労働災害の防止に関する措置に協力する労働者の責務	事業者などの実施する労働災害の防止に関する措置に協力する労働者の責務
労働災害防止計画の実施に係る厚生労働大臣の勧告など	労働災害防止計画の実施に係る厚生労働大臣の勧告など
総括安全衛生管理者の選任など	総括安全衛生管理者の選任など
	安全管理者の選任など
衛生管理者の選任など	衛生管理者の選任など
衛生推進者の選任など	安全衛生推進者の選任など
産業医の選任など	産業医の選任など
	作業主任者の選任など
	統括安全衛生責任者の選任など
	元方安全衛生管理者の選任など
	安全委員会
衛生委員会	衛生委員会
	安全管理者などに対する教育など
	労働者の危険または健康障害を防止するための措置
	安全管理者などに対する教育など
	事業者の行うべき調査など
	事業者の講ずべき措置
	労働者の遵守すべき事項
	元方事業者の講ずべき措置
	特定元方事業者の講ずべき措置
	定期自主検査
安全衛生教育(雇入れ時、作業内容変更時)	安全衛生教育(作業内容変更時、危険有害業務就業時)
	職長教育
	危険有害業務従事者に対する教育
	就業制限
中高年齢者などについての配慮	中高年齢者などについての配慮
事業者が行う安全衛生教育に対する国の援助	事業者が行う安全衛生教育に対する国の援助
	作業環境を維持管理するよう努める義務
	作業環境測定
	作業環境測定の結果の評価など
	作業の管理
	作業時間の制限
健康診断(一般健康診断など、健康診断結果についての意見聴取)	健康診断(有害な業務に係る健康診断など、健康診断結果についての意見聴取)
健康診断(健康診断実施後の作業転換などの措置)	健康診断(健康診断実施後の作業転換などの措置)
健康診断の結果通知	
医師等による保健指導	
面接指導など	
	病者の就業禁止
健康教育など	健康教育など
体育活動等についての便宜供与など	体育活動等についての便宜供与など

申告を理由とする不利益取扱いの禁止 報告など 法令の周知 書類の保存など 事業者が行う安全衛生施設の整備などに対する国の援助 疫学的調査など	安全衛生改善計画など 機械などの設置、移転に係る計画の届出、審査など 申告を理由とする不利益取扱いの禁止 使用停止命令など 報告など 法令の周知 書類の保存など 事業者が行う安全衛生施設の整備などに対する国の援助 疫学的調査など

表19-4　じん肺法の適用関係

派遣元	派遣先
	事業者および労働者のじん肺の予防に関する適切な措置を講ずる責務 じん肺の予防および健康管理に関する教育 じん肺健康診断の実施 じん肺管理区分の決定など
じん肺健康診断の結果に基づく事業者の責務 粉じんにさらされる程度を軽減させるための措置 転換手当 作業転換のための教育訓練 政府の技術的援助など 法令の周知（粉じん作業に係る事業所への派遣終了後） 申告を理由とする不利益取扱いの禁止 報告	じん肺健康診断の結果に基づく事業者の責務 粉じんにさらされる程度を軽減させるための措置 作業の転換作業の転換 作業転換のための教育訓練 政府の技術的援助など 法令の周知 申告を理由とする不利益取扱いの禁止 報告

表19-5　作業環境測定法の適用関係

派遣会社	派遣先
作業環境測定の実施などの総則規定 作業環境測定士名簿の閲覧 雑則 罰則	作業環境測定の実施などの総則規定 作業環境測定士名簿の閲覧 雑則 罰則

（3）男女雇用機会均等法の適用の特例

ア　妊娠または出産に関する事由を理由とする不利益な取扱いの禁止

　派遣先も、妊娠または出産に関する事由を理由として、女性派遣労働者に不利益な取扱いをしてはなりません（男女雇用機会均等法第9条）。

イ　セクハラの防止のための措置

　派遣先も、派遣労働者の就業に関し、職場におけるセクハラ防止のために必要な体制の整備など終業管理上必要な措置を講じなければなりません(同法第11条)。

ウ　妊娠中および出産後の健康管理

　派遣先も、妊産婦である女性派遣労働者の就業に関し、保健指導または健康診査を受けるために必要な時間を確保することができるようにするとともに、保健指導または健康診査に基づく指導事項を守ることができるようにするための措置を講じなければなりません(同法第11条)。

　男女雇用機会均等法の適用関係は、表19-6のとおりです。

表19-6　男女雇用機会均等法の適用関係

派遣元	派遣先
事業主の基本的理念 性別を理由とする差別の禁止 性別以外の事由を要件とする措置 女性労働者に係る措置に関する特例 女性社員に対する特例措置(ポジティブ・アクション) 婚姻、妊娠、出産等を理由とする不利益取扱いの禁止 職場における性的な言動に起因する問題に関する雇用管理上の措置 妊娠中および出産後の健康管理に関する措置 事業主に対する国の援助 紛争の解決 雑則	婚姻、妊娠、出産などを理由とする不利益取扱いの禁止 職場における性的な言動に起因する問題に関する雇用管理上の措置 妊娠中および出産後の健康管理に関する措置

(4) その他の派遣労働者の管理

ア　派遣労働者と派遣元との労働契約の成立

　一般労働者派遣事業においては、一般に登録制度が採用されていますが、この登録制度に関しては、派遣元への登録は、労働契約を申し込もうとする求職者名簿のような機能を有するに過ぎず、派遣元から登録労働者に対してする派遣先への派遣の打診は労働契約の申し込みの誘引であり、

これに応じて、登録労働者が派遣元に対し労働契約を申し込み、派遣元がこれを承諾することによって労働契約が成立する（リクルートスタッフィング事件　東京地裁平成17年7月20日労判901-85）と解されています。

イ　派遣先との黙示の労働契約

　労務供給形態の具体的実態により、両者間に事実上の使用従属関係があり、この使用従属関係から両者間に客観的に推認される黙示の意思の合致がある場合には、黙示の労働契約の成立が認められる場合があります（安田病院事件　最高裁第三小法廷平成10年9月8日。第1章45～51頁参照）。

　労働者派遣などにより派遣先において就労している場合に、派遣労働者が派遣先と黙示の労働契約が認められるのは、派遣会社が企業としての独立性を欠いていて派遣先の労務担当の代行機関と同一視しうるものであるなどその存在が形式的名目的なものに過ぎず、実際には派遣先において派遣労働者の採用、賃金額などの就業条件を決定している場合や派遣労働者の業務の分野・期間が労働者派遣法で定める範囲を超え、派遣先の労働者の作業と区別し難い状況となっている場合、派遣先において、派遣社員に対して作業上の指揮命令、その出退勤などの管理を行うだけでなく、その配置や懲戒などに関する権限を行使するなど、実質的にみて、派遣先が派遣社員に対して労務給付請求権を有し、賃金を支払っていると認められる事情がある場合です。これについては、次のような裁判例があります。

> ①　労働者が派遣元との間の派遣労働契約に基づき派遣元から派遣先へ派遣された場合でも、派遣元が形式的存在に過ぎず、派遣労働者の労務管理を行っていない反面、派遣先が実質的に派遣労働者の就業条件を決定し、配置、懲戒等を行い、派遣労働者の業務内容・期間が労働者派遣法で定める範囲を超え、派遣先の正社員と区別し難い状況になっており、派遣先が、派遣労働者に対し、労務請求権を有し、

賃金を支払っており、当事者間に事実上の使用従属関係があると認められる特段の事情があるときには、派遣労働契約は名目的なものに過ぎず、派遣労働者と派遣先との間に黙示の労働契約が成立したと認める余地がある。本件においては、派遣先の派遣元に対する出資比率、筆頭株主および役員等の共通性から密接な関係にあるといえるが、派遣元は派遣先と別個独立して営業しており、派遣先も派遣先に限定されていないこと、派遣先への派遣状況などに鑑みて、形式的とはいえず、一体であるとは認められない。また、派遣先の役員を兼任している者が派遣元の役員という立場で面接を行っているが、これをもって直ちに派遣先が実質的に採用試験を行ったと認めることはできない。派遣先は、業務指示、労働時間管理をしていたことが認められるが、本件労働契約の内容と異なる別部署へ配置転換したり、あるいは懲戒・解雇などをする権限を持っていたと認めるに足りる証拠はない。したがって、派遣先との間で黙示の労働契約が成立したと認めることはできない（一橋出版・マイスタッフ事件　東京高裁平成18年6月29日労判921-5）。

② 　派遣労働者の従事する業務が労働者派遣法に抵触するとしても、これらはいずれも取締規定であるから、そのことによって、派遣労働者、派遣元間の雇用契約が直ちに無効になるということはできない。また、派遣先と派遣元との間には人的関係や資本上の関係がなく、派遣先は派遣元の1取引先にすぎず、派遣先が派遣元を意のままに支配し得る立場にあったということはできないから、派遣先が法人格を濫用したとすることはできず、派遣労働者と派遣先との間で黙示の労働契約が成立したと認めることはできない（日建設計事件　大阪高裁平成18年5月30日労判928-78）。

③ 　本件においては、採用面接を受けた際、派遣先で仕事がある間だけ派遣元に雇用されることの説明を受け、派遣元を雇用者とする雇用契約書を作成し、派遣元宛てに誓約書を提出している。他方派遣先は派遣元に対し、派遣料を他の派遣労働者の分と一括して支払っており、就

労の対価として賃金を支払った事実はない。以上の事実に照らすと、社会通念上派遣元と雇用契約を締結する意思表示の合致があったと評価できるに足りる特段の事情が存在したものとは到底認めることができない。また、派遣元が企業としての実体を有せず、派遣先の組織の一部と化したり、派遣先の賃金の支払の代行機関となっていて、派遣元の実体が派遣先と一体と見られ、法人格否認の法理を適用しうる場合またはそれに準ずるような場合には、派遣労働者と派遣先の間に労働契約が成立していると認めることができるが、本件においては、派遣元は派遣先と独立して意思決定を行っており、また、賃金の支払の代行機関でもないので、黙示の労働契約が成立していると認めることはできない（伊予銀行・いよぎんスタッフサービス事件　高松高裁平成18年5月18日労判921－33）。

イ　派遣労働者の特定

　派遣先は、派遣労働者を特定することを目的とする行為をしないように努めなければなりません（労働者派遣法第26条第7項）。また、派遣会社は、派遣先による派遣労働者を特定する行為に協力してはなりません（派遣元指針）が、一般に、派遣先から派遣労働者の能力についての質問や試験などが実施されず、もっぱら派遣先の業務内容の説明が行われていたなどの場合には、派遣労働者を特定することを目的とする行為とは認められません。これに関して、次の裁判例があります。

①　労働者派遣法第26条第7項は、派遣先に対し、特定行為をしないよう努力義務を課すにとどまっているから、派遣先がこれに違反して特定行為をし、派遣元がこれに協力したとしても、直ちにこれが不法行為になるとはいえないところ、派遣労働者は本件面談を行うにつき同項の規定があることを知ったが、派遣先が大企業であることから特に問題はないと考え、就業条件を確認する必要もあって面談に応じた。しかも、面談の日時を決める際、派遣労働者となかなか電話連絡が取れず、面談当

日、派遣労働者が事前連絡なく遅刻した上、面談においても受け答えが適切にできなかったことから、派遣労働者には派遣先での仕事に対する適性がないと判断したので、派遣先が面談の結果派遣労働者の派遣を断ったために、派遣元が派遣労働者の派遣を取りやめたという事実はない。このような事情を総合すれば、面談は、単なる派遣先との事前打ち合わせに留まるとは言い切れないとしても、派遣元が派遣労働者に対し賃金など相当額の損害賠償を負うべき違法行為ということはできない（リクルートスタッフィング事件）。

② 派遣元が、派遣先に法務専門職として数名がいることを伝えた上、派遣先において、派遣先の法務チームの2名とを引き合わせたことなどは、派遣労働者を特定することを目的とする行為であったことを疑わせる事実といえる。しかし、「顔合わせ」であるとの説明がされていたこと、派遣先による能力についての質問や試験などが実施されず、もっぱら派遣先の業務内容の説明が行われていたこと、来たときは派遣されることが決まっており、ほかに派遣先に法務職の派遣労働者として引き合わされた者はいなかったことを併せ考えると、採否を決めるための面接であるなど、派遣労働者を特定することを目的とする行為であったとは、認めるに足りない（パーソンズ等事件　東京地裁平成14年7月17日労経速1834－3）。

ウ　派遣期間

　派遣期間に関し、労働者派遣法第30条は、派遣元に派遣労働者の雇用の安定を図るために必要な措置を講ずることにより、派遣労働者の福祉の増進を図る努力義務を定めたものであるから、40日以下の派遣契約を締結することが、直ちに同条に違反するとはいえないとする裁判例（パーソンズ等事件）があります。

エ　労働者派遣終了後の派遣先による派遣労働者の雇用

派遣労働者

　労働者派遣法第33条は、労働者派遣終了後に、派遣労働者を派遣先が雇用することを正当な理由がないのに禁止する旨の契約を、派遣元と派遣労働者との間または派遣元と派遣先との間で締結することを禁止していますが、この規定は、派遣労働者の職業選択の自由を具体的に保障しようとする趣旨で設けられたものであり、これに違反する契約は無効と解されています。また、派遣労働者を派遣先が雇用するために労働者派遣契約の更新を拒絶した場合には、解約金を支払う旨の契約は、形式的にはこの規定に違反していなくても、派遣元が、派遣先との間で、正当な理由がなく、派遣先が派遣労働者を派遣元との雇用関係の終了後雇用することを禁ずる結果となるので、実質的にこの規定に違反し、無効である(ホクトエンジニアリング事件　東京地裁平成9年11月26日判時1646-106)と解されています。

オ　労働者派遣契約の解約と派遣労働者の就業機会の確保

　労働者派遣契約がその期間途中において解約され、派遣労働者が就業機会を失った場合には、派遣元および派遣先は、それぞれの立場において、派遣労働者の就業機会の確保に努めなければなりません。すなわち、労働者派遣契約の契約期間が満了する前に契約の解除が行われた場合には、派遣先は、関連会社での就業をあっせんするなどにより、派遣元は派遣先と連携して、派遣社員の新たな就業機会の確保を図らなければなりません(派遣先指針、派遣元指針)。これに関連して、損害賠償を請求した次の裁判例があります。

①　派遣元と契約し、派遣先との業務委託契約に基づいて派遣先で就労する予定であった者が、研修受講後、業務委託契約の破棄により、派遣元から解雇されたことについて、「本件においては、派遣先が派遣元に対し、派遣先で就労することを拒絶したのであるから、労働契約に基づき、派遣先で就労することは社会通念上不能となっている。派遣元が客観的に労働者が就労させることが不能となった労働契約を存続させ

る意思を有していたとは考えられないので、このような事態になった場合にも解約権が留保されていた。したがって、留保解約権に基づき採用内定を取り消したことは、解約権留保の趣旨・目的に照らして客観的に合理的と認められ、社会通念上相当として是認できるから、適法かつ有効である。しかしながら、派遣先での就労が不能となった場合、留保解約権を行使せざるを得ないことは容易に推測できたから、その可能性の存在を告知して労働契約に応ずるか否か選択する機会を与える信義則上の義務を負っていて、派遣元はその義務を怠っており、この義務違反と相当因果関係を有する損害について賠償する義務がある（パソナ（ヨドバシカメラ）事件　大阪地裁平成16年6月9日労判878－20）」。

② 派遣元が、派遣労働者との間で、契約期間途中で解約する代わりに新たな就職先を紹介する旨の合意を締結していたにもかかわらず、その債務を履行しなかったとして損害賠償を求められたことについて、「派遣元は、派遣労働者との合意に基づく義務として、少なくとも9月1日から11月30日までの間働くことができ、本件労働契約と同程度ないしそれ以上の賃金その他の労働条件を内容とする労働契約を締結できる相当な見込みのある、新たな就職先を紹介する必要がある。派遣元は、派遣労働者に対して、会社を紹介し、責任者による採用面接を受けることができるよう段取りをしている。そして、同社の採用面接において、責任者は、本件労働契約に比べて高額の賃金と、他の点でも特に問題のない労働条件を提示した上で派遣労働者をすぐにでも採用したいと告げているから、派遣元は、派遣労働者との合意に基づく義務を果たした（エキスパート・スタッフ事件　東京地裁平成9年11月11日労判729－49）」。

カ　労働者派遣契約の満了と労働契約の終了

　派遣元と派遣先の間の労働者派遣契約と派遣元と派遣労働者の間の労働契約は別個の契約ですから、労働者派遣契約の解除がただちに労

働契約の解約につながるものではありません。仮に、労働者派遣契約の解除に伴い労働契約を解約しようとする場合にはそれは解雇となりますから、解雇の事由と手続が必要となり、労働基準法第20条に定める解雇予告などが必要なほか、正当な事由が必要です。これに関連して、次の裁判例があります。

> 登録型の労働契約である場合には、労働契約が反復継続したからといって、解雇権濫用の法理が類推適用される場合に当たると認められないが、仮に解雇権濫用の法理が類推適用される場合に当たるとしても、その労働契約の前提となる労働者派遣契約が期間満了により終了した事情は、当該労働契約が終了となってもやむを得ないといえる合理的な理由に当たる(いよぎんスタッフサービス事件)。

キ 派遣労働者の解雇

派遣労働者の解雇に関しては、次のような裁判例があります。

① 会社は、労働者が労働組合とともに偽装請負を解消し適法な労働者派遣を行うよう要求し、労働局にその旨の行政指導を求めたことを嫌悪して、業務から排除するだけでなく、会社からも排除すべく不利益処分を行ったから、本件解雇は違法な目的に基づいて、故意に解雇する理由のない労働者に解雇という不利益を与えたから不法行為となるもので、本件解雇は、違法状態状態を改善するため、法律上の権利として保障されている労働組合や監督機関への申告を行った者を企業から排除するもので、労働基準法第104条第2項および労働組合法第7条第1号にも違反する強度の反社会的行為である(テー・ビー・エスサービス事件　名古屋地裁平成20年7月16日)。

② 2日間にわたる研修における勤務態度や行動性格を観察して派遣先から今回の派遣業務に不適当であると判断し、そのために交替の要請を派遣元に対してしたことには一定の合理性が認められる。そして、研修中の時間に遅れたりしたこと、他の研修生との口論の経緯、その後

の思考態度などからすると、忍耐力がないように見受けられるほか、社会人としての常識的な対応に欠ける自己中心的な言動が顕著であるといわざるを得ず、今後の派遣スタッフの仕事を遂行するのに派遣元が不安を抱くのにはもっともなところがある。派遣スタッフの募集に対応して派遣労働者として有期雇用した趣旨からすると、派遣元が同人を解雇したこともやむを得ない。派遣元のように他社との派遣基本契約に基づいて需要に応じて労働者を雇用して当該他社に派遣する会社は、有期雇用とはいっても自社の従業員として他社に派遣するもので、派遣社員の質や派遣会社の信用・評判等を維持するためにも自社の従業員を管理する必要があり、そのために契約条項により14日間の試用期間を設けている。このような契約条項が労基法に反するものとまでは考えられず、むしろ私的自治における契約自由の範囲内による派遣会社の合理的な対応というべきであり、濫用にわたるような試用条項の適用実態があるといった特段の事情がない以上、そのような使用の試みが有期雇用契約であるということで許されないということはできない。本件における雇用の趣旨や2日間の勤務状況・態度に鑑みると、派遣元が留保解約権の行使により解雇に踏み切ったことには合理性が認められる(フジスタッフ事件　東京地裁平成18年1月27日労判909-83)。

ク　休業中の賃金の支払い

休業中の賃金の支払いに関して、次の裁判例があります。

派遣会社から派遣期間のうち休業を命じられた2日分の休業手当を除く賃金残額40％の支払を求めたことについて、「休業には使用者の責めに帰すべからざる事由が存するとの主張はないから、所定の賃金を支払うべきである(テンプスタッフ事件　東京地裁平成14年5月14日労経速1825-48)」。

ケ　派遣先における就労拒絶と休業手当の支払

　派遣元の責めに帰すべき事由による休業の場合には、その休業期間中、平均賃金の60%以上の休業手当を派遣労働者に支払わなければなりません（労働基準法第26条）。この派遣元の「責めに帰すべき事由」に該当するかについては、休業になることを避けるために最善の努力をしたかどうかが判断の基準となり、不可抗力以外の場合には派遣元の責めに帰すべき事由による休業に該当します。これに関して、次の裁判例があります。

> 派遣先から就労を拒絶されたため、派遣労働者を交替させたことによって、派遣労働者が就労できなかった場合には、派遣元に対する賃金請求権は消滅するが、派遣先からの就労拒絶を受け入れたことにより派遣労働者の就労ができなくなった場合には、労働者派遣契約上の債務不履行事由が存在する場合を除き、労働基準法第26条の「使用者の責めに帰すべき事由による休業」に該当し、派遣労働者は派遣元に休業手当の支払を求めることができる（三都企画建設事件　大阪地裁平成18年1月16日労判913-49）。

コ　派遣労働者に対する年休の付与

　派遣元は、その雇入れの日から起算して6ケ月間継続勤務し全労働日の8割以上出勤した派遣労働者に対して、原則として10労働日の有給休暇を与えなければなりません（労働基準法第39条第1項）。ここでいう「全労働日」とは、1年の総暦日数のうち派遣労働者が労働契約上労働義務を課せられている日数をいいますので、派遣労働者の場合には、派遣元から派遣先において就業すべきであると指示された日が全労働日となります。このため、派遣労働者の就業日を基準にして、一定時間就業しなければ年休権を取得しないとの扱いは、同条に違反します。これに関して、次の裁判例があります。

> 労働基準法第39条第1項は、雇入れの日から起算して6箇月継続勤務し全労働日の8割以上出勤した労働者に対し10労働日の有給休暇

を与えなければならない旨規定しているところ、本件においては6箇月継続勤務したということができる。全労働日の8割以上の出勤という要件については、当時派遣元は、派遣労働者について、その就業日を基準にして、半年間で800時間就業しなければ年休権を取得しないとの扱いをしていたが、労働基準法第39条第1項の規定が全労働日の8割以上の出勤を年休権取得の要件としたのは、労働者の勤怠の状況を勘案して、特に出勤率の低い者を除外する趣旨であるから、派遣労働者の場合には、使用者から派遣先において就業すべきであると指示された全労働日、すなわち派遣先において就業すべき日とされている全労働日をもって全労働日とするのが相当である。したがって、派遣元の取扱いは、労働基準法第39条第1項の規定に違反する(ユニ・フレックス事件　東京地裁平成11年8月17日労判772-35)。

サ　派遣先から派遣元への損害賠償の請求

派遣労働者が派遣先に実際に損害を与えた場合で、派遣元に労働者派遣契約に基づく債務の不履行がある場合や派遣労働者に損害賠償能力がない場合には、民法第715条に基づき派遣労働者に対する使用者責任として、派遣元が損害賠償責任を負うことがあります。派遣元が損害賠償責任を負う根拠としては、次のようなことが考えられます。

① 　派遣労働者は派遣元との間で労働契約を締結し、その雇用関係を維持しながら、派遣元の命令によって一時的に派遣先の下に派遣され、その指揮監督下で労働するものであること。
② 　賃金は派遣元から派遣労働者に支給されること。
③ 　派遣元は派遣先から派遣料を受けて利益を得ていたこと。

また、派遣先が指揮監督していたことによる責任については、過失相殺によって斟酌されます。これに関して、次の裁判例があります。

① 　派遣労働者は派遣元との間で労働契約を締結して派遣元の指揮

監督を受ける労働者となったものであり、その雇用関係を維持しつつ、派遣元の命令によって一時的に派遣先の下に派遣され、その指揮監督下で労働することになったのであるが、労働の対価である賃金は、派遣元から支給される一方で、派遣元は派遣先から派遣料を受けて利益を得ていたから、派遣元は民法第715条が被用者の加害行為につき責任を負わせることとしている使用者に当たる。派遣先が指揮監督していたことは、派遣元の使用者責任を否定するものではなく、過失相殺によって斟酌されるべきである。本件においては、5割の過失相殺が認められる(テンプロス・ベルシステム24事件　東京地裁平成15年10月22日労判874−71)。

② 　現金取扱い業務が労働者派遣基本契約に基づく業務内容であること、派遣労働者は派遣元に雇用されて派遣先へ派遣され、派遣元から給与の支払いを受けていたこと、派遣元の派遣担当者が定期的に派遣先を訪れ、派遣労働者の仕事振りを見て監督していたこと、実質的な派遣料は派遣元による派遣労働者の指導監督の対価の意味もあること、派遣元は派遣先から派遣労働者の住民票の提出の要請があったのに拒んだこと、契約第7条で損害補償を規定することなどからすると、本件領得行為は契約に基づく派遣業務としての派遣元の職務の執行につきなされた。また、派遣元において、派遣労働者の選任およびその職務執行の監督について相当の注意を尽くしているとは到底言えない。派遣労働者の内訳書への転記が正確になされているかについて、派遣先の上司の監視、確認がその都度厳格になされていれば、領得を未然に妨げた可能性が高いけれども、他方、給付金は一定の監視が及んでいること、内訳書への記載も経理担当者が隣にいる机の上で作成されていること、過去において給付金の領得の事故はなかったこと、派遣元は派遣労働者から住民票の提出も受けないで雇用して派遣し、派遣後は派遣労働者を監督し派遣料を得ていたことに照らすと、派遣先の過失相殺を認めるのも相当でない(パソナ事件　東京地裁平成8

年6月24日労経速1688-3)。

シ　派遣労働者の転職勧誘・引き抜き行為

在職していた事業主の利益を不当に害する方法で、労働者の引き抜きを行った者は、引き抜かれた者社対して損害賠償責任を負います。この場合に、社会的に認められない引き抜き行為であるか否かは、会社内部の地位や待遇、人数、労働者の転職が及ぼす影響、転職の勧誘に用いた方法（退職時期の予告の有無、秘密性、計画性など）が総合的に考慮して判断されます。これに関して、次の裁判例があります。

① 営業所の責任者というべき地位にあり、その営業活動において中心的な役割を果たすいわゆる幹部社員であったが、在職中に就職が内定していながらこれを秘し、突然退職届を提出した上、退職に当たって何ら引継ぎ事務も行わず、また、派遣スタッフに対して営業所が閉鎖されるなどと虚偽の情報を伝え、金銭供与をするなどして転職を勧誘し、しかも、在職中と同じ派遣先企業への派遣を約束するなどして会社が受ける影響について配慮することなく引き抜き行為を行ったのであって、その態様は計画的かつ極めて背信的である。本件勧誘行為は、単なる転職の勧誘にとどまらず、社会的相当性を著しく逸脱した違法な引き抜き行為であり、従業員として誠実に職務を遂行すべき義務に違反するもので、元従業員としても著しく社会的相当性を逸脱した方法により行った勧誘行為で、不法行為に該当する（フレックスジャパン・アドバンテック事件　大阪地裁平成14年9月11日労判840-62）。

② コンピュータ技術者の派遣業にあっては、人材が唯一の資産であって、派遣されている事業所全部の従業員を一斉に引き抜けば、従業員とともにその取引先を失うなど会社の存立に深刻な打撃を与えるものであるにもかかわらず、大量の技術者派遣先の派遣従業員全員に対し、一斉に勧誘行為を行っている。本件引抜行為は、もはや適法な転職の勧誘の域にとどまるものとはいえず、社会的相当性を逸脱した違法な引

抜行為と評価せざるを得ない。したがって、労働契約上の誠実義務に違反したものとして、本件引抜行為によって被った損害を賠償すべき義務がある(東京コンピューターサービス事件　東京地裁平成8年12月27日判時1619−85)。

5　外国人労働者

(1)　外国人労働者と在留資格

　外国人は、「出入国管理及び難民認定法」で定められている在留資格の範囲内で我が国での活動ができます(同法第19条)。現在、この在留資格は大きく分けて、①身分または地位にもとづく在留資格および②活動にもとづく在留資格とがあり、その資格数は総数で27種類あります。これを就労の可否によって分けると大きく4つに分類することができます。

ア　就労活動に制限がない在留資格

　就労活動に制限がない在留資格は、永住者、日本人の配偶者等、永住者の配偶者等および定住者の4種類です(同法別表第二)。これらの在留資格を有する外国人は、何ら制限を受けることなく日本国内で就労することができます。ただし、これらの者のうち、永住者の在留資格については在留期間は無期限ですが、永住者以外の在留資格については在留期間は原則3年または1年の制限が設けられています。

　いわゆる日系2世、3世については、日本人の配偶者等または定住者として在留する限り、就労活動に制限はありませんが、在留期間には制限があります。

イ　在留資格の範囲内で就労が可能な在留資格

　在留資格の範囲内で就労が可能な在留資格は、外交、公用、教授、芸術、宗教、報道、投資・経営、法律・会計業務、医療、研究、教育、技術、人文

知識・国際業務、企業内転勤、興行および技能の16種類です（同法別表第一、第一の二）。このうち、外交および公用については任務にあたる期間が在留期間ですが、外交、公用および興行以外の在留資格の在留期間は3年または1年であり、興行の場合の在留期間は1年、6か月または3か月です。

　これらの在留資格のうち、一般の事務所で雇用されることが多いと考えられるのは、技術（コンピューター技師、自動車設計技師など）、人文知識・国際業務（通訳、語学の指導、為替ディーラー、デザイナーなど）、企業内転勤、技能（中華料理、インド料理のコックなど）です。なお、企業内転勤については、企業が海外の本店または支店から期間を定めて受け入れる労働者で、活動は技術、人文知識・国際業務に限られています。

　これらの在留資格を持つ外国人が、他の分野で就労するためには、法務大臣から資格外活動の許可を受けなければなりません（同法第19条）。

ウ　許可の内容によって就労の可否が決まる在留資格

　許可の内容によって就労の可否が決まる在留資格には、特定活動があります（同法別表第一の五）。特定活動は、法務大臣が個々の外国人について特に指定する活動であり、技能実習やワーキングホリデーなどがあります。

1）技能実習

　技能実習は、就労活動が禁止されている研修の在留資格をもつ者が、研修期間終了前の所定の時期に、研修成果、技能実習計画および在留状況の3つの点で適正と評価された場合に、在留資格が研修から特定活動に変更されたものをいいます。

　技能実習は、研修終了後に、より実践的な技能などの修得のための活動を行うことを目的として、研修実施先に雇用された場合にのみ就労することができますが、研修から技能実習に在留資格が変更されたときは、在留期

間も延長され、研修期間1年間と技能実習期間2年間とを合わせて最長3年まで在留することができます。ただし、技術・技能・知識などを習得することを目的として日本に滞在することを目的としていますので、研修期間中は座学による研修を必ずプログラムの中に入れなければならず、また、技能実習については、①原則として転職が認められない、②原則として家族帯同が認められない、③技能実習計画で到達すべき技能水準が定められている、という制限があります。

2）ワーキングホリデー

　ワーキングホリデーは、両当事国の青少年の交流を促進し、相互理解を深める機会を拡大するため、一定の期間観光を目的として在留することを認めるもので、その間旅行費用の不足を補うため観光に付随して本来の目的に反しない範囲で就労することが認められるものです。現在、オーストラリア、ニュージーランド、カナダ、韓国、フランス、ドイツ、イギリスの7カ国との間で実施されています。

エ　原則として就労が認められない在留資格

　原則として就労が認められない在留資格は文化活動、短期滞在、留学、就学、研修および家族滞在の6種類です（同法別表第一の三、第一の四）。

　これらの在留資格のうち、文化活動、短期滞在および研修については、原則として就労が認められていませんが、留学、就学および家族滞在については、あらかじめ法務大臣から資格外活動の許可を受けた場合には、一定の範囲内で短時間の就労が認められています。資格外活動の許可を得れば、留学については原則として1週28時間（夏休みなどの長期休業期間中は1日8時間）まで、就学については原則として1日4時間まで、家族滞在については、原則として1週28時間まで就労することができます。ただし、風俗営業を営んでいる事業所などでは就労することはできません。

　なお、研修については、技術、知識の習得を目的としていますので、労働

者として雇用されて賃金を受けることはできませんが、研修手当など研修に必要な実費の支給を受けることはできます。

(2) 不法就労外国人に関する取扱い

不法就労をした外国人には、3年以下の懲役または300万円以下の罰金が適用される（同法第70条）ほか、本国などに強制退去をさせられます（同法第24条）。この場合には、その外国人は、5年間日本国内に再入国することはできません（同法第5条）。

また、外国人に不法就労をさせた雇用主なども、不法就労を助長したということで、3年以下の懲役または300万円以下の罰金が課されます（同法第73条の2）。

(3) 外国人労働者の人事労務管理
ア　事業主の責務

外国人労働者を雇用する事業主は、外国人労働者が我が国の雇用慣行に関する知識や求職活動に必要な雇用情報を十分にもっていないことなどから、その雇用する外国人労働者がその有する能力を有効に発揮できるよう、職業に適応することを容易にするための措置の実施など雇用管理の改善に努めるとともに、本人の責任によらない解雇などの会社側の都合によって離職する場合で再就職を希望するときは、求人の開拓などの再就職の援助の措置を講ずるように努めなければなりません（雇用対策法第8条）。

イ　外国人労働者の募集および採用
1）募集

外国人を募集するに当たっては、募集に応じる外国人に対し、採用後に従事すべき業務の内容および賃金、労働時間、就業の場所、労働契約の期間、労働・社会保険関係法令の適用の内容を書面の交付により明示し

なければなりません（職業安定法第5条の3第1項）。特に、募集に応じる外国人が国外に居住している場合には、来日後に、募集条件に係る相互の理解の齟齬などから労使間のトラブルなどが生じることのないよう、渡航費用の負担、住居の確保などの詳細をあらかじめ明確にするよう努めなければなりません（「外国人労働者の雇用管理の改善等に関して事業主が適切に対処するための指針（以下「外国人指針」という）。

2）職業紹介事業者の活用

　国外に居住する外国人のあっせんを受ける場合には、職業安定法の職業紹介事業の許可を受けている業者から受け、違法な業者からはあっせんなどを受けてはなりません（外国人指針）。

　職業紹介事業者に対し求人の申込みに当たっては、採用後に従事すべき業務の内容および賃金、労働時間、就業の場所、労働契約の期間、労働・社会保険関係法令の適用の内容を書面の交付により、明示しなければなりません（同条第2項）。また、国籍の条件を付すなど差別的な取扱いをしないよう十分留意することが必要です（外国人指針）。

3）採用

　外国人を採用するに当たっては、本人の旅券または外国人登録証明書（資格外活動の許可を受けて就労する外国人については資格外活動許可書または就労資格証明書を含む）の提示を求め、採用後に従事する業務に従事することができる者であることを確認し（雇用対策法第28条第1項）、従事することができない者は採用してはなりません。

　外国人の採用に当たっては、在留資格の範囲内でその有する能力を有効に発揮できるよう、公平な採用選考に努めなければなりません。特に、永住者、定住者などその身分に基づき在留する外国人は、その活動内容に制限がないことや新規学卒者などを採用する際、留学生であることを理由として、その対象から除外することのないようにするとともに、異なる教育、文

化などを背景とした発想が期待できる留学生の採用により、企業の活性化・国際化を図るためには、留学生向けの募集・採用を行うことも効果的であることに留意する必要があります（外国人指針）。

採用に当たっては、賃金、労働時間などの労働条件について、本人が理解できるようその内容を明らかにした書面を交付するしなければなりません。特に、賃金について明示する際には、賃金の決定、計算、支払の方法などはもとより、これに関連する税金、労働・社会保険料、労使協定に基づく賃金の一部控除の取扱いについても理解できるよう説明し、実際に支給する額が明らかとなるよう努めなければなりません（労働基準法第5条第1項、外国人指針）。

ウ　外国人労働者の雇用状況の届出

新たに外国人労働者を雇い入れた場合もしくはその雇用する外国人労働者が離職した場合には、表19-7の外国人労働者の氏名、在留資格、在留期間などの事項について、同表の方法により確認し、公共職業安定所長に届け出なければなりません（雇用対策法第28条、外国人指針）。

表19-7　外国人社員の雇用状況の確認・届出

外国人社員の種類	確認し、届け出るべき事項	確認の方法	届出の方法・期限
①雇用保険被保険者資格を有する外国人（③を除く）	氏名、在留資格（資格外活動の許可を受けて就労する者を雇い入れる場合にあっては当該許可の有無を含む）、在留期間、生年月日、性別、国籍のほか、職種、賃金、住所などの雇用保険被保険者資格取得届または雇用保険被保険者資格喪失届に記載すべき当該外国人の雇用状況などに関する事項	ア　資格外活動の許可を受けて就労する外国人以外の外国人については、旅券または外国人登録証明書の提示を求め、確認する。 イ　資格外活動の許可を受けて就労する外国人については、旅券または	A　雇入れに関する届出は雇い入れた日の翌月10日までに、雇用保険被保険者資格取得届と併せて届け出る。 B　離職に関する届出は離職した日の翌日から起算して10日以内に、雇用保険被保険者資格喪失届と併せて届け出る。
②雇用保険被保険者資格を有さない外国人	氏名、在留資格（資格外活動の許可を受けて就労する者を雇い入れる場合には当該許可の有無を含む）、在	外国人登録証明書および資格外活動許可書	雇入れに関する届出、離職に関する届出ともに、雇入

(③を除く)	留期間、生年月日、性別、国籍	または就労資格証明書の提示を求め、確認する。	れまたは離職した日の翌月の末日までに、雇用対策法施行規則様式第3号に必要事項を記載の上、届け出る。
③平成19年10月1日の時点で現に雇い入れている外国人	氏名、在留資格、在留期間、生年月日、性別、国籍		A平成20年10月1日までの間に、雇用対策施行規則様式第号に必要事項を記載の上、届け出る。 B離職した場合には、上記の方法・期限に従い届け出る。

エ　外国人労働者の労働条件の確保

　労働基準法、労働安全衛生法、労災保険法などの労働保護法規は、日本国内において行われる事業に対しては、労働者の国籍を問わず、また当事者の意思のいかんを問わず、適用されます。したがって、不法就労外国人を含め日本国内で就労する外国人労働者に対しては、労働基準法などが適用されます。ただし、外国人研修生については、技術、知識の習得を目的としており、労働基準法の「労働者」ではないので、同法などは適用されません。しかしながら、外国人研修生が、その就業実態から、同法の「労働者」に該当するとされる場合もあります（第1章26〜41頁参照）。

1）均等待遇

　国籍を理由として、賃金、労働時間その他の労働条件について、差別的な取扱いをしてはなりません（労働基準法第3条）。これに関しては、外国籍であることを隠して応募書類の本籍欄に虚偽を記入した者を解雇することは、国籍を理由とする差別的な取扱いに当たるとする裁判例があります。一方、外国人との間で期間の定めのない労働契約を締結しないことについて、合理的な理由があれば、国籍による差別には該当しないとする裁判例もあります（第4章113〜114頁参照）。

2）渡航費用の賃金から天引き

　賃金は、労働者に、原則としてその全額を支払わなければなりません（労働基準法24条1項）が、使用者が労働者に対して有する債権について賃金と相殺できるかについては、一般に、使用者側が一方的に相殺することは全額払いの原則に違反しますが、労働者の自由な意思に基づくものであると認められる合理的な理由が客観的に存在していたといえる場合に合意による相殺を行うことは、全額払いの原則に違反しないと解されています（第10章287～288頁参照）。これに関して、次のような裁判例があります。

　航空運賃については、外国人労働者と使用者との間に、10回の分割払いの合意および毎月の給料から同分割金を精算する旨の合意があったと解される。この精算の合意は、外国人労働者の任意によるものと認められ、かつ分割金の内容、金額等に照らし、同原告らの不利益となるものではなく、却って利益な面もあること（渡航費用を自ら用意せずに渡航し、直ちに日本で就労でき、就労しながら返済ができる）、支払いの煩雑を避けうることから合理的であり、労働基準法24条1項の規定にかかわらず有効なものと認められる。また、航空運賃以外の渡航に必要な経費についても、それが外国人労働者らが当然負担すべきものであるかぎり、航空運賃と同様に分割で支払う旨の合意と給料から精算する旨の合意があったと解される（株式会社本譲事件　神戸地裁姫路支部平成9年12月3日労判730-40）。

3）適正な労働時間の管理

　法定労働時間の遵守、週休日の確保をはじめ適正な労働時間管理を行わなければなりません（第11章参照）。

4）労働基準法など関係法令の周知

　分かりやすい説明書を用いるなど外国人労働者の理解を促進するため必要な配慮をしつつ、労働基準法など関係法令の定めるところによりその

内容について周知を行わなければなりません(同法第106条、外国人指針、第3章104〜106頁参照)。

5) 労働者名簿などの作成

使用者は、労働者名簿および賃金台帳を作成しなければなりませんが、その際には、外国人労働者について、家族の住所その他の緊急時における連絡先を把握しておくよう努めなければなりません(同法第107条、第108条、外国人指針、第4章149頁参照)。

6) 金品の返還など

外国人労働者の旅券などを保管しないようにしなければなりません。また、退職の際に、その請求があったときは、7日以内に本人の権利に属する金品を返還しなければなりません。特に、返還の請求から7日以内に出国する場合には、出国前に返還するしなければなりません(労働基準法第23条、外国人指針、第13章460〜461頁参照)。これに関して、次のような裁判例があります。

> 会社がパスポートを保管することは、その保管が任意な依頼によるものであり、返還要求に直ちに応ずるものであるかぎり、違法なものということはできない。したがって、返還要求があるまでの期間のパスポートの保管行為は任意な依頼によるものと認められ、違法ということはできない。外国人社員のパスポートの返還請求は正当であり、会社は直ちにこれに応ずるべきであった。渡航費用の残額の返済がないことを理由に同返還を拒むことは、公序良俗に反し許されない。よって、パスポートの返還請求以後の保管行為は違法である(株式会社本譲事件)。

ウ 安全衛生の確保

1) 安全衛生教育の実施

安全衛生教育を実施するに当たっては、その内容を理解できる方法によ

り行わなければなりません。特に、使用させる機械設備、安全装置、保護具の使用方法などが確実に理解されるよう留意する必要があります（労働安全衛生法第59条、外国人指針、第15章558～564頁参照）。

2）労働災害防止のための日本語教育などの実施

労働災害防止のための指示などを理解することができるようにするため、必要な日本語、基本的な合図などを習得させるよう努めなければなりません（外国人指針）。

3）労働災害防止に関する標識、掲示など

事業所内における労働災害防止に関する標識、掲示などについて、図解などの方法を用いるなどその内容を理解できる方法により行うよう努めなければなりません（外国人指針）。

4）健康診断の実施など

雇入れ時や定期に医師による健康診断を行わなければなりませんが、その実施に当たっては、健康診断の目的・内容を理解できる方法により説明するよう努めなければなりません。また、健康診断の結果に基づく事後措置を実施するときは、健康診断の結果ならびに事後措置の必要性および内容を理解できる方法により説明するよう努めなければなりません（同法第66条1項、外国人指針、第15章568～574頁参照）。

5）健康指導および健康相談の実施

産業医、衛生管理者などを活用して健康指導および健康相談を行うよう努めなければなりません（外国人指針）。

なお、安全衛生に関連して、不法就労外国人の労災事故についての損害賠償に関する次のような判例があります。

在留期間を超えて不法に我が国に残留し就労する不法残留外国人

は、退去強制の対象となり、最終的には我が国からの退去を強制されるものであり、我が国における滞在および就労は不安定なものといわざるを得ない。そうすると、事実上は直ちに摘発を受けることなくある程度の期間滞在している不法残留外国人がいることなどを考慮しても、在留特別許可などによりその滞在及び就労が合法的なものとなる具体的蓋然性が認められる場合はともかく、不法残留外国人の我が国における就労可能期間を長期にわたるものと認めることはできない。本件においては、事故後に勤めた製本会社を退社した日の翌日から3年間は我が国において会社から受けていた実収入額と同額の収入を、その後は来日前にパキスタン回教共和国で得ていた収入程度の収入を得ることができたものと認めるのが相当である(改進社事件　最高裁第三小法廷平成9年1月28日民集51-1-78)。

エ　労働・社会保険の適用
1)　制度の周知および必要な手続の履行
　外国人労働者に対し、労働・社会保険に関する法令の内容および保険給付の請求手続などについて、雇入れ時に理解できるよう説明を行うことなどにより周知に努めるとともに、被保険者に該当する外国人労働者に関し適用手続などをとらなければなりません(外国人指針)。

2)　保険給付の請求などについての援助
　外国人労働者が離職する場合には、本人への雇用保険被保険者離職票の交付など必要な手続を行うとともに、失業等給付の受給に関する公共職業安定所の窓口の教示その他必要な援助を行うように努めなければなりません(外国人指針)。
　外国人労働者に労働災害などが発生した場合には、労災保険給付の請求その他の手続に関し、外国人労働者からの相談に応ずること、手続を代行することなど必要な援助を行うように努めなければなりません(外国人

指針。第16章参照)。

　厚生年金保険については、加入期間が6月以上の外国人労働者が帰国する場合には、帰国後加入期間などに応じた脱退一時金の支給を請求し得る旨帰国前に説明するとともに、社会保険事務所などの関係機関の窓口を教示するよう努めなければなりません(外国人指針)。

オ　適切な人事管理、教育訓練、福利厚生など
1) 適切な人事管理
　雇用する外国人が円滑に職場に適応し、その職場での評価や処遇に納得しつつ就労することができるよう、公共職業安定所の行う雇用管理に関する助言・指導を踏まえながら、職場で求められる資質、能力などの社員像の明確化、職場における円滑なコミュニケーションの前提となる条件の整備、評価・賃金決定、配置などの人事管理に関する運用の透明化など多様な人材が能力発揮しやすい環境の整備に努めなければなりません(外国人指針)。

2) 生活指導など
　日本社会への対応の円滑化を図るため、日本語教育および日本の生活習慣、文化、風習、雇用慣行などについて理解を深めるための指導を行うとともに、外国人労働者からの生活上または職業上の相談に応じるように努めなければなりません(外国人指針)。

3) 教育訓練の実施など
　在留資格の範囲内でその能力を有効に発揮しつつ就労することが可能となるよう、教育訓練の実施その他必要な措置を講ずるように努めるとともに、苦情・相談体制の整備、母国語での導入研修の実施など働きやすい職場環境の整備に努めなければなりません(外国人指針)。

4）福利厚生施設

　適切な宿泊の施設を確保するように努めるとともに、給食、医療、教養、文化、体育、レクリエーションなどの施設の利用について、十分な機会が保障されるように努めなければなりません（外国人指針）。

5）帰国および在留資格の変更などの援助

　在留期間が満了する場合には、雇用関係を終了し、帰国のための諸手続の相談その他必要な援助を行うように努めなければなりません。また、在留資格を変更しようとするときまたは在留期間の更新を受けようとするときは、その手続を行うに当たっての勤務時間の配慮その他必要な援助を行うように努めなければなりません（外国人指針）。

6）労働者派遣または請負を行う事業主に関する留意事項

　労働者派遣の形態で外国人を就業させる事業主は、従事する業務の内容、就業の場所、直接指揮命令する者に関する事項など派遣就業の具体的内容を明示すること、派遣先に対し派遣する外国人の氏名、労働・社会保険の加入の有無を通知することなど適正な事業運営を行わなければなりません。また、派遣先は、労働者派遣事業の許可を受けていない者などからは労働者派遣を受けてはなりません。

　請負を行う事業主は、請負契約の名目で実質的に労働者供給事業または労働者派遣事業を行うことのないようにしなければなりません。また、自ら雇用する外国人の就業場所が注文主の事業所内である場合には、雇用労務責任者などに人事管理、生活指導などの職務を行わせなければなりません（外国人指針）。

カ　解雇の予防および再就職の援助

　事業規模の縮小などを行おうとするときは、外国人労働者に対して安易な解雇などを行わないようにするとともに、やむを得ず解雇などを行う場合は、公共職業安定所と密接に連携するとともに、公共職業安定所の行う再就

職援助に関する助言・指導を踏まえ、再就職を希望する者に対して、関連企業などへのあっせん、教育訓練などの実施・受講あっせん、求人情報の提供などその在留資格に応じた再就職が可能となるよう、必要な援助を行うように努めなければなりません（外国人指針）。

なお、外国人労働者に対する解雇に関しては、次のような裁判例があります。

① 英語学習塾を経営する会社に外国人正社員英語講師として雇用されていた日本人の配偶者として永住者の在留資格を有しているフィンランド国籍を有する男性に対する整理解雇について、「ⅰ 人員削減の必要性は認められること、ⅱ 解雇回避努力が十二分に尽くされているとは評価できないが、時間給講師としての再雇用を提案していることで、解雇回避のための措置は一応講じていること、ⅲ 人員整理の対象として選んだことには十分な合理性があること、ⅳ 解雇の意思表示後に会社代表者は面談し、書面で解雇理由について説明も行っているなど解雇は手続的には適正であることから、解雇回避努力は不十分な点がなくはないものの、人員整理の必要性および人選の合理性が強く、手続的適正もあるから、整理解雇として有効である（語学講師整理解雇事件　さいたま地裁平成19年11月16日）」。

② 人材派遣会社の通訳をしていた日系ブラジル人が上司に「ばかやろう」と言ったため、「職場の秩序を乱した」として解雇したことについて、上司への暴言は懲戒対象になるが、解雇は相当性を欠く（ラポールサービス事件　名古屋地裁平成19年5月9日）。

キ　雇用労務責任者の選任

常時10人以上外国人労働者を雇用するときは、雇用労務責任者として選任しなければなりません（外国人指針）。

第20章
雇用保険と社会保険

「雇用保険と社会保険」のポイント
1 雇用保険
2 健康保険
3 厚生年金保険
4 介護保険

「雇用保険と社会保険」のポイント

1 雇用保険
(1) 雇用保険の失業等給付には、①求職者給付、②就職促進給付、③教育訓練給付および④雇用継続給付がある。
(2) 求職者給付は、被保険者の種類により、一般被保険者のほか、高年齢継続被保険者、短期雇用特例被保険者および日雇労働被保険者に区分される。
(3) 一般被保険者に対する基本手当の所定給付日数は、離職の日の年齢や被保険者期間および離職の理由などによって決められており、特に倒産や解雇などにより離職を余儀なくされた者については手厚くなっている。また、訓練延長給付、広域延長給付および全国延長給付がある。
(4) 就職促進給付には、「再就職手当」、「就業手当」と「常用就職支度手当」からなる「就業促進手当」、「移転費」、「広域求職活動費」がある。
(5) 教育訓練給付は、所定の教育訓練を受講した場合にその経費の一部が支給される。
(6) 雇用継続給付には、高年齢雇用継続給付、育児休業給付および介護休業給付がある。
(7) 政府は、雇用安定事業および能力開発事業を行う。
(8) 雇用保険の保険料は、失業等給付については事業主と労働者が折半で負担し、雇用安定事業および能力開発事業については事業主が負担する。

2 健康保険
(1) 常時従業員を使用する法人の事業所などは、健康保険が強制

適用される。
(2)　健康保険の保険者には、全国健康保険協会と健康保険組合の2種類がある。
(3)　適用事業所に使用されている者は、国民健康保険に加入する者や後期高齢者医療の被保険者などを除いて、被保険者となる。
(4)　臨時に日々雇用される者で1か月を超えないものなどは、日雇特例被保険者となる。
(5)健康保険からは、療養の給付や家族療養費、傷病手当金、埋葬料、出産育児一時金、高額療養費などの支給が行われる。
(6)　保険者は、40歳以上の被保険者に対して特定健康診査および特定保健指導を行う。
(7)　健康保険の保険料の額は、被保険者の標準報酬月額および標準賞与額に保険料率（一般保険料率に40歳以上65歳未満の医療保険加入者の場合には介護保険料率を加えたもの）をかけた額で、原則として事業主と被保険者が折半で負担するが、健康保険組合の場合は、規約で決めて事業主の負担割合を増やすことができる。

3　厚生年金保険
(1)　常時従業員を使用する法人の事業所などは、厚生年金保険が強制適用される。
(2)　適用事業所に使用されている70歳未満の者は、臨時に日々雇用される者で1か月を超えないものなどを除いて被保険者となる。
(3)　厚生年金保険からは、老齢年金（老齢基礎年金・老齢厚生年金）、障害年金（障害基礎年金・障害厚生年金・障害手当金）、遺族年金（遺族基礎年金・遺族厚生年金）が支給される。
(4)　保険料は標準報酬月額および標準賞与額にそれぞれ保険料率を乗じた額で、事業主と被保険者が折半で負担するが、保険料率は平成17年9月から毎年9月に引き上げられ、平成29年9月からは

固定される。

4　介護保険
(1) 介護保険の被保険者は、①65歳以上の者（第1号被保険者）と②0歳以上65歳未満の医療保険加入者（第2号被保険者）である。
(2) 介護給付・予防給付を受けようとする者は、市町村の認定を受けなければならない。
(3) 介護保険の給付には、①介護給付、②予防給付および③市町村特別給付がある。
(4) 第1号被保険者の保険料は、老齢・退職年金から特別徴収（天引き）を行うほか、特別徴収が困難な者については国民健康保険料と併せて徴収するが、第2号被保険者の保険料は、それぞれ加入する医療保険の医療保険料と一括して徴収する。

1　雇用保険

(1) 雇用保険とは

　労働者が失業した場合や労働者について雇用の継続が困難となる事由が生じた場合、労働者が自ら職業に関する教育訓練を受けた場合に必要な給付を行うことにより、労働者の生活と雇用の安定を図るとともに、その就職を促進し、失業の予防、雇用状態の是正、雇用機会の増大、労働者の能力の開発向上など労働者の福祉の増進を図ることを目的として、雇用保険が設けられています（雇用保険法第1条）。

(2) 適用事業

　雇用保険は、労働者が1人でも雇用される事業は、その業種や規模などにかかわらず、すべて適用事業ですので、事業主または労働者が希望すると否とを問わず、当然に雇用保険の適用を受け、また、適用事業に雇用

される労働者は、雇用保険の被保険者となります（同法第4条第1項、第5条第1項）。

ただし、次の者については、雇用保険は適用されません（同法第6条）。

① 同一の事業主に65歳に達する日の前日から引き続いて65歳に達した日以後の日において雇用されている者や短期雇用特例被保険者、日雇労働被保険者に該当する者を除く、65歳に達した日以後に雇用される者
② 日雇労働被保険者に該当する者を除く、1週間の所定労働時間が通常の労働者の1週間の所定労働時間に比し短く、かつ、30時間未満である者で、季節的に雇用される者または短期の雇用に就くことを常態とする者
③ 日雇労働被保険者に該当しない日雇労働者
④ 4か月以内の期間の予定の季節的事業に雇用される者
⑤ 船員保険の被保険者

また、パートタイム労働者については、次の2つの要件を満たす場合に、雇用保険の被保険者となります。

① 1週間の所定労働時間が20時間以上であること。
隔週週休2日制などの場合は1周期における所定労働時間の平均を1週間の所定労働時間とする。
② 1年以上雇用されることが見込まれること。
期間を定めて雇用される場合で、契約更新の規定がある場合や同様の契約で雇用されている他の者の過去の就労実績などからみて1年以上にわたって契約を反復更新することが見込まれる場合を含む。

（3） 雇用保険の給付

ア　失業等給付の種類

失業等給付には、次の給付があります（同法第10条）。

① 被保険者が定年、倒産、自己都合などにより失業した場合に、その生活の安定を図って再就職のための活動を行う求職者給付
② 労働者の再就職の促進を図るための就職促進給付
③ 労働者の主体的な能力開発の取組みを支援し、雇用の安定と再就職の促進を図ることを目的とする教育訓練給付
④ 被保険者の雇用の継続が困難となる事由が生じた場合にその雇用安定を図るための雇用継続給付

イ　求職者給付

求職者給付は、被保険者の種類により、一般被保険者のほか、高年齢継続被保険者、短期雇用特例被保険者および日雇労働被保険者に区分されます。

1) 一般被保険者に対する求職者給付

一般被保険者に対する求職者給付には、基本手当のほか、技能習得手当、寄宿手当および傷病手当があります。

① 基本手当の所定給付日数

基本手当は、雇用保険の被保険者が、定年、倒産、自己都合などにより離職し、失業中の生活を心配せずに、新しい仕事を探し、早期に再就職するために支給されます。基本手当の所定給付日数（基本手当の支給を受けることができる日数）は、受給資格に係る離職の日における年齢、雇用保険の被保険者であった期間および離職の理由などによって、aからcの表のとおり90日～360日の間でそれぞれ決められており、特に倒産・解雇などにより再就職の準備をする時間的余裕なく離職を余儀なくされた受給資格者については、一般の離職者に比べ手厚い所定給付日数となっています（同法第22条、第23条）。

雇用保険

表a　倒産・解雇などによる離職者（cを除く）

区分＼被保険者であった期間	1年未満	1年以上5年未満	5年以上10年未満	10年以上20年未満	20年以上
30歳未満	90日	90日	120日	180日	—
30歳以上35歳未満	90日	90日	180日	210日	240日
35歳以上45歳未満	90日	90日	180日	240日	270日
45歳以上60歳未満	90日	180日	240日	270日	330日
60歳以上65歳未満	90日	150日	180日	210日	240日

表b　倒産解雇など以外の事由による離職者（cを除く）

区分＼被保険者であった期間	1年未満	1年以上5年未満	5年以上10年未満	10年以上20年未満	20年以上
全年齢		90日	90日	120日	150日

表c　就職困難者

区分＼被保険者であった期間	1年未満	1年以上5年未満	5年以上10年未満	10年以上20年未満	20年以上
45歳未満	150日	300日			
45歳以上65歳未満	150日	360日			

なお、aの倒産・解雇などによる離職者の範囲は、次の表のとおりです。

倒産・解雇などによる離職者の範囲

①「倒産」などにより離職した者（則第34条）	・倒産（破産、民事再生、会社更生などの各倒産手続の申立てまたは手形取引の停止など）に伴い離職した者 ・事業所において大量雇用変動の場合（1か月に30人以上の離職を予定）の届出がされたため離職した者およびその事業主に雇用される被保険者の3分の1を超える者が離職したため離職した者 ・事業所の廃止（事業活動停止後再開の見込みのない場合を含む）に伴い離職した者 ・事業所の移転により通勤することが困難となったため離職した者
②「倒産」などにより離職した者（則第35条）	・解雇（自己の責めに帰すべき重大な理由による解雇を除く）により離職した者 ・労働契約の締結に際し明示された労働条件が事実と著しく相違したことにより離職した者 ・賃金（退職手当を除く）の額の3分の1を超える額が支払期日までに支払われなかった月が引き続き2か月以上となったことなどにより離職した者 ・賃金が85％未満に低下したまたは低下することとなったため離職した者（低下の事実について予見し得なかった場合に限る） ・離職の直前3か月間に連続して労働基準法に基づき定める基準に規定する時間（各月45時間）を超える時間外労働が行われたため、または事業主が危

　　　　険もしくは健康障害の生ずるおそれがある旨を行政機関から指摘されたにもかかわらず、事業所において危険もしくは健康障害を防止するために必要な措置を講じなかったため離職した者
・事業主が労働者の職種転換などに際して、労働者の職業生活の継続のために必要な配慮を行っていないため離職した者
・期間の定めのある労働契約の更新により3年以上　引き続き雇用されるに至った場合に労働契約が更新されないこととなったことにより離職した者
・上司、同僚などからの故意の排斥または著しい冷遇もしくは嫌がらせを受けたことによって離職した者
・事業主から直接もしくは間接に退職するよう勧奨を受けたことにより離職した者（従来から恒常的に設けられている「早期退職優遇制度」などに応募して離職した場合は該当しない）
・事業所において使用者の責めに帰すべき事由により行われた休業が引き続き3か月以上となったことにより離職した者
・事業所の業務が法令に違反したため離職した者

また、cの就職困難者の範囲は、次のとおりです。

① 障害者雇用促進法に規定する身体障害者、知的障害者および精神障害者
② 保護観察に付された者および犯罪者更正の対象者で保護観察所長から公共職業安定所長に連絡のあったもの
③ 社会的事情により就職が著しく阻害されている者

② 延長給付

　所定給付日数については、次の表のように、訓練延長給付、広域延長給付および全国延長給付により一定日数分の給付の延長を行う制度があります（同法第24条～第29条）。

延長給付の概要

給付の延長の種類	内容
訓練延長給付	公共職業安定所長が再就職をするためには公共職業訓練などを受講することが必要であるとして、その訓練の受講を指示した場合には、訓練期間中に所定給付日数が終了しても訓練が終了する日まで引き続き基本手当が支給される。
広域延長給付	厚生労働大臣が、その地域における雇用に関する状況などから判断して、その地域内に居住する求職者がその地域において職業に就くことが困難であると認める地域について、求職者が他の地域において職業に就くことを促進するための計画を作成し、関係都道府県労働局長および公共職業安定所長に、その計画に基づく広域職業紹介活動を行わせた場合に、広域職業紹介活動を行う地域について必要があるときは、その指定する期間内に限り、公共職業安定所長がその広域職業紹介活動により職業のあっせんを受けることが適当であると認

	定する受給資格者については、所定給付日数が終了しても引き続き基本手当が支給される（限度90日）。
全国延長給付	厚生労働大臣は、失業の状況が全国的に著しく悪化している場合に、受給資格者の就職状況からみて必要があるときは、その指定する期間内に限り、所定給付日数が終了しても引き続き基本手当が支給される（限度90日）。

③ 基本手当の受給要件

雇用保険の被保険者が離職して、基本手当を受給できるのは、次の要件を満たす場合です（同法第13条～第15条）。

① 公共職業安定所に来所し、求職の申込みを行い、就職しようとする積極的な意思があり、いつでも就職できる能力があるにもかかわらず、職業に就くことができない「失業の状態」にあること。
② 離職の日以前2年間に賃金支払の基礎となった日数が11日以上ある月が通算して12月以上あり、かつ、雇用保険に加入していた期間が通算して12月（倒産、解雇などによる離職の場合は、離職の日以前1年間に賃金支払の基礎となった日数が11日以上ある月が通算して6月以上あり、かつ、雇用保険に加入していた期間が通算して6月）以上あること。

④ 基本手当日額

基本手当日額（雇用保険で受給できる1日当たりの金額）は原則として離職した日の直前の6か月に毎月きまって支払われた賃金（賞与などは除く）の合計を180で割って算出した金額のおよそ50～80％（60歳～64歳については45～80％）となっており、賃金の低い者ほど高い率となっています。また、基本手当日額は年齢区分ごとに次の表のとおりその上限額が定められています（同法第16条）。

年齢区分ごとの基本手当日当日額の上限額（平成20年8月1日現在）

年　　齢	基本手当日当日額の上限額
30歳未満	6,330円
30歳以上45歳未満	7,030円
45歳以上60歳未満	7,730円
60歳以上65歳未満	6,741円

⑤　給付制限

　基本手当の受給資格者が、公共職業安定所の紹介する職業に就くことまたは公共職業安定所長の指示した公共職業訓練などを受けることを拒んだときは、その拒んだ日から1月間は、原則として基本手当を受給できません（同法第32条）。

⑥　受給期間

　基本手当の受給期間は、原則として離職した日の翌日から1年（所定給付日数330日の者は1年と30日、360日の者は1年と60日）ですが、その間に疾病、負傷、妊娠、出産、育児などの理由により引き続き30日以上働くことができなくなったときは、その働くことのできなくなった日数だけ、受給期間を延長することができます。ただし、延長できる期間は最長で3年間です（同法第20条）。

⑦　技能習得手当

　技能習得手当は、受給資格者が公共職業安定所長の指示した公共職業訓練などを受ける場合に、その公共職業訓練などを受ける期間について支給されます。技能習得手当には、受講手当と通所手当があります。受講手当は、受給資格者が公共職業安定所長の指示した公共職業訓練などを受けた日について支給されます。また、通所手当は、受給資格者の住所などから公共職業訓練などを行う施設への通所のため、交通機関などを利用してその運賃などを負担することを常例とする者などに支給されます（同法第36条第1項、第3項～第5項）。

⑧　寄宿手当

　寄宿手当は、受給資格者が、公共職業安定所長の指示した公共職業訓練などを受けるため、その者により生計を維持されている同居の親族と別居して寄宿する場合に、その寄宿する期間について支給されます（同法第

36条第2項）。

⑨　傷病手当

　傷病手当は、受給資格者が、離職後公共職業安定所に出頭し、求職の申込みをした後に、疾病や負傷のために職業に就くことができない場合に、基本手当の支給を受けることができない日について、所定給付日数から既に基本手当を支給した日数を差し引いた日数分を限度として支給されます（同法第37条）。

2）高年齢継続被保険者に対する求職者給付

　高年齢継続被保険者（同一の事業主に65歳に達した日の前日から引き続いて65歳に達した日以後の日において雇用されている者）が離職し、離職の日以前1年間に被保険者期間が6月以上あり、かつ、労働の意思と能力を有するにもかかわらず、職業に就くことができない場合には、被保険者期間が1年未満のときは基本手当の30日分、1年以上のときは基本手当の50日分の一時金が支給されます（同法第37条の2〜第37条の5）。

3）短期雇用特例被保険者に対する求職者給付

　季節的に雇用される者および短期の雇用に就くことを常態とする短期雇用特例被保険者が離職し、離職の日以前1年間に被保険者期間が通算して6月以上あり、かつ、失業の認定を受けている場合には、当分の間は基本手当の40日分の特例一時金が支給されます（同法第38条〜第41条、附則第7条）。

4）日雇労働被保険者に対する求職者給付

　日々雇用される者または一定の要件に該当する30日以内の期間を定めて雇用される者で、日雇労働被保険者手帳の交付を受けている日雇労働被保険者が失業し、失業前2月間に印紙保険料が通算して26日分納

付されている場合には、13日分から17日分までの日雇労働求職者給付が支給されます(同法第42条～第56条)。

ウ　就職促進給付

就職促進給付には、「再就職手当」、「就業手当」と「常用就職支度手当」からなる「就業促進手当」、「移転費」および「広域求職活動費」があります(同法第56条の2～第60条)。

1)再就職手当

再就職手当は、基本手当の支給残日数(就職日の前日までの失業の認定を受けた後の残りの日数)が所定給付日数の3分の1以上、かつ45日以上ある基本手当の受給資格者が安定した職業に就いた場合に、支給されます。

2)就業手当

就業手当は、基本手当の支給残日数が所定給付日数の3分の1以上かつ45日以上ある受給資格者が再就職手当の支給対象とならない常用雇用など以外の形態で就業した場合に、支給されます。

3)常用就職支度手当

常用就職支度手当は、基本手当の支給残日数が所定給付日数の3分の1未満または45日未満であり、かつ、身体障害者その他の就職が困難な受給資格者が安定した職業に就いた場合に、支給されます。

4)移転費

移転費は、受給資格者などが公共職業安定所の紹介した職業に就くため、または公共職業安定所長の指示した公共職業訓練などを受けるため、その住所を変更する場合に、公共職業安定所長が必要があると認めたと

きに、受給資格者および随伴する親族について支給されます。

5）広域求職活動費
　広域求職活動費は、受給資格者などが公共職業安定所の紹介により広範囲の地域にわたる求職活動をする場合に、公共職業安定所長が必要があると認めたときに、支給されます。

エ　教育訓練給付
　受講開始日現在で雇用保険の被保険者であった期間（支給要件期間）が3年（当分の間、教育訓練給付を受けたことがない者に限り1年）以上あることなど一定の要件を満たす雇用保険の一般被保険者（在職者）または一般被保険者であった者（離職者）が厚生労働大臣の指定する教育訓練を受講し修了した場合に、教育訓練施設に支払った教育訓練経費の20％に相当する額が支給されます（同法第60条の2～第60条の3）。

オ　雇用継続給付
　雇用継続給付には、高年齢雇用継続給付、育児休業給付および介護休業給付があります。

1）高年齢雇用継続給付
　高年齢雇用継続給付には、「高年齢雇用継続基本給付金」と「高年齢再就職給付金」があります（同法第61条～第61条の3）。
①　高年齢雇用継続基本給付金
　高年齢雇用継続基本給付金は、雇用保険の被保険者であった期間が5年以上ある60歳以上65歳未満の一般被保険者が、60歳以降の賃金が60歳時点に比べて75％未満に低下した状態で働き続ける場合に、60歳に達した月から65歳に達する月までの間、その低下率に応じて支給されます。

② 高年齢再就職給付金

　高年齢再就職給付金は、雇用保険の被保険者であった期間が5年以上ある60歳以上65歳未満の一般被保険者が、60歳以降安定した職業に就くことにより被保険者となり、60歳以降の賃金が60歳時点に比べて75％未満に低下した状態で働き続ける場合に、60歳に達した月から65歳に達する月までの間、その低下率に応じて支給されます。

2）育児休業給付

　育児休業給付は、休業開始前の2年間に賃金支払基礎日数11日以上ある月（過去に基本手当の受給資格決定を受けたことがある者については、その後のものに限る）が12月以上ある一般被保険者が1歳（支給対象期間の延長に該当する場合は1歳6月）未満の子を養育するために育児休業を取得した場合に支給されます。

　育児休業給付には、育児休業期間中に支給される「育児休業基本給付金」と、育児休業が終了して6月経過した時点で支給される「育児休業者職場復帰給付金」があります（同法第61条の4〜第61条の6、附則第9条）。

① 育児休業基本給付金

　育児休業基本給付金は、次の要件を満たす場合に支給されます。

① 育児休業期間中の各1月毎に、休業開始前の1月当たりの賃金の8割以上の賃金が支払われていないこと。
② 休業している日数が各支給対象期間ごとに20日以上あること。

　育児休業基本給付金の支給額は、支給対象期間1月当たり、休業開始時賃金日額×支給日数の30％相当額です。

② 育児休業者職場復帰給付金

　育児休業者職場復帰給付金は、育児休業終了後引き続いて6月間雇用された場合に、その時点で支給されます。

　育児休業者職場復帰給付金は、職場復帰後にまとめて、休業開始時賃

金日額×育児休業基本給付金の支給日数の10%相当額(平成22年3月までに育児休業を開始した者については20%相当額)が支給されます。

3) 介護休業給付

　介護休業給付は、休業開始前の2年間に賃金支払基礎日数11日以上ある月(過去に基本手当の受給資格決定を受けたことがある者については、その後のものに限る)が12月以上ある一般被保険者が家族を介護するための休業をし、次のいずれの要件も満たす場合に支給されます(同法61条の7～61条の8)。

① 介護休業期間中の各1月毎に休業開始前の1月当たりの賃金の8割以上の賃金が支払われていないこと。
② 休業している日数が各支給対象期間ごとに20日以上あること。

　介護休業給付の1月当たりの支給額は、原則として休業開始時賃金日額×支給日数の40%相当額です。

(4) 雇用安定事業等

ア　雇用安定事業

　政府は、被保険者、被保険者であった者および被保険者となろうとする者(以下「被保険者等」という)に関し、失業の予防、雇用状態の是正、雇用機会の増大その他雇用の安定を図るため、雇用安定事業として、次の事業を行います(同法第62条)。

① 景気の変動、産業構造の変化などの経済上の理由により事業活動の縮小を余儀なくされた場合に、労働者を休業させる事業主など労働者の雇用の安定を図るための措置を講ずる事業主に対して、助成援助を行うこと。
② 離職を余儀なくされる労働者に対して、再就職援助計画に基づき雇用する援助対象労働者が求職活動をするための休暇を与える事業主など労働者の再就職を促進するための措置を講ずる事業主に対して、

助成援助を行うこと。
③　定年の引上げ、継続雇用制度の導入などにより高年齢者の雇用を延長し、または高年齢者などに対し再就職の援助を行い、もしくは高年齢者などを雇い入れる事業主など高年齢者などの雇用の安定を図るための措置を講ずる事業主に対して、助成援助を行うこと。
④　雇用機会を増大させる必要がある地域への事業所の移転により新たに労働者を雇い入れる事業主、季節的に失業する者が多数居住する地域においてこれらの者を年間を通じて雇用する事業主など雇用に関する状況を改善する必要がある地域における労働者の雇用の安定を図るための措置を講ずる事業主に対して、助成援助を行うこと。
⑤　その他障害者など就職が特に困難な者の雇入れの促進、雇用に関する状況が全国的に悪化した場合における労働者の雇入れの促進その他被保険者等の雇用の安定を図るために必要な事業を行うこと。

イ　能力開発事業

　政府は、被保険者等に関し、職業生活の全期間を通じて、これらの者の能力の開発向上を促進するため、能力開発事業として、次の事業を行います（同法第63条）。

①　事業主などや職業訓練の推進のための活動を行う者に対して、職業能力開発推進計画に基づく職業訓練、認定職業訓練など事業主などの行う職業訓練を振興するための助成援助を行うとともに、職業訓練を振興するための助成援助を行う都道府県に対して経費の補助を行うこと。
②　公共職業能力開発施設や職業能力開発総合大学校を設置・運営し、職業訓練を行うことおよび公共職業能力開発施設を設置・運営する都道府県に対して経費の補助を行うこと。
③　求職者および退職予定者に対して、職業講習および作業環境に適応させるための訓練を行うこと。

④　有給教育訓練休暇を与える事業主に対して、助成援助を行うこと。
⑤　公共職業能力開発施設または職業能力開発総合大学校の行う職業訓練または職業講習を受ける労働者に対して、職業訓練または職業講習を受けることを容易にし、または促進するための交付金を支給するとともに、その雇用する労働者に通常の賃金を支払って職業訓練を受けさせる事業主に対して助成を行うこと。
⑥　技能検定の実施に要する経費を負担し、技能検定を行う法人などの団体に対して技能検定を促進するための助成を行うとともに、技能検定を促進するための助成を行う都道府県に対して経費の補助を行うこと。
⑦　その他労働者の能力の開発・向上のために必要な事業を行うこと。

(5) 保険料

雇用保険の保険料は、失業等給付については事業主と被保険者が折半で負担し、雇用安定事業と能力開発事業については事業主が負担します（労働保険の徴収等に関する法律第12条第4項）。

2　健康保険

(1) 適用事業所

健康保険の強制適用事業所は、次のいずれかに該当する事業所です（健康保険法第3条第3項）。

①　製造業、土木建築業、鉱業、電気ガス事業、運送業、清掃業、物品販売業、金融保険業、保管賃貸業、媒介周旋業、集金案内広告業、教育研究調査業、医療保健業、通信報道業などの事業を行い、常時5人以上の従業員を使用する事業所
②　常時従業員を使用する国、地方公共団体または法人の事業所

健康保険の強制適用事業所以外の事業所は、その事業所の半数以上の者が適用事業所となることに同意し、事業主が申請して社会保険事務所長などの認可を受けて健康保険の適用を受けます。この場合には被保険者から除外される者を除き全員が加入します。なお、任意適用事業所については、被保険者の4分の3以上が脱退に同意した場合には、事業主が申請して社会保険事務所長などの認可を受けて脱退することができます（同法第31条〜第33条）。

（2）保険者
健康保険の保険者には、全国健康保険協会と健康保険組合の2種類があります（同法第4条）。

ア　全国健康保険協会
　全国健康保険協会は、健康保険組合に加入している組合員以外の被保険者の健康保険を管掌しています。ただし、適用事務、保険料徴収事務は社会保険庁が行い、その出先機関である地方社会保険事務局と社会保険事務所の窓口で実際に業務を行っています。

イ　健康保険組合
　健康保険組合は、その組合員である被保険者の健康保険を管掌しています。健康保険組合には、単一の企業で設立する健康保険組合、同種同業の企業が合同で設立する健康保険組合などがあります。
　健康保険組合を設立するためには、一定数以上の被保険者があって、かつ、組合員となる被保険者の半数以上の同意を得て規約を作り、厚生労働大臣の認可を受けることが必要です。健康保険組合は、健康保険法で定められた保険給付や保健福祉事業を行うほか、附加給付を行うことができるなど自主的な事業の運営を行うことができます。

(3) 被保険者

　適用事業所に使用されている者は、次に該当する場合および(4)の日雇特例被保険者となる場合を除いて、健康保険の被保険者となります（同法第3条第1項）。

① 船員保険の被保険者
② 所在地が一定しない事業所に使用される者
③ 国民健康保険組合の事業所に使用される者
④ 健康保険の保険者（全国健康保険協会または健康保険組合）、共済組合の承認を受けて国民健康保険へ加入した者
⑤ 後期高齢者医療の被保険者など

　なお、パートタイム労働者が被保険者となるか否かは常用的使用関係にあるかどうかを労働日数や労働時間、就労形態、職務内容などを総合的に勘案して判断されますが、そのひとつの目安となるのが労働日数や労働時間で、次の2つの要件を満たすパートタイム労働者は被保険者となります。

① 1日または1週間の所定労働時間が正規労働者の4分の3以上であること。
② 1か月の所定労働日数が正規労働者の4分の3以上であること。

　また、適用事業所に使用されなくなったなどのために被保険者の資格を喪失した者で、喪失の日の前日まで継続して2月以上被保険者であったものについては、保険者に申し出て、継続してその被保険者となることができます（同条第4項）。

(4) 日雇特例被保険者

　次のいずれかに該当する者は、健康保険の日雇特例被保険者となり、本人が社会保険事務所に対し、手帳の交付申請を行います（同条第2項など）。

① 臨時に2か月以内の期間を定めて使用される者でその期間を超えないもの
② 臨時に日々雇用される者で1か月を超えないもの
③ 季節的業務に4か月を超えない期間使用される予定の者
④ 臨時的事業の事業所に6か月を超えない期間使用される予定の者

(5) 被保険者の資格の取得および喪失の確認

被保険者になったときや、退職などにより被保険者でなくなったときには、事業主は社会保険事務所や健康保険組合に届出をして、確認を受けなければなりません(同法第35条～第39条)。

(6) 被扶養者

健康保険について保険給付が行われる被扶養者の範囲は、次のとおりです。ただし、後期高齢者医療の被保険者などは、これに含みません(同法第3条第7項)

① 被保険者の直系尊属、配偶者(事実上の婚姻関係を含む。以下同じ)、子、孫および弟妹で、主としてその被保険者により生計を維持するもの
② 被保険者の3親等内の親族で①以外のものであって、その被保険者と同一の世帯に属し、主としてその被保険者により生計を維持するもの
③ 被保険者の事実上婚姻関係にある配偶者の父母および子で、その被保険者と同一の世帯に属し、主としてその被保険者により生計を維持するもの
④ ③の配偶者の死亡後におけるその父母および子で、引き続きその被保険者と同一の世帯に属し、主としてその被保険者により生計を維持するもの

(7) 健康保険の給付

健康保険の給付は、以下のとおりです。なお、日雇特例被保険者については、失業前2か月間に印紙保険料が通算して26日分納付されている場合には、保険給付が受けられ、初めて日雇特例被保険者手帳の交付を受けた者に対しては、一定期間療養または指定訪問看護に要した費用を支給する特別療養費が支給されます（同法第52条～第122条）。

ア 療養の給付

業務以外の事由により疾病や負傷をしたときは、健康保険で治療を受けることができます。その範囲は次のとおりです。

① 診察
② 薬剤または治療材料の支給
③ 処置・手術その他の治療
④ 在宅で療養する上での管理、その療養のための世話、その他の看護
⑤ 病院・診療所への入院、その療養のための世話、その他の看護

病気やけがをしたときは、健康保険を扱っている病院・診療所に「被保険者証」を提出すれば、一部負担金を支払うことにより、診察、治療、薬の支給、入院などの治療を治るまで受けることができます。また、医師の処方せんをもらった場合は、保険薬局で薬剤の調剤をしてもらうことができます。

一部負担金については、70歳未満の被保険者はかかった医療費の3割を、70歳以上75歳未満の被保険者は2割（平成21年3月31日までは1割。現役並み所得者は3割）を、医療機関の窓口で支払います（同法第74条など）。

また、被扶養者の疾病や負傷に対しては、家族療養費が支給されます。その給付の範囲、受給方法、受給期間などは、すべて被保険者に対する療養の給付と同様です。

イ　入院時食事療養費

　病気やけがで保険医療機関に入院したときは、療養の給付とあわせて食事の給付が受けられます。入院期間中の食事の費用は、健康保険から支給される入院時食事療養費と入院患者が支払う標準負担額でまかなわれます。入院時食事療養費の額は、所定の基準にしたがって算出した額から平均的な家計における食事を勘案して定められる標準負担額を控除した額となっています。また、被扶養者の入院時食事療養にかかる給付は、家族療養費として給付が行われます。

ウ　入院時生活療養費

　療養病床に入院する65歳以上の者の生活療養（食事療養ならびに温度、照明および給水に関する適切な療養環境の形成である療養）に要した費用については、入院時生活療養費が支給されます。入院時生活療養費の額は、生活療養に要する平均的な費用の額を勘案して算定した額から、平均的な家計における食費および高熱水費の状況などを勘案して定められる生活療養標準負担額（所得の状況、病状の程度、治療の内容などの状況をしん酌して軽減される場合がある）を控除した額となっています。また、被扶養者の入院時生活療養にかかる給付は、家族療養費として給付が行われます。

エ　保険外併用療養費

　保険が適用されない保険外診療があると、保険が適用される診療も含めて原則として医療費の全額が自己負担となりますが、保険外診療を受ける場合でも、「評価療養」と「選定医療」については、保険診療との併用が認められており、通常の治療と共通する部分（診察、検査、投薬、入院料など）の費用は、一般の保険診療と同様に扱われ、その部分については一部負担金を支払うこととなり、残りの額は「保険外併用療養費」として健康保険から給付が行われます。また、被扶養者の保険外併用療養費にかかる

給付は、家族療養費として給付が行われます。

オ　療養費

　保険医療機関の窓口に被保険者証を提示して診療を受ける「現物給付」が原則となっていますが、やむを得ない事情で、保険医療機関で保険診療を受けることができず、自費で受診したときなど特別な場合には、その費用について療養費が支給されます。療養費が支給されるのは、①保険診療を受けるのが困難なときおよび②やむを得ない事情のため保険診療が受けられない医療機関で診察や手当を受けたときです。また、被扶養者が保険診療として家族療養費の支給を受けることができない場合には、現金給付として家族療養費の支給を受けることができます。

カ　訪問看護療養費

　居宅で療養している人が、かかりつけの医師の指示に基づいて訪問看護ステーションの訪問看護師から療養上の世話や必要な診療の補助を受けた場合、その費用が訪問看護療養費として現物給付として支給されます。

キ　移送費

　疾病や負傷で移動が困難な患者が、医師の指示で一時的・緊急的必要があり、移送された場合は、移送費が現金給付として支給されます。

ク　傷病手当金

　疾病や負傷のために仕事を休み、事業主から十分な報酬が受けられない場合には、傷病手当金が支給されます。傷病手当金は、被保険者が疾病や負傷のために働くことができず、仕事を休んだ日が連続して3日間あったうえで、4日目以降休んだ日に対して支給されます。ただし、休んだ期間について事業主から傷病手当金の額より多い報酬額の支給を受けた場合

には、傷病手当金は支給されません。傷病手当金の支給額は、疾病や負傷で休んだ期間1日につき、標準報酬日額の3分の2に相当する額です。

ケ　埋葬料または埋葬費

　被保険者が亡くなったときは、埋葬を行う人に埋葬料または埋葬費が支給されます。被保険者が死亡したときは、埋葬を行った家族に5万円の埋葬料が支給されます。死亡した被保険者に家族がいないときは、埋葬を行った人に、埋葬料の額の範囲内で、埋葬にかかった費用が埋葬費として支給されます。また、被扶養者が死亡した場合、その埋葬の費用の一部として被保険者に家族埋葬料5万円が支給されます。

コ　出産育児一時金

　被保険者が出産をしたときは、1児ごとに35万円が、出産育児一時金として支給されます。正常な出産のときは病気とみなされないため、定期検診や出産のための費用は自費扱いになります。異常出産のときは、健康保険が適用されますので療養の給付を受けることができます。多生児を出産したときは、胎児数分だけ支給されます。また、被扶養者が出産した場合、被保険者に家族出産育児一時金として35万円が支給されます。

サ　出産手当金

　被保険者が出産のため仕事を休み、事業主から報酬が受けられないときは、出産手当金が支給されます。出産手当金は、1日につき標準報酬日額の3分の2に相当する額が支給されます。

シ　高額療養費

　重い疾病や負傷などで病院などに長期入院したり、治療が長引く場合には、医療費の自己負担額が高額となります。そのため家計の負担を軽減できるように、一定の自己負担限度額を超えた部分が払い戻される高額療

養費制度があります。ただし、保険外併用療養費の差額部分や入院時食事療養費、入院時生活療養費の自己負担額は対象になりません。また、被扶養者も被保険者と同じです。

ス　高額介護合算療養費

　同一世帯内に介護保険の受給者がいる場合に、1年間にかかった医療保険と介護保険の自己負担額の合算額が著しく高額になった場合は、負担を軽減するために自己負担限度額を超えた額が医療保険、介護保険の自己負担額の比率に応じて、健康保険から支給されます。また、被扶養者も被保険者と同じです。

（8）保健事業および福祉事業

　健康保険の保険者は、特定健康診査および特定保健指導を行います。このほか、健康教育、健康相談、健康診査その他の被保険者やその被扶養者の健康の保持増進のために必要な事業を行うように努めなければなりません。また、被保険者やその被扶養者の療養や出産のために必要な資金や用具の貸付けなどその福祉の増進のために必要な保健事業および福祉事業を行うことができます。「特定健康診査」は特定健康診査等実施計画に基づき40歳以上の被保険者やその被扶養者に対して、「特定保健指導」は特定健康診査等実施計画に基づき行います。

　なお、厚生労働大臣は、健康保険組合に対し、保健事業および福祉事業を行うことを命ずることができるほか、その適切・有効な実施を図るための指針を公表しています（同法第150条）。

（9）保険料

　健康保険の保険料は、被保険者である期間の各月について徴収されます。その保険料の額は、被保険者の標準報酬月額および標準賞与額に保険料率（一般保険料率に、市町村の区域内に住所を有する40歳以上65

歳未満の医療保険加入者の場合には介護保険料率を加えたもの）をかけた額です。ここでいう「標準報酬月額」は、被保険者が事業主から受ける賃金などの報酬の月額を区切りのよい幅で区分したもので、第1級の5万8千円から第47級の121万円までの全47等級に区分されています。「また、標準賞与額」は、3月を超える期間の賞与から千円未満を切り捨てたもので、年間累計額540万円が上限です。なお、標準報酬月額については、4月、5月および6月に受けた報酬の平均額を標準報酬月額等級区分にあてはめて、その年の9月から翌年の8月までの標準報酬月額を決定する定時決定が行われています。また、一般保険料率は特定保険料率と基本保険料率から構成されており、このうち、特定保険料率は前期高齢者納付金や後期高齢者支援金などに充てるためのもので、基本保険料率は被保険者やその被扶養者に対する保険給付に充てるためのものです。

平成20年10月時点で、全国健康保険協会管掌健康保険の一般保険料率は1,000分の82（特定保険料率1,000分の33、基本保険料率は1,000分の49）となっています。

健康保険の保険料は、原則として事業主と被保険者が折半で負担しますが、健康保険組合の場合は、規約で決めて事業主の負担割合を増すことができます。

事業主は、事業主負担分と被保険者負担分をあわせた保険料を保険者に納付しなければなりません。この場合、被保険者の負担分については、事業主は被保険者に支払う賃金から前月分の保険料を控除することができます。被保険者負担分を賃金から控除したときは、その旨を被保険者に知らせなければなりません。

毎月の保険料の納付期限は翌月の末日ですが、保険料を納付期限までに納めないと期限を指定した督促状が送られます。督促状の期限がきても納めないと、年率14.6％の割合で延滞金が徴収され、また滞納処分を受けることがあります。

なお、「育児休業、介護休業等育児又は家族介護を行う労働者の福祉

に関する法律」に規定する育児休業や1歳から3歳に達するまでの子を養育するための育児休業制度に準ずる措置による休業をしている被保険者を使用する事業主の申し出により、その育児休業などを開始した日の属する月からその育児休業などが終了する日の翌日が属する月の前月までの期間の被保険者負担分および事業主負担分の保険料は免除されます。

　また、日雇特例被保険者に関する印紙保険料の納付は、日雇特例被保険者に賃金を支払うつど日雇特例被保険者に交付された日雇特例被保険者手帳に健康保険印紙をはり、これに消印して行わなければなりません（同法第155条～第168条など）。

3　厚生年金保険

（1）適用事業所

　厚生年金保険の強制適用事業所は、次のいずれかに該当する事業所です（厚生年金保険法第6条第1項）。

① 　製造業、土木建築業、鉱業、電気ガス事業、運送業、清掃業、物品販売業、金融保険業、保管賃貸業、媒介周旋業、集金案内広告業、教育研究調査業、医療保健業、通信報道業などの事業を行い、常時5人以上の従業員を使用する事業所
② 　常時従業員を使用する国、地方公共団体または法人の事業所
③ 　船員として船舶所有者に使用される者が乗り組む船舶

　厚生年金保険の強制適用事業所以外の事業所は、その事業所の半数以上の者が適用事業所となることに同意し、事業主が申請して社会保険事務所長などの認可を受けて厚生年金保険の適用を受けます。この場合には被保険者から除外される者を除き全員が加入します。なお、任意適用事業所については、被保険者の4分の3以上が脱退に同意した場合には、事業主が申請して社会保険事務所長などの認可を受けて脱退することが

できます（同法第6条第3項、第4項、第7条）。

（2） 被保険者

適用事業所に使用されている70歳未満の者は、次に該当する場合を除いて、被保険者となります（同法第12条）。

① 恩給法の公務員
② 共済組合の組合員
③ 私学教職員共済制度の加入者
④ 臨時に日々雇用される者で1か月を超えないもの
⑤ 臨時に2か月以内の期間を定めて使用される者でその期間を超えないもの
⑥ 所在地が一定しない事業所に使用される者
⑦ 季節的業務に4か月を超えない期間使用される予定の者
⑧ 臨時的事業の事業所に6か月を超えない期間使用される予定の者

なお、厚生年金保険の被保険者となるパートタイム労働者の範囲は、健康保険の場合と同じです。

（3） 厚生年金保険の給付

厚生年金保険の給付は、次のとおりです（同法第32条～第78条）。

ア　老齢年金

1）老齢基礎年金

老齢基礎年金は、保険料を納めた期間、保険料を免除された期間および合算対象期間を通算した期間が25年間（300月）以上ある者について、原則として65歳から支給されます。ここでいう「合算対象期間」には、①昭和61年3月以前に国民年金に任意加入できる者が任意加入しなかった期間、②平成3年3月以前に学生であるため国民年金に任意加入しなかった

期間、③昭和36年4月以降海外に住んでいた期間などがあります。

　20歳から60歳になるまでの40年間の全期間保険料を納めた者は、65歳から満額の老齢基礎年金（平成20年度で792,100円）が支給されます。一方、保険料を全額免除された期間の年金額は3分の1となりますが、保険料の未納期間は年金額の計算の対象期間になりません。

　また、60歳から減額された年金の繰上げ支給や、66歳から70歳までの希望する年齢から増額された年金の繰下げ支給を請求できます。

2）老齢厚生年金

　厚生年金保険の被保険者期間があって、老齢基礎年金を受けるのに必要な資格期間を満たした者が65歳になったときに、老齢基礎年金に上乗せして老齢厚生年金が支給されます。ただし、当分の間は、60歳以上で、①老齢基礎年金を受けるのに必要な資格期間を満たしていること、②厚生年金の被保険者期間が1年以上あることにより受給資格を満たしている者には、65歳になるまで特別支給の老齢厚生年金が支給されます。

　特別支給の老齢厚生年金は、報酬比例部分（その支給開始年齢は平成25年から平成37年にかけて60歳から65歳まで引き上げられます）と定額部分（その支給開始年齢は平成13年から平成25年にかけて60歳から65歳まで引き上げられます）が支給されます。

イ　障害年金

1）障害基礎年金

　障害基礎年金は、国民年金に加入中に初診日（障害の原因となった疾病や負傷について、初めて医師の診療を受けた日）がある疾病や負傷が原因で障害等級表（1級、2級）による障害の状態にあるときに支給されます。また、60歳以上65歳未満で国内に居住していれば、加入をやめた後の疾病や負傷によるものでも受けられます。ただし、加入期間のうち3分の1以上滞納がないか、平成18年4月1日前に初診日のある傷病による障害の場

合は直近の1年間に保険料の滞納がないことが必要です。なお、20歳前に初診日がある場合は、20歳に達した日またはその後に障害認定日が到来するときはその日において障害があれば障害基礎年金が支給されます。

2）障害厚生年金

　障害厚生年金は、厚生年金に加入している間に初診日のある疾病や負傷で障害基礎年金の1級または2級に該当する障害の状態になったときは、障害基礎年金に上乗せして支給されます。また、障害の状態が2級に該当しない軽い程度の障害のときは3級の障害厚生年金が支給されます。初診日から5年以内に疾病や負傷が治り、障害厚生年金を受けるよりも軽い障害が残ったときには障害手当金（一時金）が支給されます。

　障害厚生年金を受けるためには、障害基礎年金の保険料納付要件を満たしている必要があります。

ウ　遺族年金

1）遺族基礎年金

　遺族基礎年金は、①国民年金に加入中の者、②国民年金に加入していた60歳以上65歳未満の者、③老齢基礎年金を受けている者、④老齢基礎年金の受給資格期間を満たしている者が死亡した場合に、遺族（ⅰ死亡した者に生計を維持されていた18歳の誕生日の属する年度末まで（障害者は20歳未満）の子およびⅱⅰの子のいる妻）に支払われます。

　ただし、①および②の場合には、加入期間のうち3分の1以上保険料の滞納がないこと、または平成18年4月前の死亡については直近の1年間に保険料の滞納がないことが必要です。

2）遺族厚生年金

　遺族厚生年金は、厚生年金に加入している者が、①在職中に死亡した場合、②在職中の病気やけがが原因で死亡した場合、③老齢厚生年金を

受けている者が死亡した場合などに、死亡した者に生計を維持されていた配偶者、死亡した者に生計を維持されていた18歳の誕生日の属する年度末まで(障害者は20歳未満)の子、父母、孫、祖父母の中で優先順位の高い者に支払われます。ただし、30歳未満の子のない妻は5年間の有期の給付となり、また、夫、父母、祖父母が受ける場合は55歳以上であることが必要ですが、支給開始は60歳からです。

遺族厚生年金を受けるためには、遺族基礎年金の保険料納付要件を満たしている必要があります。

(4) 保険料

厚生年金保険の適用事業所に使用されている70歳未満の者は、厚生年金および国民年金(第2号被保険者)の費用に充当するため、原則として標準報酬月額および標準賞与額にそれぞれ保険料率を乗じて得た保険料を負担します。

標準報酬月額は、現在1等級(9万8千円)から30等級(62万円)までの30等級に分かれています。また、標準賞与額は、150万円を超えるときは150万円となります。

保険料率は平成17年9月から毎年9月に引き上げられ、平成29年9月からは固定されます。一般の被保険者の保険料率は、次のとおりです。

期　　間	保険料率（％）
平成20年9月～21年8月	15.350
平成21年9月～22年8月	15.704
平成22年9月～23年8月	16.058
平成23年9月～24年8月	16.412
平成24年9月～25年8月	16.766
平成25年9月～26年8月	17.120
平成26年9月～27年8月	17.474
平成27年9月～28年8月	17.828
平成28年9月～29年8月	18.182
平成29年9月～	18.300

厚生年金保険の保険料は、原則として事業主と被保険者が折半で負担します。そのほか、保険料に関する取扱いは、健康保険と同様です（同法第81条～第89条）。

4　介護保険

（1）保険者
介護保険の保険者は、市町村および特別区です（介護保険法第3条第1項）。

（2）被保険者
　介護保険の被保険者は、次のいずれかに該当する者です（同法第9条）。
① 　市町村の区域内に住所を有する65歳以上の者（第1号被保険者）
② 　市町村の区域内に住所を有する40歳以上65歳未満の医療保険加入者（第2号被保険者）

（3）要介護状態と要支援状態
　「要介護状態」とは、身体上または精神上の障害があるために、入浴、排せつ、食事などの日常生活における基本的な動作の全部または一部について6月間にわたり継続して常時介護を要すると見込まれる状態で、その介護の必要の程度に応じて定める要介護状態区分のいずれかに該当するもの（要支援状態に該当するものを除く）を、「要支援状態」とは、身体上もしくは精神上の障害があるために入浴、排せつ、食事などの日常生活における基本的な動作の全部もしくは一部について6月間にわたり継続して常時介護を要する状態の軽減もしくは悪化の防止に特に資する支援を要すると見込まれ、または身体上もしくは精神上の障害があるために6月間にわたり継続して日常生活を営むのに支障があると見込まれる状態で、支援の必要の程度に応じて定める要支援状態区分のいずれかに該当するもの

をいいます(同法第7条第1項、第2項)。

(4) 要介護者と要支援者

「要介護者」とは、①要介護状態にある65歳以上の者および②要介護状態にある40歳以上65歳未満の者で、その要介護状態の原因である身体上または精神上の障害が加齢に伴って生ずる心身の変化に起因する特定疾病によって生じたものであるものを、「要支援者」とは、①要支援状態にある65歳以上の者および②要支援状態にある40歳以上65歳未満の者で、その要支援状態の原因である身体上または精神上の障害が加齢に伴って生ずる心身の変化に起因する特定疾病によって生じたものであるものをいいます(同条第3項、第4項)。

ここでいう「特定疾病」とは、がん(医師が一般に認められている医学的知見に基づき回復の見込みがない状態に至ったと判断したものに限る)、関節リウマチ、筋萎縮性側索硬化症、後縦靱帯骨化症、骨折を伴う骨粗鬆症、初老期における認知症、進行性核上性麻痺、大脳皮質基底核変性症およびパーキンソン病、脊髄小脳変性症、脊柱管狭窄症、早老症、多系統萎縮症、糖尿病性神経障害、糖尿病性腎症および糖尿病性網膜症、脳血管疾患、閉塞性動脈硬化症、慢性閉塞性肺疾患、両側の膝関節または股関節に著しい変形を伴う変形性関節症をいいます。

(5) 市町村の認定

介護給付を受けようとする被保険者は、要介護者に該当することおよびその該当する要介護状態区分について、市町村の要介護認定を受けなければなりません。また、予防給付を受けようとする被保険者は、要支援者に該当することおよびその該当する要支援状態区分について、市町村の要支援認定を受けなければなりません(同法第19条、第27条～第39条)。

(6) 介護保険の給付
ア 保険給付の種類
　介護保険の保険給付は、次のとおりです（同法第18条）。
① 被保険者の要介護状態に関する保険給付（介護給付）
② 被保険者の要支援状態に関する保険給付（予防給付）
③ ①および②のほか、要介護状態または要支援状態の軽減または悪化の防止に資する保険給付として条例で定めるもの（市町村特別給付）

イ 介護給付
　介護給付には、次のようなものがあります（同法第40条～第51条の4）。
1） 居宅サービスに要する費用の支給
　居宅要介護被保険者が、所定の要件を満たす居宅サービス事業者から所定の居宅サービスを受けたときには、その要する費用について、その居宅サービス事業者や居宅サービスの種類に応じて、①居宅介護サービス費、②特例居宅介護サービス費が支給されます。
　ここでいう「居宅サービス」とは、訪問介護、訪問入浴介護、訪問看護、訪問リハビリテーション、居宅療養管理指導、通所介護、通所リハビリテーション、短期入所生活介護、短期入所療養介護、特定施設入居者生活介護、福祉用具貸与および特定福祉用具販売をいい、「居宅サービス事業者」とは、居宅サービスを業として行う者をいいます（同法第8条第1項～第13項）。

2） 地域密着型サービスに要する費用の支給
　居宅要介護被保険者が、所定の要件を満たす地域密着型サービス事業者から所定の地域密着型サービスを受けたときには、その要する費用について、その地域密着型サービス事業者や地域密着型サービスの種類に応じて、①地域密着型介護サービス費、②特例地域密着型介護サービス費が支給されます。

介護保険

　ここでいう「地域密着型サービス」とは、夜間対応型訪問介護、認知症対応型通所介護、小規模多機能型居宅介護、認知症対応型共同生活介護、地域密着型特定施設入居者生活介護および地域密着型介護老人福祉施設入所者生活介護をいい、「地域密着型サービス事業者」とは、地域密着型サービスを業として行う者をいいます（同条第14項～第19項）。

3)　居宅介護福祉用具購入費の支給
　居宅要介護被保険者が、所定の要件を満たす特定福祉用具販売を行う居宅サービス事業者から特定福祉用具を購入したときは、居宅介護福祉用具購入費が支給されます。

4)　居宅介護住宅改修費の支給
　居宅要介護被保険者が、手すりの取付けなどの住宅の改修を行ったときは、居宅介護住宅改修費が支給されます。

5)　居宅介護サービス計画に要する費用の支給
　居宅要介護被保険者が、所定の要件を満たす居宅介護支援事業者から所定の居宅介護支援を受けたときは、その費用について、その居宅介護支援事業者や居宅介護支援の種類に応じて、①居宅介護サービス計画費、②特例居宅介護サービス計画費が支給されます。
　ここでいう「居宅介護支援」とは、居宅要介護者が居宅サービスまたは地域密着型サービスおよびその他の居宅において日常生活を営むために必要な保健医療サービスまたは福祉サービスの適切な利用などをすることができるよう、当該居宅要介護者の依頼を受けて、その心身の状況、その置かれている環境、当該居宅要介護者およびその家族の希望などを勘案し、利用する居宅サービスの種類および内容、これを担当する者など事項を定めた居宅サービス計画を作成するとともに、当該居宅サービス計画に基づく居宅サービスなどの提供が確保されるよう、居宅サービス事業者や地

域密着型サービス事業者などとの連絡調整その他の便宜の提供を行い、ならびに当該居宅要介護者が地域密着型介護老人福祉施設または介護保険施設への入所を要する場合にあっては、地域密着型介護老人福祉施設または介護保険施設への紹介その他の便宜の提供を行うことをいい、「居宅介護支援事業者」とは、居宅介護支援を業として行う者をいいます（同条第21項）。

6）　施設サービスに要する費用の支給

　要介護被保険者が、所定の要件を満たす施設サービスを受けたときは、所定の施設サービスに要した費用について、その施設サービスの種類に応じて、①施設介護サービス費、②特例施設介護サービス費が支給されます。

　ここでいう「施設サービス」とは、介護福祉施設サービス、介護保健施設サービスおよび介護療養施設サービスをいいます（同条第23項～第26項）

7）　高額介護サービス費の支給

　要介護被保険者の介護サービス利用者負担額が著しく高額であるときは、高額介護サービス費が支給されます。

8）　高額医療合算介護サービス費の支給

　要介護被保険者の介護サービス利用者負担額および医療費の負担額の合計額が著しく高額であるときは、高額医療合算介護サービス費が支給されます。

9）　特定入所者介護サービス費の支給

　特定入所者に対しては、介護保険施設などにおける食事の提供および居住または滞在に要した費用について、そのサービスを受けた時期などに応じて、①特定入所者介護サービス費、②特例特定入所者介護サービス

費が支給されます。

　ここでいう「特定入所者」とは、要介護被保険者のうち所得の状況などに照らし、所定の要件を満たすものです。

ウ　予防給付

　予防給付には、次のようなものがあります（同法第52条～第61条の4）。

1)　介護予防サービスに要する費用の支給

　居宅要支援被保険者が、所定の要件を満たす介護予防サービス事業者から所定の介護予防サービスを受けたときには、その要する費用について、その介護予防サービス事業者や介護予防サービスの種類に応じて、①介護予防サービス費、②特例介護予防サービス費が支給されます。

　ここでいう「介護予防サービス」とは、介護予防訪問介護、介護予防訪問入浴介護、介護予防訪問看護、介護予防訪問リハビリテーション、介護予防居宅療養管理指導、介護予防通所介護、介護予防通所リハビリテーション、介護予防短期入所生活介護、介護予防短期入所療養介護、介護予防特定施設入居者生活介護、介護予防福祉用具貸与および特定介護予防福祉用具販売をいい、「介護予防サービス事業者」とは、介護予防サービスを業として行う者をいいます（同法第8条の2第1項～第13項）。

2)　地域密着型介護予防サービスに要する費用の支給

　居宅要支援被保険者が、所定の要件を満たす地域密着型介護予防サービス事業者から所定の地域密着型介護予防サービスを受けたときには、その要する費用について、その地域密着型介護予防サービス事業者や地域密着型介護予防サービスの種類に応じて、①地域密着型介護予防サービス費、②特例地域密着型介護予防サービス費が支給されます。

　ここでいう「地域密着型介護予防サービス」とは、介護予防認知症対応型通所介護、介護予防小規模多機能型居宅介護および介護予防認知症対応型共同生活介護をいい、「地域密着型介護予防サービス事業者」と

は、地域密着型介護予防サービスを業として行う者をいいます（同条第14項～第17項）。

3）　介護予防福祉用具購入費の支給
　居宅要支援被保険者が、所定の要件を満たす特定介護予防福祉用具販売を行う介護予防サービス事業者から特定介護予防福祉用具を購入したときは、居宅介護福祉用具購入費が支給されます。

4）　介護予防住宅改修費の支給
　居宅要支援被保険者が、手すりの取付けなどの住宅の改修を行ったときは、介護予防住宅改修費が支給されます。

5）　介護予防サービス計画に要する費用の支給
　居宅要支援被保険者が、所定の要件を満たす介護予防支援事業者から所定の介護予防支援を受けたときは、その費用について、その居宅介護支援事業者や居宅介護支援の種類に応じて、①介護予防サービス計画費、②特例介護予防サービス計画費が支給されます。
　ここでいう「介護予防支援」とは、居宅要支援者が介護予防サービスまたは地域密着型介護予防サービスおよびその他の介護予防に資する保健医療サービスまたは福祉サービスの適切な利用などをすることができるよう、地域包括支援センターの職員が当該居宅要支援者の依頼を受けて、その心身の状況、その置かれている環境、当該居宅要支援者およびその家族の希望などを勘案し、利用する介護予防サービスの種類および内容、これを担当する者など事項を定めた介護予防サービス計画を作成するとともに、当該介護予防サービス計画に基づく介護予防サービスなどの提供が確保されるよう、介護予防サービス事業者や地域密着型介護予防サービス事業者などとの連絡調整その他の便宜の提供を行うことをいい、「介護予防支援事業者」とは、介護予防支援を業として行う者をいいます（同条

第18項)。また、「地域包括支援センター」とは、次の包括的支援事業など事業を実施し、地域住民の心身の健康の保持および生活の安定のために必要な援助を行うことにより、その保健医療の向上および福祉の増進を包括的に支援することを目的とする施設をいいます(同法第135条の38、第135条の39)。

① 被保険者が要介護状態などとなることを予防するため、その心身の状況、その置かれている環境その他の状況に応じて、その選択に基づき、第1号被保険者の要介護状態などとなることの予防または要介護状態などの軽減もしくは悪化の防止のため必要な事業その他の適切な事業が包括的かつ効率的に提供されるよう必要な援助を行う事業
② 被保険者の心身の状況、その居宅における生活の実態その他の必要な実情の把握、保健医療、公衆衛生、社会福祉その他の関連施策に関する総合的な情報の提供、関係機関との連絡調整その他の被保険者の保健医療の向上および福祉の増進を図るための総合的な支援を行う事業
③ 被保険者に対する虐待の防止およびその早期発見のための事業その他の被保険者の権利擁護のため必要な援助を行う事業
④ 保健医療および福祉に関する専門的知識を有する者による被保険者の居宅サービス計画および施設サービス計画の検証、その心身の状況、介護給付など対象サービスの利用状況その他の状況に関する定期的な協議その他の取組を通じ、当該被保険者が地域において自立した日常生活を営むことができるよう、包括的かつ継続的な支援を行う事業

6) 高額介護予防サービス費の支給

要支援被保険者の介護予防サービス利用者負担額が著しく高額であるときは、高額介護予防サービス費が支給されます。

7) 高額医療合算介護予防サービス費の支給

　要支援被保険者の介護予防サービス利用者負担額および医療費の負担額の合計額が著しく高額であるときは、高額医療合算介護予防サービス費が支給されます。

8) 特定入所者介護予防サービス費の支給

　特定入所者に対しては、介護保険施設などにおける食事の提供に要した費用および居住または滞在に要した費用について、そのサービスを受けた時期などに応じて、①特定入所者介護予防サービス費、②特例特定入所者介護予防サービス費が支給されます。

エ　市町村特別給付

　市町村は、要介護被保険者又は居宅要支援被保険者に対し、介護給付および予防給付のほか、条例で定めるところにより、市町村特別給付を行うことができます（同法第62条）。

（7）保険料

ア　第1号被保険者

　65歳以上の第1号被保険者の保険料は、市町村介護保険事業計画に定める介護給付など対象サービスの見込量などに基づいて算定した保険給付に要する費用の予想額、財政安定化基金拠出金の納付に要する費用の予想額、都道府県からの借入金の償還に要する費用の予定額ならびに地域支援事業および保健福祉事業に要する費用の予定額、第1号被保険者の所得の分布状況およびその見通しならびに国庫負担の額などに照らし、おおむね3年を通じ財政の均衡を保つことができるように市町村が条例で定めます。

　また、保険料の徴収は、老齢・退職年金から特別徴収（天引き）を行うほか、特別徴収が困難な者については市町村が国民健康保険料と併せて

徴収します。

イ　第2号被保険者

　40歳から64歳までの第2号被保険者については、それぞれ加入する医療保険の保険者が医療保険料と一括して介護保険料を徴収します。

　なお、全国健康保険協会管掌健康保険の介護保険料率は、平成20年10月時点で1,000分の11.3となっています。

第21章
労働紛争の解決など

「労働紛争の解決など」のポイント
1 個別労働紛争の解決
2 労働審判
3 団体労働紛争の解決
4 個人情報の保護
5 公益通報者の保護

「労働紛争の解決など」のポイント

1 　都道府県労働局長は、個別労働関係紛争を未然に防止し、その自主的な解決を促進するため、労働者や求職者、事業主などに対し、労働条件などの労働関係や労働者の募集・採用について、情報の提供や相談などの援助を行うほか、当事者から個別労働関係紛争の解決につき援助を求められた場合には、当事者に対し、必要な助言や指導を行い、あっせんの申請があった場合に必要があるときは、紛争調整委員会にあっせんを行わせる。事業主は、その雇用する労働者が個別労働関係紛争に関し都道府県労働局長にその解決について援助を求めたことやあっせんの申請をしたことを理由として、解雇などの不利益な取扱いをしてはならない。

2 　雇用の分野における男女の均等な機会および待遇の確保またはパートタイム労働に関し、当事者から解決の援助を求められた場合には、都道府県労働局長は助言、指導または勧告を行うとともに、調停の申請があった場合に必要があるときは、紛争調整委員会に調停を行わせる。事業主は、解決の援助を求めたことや調停の申請をしたことを理由として、その労働者に対して解雇などの不利益な取扱いをしてはならない。

3 　労働契約の存否などの労働関係に関する事項について個々の労働者と事業主との間に生じた個別労働関係民事紛争に関し、裁判所において、裁判官と労働関係に関する専門的な知識経験を有する者で組織する委員会が、当事者の申立てにより、事件を審理し、調停の成立による解決の見込みがある場合にはこれを試み、その解決に至らない場合には、労働審判を行う労働審判手続を設けることにより、紛争の実情に即した迅速、適正かつ実効的な解決を図ることを目的として、労働審判法が制定されている。

4 労働関係の公正な調整を図り、労働争議を予防し、または解決して、産業の平和を維持し、経済の興隆に寄与することを目的として、労働関係調整法が制定されている。
5 過去6月以内のいずれかの日において5,000人を超える個人情報を構成する個人情報データベース等を事業の用に供している個人情報取扱事業者は、次の措置を講じなければならない。
① 利用目的をできる限り特定すること。
② 利用目的の範囲を超えて個人情報を取り扱わないこと。
③ 不正な手段で取得しないこと。
④ 取得の際、利用目的を通知、公表、明示を行うこと。
⑤ 個人データを正確かつ最新の内容に保つよう努めること。
⑥ 個人データの漏洩などを防止するため、安全管理措置を講ずること。
⑦ 従業者に必要かつ適切な監督を行うこと。
⑧ 委託先に必要かつ適切な監督を行うこと。
⑨ 本人の同意なしに第3者に原則として個人データを提供しないこと。
⑩ 保有個人データの利用目的、開示などに必要な手続などを本人の知り得る状態に置くこと。
⑪ 本人からの求めに応じて、保有個人データの開示、訂正、利用の停止などを行うこと。
⑫ 苦情の適切かつ迅速な処理に努め、必要な体制を整備すること。
6 公益通報をしたことを理由とする公益通報者の解雇の無効などや公益通報に関し事業者や行政機関がとるべき措置を定めることにより、次の事項を目的として、公益通報者保護法が制定されている。
① 公益通報者の保護を図ること。
② 国民の生命や身体、財産などの利益の保護にかかわる法令の

規定の遵守を図ること。
③ 国民生活の安定や社会経済の健全な発展に資すること。

1 個別労働紛争の解決

(1) 個別労働紛争の解決

　労働条件などの労働関係に関する事項についての個々の労働者と事業主との間の紛争や労働者の募集・採用に関する個々の求職者と事業主との間の個別労働関係紛争について、あっせんの制度を設けることなどにより、その実情に即した迅速かつ適正な解決を図ることを目的として、「個別労働関係紛争の解決の促進に関する法律」が制定されています（同法第1条）。

ア　紛争の自主的解決

　個別労働関係紛争が生じたときは、その当事者は、早期に、かつ、誠意をもって、自主的な解決を図るように努めなければなりません（同法第2条）。

イ　都道府県労働局長による情報の提供など

　都道府県労働局長は、個別労働関係紛争を未然に防止し、その自主的な解決を促進するため、労働者や求職者、事業主などに対し、労働条件などの労働関係や労働者の募集・採用について、情報の提供や相談などの援助を行います（同法第3条）。これに基づいて、総合労働相談コーナーが全国に約300ヵ所設置されており、労働問題に関するあらゆる分野の労働者や事業主などからの相談を専門の相談員が面談あるいは電話で受け付けています。

ウ　都道府県労働局長による助言・指導

　都道府県労働局長は、個別労働関係紛争に関し当事者の双方または一方からその解決につき援助を求められた場合には、当事者に対し必要な助言や指導をすることができます。この場合に助言や指導をするため必要があるときは、専門的知識を有する者の意見を聴きます。事業主は、その雇用する労働者が個別労働関係紛争に関し都道府県労働局長にその解決について援助を求めたことを理由として、解雇などの不利益な取扱いをしてはなりません（同法第4条）。

エ　紛争調整委員会による斡旋

　都道府県労働局長は、個別労働関係紛争について、紛争当事者の双方または一方からの申請があった場合に、その解決のために必要があるときは、紛争調整委員会にあっせんを行わせます。事業主は、その雇用する労働者が個別労働関係紛争に関しあっせんの申請をしたことを理由として、解雇などの不利益な取扱いをしてはなりません（同法第5条）。

　紛争調整委員会によるあっせんは、委員のうちから会長が事件ごとに指名する3人のあっせん委員によって行い、あっせん委員は、紛争当事者間をあっせんし、双方の主張の要点を確かめ、実情に即して事件の解決を図り、事件の解決に必要なあっせん案を作成し、紛争当事者に提示します（法第12条、第13条）。また、あっせんによっては紛争の解決の見込みがないと認めるときは、あっせんを打ち切ることができます（法第15条）。

（2）男女の均等な機会および待遇の確保やパートタイム労働に関する紛争の解決

ア　苦情の自主的解決

　募集・採用を除く雇用の分野における男女の均等な機会および待遇の確保についての差別的取扱いの禁止や婚姻、妊娠・出産などを理由とする不利益取扱いの禁止、セクハラに関する雇用管理上の措置、母性健康

管理措置に関し、またはパートタイム労働者に関し、労働条件の文書の交付などによる明示、賃金の決定、教育訓練の実施、福利厚生施設の利用などの待遇における均等待遇、通常の労働者への転換、待遇の決定に当たって考慮した事項の説明に関し、労働者から苦情の申出があったときは、事業主は、苦情処理機関に対しその苦情の処理をゆだねるなどその自主的な解決を図るように努めなければなりません（男女雇用機会均等法第15条、パートタイム労働法第19条）。なお、ここでいう苦情処理機関とは、事業主を代表する者およびその事業所の労働者を代表する者を構成員とする事業所の労働者の苦情を処理するための機関をいいます。

イ　都道府県労働局長による紛争解決の援助

　雇用の分野における男女の均等な機会および待遇の確保またはパートタイム労働についての紛争に関し、その当事者から援助を求められた場合には、都道府県労働局長は、両当事者から事情をよく聴取し、必要なときは調査を行い、適切に助言、指導または勧告をして紛争の解決の援助を行います。この場合に、労働者が都道府県労働局長に紛争の解決の援助を求めたことを理由として、事業主は、その労働者に対して解雇などの不利益な取扱いをしてはなりません（男女雇用機会均等法第17条、パートタイム労働法第21条）。

ウ　調停

　都道府県労働局長は、雇用の分野における男女の均等な機会および待遇の確保またはパートタイム労働についての紛争について、紛争の当事者の双方または一方から調停の申請があり、その紛争の解決のために必要があるときは、紛争調整委員会の3人の調停委員に調停を行わせます。この場合に、労働者が都道府県労働局長に調停の申請をしたことを理由として、事業主は、その労働者に対して解雇などの不利益な取扱いをしてはなりません（男女雇用機会均等法第18条、パートタイム労働法第22条）。

調停のため必要と認めるときは、関係当事者の出頭を求め、その意見を聴くことができます。また、調停案を作成し、関係当事者に対しその受諾を勧告することができます。調停による解決の見込みがないときは、調停を打ち切ることができます(男女雇用機会均等法第19条～第23条、パートタイム労働法第23条)。

2 労働審判

労働契約の存否などの労働関係に関する事項について個々の労働者と事業主との間に生じた個別労働関係民事紛争に関し、裁判所において、裁判官と労働関係に関する専門的な知識経験を有する者で組織する委員会が、当事者の申立てにより、事件を審理し、調停の成立による解決の見込みがある場合にはこれを試み、その解決に至らない場合には、労働審判を行う労働審判手続を設けることにより、紛争の実情に即した迅速、適正かつ実効的な解決を図ることを目的として、労働審判法が制定されています(同法第1条)。

ア 管轄

労働審判事件は、次の地方裁判所を管轄としています(同法第2条)。

① 相手方の住所、居所、営業所または事務所の所在地を管轄する地方裁判所
② 個別労働関係民事紛争が生じた労働者が現に就業しまたは最後に就業した事業所の所在地を管轄する地方裁判所
③ 当事者が合意で定める地方裁判所

イ 代理人

労働審判手続は、原則として、法令により裁判上の行為をすることができる代理人のほか、弁護士でなければ代理人となることができませんが、裁判

所は、当事者の権利利益の保護や労働審判手続の円滑な進行のために必要かつ相当と認めるときは、弁護士でない者を代理人とすることを許可することができます（同法第4条）。

ウ　労働審判委員会

労働審判手続は、地方裁判所の裁判官の中から指定する労働審判官1人と労働審判事件ごとに裁判所が指定する労働関係に関する専門的な知識経験を有する者のうちから任命する労働審判員2人で組織する労働審判委員会で行い、労働審判官が指揮し、3回以内の期日で審理を終結しなければなりません（同法第5条～第19条）。

エ　労働審判

労働審判委員会は、審理の結果認められる当事者間の権利関係や労働審判手続の経過を踏まえて、労働審判を行います。労働審判は、原則として、主文と理由の要旨を記載した審判書を作成して行わなければなりません（同法第20条）。

オ　異議の申立て

当事者は、労働審判に対し、審判書の送達などを受けた日から2週間内に裁判所に異議の申立てをすることができます。適法な異議の申立てがないときは、労働審判は裁判上の和解と同一の効力を生じます。一方、適法な異議の申立てがあったときは、労働審判は、その効力を失い、労働審判事件が係属していた地方裁判所に訴えの提起があったものとみなされます（同法第21条、第22条）。

カ　労働審判によらない労働審判事件の終了

労働審判委員会は、事案の性質に照らし、労働審判手続を行うことが紛争の迅速かつ適正な解決のために適当でないと認めるときは、労働審判事

件を終了させることができ、この場合にも、労働審判事件が係属していた地方裁判所に訴えの提起があったものとみなされます（同法第24条）。

3 団体労働紛争の解決

　労働関係の公正な調整を図り、労働争議を予防し、または解決して、産業の平和を維持し、経済の興隆に寄与することを目的として、労働関係調整法が制定されています（同法第1条）。ただし、同法は、労働関係の当事者が、直接の協議または団体交渉によって労働条件などの労働関係に関する事項を定め、労働関係に関する主張の不一致を調整することを妨げるものでないとともに、労働関係の当事者がかかる努力をする責務を免除するものではありません（同法第4条）。

（1）関係者の責務

ア　労働関係の当事者の責務
　労働関係の当事者は、互いに労働関係を適正化するように、労働協約に常に労働関係の調整を図るための正規の機関の設置やその運営に関する事項を定め、労働争議が発生したときは誠意をもって自主的に解決するように特に努力しなければなりません（同法第2条）。

イ　政府の責務
　政府は、労働関係に関する主張が一致しない場合に、労働関係の当事者が、これを自主的に調整することに対し助力を与え、争議行為をできるだけ防止するよう努めなければなりません（同法第3条）。

ウ　労働関係の調整に関する関係機関の責務
　労働関係の調整をなす場合には、当事者や労働委員会などの関係機関は、できるだけ適宜の方法を講じて、事件の迅速な処理を図らなければ

なりません(同法第5条)。

(2) あっせん

　労働争議が発生したときは、労働委員会の会長は、関係当事者の双方もしくは一方の申請または職権に基づいて、あっせん員を指名しなければなりません(同法第12条第1項)。あっせん員は、関係当事者間をあっせんし、双方の主張の要点を確かめ、事件が解決されるように努めます(同法第13条)が、自分の手では事件が解決される見込がないときは、その事件から手を引き、事件の要点を労働委員会に報告します(同法第14条)。ここでいう「労働争議」とは、労働関係の当事者間において、労働関係に関する主張が一致しないで、そのために争議行為が発生している状態または発生するおそれがある状態をいいます(同法第6条)。

(3) 調停

　労働委員会は、次のいずれかに該当する場合に、調停を行います(同法第18条)。

① 関係当事者の双方から、労働委員会に対して調停の申請がなされたとき。
② 関係当事者の双方または一方から、労働協約の定めに基づいて、労働委員会に対して調停の申請がなされたとき。
③ 公益事業に関する事件について、関係当事者の一方から、労働委員会に対して調停の申請がなされたとき。
④ 公益事業に関する事件について、労働委員会が職権に基づいて、調停を行う必要があると決議したとき。
⑤ 公益事業に関する事件またはその事件が規模が大きいためもしくは特別の性質の事業に関するものであるために公益に著しい障害を及ぼす事件について、厚生労働大臣または都道府県知事から、労働委員会に対して、調停の請求がなされたとき。

ここでいう「公益事業」とは、公衆の日常生活に欠くことのできない次の事業をいうほか、内閣総理大臣は、国会の承認を経て、業務の停廃が国民経済を著しく阻害し、または公衆の日常生活を著しく危くする事業を、1年以内の期間を限り、公益事業として指定することができます（同法第8条）。

① 運輸事業
② 郵便、信書便、電気通信の事業
③ 水道、電気、ガスの供給の事業
④ 医療、公衆衛生の事業

労働委員会による労働争議の調停は、使用者を代表する調停委員、労働者を代表する調停委員および公益を代表する調停委員からなる調停委員会を設けて行います（同法第19条）。調停委員会は、調停案を作成して、関係当事者に示し、その受諾を勧告するとともに、その調停案は理由を附して公表します（同法第26条第1項）。

（4） 仲裁

労働委員会は、次のいずれかに該当する場合に、仲裁を行います（同法第30条）。

① 関係当事者の双方から、労働委員会に対して仲裁の申請がなされたとき。
② 労働協約に労働委員会による仲裁の申請をなさなければならない旨の定めがある場合に、その定めに基づいて、関係当事者の双方または一方から、労働委員会に対して仲裁の申請がなされたとき。

労働委員会による労働争議の仲裁は、仲裁委員3人から成る仲裁委員会を設けて行います（同法第31条）。仲裁裁定は、書面に作成してこれを行い、その効力は、労働協約と同一の効力があります（同法第34条、第35条。第14章475～480頁参照）。

(5) 緊急調整

　内閣総理大臣は、事件が公益事業に関するものであるため、またはその規模が大きいためもしくは特別の性質の事業に関するものであるために、争議行為によりその業務が停止されるときは国民経済の運行を著しく阻害し、または国民の日常生活を著しく危うくするおそれがある事件について、そのおそれが現実にあるときに限り、緊急調整の決定をすることができます。内閣総理大臣は、緊急調整の決定をしたときは、直ちに、理由を附してその旨を公表するとともに、中央労働委員会および関係当事者に通知します（同法第35条の2）。中央労働委員会は、この通知を受けたときは、その事件を解決するため、他のすべての事件に優先して、あっせんや調停、仲裁、事件の実情の調査と公表、解決のため必要と認める措置の勧告など最大限の努力を尽さなければなりません（同法第35条の3、第35条の4）。

4　個人情報の保護

　高度情報通信社会の進展に伴い個人情報の利用が著しく拡大していることを踏まえ、個人情報を取り扱う事業者の遵守すべき義務などを定めることにより、個人情報の有用性に配慮しつつ、個人の権利利益を保護することなどを目的として、「個人情報の保護に関する法律」が制定されています（同法第1条）。

(1) 個人情報などの範囲

ア　個人情報とは

1）個人情報

　「個人情報」は、生存する個人に関する情報で、情報に含まれる氏名、生年月日その他の記述などにより特定の個人を識別することができるもの（他の情報と容易に照合することができ、それにより特定の個人を識別することができるものを含む）をいいます（同法第2条第1項）。したがって、氏名、性

別、生年月日など個人を識別する情報に限らず、個人の身体、財産、職種、肩書などの属性に関して、事実、判断、評価を表すすべての情報であり、評価情報、公刊物などによって公にされている情報や、映像、音声による情報も含まれ、暗号化されているかどうかを問いません。死者に関する情報は個人情報には該当しませんが、同時に遺族などの生存する個人に関する情報である場合には、生存する個人に関する情報となります。また、「生存する個人」には日本国民に限られず、外国人も含まれますが、法人その他の団体は「個人」に該当しないため、法人などの団体そのものに関する情報は個人情報には含まれません。

また、個人情報には、顧客の個人情報はもちろん、労働者、パートタイム労働者など従業員の個人情報、派遣労働者や下請労働者など直接雇用関係にない従業者の個人情報、退職者の個人情報、会社の従業員募集に応募した者の個人情報なども含まれます。

個人情報であるためには、その情報に含まれる氏名、生年月日その他の記述などにより特定の個人を識別することができることが必要で、他の情報と容易に照合することができ、それにより特定の個人を識別することができるものを含みます。したがって、例えば、役職だけでは特定の個人を識別することができないので個人情報とはなりませんが、氏名と役職が結び付いている情報だと個人情報となります。

(2) 雇用管理に関する個人情報

雇用管理に関する個人情報は、事業者などが労働者などの雇用管理のために収集、保管、利用など労働者個人に関するすべての情報をいい、病歴、収入、家族関係のような、機微にふれる情報（センシティブ情報）や本人以外についての情報も含みます。具体的には、表20−1のようなものがあります。

表20−1　雇用管理に関する個人情報の具体例

区分	具体例
基本情報	氏名、生年月日、住所、居所、電話番号、メールアドレス、出身地、人種、国籍
賃金情報	年間給与額、月間給与額、賞与、賃金形態、諸手当など
資産・債務情報	家計、教育ローン、住宅ローン、不動産評価、賃金外収入など
家族・親族情報	家族構成、同・別居、扶養関係、家族の職業・学歴・収入・健康状態、結婚の有無、親族の状況
思想・信条情報	支持政党、政治的見解、宗教、各種イデオロギー、思想的傾向など
身体・健康情報	健康状態、病歴、心身の障害、運動能力、身体測定記録、医療記録、メンタルヘルスなど
人事情報	人事考課、学歴、資格・免許、処分歴など
私生活情報	趣味・嗜好・特技、交際・交友関係、就業外活動、住宅事情など
映像情報	写真など
労働組合情報	所属労働組合、労働組合活動歴など

このうち、特に機微にふれる情報（センシティブ情報）として、特別な取扱いを必要するものとして、次のようなものがあります。

① 思想、信条および宗教に関する事項
② 人種、民族、門地、身体・精神障害、犯罪歴、病歴、その他社会的差別の原因となる事実に関する事項など
③ 所属労働組合、労働組合活動歴など勤労者の団結権および団体交渉、その他の団体行動権の行使に関する事項など
④ 集団示威行為への参加および請願権の行使その他の政治的権利の行使に関する事項
⑤ 政治的信条、政治的傾向、支持政党名、支持政治家名、所属派閥名などに関する事項

　これらのセンシティブな個人情報は、一般に労働者の就労に直接関連せず、逆に労働者の人格そのものに関わる個人情報であったり、不当な差別に利用されるおそれが高い個人情報であったりすることから、事業者は、特別な職業上の必要性があるなど業務の目的の達成に必要不可欠であり、収集目的を示して本人から収集する場合を除き、これを収集すべきではあ

りません。

イ　個人情報データベース等とは

「個人情報データベース等」とは、個人情報を含む情報の集合物で、次のいずれかに該当するものをいいます（同法第2条第2項）。

> ①　特定の個人情報を電子計算機を用いて検索することができるように体系的に構成したもの（同項第1号）
> ②　これに含まれる個人情報を一定の規則に従って整理することにより、特定の個人情報を容易に検索できるように体系的に構成した情報の集合物であって、目次、索引その他検索を容易にするためのものを有するもの（同項第2号、同法施行令第1条）

したがって、特定の個人情報をコンピュータを用いて検索することができるように体系的に構成した個人情報を含む情報の集合物、あるいはコンピュータを用いていない場合であってもカルテや指導要録など紙面で処理した個人情報を一定の規則（例えば、50音順、年月日順など）に従って整理・分類し、特定の個人情報を容易に検索することができるよう、目次、索引、符号などを付し、他人によっても容易に検索可能な状態に置かれているものが「個人情報データベース等」に該当します。

ウ　個人情報取扱事業者とは

1）個人情報取扱事業者

「個人情報取扱事業者」は、「個人情報データベース等」を事業の用に供している者ですが、次のいずれかに該当する者は除かれます（同法第2条第3項）。

> ①　国の機関、地方公共団体、独立行政法人等（独立行政法人および独立行政法人等の保有する個人情報の保護に関する法律別表の法人）、地方独立行政法人（同項第1号から第4号まで）

②　その事業の用に供する「個人情報データベース等」を構成する個人情報によって識別される特定の個人の数の合計が過去6月以内のいずれの日においても5,000人を超えない者（同項第5号、同法施行令第2条）

　②の者を個人情報取扱事業者から除外しているのは、その取り扱う個人情報の量および利用方法からみて個人の権利利益を害するおそれが少ないためで、「特定の個人の数」には、その者が編集、加工していない「他人が作成した個人の氏名、住所、電話番号だけの個人情報データベース等」や「不特定かつ多数の者に販売することを目的として発行され、かつ、不特定かつ多数の者により随時に購入することができるものまたはできたもの」による個人情報の数は含みません（同条第1号、第2号）。また、5,000人を超えるか否かは、その事業者が管理するすべての個人情報（顧客情報、従業員情報、従業員の家族情報など）の総和で判断しますが、同一個人の重複分は除きます。

　なお、次のいずれかに者がそれぞれに定める目的で個人情報を取り扱うときは、個人情報取扱事業者の義務を免れます（同法第50条第1項、第2項）が、これらの者については、安全管理や苦情処理などの措置を自主的に講じ、その内容を公表するよう努めなければなりません（同条第3項）。

①　放送機関、新聞社、通信社などの報道機関が報道（不特定かつ多数の者に対して客観的事実を事実として知らせること（これに基づいて意見または見解を述べることを含む））の目的で行うこと。
②　著述を業とする者が著述の目的で行うこと。
③　大学などの学術研究機関や団体およびこれに属する者が学術研究目的で行うこと。
④　宗教団体が宗教活動（付随する活動を含む）の目的で行うこと。
⑤　政治団体が政治活動（付随する活動を含む）の目的で行うこと。

２）雇用管理に関する個人情報を取り扱う事業者

　雇用管理に関する個人情報の取扱いについては、個人情報の対象者数によって異なる扱いをする理由が乏しく、また、病歴、収入、家族関係といった情報を含みますので、こうした情報の漏洩により労働者が被る不利益および企業に対する社会的信頼の低下などを未然に防止するために雇用管理指針は、個人情報取扱事業者に該当しない雇用管理に関する個人情報を取り扱う事業者についても、個人情報取扱事業者に準じて、雇用管理や健康情報、労働者の募集、職業紹介、労働者派遣などに関する個人情報の適正な取扱いの確保に努めることを求めています。

エ　個人データとは

　「個人データ」とは、個人情報データベース等を構成する個人情報をいいます（同法第2条第4項）

オ　保有個人データとは

　「保有個人データ」とは、個人情報取扱事業者が開示、内容の訂正、追加または削除、利用の停止、消去および第3者への提供の停止を行うことのできる権限を有する個人データをいいますが、次のいずれかに該当する場合は除かれます（同法第2条第5項、同法施行令第3条、第4条）。

① 本人または第3者の生命、身体、財産に危害が及ぶおそれがあるもの
② 違法または不当な行為を助長し、誘発するおそれがあるもの
③ 国の安全や他国または国際機関との信頼関係を損ない、または交渉上不利益となるおそれがあるもの
④ 犯罪の予防、鎮圧、捜査その他の公共の安全と秩序の維持に支障が及ぶおそれがあるもの
⑤ 6月以内に消去するもの

カ　本人とは
　「本人」とは、個人情報によって識別される特定の個人をいいます（同法第2条第6項）。
　雇用管理に関する個人情報の対象となるのは、事業者に使用されている労働者のほか、①採用に対する応募者、会社説明会の参加者などの事業者に使用される労働者になろうとする者、②採用に対する応募者、会社説明会の参加者であった事業者に使用される労働者になろうとした者、③過去において事業者に使用されていた退職者が含まれます。また、正社員のみならず、パートタイム労働者、アルバイトや契約社員も「労働者」に該当します。派遣先の事業者にとっては、派遣労働者もその対象となります。

（2）個人情報取扱事業者の義務
ア　利用目的
1）利用目的の特定
　個人情報取扱事業者は、個人情報を取り扱うに当たり利用目的を出来る限り特定しなければなりません（同法第15条第1項）。
　この利用目的の特定に当たっては、利用目的を単に抽象的、一般的に特定するのではなく、最終的にどのような目的で個人情報を利用するかを可能な限り具体的に特定する必要があります。
　なお、雇用管理に関する個人情報については、病歴、収入、家族関係のような機微にふれる情報（センシティブ情報）を含むので、より慎重な取扱いが望まれますので、できる限り個人情報の項目ごとに利用目的を特定することが望ましく、また、あらかじめ個人情報を第三者に提供することを予定している場合には、利用目的において、第三者への提供を特定しておかなければなりません。

2）利用目的の変更の制限
　個人情報取扱事業者は、利用目的を変更する場合には、変更前の利用

目的と相当の関連性が合理的に認められる範囲を超えてはなりません(同条第2項)。

　利用目的は、社会通念上、本人が想定することが困難でないと認められる範囲内で変更することは可能です。利用目的で示した個人情報を取り扱う事業の範囲を超えての変更は、本人が想定することが困難でないと認められる範囲を超えているものと考えられます。一方、利用目的において、一連の個人情報に関する取扱いの典型例を具体的に示していた場合には、その典型例から推測できる範囲内で変更することができます。

3）利用目的の変更の場合の通知・公表
　個人情報取扱事業者は、利用目的を変更した場合には、変更した利用目的を本人に通知または公表しなければなりません(同法第18条第3項)。
　ここでいう「本人に通知」とは、本人に直接知らしめることをいい、事業の性質および個人情報の取扱い状況に応じ、内容が本人に認識される合理的かつ適切な方法によらなければなりません。また、「公表」とは、広く一般に自己の意思を伝えることをいい、公表に当たっては、事業の性質および個人情報の取扱状況に応じ、合理的かつ適切な方法によらなければなりません。

4）利用目的による制限
　個人情報取扱事業者は、あらかじめ本人の同意なしに、特定された利用目的の達成に必要な範囲を超えて、個人情報を取り扱ってはなりません(同法第16条第1項)。したがって、利用目的の達成に必要な範囲を超えて個人情報を取り扱う場合は、あらかじめ本人の同意を得なければなりません。
　ここでいう「本人の同意」とは、本人の個人情報が個人情報取扱事業者によって示された取得方法で取り扱われることを承諾する旨の「本人」の意思表示をいいますので、「本人の同意を得る」とは、本人の承諾する旨の意思表示を個人情報取扱事業者が認識することをいい、事業の性質および個人情報の取扱状況に応じ、本人が同意について判断するために必要と

考えられる合理的かつ適切な方法によらなければなりません。なお、メールの送付や電話をかけることなど同意を得るために個人情報を利用することは、当初の利用目的として記載されていない場合でも、目的外利用には該当しません。

5）事業の承継

　個人情報取扱事業者は、合併などの事業の承継により個人情報を取得した場合も利用目的の達成に必要な範囲を超えて、個人情報を取り扱ってはなりません（同条第2項）。

　合併や分社化、営業譲渡などにより他の個人情報取扱事業者から事業の承継をすることに伴って個人情報を取得し、承継前の利用目的の達成に必要な範囲内で取り扱う場合には、目的外利用にはなりませんので、本人の同意を得る必要はありません。

6）本人の同意についての適用除外

　次のいずれかの場合には、個人情報取扱事業者は、本人の同意なしに、利用目的の達成に必要な範囲を超えて、取り扱うことができます（同条第3項）。

① 　法令に基づく場合
② 　人の生命、身体または財産の保護のために必要がある場合で、本人の同意を得ることが困難なとき
③ 　公衆衛生の向上または児童の健全な育成のために特に必要で、本人の同意を得ることが困難なとき。
④ 　国の機関や地方公共団体などが行う法令の定める事務の遂行に協力する必要がある場合で、本人の同意を得ることにより事務の遂行に支障を及ぼすおそれがあるとき。

個人情報の保護

イ　個人情報の取得

1）適正な取得

　個人情報取扱事業者は、偽りその他不正の手段により個人情報を取得してはなりません（同法第17条）。

　なお、雇用管理に関する個人情報については、本人の同意を得ることを原則とすることが望ましく、また、原則として本人から直接取得することが原則ですが、表20－2のような事項については、第三者から間接的に収集することも可能と考えられています。

表20－2　第三者から間接的に収集することが可能と考えられる事項

事項	具体例
収集目的、収集先、収集項目等を事前に本人に通知した上で、その同意を得て行う場合	人事考課で、本人の部下等から、本人の評価に関する情報を集める際に、事前通知し、同意を得た上で個人情報を収集する場合
法令に定めがある場合	労働安全衛生法に基づき健康診断結果について医師等から意見聴取を行う場合
労働者の生命、身体、または財産の保護のために緊急に必要があると認められる場合	個人情報を労働者本人から収集する時間的余裕がなく、他に適当な代替手段がない場合で、社会通念等により客観的に判断してその必要性および合理性が認められるとき
業務の性質上本人から収集したのでは業務の適正な実施に支障を生じ、その目的を達することが困難であると認められる場合	職場におけるいじめやいやがらせなどが問題となり、その事実関係を調査する際に、加害者の疑いをかけられた本人には告げずにその周辺の者から情報収集を行わざるを得ない場合
その他本人以外の者から収集することに相当の理由があると認められる場合	労働者から個人情報を収集する際に、使用者への提供を予定していることについてあらかじめ労働者の同意を得ている労働組合から労働者の個人情報を収集する場合

2）利用目的の通知・公表

　個人情報取扱事業者は、個人情報を取得した場合は、事前に利用目的を公表している場合を除き、速やかに利用目的を本人に通知または公表しなければなりません（同法第18条第1項）。

3）直接書面などによる取得

　個人情報取扱事業者は、直接本人から、書面などによる記載、ユーザー入力画面への打ち込みなどにより、個人情報を取得する場合には、あらかじ

め、本人に対し、その利用目的を明示しなければなりません。ただし、人の生命、身体または財産の保護のために緊急に必要がある場合は、この限りではありません（同条第2項）。

　ここでいう「本人に対し、その利用目的を明示」とは、本人に対し、その利用目的を明確に示すことをいい、事業の性質および個人情報の取扱い状況に応じ、内容が本人に認識される合理的かつ適切な方法によらなければなりません。

4）利用目的の変更の場合の通知・公表

　個人情報取扱事業者は、利用目的を変更した場合は、変更された利用目的について、本人に通知または公表しなければなりません（同条第3項）。

5）利用目的の通知・公表などの適用除外

　次の場合には、2)から4)までは適用されません（同条第4項）。

① 利用目的を通知、公表することにより、本人または第三者の生命、身体、財産などの権利利益を害するおそれがある場合
② 利用目的を通知・公表することにより、個人情報取扱事業者の権利利益を害するおそれがある場合
③ 国の機関または地方公共団体が法令の定める事務の遂行に協力する必要がある場合で、利用目的を通知、公表することにより事務の遂行に支障を及ぼすおそれがあるとき
④ 取得の状況からみて利用目的が明らかな場合

ウ　安全性および正確性の確保

1）個人データ内容の正確性の確保

　個人情報取扱事業者は、利用目的の達成に必要な範囲内で、個人データの正確かつ最新の内容に保つよう努めなければなりません（同法第19条）。

具体的には、個人情報の入力時の照合・確認の手続の整備、誤りなどを発見した場合の訂正などの手続の整備、記録事項の更新、保存期間の設定などにより、正確かつ最新の内容に保つよう努力しなければなりませんが、保有個人データを一律にまたは常に最新化する必要はなく、利用目的に応じて、必要な範囲で、正確性・最新性を確保すれば足ります。

2) 個人情報取扱事業者自らによる安全管理措置

個人情報取扱事業者は、その取り扱う個人データの漏洩・滅失・毀損の防止などの個人データの安全管理のために必要・適切な措置を講じなければなりません（同法第20条）。

具体的には、取り扱う個人データの漏洩、滅失または毀損の防止などの個人データの安全管理のため、組織的、人的、物理的および技術的な安全管理措置を講じなければならず、その際、漏洩、滅失、毀損などにより本人が被る権利利益の侵害の大きさを考慮し、事業の性質および個人データの取扱い状況などに起因するリスクに応じ、必要かつ適切な措置を講じなければなりません。

ここでいう「組織的安全管理措置」とは、安全管理について従業者の責任と権限を明確に定め、安全管理に対する規程や手順書を整備運用し、その実施状況を確認することを、「人的安全管理措置」とは、従業者に対する、業務上秘密と指定された個人データの非開示契約の締結や教育・訓練を行うことを、「物理的安全管理措置」とは、入退館（室）の管理、個人データの盗難防止などの措置を、「技術的安全管理措置」とは、個人データおよびそれを取り扱う情報システムへのアクセス制御、不正ソフトウェア対策、情報システムの監視などを、それぞれいいます。

3) 安全管理措置に関する従業者への監督

個人情報取扱事業者は、従業者に個人データを取り扱わせるに当たり、安全管理措置の遵守について、必要かつ適切な監督を行わなければなり

ません（同法第21条）。

　ここでいう「従業者」とは、個人情報取扱事業者の組織内にあって直接間接に事業者の指揮監督を受けて事業者の業務に従事している者をいい、雇用関係にある従業員（正社員、契約社員、嘱託社員、パートタイム労働者、アルバイトなど）のみならず、取締役、執行役、理事、監査役、監事、派遣労働者なども含んでいます。また、従業者の監督に当たっては、本人の個人データが漏洩、滅失または毀損などをした場合に本人が被る権利利益の侵害の大きさを考慮し、事業の性質および個人データの取扱い状況などに起因するリスクに応じ、必要かつ適切な措置を講じなければなりません。

　特に、雇用管理に関する個人情報に関しては、次の措置を講ずることが重要です（雇用管理に関する個人情報の適正な取扱いを確保するために事業者が講ずべき措置に関する指針（以下「雇用管理指針」という）。

① 雇用管理に関する個人データを取り扱う従業者およびその権限を明確にした上で、その業務を行わせること。
② 雇用管理に関する個人データは、取扱い権限を与えられた者のみが業務の遂行上必要な限りにおいて取り扱うこと。
③ 雇用管理に関する個人データを取り扱う者は、業務上知り得た個人データの内容をみだりに第3者に知らせ、または不当な目的に使用してはならないこと。退職後も同様とすること。
④ 雇用管理に関する個人データの取扱いの管理に関する事項を行わせるため、必要な知識・経験を有する者から個人データ管理責任者を選任し、業務を行わせること。個人データ管理責任者は、個人情報保護のあり方、実現手段について、決定権限と責任を有すること。
⑤ 雇用管理に関する個人データ管理責任者および個人データを取り扱う従業者に対し、その責務の重要性を認識させ、具体的な個人データの保護措置に習熟させるため、必要な教育・研修を行うこと。

　なお、従業者への監督として、ビデオおよびオンラインによるモニタリングを

実施する際には、次の事項に留意しなければなりません。

① モニタリングの目的、すなわち取得する個人情報の利用目的をあらかじめ特定し、社内規程に定めるとともに、従業者に明示すること。
② モニタリングの実施に関する責任者とその権限を定めること。
③ モニタリングを実施する場合には、あらかじめモニタリングの実施について定めた社内規程案を策定するものとし、事前に社内に徹底すること。
④ モニタリングの実施状況については、適正に行われているか監査または確認を行うこと。
⑤ モニタリングに関し、雇用管理に関する重要事項を定めるときは、あらかじめ労働組合などに通知し、必要に応じて協議を行うこと。
⑥ モニタリングに関し、雇用管理に関する重要事項の内容を定めたときは、労働者などに周知すること。

4) 安全管理措置の遵守に関する委託先への監督

　個人情報取扱事業者は、個人データの取扱いの全部または一部を委託する場合には、安全管理措置の遵守について、受託者に対し必要かつ適切な監督を行わなければなりません（同法第22条）。

　ここでいう「必要かつ適切な監督」には、委託契約において、個人データの取扱いに関し、必要かつ適切な措置として、委託者、受託者双方が同意した内容を契約に盛り込むとともに、同内容が適切に遂行されていることを、あらかじめ定めた間隔で確認することを含んでいます。また、委託先への監督に当たっては、本人の個人データが漏洩、滅失または毀損などをした場合に本人が被る権利利益の侵害の大きさを考慮し、事業の性質および個人データの取扱い状況などに起因するリスクに応じ、必要かつ適切な措置を講じなければなりません。なお、優越的地位にある者が委託者である場合、受託者に不当な負担を課すことがあってはなりません。また、委託者が受託者について「必要かつ適切な監督」を行っていない場合で、受託者が再委

託をした際に、再委託先が適切といえない取扱いを行ったことにより、何らかの問題が生じた場合は、元の委託者がその責めを負うことがあります。

特に、雇用管理に関する個人データの取扱いの委託に当たっては、次の事項に留意しなければなりません（雇用管理指針）。

① 個人情報の保護について十分な措置を講じている者を委託先として選定するための基準を設けること。
② 委託先が委託を受けた個人データの保護のために講ずべき次のような具体的な措置の内容が委託契約などにおいて明確化されていること。
　ⅰ 委託先において、その従業者に対し、個人データの取扱いを通じて知り得た個人情報を漏らし、または盗用してはならないこと。
　ⅱ 個人データの取扱いの再委託を行うに当たっては、委託元へ文書で報告すること。
　ⅲ 委託契約期間などを明記すること。
　ⅳ 利用目的達成後の個人データの返却または委託先における破棄または削除が適切・確実に行われること。
　ⅴ 委託先における個人データの加工（委託契約の範囲内のものを除く）、改竄などを禁止し、または制限すること。
　ⅵ 委託先における個人データの複写または複製（安全管理上必要なバックアップを目的とするもの等委託契約の範囲内のものを除く）を禁止すること。
　ⅶ 委託先において個人データの漏洩などの事故が発生した場合における委託元への報告義務を課すこと。
　ⅷ 委託先において個人データの漏洩などの事故が発生した場合における委託先の責任が明確化されていること。

エ　第三者への提供

1）第三者への提供に当たっての同意の取得の原則

　個人情報取扱事業者は、原則として、あらかじめ本人の同意を得なければ、個人データを第三者に提供してはなりません（同法第23条第1項）。

　ここでいう「提供」とは、「個人データ」を利用可能な状態に置くことをいい、個人データが、物理的に提供されていない場合であっても、ネットワークなどを利用することにより、個人データを利用できる状態であれば、「提供」に当たります。また、同意を得るに当たっては、事業の性質および個人情報の取得状況に応じ、本人が同意に関する判断をするために必要と考えられる合理的かつ適切な範囲の内容を明確に示さなければなりません。

2）第三者への提供に当たらない場合

　次の場合には、個人データの提供を受ける者は第三者には該当しません（同条第4項）。

① 利用目的の達成に必要な範囲内で、個人データの取扱いの全部または一部を委託する場合
② 合併、分社化、営業譲渡などにより事業が承継され、個人データが移転される場合
③ 個人データを特定の者との間で共同して利用する場合で、ⅰ 共同して利用すること、ⅱ 共同利用する個人データの項目、ⅲ 共同して利用する者の範囲、ⅳ 利用する者の利用目的およびⅴ 個人データの管理に責任を有する者の氏名・名称について事前に本人に通知または容易に知りうる状態に置いている場合

3）本人の同意なしに第三者への提供が可能な場合

　次の場合には、本人の同意なしに第三者への提供が可能です（同法第23条第1項）。

① 法令に基づく場合
② 人の生命、身体または財産の保護のために必要がある場合で、本人の同意を得ることが困難なとき。
③ 公衆衛生の向上または児童の健全な育成のために特に必要で、本人の同意を得ることが困難なとき。
④ 国の機関や地方公共団体などが行う法令の定める事務の遂行に協力する必要がある場合で、本人の同意を得ることにより事務の遂行に支障を及ぼすおそれがあるとき。
⑤ 次の事項（ⅱおよびⅲについてはその変更を含む）について、事前に本人に通知し、または容易に知りうる状態にしている場合（同法第23条第2項、第3項）。
　ⅰ　第3者への提供を利用目的とすること
　ⅱ　第3者に提供される個人データの項目
　ⅲ　第3者への提供の手段または方法
　ⅳ　本人の求めに応じて本人が識別される個人データの第3者への提供を停止すること。

　ここでいう「本人が容易に知りうる状態」とは、本人が知ろうとすれば、時間的にも、その手段においても、簡単に知ることができる状態に置いていることをいい、事業の性質および個人情報の取扱い状況に応じ、内容が本人に認識される合理的かつ適切な方法によらなければなりません。

4）雇用管理に関する個人データの第三者への提供についての留意点
　雇用管理に関する個人データの第三者への提供については、特に次の点に留意しなければなりません（雇用管理指針）。
① 提供先において、その従業者に対し、個人データの取扱いを通じて知り得た個人情報を漏らし、または盗用してはならないこと。
② 個人データの取扱いの再提供を行うに当たっては、あらかじめ文書

③　提供先における保管期間、個人データの管理方法、利用目的達成後の個人データの具体的処理方法(返却、廃棄など)を明確化すること。
④　利用目的達成後の個人データの返却または提供先における破棄または削除が適切・確実に行われること。
⑤　提供先における個人データの複写・複製(安全管理上必要なバックアップを目的とするものを除く)を禁止すること。

オ　保有個人データに関する事項の公表

　個人情報取扱事業者は、その保有個人データに関し、次の事項について、本人の知りうる状態に置くかまたは本人の求めに応じて遅滞なく回答するようにしなければなりません(同法第24条第1項)。

① 個人情報取扱事業者の氏名または名称
② 次に該当する場合以外のすべての保有個人データの利用目的
　ⅰ 通知または公表により、本人または第三者の生命、身体、財産などの権利利益を害するおそれがある場合
　ⅱ 通知または公表により、個人情報取扱事業者の権利または正当な利益を害するおそれがある場合
　ⅲ 国の機関または地方公共団体が法令の定める事務を遂行することに協力する必要がある場合で、通知または公表により事務の遂行に支障を及ぼすおそれがある場合
③ 次の事項について、本人の求めに応じる手続(手数料の額を定めたときはその手数料の額を含む)
　ⅰ 本人が識別できる保有個人データの利用目的の通知
　ⅱ 本人が識別できる保有個人データの開示(本人が識別される保有個人データが存在しないときにその旨を知らせることを含む)
　ⅲ 本人が識別できる保有個人データの内容が事実でないとの理由による個人データの内容の訂正、追加、削除

ⅳ　本人が識別できる保有個人データが同意のない目的外利用または不正な取得であることを理由とする保有個人データの利用の停止、消去
　ⅴ　本人が識別できる保有個人データの第三者への提供が本人の同意のないことを理由とする保有個人データの第三者への提供の停止
⑤　個人情報取扱事業者が行う保有個人データの取扱いに関する苦情の申出先
⑥　個人情報取扱事業者が認定個人情報保護団体の対象事業者である場合には、その認定個人情報保護団体の名称および苦情の解決の申出先

カ　保有個人データの利用目的の通知

　個人情報取扱事業者は、本人から、本人が識別される保有個人データの利用目的の通知を求められたときは、次のいずれかに該当する場合を除き、本人に対し、遅滞なく、これを通知しなければなりません。また、求められた保有個人データの利用目的を通知しない旨の決定をしたときは、本人に対し、遅滞なく、その旨を通知しなければなりません（同条第2項、第3項）。

①　本人が識別できる保有個人データの利用目的が明らかな場合
②　通知または公表により、本人または第三者の生命、身体、財産などの権利利益を害するおそれがある場合
③　通知または公表により、個人情報取扱事業者の権利または正当な利益を害するおそれがある場合
④　国の機関または地方公共団体が法令の定める事務を遂行することに協力する必要がある場合で、通知または公表により事務の遂行に支障を及ぼすおそれがある場合

キ　保有個人データの開示

　個人情報取扱事業者は、本人から、本人が識別される保有個人データ

個人情報の保護

の開示（本人が識別される保有個人データが存在しないときにその旨を知らせることを含む）を求められたときは、次の場合を除き、本人に対しこれを開示し、保有個人データを開示しない場合にはその旨を通知しなければなりません（同法第25条）。

① 本人または第三者の権利利益を害するおそれがある場合
② 個人情報取扱事業者の業務の適正な実施に著しい支障を及ぼすおそれがある場合
③ 法令に違反する場合

なお、雇用管理に関する保有個人データの開示について、業務の適正な実施に著しい支障を及ぼすおそれがある場合には非開示とすることができますが、このような事項については、あらかじめ、必要に応じて労働組合などと協議の上、その内容につき明確にしておくよう定めるとともに、労働者に周知させるための措置を講ずるよう努めなければなりません（雇用管理指針）。また、人事評価、選考に関する個々人の情報は、一般的には、業務の適正な実施に著しい支障を及ぼすおそれがあるものとして、基本的には非開示とすることができると考えられています。

ク　保有個人データの訂正、追加または削除

個人情報取扱事業者は、本人から、本人が識別される保有個人データの内容が事実でないという理由で保有個人データの訂正、追加または削除を求められたときは、必要な調査を行い、その結果正当と認められるときは合理的な期間内に、訂正、追加または削除しなければなりません。なお、保有個人データを訂正、追加もしくは削除をし、またはしないことを決定した場合には、本人に対し、遅滞なく、その旨（訂正などを行ったときはその内容を含む）を通知しなければなりません（同法第26条）。

ケ　保有個人データの利用の停止・消去

　個人情報取扱事業者は、本人から、個人情報を特定された利用目的の達成に必要な範囲を超えて取り扱われているまたは偽りその他不正の手段により取得されたことを理由で保有個人データの利用の停止または消去を求められ、求めに理由があるときは、保有個人データの利用の停止または消去に多額の費用を要するなどその利用の停止または消去を行うことが困難で、本人の権利利益を保護するため必要なこれに代わる措置をとる場合を除き、違反を是正するために必要な限度で、利用の停止または消去しなければなりません。なお、保有個人データの利用の停止または消去をし、またはしないことを決定した場合には、本人に対し、遅滞なく、その旨を通知しなければなりません（同法第27条第1項、第3項）。

コ　第三者への提供の停止

　本人から、保有個人データがあらかじめ本人の同意を得ないで第三者に提供されていることを理由に保有個人データの第三者への提供の停止を求められ、その求めに理由があるときは、保有個人データの第三者への提供の停止に多額の費用を要するなど第三者への提供を停止することが困難で、本人の権利利益を保護するため必要なこれに代わる措置をとる場合を除き、その保有個人データの第三者への提供を停止しなければなりません。保有個人データの第三者への提供を停止し、またはしないことを決定した場合には、その旨を通知しなければなりません（同条第2項、第3項）。

サ　理由の説明

　個人情報取扱事業者は、本人から求められたカからコまでの措置の全部または一部について、その措置をとらない旨またはその措置と異なる措置をとる旨を通知する場合には、その理由を説明するよう努めなければなりません（同法第28条）。

シ　求めを受け付ける方法

　個人情報取扱事業者は、カからコまでの求めを受け付ける方法として、求めの申出先、書面の様式などの求めの方式、本人または代理人の確認の方法、手数料の徴収方法を定めることおよび本人に対し、カからコまでの求めに関し、その対象となる保有個人データを特定するに足りる事項の提示を求めることができます。この場合には、本人は、その方法に従って、開示などの求めを行わなければなりません。これらの求めは、代理人によってすることができます。また、この場合には、個人情報取扱事業者は、本人が容易かつ的確に求めをすることができるよう、保有個人データの特定に資する情報の提供など本人の利便を考慮した適切な措置をとるとともに、本人に過重な負担とならないよう配慮しなければなりません（同法第29条）。

ス　手数料の徴収

　個人情報取扱事業者は、保有個人データの利用目的の通知または開示を求められたときは、これに要する手数料の額を実費を勘案して合理的と認められる範囲内で定め、これを徴収することができます（同法第30条）。

セ　苦情の処理

　個人情報取扱事業者は、個人情報の取扱いに関する苦情の適切・迅速な処理ならびにそのために必要な体制の整備に努めなければなりません（同法第31条）。

（3）個人情報の保護に関する裁判例

　使用者は労働契約に付随して、労働者のプライバシーが侵害されないよう職場環境を整える義務がある（京都セクハラ事件）と考えられていますが、個人情報の保護に関連して、使用者によるプライバシーを侵害する行為、HIVやB型肝炎などに関する情報の収集、私用メールの調査に関する裁判例があります（第6章210～213頁参照）。

5　公益通報者の保護

　公益通報をしたことを理由とする公益通報者の解雇の無効などや公益通報に関し事業者や行政機関がとるべき措置を定めることにより、次の事項を目的として、公益通報者保護法が制定されています（同法第1条）。

① 　公益通報者の保護を図ること。
② 　国民の生命や身体、財産などの利益の保護にかかわる法令の規定の遵守を図ること。
③ 　国民生活の安定や社会経済の健全な発展に資すること。

（1）公益通報とは
ア　公益通報とは

　「公益通報」とは、労働者が、不正の利益を得る目的や他人に損害を加える目的などの不正の目的でなく、その労務の提供先やその役員、従業員、代理人などについて通報の対象となる事実が生じている旨を、労務の提供先や通報対象事実について処分や勧告などをする権限のある行政機関、通報対象事実の発生や被害の拡大を防止するためには公益通報することが必要な者などに通報することをいいます。
　ここでいう「労務の提供先」には、労務提供先があらかじめ定めた者、労働者を使用する事業者、派遣労働者の場合の派遣先の事業者および請負などの事業に従事する場合の発注者などの事業者を含みます。また、「通報対象事実の発生や被害の拡大を防止するためには公益通報することが必要な者」には、通報対象事実により被害を受けるおそれがある者を含み、労務の提供先の競争上の地位など正当な利益を害するおそれがある者を含みません（同法第2条第1項）。
　また、「通報対象事実」とは、刑法や食品衛生法、証券取引法、大気汚染防止法、個人情報保護法などの個人の生命や身体の保護、消費者の

利益の擁護、環境の保全、公正な競争の確保などの国民の生命、身体、財産などの利益の保護にかかわる法律やこれに基づく命令に規定する罪の犯罪行為の事実ならびにこれらの法令の規定に基づく処分に違反することが犯罪行為となる場合の処分の理由となる事実をいい、処分の理由となる事実がこれらの法令の規定に基づく他の処分に違反したり、勧告などに従わない事実である場合にはそれらの処分や勧告などの理由となる事実を含みます（同条第3項）。

（2）解雇や労働者派遣契約の解除の無効など

公益通報をした労働者が表20-3の場合に同表の公益通報をしたことを理由にした解雇や派遣先の事業者が行う労働者派遣契約の解除は、無効です（同法第3条、第4条）。また、これらの公益通報をしたことを理由として、降格や減給、派遣元に派遣労働者の交代を求めることなどの不利益な取扱いをしてはなりません（同法第5条）。ただし、公益通報をする労働者は、他人の正当な利益または公共の利益を害することのないよう努めなければなりません（同法第8条）。

表20-3 公益通報をする場合と内容

公益通報をする場合	公益通報の内容
通報対象事実が生じようとしていると考える場合	労務の提供先に公益通報すること。
通報対象事実が生じようとしていると信ずるに足りる相当の理由がある場合	通報対象事実について処分や勧告などをする権限のある行政機関に公益通報すること。
通報対象事実が生じようとしていると信ずるに足りる相当の理由があり、かつ、次のいずれかに該当する場合 ① 公益通報をすれば解雇などの不利益な取扱いを受けると信ずるに足りる相当の理由がある場合 ② 公益通報をすれば、通報対象事実に係る証拠が隠滅・偽造・変造されるおそれがあると信ずるに足りる相当の理由がある場合 ③ 労務提供先から公益通報をしないことを正当な理由がなくて要求された場合 ④ 書面などにより公益通報をした日から20日を経過しても、労務の提供先から調査を行う旨の通知がないかまたは労務の提供先が正当な理由がなくて調査をしない場合 ⑤ 個人の生命や身体に危害が発生する急迫した危険があると信ずるに足りる相当の理由がある場合	通報対象事実の発生や被害の拡大を防止するためには公益通報することが必要な者に公益通報すること。

(3) 是正措置などの通知

書面により労働者から公益通報をされた事業者は、通報対象事実の中止などの措置をとったときや通報対象事実がないときはその旨を、通報した労働者に遅滞なく通知するよう努めなければなりません(同法第9条)。また、公益通報をされた行政機関は、必要な調査を行い、通報対象事実があるときは、法令に基づく措置などをとらなければなりません(同法第10条)。

(4) 内部告発に関する裁判例

労働者の内部告発は、告発内容が真実でないときでも、真実と信じるに足りる合理性があるときには内部告発が真実と信じるに足る相当な理由があり(トナミ運輸事件　富山地裁平成17年2月23日労判891-12、首都高速道路公団事件　東京地裁平成9年5月22日労判718-17)、内部告発が正当である場合には、これを理由とする懲戒解雇は無効であって、損害賠償の対象となる場合もあります(いずみ市民生協事件　大阪地裁堺支部平成15年6月18日労判855-22)。

また、行政機関への内部告発に不当な目的は認められず、その申告内容が行政機関を通じて公表されたり、社会一般に広く流布されることを予見ないし意図していたものでもなく、現に、申告内容が外部に公表されたことはなく、行政機関から不利益な扱いを受けたこともないときは、行政機関への申告を理由に労働者を解雇するのは、解雇権の濫用にあたり、無効である(医療法人思誠会事件　東京地裁平成7年11月27日労判683-17)と解されています。

一方、その内容が企業の経営政策や業務などに関し事実に反する記載をし、または事実を誇張、わい曲して記載したビラの配布などによって企業の円滑な運営に支障を来すおそれがあるなどの場合には、使用者は、企業秩序の維持確保のために、ビラの配布行為などを理由として労働者に懲戒を課すことができます(アワーズ事件　大阪地裁平成17年4月27日労判897-26、中国電力事件　最高裁第三小法廷平成4年3月3日労判60

9-10、東京急行電鉄事件　最高裁大法廷昭和26年4月4日民集5-5-214)。

執筆を終えて

1　働き方の多様化と働くことをめぐる問題

　平成19年の就業構造基本調査によれば、我が国の雇用労働者数は、会社などの役員を除き、5326万人に達しています。就業者の総数が6598万人ですから、就業者の8割以上が雇用されて働いています。

　雇用労働者の働き方は多様化が進み、これまでは通常の働き方と考えられてきた正規雇用の人たちは全体の6割程度にまで減ってきていて、非正規雇用の人たちが4割近くを占めるようになっています。特に飲食店・宿泊業では7割近く、卸・小売業では5割近くを非正規雇用の人たちが占めるようになっています。

（1）ワーキング・プア

　雇用形態の多様化とともに、働くことをめぐるさまざまな問題が発生しています。たとえば、ワーキング・プアということが言われています。これまでは、働いてさえいれば、豊かではないにしろ、そこそこに生活できるレベルは確保できるという風に考えられてきたのが、今では働いても、生活ができないということが言われるようになっています。

　確かに、働くことによってある程度の生活レベルに到達できるというのが望ましい社会であることは言うまでもありませんが、人類の歴史、あるいは我が国の歴史を紐解いてみた場合に、そんな時代がどれほどの期間あったかと考えると、それは、我が国でいえば、この2、30年ほどの期間ではなかったのではないでしょうか。

　我が国だけでなく、中国やアジア諸国で人気を博したテレビドラマ「おしん」の時代というのは、決して遠い昔ではないのです。

（2）格差問題

　同様に指摘されているのが格差の問題があります。その中には、資産を持った富める人たちと働く人たちとの間の格差の問題もありますが、一方では、働く人たちの間の格差の問題もあります。

　我が国が長く社会的に安定してきた理由の1つに挙げられるのが、1億総中流階層とも言われる厚い中間層の存在でした。これまた、社会の安定にとって望ましいことであることは間違いありませんが、現実の我が国において、そのことが今でも可能なのかと言えば、必ずしもそうとは言い切れないような気がしています。

2　経済環境や働くことをめぐる状況への適応
（1）共稼ぎを前提とした社会

　このような労働問題は、同時に社会問題を発生させる要因ともなっていることも間違いありませんが、ではこれを解決する方法があるのかと言えば、決してすぐにそういう答が見いだせるということではありません。大事なことは、現在の経済環境や働くことをめぐる状況にどのように適切に対応していくかではないでしょうか。

　たとえば、ワーキング・プアを表現する言い方として、働いていても結婚できないということが言われています。でも、よくよく考えてみれば、この表現はこれまでの経験にはそぐわないと思われます。

　1人暮らしができるのに、なぜ2人では暮らせないのでしょうか。昔は、「1人口では食べていけなくても、2人口では食べられる」と言われていました。働いていても結婚できないという人たちの家族像というのは、父親が1人で働いて稼ぎ、それで妻と2人の家族を養うという姿を思い描いているように思われます。

　筆者は4年ほど前までベトナムで5年近く生活していましたが、当時のベトナムの労働力の49.2%は女性でした。これに対し、我が国では仕事が主な有業者のうち女性は32.9%です。つまり、ベトナムでは夫婦共稼ぎが普通の

姿で、専業主婦の女性などまずいないと考えた方がよいということです。したがって、ベトナム人は、結婚するときには夫婦共稼ぎという家族像を描いているのです。これに対して、我が国では、共稼ぎが増えているといっても、どこかに専業主婦をイメージしているように思われます。

もし、働いていても結婚できないという人たちの家族像が夫婦共稼ぎ、つまり、夫婦がともに働き、それで家族4人を養う姿を思い描いたら、別のものになってくるのではないでしょうか。

以前、労働組合の関係者と話をしていたときに、働く人たちがこつこつ働き続ければ、広さとか通勤時間などは別にして、最低限自分の家を持てるくらいの所得が必要だということになりました。その年収としては、現在の貨幣や物価水準に照らすと、都市部で700万円、地方で600万円という想定をしてみました。この年収を1人で稼ぐとなると大変ですが、2人で稼ぐとなると、意外と可能なのではないでしょうか。

（2）外国人労働力と国内の雇用機会

同様に、非正規雇用の増加に関し、正規雇用で働きたいが、働く場がないということもよく言われています。しかし、たとえば、介護の現場などでは人手不足が深刻です。このために、フィリピンやインドネシアなどの国々の人たちに依存しなければならないのも間違いのない現実であり、日系人を含め外国人の働いている姿を見かけるのは、今では決して珍しいことではありません。

つまり、正規か非正規かを別にすれば、我が国の労働市場においては、決して雇用の場がないとは言えないのではないでしょうか。もちろん、今回の金融危機などで、今後どうなるのかは予断を許しませんが。

ただし、国内の雇用機会を有効に使うためには、労働力の供給側、すなわち働く人たちの側でも労働市場のニーズに適応するための努力が必要となります。

（3）正規雇用者の心身の健康問題

　一方、正規雇用の人たちは何も心配がないかと言えば、そういうことはありません。その代表的な問題が過労死や過労自殺と呼ばれる心身の健康問題です。正規雇用のイメージは、自宅を持てるくらいの年収を1人で稼ぐ人たちということになるのでしょうが、非正規雇用の人たちの所得との比較で見合うだけの労働をしているのかという問題が出てきます。そのことが、心身の健康問題を生じさせるような労働につながっていないのかという危惧を抱いています。

（4）労働組合の役割

　働く人たちの団結する組織として労働組合がありますが、その機能や役割についてももう1度考え直す時期に来ているのではないでしょうか。たとえば、農林水産省の統計では、農業就業人口299万人に対し農協の組合員数は932万人、林業の就業人口4万7千人に対し森林組合の組合員数は160万人、漁業の就業人口20万4千人に対し漁協の組合員数は40万人であるのに対し、労働組合員数は1004万1千人で組織率は18.2％、パートタイム労働者の労働組合員数は51万5千人で組織率は4.3％となっています。

　単純に一次産業系の協同組合と労働組合とを比較することには無理がありますが、労働組合の組織率の低さを見るにつけ、労働組合が他の組合組織と比較していかに魅力がないかを表しているように思えてなりません。労働組合が本当にきちんと機能していれば、問題を抱えている人たちが組織化しても良さそうなものですが、現実にはそうなっていないということは、非正規で働く人たちが労働組合には負担する組合費見合いの便益が得られるとは思っていないことの表れではないでしょうか。

　そういう視点から、労働組合を制度面、運用面で見直していけば、別の労働組合像が描けるかもしれません。

（5） 人材ビジネスの健全な育成

　規制緩和の流れの中で、労働市場に新たに登場したものに人材ビジネスがあります。最近では行き過ぎた規制緩和という指摘が行われることが多くなっていますが、人材ビジネスがこれほど急成長するということは、それだけの潜在的なニーズの表れなのではないでしょうか。

　確かに人材ビジネスを行う事業者の中に問題のあるものもありますが、今必要なことは言われているように規制を強化することではなく、働く人たちの多様な就業ニーズを踏まえながら、労働市場が有効に機能するように環境を整備していくことではないでしょうか。その中には、優良な事業者を健全に育成することも、問題のある事業者を市場から退出させることも、当然に含まれています。

3　働き方、働かせ方のルール

　働く人たちの働き方、働かせ方にも当然にルールがあります。このルールを定めたのが労働法であり、これを実施するために通達が出され、また、実際に法的な紛争が生じたときにその解決を図るものが裁判ですので、その蓄積である裁判例が法律上明確でない部分を補足する役割を果たしています。

　労働問題の解決にあたって、通達や裁判例を含む広い意味の労働のルールは、これまでも重要な役割を果たしてきましたが、現在のように働き方が多様化し、働かせる側でも個別の管理を必要とする中では、ルール自体の内容が複雑化し、広い範囲について規制が行われるようになってきたこともあって、難しくなってきています。

　一方、その内容を的確に理解し、適切に対応しなければ、発生するさまざまな労働問題を解決することは困難です。

　本書は、このような問題意識の下、労働問題を法的な側面から、かつ、実務に役立つように分かりやすく執筆・編集したものです。

　このため、できるだけ多くの労働問題に携わる人たちに本書を活用して

執筆を終えて

いただくことを期待しており、そのことを通じて、多くの働く人たちが安心して働ける環境づくりが行われ、我が国の経済社会の発展にいささかでもお役に立つことができれば、これに過ぎる慶びはありません。

平成21年1月

木村　大樹

（参考）主要な労働統計における労働者などに関する用語の意義

1　国勢調査
(1) 労働力人口
　就業者と完全失業者を合わせたもの

(2) 就業者
　調査週間中、賃金、給料、諸手当、営業収益、手数料、内職収入など収入（現物収入を含む）になる仕事を少しでもした者。なお、収入になる仕事を持っているが、調査週間中、少しも仕事をしなかった人のうち、次のいずれかに該当する場合は就業者とします。
> ①　勤めている者で、休み始めてから30日未満の場合または30日以上休んでいても賃金や給料をもらったか、もらうことになっている場合
> ②　個人経営の事業を営んでいる者で、休業してから30日未満の場

　また、家族の人が自家営業（個人経営の農業や工場・店の仕事など）の手伝いをした場合は、無給であっても、収入になる仕事をしたこととして、就業者に含めます。

(3) 完全失業者
　調査週間中、収入になる仕事を少しもしなかった者のうち、仕事に就くことが可能であって、かつ公共職業安定所に申し込むなどして積極的に仕事を探していた者

(4) 非労働力人口
　調査週間中、収入になる仕事を少しもしなかった者のうち、休業者および完全失業者以外の者

(5) 従業上の地位
　就業者を、調査週間中その者が仕事をしていた事業所における状況によって、次のとおり区分します。
> ①　雇用者　会社員・公務員・団体職員・個人商店の従業員・住み込みの家事手伝い・日々雇用されている者・臨時雇いなど、会社・団体・個人や官公庁に雇用されている者で、次にいう「役員」でない者
> ②　常雇　期間を定めずにまたは1年を超える期間を定めて雇われている者
> ③　臨時雇　日々または1年以内の期間を定めて雇用されている者
> ④　役員　会社の社長・取締役・監査役、団体の理事・監事、公団や事業団の総裁・理事・監事などの役員

⑤　雇人のある業主　個人経営の商店主・工場主・農業主などの事業主や開業医・弁護士などで、雇人がいる者
　⑥　雇人のない業主　個人経営の商店主・工場主・農業主などの事業主や開業医・弁護士・著述家・家政婦などで、個人または家族とだけで事業を営んでいる者
　⑦　家族従業者　農家や個人商店などで、農仕事や店の仕事などを手伝っている家族
　⑧　家庭内職者　家庭内で賃仕事（家庭内職）をしている者

2　就業構造基本調査
(1) 就業状態
15歳以上の者を、ふだんの就業・不就業の状態により、次のように区分します。
①　有業者　ふだん収入を得ることを目的として仕事をしており、調査日以降もしていくことになっている者および仕事は持っているが現在は休んでいる者。なお、家族の者が自家営業（個人経営の商店、工場や農家など）に従事した場合は、その家族の者が無給であっても、自家の収入を得る目的で仕事をしたことになります。
②　無業者　ふだん仕事をしていない者、すなわち、ふだん全く仕事をしていない者および臨時的にしか仕事をしていない者

(2)　従業上の地位
①　自営業主　個人経営の商店主、工場主、農業主、開業医、弁護士、著述家、家政婦など自分で事業を営んでいる者
②　雇人のある業主　自営業主のうち、ふだん有給の従業員を雇い、事業を営んでいる者
③　雇人のない業主　自営業主のうち、ふだん従業員を雇わず、自分ひとりでまたは家族と事業を営んでいる者
④　内職者　自宅で材料の支給を受け、人を雇わず、作業所や据付機械など大がかりな固定的設備を持たないで行う仕事をしている者
⑤　家族従業者　自営業主の家族で、その自営業主の営む事業に従事している者。なお、原則的には無給の者をいいますが、小遣い程度の収入のある者も家族従業者とします。
⑥　雇用者　会社員、団体職員、公務員、個人商店の従業員など、会社、団体、個人、官公庁、個人商店などに雇われている者
⑥　会社などの役員　会社の社長、取締役、監査役、各種団体の理事、監事などの役職にある者
⑦　一般常雇　役員を除く雇用者のうち、「臨時雇」および「日雇」以外の者

⑧　臨時雇　1か月以上1年以内の雇用契約で雇われている者
⑨　日雇　日々または1か月未満の雇用契約で雇われている者

(3)　雇用形態
　「会社などの役員」以外の雇用者を、勤め先での呼称によって、「正規の職員・従業員」、「パート」、「アルバイト」、「労働者派遣事業所の派遣社員」、「契約社員」、「嘱託」、「その他」の7つに区分します。また、「正規の職員・従業員」を「正規就業者」、それ以外の6区分をまとめて「非正規就業者」とします。
①　正規の職員・従業員　一般職員または正社員などと呼ばれている者
②　パート　就業の時間や日数に関係なく、勤め先で「パートタイマー」またはそれらに近い名称で呼ばれている者
③　アルバイト　就業の時間や日数に関係なく、勤め先で「アルバイト」またはそれらに近い名称で呼ばれている者
④　労働者派遣事業所の派遣社員　労働者派遣法に基づく労働者派遣事業所に雇用され、そこから派遣されて働いている者。ただし、次のような業務に従事する者は含めません。
　　ア　港湾運送業務、建設業務、警備業務、医療関係の業務
　　イ　デパートの派遣店員など
　　ウ　民営の職業紹介機関やシルバー人材センターなどの紹介による場合や請負、出向
⑤　契約社員　専門的職種に従事させることを目的に契約に基づき雇用され、雇用期間の定めのある者
⑥　嘱託　労働条件や契約期間に関係なく、勤め先で「嘱託職員」またはそれに近い名称で呼ばれている者
⑦　その他　①から⑥まで以外の呼称の者

3　労働力調査

(1)就業状態
　調査週間中の活動状態に基づき、次のように区分します。
①　労働力人口　15歳以上の人口のうち「就業者」と「完全失業者」を合わせたもの
②　就業者　「従業者」と「休業者」を合わせたもの
③　従業者　調査週間中に賃金、給料、諸手当、内職収入などの収入を伴う仕事(以下「仕事」という)を1時間以上した者。なお、家族従業者は、無給であっても仕事をしたとします。
④　休業者　仕事を持ちながら、調査週間中に少しも仕事をしなかった者のうち、
　　ア　雇用者で、給料、賃金の支払いを受けている者又は受けることになっている者。な

参 考

お、職場の就業規則などで定められている育児(介護)休業期間中の者も、職場から給料・賃金をもらうことになっている場合は休業者となります(雇用保険法に基づく育児休業基本給付金や介護休業給付金をもらうことになっている場合を含む)。
　イ　自営業主で、自分の経営する事業を持ったままで、その仕事を休み始めてから30日にならない者。なお、家族従業者で調査週間中に少しも仕事をしなかった者は休業者とはしないで、完全失業者または非労働力人口のいずれかとします。
⑤　完全失業者　次の3つの条件を満たす者
　ア　仕事がなくて調査週間中に少しも仕事をしなかった
　イ　仕事があればすぐ就くことができる
　ウ　調査週間中に、仕事を探す活動や事業を始める準備をしていた(過去の求職活動の結果を待っている場合を含む)
なお、仕事を探し始めた理由(求職理由)によって、完全失業者を次のように区分します。
　ⅰ　非自発的な離職による者:「定年等」と「勤め先都合」を合わせたもの
　ⅱ　定年または雇用契約の満了(定年等):定年や雇用期間の満了による離職失業者
　ⅲ　勤め先や事業の都合(勤め先都合):勤め先や事業の都合(倒産・人員整理など)による離職失業者
　ⅳ　自発的な離職による者(自己都合):自分または家族の都合による離職失業者
　ⅴ　学卒未就職者(学卒未就職):学校を卒業して仕事に就くために、新たに仕事を探し始めた者
　ⅵ　その他の者:「新たに収入が必要」と「その他」を合わせたもの
　　　a.収入を得る必要が生じたから(新たに収入が必要):収入を得る必要が生じたために、新たに仕事を探し始めた者
　　　b.その他:上のいずれにもあてはまらない場合で、新たに仕事を探し始めた者
⑥　非労働力人口　15歳以上の人口のうち、「就業者」と「完全失業者」以外の者

(2)従業上の地位
①　自営業主　個人経営の事業を営んでいる者
②　雇有業主　ふだん1人以上の有給の従業者を雇って個人経営の事業を営んでいる者
③　雇無業主　従業者を雇わず自分だけで、または自分と家族だけで個人経営の事業を営んでいる者(自宅で内職(賃仕事)をしている者を含む)
④　家族従業者　自営業主の家族で、その自営業主の営む事業に無給で従事している者
⑤　雇用者　会社、団体、官公庁または自営業主や個人家庭に雇われて給料、賃金を

得ている者および会社、団体の役員
⑥ 常雇 「役員」と「一般常雇」を合わせたもの
⑦ 役員 会社、団体、公社などの役員(会社組織になっている商店などの経営者を含む)
⑧ 一般常雇 1年を超えるまたは雇用期間を定めない契約で雇われている者で「役員」以外の者
⑨ 臨時雇 1か月以上1年以内の期間を定めて雇われている者
⑩ 日雇 日々または1か月未満の契約で雇われている者

(3) 雇用形態
会社、団体などの役員を除く雇用者については、勤め先での呼称によって、「正規の職員・従業員」、「パート」、「アルバイト」、「労働者派遣事業所の派遣社員」、「契約社員・嘱託」、「その他」の6つに区分します。

4 事業所・企業統計調査

① 従業者 調査日現在、当該事業所に所属して働いているすべての者。他の会社や下請先などの別経営の事業所へ派遣している者も含まれる。一方、当該事業所で働いている者であっても、他の会社や下請先などの別経営の事業所から派遣されているなど、当該事業所から賃金・給与(現物給与を含む)を支給されていない者は従業者に含めません。なお、個人経営の事業所の家族従業者は、賃金・給与を支給されていなくても従業者とします。
② 個人業主 個人経営の事業所で、実際にその事業所を経営している者
③ 無給の家族従業者 個人業主の家族で、賃金・給与を受けずに、事業所の仕事を手伝っている者。家族であっても、実際に雇用者並みの賃金・給与を受けて働いている者は、「常用雇用者」または「臨時雇用者」に含めます。
④ 有給役員 個人経営以外の場合で、役員報酬を得ている者。重役や理事などであっても、事務職員、労務職員を兼ねて一定の職務に就き、一般職員と同じ給与規則によって給与を受けている者は、「常用雇用者」に含めます。
⑤ 常用雇用者 期間を定めずに雇用されている人もしくは1か月を超える期間を定めて雇用されている者または調査日前2か月間でそれぞれ18日以上雇用されている者
⑥ 正社員・正職員 常用雇用者のうち、一般に「正社員」、「正職員」などと呼ばれている者
⑦ 正社員・正職員以外 常用雇用者のうち、一般に「正社員」、「正職員」などと呼ばれている者以外で、「嘱託」、「パートタイマー」、「アルバイト」またはそれに近い名称で呼ばれている者

⑧　臨時雇用者　常用雇用者以外の雇用者で、1か月以内の期間を定めて雇用されている者または日々雇用されている者
⑨　派遣・下請従業者　従業者のうち、いわゆる労働者派遣法にいう派遣労働者、在籍出向など当該事業所に籍がありながら、他の会社など別経営の事業所で働いている者または下請として請負先の事業所で働いている者

5　毎月勤労統計
①　常用労働者　事業所に使用され給与を支払われる労働者（船員法の船員を除く）のうち、
　ア　期間を決めず、または1か月を超える期間を決めて雇われている者
　イ　同一事業所に日々または1か月以内の期間を限って雇われていた者のうち調査期間の前2か月に18日以上雇われた者
　　　なお、いわゆる重役や理事などの役員でも、部長、工場長あるいは支店長などのように、常時事業所に出勤して、雇用者として一定の職務に従事し、一般雇用者と同じ給与規則または同じ基準で毎月給与が算定されている者や、事業主の家族であっても常時その事業所に勤務し、その事業所における一般雇用者と同じ給与規則または同じ基準で毎月給与が算定されている者は常用労働者に含めます。また、調査期日現在、調査事業所に在職し、調査期間内（1か月間）に給与の算定を受けた者は、調査期間に出勤していなくても含めますが、長期欠勤、他事業所への出向などのため、調査期間中何らの給与の算定も受けなかった者は含めません。
②　一般労働者　常用労働者のうち、パートタイム労働者以外の者
③　パートタイム労働者　常用労働者のうち、次のいずれかに該当する者
　ア　1日の所定労働時間が一般労働者より短い者
　イ　1日の所定労働時間が一般労働者と同じで1週の所定労働日数が一般労働者よりも短い者
④　住込労働者　家族労働者であるか否かを問わず、事業所の構内または事業主の住宅内に住んでいて常態として給食を受けているもの。ただし、次の者は住込労働者としません。
　ア　食費および部屋代（光熱費を含む）の双方を支払っている者
　イ　事業所の構内にあっても、独立した建物に居住して食費を支払っている者
⑤　通勤労働者　住込労働者に該当しない者
⑥　家族労働者　個人経営事業所では個人業主、法人組織事業所では実質的にその法人を代表する者（通例は社長）の配偶者、3親等以内の親族およびその配偶者
⑦　短時間労働者　通常日1日の実労働時間が6時間以下の者

6 賃金構造基本調査

① 常用労働者　次のいずれかに該当する労働者
　ア　期間を定めずに雇われている労働者
　イ　1か月を超える期間を定めて雇われている労働者
　ウ　日々または1か月以内の期間を定めて雇われている労働者のうち、調査期間の前2か月にそれぞれ18日以上雇用された労働者
② 一般労働者　短時間労働者以外の労働者
③ 短時間労働者　同一事業所の一般労働者より1日の所定労働時間が短いまたは1日の所定労働時間が同じでも1週の所定労働日数が少ない労働者
④ 正社員・正職員　事業所で正社員、正職員とする労働者
⑤ 正社員・正職員以外　正社員・正職員に該当しない労働者
⑥ 生産労働者　主として物の生産現場、建設作業現場等で作業に従事する労働者
⑦ 管理・事務・技術労働者　生産労働者以外の労働者
⑧ 標準労働者　学校卒業後直ちに企業に就職し、同一企業に継続勤務しているとみなされる労働者

7 就労条件総合調査

① 対象労働者　期間を定めずに雇われている企業全体の全常用労働者よりパートタイム労働者を除いた労働者
② 常用労働者　次のいずれかに該当する者
　ア　期間を定めずに雇われている労働者
　イ　1か月を超える期間を定めて雇われている労働者
　ウ　1か月以内の期間を定めて雇われている労働者または日々雇われている労働者で、調査期間の前2か月の各月にそれぞれ18日以上雇用された者
③ パートタイム労働者　1日の所定労働時間が当該企業の対象労働者より短い者または1日の所定労働時間が対象労働者と同じであっても、1週の所定労働日数が少ない労働者

判 例 一 覧

（●最高裁、■高裁、◆地裁、▲簡易）

第1章　労働者と使用者
【労働者に該当すると判断された裁判例】
- ◆ゾンネボード製薬事件　東京地裁八王子支部平成5年2月18日労判627-10（名目的に取締役の地位にあったに過ぎない者）
- ◆観智院事件　京都地裁平成5年11月15日労判647-69（寺院の経理事務を含む維持管理業務および拝観業務に従事してきた者）
- ◆丸善住研事件　東京地裁平成6年2月25日労判656-8（会社の指揮監督下において、その提供する労務を会社の事業運営の機構の中に組み入れられている大工）
- ◆中部ロワイヤル事件　名古屋地裁平成6年6月3日労判680-92（パン・洋菓子製造会社とパン類の訪問販売を行う旨の「外交員契約」を結んだ者）
- ◆スター芸能企画事件　東京地裁平成6年9月8日判時1536-61（会社の指揮命令に従って芸能出演などする歌手）
- ◆山口観光事件　大阪地裁平成7年6月28日労判686-71（店舗に来店する客に対しマッサージを行う者）
- ◆中央林間病院事件　東京地裁平成8年7月26日労判699-22（病院の院長）
- ◆江東運送事件　東京地裁平成8年10月14日労判706-37（会社でタンクローリー車の入庫誘導や防犯点検のための事務所の巡回などを行う者）
- ■実正寺事件　高松高裁平成8年11月29日労判708-40（寺において、主に葬式、法事などの受付業務に従事し、宿直する者）
- ◆羽柴事件　大阪地裁平成9年7月25日労判720-18（汎用コンピューター用ソフト開発に従事する者）
- ◆タオヒューマンシステムズ事件　東京地裁平成9年9月26日労経速1658-16（ゲームソフトのプログラム作成に従事する者）
- ◆泉証券事件　大阪地裁平成11年7月19日労判791-15（証券会社の営業嘱託従事者）
- ◆バベル事件　東京地裁平成11年11月30日労判789-54（語学・翻訳教育・翻訳会社の海外事業開発室長兼取締役）
- ◆三精輸送機事件　京都地裁福知山支部平成13年5月14日労判805-34（請負契約を結びながら、正社員、派遣労働者と共に、正社員とほぼ同様の勤務日および勤務時間の指定・管理を受けて工場内で製品の仕上組立作業などに専属的に従事する者）
- ◆チボリ・ジャパン事件　岡山地裁平成13年5月16日労判821-54（会社の指揮監督下に、会社の準備したコスチュームを使用して業務を行い、欠席ないし降板した場合は、その回数に応じて違約金を支払わなければならない楽団員）
- ◆オー・エス・ケー事件　東京地裁平成13年11月19日労経速1786-31（会社に中途採用され、入社約1年後に業務内容、就業形態などはほとんど変更がないものの取締

役に就任したコンピューターシステム技術者)
■新宿労働基準監督署長(映画撮影技師)事件　東京高裁平成14年7月11日労判832-13(映画撮影技師)
■岡山大学学友会事件　広島高裁岡山支部平成15年2月27日労判855-82(嘱託)
●エーシーシープロダクション製作スタジオ事件　最高裁第二小法廷平成15年4月11日労判849-23(アニメーションなどのスタジオで図画を製作するデザイナー)
◆モーブッサン・ジャパン事件　東京地裁平成15年4月28日労判854-49(マーケティング部門社員の監督、製品およびPVL、販売分析報告、倉庫および流通業務、社員教育、イベントおよび広報業務、メディアとの接触などを職務とする者)
◆大阪中央労基署長(おかざき)事件　大阪地裁平成15年10月29日労判866-58)(同族会社の専務取締役)
●関西医科大学研修医事件　最高裁第一小法廷平成17年6月3日労判893-14(医大病院の研修医)
◆長谷実業事件　東京地裁平成7年11月7日労判689-61(クラブ・ホステス)
◆クラブ「イシカワ」事件　大阪地判平成17年8月26日労判903-83(入店契約)
◆アサヒ急配事件　大阪地裁平成18年10月12日労判928-24(運送委託契約により一般貨物自動車運送に従事する運転者)
◆千葉労基署長(県民共済生協)事件　東京地裁平成20年2月28日労判962-24(県民共済の普及員)

【労働者ではないと判断された裁判例】
●日田労基署長事件　最高裁第三小法廷平成元年10月17日労判556-88(山仙頭)
◆眞壁組事件　大阪地裁平成2年10月15日労判573-20、日本一生コンクリート事件　大阪地裁平成8年5月27日労判700-61(所有するミキサー車により生コン運送を行う運転手)
◆新発田労基署長(朝日村)事件　新潟地裁平成3年3月29日労判589-68(村の共有林の伐採作業に従事する者)
◆セイシン・ドライビングスクール事件　静岡地裁平成3年5月23日判タ763-263(株式会社の監査役)
◆パピルス事件　東京地裁平成5年7月23日労判638-53(コンピューターシステムのマニュアル作成の仕事の仲介営業活動などを行う者)
◆太平洋証券事件　大阪地裁平成7年6月19日労判682-72(証券会社の外務員)
◆相模原労働基準監督署長事件　横浜地裁平成7年7月20日労判698-73(木造建築工事における労働力の貸し借りの関係にあった一人親方の大工)
◆日本通運事件　大阪地裁平成8年9月20日労判707-84(グループを作り所有する軽貨物自動車を用いて運送会社の運送業務に従事する者)
●横浜南労基署長(旭紙業)事件　最高裁第一小法廷平成8年11月28日労判714-14(自己の所有するトラックを持ち込み、専属的に特定の会社の製品の運送業務に従事する者)

- ◆美浜観光事件　東京地裁平成10年2月2日労判735-52（ホテル・旅館・食堂・休憩所運営会社の代表取締役）
- ◆ファイブワン商事事件　大阪地裁平成10年9月18日労判753（代表取締役退任後の常務取締役）
- ◆信榮産業事件　東京地裁平成11年5月27日労経速1707-24（名実ともに取締役である者）
- ◆協和運輸事件　大阪地裁平成11年12月17日労判781-65（運送会社のタンクローリー運転手）
- ◆ポップマート事件　東京地裁平成11年12月24日労判777-20（食料品・日用雑貨品小売会社の任期2年の代表取締役）
- ◆恒昭会事件　大阪地裁平成12年2月4日労経速1728-8（病院の理事兼院長）
- ◆大阪市シルバー人材センター事件　大阪地裁平成14年8月30日労判837-29（シルバー人材センターの会員）
- ■NHK盛岡放送局事件　仙台高裁平成16年9月29日労判881-15（NHKの受信料集金受託者）
- ■NHK千葉放送局事件　東京高裁平成18年6月27日労判926-64（NHKの受信料集金受託者）
- ◆新国立劇場運営財団事件　東京地裁平成18年3月30日労判918-55（1年契約のオペラ歌手）
- ◆ブレックス・ブレッディ事件　大阪地裁平成18年8月31日労判925-66（フランチャイズ店の店長）
- ◆アサヒトラスト事件　東京地裁平成18年10月27日労判928-90（先物取引取扱会社の登録外務員）
- ◆長野労基署長（小賀坂スキー製作所）事件　長野地裁平成19年4月24日（スキー製作会社とアドバイザースタッフ契約を結んでいるスキーコーチ）
- ●藤沢労署長事件　最高裁第一小法廷平成19年6月28日労判940-11（作業場を持たずに1人で仕事に従事する大工）
- ■磐田労基署長事件　東京高裁平成19年11月7日労判955-32（レースライダー）
- ■朝日新聞社（国際編集部記者）事件　東京高裁平成19年11月29日労判951-31（新聞社において翻訳や記事執筆などをするフリーランサー）

【労働組合法3条の労働者に当たると判断した判例】
- ●CBC管弦楽団労組事件　最高裁第一小法廷昭和51年5月6日

【労働基準法の使用者であるとした判例】
- ●労働基準法違反被告事件　最高裁第一小法廷昭和26年12月20日刑集5-13-2552

【労働組合法の使用者か否かに関する判例】
- ●朝日放送事件　最高裁第三小法廷平成7年2月28日労判929-94
- ●油研工業事件　最高裁第一小法廷昭和51年5月6日民集30-4-409
- ●JR北海道・日本貨物鉄道不採用事件　最高裁第一小法廷平成15年12月22日労

判864-5
●JR東海事件　最高裁第二小法廷平成18年12月8日労判929-5
●山恵木材事件　最高裁第三小法定昭和46年6月15日民集25-4-516
【黙示の労働契約の成立が認められた裁判例】
■松下プラズマディスプレイ事件　大阪高裁平成20年4月25日労判960-5
◆ナブテスコ事件　神戸地裁明石支部平成17年7月22日労判901-21
◆センエイ事件　佐賀地裁武雄支部平成9年3月28日労判719-38
【黙示の労働契約の成立が認められなかった裁判例】
■大映映像等事件　東京高裁平成5年12月22日労判664-81
■●セントランス・セントラルエンジニアリング・松下通信工業事件　東京高裁平成3年10月29日労判598-40、最高裁第一小法廷平成4年9月10日
◆三和プラント工業事件　東京地裁平成2年9月11日労判569-33
◆テレビ東京事件　東京地裁平成元年11月28日労判552-39
■サガテレビ事件　福岡高裁昭和58年6月7日労判410-29
◆大誠電機工業事件　大阪地裁平成13年3月23日労判806-30
【法人格が否認された裁判例】
◆黒川建設事件　東京地裁平成13年7月25日労判813-15
◆クリエイティヴ・インターナショナルコーポレーション事件　札幌地裁平成3年8月29日労判596-26
【労働法の国際的な適用関係が問われた裁判例】
■米国ジョージア州事件　東京高裁平成19年10月4日労働判例955-83
◆インターウォーブン・インク事件　東京地裁平成16年1月26日労判868-90
◆ユナイテッド航空事件　東京地裁平成12年4月28日労判788-39
◆ドイッチェ・ルフトハンザ・アクチェンゲゼルシャフト事件　東京地裁平成9年10月11日労判726-70

第2章　募集と職業紹介
【募集】
●大日本印刷事件　最高裁第二小法廷昭和54年7月20日民事33-5-582
◆リクルートスタッフィング事件　東京地裁平成17年7月20日労判901-85
【募集の労働条件と労働契約の内容に関する裁判例】
◆丸一商店事件　大阪地裁平成10年10月30日労判750-29
◆ファースト事件　大阪地裁平成9年5月30日労判738-91
■千代田工業事件　大阪高裁平成2年3月8日労判575-59
◆安部一級土木施行監理事務所事件　東京地裁昭和62年3月27日労判495-16
■八州測量事件　東京高裁昭和58年12月19日労判421-33
【説明会の説明と労働契約内容に関する裁判例】
■日新火災海上保険事件　東京高裁平成12年4月19日労判787-35

◆小野病院事件　福岡地裁昭和57年9月9日労判402-62
【職業紹介とは】
●職業安定法違反被告事件　最高裁第一小法廷昭和29年3月1日
【スカウトやアウトプレースメントは職業紹介事業】
●エグゼクティブ・サーチ事件　最高裁第二小法廷平成6年4月22日民集48-3-944
【有料職業紹介事業に関する裁判例】
◆日本土地改良・日本エアロビクスセンター・東横配膳人紹介所事件　東京地裁昭和62年1月30日労判498-77（安全配慮義務）
◆京王プラザホテルほか1社事件　東京地裁平成16年4月23日労判878-63（配膳人に登録換えの勧め）
【労働組合等が行う労働者供給事業に関する裁判例】
◆関西職別労供労働組合事件　大阪地裁平成12年5月31日労判811-80（労働組合からの除名と就労拒否）
◆鶴菱運輸事件　横浜地裁昭和54年12月21日労判333-30（労働組合の脱退と就労拒否）
【供給契約の終了による就労拒否】
◆泰進交通事件　東京地裁平成19年11月16日労判952-24
◆渡辺倉庫運送事件　東京地裁昭和61年3月25日労判471-6

第3章　採用
【採用とは】
●大日本印刷事件　最高裁第二小法廷昭和54年7月20日民集33-5-582
◆リクルートスタッフィング事件　東京地裁平成17年7月20日労判901-85
■駸々堂事件　大阪高裁平成10年7月22日労判748-98
【採用の自由の原則】
●三菱樹脂事件　最高裁大法廷昭和48年12月12日民集27-11-1536
■慶応病院看護婦不採用事件　東京高裁昭和50年12月22日労民集26-6-1116
【経歴詐称】
●炭研精工事件　最高裁第一小法廷平成3年9月19日労判615-16
【学歴詐称を理由とする解雇は有効】
◆正興産業事件　浦和地裁川越支部平成6年11月10日労判666-28
◆相模住宅ローン事件　東京地裁昭和60年10月7日労判463-68
◆硬化クローム工業事件　東京地裁昭和60年5月24日労判453-62
◆スーパーバッグ事件　東京地裁昭和54年3月8日労判4320-43
◆三菱金属鉱業事件　東京地裁昭和46年11月25日労経速777-3
【学歴詐称に基づく解雇は無効】
◆近藤化学工業事件　大阪地裁平成6年9月16日労判662-67
◆中部共石油送事件　名古屋地裁平成5年5月20日労経速1514-3

◆マルヤタクシー事件　仙台地裁昭和60年9月19日労判459－40
■西日本アルミニウム工業事件　福岡高裁昭和55年1月17日労判334－12
【職歴詐称を理由とする解雇は有効】
◆近藤化学工業事件　大阪地裁平成6年9月16日労判662－67
◆環境サービス事件　東京地裁平成6年3月30日労判649－6
◆立川バス事件　東京地裁八王子支部平成元年3月17日労判580－34
◆都島自動車商会事件　大阪地裁昭和62年2月13日労判497－133
■弁天交通事件　名古屋高裁昭和51年12月23日労判269－58
【了解済みの過去の勤務歴のみでの適格性否定は解雇無効】
◆極東交通事件　大阪地裁平成2年9月20日労判572－78
【賞罰欄の罰は一般的には確定有罪判決、裁判の最中は含まれない】
●炭研精工事件　最高裁第一小法廷平成3年9月19日労判615－16
【必要書類の提出】
◆シティズ事件　東京地裁平成11年12月16日労判780－61
◆名古屋タクシー事件　名古屋地裁昭和40年6月7日労民集16－3－459
【労働契約の締結過程における過失】
■かなざわ総本舗事件　東京高裁昭和61年10月14日金融・商事判例767－21
■わいわいランド事件　大阪高裁平成13年3月6日労判818－73
【採用内定とは】
●大日本印刷事件　最高裁第二小法廷昭和54年7月20日民事33－5－582
●東京都事件　最高裁第一小法廷昭和57年5月27日民集36－5－777
【採用内定の取消】
●大日本印刷事件　最高裁第二小法廷昭和54年7月20日民事33－5－582
●電電公社近畿電通局事件　最高裁第二小法廷昭和55年5月30日民集34－3－464
◆日立製作所事件　横浜地裁昭和49年6月19日判時744－29
◆インフォミックス事件　東京地裁平成9年10月31日労判726－37
【身元保証】
◆丸山宝飾事件　東京地裁平成6年9月7日判時1541－104
◆坂入産業事件　浦和地裁昭和58年4月26日労判418－104
【雇入れ後の労働契約・就業規則の変更】
◆友定事件　大阪地裁平成9年9月10日労判725－32

第4章　労働契約の基礎
【国籍を理由とする差別的な取扱い】
◆日立製作所事件　横浜地裁昭和49年6月19日判時744－29
◆東京国際学園事件　東京地裁平成13年3月15日労判818－55
【思想・信条を理由とする差別的な取扱い】

■●スズキ事件　東京高裁平成18年12月7日労判931-83、最高裁第一小法廷平成20年3月6日
◆倉敷紡績事件　大阪地裁平成15年5月14日労判859-69
◆新日本製鐵広畑製鐵所事件　神戸地裁姫路支部平成16年3月29日労判877-93
◆松阪鉄工所事件　津地裁平成12年9月28日労判800-91
【年齢を理由とする差別的な取扱い】
●秋北バス事件　最高裁大法廷昭和43年12月25日民集22-13-3459
◆日本貨物鉄道事件　名古屋地裁平成11年12月27日労判780-45
●みちのく銀行事件　最高裁第一小法廷平成12年9月7日民集54-7-2075
◆ヴァリグ日本支社事件　東京地裁平成13年12月19日労判817-5
◆東京ヘレン・ケラー協会事件　東京地裁昭和56年7月8日労経速1098-16
◆大京ライフ事件　横浜地裁平成11年5月31日労判769-44
◆東京都十一市競輪事業組合事件　東京地裁昭和60年5月13日労判453-75
【職種などを理由とする差別的な取扱い】
◆フジタ工業事件　名古屋地裁平成2年7月10日労判569-55
◆セントラル警備保障事件　東京地裁平成6年2月25日労判655-72
【均衡処遇に関する裁判例】
◆丸子警報器事件　長野地裁上田支部平成8年3月15日労判690-32
◆日本郵便逓送事件　大阪地裁平成14年5月22日労判830-22
◆建設省中部地方建設局事件　名古屋地裁平成12年9月6日労判802-70
◆京都市男女共同参画センター管理財団法人事件　京都地裁平成20年7月9日
【使用期間の法的性質】
●三菱樹脂事件　最高裁大法廷昭和48年12月12日民集27-11-1536
【試用期間の長さ】
●三菱樹脂事件　最高裁大法廷昭和48年12月12日民集27-11-1536
◆ダイヤモンドコミュニティ事件　東京地裁平成11年3月12日労経速1712-9
◆ブラザー工業事件　名古屋地裁昭和59年3月23日労判439-64
【試用期間の延長】
◆雅叙園観光事件　東京地裁昭和60年11月20日労判464-17
【雇用が継続中に試用期間を設けること】
◆ヒノヤタクシー事件　盛岡地裁平成元年8月16日労判549-39
【有期労働契約と試用期間】
●神戸弘陵学園事件　最高裁第三小法廷平成2年6月5日民集44-4-668
【試用期間における解約権の行使が認められた裁判例】
●三菱樹脂事件　最高裁大法廷昭和48年12月12日民集27-11-1536
◆ブレーンベース事件　東京地裁平成13年12月25日労経速1789-22
◆安田火災海上保険事件　福岡地裁小倉支部平成4年1月14日労判604-17
◆日和崎石油事件　大阪地裁平成2年1月22日労経速1390-3
【試用期間における解約権の行使が認められなかった裁判例】

- ◆テーダブルジェー事件　東京地裁平成13年2月27日労判809-74
- ◆新光美術事件　大阪地裁平成12年8月18日労判793-25
- ◆新光美術事件　大阪地裁平成11年2月5日労経速1708-9

【有期労働契約の上限期間】
- ◆共同都心住宅販売事件　東京地裁平成13年2月27日労判812-48
- ◆読売日本交響楽団事件　東京地裁平成2年5月18日労判563-24
- ◆医療法人北錦会事件　大阪簡裁平成7年3月16日労判677-51

【有期労働契約を中途で解除できる場合】
- ■安川電機八幡工場事件　福岡高裁平成16年9月18日労判840-52
- ◆モーブッサン・ジャパン事件　東京地裁平成15年4月28日労判854-49

【期間の定めのない労働契約から有期労働契約への変更】
- ◆ヤマゲンパッケージ事件　大阪地裁平成9年11月4日労判738-55
- ◆葉山国際カンツリー倶楽部事件　横浜地裁平成9年6月27日労判721-30
- ●駸々堂事件　最高裁第三小法廷平成11年4月27日労判761-15

【強制労働や中間搾取の禁止】
- ▲医療法人北錦会事件　大阪簡裁平成7年3月16日労判677-51

【違約金や賠償予定の禁止】
- ▲医療法人北錦会事件　大阪簡裁平成7年3月16日労判677-51
- ◆新協運送事件　大阪地裁平成11年2月17日労判754-17
- ◆新日本証券事件　東京地裁平成10年9月25日労判746-7
- ◆サロン・ド・リリー事件　浦和地裁昭和61年5月30日労判489-85
- ◆野村證券事件　東京地裁平成14年4月16日労判827-40
- ■徳島健康生活協同組合事件　高松高裁平成15年3月14日
- ◆和幸会事件　大阪地裁平成14年11月1日労判840-32
- ◆新日本証券事件　東京地裁平成10年9月25日労判746-7
- ◆明治生命保険事件　東京地裁平成16年1月26日労判872-46

【前借金相殺】
- ◆東箱根開発事件　東京地裁昭和50年7月28日労判236-40
- ◆長谷実業事件　東京地裁平成7年11月7日労判689-61

【社内預金】
- ●トーコロ事件　最高裁第二小法廷平成13年6月22日労判808-1（労使協定の当事者が親睦会代表で、労働者の過半数を代表する者ではない場合には、その労使協定は無効）
- ◆三友印刷事件　東京地裁昭和42年10月28日労民集18-5-1067（円満退職時のみ社内預金を返還するという契約条項は無効）
- ■三洋紙工事件　東京高裁平成7年9月27日（社内預金の消滅時効）

第5章　人事異動

【配置命令権】
- ●東亜ペイント事件　最高裁第二小法廷昭和61年7月14日労判477-6
- ●ネスレジャパンホールディング事件　最高裁第二小法廷平成20年4月24日
- ■よみうり事件　名古屋高裁平成7年8月23日労判689-68

【採用時から職務限定の合意があると判断された裁判例】
- ◆東京海上日動火災保険事件　東京地裁平成19年3月26日労働判例941-33
- ◆東武スポーツ(宮ノ森カントリー倶楽部)事件　宇都宮地裁平成18年12月28日労判932-14
- ■直源会相模原南病院事件　東京高裁平成10年12月10日労判761-118
- ◆ヤマトセキュリティ事件　大阪地裁平成9年6月10日労判720-55

【配転転換の命令が有効とされた裁判例】
- ◆ノース・ウエスト・エアラインズ・インコーポレイテッド事件　千葉地方裁判所平成18年4月27日労判921-57
- ◆東京アメリカンクラブ事件　東京地裁平成11年11月26日労判778-40
- ◆神姫バス事件　神戸地裁姫路支部昭和63年7月18日労判523-46

【職種の限定の合意が認められなかった裁判例】
- ◆学校法人大阪医科大学　大阪地裁平成17年9月01日労判906-70
- ●九州朝日放送事件　最高裁第一小法廷平成10年9月10日労判692-57
- ●日産自動車村山工場事件　最高裁第一小法廷平成元年12月7日労判554-6

【深夜勤務を伴う配置転換】
- ◆マンナ運輸事件　神戸地裁平成16年2月27日労判874-40

【使用者の転勤命令権が認められた裁判例】
- ●ケンウッド事件　最高裁第三小法廷平成12年1月28日労判774-7
- ◆グリコ協同乳業事件　松江地裁昭和47年2月14日労民集23-1-25
- ◆日本コロムビア事件　東京地裁昭和50年5月7日労判228-53

【勤務地限定の特約や認められた裁判例】
- ■日本レストランシステム事件　大阪高裁平成17年1月25日労判890-27
- ◆新日本通信事件　大阪地裁平成9年3月24日労経速1649-6
- ◆新日本製鐵事件　福岡地裁小倉支部昭和45年10月26日判時618-88
- ◆ブック・ローン事件　神戸地裁昭和54年7月12日労判325-20

【家庭生活上の不利益は、転勤に伴い通常甘受すべき程度のものという裁判例】
- ●東亜ペイント事件　最高裁第二小法廷昭和61年7月14日労判477-6
- ■エフピコ事件　東京高裁平成12年5月24日労判785-22
- ●ケンウッド事件　最高裁第三小法廷平成12年1月28日労判774-7
- ●帝国臓器製薬事件　最高裁第二小法廷平成11年9月17日労判768-16

【通常甘受すべき程度を著しく超える不利益を負わせる転勤命令とされた裁判例】
- ◆ミロク情報サービス事件　京都地裁平成12年4月18日労判790-39
- ◆NTT西日本事件　大阪地裁平成19年3月28日労判946-130

◆明治図書出版事件　東京地裁平成14年12月27日労判561-69
◆北海道コカコーラボトリング事件　札幌地裁平成9年7月23日労判723-62
●ネスレジャパンホールディング事件　最高裁第二小法廷平成20年4月24日
【昇進と使用者の裁量権】
■光洋精工事件　大阪高裁平成9年11月25日労判729-39
【昇進に関し、性別を理由とする差別的な取扱いが問題となった裁判例】
◆阪急交通社事件　東京地裁平成19年11月30日労判960-63
■昭和シェル石油事件　東京高裁平成19年6月28日労判946-76
◆住友金属工業事件　大阪地裁平成17年3月28日判タ1189-98
◆名糖健康保険組合事件　東京地裁平成16年12月27日労判887-22
◆岡谷鋼機事件　名古屋地裁平成16年12月22日労判888-28
◆イセキ開発工機　東京地裁平成15年12月12日労判870-28
◆住友生命保険事件　大阪地裁平成13年6月27日労判809-5
【降格と使用者の裁量権】
◆東京アメリカンクラブ事件　東京地裁平成11年11月26日労判778-40
◆渡島信用金庫事件　函館地裁平成14年9月26日労判841-58
◆アーク証券事件　東京地裁平成12年1月31日労判785-45
◆バンダイ事件　東京地裁平成15年9月16日労判860-92
【降格処分が、使用者の裁量権を逸脱していないとされた裁判例】
■空知土地改良区事件　札幌高裁平成19年1月19日労判937-156
◆日本プラントメンテナンス協会事件　東京地裁平成15年6月30日労経速1852-18
◆全日本スパー本部事件　東京地裁平成14年11月26日労経速1828-3
◆渡島信用金庫事件　函館地裁平成14年9月26日労判841-58
◆エクイタブル生命保険事件　東京地裁平成2年4月27日労判565-79
【降格処分が、使用者の裁量権を逸脱したとされた裁判例】
◆北海道厚生農協連合会事件　釧路地裁帯広支部平成9年3月24日労判731-75
◆医療法人財団東京厚生会事件　東京地裁平成9年11月18日労判728-36
◆デイエフアイ西友事件　東京地裁平成9年1月24日労判724-30
◆倉田学園事件　高松地裁平成元年5月25日労判555-81
【出向命令の根拠】
■日東タイヤ事件　東京高裁昭和47年4月26日判時670-94
【就業規則などに明確な規定がない場合でも、労働者の包括的同意が認められた裁判例】
◆興和事件　名古屋地裁昭和55年3月26日労判342-61
【出向権の濫用】
●新日本製鐵事件　最高裁第二小法廷平成15年4月18日労判847-14
【出向の延長】
●新日本製鐵事件　最高裁第二小法廷平成15年4月18日労判847-14
【出向からの復帰】

●古河電気工業・原子燃料工業事件　最高裁第二小法廷昭和60年4月5日民集39－3－675
◆アイ・ビイ・アイ事件　東京地裁平成2年10月26日労判574－41
【出向期間中の出向元との関係】
◆日本ロール事件　東京地裁平成6年8月30日労判668－30
【転籍とは】
●日立製作所横浜工場事件　最高裁第一小法廷昭和48年4月12日集民109－53
◆ニシデン事件　東京地裁平成11年3月16日労判766－53
◆玉川機械金属事件　東京地裁昭和61年4月25日労判473－6
◆ミロク製作所事件　高知地裁昭和53年4月20日労判306－48
◆ブライト証券・実栄事件　東京地裁平成16年5月28日労判874－13
【転籍の根拠】
◆千代田化工建設事件　横浜地裁平成元年5月30日労判540－22
■生協イーコープ・下馬生協事件　東京高裁平成6年3月16日労判656－63
◆三和機材事件　東京地裁平成7年12月25日労判689－31
◆日立精機事件　千葉地裁昭和56年5月25日労判372－49
【転籍からの復帰】
◆日鐵商事事件　東京地裁平成6年3月17日労判662－74
■京都信用金庫事件　大阪高裁平成14年10月30日労判847－69
【傷病休職制度とは】
◆北産機工事件　札幌地裁平成11年9月21日労判769－20
◆東洋シート事件　広島地裁平成2年2月19日判タ757－177
◆岡田運送事件　東京地裁平成14年4月24日労判828－22
【傷病休職から復職させる業務】
●片山組事件　最高裁第一小法廷平成10年4月9日労判763－15
■カントラ事件　大阪高裁平成14年6月19日労判839－47
【傷病休職に関するその他の裁判例】
◆日本郵政公社(茨木郵便局)事件　大阪地裁平成15年7月30日労経速1847－21
■富国生命保険事件　東京高裁平成7年8月30日労判684－39
◆マルヤタクシー事件　仙台地裁昭和61年10月17日労判486－91
【起訴休職】
◆全日本空輸事件　東京地裁平成11年2月15日労判760－46
●石川島播磨重工業事件　最高裁第二小法廷昭和57年10月8日労経速1143－8
■明治学園事件　福岡高裁平成14年12月13日労判848－68
◆全国農協連合会事件　東京地裁昭和62年9月22日労判503－16
◆日本石油化学事件　横浜地裁川崎支部昭和56年11月26日労経速1125－8
【企業合併と労働契約】
◆同和火災海上保険事件　大阪地裁昭和24年5月17日労民集4－40
【事業譲渡と労働契約】

845

◆茨木消費者クラブ事件　大阪地裁平成5年3月22日労判628-12
◆東北電力事件　仙台地裁昭和49年4月24日判例タイムズ319-264
■松山市民病院事件　高松高裁昭和42年9月6日労民集18-5-890
◆タジマヤ事件　大阪地裁平成11年12月8日
◆新関西通信シテムズ事件　大阪地裁平成6年8月5日労判668-48
◆本位田建築事務所事件　東京地裁平成9年1月31日労判712-17
◆日本大学事件　東京地裁平成9年2月19日労判712-6
◆外港タクシー事件　長崎地裁平成13年7月24日労判815-70
【会社分割と労働契約】
◆日本アイ・ビー・エム事件　横浜地裁判決平成19年5月29日労判942-5
◆サン・ファイン事件　名古屋地裁平成14年11月29日労判846-75
【企業の解散と労働契約】
◆大森陸運ほか2社事件　神戸地裁平成15年3月26日労判857-77
◆朝鮮日報日本支社事件　東京地裁平成11年3月16日労経速1710-9
◆グリン製菓事件　大阪地裁平成10年7月7日労判747-58
◆第一交通産業(佐野第一交通)事件　大阪地裁岸和田支部平成15年9月10日労判861-11
◆日進工機事件　奈良地裁平成11年1月11日労判735-15
【使用者の死亡と労働契約】
◆尾婆伴事件　大阪地裁平成元年10月25日労判551-22
【労働者の死亡と労働契約】
●エッソ石油事件　最高裁第二小法廷平成元年9月22日判時1356-145

第6章　労働契約の権利と義務
【危険な業務への就労】
●千代田丸事件　最高裁第三小法廷昭和43年12月24日民集22-13-3050
■動労千葉事件　東京高裁平成元年7月17日労判543-37
◆西日本旅客鉄道事件　大阪地裁平成13年12月26日労経速1801-3
【安全配慮義務の内容】
●川義事件　最高裁第三小法廷昭和59年4月10日集民141-537
■トオカツフーズ事件　東京高裁平成13年5月23日判例タイムズ1072-144
◆プレス機指先切断事件　東京地裁八王子支部平成4年11月25日
◆Aサプライ(知的障害者死亡事故)事件　東京地裁八王子支部平成15年12月10日労判870-50
■産業廃棄物処理業社事件　福岡高裁平成13年7月31日
◆東邦建業事件　東京地裁平成5年11月19日交通民集26-6-1440
●システムコンサルタント事件　最高裁第二小法廷平成12年10月13日労判791-6
●電通事件　最高裁第二小法廷平成12年3月24日労判779-13

判例一覧

- ◆日産自動車事件　東京地裁昭和51年4月19日判時822-3
- ◆誠昇会北本共済病院事件　さいたま地裁平成16年9月24日労判883-38
- ◆江戸川区(受動喫煙損害賠償)事件　東京地裁平成16年7月12日労判878-5

【安全配慮義務の履行】
- ●NTT東日本北海道支店事件　最高裁第一小法廷平成20年3月27日労判958-5
- ●関西保温工業事件　最高裁平成18年12月14日労判897-19
- ◆石川トナミ運輸事件　金沢地裁平成9年9月26日
- ●電通事件　最高裁第二小法廷平成12年3月24日労判779-13
- ◆日本化工クロム事件　東京地裁昭和56年9月28日労働判例372-21
- ■三菱重工業事件　大阪高裁昭和63年11月28日労判532-49
- ◆高島屋工作所事件　大阪地裁平成2年11月28日労経速1413-3
- ◆新清社事件　横浜地裁平成2年10月16日労判572-48
- ◆ヤマヨ運輸事件　大阪地裁平成11年3月12日労経速1701-24

【安全配慮義務の履行主体】
- ●鹿島建設・大石塗装事件　最高裁第一小法廷昭和55年12月18日判時749-109
- ●三菱重工業事件　最高裁第一小法廷平成3年4月11日労判590-14
- ◆ニコン・アテスト事件　東京地裁平成17年3月31日労判894-21
- ◆三広梱包事件　浦和地裁平成5年5月28日労判650-76
- ◆三井三池炭鉱事件　福岡地裁平成13年12月18日
- ◆協成建設工業ほか事件　札幌地裁平成10年7月16日労判744-29
- ◆綾瀬市シルバー人材センター(I工業所)事件　横浜地裁平成15年5月13日労判850-12
- ◆真田陸運事件　東京地裁平成8年2月13日労判690-63
- ◆三六木工事件　横浜地裁小田原支部平成6年9月27日労判681-81

【労働安全衛生法などとの関係】
- ◆内外ゴム事件　神戸地裁平成2年12月27日
- ◆Aサプライ(知的障害者死亡事故)事件　東京地裁八王子支部平成15年12月10日労判870-50
- ◆協和エンタープライズほか事件　東京地裁平成18年4月26日労判930-79
- ◆おきぎんビジネスサービス事件　那覇地裁沖縄支部平成18年4月20日労判921-75
- ■日鉄鉱業・長崎じん肺訴訟事件　福岡高裁平成元年3月31日労判541-50

【職場でのいじめや嫌がらせ】
- ◆誠昇会北本共済病院事件　さいたま地裁平成16年9月24日労判883-38
- ■A保険会社上司(損害賠償)事件　東京高裁平成17年4月20日
- ◆国際信販事件　東京地裁平成14年7月9日労判836-104
- ◆エフピコ事件　水戸地裁下妻支部平成11年6月15日労判763-3
- ◆バンク・オブ・アメリカ・イリノイ事件　東京地裁平7年12月4日労判685-17
- ●関西電力事件　最高裁第三小法廷平成7年9月5日労判680-28
- ■松蔭学園事件　東京高裁平成5年11月12日判時1484-135

【職場での暴行行為】
- ◆ファーストリテイリング(ユニクロ店舗)事件　名古屋地裁平成18年9月29日労判926-5
- ◆エール・フランス事件　千葉地裁平成6年1月26日労判647-11
- ◆大阪市シルバー人材センター事件　大阪地裁平成14年8月30日労判837-29
- ◆アジア航測事件　大阪地裁平成13年11月9日労判821-45
- ◆西谷商事事件　東京地裁平成11年11月12日労判781-172

【プライバシーの保護】
- ◆京都セクハラ(呉服販売会社)事件　京都地裁平成9年4月17日労判716-149
- ◆東京都(警察学校・警察病院HIV検査)事件　東京地裁平成15年5月28日労判852-111
- ◆B金融公庫(B型肝炎ウイルス感染検査)事件　東京地裁平成15年6月20日労判854-5
- ◆日経クイック情報事件　東京地裁平成14年2月26日労判825-150
- ◆東谷山家事件　福岡地裁小倉支部平成9年12月25日労判732-53
- ◆関西電力事件　最高裁第三小法廷平成7年9月5日労判680-128
- ◆岡山電気軌道事件　岡山地裁平成3年12月17日労判606-50
- ◆広沢自動車学校事件　徳島地裁昭和61年11月17日労判488-46
- ◆ダイエー事件　横浜地裁平成2年5月29日労判579-35
- ●東京電力塩山営業所事件　最高裁第二小法廷昭和63年2月5日労判512-12
- ●西日本鉄道事件　最高裁第二小法廷昭和43年8月2日民集22-18-11603
- ◆HIV解雇事件　東京地裁平成7年3月30日労判667-14
- ◆電子メール・プライバシー事件　東京地裁平成13年12月3日労働判例826-76

【セクハラの防止】
- ◆福岡セクハラ(出版社)事件　福岡地裁平成4年4月16日労判607-6
- ◆岡山セクハラ(リサイクルショップ)事件　岡山地裁平成14年11月6日労判845-73
- ◆仙台セクハラ(自動車販売会社)事件　仙台地裁平成13年3月26日労判808-13
- ◆沼津セクハラ(鉄道工業)事件　静岡地裁沼津支部平成11年2月26日労判760-38

【公職との兼務】
- ◆日本国有鉄道事件　広島地裁平成2年2月13日労判557-11
- ■社会保険新報社事件　東京高裁昭和58年4月26日労経速1154-22
- ●十和田観光電鉄事件　最高裁第二小法廷昭和38年6月21日民集17-5-754

【公職への就任に伴う休職】
- ◆森下製薬事件　大津地裁昭和58年7月18日労判417-70
- ◆淡路貨物自動車事件　神戸地裁洲本支部昭和63年9月6日労判533-97

【職務発明に対する報酬の支払い】
- ●オリンパス光学工業事件　最高裁第三小法廷平成15年4月22日労判846-5
- ●日立製作所事件　最高裁第三小法廷平成18年10月17日労判925-5

◆NTTアドバンステクノロジー事件　東京地裁平成18年5月29日
【職務の誠実な履行】
◆グレイワールドワイド事件　東京地裁平成15年9月22日労判870-83
◆アイビーエス石井スポーツ事件　大阪地裁平成17年11月4日労経速1935-3
◆美濃窯業事件　名古屋地裁昭和61年9月29日労判499-75
◆大正製薬事件　東京地裁昭和54年3月27日労判318-44
◆大熊鉄工所事件　名古屋地裁昭和62年7月2日7労判505-66
◆K工業技術専門学校事件　福岡地裁久留米支部平成16年12月17日労判888-57
◆北沢産業事件　東京地裁平成19年9月18日労判947-23
【服務規律】
●国鉄札幌運転区事件　最高裁第三小法廷昭和54年10月30日民集33-6-647
●電電公社目黒電報電話局事件　最高裁第三小法廷昭和52年12月13日労判287-26
◆東谷山家事件　福岡地裁小倉支部平成9年12月25日労判732-53
【風紀の保持】
◆西日本鉄道福岡観光バス営業所事件　福岡地裁平成9年2月5日労判713-57
◆大阪観光バス事件　大阪地裁平成12年4月28日労判789-15
◆日本航空事件　東京地裁昭和61年2月26日判時1186-138
◆大阪府教委(池田高校)事件　大阪地裁平成2年8月10日労判572-106
◆繁機工設備事件　旭川地裁平成元年12月27日労判554-17
【企業の名誉の保持】
●日本鋼管事件　最高裁第二小法廷昭和49年3月15日民集28-2-265
●国鉄中国支社事件　最高裁第一小法廷昭和49年2月28日民集28-1-66
●吹田千里郵便局事件　最高裁第一小法廷昭和59年5月31日労判435-48
●横浜ゴム事件　最高裁第三小法廷昭和45年7月28日民集24-7-1220
■小田急電鉄事件　東京高裁平成15年12月11日労判867-5
【業務命令】
●電電公社帯広局事件　最高裁第一小法廷昭和61年3月13日労判470-6
●国鉄鹿児島自動車営業所事件　最高裁第二小法廷平成5年6月11日労判632-10
◆JR西日本事件　広島地裁平成20年2月28日
■ネッスル事件　東京高裁平成2年11月28日労民集41-6-980
●JR東日本本荘保線区事件　最高裁第二小法廷平成8年2月23日労判690-12
●鈴鹿国際大学(亨栄学園)事件　最高裁第二小法廷判決平成19年7月13日判タ1251-133
【所持品の検査】
●西日本鉄道事件　最高裁第二小法廷昭和43年8月2日民集22-8-1603
◆芸陽バス事件　広島地裁昭和47年4月18日労判152-18

- ■神戸製鋼所事件　大阪高裁昭和50年3月12日労判226−48
- ◆東陶機器事件　福岡地裁小倉支部昭和46年2月12日労判152-27
- ◆帝国通信工業事件　横浜地裁川崎支部昭和50年3月3日労民集26-2-107

【調査への協力】
- ●富士重工業事件　最高裁第三小法廷昭和52年12月13日民集31-7-1037
- ●東京電力塩山営業所事件　最高裁第二小法廷昭和63年2月5日労判512−12

【労働者の兼業】
- ◆小川建設事件　東京地裁昭和57年11月19日労判397−30
- ◆橋元運輸事件　名古屋地裁昭和47年4月28日判時680−88
- ◆日通名古屋製鉄作業所事件　名古屋地裁平成3年7月22日労判608−59
- ◆ヤマト運輸事件　東京地裁平成19年1月29日労判939−89
- ◆辰巳タクシー事件　仙台地裁平成元年2月16日判タ696−108

【秘密の保持と内部告発】
- ■古河鉱業足尾製作所事件　東京高裁昭和55年2月18日労民集31-1-49
- ◆メリルリンチ・インベストメント・マネージャーズ事件　東京地裁平成15年9月17日労判858-57
- ◆協業組合ユニカラー事件　鹿児島地裁平成3年5月31日労判592−69
- ◆ダイオーズサービシーズ事件　東京地裁平成14年8月30日労判838−32

【競業避止義務】
- ◆チェスコム秘書センター事件　東京地裁平成5年1月28日労判651−161
- ◆エープライ事件　東京地裁平成15年4月25日労判853−22
- ◆フォセコ・ジャパン・リミティッド事件　奈良地裁昭和45年10月23日判時624−78
- ◆アートネーチャー事件　東京地裁平成17年2月23日労判902−106
- ◆キヨウシステム事件　大阪地裁平成12年6月19日労判791−8
- ◆ヤマダ電機事件　東京地裁平成19年4月24日労判942−39
- ●三晃社事件　最高裁第二小法廷昭和52年8月9日労経速958−25

【労働者の転職勧誘・引き抜き行為】
- ◆フレックスジャパン・アドバンテック事件　大阪地裁平成14年9月11日労判840−62
- ■●日本コンベンションサービス事件　大阪高裁平成10年5月29日労判745−42、最高裁第二小法廷平成12年6月16日
- ◆リアルゲート(エクスプラネット)事件　東京地裁平成19年4月27日労判940−25
- ◆アイビーエス石井スポーツ事件　大阪地裁平成17年11月4日労経速1935−3
- ◆ラクソン等事件　東京地裁平成2年2月25日判時588−74

第7章　懲戒と労働者に対する損害賠償

【懲戒の法的性格】
- ●関西電力事件　最高裁第一小法廷昭和58年9月8日労判415−29

【懲戒に関する原則】

●フジ興産事件　最高裁第二小法廷平成15年10月10日労判861-25
◆学校法人梅檀学園(東北福祉大学)事件　仙台地裁平成9年7月15日労判724-34
◆日経ビーピー事件　東京地裁平成14年4月22日労判830-52
◆岩手県交通事件　盛岡地裁一関支部平成8年4月17日労判703-71
◆日本工業新聞社事件　東京地裁平成14年5月31日労判834-34
【懲戒の種類】
●JR東日本高崎西部分会事件　最高裁第一小法廷平成8年3月28日労判696-14
◆柴田女子高校事件　青森地裁弘前支部平成12年3月31日労判798-76
◆西福岡自動車学校事件　福岡地裁平成7年9月20日労判695-133
◆中央タクシー事件　徳島地裁平成9年6月6日労判727-77
◆神谷商事事件　東京地裁平成2年4月24日労判562-30
◆東芝府中工場事件　東京地裁八王子支部平成2年2月1日労経速1386-3
■福知山信用金庫事件　大阪高裁昭和53年10月27日労判314-65
◆近鉄タクシー事件　大阪地裁昭和38年2月22日労民集14-1-340
◆日通名古屋製鉄作業所事件　名古屋地裁平成3年7月22日労判608-59
【減給の制限】
◆マナック事件　広島地裁福山支部平成10年12月9日労判811-37
【懲戒解雇と退職金の不支給】
■小田急電鉄事件　東京高裁平成15年12月11日労判867-5
【懲戒権の濫用】
●ダイハツ工業事件　最高裁第二小法廷昭和58年9月16日労判415-6
●鈴鹿国際大学(亨栄学園)事件　最高裁第二小法廷平成19年7月13日判タ1251-133
◆光輪モータース事件　東京地裁平成18年2月7日労判911-85
●崇徳学園事件　最高裁第三小法廷平成14年1月22日労判823-12
◆三和銀行事件　大阪地裁平成12年4月17日労判790-44
【懲戒の手続】
◆中央林間病院事件　東京地裁平成8年7月26日労判699-22
◆守谷商会事件　大阪地裁平成元年3月6日労判536-31
●ネスレ日本事件　最高裁第二小法廷平成18年10月6日労判925-11
◆医療法人清風会事件　山形地裁酒田支部平成9年2月20日労判738-71
【懲戒事由】
●中国電力事件　最高裁第三小法廷平成4年3月3日労判609-10
◆橋元運輸事件　名古屋地裁昭和47年4月28日判時680-88
◆メディカルサポート事件　東京地裁平成12年2月28日労経速1733-9
●山口観光事件　最高裁第一小法廷平成8年9月26日労判708-31
■富士見交通事件　東京高裁平成13年9月12日労判816-11
【労働者の損害賠償責任】

- ●茨城石炭商事事件　最高裁第一小法廷昭和51年7月8日民集30－7－689
- ■K興業事件　大阪高裁平成13年4月11日労判825－79
- ◆厚岸町森林組合事件　釧路地裁平成10年5月29日労判745－32
- ◆第一自動車工業事件　大阪地裁平成9年3月21日労経速1646－21
- ◆丸山宝飾事件　東京地裁平成7年9月7日判時1541－104

第8章　就業規則
【就業規則の適用】
- ◆シーエーアイ事件　東京地裁平成12年2月8日労判787－58
- ■大興設備開発事件　大阪高裁平成9年10月30日労判729－61
- ◆商大八戸ノ里ドライビングスクール事件　大阪地裁平成4年6月29日労判619－74

【労働者代表などからの意見の聴取】
- ◆アリアス事件　東京地裁平成12年8月25日労判794－51

【労働基準監督署への届出】
- ◆NTT西日本事件　京都地裁平成13年3月30日労判804－19

【就業規則の周知】
- ●フジ興産事件　最高裁第二小法廷平成15年10月10日労判861－5
- ●朝日新聞社事件　最高裁大法廷昭和27年10月22日民集6－9－857
- ◆日音事件　東京地裁平成18年1月25日判時912－6

【就業規則の効力】
- ●秋北バス事件　最高裁大法廷昭和43年12月25日民集22－13－3459

【就業規則と法令および労働協約との関係】
- ◆明石運輸事件　神戸地裁平成14年10月25日労判843－39

【就業規則と労働契約との関係】
- ●北海道国際空港事件　最高裁第一小法廷平成15年12月18日労判866－14
- ■日本コンベンションサービス事件　大阪高裁平成12年6月30日労判792－103
- ◆太洋興業事件　大阪地裁昭和58年7月19日労判415－44
- ●電電公社帯広局事件　最高裁第一小法廷昭和61年3月13日労判470－6
- ●日立製作所武蔵工場事件　最高裁第一小法廷平成3年11月28日民集45－8－1270
- ◆自動車教習所事件　埼玉地裁平成19年3月6日

第9章　労働条件の変更と労働慣行
【合意による労働条件の変更】
- ■更正会社三井埠頭事件　東京高裁平成12年12月27日労判809－82
- ◆東武スポーツ（宮の森カントリー倶楽部）事件　宇都宮地裁平成19年2月1日労判937－80

◆光和商事事件　大阪地裁平成14年7月19日労判833-22
◆日本ニューホランド事件　札幌地裁平成13年8月23日労判815-46
◆エーシーニールセン・コーポレーション事件　東京地裁平成16年3月31日労判873-33
◆東豊観光事件　大阪地裁平成13年10月24日労判817-21
◆黒田病院事件　東京地裁平成6年3月7日労判655-59

【就業規則による労働条件の不利益な変更】
●秋北バス事件　最高裁大法廷昭和43年12月25日民集22-13-3459
◆風月荘事件　大阪地裁平成13年3月26日労判810-41
●第四銀行事件　最高裁第二小法廷平成9年2月28日民集51-2-705
●第一小型ハイヤー事件　最高裁第二小法廷平成4年7月13日労判630-6
●みちのく銀行事件　最高裁第一小法廷平成12年9月7日民集54-7-2075
●御國ハイヤー事件　最高裁第二小法廷昭和58年7月15日労判425-75
●大曲市農協事件　最高裁第三小法廷昭和63年2月16日民集42-2-60
●朝日火災海上保険事件　最高裁第三小法廷平成8年3月26日労判691-16
●北都銀行(旧羽後銀行)事件　最高裁第三小法廷平成12年9月12日労判788-23
●函館信用金庫事件　最高裁第三小法廷平成12年9月22日労判788-17

【労働協約による労働条件の不利益な変更】
◆茨木高槻交通　大阪地裁平成11年4月28日労判765-29
●朝日火災海上保険事件　最高裁第一小法廷平成9年3月27日労判713-27
●朝日火災海上保険事件　最高裁第三小法廷平成8年3月26日民集50-4-100

【変更解約告知】
◆スカンジナビア航空事件　東京地裁平成7年4月13日労判675-13
◆大阪労働衛生センター第一病院事件　大阪地裁平成10年8月31日労判751-38
◆関西金属工業事件　大阪地裁判決平成18年9月6日労判929-36
◆日本オリーブ事件　名古屋地裁平成15年2月5日労判848-43

【労働慣行とは】
◆日本大学事件　東京地裁平成14年12月25日労判845-33
◆国鉄国府津運転所事件　横浜地裁小田原支部昭和63年6月7日労判519-26
◆松原交通事件　大阪地裁平成9年5月19日労判725-72

【労働基準法などに反する慣行の効力】
●静岡県教組事件　最高裁第一小法廷昭和47年4月6日民集26-3-397
◆仁成会(串田病院)事件　大阪地裁平成11年9月8日労判775-43

【就業規則などに反する慣行の効力】
◆日本大学事件　東京地裁平成14年12月25日労判845-33
◆商大八戸ノ里ドライビングスクール事件　大阪地裁平成8年1月22日労判698-46
◆国鉄国府津運転所事件、国鉄蒲田電車区事件　東京地裁昭和63年2月24日労判512-22

【労働慣行の改廃・変更】
■岡山電気軌道事件　広島高裁岡山支部平成7年10月31日労判696－84
◆全逓中央郵便局事件　東京地裁平成3年8月7日労判594－41
◆国鉄国府津運転所事件　横浜地裁小田原支部昭和63年6月7日労判519－26
■国鉄田町電車区事件　東京高裁昭和48年1月26日
◆ソニー事件　東京地裁昭和58年2月24日労判405－41

第10章　賃金
【任意的、恩恵的なもの】
■中部日本広告社事件　名古屋高裁平成2年8月31日労判569－37
●伊予相互金融事件　最高裁第三小法廷昭和43年5月28日判時519－89
◆日本ロール製造事件　東京地裁平成14年5月29日労判832－36
◆ユナイテッド航空事件　東京地裁平成13年1月29日労判805－71
◆中部ロワイヤル事件　名古屋地裁平成6年6月3日労判680－92
◆第二国道病院事件　横浜地裁川崎支部平成4年7月31日労判622－25
■いずみの会事件　東京高裁昭和60年2月26日労判454－59
◆東洋酸素事件　東京地裁昭和51年4月19日労判255－59
●シンガー・ソーイング・メシーン・カムパニー事件　最高裁第二小法廷昭和48年1月19日民集27－1－27
【企業設備の一環】
◆日本調査事件　東京地裁昭和60年4月24日労判451－4
◆ジャード事件　東京地裁昭和53年2月23日労判293－52
●荒川税務署長（日本アプライド）事件　最高裁第三小法廷平成17年1月25日労判885－5
【平均賃金の額の下限】
◆大田原重機事件　東京地裁平成11年5月21日労経速1716－17
【通貨払いの原則】
◆大鉄工業事件　大阪地裁昭和59年10月31日労判443－55
◆ジャード事件　東京地裁昭和53年2月23日労判293－52
【直接払いの原則】
●日本電信電話公社事件　最高裁第三小法廷昭和43年3月12日民集22－3－562
【全額払いの原則】
◆ブルーハウス事件　札幌地裁平成10年3月31日労判740－45
◆風月荘事件　大阪地裁平成13年3月26日労判810－41
●日本勧業経済会事件　最高裁大法廷昭和36年5月31日民集15－5－1482
●日新製鋼事件　最高裁第二小法廷平成2年11月26日民集44－8－1085
◆新協運送事件　大阪地裁平成11年2月17日労判754－17
●福島県教組事件　最高裁第一小法廷昭和44年12月18日民集23－12－2495

●エッソ石油事件　最高裁第一小法廷平成5年3月25日労判650-6
●北海道国際空港事件　最高裁第一小法廷平成15年12月18日労判866-14
【賃金の査定】
■光洋精工事件　大阪高裁平成9年11月25日労判729-39
■マナック事件　広島高裁平13年5月23日労判811-21
【賃金の減額】
■福岡雙葉学園事件　福岡高裁平成17年8月2日労判902-81
■更正会社三井埠頭事件　東京高裁平成12年12月27日労判809-82
◆光和商事事件　大阪地裁平成14年7月19日労判833-22
◆日本ニューホランド事件　札幌地裁平成13年8月23日労判815-46
◆エーシーニールセン・コーポレーション事件　東京地裁平成16年3月31日労判873-33
◆マッキャンエリクソン事件　東京地裁判決平成18年10月25日労判928-5
◆東豊観光事件　大阪地裁平成13年10月24日労判817-21
●第四銀行事件　最高裁第二小法廷平成9年2月28日民集51-2-705
●北海道国際空港事件　最高裁第一小法廷平成15年12月18日労判866-14
■社会福祉法人八雲会事件　札幌高裁平成19年3月23日労判939-12
◆デイエフアイ西友事件　東京地裁平成9年1月24日判時1592-137
◆シーエーアイ事件　東京地裁平成12年2月8日労判787-58
◆中山書店事件　東京地裁平成19年3月26日労判943-41
【債務の本旨に従った労務の提供と賃金請求権】
●片山組事件　最高裁第一小法廷平成10年4月9日労判736-15
■カントラ事件　大阪高裁平成14年6月19日労判839-47
◆池貝事件　横浜地裁平成12年12月14日労判802-27
◆ユニ・フレックス事件　東京地裁平成10年6月5日労判748-117
●水道機工事件　最高裁第一小法廷昭和60年3月7日労判449-49
【休業手当】
●ノースウエスト航空事件　最高裁第二小法廷昭和62年7月17日労判499-16
●小倉綜合補給廠事件　最高裁第二小法廷昭和37年7月20日民集16-8-1684
◆東洋ホーム事件　東京地裁昭和51年12月14日判時845-112
◆ピー・アール・イー・ジャパン事件　東京地裁平成9年4月28日
◆大田原重機事件　東京地裁平成11年5月21日労経速1716-17
◆最上建設事件　東京地裁平成12年2月23日労判784-58
◆三都企画建設事件　大阪地裁平成18年1月6日労判913-49
【争議行為の影響による休業】
●ノースウエスト航空事件　最高裁第二小法廷昭和62年7月17日労判499-16
◆明星電気事件　前橋地裁昭和38年11月14日判時355-71
◆扇興運輸事件　熊本地裁八代支部昭和37年11月27日労民集13-6-1126
【起訴休職による休業】

◆相互交通事件　函館地判昭63年2月29日労判518-70
◆日通事件　大阪地裁昭和47年10月13日
【休業期間中の収入の取扱い】
●米軍山田部隊事件　最高裁第二小法廷昭和37年7月20日民集16-78-71656
●いずみ福祉会事件　最高裁判所第三小法廷平成18年3月28日労判933-12
【歩合給制度の場合の保障給】
◆山昌事件　名古屋地裁平成14年5月29日労判835-67
【最低賃金の効力】
◆三和交通事件　大阪地裁平成14年10月4日労判843-73
【割増賃金の支払い義務】
◆三和プラント工業事件　東京地裁平成2年9月11日労判569-33
◆桐朋学園事件　東京地裁八王子支部平成10年9月17日労判752-37
【割増賃金を支払わなければならない場合】
●小島撚糸事件　最高裁第一小法廷昭和35年7月14日刑集14-9-1139
●高知県観光事件　最高裁第二小法廷平成6年6月13日労判653-12（歩合給の場合）
◆創栄コンサルタント事件　大阪地裁平成14年5月17日労判828-14（年報制の場合）
◆オーク事件　東京地裁平成10年7月27日労判748-91（年報制の場合）
◆東建ジオテック事件　東京地裁平成14年3月28日労判827-74（年報制の場合）
【通常の労働時間の賃金の計算】
●大星ビル管理事件　最高裁第一小法廷平成14年2月28日労判822-5
【割増賃金の算定の基礎となる賃金】
◆キャスコ事件　大阪地裁平成12年4月28日労判787-30
◆壷阪観光事件　奈良地裁昭和56年6月26日労判372-41
◆エスエイロジテム事件　東京地裁平成12年11月24日労判802-45
◆システムワークス事件　大阪地裁平成14年10月25日労判844-79
【割増賃金の計算】
◆東京地裁平成3年8月27日労判596-29
◆関西ソニー販売事件　大阪地裁昭和63年10月25日労判530-40
◆山本デザイン事務所事件　東京地裁平成19年6月15日労判944-42
◆ユニ・フレックス事件　東京地裁平成10年6月5日労判748-117
【退職労働者の賃金の遅延利息】
◆タオヒューマンシステムズ事件　東京地裁平成9年9月26日労経速1658-16
【賞与】
■マナック事件　広島高裁平成13年5月23日労判811-21
◆小暮釦製作所事件　東京地裁平成6年11月15日労判666-32
◆ノース・ウエスト航空事件　千葉地裁平成14年11月19日労判841-85
■秋保温泉タクシー事件　仙台高裁平成16年7月29日労判878-86
◆日本圧着端子製造事件　大阪地裁平成9年1月24日労判712-26

◆藤沢医科工業事件　横浜地裁平成11年2月16日労判759－21
【賞与支給日在籍要件】
●大和銀行事件　最高裁第一小法廷昭和57年10月7日労判399－11
●京都新聞社事件　最高裁第一小法廷昭和60年11月28日労判469-6
■●ニプロ医工事件　東京高裁昭和59年8月28日労判437－25、最高裁第三小法廷昭和60年3月12日労経速1226－25
【労働基準法などで認められた権利や利益と賞与の支給要件】
●東朋学園事件　最高裁第一小法廷平成15年12月4日労判862－14
【賞与の支給に関する慣行】
◆松原交通事件　大阪地裁平成9年5月19日労判725－72
◆津田電気計器事件　大阪地裁平成7年3月20日労経速1587－3
【年俸制と賞与】
◆シーエーアイ事件　東京地裁平成12年2月8日労判787－58
【退職金への労働基準法第24条の適用】
●シンガー・ソーイング・メシーン・カムパニー事件　最高裁第二小法廷昭和48年1月19日民集27－1－27
【退職金債権の譲渡】
●日本電信電話公社事件　最高裁第三小法廷昭和43年3月12日民集22－3－562
【退職金の支払い時期】
◆ジャレコ事件　東京地裁平成9年6月20日労判720－24
◆レジット債権管理組合事件　福岡地裁平成2年2月13日労判582－25
◆黒川建設事件　東京地裁平成13年7月25日労判813－15
◆三基産業事件　東京地裁昭和60年2月5日労経速1224－12
◆宇田工業事件　大阪地裁昭和60年12月23日労判467－74
【退職金の減額や不支給】
■日本電信電話事件　大阪地裁平成9年4月25日労経速1638－15
◆日音事件　東京地裁平成18年1月25日労判912－63
●三晃社事件　最高裁第二小法廷昭和52年8月9日労経速958－25
【退職金の不利益変更】
●大曲市農協事件　最高裁第3小法廷昭和63年2月16日民集42－2－60
【中小企業退職金共済制度と就業規則に定める退職金の関係】
▲中小企業退職金共済制度退職金過払返還請求事件　東京簡裁平成19年5月25日
◆自動車教習所事件　さいたま地裁平成19年3月6日
◆カメラのマルタニ事件　大阪地裁平成2年2月14日労経速1387－15
【死亡退職金の受給権】
◆日本花材事件　大阪地裁昭和62年12月22日労経速1324－18
●福岡工業大学事件　最高裁第一小法廷昭和60年1月31日労経速1238－3
◆三井生命保険事件　東京地裁平成2年7月20日労民集40－4・5－458

【未払賃金の立替払】
◆茨木労基署長(豊中管材)事件　大阪地裁平成10年7月29日労判747-45

第11章　労働時間・休憩・休日
【労働時間とは】
●三菱重工業長崎造船所事件　最高裁第一小法廷平成12年3月9日民集54-3-801
【就業に関連する行為】
●三菱重工業長崎造船所事件　最高裁第一小法廷平成12年3月9日民集54-3-801
◆東京急行電鉄事件　東京地裁平成14年2月28日労判824-5
【手待時間】
◆日本貨物鉄道事件　東京地裁平成10年6月12日労判745-16
◆大虎運輸事件　大阪地裁平成18年6月15日労働判例924-72
【仮眠時間】
●大星ビル管理事件　最高裁第一小法廷平成14年2月28日民集56-2-361
■ビル代行事件　東京高裁平成17年7月20日労判899-13
【不活動時間】
●大林ファシリティーズ(オークビルサービス)事件　最高裁第2小法廷平成19年10月19日　労判946-31
【移動時間】
◆横河電機事件　東京地裁平成6年9月27日労判660-35
◆高栄建設事件　東京地裁平成10年11月16日労判758-63
【始業時刻より前に出勤する時間】
■札幌東労基署長(北洋銀行)事件　札幌高裁平成20年2月28日
【小集団活動・教育訓練】
◆八尾自動車興産事件　大阪地裁昭和58年2月14日労判405-64
◆豊田労基署長(トヨタ自動車)事件　名古屋地裁平成19年11月30日労判951-11
◆丸十東鋼運輸倉庫事件　大阪地裁堺支部昭和53年1月11日労判304-61
【黙示の指示と労働時間】
●大林ファシリティーズ(オークビルサービス)事件　最高裁第2小法廷平成19年10月19日　労判946-31
◆ドワンゴ事件　京都地裁平成18年5月29日労判920-57
◆互光建物管理事件　大阪地裁平成17年3月11日労判898-77
■京都銀行事件　大阪高裁平成13年6月28日労判811-5
◆千里山生活協同組合事件　大阪地裁平成11年5月31日労判772-60
【タイムカードなどの記載と労働時間】
◆三晃印刷事件　東京地裁平成9年3月13日労判714-21

■石川島播磨東二工場事件　東京高裁昭和59年10月31日労判442-29
◆武谷病院事件　東京地裁平成7年12月26日労判689-26
◆PE&HR事件　東京地裁平成18年11月10日労判931-65
【労働時間の通算】
◆千代田ビル管財事件　東京地裁平成18年7月26日労判923-25
【変形労働時間制】
◆セントラル・パーク事件　岡山地裁平成19年3月27日労判941-23
●大星ビル管理事件　最高裁第一小法廷平成14年2月28日民集56-2-361
■岩手第一事件　仙台高裁平成13年8月29日労判810-11
◆桐朋学園事件　東京地裁八王子支部平成10年9月17日労判752-37
◆JR東日本横浜土木技術センター事件　東京地裁平成12年4月27日労判782-6
【みなし労働時間制】
◆京都市教育委員会事件　京都地裁平成20年4月23日労判961-13
◆光和商事事件　大阪地裁平成14年7月19日労判833-22
◆ほるぷ事件　東京地裁平成9年8月1日労民集48-4-312
◆ドワンゴ事件　京都地裁平成18年5月29日労判920-57
●システムコンサルタント事件　最高裁第二小法廷平成12年10月13日労判791-6
【始業・終業時刻の繰上げ・繰下げ】
◆日本航空事件　東京地裁昭和59年9月20日労判438-16
【休憩時間とは】
◆関西警備保障事件　大阪地裁平成13年4月27日労経速1774-15
●住友化学工業事件　最高裁第三小法廷昭和54年11月13日労民集26-6-1103
◆立正運輸事件　大阪地裁昭和58年8月30日労判416-40
◆すし処「杉」事件　大阪地裁昭和56年3月24日労経速1091-3
【休憩時間の長さ】
◆大阪空気製作所事件　大阪地裁昭和40年10月29日労民集16-5-3380
【休憩時間の自由利用】
●電電公社目黒電報電話局事件　最高裁第三小法廷昭和52年12月13日民集31-7-974
●明治乳業事件　最高裁第三小法廷昭和58年11月1日労判417-21
◆淀川製鋼所事件　大阪地裁昭和32年1月25日労経速242-2
【育児時間】
●日本シェーリング事件　最高裁第一小法廷平成元年12月14日民集43-12-1895
●東朋学園事件　最高裁第一小法廷平成15年12月4日労判862-14
【休日の取扱い】
◆鹿屋市笠野原小学校事件　鹿児島地裁昭和48年2月8日判時718-104
◆合同タクシー事件　福岡地裁小倉支部昭和42年3月24日労民集18-2-210
【休日の振替】
◆三菱重工業横浜造船所事件　横浜地裁昭和55年3月28日労判339-20

◆最上建設事件　東京地裁平成12年2月23日労判784-58
◆山口観光事件　大阪地裁平成7年6月28日労判686-71
【代休】
◆ブルーハウス事件　札幌地裁平成10年3月31日労判740-45
◆岩手県交通事件　盛岡地裁一関支部平成8年4月17日労判703-71
【法定時間外・休日労働と所定時間外・休日労働】
◆静岡銀行事件　静岡地裁昭和53年3月28日労判297-39
【法定時間外・休日労働の範囲】
◆JR西日本広島支社事件　広島地裁平成13年5月30日判タ1071-180
◆最上建設事件　東京地裁平成12年2月23日労判784-58
■関西医科大学事件　大阪高裁平成14年5月9日労判831-28
【時間外・休日労働を行う義務】
◆日本鋼管事件　横浜地裁川崎支部昭和45年12月28日労民集21-6-1762
●日立製作所武蔵工場事件　最高裁第一小法廷平成3年11月28日民集45-8-1270
【非常災害の場合の時間外・休日労働】
◆茨木市事件　大阪地裁昭和43年1月18日行裁例集19-12-18
■津山市職員事件　広島高裁岡山支部昭和48年3月12日判タ295-270
【36協定の締結による時間外・休日労働】
●トーコロ事件　最高裁第二小法廷平成13年6月22日労判808-11
■北九州市交通局事件　福岡高裁昭和55年10月22日労民集31-5-1033
◆片山工業事件　岡山地裁昭和40年5月31日労民集16-3-418
【深夜業の制限】
◆日本航空インターナショナル事件　東京地裁平成19年3月26日労判937-54
【管理監督者でないと判断した裁判例】
◆静岡銀行事件　静岡地裁昭和53年3月28日労判297-39（銀行の支店長代理）
◆サンド事件　大阪地裁昭和58年7月12日労判414-63（役職手当を支給されていた課長職）
◆ケー・アンド・エル事件　東京地裁昭和59年5月29日労判431-57（アートディレクター）
◆レストラン・ビュッフェ事件　大阪地裁昭和61年7月30日労判481-51（レストランの店長）
■京都福田事件　大阪高裁平成元年2月21日労判538-63（本社総務課主任）
◆三栄珈琲事件　大阪地裁平成3年2月26日労判586-80（会社の経営する喫茶店で一人で勤務していた労働者）
◆国民金融公庫事件　東京地裁平成7年9月25日労判683-30（金融機関の業務役）
◆日本アイティーアイ事件　東京地裁平成9年7月28日労判724-30（営業部主任）
◆株式会社ほるぷ事件　東京地裁平成9年8月1日労民集48-4-312（書籍の訪問販売を主たる業務とする会社の視点の販売主任）

◆関西事務センター事件　大阪地裁平成11年6月25日労判769-39（課長）
■日本コンベンションサービス事件　大阪高裁平成12年6月30日（マネージャー職）
◆ザ・スポーツコネクション事件　東京地裁平成12年8月7日労判804-81（課長代理および課長）
◆キャスコ事件　大阪地裁平成12年4月28日労判787-30（主任）
◆風月荘事件　大阪地裁平成13年3月26日労判810-41（カラオケ店の店長）
◆光安建設事件　大阪地裁平成13年7月19日労判812-13（土木施工技術者で現場監督）
◆東建ジオテック事件　東京地裁平成14年3月28日労判827-74（次長待遇調査役などの地位にある者）
◆育英舎事件　札幌地裁平成14年4月18日労判839-58（学習塾を経営する会社の営業課長）
◆アクト事件　東京地裁平成18年8月7日労判924-50（飲食店マネージャー）
◆PE&HR事件　東京地裁判決平成18年11月10日労判931-65（会社との間でパートナー契約を結んで就労した者）
◆丸栄西野事件　大阪地裁平成20年1月11日労判957-5（デザイナー）
◆日本マクドナルド事件　東京地裁平成20年1月28日労判953-10（ファースト・フード店長）
◆エイティズ事件　神戸地裁尼崎支部平成20年4月19日（スポーツ用品会社の技術課長）

【管理監督者と認められた裁判例】
◆徳洲会事件　大阪地裁昭和62年3月31日労判497-65（病院の人事二課長として主として看護婦の募集業務に従事していた者）
◆日本プレジデントクラブ事件　東京地裁昭和63年4月27日労判517-18（総務局次長）
▲ソーエイ事件　東京簡裁平成18年6月21日（総務の責任者）

【監視・断続的な労働】
●静岡市教職員事件　最高裁第三小法廷昭和47年12月26日民集26-10-2096
■近畿保安警備事件　大阪高裁平成2年7月31日労判575-53

【宿日直勤務】
◆北海道教育委員会事件　札幌地裁平成2年12月26日労判578-40
◆全日本検数協会事件　名古屋地裁昭和40年10月18日労民集16-5-706
◆中央労基署長（大島町診療所）事件　東京地裁平成15年2月21日

第12章　休暇と休業
【年次有給休暇とは】
●林野庁白石営林署事件　最高裁第二小法廷昭和48年3月2日民集27-2-191
◆安威川生コンクリート工業事件　大阪地裁昭和59年8月14日労判439-40

【年次有給休暇を与えなければならない場合】
◆日本放送協会事件　東京地裁昭和56年12月24日労判377-17
●エス・ウント・エー事件　最高裁第三小法廷平成4年2月18日労判609-12
◆国際協力事業団事件　東京地裁平成9年12月1日労判729-26
■日本中央競馬会事件　東京高裁平成11年9月30日労判780-80
◆東京芝浦食肉事業公社事件　東京地裁平成2年9月25日労判569-28
■釧路交通事件　札幌高裁昭和53年7月31日労判304-36
■ユニ・フレックス事件　東京高裁平成11年8月17日労判772-35
【年次有給休暇の付与単位】
◆高宮学園事件　東京地裁平成7年6月19日労判678-18
◆東京国際郵便局事件　東京地裁平成5年12月8日労判640-15
【年次有給休暇の取得目的】
●電々公社近畿電通局事件　最高裁第一小法廷昭和62年7月2日労判504-10
■日本交通事件　東京高裁平成11年4月20日判時1682-135
【争議行為と年次有給休暇】
●国鉄郡山工場事件　最高裁第二小法廷昭和48年3月2日民集27-2-210
●国鉄直方自動車営業所事件　最高裁第二小法廷平成8年9月13日労判702-23
●国鉄津田沼電車区事件　最高裁第三小法廷平成3年11月19日民集45-8-1236
【年次有給休暇の請求の手続】
◆日本電建事件　名古屋地裁昭和57年2月26日労判386-33
■東京菱和自動車事件　東京高裁昭和50年12月24日東高民時報26-12-278
■電々公社福島局事件　仙台高裁昭和59年7月18日労判437-30
◆三晃運輸事件　大阪地裁平成12年9月1日労経速1753-24
◆仙台中央電報局事件　仙台地裁昭和60年4月25日労判453-87
■東京貯金事務センター事件　東京高裁平成6年3月24日労判670-83
◆電気化学工業事件　新潟地裁昭和37年3月30日労民集13-2-327
【時季変更権の行使】
●電電公社此花電報電話局事件　最高裁第一小法廷昭和57年3月18日労判381-26
●千葉中郵便局事件　最高裁第一小法廷昭和62年2月19日労判493-6
●弘前電報電話局事件　最高裁第二小法廷昭和62年7月10日労判499-19
●電電公社関東電気通信局事件　最高裁第三小法廷平成元年7月4日
◆ユアーズ・ゼネラルサービス事件　大阪地裁平成9年11月5日労判744-73
●時事通信社事件　最高裁第三小法廷平成4年6月23日労判613-6
●NTT事件　最高裁第二小法廷平成12年3月31日労判781-18
■JR東日本高崎車掌区事件　東京高裁平成12年8月31日労判795-28
◆名古屋近鉄タクシー事件　名古屋地裁平成5年7月7日労判651-155
【年次有給休暇の計画的付与】
◆全日本空輸大阪空港支店事件　大阪地裁平成10年9月30日労判748-80

● 三菱重工業長崎造船所事件　福岡高裁平成6年3月24日労民集45−1・2−123
【年次有給休暇の買上げ】
◆ コントロインスツルメント事件　東京地裁平成7年7月14日労経速1574−20
◆ 山口事件　大阪地裁平成元年8月22日労判546−27
【年次有給休暇の取得を理由とする不利益取扱い】
● 日本シェーリング事件　最高裁第一小法廷平成元年12月14日民集43−12−1895
● エス・ウント・エー事件　最高裁第三小法廷平成4年2月18日労判609−12
◆ 黒川乳業事件　大阪地裁平成10年5月13日労判746−25
● 沼津交通事件　最高裁第二小法廷平成5年6月25日労判636−11
【産前産後休業】
● 日本シェーリング事件　最高裁第一小法廷平成元年12月14日民集43−12−1895
● 東朋学園事件　最高裁第一小法廷平成15年12月4日労判862−14
【生理日の就業に関する措置】
● エヌ・ビー・シー工業事件　最高裁第三小法廷昭和60年7月16日民集39−5−1023
● タケダシステム事件　最高裁第三小法廷昭和58年11月25日判時1101−114
◆ 岩手県交通事件　盛岡地裁一関支部平成8年4月17日労判703−71
■ 帝国興信所事件　名古屋高裁昭和48年10月15日判タ301−194
【育児休業】
■ 日欧産業協力センター事件　東京高裁平成17年1月26日労判890−18
● 東朋学園事件　最高裁第一小法廷平成15年12月4日労判862−14

第13章　退職と解雇
【退職の意思表示】
◆ 奥野製薬工業事件　大阪地裁平成13年10月26日労経速1788−18
◆ 大通事件　大阪地裁平成10年7月17日労判750−79
◆ 日本メタルゲゼルシャフト事件　東京地裁平成5年10月13日労判648−65
◆ 東京ゼネラル事件　東京地裁平成11年4月19日労判768−62
◆ フィリップ・クワーク事件　東京地裁平成11年3月1日労経速1706−17
◆ ジャレコ事件　東京地裁平成9年6月20日労判720−24
◆ 三和開発事件　東京地裁昭和54年10月25日労経速1031−20
【退職の意思表示が心裡留保の場合】
◆ 昭和女子大学事件　東京地裁平成4年　12月21日労判623−46
【退職の意思表示が錯誤の場合】
◆ ヤマハリビングテック事件　大阪地裁平成11年5月26日労経速1710−23
◆ ネスレジャパンホールディング事件　水戸地裁龍ケ崎支部平成13年3月16日労判817−51
【退職の意思表示が強迫の場合】
◆ 損害保険リサーチ事件　旭川地裁平成6年5月10日労判675−72

◆学校法人白頭学院事件　大阪地裁平成9年8月29日労判725-40
【退職の意思表示が本人の意思に基づくものでない場合】
◆倉敷紡績事件　名古屋地裁昭和36年1月30日労民集12-1-49
【合意退職】
◆ネスレジャパンホールディング事件　水戸地裁龍ケ崎支部平成13年3月16日労判817-5
◆日音事件　東京地裁平成8年1月25日労判912-63
【合意退職が成立したと判断された裁判例】
◆ダイフク　大阪地裁平成12年9月8日労判798-44
◆東洋建材興業事件　東京地裁平成4年10月26日労経速1500-21
■大阪工大摂南大学事件　大阪高裁平成4年4月28日労判606-6
◆アサヒ三教事件　東京地裁平成2年12月14日労判576-30
◆アイ・ビイ・アイ事件　東京地裁平成2年10月26日労判574-41
【合意退職が成立していないと判断された裁判例】
◆大阪エムケイ事件　大阪地裁平成12年12月11日労経速1761-14
◆ヤマゲンパッケージ事件　大阪地裁平成9年11月4日労判738-55
◆朋栄事件　東京地裁平成9年2月4日判時1595-139
◆医療法人思誠会事件　東京地裁平成7年11月27日労判683-17
◆新大阪警備保証事件　大阪地裁平成4年9月30日労判620-70
【退職の意思の撤回】
◆日本臓器製薬事件　大阪地裁平成12年9月1日労経速1764-3
◆学校法人白頭学院事件　大阪地裁平成9年8月29日労判725-40
●大隈鐵工所事件　最高裁第三小法廷昭和62年9月18日労判504-6
【退職の手続】
◆日本高圧瓦斯工業事件　大阪地裁昭和59年7月25日労判451-64
◆高野メリヤス事件　東京地裁昭和51年10月29日判時841-102
◆ケイズインターナショナル事件　東京地裁平成4年9月30日労判616-10
◆東京ゼネラル事件　東京地裁平成8年12月20日労判711-52
【退職の強要】
◆東光パッケージ事件　大阪地裁平成18年7月27日労判924-59
◆東京女子醫科大学事件　東京地裁平成15年7月15日労判865-57
■全日本空輸事件　大阪高裁平成13年3月14日労判809-61
◆鳥屋町職員事件　金沢地裁平成13年1月15日労判805-82
●下関商業高校事件　最高裁第一小法廷昭和55年7月10日労判345-20
【退職勧奨を拒否した者に対する不利益取扱い】
◆日本アムウェイ事件　東京地方裁判所平成18年1月13日労判910-91
◆ジシール事件　大阪地裁平成12年8月28日労判793-13
◆鳥取県教育委員会事件　鳥取地裁昭和61年12月4日労判486-53
【退職勧奨が不合理でないとされた裁判例】

◆東京都十一市競輪事業組合事件　東京地裁昭和60年5月13日労判453-75
【退職勧奨の性別を理由とする差別的取扱い】
◆鳥取県教育委員会事件　鳥取地裁昭和61年12月4日労判486-53
◆鳥屋町職員事件　金沢地裁平成13年1月15日労判805-82
◆全国商工会連合会事件　東京地裁平成10年6月2日労判746-22
【妊娠・出産したことなどを理由とする退職勧奨】
◆今川学園木の実幼稚園事件　大阪地裁堺支部平成14年3月13日労判828-59
【早期退職優遇制度】
◆ソニー事件　東京地裁平成14年4月9日労判829-56
◆アラビア石油事件　東京地裁平成13年11月9日労判819-39
◆大和銀行事件　大阪地裁平成12年5月12日労判785-31
◆アジアエレクトロニクス事件　東京地裁平成14年10月29日労判839-17
●神奈川信用農業協同組合事件　最高裁第一小法廷平成19年1月18日判タ1252-150
◆住友金属工業事件　大阪地裁平成12年4月19日労判785-38
【休職期間満了後の退職】
◆三和交通事件　札幌地裁昭和57年1月18日労民集33-1-31
【定年と性別を理由とする差別的取扱い】
●日産自動車事件　最高裁第三小法廷昭和56年3月24日民集35-2-300
■●(財)放射線影響研究所事件　広島高裁昭和62年6月15日労判498-6、最高裁平成2年5月28日労経速1394-3
■大阪市交通局協力会事件　大阪高裁平成10年7月7日労判742-17
【定年制に関する取扱い】
◆協和精工事件　大阪地裁平成14年3月25日労経速1812-3
◆アール・エフ・ラジオ日本事件　東京地裁平成12年7月13日労判790-15
■新潟・土木建築請負会社事件　東京高裁平成12年8月23日判時1730-52
◆日本大学事件　東京地裁平成14年12月25日労判845-33
◆協同乳業事件　東京地裁平成12年3月27日労判783-51
【定年退職者の再雇用】
●大栄交通事件　最高裁第二小法廷昭和51年3月8日労判245-25
◆大京ライフ事件　横浜地裁平成11年5月31日労判769-44
【解雇が制限される期間】
◆スイス航空事件　東京地裁昭和59年5月30日労判433-22
【解雇制限により禁止される範囲】
◆栄大事件　大阪地裁平成4年6月1日労経速1471-15
◆三栄化工機事件　横浜地裁川崎支部昭和51年7月19日労判259-35
◆東芝事件　東京地裁平成20年4月24日労経速2005-3
◆中川印刷事件　大阪地裁平成13年8月24日労経速1785-47
◆朝日製鋼所事件　大阪地裁岸和田支部昭和36年9月11日労民集12-5-824

【性別を理由とする解雇】
◆日特金属工業事件　東京地裁八王子支部昭和47年10月18日労旬821-91
◆コパル事件　東京地裁昭和50年9月12日判時789-817
【解雇の予告が必要な場合】
◆わいわいランド事件　大阪地裁平成12年6月30日労判793-49
◆吉村商会事件　大阪地裁昭和61年3月11日労判473-69
【確定的な解雇の予告】
◆ピック事件　東京地裁平成14年10月29日労経速1824-16
◆全国資格研修センター事件　大阪地裁平成7年1月27日労判680-86
◆東部第一交通事件　福岡地裁小倉支部平成4年12月24日労判623-24
◆中川製作所事件　東京地裁平成4年8月10日労判616-96
【確定的な解雇の意思表示であると判断】
■解雇予告手当請求事件　名古屋高裁平成19年9月13日
◆アクティ英会話スクール事件　大阪地裁平成5年9月27日労判646-55
【解雇通知書を会議の席で読み上げることは名誉毀損とする裁判例】
◆女子学院事件　東京地裁昭和54年3月30日労判324-56
【解雇の予告の効力】
●細谷服装事件　最高裁第二小法廷昭和35年3月11日民集14-3-403
【解雇予告手当の支払い】
◆関西フェルトファブリック事件　大阪地裁平成8年3月15日労判692-30
◆日本国際連合協会事件　東京地裁昭和39年4月28日労民集15-3-411
【有期労働契約と解雇の予告】
▲ファルコンプリント事件　東京簡裁昭和54年12月10日労民集30-6-1186
◆羽柴事件　大阪地裁平成9年7月25日労判720-18
【労働者の責めに帰すべき事由による解雇】
◆秋田物産事件　岡山地裁昭和43年10月14日判タ232-230
◆アール企画事件　東京地裁平成15年3月28日労判850-48
【天災事変その他やむを得ない事由による解雇】
■山下事件　名古屋高裁昭和53年4月11日判時917-143
【解雇予告除外事由の認定】
◆グラバス事件　東京地裁平成16年12月17日労判889-52
◆豊中市不動産事業協同組合事件　大阪地裁平成19年8月30日労判957-65
【解雇事由】
◆千葉県レクリエーション都市開発会社事件　千葉地裁平成3年1月23日労判682-67
◆大阪フィルハーモニー交響楽団事件　大阪地裁昭和63年5月11日労判518-20
◆東洋信託銀行事件　東京地裁平成10年9月14日労経速1687-23
●笹谷タクシー事件　最高裁第一小法廷昭和53年11月30日民集125-739
【解雇権の濫用】

判例一覧

- ●高知放送事件　最高裁第二小法廷昭和52年1月31日労判268-17
- ●西武バス事件　最高裁第三小法廷平成7年5月30日労判672-15

【労働者の責めに帰すべき事由による解雇】
- ●学校法人敬愛学園（国学館高校）事件　最高裁第一小法廷平成6年9月8日労判657-12
- ◆森下仁丹事件　大阪地裁平成14年3月2日2労判832-76
- ◆三井リース事件　東京地裁平成6年11月10日労経速1550-23
- ◆ヒロセ電機事件　東京地裁平成14年10月22日労判838-15
- ◆中川工業事件　大阪地裁平成14年4月10日労経速1809-18

【整理解雇の要件】
- ◆日証事件　大阪地裁平成11年3月31日労判765-57
- ◆東京自転車健康保険組合　東京地裁平成18年11月29日労判935-35

【人員削減を行う経営上の必要性】
- ◆大阪暁明館事件　大阪地裁平成7年10月20日労判685-4

【解雇を回避するための努力】
- ●あさひ保育園事件　最高裁第一小法廷昭和58年10月27日労判427-63
- ◆ナショナル・ウエストミンスター銀行事件　東京地裁平成12年1月21日労判782-23

【被解雇者の選定基準】
- ◆ヴァリグ日本支社事件　東京地裁平成13年12月19日労判817-5

【労働組合などとの協議】
- ◆ジャレコ事件　東京地裁平成7年10月20日労経速1588-17

【懲戒解雇と普通解雇】
- ■群英学園事件　東京高裁平成14年4月17日労判831-65
- ◆関西トナミ運輸事件　大阪地裁平成9年11月14日労経速1658-11
- ◆日本メタルゲゼルシャフト事件　東京地裁平成5年10月13日労判648-65
- ◆十和田運輸事件　東京地裁平成13年6月5日労経速1779-3
- ◆岡田運送事件　東京地裁平成14年4月24日労判828-22

【ユニオンショップ協定と解雇】
- ●日本鋼管事件　最高裁第一小法廷平成元年12月21日労判553-6

【解雇に関する手続】
- ◆大阪フィルハーモニー交響楽団事件　大阪地裁平成元年6月29日労判544-44
- ◆日本タクシー事件　大阪地裁平成2年10月1日労判672-58
- ◆佐世保重工業事件　長崎地裁佐世保支部平成元年7月17日労判543-29
- ■千代田学園事件　東京高裁平成16年6月16日労判886-93
- ◆社会福祉法人東洋会事件　和歌山地裁平成3年9月10日労民集42-5-689
- ◆上田株式会社　東京地裁平成9年9月11日労判739-145
- ◆学研ジー・アイ・シー事件　大阪地裁平成9年3月26日労判716-72

【有期労働契約の更新拒否（雇止め）】
- ■山藤三陽印刷事件　札幌高裁平成19年3月30日労判935-79

- ●東芝柳町工場事件　最高裁第一小法廷昭和49年7月22日民集28-5-927
- ●日立メディコ事件　最高裁第一小法廷昭和61年12月4日労判486-6
- ●神戸弘陵学園事件　最高裁第三小法廷平成2年6月5日民集44-4-668

【退職者への金品の返還】
- ▲医療法人北錦会事件　大阪簡裁平成5年12月21日労判646-40
- ◆新協運送事件　大阪地裁平成11年2月17日労判754-17
- ◆東京ゼネラル事件　東京地裁平成8年12月20日労判711-52

第14章　労働組合

【労働組合法の適用】
- ●朝日放送事件　最高裁第三小法廷平成7年2月28日労判929-94

【労働組合の範囲】
- ●セメダイン事件　最高裁第一小法廷平成13年6月14日労判807-5
- ●三井美唄労組事件　最高裁大法廷昭和43年12月4日刑集22-13-425

【組合規約に違反して締結された労働協約】
- ●中根製作所事件　最高裁第三小法廷平成12年11月28日労判797-12

【労働組合の資格審査の瑕疵と使用者】
- ●日通会津若松支店事件　最高裁第三小法廷昭和32年12月24日民集11-14-2336

【労働組合と組合員の関係】
- ●東芝労働組合小向支部・東芝事件　最高裁第二小法廷平成19年2月2日労判933-5（加入・脱退）
- ●国労広島地本事件　最高裁第二小法廷昭和50年11月28日民集29-11-11698（加入・脱退）
- ●三井美唄労組事件　最高裁大法廷昭和43年12月4日刑集22-13-425（統制）
- ●中里鉱業所事件　最高裁第二小法廷昭和44年5月2日労旬708-4（統制）
- ●東芝労働組合小向支部・東芝事件　最高裁第二小法廷平成19年2月2日労判933-5（組合費）
- ●国労広島地本事件　最高裁第二小法廷昭和50年11月28日民集29-11-11698（組合費）

【労働組合の組織と財政】
- ●三菱重工業長崎造船所事件　最高裁第一小法廷昭和48年11月8日労判190-29

【労働組合の解散】
- ●熊本電鉄事件　最高裁第二小法廷昭和28年12月4日民集7-12-1318
- ●名古屋ダイハツ労組事件　最高裁第一小法廷昭和49年9月30日判時760-97
- ●品川白煉瓦岡山工場労組事件　最高裁第一小法廷昭和32年11月14日民集11-12-1943

【団体交渉】

- ●国鉄団交拒否事件　最高裁第三小法廷平成3年4月23日労判589-6（団体交渉の権利および義務）
- ●全通都城郵便局事件　最高裁第一小法廷昭和51年6月3日労判254-20（団体交渉の短刀担当者）
- ●日本鋼管事件　最高裁第三小法廷昭和61年7月15日労判484-21（団体交渉事項）
- ■根岸病院事件　東京高裁平成19年7月31日労判946-58（団体交渉事項）
- ●倉田学園事件　最高裁第三小法廷平成6年12月20日民集48-8-1496（複数の組合との共同交渉）
- ●池田電器事件　最高裁第二小法廷平成4年2月14日労判614-6（団体交渉の打ち切り）

【労働協約】
- ●都南自動車教習所事件　最高裁第三小法廷平成13年3月13日判時1746-144（労働協約の効力の発生）

【労働協約の効力に関する判例】
- ●中根製作所事件　最高裁第三小法廷平成12年11月28日労判797-12
- ●熊本電鉄事件　最高裁第二小法廷昭和28年12月4日民集7-12-1318
- ●香港上海銀行事件　最高裁第一小法廷平成元年9月7日労判546-6

【労働協約の平和義務】
- ●弘南バス事件　最高裁第三小法廷昭和43年12月24日民集22-13-3194

【労働協約による労働条件の変更】
- ●朝日火災海上保険事件　最高裁第一小法廷平成9年3月27日労判713-27
- ●朝日火災海上保険事件　最高裁第三小法廷平成8年3月26日民集50-4-1008

【組合活動】
- ●国鉄札幌駅事件　最高裁第三小法廷昭和54年10月30日民集33-6-647（ビラ貼り）
- 倉田学園事件　最高裁第三小法廷平成6年12月20日民集48-8-1496（ビラ配付）
- ●中国電力事件　最高裁第三小法廷平成4年3月3日労判609-10（ビラ配付）
- ●住友化学工業名古屋製造所事件　最高裁第二小法廷昭和54年12月14日判時956-114（ビラ配付）
- ●大成観光（ホテルオークラ）事件　最高裁第三小法廷昭和57年4月13日民集36-4-659（リボンの着用）
- ●国労バッジ事件　最高裁第二小法廷平成10年7月17日労判744-15（バッジの着用）
- ●国鉄鹿児島自動車営業所事件　最高裁第二小法廷平成5年6月11日労判632-10（バッジの着用）
- ●JR東日本（本荘保線区）事件　最高裁第二小法廷平成8年2月23日労判690-12（ベルトの着用）

【勤務時間中や会社施設内などでの活動】

- ●国労高崎地本事件　最高裁第二小法廷平成11年6月11日労判762-16
- ●オリエンタルモーター事件　最高裁第二小法廷平成7年9月8日労判679-11
- ●オリエンタルモーター事件　最高裁第二小法廷平成3年2月22日判時1393-145
- ●池上通信機事件　最高裁第三小法廷昭和63年7月19日労判527-5
- ●千代田化工建設事件　最高裁第二小法廷平成8年1月26日労判688-14

【組合休暇】
- ●向日町郵便局事件　最高裁第一小法廷昭和52年10月13日訟務月報23-10-1777
- ●全逓都城郵便局事件　最高裁第一小法廷昭和51年6月3日労判254-20

【配置転換の業務命令の拒否】
- ●エッソ石油事件　最高裁第二小法廷平成6年1月31日労判663-15

【争議行為の範囲】
- ●北九州市交通局事件　最高裁第一小法廷昭和63年12月8日労判530-6

【争議行為に対する賃金のカット】
- ●日本シェーリング事件　最高裁第一小法廷平成元年12月14日民集43-12-1895
- ●明治生命事件　最高裁第二小法廷昭和40年2月5日民集19-1-52
- ●三菱重工業長崎造船所事件　最高裁第二小法廷昭和56年9月18日民集35-6-1028

【正当な争議行為に対する民事および刑事免責】
- ●国労久留米駅事件　最高裁大法廷昭和48年4月25日刑集27-3-418
- ●富里商事事件　最高裁第三小法廷平成10年7月14日労判757-27
- ●国鉄中国支社事件　最高裁第一小法廷昭和49年2月28日民集28-1-66
- ●品川白煉瓦事件　最高裁第二小法廷昭和35年6月24日裁判集民41-517
- ●興人佐伯工場事件　最高裁第三小法廷昭和50年9月9日労判233-22

【生産管理】
- ●山田鋼業吹田工場事件　最高裁大法廷昭和25年11月15日刑集4-11-2257

【争議行為の目的】
- ●三菱重工業長崎造船所事件　最高裁第二小法廷平成4年9月25日刑集27-4-547（政治的目的）
- ●高知新聞社事件　最高裁第三小法廷昭和35年4月26日民集14-6-1004（非組合員の解雇）
- ●大浜炭坑事件　最高裁第二小法廷昭和24年4月23日刑集3-5-592（鉱業所長の追放）

【争議行為の態様】
- ●青山信愛会新潟精神病院事件　最高裁第三小法廷昭和39年8月4日民集18-7-1263（病院などにおける争議行為）
- ●御国ハイヤー事件　最高裁第二小法廷平成4年10月2日労判619-8（会社に対するピケなどの妨害行為）
- ●山陽電気軌道事件　最高裁第二小法廷昭和53年11月15日刑集32-8-1855

（ストライキに際し、会社の営業用バスを組合の支配下に置いた車両確保行為）
- 羽幌炭坑事件　最高裁大法廷昭和33年5月28日刑集12-8-1694（使用者の自由意思を抑圧し、あるいはその財産に対する支配を抑止する行為）
- 朝日新聞小倉支店事件　最高裁大法廷昭和27年10月22日民集6-9-857（ストに際し、会社側が自ら作業しようとしたことを暴力で阻止）

【ロックアウト】
- 丸島水門事件　最高裁第三小法廷昭和50年4月25日民集29-4-481
- 安威川生コンクリート工業事件　最高裁第三小法廷平成18年4月18日労判915-6
- ノースウエスト・エアラインズ・インコーポレイテッド事件　最高裁第一小法廷昭和50年7月17日裁判集民115-465
- 第一ハイヤー事件　最高裁第二小法廷昭和52年2月28日裁判集民120-185
- 山口放送事件　最高裁第二小法廷昭和55年4月11日労判366-11
- 日本原子力研究所事件　最高裁第二小法廷昭和58年6月13日労判410-18

【争議行為と年次有給休暇】
- 国鉄郡山工場事件　最高裁第二小法廷昭和48年3月2日民集27-2-210
- 国鉄津田沼電車区事件　最高裁第三小法廷平成3年11月19日民集45-8-1236
- 国鉄直方自動車営業所事件　福岡高裁平成4年9月24日労判702-30

【争議行為と休業手当】
- ノースウエスト航空事件　最高裁第二小法廷昭和62年7月17日労判499-6

【不当労働行為の禁止】
- 医療法人新光会事件　最高裁第三小法廷昭和43年4月9日民集22-4-845

【ユニオン・ショップ協定】
- 東芝労働組合小向支部・東芝事件　最高裁第二小法廷平成19年2月2日労判933-5
- 三井倉庫港運事件　最高裁第一小法廷平成元年12月14日民集43-12-2051
- 清心会山本病院事件　最高裁第一小法廷昭和59年3月29日労判427-17
- 日本食塩製造事件　最高裁第二小法廷昭和50年4月25日民集29-4-456

【チェック・オフ】
- ネスレ日本霞ケ浦工場事件　最高裁第一小法廷平成7年2月23日労判670-10
- エッソ石油事件　最高裁第一小法廷平成5年3月25日労判650-6
- 済生会中央病院事件　最高裁第二小法廷平成元年12月11日民集43-12-1786

【組合間差別】
- 西日本重機事件　最高裁第一小法廷昭和58年2月24日労判408-50（ストライキ日の欠勤扱い）
- 高知県観光事件　最高裁第二小法廷平成7年4月14日労判679-14（時間外労働）
- 日産自動車事件　最高裁第三小法廷昭和60年4月23日（時間外労働）
- 日本メールオーダー事件　最高裁第三小法廷昭和59年5月29日民集38-7-802（一時金の格差）

- 日本チバガイギー事件　最高裁第一小法廷平成元年1月19日労判533-7（組合事務所のなどの貸与）
- 日産自動車事件　最高裁第二小法廷昭和62年5月8日判時1247-131組合事務所のなどの貸与）
- 紅屋商事事件　最高裁第二小法廷昭和61年1月24日労判467-6（大数観察方式）

【支配介入】
- JR東海事件　最高裁第二小法廷平成18年12月8日労判929-5
- 山恵木材事件　最高裁第三小法定昭和46年6月15日民集25-4-516
- オリエンタルモーター事件　最高裁第二小法廷平成7年9月8日労判679-11
- 倉田学園事件　最高裁第三小法廷平成成6年12月20日
- プリマハム事件　最高裁第二小法廷昭和57年9月10日労経速1134-5
- 山岡内燃機事件　最高裁第二小法廷昭和28年5月28日民集8-5-990

【不当労働行為の審査の開始】
- 新宿郵便局事件　最高裁第三小法廷昭和58年12月20日労判421-20
- 京都市交通局事件　最高裁第二小法廷平成16年7月12日労判875-5
- 日通会津若松支店事件　最高裁第三小法廷昭和32年12月24日民集11-14-2336
- 紅屋商事事件　最高裁第二小法廷昭和61年1月24日労判467-6

【労働委員会の裁量】
- 東京焼結金属事件　最高裁第三小法廷平成10年4月28日労判740-22
- JR北海道・日本貨物鉄道不採用事件
- 寿建築研究所事件　最高裁第二小法廷昭和53年11月24日労判312-54

【救済命令】
- 済生会中央病院事件　最高裁第三小法廷昭和60年7月19日民集39-5-1266（救済命令の名宛人）
- 旭ダイヤモンド事件　最高裁第三小法廷昭和61年6月10日民集40-4-793（組合員資格を喪失したものばどに対する救済命令）
- 小南記念病院事件　最高裁第一小法廷平成9年3月13日労判722-30（組合員資格を喪失したものばどに対する救済命令）
- 第二鳩タクシー事件　最高裁大法廷昭和52年2月23日民集31-1-93（救済内容についての労働委員会の裁量）
- 紅屋商事事件　最高裁第二小法廷昭和61年1月24日労判467-6（救済内容についての労働委員会の裁量）
- 栃木化成事件　最高裁第三小法廷昭和37年10月9日民集16-10-2084（差し止め命令）

【バックペイ】
- 第二鳩タクシー事件　最高裁大法廷昭和52年2月23日民集31-1-93
- あけぼのタクシー事件　最高裁第一小法廷昭和62年4月2日労判500-14

【ポストノーティス】
● 亮正会高津中央病院事件　最高裁第三小法廷平成2年3月6日労判584-38（ポストノーティス）
【取消しの訴え】
● 小南記念病院事件　最高裁第一小法廷平成9年3月13日労判722-30（ポストノーティス）
● 国労上告等参加申立事件　最高裁第一小法廷平成14年9月26日労判836-40
【証拠の申出の制限】
● 近畿システム管理事件　最高裁第三小法廷平成7年11月21日労判694-22

第15章　労働者の安全と衛生
【産業医の選任と安全配慮義務】
■ 榎並工務店事件　大阪高裁平成15年5月29日労判858-93
【作業主任者選任義務】
■ 労働安全衛生法違反被告事件　福岡高裁昭和63年5月12日判時1278-161
【労働者の危険または健康障害を防止するための措置】
● 西田工業事件　最高裁第三小法廷昭和48年7月24日判時715-110
■ 阿川建設事件　仙台高裁昭和58年7月19日高刑速報58-345
■ 労働基準法違反被告事件　名古屋高裁金沢支部昭和46年3月30日判時634-92
● 奈良県葛城地区清掃事務組合事件　最高裁第三小法廷昭和51年12月10日判時838-98
■ 労働安全衛生法違反被告事件　東京高裁平成14年3月22日労判835-80
■ 労働安全衛生法違反被告事件　広島高裁昭和53年4月18日判時918-135
■ 三和重機事件　福岡高裁昭和52年8月3日判時896-110
【機械・設備および有害物に関する規制】
◆ 富士ブロイラー事件　静岡地裁昭和58年4月7日訟務月報29-11-2031
【安全衛生教育】
◆ Aサプライ（知的障害者死亡事故）事件　東京地裁八王子支部平成15年12月10日労判870-50
■ セイシン企業事件　東京高裁平成13年3月29日労判831-78
◆ 東洋精箔事件　千葉地裁平成11年1月18日労判765
【就業制限】
◆ 岡崎工業・高千穂工業事件　千葉地裁平成元年3月24日
【中高年齢者等についての配慮】
Aサプライ（知的障害者死亡事故）事件　東京地裁八王子支部平成15年12月10日労判870-50
【健康の保持増進】
◆ 労働安全衛生法違反、労働基準法違反被告事件　大阪地裁平成12年8月9日判時

1732-152
- ■関西医科大学事件　大阪高裁平成16年7月15日労判879-22
- ◆やちや酒造事件　金沢地裁平成10年7月22日判タ1006-193
- ◆富士保安警備事件　東京地裁平成8年3月28日労判694-34
- ■榎並工務店事件　大阪高裁平成15年5月29日労判858-93
- ●愛知県教委事件　最高裁第一小法廷平成13年4月26日労判804-15
- ●システムコンサルタント事件　東京高裁平成11年7月28日判時1702-88

第16章　災害補償

【業務上外の認定】
- ◆神戸東労基署長事件　神戸地裁昭和50年5月16日訟務月報21-7-1423（就業時間中の行為）
- ◆尼崎労基署長(神崎製紙)事件　神戸地裁昭和63年3月24日労判515-38（休憩時間中の行為）
- ◆佐賀労基署長(ブリヂストンタイヤ)事件　佐賀地裁昭和57年11月5日労経速1147-3（休憩時間中の行為）
- ◆横浜北労基署長事件　横浜地裁平成7年12月21日訟務月報42-11-2769（社外の行事など）
- ■福井労基署長事件　名古屋高裁金沢支部昭和58年9月21日訟務月報30-3-552（社外の行事など）
- ◆淡路労基署長(上田建設)事件　神戸地裁昭和58年8月29日労判416-49（社外の行事など）
- ●神戸西労基署長事件　最高裁第一小法廷昭和49年10月14日訟務月報21-2-434（社外の行事など）
- ◆鳴門労基署長事件　徳島地裁平成14年1月25日判タ1111-146（出張中の行為）
- ◆多治見労基署長事件　岐阜地裁平成13年11月1日労判818-17（出張中の行為）
- ■大分労基署長事件　福岡高裁平成5年4月28日労判648-82（出張中の行為）
- ◆新潟労基署長(中野建設工業)事件　新潟地裁平成15年7月25日労判858-170（暴力行為）

【職業性疾病】
- ■大田労基署長(日本航空)事件　東京高裁平成13年9月25日労判817-35

【脳・心臓疾患】
- ◆豊田労基署長(トヨタ自動車)事件　名古屋地裁平成19年11月30日労判951-11
- ◆中央労基署長(興国鋼線索)事件　大阪地裁平成19年6月6日労判952-64
- ◆池袋労基署長(フクダコーポレーション)事件　東京地裁平成19年1月22日労判939-79
- ■成田労基署長(日本航空チーフパーサー)事件　東京高裁平成18年11月22日労判929-18

◆立川労基署長(日本光研工業)事件　東京地裁平成18年7月10日労判922-42
◆足立労基署長(日昇舗装興業)事件　東京地裁平成18年6月26日労判923-54
■京都上労基署長(大日本京都物流システム)事件　大阪高裁平成18年4月28日労判917-5
■立川労基署長(東京港運送)事件　東京高裁平成16年12月16日労判888-68
■岡山労基署長(東和タクシー)事件　広島高裁岡山支部平成16年12月9日労判889-62
◆立川労基署長(東京海上火災保険)事件　東京地裁平成15年10月22日労判866-71
◆和歌山労基署長(NTT和歌山設備建設センター)事件　和歌山地裁平成15年7月22日労判860-43
◆長崎労基署長(三菱重工長崎研究所)事件　長崎地裁平成16年3月2日労判873-43
■平塚労基署長(東都春陽堂)事件　東京高裁平成13年12月20日労判838-77

【精神障害】
◆奈良労基署長(日本ヘルス工業)事件　大阪地裁平成19年11月12日労判958-54
■名古屋南労基署長(中部電力)事件　名古屋高裁平成19年10月31日労判954-31
◆静岡労基署長(興和創薬)事件　東京地裁平成19年10月15日労判950-5
◆福岡中央労基署長(九州テン)事件　福岡地裁平成19年6月27日労判944-27
◆八王子労基署長(パシフィックコンサルタンツ)事件　東京地裁八王子支部平成19年5月24日労判945-5
◆新宿労基署長(佼成病院)事件　東京地裁判決平成19年3月14日労判941-57
◆さいたま労基署長(日研化学)事件　さいたま地裁平成18年11月29日労判936-69
◆真岡労基署長(関東リョーショク)事件　東京地裁平成18年11月27日労判935-44
◆加古川労基署長事件　東京地裁平成18年9月4日労判934-32
◆八女労基署長(九州カネライト)事件　福岡地裁平成18年4月12日労判916-20
◆土浦労基署長(総合病院土浦協同病院)事件　水戸地裁平成17年2月22日労判891-41

【過重労働によるその他の健康障害】
◆小樽労基署長事件　札幌地裁平成20年3月21日
●神戸東労基署長(ゴールドリングジャパン)事件　最高裁第三小法廷平成16年9月7日労判880-42
■中央労基署長(新太平洋建設)事件　東京高裁平成15年9月30日労判857-91

【休業補償給付】
●浜松労基署長(雪島鉄工所)事件　最高裁第一小法廷昭和58年10月13日労判417-29

【遺族補償年金】
◆中央労基署長(松原工業所)事件　東京地裁平成10年5月27日労判739-65
【通勤災害】
●大阪南労基署長(オウム通勤災害)事件　最高裁第二小法廷平成12年12月22日労判798-5(通勤による)
◆名古屋北労基署長(大東運送)事件　名古屋地裁昭和62年3月9日労判510-84(通勤による)
◆大河原労基署長(JR東日本白石電力区)事件　仙台地裁平成9年2月25日労判714-35(就業に関し)
◆能代労基署長(日動建設)事件　秋田地裁平成12年11月1日労判800-49(「住居」から「就業場所」)
■高山労基署長事件　名古屋高裁平成18年3月15日労判914-5(「住居」から「就業場所」)
●橋本労基署長事件　最高裁第二小法廷昭和54年12月7日判タ407-76(業務の性質を有するもの)
◆羽曳野労基署長事件　大阪地裁平成18年4月12日労判920-77(逸脱および中断)
◆立川労基署長(エムシー・エレクトロニクス)事件　東京地裁平成14年8月21日労経速1814-22(逸脱および中断)
■札幌中央労基署長(札幌市農業センター)事件　札幌高裁平成元年5月8日労判541-27(逸脱および中断)
【社会復帰促進等事業】
●中央労基署長事件　最高裁第一小法廷平成15年9月4日労判858-148
【労災保険給付と使用者の災害補償責任の関係】
●神奈川都市交通事件　最高裁第一小法廷平成20年1月24日労判953-5
●戸塚管工事事件　最高裁第一小法廷昭和49年3月28日判時741-110
【労災保険給付と損害賠償との調整】
●三共自動車事件　最高裁第三小法廷昭和52年10月25日民集31-6-836
●青木鉛鉄事件　最高裁第二小法廷昭和62年7月10日労判507-6
●高田建設事件　最高裁第三小法廷平成元年4月11日労判546-16
【第三者行為災害の場合の損害賠償】
●共栄塗装事件　最高裁第一小法廷昭和46年12月2日判時656-90
【特別支給金と損害賠償との関係】
●コック食品事件　最高裁第二小法廷平成8年2月23日労判695-13

第17章　女性の労働
【女性であることを理由とする賃金についての差別的な取扱い】
◆日本オートマチックマシン　横浜地裁平成19年1月23日労判938-54

■内山工業事件　広島高裁岡山支部平成16年10月28日労判884-13
■岩手銀行事件　仙台高裁平成4年1月10日労民集43-1-1
【婚姻・妊娠・出産などを理由とする不利益取扱い】
◆DPAセンター事件　東京地裁平成17年10月21日労経速1918-25
◆今川学園木の実幼稚園事件　大阪地裁堺支部平成14年3月13日労判828-59
◆正光会宇和島病院事件　松山地裁宇和島支部平成13年12月18日労判839-68
◆住友生命保険事件　大阪地裁平成13年6月27日労判809-5
【セクハラの防止に関する使用者の義務】
◆福岡セクハラ(丙企画)事件　福岡地裁平成4年4月16日労判607-6
◆三重セクハラ(厚生農協連合会)事件　津地裁平成9年11月5日労判729-54
◆仙台セクハラ(自動車販売会社)事件　仙台地裁平成13年3月26日労判808-13
◆鹿児島セクハラ(医師会)事件　鹿児島地裁平成13年11月27日労判836-151
◆岡山セクハラ(リサイクルショップ)事件　岡山地裁平成14年11月6日労判845-73
■下関セクハラ(食品会社営業所)事件　広島高裁平成16年9月2日労判881-29
◆派遣添乗員セクハラ・解雇事件　東京地裁平成17年1月25日労判890-42
◆京都セクハラ(消費者金融会社)事件　京都地裁平成18年4月27日労判920-66
◆兵庫セクハラ(総合警備保障)事件　神戸地裁尼崎支部平成17年9月22日労判906-25
【セクハラ行為に関する使用者の責任】
◆東京セクハラ(航空会社派遣社員)事件　東京地裁平成15年8月26日労判856-87
◆広島セクハラ(生命保険会社)事件　広島地裁平成19年3月13日労判943-52
◆千葉セクハラ(自動車販売会社)事件　東京地裁平成16年3月30日労判876-87
◆青森セクハラ(バス運送業)事件　青森地裁平成16年12月24日労判889-19
■横浜セクハラ(建設会社)事件　東京高裁平成9年11月20日労判728-12
【セクハラの態様】
●金沢セクハラ事件　最高裁第二小法廷平成11年7月16日労判767-14
■熊本セクハラ(教会・幼稚園)事件　大阪高裁平成17年4月22日労判892-90
◆大阪セクハラ(運送会社)事件　大阪地裁平成10年12月21日労判756-26
◆東京セクハラ(協同組合)事件　東京地裁平成10年10月26日労判756-82
【セクハラに対する使用者の対応】
◆東京セクハラ(水産物販売会社)事件　東京地裁平成11年3月12日
◆コンピューター・メンテナンス・サービス事件　東京地裁平成10年12月7日労判751-18
■下関セクハラ(食品会社営業所)事件　広島高裁平成16年9月2日労判881-29
◆コンピューター関連会社事件　東京地裁平成17年1月31日判時1891-156
◆千葉セクハラ(自動車販売会社)事件　東京地裁平成16年3月30日労判876-87
◆青森セクハラ(バス運送業)事件　青森地裁平成16年12月24日労判889-19
【セクハラによる損害の範囲】

◆ベンチャー社長セクハラ事件　京都地裁平成19年4月26日

第18章　未成年の労働
【未成年の労働契約】
◆倉敷紡績事件　名古屋地裁昭和37年2月12日労民集13－1－76

第19章　非正規労働者
【派遣労働者と派遣元との労働契約の成立】
◆リクルートスタッフィング事件　東京地裁平成17年7月20日労判901－85
【派遣先との黙示の労働契約】
●安田病院事件　最高裁第三小法廷平成10年9月8日
■一橋出版・マイスタッフ事件　東京高裁平成18年6月29日労判921－5
■日建設計事件　大阪高裁平成18年5月30日労判928－78
■伊予銀行・いよぎんスタッフサービス事件　高松高裁平成18年5月18日労判921－33
【派遣労働者の特定】
◆リクルートスタッフィング事件　東京地裁平成17年7月20日労判901－85
◆パーソンズ等事件　東京地裁平成14年7月17日労経速1834－3
【派遣期間】
◆パーソンズ等事件　東京地裁平成14年7月17日労経速1834－3
【労働者派遣終了後の派遣先による派遣労働者の雇用】
◆ホクトエンジニアリング事件　東京地裁平成9年11月26日判時1646－106
【労働者派遣契約の解約と派遣労働者の就業機会の確保】
◆パソナ(ヨドバシカメラ)事件　大阪地裁平成16年6月9日労判878－20
◆エキスパート・スタッフ事件　東京地裁平成9年11月11日労判729－49
【労働者派遣契約の満了と労働契約の終了】
■伊予銀行・いよぎんスタッフサービス事件　高松高裁平成18年5月18日労判921－33
【派遣労働者の解雇】
◆テー・ビー・エスサービス事件　名古屋地裁平成20年7月16日
◆フジスタッフ事件　東京地裁平成18年1月27日労判909－83
【休業中の賃金の支払い】
◆テンプスタッフ事件　東京地裁平成14年5月14日労経速1825－48
【派遣先における就労拒絶と休業手当の支払】
◆三都企画建設事件　大阪地裁平成18年1月16日労判913－49
【派遣労働者に対する年休の付与】
◆ユニ・フレックス事件　東京地裁平成11年8月17日労判772－35
【派遣先から派遣元への損害賠償の請求】
◆テンプロス・ベルシステム24事件　東京地裁平成15年10月22日労判874－71

◆パソナ事件　東京地裁平成8年6月24日労経速1688-3
【派遣労働者の転職勧誘・引き抜き行為】
◆フレックスジャパン・アドバンテック事件　大阪地裁平成14年9月11日労判840-62
◆東京コンピューターサービス事件　東京地裁平成8年12月27日判時1619-85
【外国人労働者】
◆株式会社本譲事件　神戸地裁姫路支部平成9年12月3日労判730-40
●改進社事件　最高裁第三小法廷平成9年1月28日民集51-1-78

第21章　労働紛争の解決など
【内部告発】
◆トナミ運輸事件　富山地裁平成17年2月23日労判891-12
◆首都高速道路公団事件　東京地裁平成9年5月22日労判718-17
◆いずみ市民生協事件　大阪地裁堺支部平成15年6月18日労判855-22
◆医療法人思誠会事件　東京地裁平成7年11月27日労判683-17
◆アワーズ事件　大阪地裁平成17年4月27日労判897-26
●中国電力事件　最高裁第三小法廷平成4年3月3日労判609-10
●東京急行電鉄事件　最高裁大法廷昭和26年4月4日民集5-5-214

【監修者・著者紹介】

高梨　昌（たかなし　あきら）
　1927年　東京都出身
　1953年　東京大学経済学部卒
　信州大学人文学部長、同経済学部長を歴任し、1995年定年退職、信州大学名誉教授
　主な兼職として、中央職業安定審議会会長（労働省）、中央職業能力開発審議会委員（労働省）、中央労働委員会公益委員（労働省）、雇用審議会会長（総理府）、司法試験考査委員（法務省）、臨時教育審議会専門委員（総理府）などを歴任

主要図書（雇用問題に関するもの）
　「人材派遣の活用」（編著）（エイデル研究所　2004）
　「日本の雇用戦略」（エイデル研究所　2006）
　「第3版　詳解　労働者派遣法」（編著）（エイデル研究所　2006）
　「完全雇用政策の再構築」（社会経済生産性本部　2007）
　「非正規雇用ハンドブック」（エイデル研究所　2008）

木村　大樹（きむら　だいじゅ）
　1954年　熊本県に生まれる
　1977年　東京大学法学部卒業
　同　年　労働省（現厚生労働省）入省。
　以後　同省労働基準局監督課（労働基準法を担当）、労政局労働法規課（労働組合法などを担当）、職業安定局雇用政策課（労働者派遣法の制定に携わる）、長野県社会部職業安定課長、職業安定局建設・港湾対策室長、北海道商工労働観光部次長、労働基準局安全衛生部計画課長（労働安全衛生法を担当）、同局庶務課長、職業能力開発局能力開発課長などを歴任。
　2000年～2005年　ベトナム・ハノイ工業短期大学（現ハノイ工業大学）プロジェクト・リーダー
　2005年　厚生労働省退職
　同年以降　労働問題などに関する執筆・講演・コンサルタントなどに携わる
　2008年～　社会保険労務士試験委員

主な著書
　「高年齢者を活かす職場作り」（(社)全国労働基準関係団体連合会　2006年）
　「労働者派遣の法律実務」（労務行政　2006年）
　「サービス残業　Q&A」（(社)全国労働基準関係団体連合会　2006年）
　「労働者派遣・業務請負の就業管理」（(社)全国労働基準関係団体連合会　2007年）
　「わかりやすい労働者派遣法」（労働新聞社　2007年）
　「労働者派遣・業務請負の安全衛生管理」中央労働災害防止協会(2007年)
　「過重労働と健康管理　よくわかるQ&A100」中央労働災害防止協会(2008年)
　「労働契約法と労働契約のルール」労働新聞社(2008年)
　「非正規雇用ハンドブック」（エイデル研究所　2008年）
　「実務家のための労働法規22」（労務行政　2008年）

主な活動事項
　労務管理、安全衛生管理、ベトナム事情

現代実務労働法　―働き方、働かせ方のルール―
2009年3月23日　初刷発行

　　　　　監修者・著者　　高梨　昌・木村大樹
　　　　　発　行　者　　　大塚智孝
　　　　　印刷・製本　　　株式会社シナノ

　　　　　発　行　者　　エイデル研究所
　　　　　102-0073　東京都千代田区九段北4-1-9
　　　　　TEL 03(3234)4641　FAX 03(3234)4644

©Takanashi Akira
Kimura Daijyu
Printed in Japan
ISBN978-4-87168-452-1 C3032